모순의 힘

한국문학과 물에 관한 상상력

Forces of Contradiction

Imagination about Water in Korean Literature

모순의 힘

한국문학과
물에 관한 상상력

Forces of Contradiction

Imagination about Water in Korean Literature

정우락 지음

경북대학교출판부

지은이

정우락(鄭羽洛)

경상북도 성주에서 태어나 경북대학교 인문대학 국어국문학과를 졸업하고 같은 대학의 대학원에서 문학박사학위를 받았다. 현재 경북대학교 국어국문학과 교수로 재직하고 있으며, 영남문화연구원장을 역임하였다. 주로 한국문학사상에 대하여 연구하고 있다. 저·역서로는 『남명문학의 철학적 접근』(1998), 『남명 설화 뜻풀이』(2001), 『남명문학의 현장』(2006), 『남명과 이야기』(2007), 『남명학의 생성공간: 용처럼 나타나고 우레처럼 소리쳐라』(2014), 『남명학파의 문학적 상상력』(2009), 『조선의 서정시인 퇴계 이황』(2009), 『영남의 큰집, 안동 퇴계 이황 종가』(2011), 『영남을 넘어, 상주 우복 정경세 종가』(2013), 『남명과 퇴계 사이』(2008), 『한강 정구와 무흘구곡 이야기』(2014), 『문화공간 팔공산과 대구: 아버지산에 관한 추억』(2009), 『삼국유사, 원시와 문명 사이』(2012), 『대구감옥 127일, 그 고난의 기록: 국역 혹산일록』(2019) 등이 있다.

모순의 힘

한국문학과 물에 관한 상상력

초판 1쇄 2019년 6월 25일 • **초판 2쇄** 2019년 11월 29일
지은이 정우락 • **펴낸이** 김상동 • **펴낸 곳** 경북대학교출판부
출판등록 1973년 10월 10일 ㉣97호 • **주소** 대구광역시 북구 대학로 80
전화 053-950-6741~3 • **팩스** 053-953-4692 • **이메일** press@knu.ac.kr
홈페이지 http://knupress.com
ISBN 978-89-7180-526-8 93810

정가는 뒤표지에 있습니다.
파본은 바꾸어 드립니다.

이 저서는 2014년 정부(교육부)의 재원으로 한국연구재단의 지원을 받아 수행된 연구임(NRF-2014S1A6A4025578)

책머리에

"근원을 알지 못하는 곳에서 나서 돌뿌리를 울리고 가늘게 흐르는 작은 시내는 구비구비 누구의 노래입니까." — 한용운

"나와는 다른 견해를 가진 친구들의 새로운 시각은 나의 우물을 깨트렸다. 덕분에 우물 안에 고여 있던 내 생각은 여러 갈래로 발전해 나갔고, 혼자서 생각할 때보다 더 멀리 흘러갈 수 있었다." — 박하은

앞의 글은 시인이자 독립운동가, 그리고 승려인 한용운의 시 〈알 수 없어요〉의 일부이다. 근원을 알 수 없는 곳에서 솟아나 흐르는 작은 시내, 그 물소리를 통해 영원한 절대자의 노래를 듣는다고 했다. 뒤의 글은 경북대학교 사회대학 지리학과 4학년 학생이 쓴 〈배고픈 수업〉이라는 글의 일부이다. 다른 견해를 가진 친구들과 토론을 하면서 자신의 사고가 여러 갈래로 발전해 가는 것을 우물과 그 흐름에 비유하였다. 이 둘은 물이 근원에서 아래로 흘러간다고 본 것은 동일하지만 전혀 다른 이미지로 자신의 생각을 펼쳤다. 이처럼 물은

하나의 물질이지만 서로 다른 비유의 옷을 입고 나타날 수 있는 대표적인 존재이다.

어린 시절 나는, 시골집 후산당(厚山堂) 앞으로 흐르는 시냇가에 나가 흘러가는 냇물 보기를 즐겼다. 거기에는 피라미가 하얀 배를 뒤집으며 물살을 거슬러 오르기도 하고, 천천히 흐르거나 잠시 고여 있는 물에서 소금쟁이가 둥글게 물무늬를 그리며 헤엄을 치기도 했다. 저물녘에는 다슬기가 돌 아래쪽에서 서서히 기어 나오고, 가끔 뱀이 나타나 나를 위협하며 지나가기도 했다. 냇가에는 여뀌꽃이나 물봉선화, 궁궁이와 강아지풀 등 수많은 풀들이 있었다. 나는 그 물풀 어디쯤 서서 흐르는 물을 보면서 생각했다. 저 물은 어디서 흘러와 어디로 가는가. 흐름의 끝에는 또 어떠한 흐름이 있는가.

우리는 물이 모든 사물의 근원을 이루고 있다는 것을 잘 안다. 유년의 나무뿌리는 수원을 찾아 길을 나서며, 그리하여 빨아올린 물은 물관을 통해 가지를 타고 올라가 잎으로 전달된다. 햇살에 반짝이는 그 푸른 나뭇잎도 결국 물이 만들어 낸 역사다. 이렇게 보면 세계는 온통 물이다. 그의 변신은 수증기처럼 기체가 되어 상승하기도 하고, 냇물처럼 액체가 되어 높은 곳에서 낮은 곳으로 하강하기도 하고, 얼음처럼 고체가 되어 멈추어 서기도 한다. 젖소가 먹어 젖이 되기도 하고, 독사가 먹어 독이 되기도 한다. 이처럼 물은 양극단에 서서 모순 구도를 만들어 내기도 하지만, 물 스스로는 자신의 본질을 잠시도 잊은 적이 없다.

물의 변신은 정신 작용과 결부되면서 수많은 비유의 옷을 입는다. 문학은 이로써 매우 다양한 층위의 물 이미지를 수용할 수 있었다. 위에서 언급한 한용운의 물은 잔잔하고, 박하은의 물은 경쾌하다. 전자는 절대자의 노랫소리이고, 후자는 사유의 확산이다. 그러나 둘은 모두 물로 표현되어 있다는 데 유의할 필요가 있다. 같은 물이면서도 다른 물이고, 다른 물이면서도 같은 물이다. 이러한 까닭에 동요 〈옹달샘〉은 깊은 산속의 맑은 물이 토끼와 어울려 생태학적 논리로 해석될 수 있고, 소설 〈탁류〉는 1930년대의 타락한 사회상을 풍자할 수 있었다. 모두가 물을 소재로 한 작품들이다.

물은 모든 사물의 근원을 이루고 있으므로 시간과 공간의 속박을 받지 않는다. 한국문학의 경우 문학사 전체를 관통하면서 나타나고, 구비문학과 한문학, 고전문학과 현대문학 등 전 영역에 걸쳐 주요 소재로 등장한다. 물이 없는 생활은 상상할 수 없으므로, 작가들은 자연스럽게 그들의 작품 속으로 물을 수용해 흐르게 했다. 이러한 사실을 염두에 두고 이 책에서는 한국문학의 물에 관한 상상력을 다루었다. 나의 전공 영역에 따라 조선시대 한문학을 중심에 두면서도 구비문학 등 장르를 넘나들었고, 현대문학도 일부 다루며 시대를 오르내렸다. 한문학 전공자로서 한계가 없을 수 없지만, 물이 지닌 소재적 중요성과 그 보편성을 보이기 위한 조처다.

한국문학과 물에 관한 상상력을 다룬 이 책이, 물이 지닌 '모순의 힘'을 강조하는 데는 특별한 이유가 있다. 물은 작가의 시각에 따라 완전히 다르게 나타나기 때문이다. 예컨대, 이황은 〈도산십이곡〉에서 "流水ᄂᆞᆫ 엇뎨ᄒᆞ야 晝夜애 긋디 아니ᄂᆞᆫ고"라고 하면서 물에서 '영원성'을 보았다면, 황진이는 〈청산리 벽계수야〉에서 "一到滄海 허면 다시 오기 어려워라"라고 하면서 물에서 '순간성'을 보았다. 모두가 흐르는 물이지만, 도학자 이황은 여기서 도의 '항구성'을, 기생 황진이는 인생의 '일회성'을 관찰하였던 것이다. 우리는 여기서 물 이미지가 지닌 모순성을 바로 간파하게 된다. 이것은 삶과 죽음의 문제로 확대되면서 인생이 지닌 모순적 총체를 통찰하게 한다.

이 책의 제1장은 한국문학과 물을 소재사적 측면에서 다루었다. 작가들은 물을 통해 그들의 감정과 사상을 이미지로 나타내고 있었던바, 이는 고대에서 현대까지 지속되고 있다. 천지창조 등의 신화시대는 물론이고 역사시대에 접어들면서도 물은 가장 중요한 문학적 소재로 수용되었다. '색즉시공'이나 '천리/인욕' 등 불교와 유교적 사유도 물 이미지로 설명하였고, 조선시대를 관통했던 도학적 흐름도 물 이미지로 나타냈다. 근대 이후에는 생태 담론을 이끌어 내기도 했다. 바로 이러한 측면에서 물에 대한 인식의 변화는 한국문학사의 흐름과 등치 관계를 형성한다고 할 수 있다. 한국문학사 연구에서 물을 주목하는 이유가 바로 여기에 있다.

제2장은 인간의 탄생, 삶, 죽음, 재생이 물 이미지와 어떤 관계가 있는가 하는 문제를 주로 다루었다. 물은 사물을 창조하기도 하고 파괴하기도 하며, 또한 재창조하기도 한다. 물이 가진 이러한 능력을 인간에게 적용시키면 탄생과 죽음, 그리고 재생이 된다. 이 탄생과 죽음 사이에 우리의 삶이 있다. 작가들은 탄생과 죽음 사이에 서서 물에 대한 문학적 상상력을 다양하게 발휘하였다. 문학이 인간 삶의 다층성을 말과 글을 통해 형상화한 것이라면, 물에 관한 작가의 상상력은 인간의 삶과 밀착되지 않을 수 없다. 탄생과 삶, 죽음과 재생이 인간 존재의 근원적 문제와 결부되어 있다고 볼 때, 물은 이를 나타내는 데 가장 효과적인 물질이라 하겠다.

제3장에서는 물이 지닌 모순의 힘을 다루었다. 물은 생명 그 자체이면서 다른 생명을 살리기도 하고 죽이기도 한다. 대립과 모순이 존재를 구성하는 기본적인 축이라고 볼 때, 인간의 존재 방식 역시 이에 근거해 있다고 하지 않을 수 없다. 물은 이러한 인간의 존재 방식을 표상하는 데 매우 유용하다. 그것은 부드러우면서도 강하고,

단절되면서도 연속되며, 이별과 만남을 동시에 가져다주기도 한다. 때로는 욕망과 성찰로, 때로는 이상과 현실로 등장하기도 하는 등 물은 인간 삶의 다면상을 모순 구도로 보여 준다. 그러나 단순한 모순상(矛盾像)만을 드러내는 것은 물론 아니다. 그 안에 내재된 동질의 힘으로 물이 존재하기 때문이다.

제4장에서는 한국문학 작품에 등장하는 물에 관한 공간 상상력을 구체적으로 다루었다. 이 책에서는 '우물-개울-강하-호수-바다'라는 공간이 소재로 등장하는 작품을 주로 다루었다. 공간에 따라 상상력도 상이하게 나타나고 있기 때문이다. 이것은 삶의 환경과 경험의 과정이 서로 다르기 때문에 가능한 현상이다. 이러한 사실에 착목해서 이 장에서는 '우물-생명', '개울-일상', '강하-소통', '호수-서정', '바다-이상'을 중심으로 각각의 공간과 그 상상력의 행방을 추적하였다. 물론 절대적인 것은 아니지만, 공간에 따른 상상력의 상동성(相同性) 또한 확인할 수 있다는 측면에서 흥미로운 결과라 하겠다.

제5장에서는 문화론적 측면에서의 물을 다루었다. '문화론'은 문화학이 지닌 포괄적 개념을 더욱 구체화한 것으로, 시간과 공간에 따른 차이성을 인정하는 문화에 대한 이론이다. 복합성을 개념의 근원에 두고 있는 문화는 물을 중심으로 구성된다고 해도 과언이 아니다. 여기서는 '음식 문화', '종교 문화', '공동체 문화', '놀이 문화', '생태 문화'를 논의의 대상으로 삼았다. 물은 우리의 생활 문화 깊숙이 들어와 다양한 의미를 확보하고 있다. 이를 인식할 때 우리는 철학에서 보여 주었던 근원성과 항구성과는 달리, 물이 지닌 일상성과 현재성을 생활 속에서 민첩하게 포착할 수 있는 새로운 길을 열게 된다.

이 책은 한국문학과 물에 관한 상상력을 '대대입의(待對立義)에 의

한 모순적 통일성'으로 파악한다. '대대론'은 두 물질이 서로 다르기 때문에 경쟁하고, 서로 다르기 때문에 협동하게 된다는 논리이다. 그러면서도 불변성으로 입의(立義)되어 있다는 것이 '대대입의'이다. 이는 기존의 성리학적 용어인 '이일분수(理一分殊)'와 상통한다. 근원으로 거슬러 오르는 원두(源頭)에 대한 인식과 함께 이일(理一)이 강조되고, 바다로 흘러가면서 다양한 현실을 만나 분수(分殊)가 성립된다. 그러나 그 '분수'로서의 개별자는 다시 '이일'의 보편자를 내포하고 있어, '모순적 통일성'을 유지한다. 이러한 사실은 한국문학 속에 다채롭게 나타난다.

「한국문학에 나타난 물 이미지의 이항대립(二項對立)과 그 의미」(『퇴계학과 한국문화』 48, 경북대학교 퇴계연구소, 2011)를 발표한 이래, 나는 한국문학과 물의 상관성을 꾸준히 탐구해 왔다. 이 과정에서 2014년 한국연구재단의 인문저술지원사업에 '모순의 힘: 한국문학과 물에 관한 상상력'이 선정되었다. 이 책은 바로 그 결과물이다. 2017년 대학원 박사 과정 수업 시간에 원고를 함께 읽으며 제생들과 토론하였다. 이때 참여한 제생은 김동연, 김소연, 전설련, 황명환이다. 특히, 황명환 동학은 이후 한 차례 교정을 보며 글을 다듬어 주었다. 학문의 길에서 만난 이들 후학 동지에게 감사의 마음을 전한다. 이 책의 품격을 제고하기 위해 애쓴 장준이 선생을 비롯한 경북대학교출판부 편집진에게도 감사드린다.

인간의 상상력은 한계를 불허한다. 이 무한한 상상의 세계를 이미지로 나타내는 데 있어 가장 요긴하게 활용될 수 있는 것이 바로 물이다. 물은 어떤 것으로도 변신할 수 있기 때문이다. 그럼에도 불구하고 물은 자신의 본질을 조금도 바꾸지 않는다. 이러한 '불변'과 '변화'를 동시에 갖고 있는 것이 바로 물이다. 불변과 변화를 함께 추구하면서도 통일성을 유지할 수 있는 것은 물에 어떤 힘이 존재하기 때문이다. 이 책에서는 이를 '맑은 힘'이라 부른다. 이 '맑은 힘'은 모순된 둘을 통일시키면서, 그 자신이 맑아 다른 사물을 맑게 하고, 그 자신이 살아 있어 다른 사물을 살게 한다. 이 책이 물의 이러한 역할을 감당할 수는 없겠지만, 두려운 마음으로 대방가(大方家)의 질정을 기다린다.

2019년 5월 1일

오하중마실(梧下重磨室) 주인 **정우락**

목 차

모순의 힘
한국문학과
물에 관한 상상력
Forces of
Contradiction
Imagination
about Water
in Korean Literature

서론

물의 철학, 물의 문학

서론

물의 철학, 물의 문학

한국인의 물에 대한 관심과 그 심미안에는 특별한 점이 있다. 물은 경중에 따라 중수(重水)와 경수(輕水)로 구분되고, 강도에 따라 경수(硬水)와 연수(軟水)로 나뉘며, 성별에 따라 암물과 수물이 되기도 한다. 옛날 한양에는 약을 달일 때 사용하는 백호수(白虎水), 장 담그는 데 사용하는 청룡수(靑龍水), 머리 감는 데 사용하는 주작수(朱雀水) 등이 있었을 만큼 물 문화가 고도로 발달하여 저변화되어 있었다.[1] 이뿐만 아니라 이른 새벽에 제일 먼저 길어 기도할 때 주로 사용했던 정화수(井華水)도 있다. 이와 같이 우리 조상들은 용도에 따라 물을 세분하는 등 물과 관련된 다양한 용어를 생성하여 독특한 물 문화를 이룩해 왔다.

물 문화가 다양하고 깊었으므로 작가들 역시 이와 관련하여 수많은 작품을 쏟아 낼 수 있었다. 물이 샘솟는 원두(源頭)에서 심성을 수양하며 이에 따른 작품을 남기거나, 계류(溪流)를 거슬러 오르며 구

1 이규태, 〈고성 海水〉, 「이규태 코너」, 『조선일보』, 2005년 6월 16일 자 참조.

곡가(九曲歌) 계열의 시가를 짓거나, 강에 배를 띄워 선유시회(船遊詩會)를 열거나, 바다를 중심으로 해양적 상상력을 표출한 것 등이 그 예이다. 그리고 물 자체가 종교의 대상이 되기도 했다. 무엇보다 인류의 문명이 물을 중심으로 형성되었다는 데 주목할 필요가 있다. 물을 매개로 하여 생활이 이루어지고 문화가 형성되었기 때문이다. 삶에서 느끼는 다양한 감정을 일정한 양식에 담아내는 것을 문학이라 할 때, 물은 문학의 대표적인 소재가 아닐 수 없다.

'물'의 어원과 자연 생명력

물은 산소 원자 하나와 수소 원자 둘로 구성된 화학적 결합물로, 분자 구조가 지극히 단순하다. 이 물을 15세기에는 '믈'로 표기하였는데, 우물에 살았다는 용(龍)도 기실 물과 관련되어 있다. 용의 순우리말 '미르'가 물과 그 어원을 같이한다는 점에서 더욱 그러하다. '믈'은 원순 모음화되어 'ㅡ'가 'ㅜ'로 바뀌어 오늘날처럼 '물'로 쓰인다. '블'이 '불[火]'로, '플'이 '풀[草]'로 변한 것도 같은 이치이다. 어원을 연구하는 학자들은 신라어에도 '수(水)'가 '물(勿)'로 나타나는데, 이것은 몽골어의 모렌(mören: 강), 만주어의 무케(mukhe: 물), 퉁구스어의 무(mu: 물)와 같은 계열이라고 한다.

한자 '水'는 물이 흘러가는 모양을 본뜬 상형문자이다. 중국 최초의 어원 사전인 『설문해자(說文解字)』에는 물에 대하여, "물[巛]은 표준이다. 북방으로 향하는 물의 흐름은 여러 줄기가 나란히 흘러가는 것을 묘사한 것으로, 가운데 은미한 양의 기운이 있다."[2]라고 풀이하고 있다. 또 한나라의 학자 유희(劉熙)가 쓴 『석명(釋名)』에서는, "물은

2 『說文解字』第21篇, "巛, 準也. 北方之行, 象衆水竝流. 中有微陽之氣也."

표준이다. 표준은 평평한 것이다. 천하에 물보다 평평한 것은 없다."[3] 라고 하였다. 이러한 생각은 『장자』에도 나타난다. "물이 고요하면 그 밝음이 수염이나 눈썹까지 밝게 비추고, 그 평평함은 표준에 맞아 위대한 장인도 그것을 기준으로 한다."[4]라고 한 것이 그것이다.

그렇다면 물은 무엇 때문에 북(北)과 결합되었을까? 여기에는 물과 관련한 동양인의 우주론적 생성 관념이 내재해 있다. 오행 사상에서 '수'는 북방에 해당하고, 숫자로는 '1'이다. 즉 시원(始原)을 의미한다. 이것은 물의 기원을 설명하는 것이어서 흥미롭다. 오행의 북이 숫자로는 '1'이며, 색으로는 검은색[黑 혹은 玄]에 배당된다. 이 때문에 제사에 쓰는 정화수를 현주(玄酒)라 할 수 있었다. 동양 사상에서는 물의 기원을 '태일생수(太一生水)'라고 하며 우주의 시원을 설명하기도 한다.[5] 다음 자료를 보자.

> [1간] 태일(太一)은 물을 낳고, 물이 돌아가 태일을 돕는다. 이로써 천(天)을 이룬다. 하늘[天]이 돌아가 태일을 돕는다. 이로써 땅을 이룬다. 하늘과 땅이 (다시 서로 돕는다). [2간] 이로써 신명을 이룬다. 신명이 다시 (서로) 돕는다. 이로써 음양을 이룬다. 음양이 다시 서로 돕는다. 이로써 사시를 이룬다. 사시가 [3간] 다시 (서로) 돕는다. 이로써 차가움과 더움을 이룬다. 차가움과 더움이 다시 서로 돕는다. 이로써 습함과 건조함[濕燥]을 이룬다. 습함과 건조함이 다시 서로 도와 한 해가 완성되면 [4간] 마친다.[6]

---

3 劉熙, 『釋名』, "水, 準也, 準, 平也, 天下莫平於水."

4 『莊子』, 「天道」, "水靜則明燭鬚眉, 平中準, 大匠取法焉."

5 『구약성경』「창세기」에서도 우주가 물을 기반으로 창조되었다고 한다. "태초에 하나님이 천지를 창조하시니라. 혼돈하고 공허하며 어둠이 깊은 물 위에 뒤덮여 있고, 그 물 위에 하나님의 영이 휘돌고 있었느니라. 하나님이 이르시되 빛이 있으라 하시니 빛이 있었고, 빛이 하나님이 보시기에 좋았더라."(1:1~4)라고 한 것이 그것이다.

6 郭店 竹簡, 〈太一生水〉, "[一簡]太一生水, 水反輔太一, 是以成天. 天反輔太一, 是以成地. 天地

'태일생수'는 1993년 중국 호북성 형문(荊門) 곽점촌(郭店村)에서 발굴된 죽간(竹簡)에 나타난다. 물의 기원과 우주의 생성 과정을 비교적 자세히 밝히고 있는 자료이다.[7] 이에 따르면 태일이 물을 낳고, 물이 돌아가서 다시 태일을 돕는다. 태일과 물을 시작으로 천지가 이루어지며, 이러한 창조는 상생적 교호 작용에 의한 것이다. 이 자료에서는 태일이 물속에 내포되어 있다[太一藏於水]고 다시 말하여, 창조된 개별자의 물속에 보편자 태일이 본질적으로 함유되어 있다고 했다. 태일이 바로 물의 형이상학적 실체라는 것이다.

물이 없으면 우리는 잠시도 살 수가 없다. 우리의 존재를 가능케 하는 것이 물과 공기와 음식인데, 물은 그 가운데서도 핵심이다. 우리는 여기서 중국 고전에 나오는 '항해(沆瀣, 이슬)'라는 용어를 주목할 필요가 있다. 이것은 북방의 한밤중 기운이 어떤 모습을 갖춘 것으로, 물을 의미하기 때문이다. 즉, 한밤중에 생성되는 순수한 기(氣)의 외현태(外現態)이다. 이 때문에 물은 기의 어머니이자 모든 생명체의 근원으로 인식되었으며, 우주 만물의 운동과 조화를 가능케 할 수 있었다. 여기서 김준태의 〈물웅덩이〉라는 시를 읽어 보기로 하자.

마음속에 하나 갖고 싶어라 물 가장자리에
이름을 몰라도 고운 풀꽃이 자라는 웅덩이
첨벙! 두꺼비 녀석이 고요를 갈라 헤엄치는
소금장수가 물무늬를 놓아 건너가기도 하는

(復相輔)[二簡]也, 是以成神明. 神明復(相)補也, 是以成陰陽. 陰陽復相輔也, 是以成四時. 四時[三簡]復(相)輔也, 是以成仓然(滄熱). 滄熱復相輔也, 是以成濕燥. 濕燥復相輔也, 成歲[四簡]而止."

7 박혜순은 「『태일생수』에 나타난 물과 생명의 관계방식 고찰」(『생명연구』 42, 서강대학교 생명문화연구소, 2016)에서 이에 대해 자세히 논의하였다.

하늘이 하얀 구름으로 얼굴 비비다가 그만
떠날 줄을 모르고 잠들어 버리는 물웅덩이

— 김준태, 〈물웅덩이〉[8]

생명의 원시 형태는 아늑하고 고요하다. 심산유곡의 물웅덩이는 그것의 표상이다. 시인은 이를 인식하면서, 그 가장자리에는 이름 모를 예쁜 풀꽃이 자라고, 두꺼비도 웅덩이에 첨벙 뛰어들어 헤엄을 친다고 했다. 풀꽃은 그 여린 뿌리로, 두꺼비는 그 날렵한 혓바닥으로 부드러우면서도 차가운 물을 빨아들인다. 이로써 동물과 식물은 지상의 우물에서 생명 에너지를 공급받게 된다. 어디 지상뿐이랴. 하늘은 하얀 구름으로 물웅덩이에 내려와 얼굴을 비빈다고 했다. 조그마한 물웅덩이 속에서 우주적 생명력이 어떤 '꿈'으로 성장하고 있었던 것이다.

물의 노래는 영원한 것이다. 물이 영원하기 때문이기도 하지만, 영원을 사랑하는 사람들이 있는 한 그 노래는 끝나지 않는다. 이 때문에 스페인의 시인 가르시아 로르카(Federico García Lorca, 1898~1936)는 〈아침〉이라는 시에서 "그리고 물의 노래는 영원한 것, 그건 들을 익히는 은밀한 즙, 자연의 저 모든 길을 헤매기 위해 영혼을 풀어놓는 시인들의 피"라고 할 수 있었다. 여기서 우리는 물이 지닌 자유를 이해하게 된다. 수증기나 비처럼 승강(昇降)하기도 하고, 개울과 호수처럼 정동(靜動)을 지니기도 하며, 시내와 강하처럼 완급(緩急)이 있고, 찬 샘과 온천처럼 냉온(冷溫)을 갖고 있다. 또한 얼음·물·수증기에서 보듯이 고체·액체·기체를 포괄하는 순환성도 지닌다. 이것은 물이

8 김준태, 〈물웅덩이〉, 『밭詩』, 문학들, 2014.

다양한 모습과 기능을 가진 자유로운 존재라는 뜻이다. 그러나 물은 자신의 본질을 전혀 잃지 않는 불변성이라는 확실한 구심력을 갖고 있는 존재이기도 하다.

동양 철학에서의 물 인식

물은 증발에 의한 상승 작용으로 안개·구름·무지개가 되고, 이것이 다시 하강하며 이슬·비·눈·우박이 된다. 샘[泉]·개울[溪]·시내[川]·강[江]·호수[湖]·바다[海] 등의 자연 공간에서 흐르기도 하고, 모여서 출렁거리기도 하며, 얼어서 얼음이 되기도 한다. 물은 다시 순환하여 우주 전체에 가득하다. 이로써 인간은 전방위적 상상력을 발휘하며 자신의 심리 상태를 물에 비유할 수 있었다. 작가들은 물이 어떤 고정된 개념으로 정의되지 않는다고 생각했다. 프랑스의 소설가 생텍쥐페리(Antoine Marie Roger de Saint-Exupéry, 1900~1944)가 『인간의 대지』에서 언급한 다음 문장은 이를 극명하게 보여 준다.

> 물, 너는 맛도 없고 빛깔도 향기도 없다. 너는 정의할 수가 없다. 너는 알지 못하는 채 맛보는 물건이다. 너는 생명에 필요한 것이 아니라, 생명 그 자체이다. 너는 관능으로 설명하지 못하는 쾌락을 우리 속 깊이 사무치게 한다. 너와 더불어 우리 안에는 우리가 단념하였던 모든 권리가 다시 들어온다. 네 은혜로 우리 안에서 말라붙었던 마음의 모든 샘들이 다시 솟아난다.[9]

여기서 보듯이 생텍쥐페리는, 물은 정의할 수 있는 무엇이 아니

---

9 이어령 편, 『문장대백과사전』, 삼성출판사, 1888, 639쪽 재인용.

라고 했다. 생명에 필요한 것이 아니라 '생명 그 자체'이며, 무한한 의미로 열려 있다고 생각했던 것이다. 물에 대한 이 같은 인식 때문에 역대로 사상가들은 '물'에 입각하여 자신의 생각을 요약하고자 했다. 고대 그리스 철학의 시작을 알렸던 탈레스(Thales, 기원전 640~기원전 545)는 물을 만물의 원리로 생각했고, 동양의 유가나 도가에서도 물에 대하여 특별히 주목하면서, 이를 통해 자신들의 철학적 사유 체계를 명확히 하고자 했다. 물로 자신의 생각을 가장 잘 비유할 수 있었기 때문일 것이다.

유가에서는 사람이 마땅히 갖추어야 할 네 가지 덕을 인의예지(仁義禮智)라 하는데, 물로 이것을 설명하기도 했다. 전국시대(戰國時代) 진(晉)나라 사람인 시교(尸佼, 기원전 390년경~기원전 330년)가 『시자(尸子)』에서 "모든 생명체를 적시며 만물을 통하여 흐르게 하는 것은 인(仁)이요, 맑은 것을 드날리고 흐린 것을 물리치며 더러운 찌꺼기를 쓸어버리는 것은 의(義)요, 부드러우나 함부로 하기 어렵고 약하면서 이기는 것은 용(勇)이요, 강물을 이끌어 하수로 흐르게 하며 나쁜 것을 채우고도 조용히 흐르는 것은 지(智)다."[10]라 한 것이 대표적이다. '예' 대신 '용'을 언급했지만, 사람이 마땅히 지녀야 할 것을 물에 비유하였던 것이다. 이보다 앞서 공자도 물에 대하여 다음과 같이 말한 적이 있다.

> 공자가 동쪽으로 흐르는 물을 살피고 있으니 자공이 물었다. "군자가 큰 물을 보면 반드시 살펴야 한다고 하는데 그 까닭은 무엇입니까?" 그

10 尸佼, 『尸子』, 「君治」, "沐浴群生, 通流萬物, 仁也, 揚清激濁, 蕩去滓穢, 義也, 柔而難犯, 弱而能勝, 勇也, 導江疏河, 惡盈流謙, 智也."

러자 공자가 이렇게 말했다. "쉬지 않고 또 두루 펼쳐져 모든 생명 있는 것을 길러 주면서도 하지 않는 것과 같기 때문이다. 대개 물이 덕(德)과 같다는 것은, 그 흘러가면서 낮은 곳으로 흘러 굴절하면서도 반드시 그 이치를 닦으니 이것은 의(義)와 같고, 넓고 넓은 것이 굽히고 다하는 때가 없으니 이것은 도(道)와 같고, 흘러서 백 길이나 되는 골짜기로 나아가면서도 두려워하지 않으니 이것은 용(勇)과 같고, 일정한 양에 이르면 반드시 평평해지니 이것은 법(法)과 같고, 가득 차게 되면 더이상 받아들이기를 구하지 않으니 이것은 정(正)과 같고, 연약한 듯 유연하여 미세한 곳까지 도달하니 이것은 찰(察)과 같고, 원천에서 출발하여 반드시 동쪽에 도달하니 이것은 지(志)와 같고, 나가고 들어가며 모든 사물을 깨끗하게 하니 이것은 선화(善化)와 같다. 물의 덕이 이와 같기 때문에 군자가 보고 반드시 살피는 것이다."[11]

『공자가어(孔子家語)』「삼서(三恕)」의 일부인데, 『설원(說苑)』「잡언(雜言)」 등에도 다소 변형된 채로 전한다.[12] 자공과 공자가 물에 대해 대화를 나누는 과정에서 공자는 물의 덕을 여덟 가지로 요약한다. 의(義), 도(道), 용(勇), 법(法), 정(正), 찰(察), 지(志), 선화(善化)가 그것이다.

---

11 『孔子家語』 권2, 「三恕」, "孔子觀於東流之水, 子貢問曰, 君子所見大水必觀焉, 何也? 孔子對曰, 以其不息, 且遍, 與諸生而不爲也. 夫水似乎德, 其流也則卑下倨邑, 必修其理, 此似義, 浩浩乎無屈盡之期, 此似道, 流行赴百仞之嵠而不懼, 此似勇, 至量必平之, 此似法, 盛而不求概, 此似正, 綽約微達, 此似察, 發源必東, 此似志, 以出以入, 萬物就以化絜, 此似善化也. 水之德有若此, 是故, 君子見必觀觀."

12 『說苑』, 「雜言」에는 이렇게 되어 있다. "자공(子貢)이 '군자가 큰물을 보면 반드시 관상(觀賞)하는 것은 무엇 때문입니까?'라고 물으니, 공자께서, '물은 군자가 덕에 비유한다. 물이 두루 베풀어 주되 사심(私心)이 없는 것은 덕(德)과 같고, 흘러서 이르는 곳에 만물이 생장(生長)하는 것은 인(仁)과 같으며, 낮은 곳으로 구불구불 굽이져 흘러 모두 일정한 이치를 따르는 것은 의(義)와 같고, 얕은 곳은 흘러 지나가고 깊은 곳은 헤아릴 수 없는 것은 지(智)와 같으며, 백 길[仞]이나 되는 골짜기를 의심 없이 내달리는 것은 용(勇)과 같고, 유약하면서도 미세한 곳까지 도달하는 것은 잘 살피는[察] 것과 같으며, 더러운 물건도 사양하지 않고 받아들이는 것은 어리석은 사람을 포용(包容)하는 것과 같고, 청결하지 못한 상태로 들어가 깨끗하게 되어 나오는 것은 교화(敎化)를 잘하는 것과 같으며, 용량을 헤아려 반드시 공평하게 주입하는 것은 공정(公正)함과 같고, 가득 차도 평미레질을 요구하지 않는 것은 법도(法度)와 같으며, 수많은 굽이를 돌면서 반드시 동쪽으로 흐르는 것은 의지(意志)와 같다. 이 때문에 군자가 큰물을 보면 관상하는 것이다.'라고 하셨다."

〈공자관수도(孔子觀水圖)〉

이같이 물에 대해 다양한 해석이 가능한 것은 물이 사물의 근본을 이루면서도 일정한 형식으로 고정되어 있지 않기 때문이다. 여기에 기반하여 군자는 물을 보면서 스스로를 깊이 성찰할 수 있어야 한다고 했다. 우리는 여기서 물이 무한한 상상으로 열려 있다는 것을 알게 된다. 동양의 지식인들이 물을 통해 인간의 길을 찾고자 했던 이유도 바로 여기에 있었다.

유가는 물에 대하여 다면적으로 이해하고 있었지만 물이 정동(靜動)을 동시에 갖고 있다는 점을 특별히 주목했다. 즉, 동적(動的)인 측면에서 영원성을 읽어 내고, 정적(靜的)인 측면에서 깨끗하고 맑은 속성을 찾고자 했다. 공자가 지혜로운 사람은 물을 좋아하고, 동적이며, 즐길 줄 안다고 한 것이나, 성리학자들이 물과 거울과 마음을 결합시켜 성찰의 도구로 삼고자 한 것이 모두 이 때문이다. 『논어』의 '지자요수(知者樂水)'를 주자가 "지혜로운 사람은 사리에 통달하여 두루 막힘이 없어 물과 유사한 점이 있는 까닭에 물을 좋아한다."[13]라고 풀었던 것도 같은 이치이다. 맹자 역시 물에 대하여 남다른 생각을 갖고 다음과 같이 말한 적이 있다.

> 서자(徐子)가 "중니(仲尼)께서는 자주 물을 칭송하시며, '물이여! 물이여!' 라고 하셨는데, 물의 어떤 점을 취하셨는지요?"라고 물었다. 이에 맹자가 대답했다. "근원이 있는 물은 용솟음치며 흘러나와 밤낮으로 그치지 아니하여 구덩이를 가득 채운 뒤에 앞으로 나아가 바다에 이른다. 근본이 있는 것이 이와 같으니, 여기에서 취한 것이다."[14]

『맹자』「이루장구(하)」에 나오는 말이다. 공자는 『논어』에서 "가는 것이 이와 같구나! 밤낮으로 그치지 않는구나.[逝者, 如斯夫! 不舍晝夜.]"라고 하며 물을 찬미한 적이 있다. 이에 대하여 맹자는 위와 같이 근원이 있기 때문에 그러할 수 있다면서, 이로써 구덩이를 채우고 마침내 사방의 바다로 나아갈 수 있다고 했다.[15] 그리고 이것을 사람에 비유하여 학자들은 자신의 학문적 근본을 튼튼히 해야 한다고 강조하였다. 이러한 근본이 있으면 점점 나아가 마침내 지극한 경지에 이르게 된다는 것이다. 우리는 여기서 유가들의 물 인식이 '근원성(根源性)'과 '영원성(永遠性)'에 기반을 두고 있다는 것을 알게 된다. 특히 성리학자들은 그들이 제시하는 주요 개념들을 즐겨 물에 비유하였다. 물과 마음이 어떤 상관관계하에 놓여 있다고 보았기 때문이다.

---

13 『論語』, 「雍也」, 朱子註, "知者, 達於事理而周流無滯, 有似於水, 故樂水."

14 『孟子』, 「離婁」, "徐子曰, 仲尼亟稱於水, 曰, 水哉! 水哉! 何取於水也? 孟子曰, 原泉混混, 不舍晝夜, 盈科而後進, 放乎四海. 有本者如是, 是之取爾."

15 맹자가 「盡心章句(上)」에서 "흐르는 물이란 웅덩이를 채우지 않으면 나아가지 못한다."라 한 것도 같은 이치이다.

> 고자가 말하였다. "인간의 본성은 여울물과 같아서, 동쪽으로 터 주면 동쪽으로 흐르고 서쪽으로 터 주면 서쪽으로 흐른다. 인간의 본성이 선(善)과 불선(不善)의 구분 없는 것은 마치 물이 동서(東西)의 구분 없이 흐르는 것과 같다." 맹자께서 말씀하셨다. "물은 진실로 동서의 구분 없이 흐르는 것이 사실이지만, 상하(上下)의 구분도 없이 흐르는가. 인간의 본성이 선한 것은 물이 아래로 흐르는 것과 같다. 인간 가운데 본성이 선하지 않은 사람은 없으며, 물은 아래로 흐르지 않는 경우가 없는 것이다. 지금 물을 쳐서 튀어 오르게 하면 이마 위로 튀어 오르게 할 수도 있고, 물길을 막아 거슬러 흐르게 하면 산 위에 있게 할 수도 있다. 하지만 이것이 어찌 물의 본성이겠는가. 형세에 의해 일시적으로 그렇게 된 것이다. 인간이 불선(不善)을 하게 되는 것도 그 성격이 또한 이와 같은 경우이다.[16]

『맹자』「고자장구(상)」에서 인간의 마음, 즉 본성을 물에 비유해 말한 것이다. 여기서 고자는 인간의 성은 여울물 같아서 터놓는 곳에 따라 흐른다고 하면서, 본성에는 선불선(善不善)이 존재하지 않는다고 보았다. 즉, 인간은 주변 환경에 따라 선해지기도 하고 악해지기도 한다는 성무선악설(性無善惡說)을 주장하였다. 이에 맹자는 모든 물이 아래로 흐르는 것에 주목해야 한다고 하면서 성선설(性善說)을 주장하였다. 물을 치면 튀어 오르는 것은 세가 그렇게 만든 것이고, 인간의 악한 행위 또한 외부 자극에 의한 것일 뿐 인간의 본성은 선하다는 것이다. 이처럼 고자와 맹자가 물을 통해 인간의 본성을 설

16 『孟子』,「告子章句(上)」, "告子曰, 性猶湍水也, 決諸東方則東流, 決諸西方則西流. 人性之無分於善不善也, 猶水之無分於東西也. 孟子曰, 水信無分於東西, 無分於上下乎? 人性之善也, 猶水之就下也. 人無有不善, 水無有不下. 今夫水, 搏而躍之, 可使過顙, 激而行之, 可使在山. 是豈水之性哉? 其勢則然也. 人之可使爲不善, 其性亦猶是也."

명하려 한 것은 물이 인간의 다양한 마음을 가장 잘 형용할 수 있는 물질이기 때문이었다. 『근사록』의 다음 자료도 함께 읽어 보자.

> 무릇 사람들이 말하는 성(性)은 단지 '그것을 계승하는 것이 선이다.'라고 말한 것일 뿐이다. 맹자가 '성은 선하다.'라고 말할 때의 성이 바로 이것이다. 대개 이른바 '그것을 계승한다는 것이 선이 된다.'라는 것은 물이 흘러 아래로 내려가는 경우와 같다. 모두 물이지만 흘러서 바다에 이르도록 끝까지 더러워지지 않는 것이 있으니, 이런 경우에는 어찌 번거롭게 인위적인 노력을 할 필요가 있겠는가. 멀리 흐르지도 않아서 이미 점점 탁해지는 경우도 있고, 매우 멀리까지 간 후에야 탁해지는 경우도 있다. 많이 흐린 것도 있고 적게 흐린 것도 있다. 맑고 탁한 것은 다르지만 탁한 것이라고 해서 물이 아니라고 할 수는 없다.[17]

이것은 인간의 본성을 물에 비유해 말한 것이다. 즉, 인간의 본성은 물과 마찬가지로 시간이 지나도 흐려지지 않는 것도 있고 그렇지 않은 것도 있는데, 탁해진 것 역시 본성을 함유하고 있다는 것이다. 이 때문에 민첩하고 용감하게 힘을 쓰면 빨리 깨끗해지고, 느리고 태만하면 늦게 깨끗해지는데, 그 깨끗함에 이르러서는 단지 처음의 물이 된다. 맑은 것을 가져와서 탁한 것과 바꾼 것이 아니라는 말이다. 이는 물이 맑은 것을 그 본질로 하듯이, 인간의 마음 역시 선한 것을 그 본질로 한다는 의미이다.[18]

---

17 『近思錄』 권1, 「道體」, "凡人說性, 只是說繼之者善也. 孟子言性善是也. 夫所謂繼之者善也者, 猶水流而就下也. 皆水也, 有流而至海, 終無所汚. 此何煩人力之爲也. 有流而未遠, 固已漸濁, 有出而甚遠, 方有所濁. 有濁之多者, 有濁之少者. 淸濁雖不同. 然不可以濁者不爲水也."

18 『近思錄』 권1, 「道體」에 "'마음에 선악이 있습니까?'라고 묻자, 이천 선생이 '하늘에 있으면 명(命)이라 하고 사물에 있으면 이(理)라 하고 사람에 있으면 성(性)이라 하고 몸에 주장하면 마음이라 하니, 그 실제는 하나다. 마음은 본래 선(善)하나 사려(思慮)에 나타나면 선(善)이 있고 불선(不善)이 있으니, 만약 이미 발했다면 정(情)이라 이를 수 있고 마음이라 일러서

물은 또한 그 속성이 투명하여 세척의 효과가 있다. 이것이 마음에 적용되면 세심(洗心)의 논리로 확장된다. 이 때문에 하수일(河受一, 1553~1612)은 〈덕천서원세심정기(德川書院洗心亭記)〉를 써서, "대저 물은 그 성질이 맑아 더러운 것은 씻으면 깨끗해지고, 검은 것은 빨면 희어지기 때문에 시내를 누르고 정자를 세운 것은 장수(藏修)하는 이로 하여금 답답함을 풀고 호연(浩然)한 기개를 함양하게 하고자 함이다. 그리고 물로 인해 이름을 지은 것은 유식(遊息)하는 이로 하여금 그것을 보고 자기를 반성하여 일일신(日日新)하고 우일신(又日新)하게 하고자 한 것이다."[19]라고 할 수 있었다.

그렇다면 도가에서는 물을 어떻게 인식하였을까? 이들은 물의 정적(靜的)인 측면에 주목하면서 물이 지닌 '유연성(柔軟性)'과 '겸하성(謙下性)'을 강조하였다. 우리는 흔히 도가를 물의 철학을 지닌 이들이라 생각한다. 물의 부드러움이 마침내 강함을 이긴다고 보았기 때문이다. 이로써 노자는 『도덕경』에서, "가장 선한 것은 물과 같다. 물은 만물을 이롭게 하면서도 다투지 않고, 모든 사람들이 싫어하는 곳에 거한다. 그러므로 도에 가깝다."[20]라고 할 수 있었다. 물이 지닌 부쟁(不爭)과 처하(處下)의 성질을 동시에 읽어 내었던 것이다. 『회남자』에서는 물을 도(道)와 결부시켜 더욱 적극적으로 이해하고 있다.

(가) 성인의 고요함은 고요함이 좋기 때문에 고요한 것이 아니다. 만물이 그

는 안 된다.'라고 하셨다. …… 비유하면 물을 다만 물이라 이를 수 있으나 흘러서 물줄기가 되어 혹 동쪽으로 흘러가고 혹 서쪽으로 흘러가는 것은 물이라 하지 않고 흐름이라 이르는 것과 같다."라고 한 것도 물을 같은 입장에서 비유한 것이다.

19 河受一, 〈德山書院洗心亭記〉, 『松亭集』 권4, "今夫水其性清, 汚者滌之潔, 黑者濯之白, 故壓流抗亭, 欲使藏修者宣暢湮鬱, 善養吾浩然之氣也. 因水命額, 欲使遊息者觀物反己, 日日新又日新也."

20 『老子』 8章, "上善若水, 水善利萬物而不爭, 處衆人之所惡, 故幾於道."

마음을 어지럽히지 못하기 때문에 고요한 것이다. 물이 고요해지면 수염과 눈썹도 밝게 비출 수 있고, 그 평평함이 표준에 맞으면 훌륭한 장인도 그것을 모범으로 삼는다. 물이 고요함으로써 밝게 되거늘 하물며 성인의 마음이 고요함이야 어떠하겠는가? 그것은 천지를 비추는 거울이요 만물을 비추는 거울이다.[21]

(나) 무릇 형체가 없는 것은 사물의 시조이고, 소리가 없는 것은 소리의 대종(大宗)이다. 그 아들은 빛이 되고 그 손자는 물이 되는데, 이 모든 것은 무형에서 탄생한다. 무릇 빛은 볼 수 있지만 잡을 수 없고, 물은 따를 수는 있지만 훼손시킬 수 없다. 이 때문에 형상이 있는 것으로는 물보다 존귀한 것이 없다.[22]

노자가 '상선약수(上善若水)'라며, '도에 가깝다.'[23]라고 하자, 장자는 물의 고요한 성질을 들어 (가)와 같이 성인의 내심(內心)을 반추할 수 있는 도구라며 물을 더욱 철학화하였다. 무형은 유형의 근거가 되고, 무음은 유음의 바탕이 된다고 했다. 형체가 있고 소리가 있으면 이미 고정된 것이어서 사물과 소리의 근원을 이루지 못한다. 이런 생각에 입각해서 무형과 무음 사이에서 태어난 최초의 아들이 빛이며, 빛의 아들이 물이라고 했다. 즉, 물은 형상을 갖춘 물질로 빛을 아버지로 한다는 것이다. 형상이 있으므로 만질 수 있지만, 고정된 모습을 갖고 있지 않으므로 수많은 사물 속으로 들어가 그 사물의 존재를 가능케 한다. 생각이 여기에 닿자 회남자는 (나)에서처럼

21 『莊子』, 「天道」, "聖人之靜也, 非曰靜也善, 故靜也. 萬物, 無足以鐃心者, 故靜也. 水靜則, 明燭鬚眉, 平中, 準大匠取法焉. 水靜猶明, 而況精神, 聖人之心靜乎? 天地之鑒也, 萬物之鏡也."

22 『淮南子』, 「原道訓」, "夫無形者, 物之大祖也, 無音者, 聲之大宗也. 其子爲光, 其孫爲水, 皆生於無形乎! 夫光可見而不可握, 水可循而不可毁, 故有像之類, 莫尊於水."

23 『老子』 8章, "水善利萬物而不爭, 處衆人之所惡, 故幾於道."

"형상이 있는 것으로는 물보다 존귀한 것이 없다."라고 말할 수 있었다. 그는 여기서 도(道)의 얼굴을 본 것이다.

유가와 도가는 물에 대한 인식이 다르고, 이에 따라 지향을 달리한다. 유가에서는 물의 '근원성'과 '영원성'에 주목하면서 이를 통한 성찰을 강조했다면, 도가에서는 '유연성'과 '겸하성'에 초점을 두면서 물을 통해 도의 모습을 보고자 했다. 물에 대한 이러한 인식은 우리 인식의 편폭을 확장하는 구실을 한다. 물은 어떤 고정된 형태를 갖추고 있지 않기 때문에 멈추기도 하고 흐르기도 하며, 수증기로 상승하기도 하고 비가 되어 다시 내리기도 한다. 그러나 형체를 달리하고 기능 또한 서로 다르지만 모든 것이 물이다. 이는 물이 수많은 형태로 모습을 달리하며 다양한 것을 받아들이지만 자신이 지닌 고유성은 일관되게 유지하고 있다는 것을 의미한다.

물의 문화, 사람의 문화

물의 일생은 사람의 일생과 유사하다. 깊은 산골의 옹달샘에서 태어난 물은 실개천을 지나며 가재와 물고기를 키우고 나무뿌리를 적시며 숲을 이룬다. 맑으면서도 경쾌하게 흘러 논과 마을로 흘러들어 수많은 사람들을 살아가게 한다. 이 과정에서 논의 벼들과 사귀기도 하고 공장지대 오·폐수와 몸을 섞기도 한다. 여울목을 빠르게 지나가던 물은 강이 되어 완만히 흐르다가 때로는 깊은 호수의 바닥에 잠기기도 한다. 그리하여 마침내 바다에 도달하면 흐르기를 멈추고 바람을 만나 출렁거린다.

사람은 양수 속에서 탯줄을 통해 산소와 영양분을 공급받다가 비로소 세상에 태어난다. 그리고 맑고 순수한 꿈을 꾸며 유년 시절을 보낸다. 이때는 개울물처럼 경쾌하다. 사춘기가 되면 여울목처럼 빠르게, 폭포처럼 거세게 흐르기도 한다. 청장년이 되면 사회를 만나 깊은 고민에 빠진다. 이때 기성 사회의 때를 묻히기도 하고 불의에 저항하기도 하면서 독자적인 세계를 구축한다. 이후 강의 하구와 같은 완만함 속에서 노년을 보내다 마침내 광대한 바다처럼 알 수 없는 죽음에 이르게 된다.

물은 낮은 곳으로 흘러 바다를 이루고 사람들은 시간의 흐름 속에서 죽음을 맞는다. 물은 수증기, 구름, 비를 거쳐 땅속으로 스며든 다음 다시 샘이 되어 개울로 흐른다. 그러나 사람은 죽음 이후에 대하여 알지 못한다. 저마다의 논리로 설명할 뿐이다. 생사를 기(氣)의 이합(離合)으로 보는 유교에서는 사람이 죽으면 혼(魂)은 하늘로, 백(魄)은 땅으로 돌아간다고 했다. 이에 비해 불교에서는 아예 윤회를 내세운다. 유교의 이합과 불교의 윤회가 존재에 대한 이해 방식은 서로 다를지라도 인간이 우주론적 순환 체계 속에 있다고 본 것은 동일하다. 물과의 상관성 속에서 이야기되는 재생의 상상력도 이 때문에 가능한 것이다.

사실 우리 민족사도 물로 시작한다. 민족의 시원을 알리는 단군신화에 따르면, 환웅이 태백산 신단수로 내려올 때 풍백(風伯)과 우사(雨師)와 운사(雲師)를 데리고 왔다고 한다. 모두가 물을 주관하는 신의 이름이다. 이를 바탕으로 농사를 지어 민족의 역사를 가능케 하였다. 일제강점기, 민족의 독립을 목놓아 외쳤던 이육사(李陸史, 1904~1944), 그도 저 유명한 〈광야〉라는 시를 지어 물로 시작하는 민족의 시원을 알리지 않았던가. "끊임없는 광음을, 부지런한 계절이 피어선 지고, 큰 강물이 비로소 길을 열었다."라고 한 것이 그것이다. 광음이라는 거대한 시간 속에서 큰 강물이 길을 열어 우리 민족사가 비로소 시작되었다는 것이다.

생활 문화도 물의 확보에서 출발한다. 이 때문에 집을 짓거나 마을을 조성할 때 가장 먼저 찾았던 것이 물이다. '풍수(風水)'가 '장풍득수(藏風得水)'의 줄임 말이라는 데서도 알 수 있듯이, 사람들은 바람을 막고 물을 얻을 수 있는 곳을 찾아 그곳에 터를 잡았다. 배산임수(背山臨水)도 이 과정에서 마련된 입지 조건이다. 이러한 사정에 입각하여 이규경(李圭景, 1788~?)은 〈양택기지변증설(陽宅基址辨證說)〉에서 이중환(李重煥, 1690~1756)의 말을 빌려 "가장 먼저 수구(水口)를 살피고, 그다음은 들판의 형세[野勢], 그다음은 산의 모양[山形], 그다음은 땅의 색깔[土色], 그다음은 적절한 물[水理], 그다음은 앞산과 앞 냇물[朝山朝水]을 살펴야 한다."[24]고 했다. 물은 이 가운데 세 번이나 강조되는데, 생활 문화의 기초가 되기 때문이다.

우물은 생명과 신성성을 동시에 갖고 있다. 사람이 물을 먹고 살기 때문이기도 하지만, 아예 우물에서 생명이 탄생하기도 한다. 이러한 측면에서 우리 역사에서 최초의 문화적 의미를 발견할 수 있는 곳은 나정(蘿井)이다. 신라의 시조 박혁거세가 이곳 나정에서 태어났다는 전설을 갖고 있기 때문이다. 그리고 알영정(閼英井)에 사는 용의 왼쪽 옆구리에서 태어난 알영 부인은 혁거세의 비(妃)가 된다. 이처럼 혁거세와 그의 비 알영의 탄생이 우물과 관련이 있고, 이 우물이 마르지 않는 것처럼 신라 또한 영원하기를 간절히 희망했던 것이다.

우물에서 국가를 건설하는 건국주가 탄생하기도 하지만, 인간이 마을을 이루며 집단 생활을 할 때도 물은 중심이 되었다.[25] 마을의

---

24 李圭景, 〈陽宅基址辨證說〉, 『五洲衍文長箋散稿』, "必先看水口, 次看野勢, 次看山形, 次看土色, 次看水理, 次看朝山朝水."

25 중국의 경우 물을 종족 이름으로 사용하기도 한다. 56개 소수민족 가운데 하나인 수족(水族)이 그것이다. 이 민족은 귀주성(貴州省) 삼도수족자치현(三都水族自治縣)에 살며 인구는 약 40만 7천 명이다. 수어(水語)를 사용하고 수서(水書)라는 문자를 가지고 있다. 수서는 상형

공동 샘은 이것을 가장 명시적으로 보여 준다. 보통 샘을 중심으로 한 집 두 집 모여 살다가 마을이 이루어지는데, 샘은 마을 여인들이 정보를 교환하는 소통 공간으로 발전하기도 한다. 물을 길어 집으로 가져와 물두멍에 저장하기도 하고, 샘물이 흘러넘치는 곳에는 빨래터가 만들어지기도 했다. 근대 문명이 발달하면서 수도가 집 안으로 들어와 개인화 과정을 거치기 전까지는 우물이 마을의 문화를 생성하는 중요한 공간이었던 것이다. 일찍이 장현광(張顯光, 1554~1637)은 다음과 같이 말한 적이 있다.

> 아, 물이라 물이라고 말하나 그 크고 작고 깊고 얕음이 어찌 다만 십 배, 백 배, 천 배, 만 배일 뿐이겠는가. 내 평소 물을 본 것이 가두어 놓은 물로는 작은 것은 우물이고 큰 것은 연못일 뿐이었으며, 흐르는 물로는 작은 것은 시냇물이고 큰 것은 강하(江河)일 뿐이었다. 나는 '가두어 놓은 물로는 연못보다 큰 것이 없고 흐르는 물로는 강하보다 큰 것이 없다'고 여겼는데, 이제 바다에 나와 보니 연못과 강하가 모두 다시는 내 눈에 큰 물이 될 수 없었다. 똑같은 물인데도 서로 비길 수 없음이 이와 같단 말인가. 그러나 이 바다가 이렇게 크고 이렇게 깊은 까닭을 생각해 보면 작은 물줄기를 가리지 않고 모으고 모아 이에 이른 것이다. 그러므로 만약 그 근원을 찾는다면 이 바다는 곧 강하와 시냇물인 셈이다. 그러므로 물의 신(神)에게 제사하는 자들이 하수(河水)를 먼저 하고 바다를 뒤에 함은 이 때문이다.[26]

(象形), 회의(會意), 가차(假借)의 형태로 된 글자 1,400여 자가 남아 있다.

26 張顯光, 〈觀海說〉, 『旅軒集』 권4, "噫! 水云水云, 其大小深淺, 豈特什百千萬哉? 余平日之觀水也, 於瀦則小而井湫, 大而池澤而已. 於流則小焉溪澗, 大焉江河而已. 以爲水之瀦者, 無大於池澤, 水之流者, 無大於江河, 今乃卽海而觀焉, 則池澤江河, 皆不得復爲水於吾目中矣. 同是水也, 而其不相侔如是夫. 雖然, 究此海之所以爲是大是深, 則以其能不擇細流, 積之積之, 以至於是乎. 若究其源, 則卽是江河與溪澗也. 故祭於水者, 先河而後海, 其以此也."

요산요수(樂山樂水)를 통해 인지(仁智)를 배우고자 했던 유학자들은 물을 특별히 중시하였다. 이 때문에 위의 예문에서 보듯이 근원을 중시하며 바다보다 하수(河水)에 먼저 제사하는 문화를 언급할 수 있었다. 물은 우물과 연못, 시냇물과 강하로 존재하면서, 거대한 바다는 작은 물줄기를 가리지 않고 받아들인다고 했다. 그러나 바다에서 그 근원을 탐구하고자 했으므로, 바다 또한 강하와 시냇물이라고 했다. 이러한 사유에서 촉발되어 발생한 성리학자들의 문화가 바로 구곡문화(九曲文化)이다. 물을 거슬러 오르며 물의 근원을 통해 심성의 근원을 찾고자 했기 때문이다.[27]

개울이 모여 강이 되고 강이 모여 바다가 된다. 강과 바다를 이루는 물은 여기에 합당한 또 다른 문화를 생성한다. 넓은 들판이 강을 따라 생기고, 국제관계 속에서 발생하는 해양 문화가 바다를 중심으로 이루어진다. 우리는 여기서 물이 만들어 내는 다양한 문화 체계를 이해하게 된다. 그것은 물이 자연 생명력의 근원이지만, 그것을 훨씬 뛰어넘어 인간으로 하여금 다양한 문화를 창출케 하기 때문이다. 일찍이 고재종은 〈날랜 사랑〉에서 충일한 자연 생명력을 노래한 바 있다. 그는 산란기를 맞아 좀 더 맑고 푸른 상류로 발딱발딱 배를 뒤집어 차고 오르는 은피라미 떼를 보면서, "저 날씬한 은백의 유탄에 봄 햇살 튀는구나."라고 노래하였다. 생태 문화에 대한 자각은 바로 이러한 측면에서 출발한 것이다.

27 구곡원림의 조성과 이에 따른 구곡 문화는 이 책의 제4장 2절, '개울, 일상의 발견'에서 구체적으로 다루기로 한다.

물의 문학과 그 연구

사상가들만 물을 중시한 것은 아니다. 작가들에게도 물은 더없이 중요한 작품 소재로 활용되었다. 작가들은 물을 통해 다양한 물질적 상상력을 발휘하였던바, 그것은 기본적으로 물이 지닌 고유한 성격과 관련된 것이었다. 흘러 움직이면서도 잠겨 고요하며, 유약한 듯하면서도 무엇보다 강하다. 또한 수직으로 상승하여 구름이 되어 하늘을 떠돌다가 하강하여 비나 눈으로 내리기도 하고, 수평으로 이 언덕과 저 언덕 사이를 끊어 놓기도 하지만 동시에 양안(兩岸)을 이어 배를 통해 사람들을 오가게 한다.

물에 관한 문학적 논의는 물이 하나의 중요한 의상(意象)으로 작용하기에 활발하게 진행되었다. 의상은 객관적 사물과 주관적 정서가 통일을 이루면서 만들어 낸 것이라 할 수 있는데, 어떤 사물의 상(象)에다 의(意)를 기탁하여 감정을 감지할 수 있는 형상부호로 바꾼 것이다. 물은 그 본성을 바꾸지 않으면서도 수많은 형상을 만들어 낼 수 있기 때문에, 작가는 자신의 다양한 감정을 물을 통해 표상할 수 있었다. 즉, 물은 상형(常形)이 존재하지 않지만 상리(常理)를 유지하고 있는 것이다. 이렇게 보면 물은 인간의 정서를 가장 다양하게 기탁할 수 있는 대표적인 물질이라 하지 않을 수 없다. 우선 다음의 시조 두 수를 보자.

(가) 靑山은 엇뎨ᄒᆞ야 萬古애 프르르며
流水ᄂᆞᆫ 엇뎨ᄒᆞ야 晝夜애 긋디 아니ᄂᆞᆫ고
우리도 그치디 마라 萬古常靑ᄒᆞ리라

— 이황, 〈도산십이곡(陶山十二曲)〉[28]

28 李滉, 〈陶山十二曲〉 言學 第5曲.

(나) 山은 녯 山이로되 물은 녯 물이 아니로다
　　晝夜에 흐르거든 녯 물이 이실소냐
　　人傑도 물과 깃도다 가고아니 오ᄂᆞᆫ또다

— 황진이, 〈산은 녯 산이로되〉[29]

앞의 시조 (가)는 성리학자 이황(李滉, 1501~1570)의 것이고, 뒤의 시조 (나)는 기녀 황진이(黃眞伊, 1506년경~1567년경)의 것이다. 우리는 여기서 같은 물이지만, 이에 관한 상상력이 얼마나 다른지를 바로 확인할 수 있다. 이황은 물이 주야에 그치지 않고 영원히 흐른다고 했고, 황진이는 물이 흘러가 돌아오지 않는다고 했다. 이황이 물을 통해 불변하는 도 내지 진리를 인식하며 학문적 탐구를 지속하고자 했던 반면, 황진이는 물을 통해 가변적인 정 내지 사람을 인식하며 사랑이라는 생명 활동을 지속하고자 했다. 불변과 변화, 영원과 순간이 물을 통해 동시에 읽히면서, 이황과 황진이는 자신들이 처한 신분적 상황이나 세계관적 지향점을 서로 다르게 표출하였던 것이다.

우리는 여기서 소식(蘇軾, 1037~1101)의 〈전적벽부(前赤壁賦)〉를 떠올리게 된다. 그는 이 작품에서, "그대는 또한 저 물과 달에 대하여 아는가. 가는 것이 이와 같지만 일찍이 가 버린 적이 없고, 차고 비는 것이 저와 같지만 마침내 사라지거나 커지는 일이 없다. 대저 장차 그 변하는 이치로부터 본다면 곧 천지가 일찍이 한순간도 그대로일 수 없고, 그 변하지 않는 이치로 본다면 사물과 자아가 다함이 없으니 또 무엇을 부러워하겠는가."[30]라고 하였다. 그러니까 이황과 황진

29 李衡祥, 『瓶窩歌曲集』 541번 작품.
30 蘇軾, 〈前赤壁賦〉, 『古文眞寶(後集)』 권8, "客亦知夫水與月乎? 逝者如斯, 而未嘗往也, 盈虛者如彼, 而卒莫消長也. 蓋將自其變者而觀之, 則天地曾不能以一瞬, 自其不變者而觀之, 則物與我皆無盡也, 而又何羨乎?"

이는 물에 대한 이해의 관점이 달랐던 것이다.

물에 대한 인문학적 관심은 이가림이 가스통 바슐라르(Gaston Bachelard, 1884~1962)의 *L'Eau et les Rêves*를 『물과 꿈』(문예출판사, 1980)으로 번역 소개하면서 증폭되어, 주로 철학 방면이나 문화학 방면에서 연구가 이루어졌다. 홍윤호의 『물의 과학과 미학』(전남대학교출판부, 2010), 최정호 편의 『물과 한국인의 삶』(나남출판, 1994), 김추윤의 『물의 문화』(당진문화원, 2001) 등의 저서와 김창경의 「중국 선진제가에 나타난 물과 바다의 이미지」(『동북아문화연구』 10, 동북아시아문화학회, 2006), 이안나의 「한국과 몽골의 물 상징성에 대한 비교 고찰: 구비문학과 민속을 중심으로」(『한민족문화연구』 20, 한민족문화학회, 2007) 등의 논문이 그러한 것이다.

기존의 연구를 일별해 보면, 현대문학 연구자가 고전문학 연구자보다, 고전문학 연구자가 한문학 연구자보다 물에 대해 관심을 더 보였다. 이것은 현대문학 분야의 연구자들이 문학에 대한 상징성 연구를 많이 해 온 결과이며,[31] 물은 작가가 자신의 사상을 가장 자유롭고 다양하게 나타낼 수 있는 대표적인 물질이기 때문이었던 것으로 보인다. 현대시의 경우 서정성 혹은 자연의 표상성을 나타내는 대표적 소재로 물을 주목하였고, 현대소설의 경우 물 이미지가 갖는 현실성과 여성성 등에 두루 관심을 갖고 물의 상상력을 관찰했다. 특히 주목할 만한 것은 근대 이후의 작가들은 그들이 문제적으로 자각하고 있는 '현실' 내지 '사회'를 물과 결부해서 이해하고자 했다는 점이다.

31 대표적인 업적을 들면 다음과 같다. 배한봉, 「현대시의 물 상상력에 나타난 노자적 사유 연구」, 『비교한국학』 22, 국제비교한국학회, 2014; 이신조, 「여성소설에 나타난 '물의 이미지' 연구: 김채원, 오정희의 단편소설을 중심으로」, 명지대학교 대학원 석사학위 논문, 2001; 최동호, 『한국 현대시와 물의 상상력』, 서정시학, 2010; 한명옥, 「오정희 소설에 나타난 '물'의 의미 연구」, 한남대학교 교육대학원 석사학위 논문, 2004.

고전문학의 경우 설화가 중심이 되었으며,[32] 한문학의 경우 한시가 중심이 되었다.[33] 특히 설화에서는 우주의 생성이나 인간의 탄생에 있어 물이 중요하게 작용하기 때문에 이와 관련된 이야기에 물이 다양하게 등장한다. 한국과 중국의 창세 및 건국 신화 속에 나타나는 물 숭배의 관념이나 우주 창조 신화의 화소에 등장하는 물의 표징(表徵) 연구는 모두 이러한 측면에서 이루어진 것이다. 한시의 경우에는 양반 사대부들이 중심이 되어 창작한 것이므로 물을 성찰의 도구로 인식한 경우가 많다. 물이 그 반사성으로 인해 거울의 역할을 대신하기 때문에 발생한 당연한 귀결이다. 이로써 물은 거울과 함께 인간의 심성을 상징하는 대표적인 물질이 될 수 있었다.

물은 현대문학과 고전문학, 혹은 문학과 여타 예술 분야에서 융합적 관점으로 연구되기도 했다.[34] 이 분야 연구에서 커다란 진전을 보이고 있다고 할 수는 없지만, '바다'라는 한정된 소재로 관찰한 것이 있어 그 가능성을 엿볼 수 있다. 고전문학 전 장르를 통합적으로 연구한 최재남과 정우락의 연구, 설화와 현대시를 융합적으로 논의

32 대표적인 업적을 들면 다음과 같다. 김무조, 「물 說話攷」, 『論文集』 4, 경성대학교, 1983; 김은자, 「고전시가에 나타난 '물'의 연구 試考」, 『한국시가문학연구』, 신구문화사, 1983; 김정진, 「단양설화의 물의 상징성 연구」, 『지역문화연구』 3, 세명대학교 지역문화연구소, 2004; 이안나, 「한국과 몽골의 물 상징성에 대한 비교 고찰: 구비문학과 민속을 중심으로」, 『한민족문화연구』 20, 한민족문화학회, 2007; 조태성, 「고시조에 구현된 물[水]의 심상」, 『시조학논총』 29, 한국시조학회, 2008.

33 대표적인 업적을 들면 다음과 같다. 金廷珉, 「松江의 漢詩 硏究: 自然 素材를 中心으로」, 『語文論集』 36, 중앙어문학회, 2007; 유호진, 「율곡 시의 이미지 연구」, 『고전문학연구』 31, 한국고전문학회, 2007; 이택동, 「한국 한시에 투영된 강의 표상성」, 『한국고전연구』 6, 한국고전연구학회, 2000; 정우락, 「동계 조형도 시에 나타난 '물'에 대하여」, 『영남학』 28, 경북대학교 영남문화연구원, 2015.

34 대표적인 업적을 들면 다음과 같다. 엄상희, 「설화모티프와 "복합적인 물의 이미지"의 관련 양상: 소설 『마녀물고기』, 『옛우물』, 영화 『쌍생아』의 물 이미지를 중심으로」, 『비교한국학』 14, 국제비교한국학회, 2006; 오정국, 「설화에서 변용된 물의 이미지 연구: 김춘수, 강은교, 김혜순의 시를 중심으로」, 『한국문예창작』 8, 한국문예창작학회, 2009; 정우락, 「한국문학에 나타난 물 이미지의 이항대립과 그 의미」, 『퇴계학과 한국문화』 48, 경북대학교 퇴계연구소, 2011; 최재남, 「한국 고전문학과 바다에 대한 인식」, 『한국고전연구』 26, 한국고전연구학회, 2012.

한 오정국의 연구, 설화와 소설 및 영화를 통합적으로 고찰한 엄상희의 연구는 이 방면에서의 문제의식을 보여 주었다. 이러한 융합적 연구는 문학에 관한 물의 상상력이 어느 한 방향으로 고정된 것이 아님을 가장 명시적으로 보여 준다. 또한 물이 시대나 장르에 상관없이 상상력의 근원으로 작용한다는 것도 보여 준다.

본 연구는 한국문학 전 영역을 포괄하되 한문학에 중심을 둔다. 여기에는 그럴 만한 이유가 있다. 물에 관한 문학적 상상력은 한국문학 전 영역에서 공통적으로 나타나는 소재라는 점, 수많은 작품이 존재함에도 불구하고 그동안 한문학 연구에서는 물을 소극적이고 단편적으로 다루어 왔다는 점 등을 고려하였다. 이는 물론 필자의 전공 영역이 한문학이라는 점이 중요하게 작동한 결과이기도 하다. 우리는 여기서 물과 관련된 한국문학을 통일적 시각으로 관찰할 수 있는 길도 모색하게 될 것이다.

이뿐만 아니라, 국문으로 이룩한 고전문학과 현대문학의 일부를 탐구함으로써 물이 시대에 따라 다르게 나타난다는 것도 함께 논의할 것이다. 이 역시 물이 그 형태를 자유롭게 변형하고 있어, 작가의 상상력을 문학적으로 가장 적실하게 표상할 수 있기 때문이다. 예컨대, 사대부들의 한시에서 물이 성찰의 도구로 나타난다면, 민중이 창작한 민요에서는 농업에 따른 생활 자체이거나 이와 관련한 애환으로 표상되는 것이다. 물론 물의 상상력이 시대를 달리하며 새로운 관심으로 나타나기도 한다.

이 책에서는 물 이미지의 모순성에 대하여 먼저 주목하였다. '냉철한 이성'과 '뜨거운 감성' 이라는 말에서 볼 수 있듯이 인간은 존재 자체가 모순성을 지니고 있으며, 이것이 대립적으로 통일되어 있다. 이러한 점을 염두에 둔다면, 일정한 형태가 없기에 수많은 사물의 형상을 가능하게 하는 물 역시 그 이미지가 모순적으로 그려질 수밖에 없다. 뱀이 마셔 독이 되고 젖소가 마셔 우유가 되는 것처럼, 물은 다른 사물들과 만나 쉽게 융합되어 자신의 성질을 바꾸기 때문에 같이 출발하였지만 때로는 양극단에 서기도 한다. 작가들은 물의 이 같은 모순적 힘을 감지하면서 다채로운 이미지로 작품화하였던 것이다.

이 책에서 다음으로 주목하는 것은 물이 지닌 공간 상상력이다. 같은 사물일지라도 이에 대한 물질적 상상력은 사람마다 다르게 나타난다. 이는 개개인의 내적인 정서 구조가 다르기 때문이다. 이처럼 사물에 대해 서로 다른 상상력을 갖고 있다고 할지라도, 동질성 역시 읽혀지는 것이 사실이다. 이는 그 사물과 관련된 문화사적·정신사적 동질성 때문일 터이다. 이러한 사실을 염두에 두면서도 물에 대한 요령 있는 접근을 위하여 대표적인 공간을 설정하는 것이 유효하다. 따라서 '우물', '개울', '강하', '호수', '바다'를 중심에 두고 이들에 대한 작가의 공간 상상력을 탐구해 나갈 것이다.

이 책에서는 물에 대한 문화론적 확장까지 다룬다. '문화론'은 시간과 공간에 따른 차이성을 인정하는 문화에 대한 이론이다. 이것은 문화가 고정된 부동의 것이 아니라는 점을 적극적으로 수용한 것이다. 즉, 음식이나 주택, 의복과 신념 체계 등이 특정한 시간과 공간에 한정되어 있지 않고, 시간과 공간에 따라 변화한다는 것이다.[35] 이러한 측면에서 물을 인식하고, 특히 음식, 종교, 공동체, 놀이, 생태 문화와 물이 어떤 관련성을 지니고 있는지를 집중적으로 따져 보기로 한다. 이것은 이 책이 단순히 문학 연구로 한정되지 않는다는 것을

35 정우락·백두현, 「문화어문학: 어문학에 대한 문화론적 혁신」, 『어문론총』 60, 한국문학언어학회, 2014.

보임으로써, 다른 영역으로의 확장적 논의를 타진하기 위함이다.

물은 일정한 형상 없이 수많은 외부적 요소를 수용하며 낮은 곳으로 흐르지만, 자신의 본질은 조금도 훼손시키지 않는다. 즉 가변성과 불변성을 동시에 갖고 있는 것이다. 이러한 측면에서의 물 인식은, 물을 문학적 혹은 문화적으로 이해하는 새로운 장을 만들게 한다. 이 책은 이를 염두에 두면서 결론을 통해 물에 관한 문학적 논의를 총괄하기로 한다. 글을 맺으면서 동시에 다시 푸는 식으로 논의가 이루어질 것이다. '맺는다'는 것은 이상의 논의를 요약하며 물이 지닌 모순적 통일성과 이에 따른 물의 최종적인 지향점을 알게 한다는 것이고, '다시 푼다'는 것은 이 책에서 촉발되는 여타의 주제를 연구 과제로 남겨 둔다는 것이다. 이로써 물을 향한 새로운 도전이 가능하기 때문이다.

제1장

한국문학과 물의 소재사

제1장

한국문학과 물의 소재사

물은 자신의 본질을 유지하면서도 그 모습을 어느 하나로 고정시키지 않는다. 그러하기에 작가들은 자신들의 상상력을 물을 통해 전방위적으로 펼칠 수 있었다. 이 책에서는 이 점에 주목하여 물을 중심으로 한 한국 작가들의 물질적 상상력을 다룬다. 물은 전혀 다른 모습으로 존재하기 때문에 모순과 대립으로 형상화되기도 하고, 본성을 유지하고 있기 때문에 통일과 조화로 형상화되기도 한다. 세(世)·주(宙)와 계(界)·우(宇)라는 시간과 공간 속에서 모순적 통일성을 이루었던 물, 이에 대한 문학적 상상력이 시대를 불문하고 지속되었다.

물은 흡수되는 대상에 따라 전혀 다른 효과를 발생시킨다.[1] 그 대상은 동식물을 가리지 않는데, 이는 물이 수많은 사물에게 생명을 유지할 수 있도록 하는 생명의 원천이기 때문이다. 이처럼 물은 모든 사물 속에 근원적인 원리로 존재하므로, 성리학의 주요 개념인 이

1 정우락, 「동계 조형도 시에 나타난 '물'에 대하여」, 『영남학』 28, 경북대학교 영남문화연구원, 2015 참조.

일분수(理一分殊)로 설명할 수도 있다. 즉, 물은 개별 사물을 초월해서 그 스스로 존재하기도 하지만, 개별 사물에 내재하여 개별 사물의 존재와 운동을 규정하는 내적 원리로 기능한다는 것이다. 이렇게 보면 물은 하나의 이(理)에 다름 아니며 태극과 같은 존재이다. 물이 한국문학사에 가장 중요한 소재가 될 수 있었던 이유가 바로 여기에 있다.

탁물우의

문학은 수사학을 통해 구현된다. 고전 작가들은 이를 탁물(托物)로 설명하기를 즐겼다. 일찍이 이인로(李仁老, 1152~1220)는 "고금 시인들의 탁물우의(托物寓意) 수법을 말할진대, 신준(神駿, 생몰년 미상)과 임춘(林椿, 생몰년 미상) 두 사람의 작품은 당초에 서로 약속한 것이 아니지만 그 내용이 매우 구슬퍼서 마치 한 사람의 입에서 나온 것 같았다. 시는 마음에 근원한다는 것이 믿을 만하다."[2]라고 언급한 바 있다. 여기에서 보듯이 이인로는 시인의 마음을 다른 사물에 의탁하는 '탁물우의'를 중요한 문학적 수사 기법이라 생각했다. 그렇다면 무엇 때문에 창작에 있어서의 '탁물우의'를 강조하는가. 이인로는 이를 다음과 같이 예를 들어 설명하였다.

> 백운자(白雲子)가 유학을 버리고 불교를 배워 명산을 두루 돌아다니다가 길에서 꾀꼬리 우는 소리를 듣고 느낀 바가 있어 절구 한 수를 지었다. "붉은 부리 노란 옷이 곱다고 스스로 자랑하자면, 마땅히 부귀한 집 붉

---

2 李仁老, 『破閑集』 권하, "古今詩人, 托物寓意, 多有此, 二公之作初不與之相期, 吐詞悽惋, 若出一人之口, 其有才不見用, 流落天涯, 羈游旅泊之狀, 了了然見於數字間, 則所謂詩源乎心者, 信哉!"

> 은 담 푸른 나무 향해 울어야지. 무슨 일로 거친 마을 쓸쓸한 곳, 떨어진 숲속에서 두세 마디 울음소리 보내느냐." 나의 벗이 실의해서 강남을 유랑하다가 꾀꼬리 소리를 듣고 또한 시를 지었다. "농가에서 오디 익고 보리가 마르려 하는데, 푸른 숲에서 꾀꼬리 소리를 처음 듣겠네. 꽃 아래서 놀던 서울 나그네 알기라도 하는 듯, 은근히 울고 울어 그치지를 않는구나."[3]

'백운자'는 신준, '나의 벗'은 임춘이다. 이 둘은 모두 꾀꼬리 우는 소리를 듣고 시를 지었는데, 이인로는 두 작품이 마치 한 사람의 입에서 나온 것처럼 비슷하다고 했다. 사실 이 두 시는 꾀꼬리의 외양과 지속적으로 우는 꾀꼬리의 울음소리에서 각각 시상을 얻었으니 약간의 차이가 있다. 그러나 이인로는 '토사처완(吐詞悽惋)'한 것이 서로 같다고 했다. 시의 내용이 동일하다는 것이다. 여기서 그는 신준과 임춘이 평소 세상을 향하여 품고 있던 원망을 꾀꼬리에게 투사한 것으로 보았다. 즉, 꾀꼬리라는 '물(物)'에 의탁해 자신의 '의(意)'를 나타내는 탁물우의가 이루어졌다는 것이다. 여기서 우리는 꾀꼬리라는 '물질'을 통해 시인의 '감정'이 이입된다는 것을 알 수 있는데, 이를 물질적 상상력이라 해도 좋을 것이다.

문학에 대한 물질적 상상력은 물이라는 물질에서 가장 활발하게 일어난다. 물은 무정형(無定形)으로 존재하기 때문이다. 물은 모든 사물의 근원이기에 그 본질을 변화시키지 않으면서도 다양한 모습으로 존재한다. 땅 밑에서는 지하수로 흐르고, 땅 위에서는 수많

3 李仁老, 『破閑集』 권하, "白雲子棄儒冠學浮屠氏敎, 包腰遍遊名山, 途中聞鶯感成一絶, '自矜絳觜黃衣麗, 宜向紅墻綠樹鳴. 何事荒村寥落地, 隔林時送兩三聲.' 吾友耆之失意遊江南, 聞鶯作詩云, '田家椹熟麥將稠, 綠樹初聞黃栗留. 似識洛陽花下客, 殷勤百囀未能休.'"

은 양태를 지닌다. 공중에서는 수증기로 올라가 구름이 되어 떠다니다가 다시 비가 되어 내리기도 한다. 지상의 물은 그 존재 양상에 따라 흐르는 물[流水]과 멈추어 선 물[止水]로 다시 구분된다. 유속에 따라 폭포, 개울, 강으로 나누어지고, 멈춘 정도에 따라 샘, 연못, 호수로 구분된다. 그리고 바다는 이 모두를 총합하여 크게 멈추어 있는 듯하지만 내적으로 강한 유속을 함께 지니고 있다.[4] 홍양호(洪良浩, 1724~1802)는 문학을 아예 물에 비유하기도 했다.

> 시는 천기(天機)에서 나오는 것이니, 호탕하여 비속한 데에 물들지 않으며 온아하여 스스로 이치에 맞는 것이다. 문장은 가슴에서 흘러나와 넓고 넓기가 끝이 없어 마치 거대한 호수처럼 바람이 그치면 물결이 고요하여 삼라만상이 물속에서 형체로 나타나는 것과 같다.[5]

홍양호는 여기서 시는 천기에서 나오는 것이며, 문장은 가슴에서 나오는 것이라 했다. 하나는 하늘과 관련된 것이고 다른 하나는 인간과 관련된 것이다. 이 둘은 문학으로 요약할 수 있을 터인데, 특히 문장을 물에 비유하면서 거대한 호수와 같아 바람이 그치면 물결이 고요해 삼라만상이 물속에 그 형체를 드러내듯 인간의 마음도 우주를 담아낼 수 있는 능력이 있다고 했다. 비유가 적실하다. 이규보(李奎報, 1168~1241)는 여기서 더 나아가 정득공(鄭得恭, 생몰년 미상)이 그린 물고기 그림을 통해 신필(神筆)의 예술적 미감으로 확장시키기도 했다. 즉, "정 군은 참으로 신필이야, 현묘한 수법 하늘에서 받았네.

---

4 정우락, 「동계 조형도 시에 나타난 '물'에 대하여」, 『영남학』 28, 경북대학교 영남문화연구원, 2015 참조.

5 洪良浩, 〈春菴集序〉, 『耳溪集』 권10, "詩則發於天機, 疎宕而不靡於俗, 溫雅而自中於軌, 文則流出胷中, 浩浩不竭, 譬如太湖之水, 風定浪平, 萬象俱形."

한 번 붓 휘둘러 수십 마리를 그렸으니, 물고기들이 산 것처럼 모두 팔팔하구나. 물을 얻어 형세 넉넉하니, 하필 잔잔한 물결 그릴 것인가."[6]라 한 것이 그것이다.

그렇다면 작가의 상상력은 물이라는 물질을 통해 어떻게 표출되는가. 정몽주(鄭夢周, 1337~1392)의 작품을 통해 몇 가지 예를 들어 보자. 그는 〈죽(竹)〉이라는 시에서 "물을 주니 새순이 자라고, 모래를 덮으니 잔뿌리가 생기네."[7]라고 한 바 있다. 물은 근본적으로 생명과 관련된 것이다. 그러나 물에 대한 그의 상상력은 여기에 머물러 있지 않고 물이 갖는 다양한 측면을 포착하였다. "푸른 물은 한가롭게 흐르고, 푸른 산은 시비를 하지 않네."[8]라고 할 때의 물은 부드럽고, "물결은 거세게 일어나고 안개는 짙어 나루도 보이지 않는데, 천고의 철산이 길손을 인도하네."[9]라고 할 때의 물은 난폭하기까지 하다. 이처럼 정몽주의 붓끝에서 물은 다양한 감각으로 그려졌다. 물에 대한 그의 상상력은 다음 시에서 포괄적으로 나타난다.

(가) 貫楚呑吳氣象雄　초나라를 꿰고 오나라를 삼켜 기상이 씩씩하니
如今四海此朝宗　지금처럼 사해가 이곳을 조종으로 삼는다네
泝流若問江源去　거슬러 올라가 만일 강의 근원을 찾아본다면
直到峩眉第一峯　바로 아미산 제일봉에 닿으리

— 정몽주, 〈양자강(楊子江)〉[10]

(나) 欲以慰幽抱　그윽한 회포를 달래 보고자

---

6 李奎報, 〈淵首座方丈, 觀鄭得恭所畫魚族子〉, 『東國李相國全集』 권13, "鄭君信神筆, 妙手得於天. 一掃數十尾, 發發皆鮪鱣. 得水勢已足, 何必寫漪漣."

7 鄭夢周, 〈蘭坡四詠次陶隱陽村·竹〉, 『圃隱集』 권2, "水澆新筍長, 沙覆短根蘇."

8 鄭夢周, 〈賀李秀才登第還鄉〉, 『圃隱集』 권2, "綠水信容與, 青山無是非."

9 鄭夢周, 〈鐵山〉, 『圃隱集』 권1, "浪湧烟沉不見津, 鐵山千古導行人."

10 鄭夢周, 〈楊子江〉, 『圃隱集』 권1.

天涯作此行　하늘가에 이 걸음 하게 되었네
哦詩浮海闊　넓은 바다 위에 떠서 시를 읊조리고
煮茗汲江淸　맑은 강물 길어다 차를 달이네
水遶金山寺　냇물은 금산사를 둘러서 흐르고
花藏鐵甕城　꽃나무는 철옹성을 감추고 있네
相望似圖畫　서로 보이는 것은 그림 같은데
爲汝駐歸程　너를 위해 가는 길을 멈추어 보네

— 정몽주, 〈망윤주(望潤州)〉[11]

작품 (가)와 (나) 모두 중국 사행(使行) 과정에서 창작된 것으로, 앞의 것은 〈양자강〉이고 뒤의 것은 〈망윤주〉이다. 윤주는 지금의 강소성 진강시(鎭江市)에 있으니 이 시가 남경으로 사행을 갔을 때 창작된 것임을 알 수 있다. 이 작품을 통해 우리는 정몽주가 '연못-개울-강하-바다'라는 일련의 연계망 속에서 물을 이해하고 있음을 알 수 있다. 〈양자강〉에서는 양자강이 사해의 조종이 된다면서, 그 양자강의 근원은 또 아미산에 있다는 것을 보였다. 그리고 〈망윤주〉에서는 시를 읊조리는 넓은 바다, 차를 끓이기 위해 길어 온 강물, 금산사를 돌아 흐르는 시냇물을 계기적(繼起的)으로 제시했다. 정몽주는 이처럼 물이 개울에서 바다로 이어지지만, 그것은 그것대로 의미가 있다고 보았다. 다음 시에서도 이러한 생각은 계속된다.

水上有地　물 위에 땅이 있고
地以出泉　땅에서 샘이 솟아나네
磎兮海兮　개울이여! 바다여

11　鄭夢周, 〈望潤州〉, 『圃隱集』 권1.

無餘欠焉　넘침과 모자람이 없구나
心兮本虛　마음은 본래 텅 비어
直哉惟淸　곧고도 오직 맑다네
能霜與雪　서리와 눈을 견뎌 내
玉汝于成　너를 옥으로 만들 수 있네

— 정몽주, 〈은계상죽헌권자(隱溪霜竹軒卷子)〉[12]

이 작품에서 정몽주는 물이 땅에서 솟아 개울과 바다가 된다고 하면서, 바다라고 해서 물이 많은 것이 아니며 개울이라고 해서 물이 적은 것이 아니라 했다. 즉, 제각기 그것대로의 완벽한 기능을 한다는 것이다. 여기서 정몽주는 '마음'을 떠올렸다. 마음이 물처럼 텅 비어 있으면서도 맑다는 것을 자각한 것이다. 이러한 자각은 그의 성리학적 사유의 일단을 보여 주는 것이기도 한데, 송나라 장재(張載, 1020~1077)의 〈서명(西銘)〉을 인용하며 더욱 구체화시켰다. 시련을 통해 마음이 더욱 단련된다는 것이 그것이다.[13] 우리는 여기서 정몽주가 물을 마음과 접속시키면서 자신의 상상력을 성리학과 결합시키고 있다는 사실도 알게 된다.

앞서 우리는 탁물우의가 작시의 기본 원리라는 것을 확인하였고, 정몽주의 시 등을 통해 물과 관련된 다양한 물질적 상상력을 확인할 수 있었다. 이처럼 한국문학의 소재사적 측면에서 물은 매우 중요한데, 고대의 건국 신화는 말할 것도 없고, 중세와 근대에도 문학의 주요 소재로 등장하였다. 이 과정에서 물에 그 시대가 안고 있는 고민

---

12 鄭夢周, 〈隱溪霜竹軒卷子〉, 『圃隱集』 권3.

13 장재는 〈서명〉에서 "그대를 빈궁하게 하고 시름에 잠기게 하는 것은, 장차 그대를 옥으로 만들어 주려 함이다.[貧賤憂戚, 庸玉汝於成也.]"라고 했다. 정몽주는 장재의 '빈천(貧賤)'과 '우척(憂戚)'을 '상설(霜雪)'로 바꾸어 놓았다.

이 담기게 됨은 물론이다. 작가들이 물을 통해 자신들의 물질적 상상력을 펼쳤기 때문이다. 우리는 이를 주목하며 문학사 안에서 물이 얼마나 중요하게 다루어져 왔는지를 살펴보기로 한다.

고대에서 고려시대까지

한국문학사는 물로부터 시작했다고 해도 과언이 아니다. 제주도에 전하는 천지창조 신화가 이를 분명히 말해 주고 있다. 이에 따르면 태초에 천지는 혼돈으로 되어 있었다. 하늘과 땅은 구분 없이 서로 맞붙고, 암흑과 혼합되어 한 덩어리로 엉겨 있는 상태였다. 이 혼돈 천지에 개벽의 기운이 돌기 시작했다. 갑자년(甲子年) 갑자월(甲子月) 갑자일(甲子日) 갑자시(甲子時)에 하늘의 머리가 자방(子方)으로 열리고 을축년(乙丑年) 을축월(乙丑月) 을축일(乙丑日) 을축시(乙丑時)에 땅의 머리가 축방(丑方)으로 열려 하늘과 땅 사이에 금이 생겼다고 했다. 이 금이 점점 벌어지면서 땅덩어리에는 산이 솟아오르고 물이 지속적으로 흘러내려 하늘과 땅의 경계는 점점 분명해져 갔다. 이때 하늘에서 청이슬이 내리고 땅에서는 흑이슬이 솟아나, 서로 합수(合水)되어 음양(陰陽)이 교통하면서 만물이 생겨나기 시작했다.[14]

이 신화는 주돈이(周敦頤, 1017~1073)가 〈태극도설〉에서 보여 준 음양론(陰陽論)과 유사하다. 주돈이는 이 책에서 '무극이태극(無極而太極)', '음정양동(陰靜陽動)', '5행(五行)', '건곤남녀(乾坤男女)', '만물화생(萬物化生)'을 순차적으로 제시하며 우주의 생성론을 설명하였다. 제주도에 전하는 천지창조 신화 역시 혼돈에서 시작하여 자방(子方)과 축방(丑方)이 처음 열려 천지가 생기고 여기서 청이슬과 흑이슬이 흘러내

---

14 현용준, 『제주도 신화』, 서문당, 1977, 67쪽 참조.

리고 솟아올라 합수되어 천지 만물이 생성된다고 했다. '청이슬-양-천'과 '흑이슬-음-지'가 일정한 운동 관계를 형성하면서 생명을 탄생시키고 있다. 이러한 생성에 가장 핵심적으로 작동하는 물질이 바로 '물'이다. 물은 모든 에너지의 근본이면서 총체라는 것을 이로써 보인 것이다.

구비문학뿐만 아니라 한국의 기록문학 역시 물로 시작한다. 저 유명한 〈공무도하가(公無渡河歌)〉를 보면 바로 알 수 있다. 이 작품은 백수광부가 익사하는 장면을 배경으로 한다. 작품의 국적을 두고 논란이 일기도 했지만, 창작 지역인 중국의 직례성(直隸省) 조선현(朝鮮縣)이 고조선 이래로 한인(韓人)들이 잔류하면서 독자적인 문화 양식을 유지하던 곳이므로 원작자를 중국인으로 한정시킬 필요는 없을 것이다. 즉, 논란 속에서도 우리 문학사의 서막을 장식하는 귀중한 작품이 바로 〈공무도하가〉이니, 물이 우리 문학사의 시작을 알렸다고 해도 과언이 아니다. 〈공무도하가〉는 배경 설화가 주목되는데, 차천로(車天輅, 1556~1615)의 『오산설림초고(五山說林草藁)』에 다음과 같이 전한다.

> 최표(崔豹)의 『고금주(古今注)』에, "〈공후인(箜篌引)〉은 조선(朝鮮)의 진졸(津卒) 곽리자고(霍里子高)의 아내 여옥(麗玉)이 지은 것이다. 자고가 새벽에 일어나 배를 저어 가는데, 백발이 성성한 미친 늙은이가 머리를 풀어 헤치고 손에는 술병을 든 채 물에 뛰어들어 난류(亂流)를 헤치며 건너갔다. 그 아내가 따라가면서 가지 말라고 소리쳤으나, 미처 손쓸 사이도 없이 물에 빠져 죽고 말았다. 이렇게 되자, 그 아내가 공후(箜篌)를 잡아당겨 타며 부른 것이 〈공무도하가(公無渡河歌)〉이다. 그 소리가 대단히 슬펐는데, 그 곡을 끝마치고는 그 아내도 물에 몸을 던져 죽고 말았다. 곽리자고가 돌아와 그 소리를 아내에게 말해 주니, 아내 여옥이 슬피 여겨

> 공후로 그 소리를 묘사했다. 그것을 듣고 눈물을 흘리면서 울지 않는 자가 없었다. 여옥이 그 소리를 이웃집 여자 여용(麗容)에게 전하였는데, 이름을 '공후인(箜篌引)'이라 하였다."라고 했다. 조선진(朝鮮津)을 고찰해 보면 지금의 대동강(大同江)이다.[15]

〈공무도하가〉는 조선시대 문인들이 많은 관심을 보였는데, 『해동역사(海東繹史)』, 『대동시선(大東詩選)』, 『청구시초(青丘詩抄)』, 『열하일기(熱河日記)』, 『대동수경(大東水經)』, 『고가요변(古歌謠變)』 등에 두루 전한다. 여기서 전하는 백수광부의 죽음과 그 아내의 죽음은 그 의미가 사뭇 다르다. 백수광부의 죽음이 종교적 초월성을 지니고 있다면, 그 아내의 죽음은 경험적 현실성을 지니고 있기 때문이다. 그러나 여기서의 물은 이러한 의미와 무관하게 '죽음'과 관련되어 있다는 측면에서 동일하다. 백수광부와 그 아내의 비극적 죽음은 이백(李白, 701~762)을 비롯한 많은 중국 시인들의 심금을 울렸고,[16] 조선시대로 내려와 성현(成俔, 1439~1504)이나 정두경(鄭斗卿, 1597~1673) 역시 〈공무도하(公無渡河)〉를 지어 이들의 죽음을 슬퍼했다.[17]

물과 더불어 시작된 한국문학사는 그 소재적 측면에서도 물을 중요하게 활용하였다. 동명왕 신화에 등장하는 하백(河伯)과 그

---

15 車天輅, 『五山說林草藁』, "崔豹古今注, 箜篌引, 朝鮮津卒霍里子高妻麗玉所作也. 子高晨起, 刺般而櫂, 有一白首狂夫, 被髮提壺, 亂流而渡, 其妻隨呼止之, 不及, 遂墮河水死. 於是, 援箜篌而鼓之, 作公無渡河之歌, 聲甚悽愴, 曲終自投河而死. 霍里子高還以其聲語妻麗玉, 玉傷之, 乃引箜篌而寫其聲, 聞者莫不墮淚飮泣焉. 麗玉以其聲傳隣女麗容, 名曰箜篌引焉. 按朝鮮津, 卽今大同江也."

16 이백은 〈공무도하〉에서 "황하가 서쪽 곤륜산으로부터 발원하여, 만리를 세차게 흘러와서 용문을 들이치네.[黃河西來決崑崙, 咆哮萬里觸龍門.]"라고 하여 백수광부가 물에 빠져 죽은 곳을 황하로 보았다. 정약용 역시 "그러나 당나라 이백(李白)의 시에 〈공무도하가〉가 있어 들머리에 대우(大禹)가 하수를 다스리던 것을 서술하였으니 이것은 황하를 가리키는 것으로, 최초의 설과는 다르다."라 하여 〈공무도하가〉의 창작 공간을 대동강이 아니라 황하라 하였다.

17 성현은 『虛白堂風雅錄』 권2에서, 정두경은 『東溟集』 권1에서 각각 〈公無渡河〉를 지었다.

의 딸 유화(柳花)도 그 가운데 하나이다. 이에 대하여 이규보(李奎報, 1168~1241)는 서사시 〈동명왕편(東明王篇)〉을 지어 "또한 처음에는 믿지 못하고 귀(鬼)나 환(幻)으로만 생각하였는데, 세 번 반복하여 읽어서 점점 그 근원에 들어가니, 환(幻)이 아니고 성(聖)이며, 귀(鬼)가 아니고 신(神)이었다."[18]라고 하면서 이것을 시로 써서 우리나라가 성인지도(聖人之都)였음을 밝히고자 했다. 이 신화에서 수신(水神) 하백과 그의 딸 유화는 물을 상징하는 것이어서 흥미롭다. 이에 대하여 최남선(崔南善, 1890~1957)은 이렇게 말한 바 있다.

> 고구려 동명왕(東明王)의 전설 가운데 나오는 하백(河伯)이란 것이 곧 시방 압록강(鴨綠江)의 임자인 미리를 의미함과 같음이 그 일례입니다. 이 하백(河伯)도 용이라 하자면 그리할 수 있는 것임이 물론입니다. 〈동명왕편〉에, 동명왕(東明王)이 하백(河伯)의 딸을 따라 압록강 물속에 있는 하백(河伯)의 궁궐로 들어가서 장인이라 할 하백(河伯)으로 더불어 시비지단(是非之端)을 하고 재주다툼으로 서로 온갖 변화를 부렸다는 일절(一節)이 있음은 다른 기회에 소개하였음과 같거니와, 이것은 곧 조선의 고대의 강하(江河) 중에 이물(異物)의 세계가 있는 줄을 생각한 일증(一證)이 되는 것입니다. 이렇게 강하중(江河中) 수신(水神)의 세계가 있음을 생각함도, 실상은 세계 공통의 보편한 관념입니다.[19]

여기서 최남선은 '하백'이 미리, 즉 용이며 수신이라 하였는데, 이는 조선 사람들이 예로부터 강하에 이물의 세계가 있다고 믿어 왔기

---

18 李奎報, 〈東明王篇〉, 『東國李相國全集』 권3, "亦初不能信之, 意以爲鬼幻, 及三復耽味, 漸涉其源, 非幻也, 乃聖也. 非鬼也, 乃神也."

19 崔南善, 『하백의 유래』, 한국저작권위원회, 2010.

때문이라고 했다. '유화' 역시 물가에 자라는 부드러운 나무와 밀접한 연관성이 있으니 수신의 딸이라는 설정은 지극히 당연하다. 이처럼 수신계와 천신계의 결합으로 주몽이 태어나 고구려라는 위대한 국가를 건설할 수 있었다는 것이다. 물이 단순히 삶과 죽음에 연관된 물질이 아니라, 수신의 능력을 갖고 있으면서 천신과의 결합으로 나라를 건설하는 데 핵심적인 역할을 하는 존재라는 것을 인식하게 된다.

우리는 여기서 유화를 특별히 주목할 필요가 있다. 그녀는 하백의 딸이지만 그 스스로 여신으로 추앙되기 때문이다. 만주에서 푸토마(Fotoma)는 버드나무이면서 여신으로 인식된다. 흑룡강 일대에 전해지는 아부카허허 여신에 대한 이야기도 마찬가지다. 그녀는 물거품에서 태어나 자신의 몸을 찢어 다른 여신을 만들어 천지만물을 창조했다고 한다. 그리고 그녀는 버드나무의 여신으로 인식되기도 하는데, 물과 버드나무의 상관관계를 생각하면서 우리 민족을 포함해 동북아시아에 꾸준히 전승되어 온 신화라 할 것이다.[20]

한편 물은 불교적 상상력과 결부되면서 이에 대한 깨달음을 전하는 소재로 등장하기도 한다. 특히 '수월관음보살(水月觀音菩薩)'이라는 용어에서 볼 수 있듯이 물은 달과 함께 독특한 불교적 상상력을 자극한다. 즉, 월인천강(月印千江)에서처럼, 그것은 우주의 만상 가운데 자비가 함장(含藏)되어 있음을 나타내는 것이면서, 동시에 인간이 가지고 있는 환상이 물에 비친 달과 같이 덧없다는 것을 깨우쳐 주는 것이기도 하다. 그리고 달이 서쪽으로 가기 때문에, 서방정토라는 극락을 상상하게 한다. 이로써 고해(苦海)에 사는 동방의 중생을 고난

20 한국신화를 찾아서 2부, 여신의 비밀(http://blog.cyworld.com/eunayoon/3918651) 참조.

으로부터 벗어나도록 하고자 했던 것이다. 다음의 시에서도 달과 물에 기반한 불교적 상상력은 유감없이 발휘되었다.

(가) 漣漪碧井碧嵓隈 푸른 이끼 낀 암벽 모퉁이 맑은 우물 속에
新月娟娟正印來 어여쁜 신월이 바로 비추는구나
汲去瓶中猶半影 길어 간 물병 속에 반쪽의 달그림자
恐將金鏡半分廻 아마도 금빛 거울 반만 갖고 가겠지

(나) 山僧貪月色 산사의 중이 맑은 달빛 탐내어
幷汲一瓶中 물과 함께 한 항아리 담뿍 길어 왔다네
到寺方應覺 절에 가면 바야흐로 깨닫게 되리
瓶傾月亦空 항아리를 기울이면 달빛 또한 비게 된다는 것을

— 이규보, 〈산석영정중월(山夕詠井中月)〉[21]

이규보가 산에서 밤을 보내면서 우물 속의 달을 보고 읊은 〈산석영정중월(山夕詠井中月)〉 두 수이다. 앞의 작품에서는 우물 속에 신월이 비치고 있으니 산승이 물을 길어 가면서 반달만 갖고 갔다고 했다. 남은 반달에 대한 미련이 남게 하였다. 그런데 뒤의 작품에서는 이러한 시상을 일거에 전복시키고 있다. 산승이 달을 탐내어 항아리에 가득 담아 갔는데, 절에 가서 항아리를 기울이면서 그것이 원래부터 공(空)하다는 것을 깨닫게 될 것이라고 했다. 달빛인 색(色)을 통해 그것이 공(空)임을 깨닫는다고 하였는데, 우물에 비친 달과 하늘에 떠 있는 달을 통해 현상(現象)과 진상(眞相)을 대비시켜 놓았다. 결국 물에 비친 현상이 덧없음을 보여 준 것이라 하겠다. 여기서 물은 불교적

21 李奎報, 〈山夕詠井中月 二首〉, 『東國李相國後集』 권1.

깨달음을 이끌어 내는 매개 역할을 하고 있다.

고려시대까지를 일견해 보면 물은 문학사에 서로 다른 모습으로 나타난다. 신화적 세계관에 입각한 천지창조 신화에서는 물이 만물의 생성에 중요한 역할을 하였고, 고조선과 같은 역사시대로 접어든 시기에는 물이 초월과 현실의 갈등 구조를 지니며 나타났다. 백수광부의 죽음에서 볼 수 있듯이 백수광부가 초월적 권능을 보이기 위해 물에 뛰어들지만 실패로 귀결되고 만다. 신화적 세계관과 역사적 세계관이 함께 존재하며 충돌한 결과라 하겠다. 그러나 고등종교인 불교가 등장하면서 물은 색(色)과 공(空)의 깨달음을 상징하는 주요 소재로 등장하며, 새로운 상상력을 불러일으켰다. 이처럼 물은 신화와 역사, 그리고 종교를 적실히 담아내면서 우리 문학사를 매우 풍부하게 하였다.

조선시대부터 근대까지

조선시대 사림파는 물을 특별히 좋아했다. 이는 훈구파와 달리 자연을 그들의 생활 거점으로 삼은 데 따른 당연한 귀결이라 하지 않을 수 없다. 일찍이 맹자는, "물을 관찰하는 데에 방법이 있으니, 반드시 그 여울목을 보아야 한다. 해와 달은 밝은 빛이 있으니, 빛이 들어갈 빈틈만 있으면 반드시 그곳을 비춘다. 흐르는 물의 성질은 웅덩이가 차지 않으면 흘러가지 않는다. 군자가 도에 뜻을 두면서도 문장을 이루지 못하면 통달하지 못한다."[22]라고 하였다. 이처럼 조선의 선비들은 맹자의 생각에 따라 물을 보면서 군자지도(君子之道)를

22 『孟子』, 「盡心章句(上)」, "觀水有術, 必觀其瀾. 日月有明, 容光必照焉. 流水之爲物也, 不盈科不行. 君子之志於道也, 不成章不達."

사유하였다. 이 때문에 정자나 누각에 '관수(觀水)'나 '관란(觀瀾)'이라는 이름이 붙는 경우가 많았다. 삼가의 관수루(觀水樓)와 선산의 관란대(觀瀾臺)도 그 가운데 하나이다. 이와 관련하여 다음 작품을 보자.

(가) 畫橋楊柳萬條煙　채색 다리의 버들에 수만 가닥의 안개
樓下眞能得月先　누각 아래서 참으로 달을 먼저 볼 수 있다네
遊子靑衫兼白板　나그네는 푸른 적삼 입고 벼슬이 없는데
耘夫西陌與東阡　농부는 서쪽과 동쪽 밭둑에서 일을 하는구나
觀瀾更覺胸襟爽　물결을 보노라니 가슴이 시원해짐을 깨닫고
問俗堪書乳保賢　풍속 물어보니 군수의 어짊을 기록할 만하네
自是官居勝彭澤　이로부터 벼슬살이는 도연명보다 나으니
一杯須待菊花天　한 잔의 술을 들고 국화 필 때를 기다리네

— 김종직, 〈차삼가관수루운, 증정사군(次三嘉觀水樓韻, 贈鄭使君)〉[23]

(나) 臺下長江水　누대 아래로 강물이 길게 흐르나니
觀瀾有所思　물결을 보며 생각하는 바가 있다네
眞源何處是　참근원은 어디인가
太白山黃池　태백산의 황지가 그곳이라네

— 긍호, 〈관란대(觀瀾臺)〉[24]

앞의 것은 김종직(金宗直, 1431~1492)의 작품이고, 뒤의 것은 긍호(肯湖)라는 호를 지닌 사람의 작품이다. 각기 삼가의 관수루, 선산의 관

23 金宗直, 〈次三嘉觀水樓韻, 贈鄭使君〉, 『佔畢齋集』 권9.
24 이 시는 경북 구미시 선산읍 유학10길 17에 있는 영남유교문화진흥원 내 바위에 새겨져 있는데, 진흥원 측의 전언에 따르면 낙동강 가의 땅속에서 발견했다고 한다. 긍호(肯湖)라는 호를 쓰는 사람이 66세에 이 시를 지었다는 내용이 각자(刻字)되어 있다.

란대에서 지은 것이다. 김종직은 관수루에 올라 물결을 구경하면서 마음이 시원해짐을 느낀다고 했다. 인욕을 씻어 내는 수양론이 게재되어 있다. 도연명과 국화를 떠올리면서 이러한 생각을 더욱 강조하였다. 이에 비해 긍호는 물결을 보면서 물결의 근원이 되는 태백산의 황지(黃池)를 생각하고 있다. 사물의 현상 속에 흐르는 본질을 연역해 낸 것이다. 이러한 사실은 사림파 작가들이 물과 수양론의 상관성을 긴밀하게 인식하면서도 이에 경도되지 않고 자유롭게 시상을 전개해 갔다는 것을 말한다. 물을 통한 자유로운 시상은 서경덕(徐敬德, 1489~1546)의 시에서 더욱 확연하다.

聒聒巖流日夜鳴	콸콸거리며 바위 사이로 흐르는 물은 밤낮없이 우는데
如悲如怨又如爭	슬퍼하는 듯 원망하는 듯 또한 다투는 듯
世間多少銜冤事	세상의 하 많은 원통한 일들을
訴向蒼天憤未平	푸른 하늘에 하소연해도 분함은 가시질 않네

— 서경덕, 〈계성(溪聲)〉[25]

서경덕은 밤낮없이 흐르는 개울물 소리로 자신의 심적 상태를 나타냈다. '슬퍼하는 듯', '원망하는 듯', '다투는 듯'하다고 한 것이 그것이다. 여기서 우리는 슬픔과 원한으로 가득한 작자의 내면을 물소리를 통해 읽을 수 있다. 불만은 자신만이 아니라 많은 사람들도 갖고 있다고 했다. 그 크기가 거대해서 하늘에 호소해도 풀리지 않는다. 사실 여기에 문제의 심각성이 있다. 그 풀리지 않는 원통함은 안으로 축적될 것인데, 그것이 밤낮으로 울리는 물소리라는 것이다. 이

25 徐敬德, 〈溪聲〉, 『花潭集』 권1.

러한 발상은 박지원(朴趾源, 1737~1805)의 〈일야구도하기(一夜九渡河記)〉에서도 지속적으로 나타난다. 듣는 사람의 심적 상태에 따라 물소리가 다르게 들리기 때문이다.

누각은 주로 물이 내려다보이는 곳에 짓는다. 흔히 영남의 7대루라 일컬어지는 진주의 촉석루, 안동의 영호루, 밀양의 영남루, 울산의 태화루, 김천의 연자루, 영천의 명원루, 양산의 쌍벽루가 모두 그러하다. 이를 의식하면서 김종직은 〈영호루중신기(映湖樓重新記)〉를 써서 "그 강산의 기괴하고 거룩한 구경은 비록 진주(晉州)의 촉석(矗石)이나 밀양(密陽)의 영남(嶺南)에 양보할 듯하나, 함께 낙수(洛水)의 언덕에 웅거하면서 상산(商山)에 있는 것은 관수루(觀水樓)라 하고, 일선(一善)에 있는 것은 월파정(月波亭)이라 일렀으나 모두들 다락으로 갑을을 다투기에는 어려울 것이다."[26]라고 하면서 영호루의 위대함을 찬양한 바 있다. 또한 조식(曺植, 1501~1572)은 양산의 쌍벽루에 들러 다음과 같은 시를 지은 바 있다.

綠水青篁銀箭流　푸른 물 푸른 대나무에 은화살로 흐르는 달빛
落來寒葉桂殘秋　떨어지는 싸늘한 잎 계수나무도 이우는 가을
無人酹去良州干　양주간(良州干)은 떠나고 제 지내는 사람도 없는데
滿目歸雲不滿愁　눈 가득 돌아가는 구름 내 시름은 채우지 못하네

— 조식, 〈차양산쌍벽루운(次梁山雙碧樓韻)〉[27]

누각의 이름을 쌍벽이라 한 것은, 누각 아래의 푸른 물과 누각 주위의 푸른 대나무가 서로 비쳐 '쌍(雙)'으로 '푸르기[碧]' 때문이다. 이

26 金宗直, 〈映湖樓重新記〉, 『佔畢齋集』 권2, "其江山瑰偉之觀, 雖或讓於晉之矗石, 密之嶺南, 然而同據洛水之岸, 在商山曰觀水樓, 在一善曰月波亭, 殆不能與斯樓爭甲乙焉."

27 曺植, 〈次梁山雙碧樓韻〉, 『南冥集』 권1.

를 인식하면서 조식은 기구(起句)에서 '푸른 물 푸른 대나무에 은화살로 흐르는 달빛'이라고 할 수 있었다. 이 시는 역사적 흐름 속의 성찰로 요약된다. 역사적 흐름은 물론 물의 흐름을 통해 촉발된 것이다. 이로써 조식이 전구(轉句)에서는 삽량주간(歃良州干)을 지낸 신라의 박제상을, 결구(結句)에서는 시름 많은 조선의 처사인 자신을 떠올린 이유를 알게 된다. 모두가 자신이 봉착해 있는 시대적 고민에 휩싸여 있었을 것이므로 물의 흐름은 시대적 아픔을 환기시키는 역할을 한다고 하겠다.[28]

한편, 조선시대의 선비들은 도통(道統) 문제에 비상한 관심을 보였다. 도통론은 요순(堯舜)으로부터 시작해 공맹(孔孟)을 거쳐 송대 도학의 성립과 더불어 확립되었다. 우리 선비들은 주자 이후 이 도통이 어떻게 우리나라로 전해졌는지에 주목하였다. '거경(居敬)'과 '궁리(窮理)'의 공부가 도학을 가늠하는 요체로 인식되면서, 이 문제는 다양하게 논의되었다. 논설은 물론이고 문화로 확장되어 구곡도(九曲圖)[29]나 도통가사 등 문학 작품으로 형상화되기도 했다.[30] 도통은 물줄기로 나타내기가 비교적 용이하다. 낙동강도 그 가운데 하나였다. 다음 자료를 보자.

攬余舟兮持余櫓　　나는 배를 띄우고 노를 저어
擊空明兮溯流光　　달빛 내린 물결을 치며 거슬러 오르노라

---

28 조식의 〈次梁山雙碧樓韻〉에 대해서는 정우락, 『남명학의 생성공간: 용처럼 나타나고 우레처럼 소리쳐라』(역락, 2014, 380~391쪽)에서 자세하게 다루었다.

29 예컨대, 金尙眞(1705~?)이 〈무이구곡도〉와 〈무흘구곡도〉를 그리고, 〈무이구곡도〉에는 주자의 〈무이도가〉와 함께, 이에 대한 이황과 정구의 주자 차운시를 적고, 〈무흘구곡도〉에는 정동박의 차운시를 적어, '주희→이황→정구→정동박'이라는 도통의식을 보였다.

30 조유영은 〈黃南別曲〉과 〈黃山別曲〉을 중심으로 이 문제를 자세하게 다루었다. 조유영, 「조선후기 영남지역 가사에 나타난 道統구현 양상과 그 의미: 「黃南別曲」과 「黃山別曲」을 중심으로」, 『한국언어문학』 103, 한국언어문학회, 2017 참조.

揖陶溪之淵源　　도산의 퇴계에게서 연원을 찾고
仰吳津之清風　　오산진에서 야은의 청풍을 숭앙하네
泗濱精舍講道從容　사빈정사 한강의 강도(講道)는 편안하고
不知巖上春光瀜瀜　부지암정사의 여헌은 봄빛으로 무르익었네
泝餘流兮起余思　　강물을 거슬러 오르며 생각하노라니
謇容與兮江之中　　선인들의 느긋한 흥취가 강의 흐름 속에 있네

— 장이유, 〈낙동강부(洛東江賦)〉[31]

장이유(張以兪, 1598~1660)는 정구의 제자로, 낙동강을 통해 도통을 노래했다. 그는 〈낙동강부(洛東江賦)〉에서 길재의 오산서원(吳山書院)과 지주중류비(砥柱中流碑)가 있는 오태나루, 이황의 도산서원, 정구의 사빈정사, 장현광의 부지암정사를 주목한다. 낙동강을 중심으로 도통의 연원과 그 흐름이 제시되고 있다. 여기서 우리는 조선조 선비들의 도통론과 그 형상사유가 물을 통해 제시된다는 것을 알게 된다. 장이유가 〈천곡부(川谷賦)〉를 지어, "물가에 있으니 요수(樂水)요, 골짜기에 있으니 요산(樂山)이라. 도학은 추락하지 않았으니 우리 동방이 그러하네. 시내[川]와 골짜기[谷]여! 우리의 도가 여기에 깃들어 있네."[32] 라고 한 것도 그 연장선상에서 이해된다.

조선 후기로 오면 새로운 사상조류가 성립되면서 현실에 대한 비판적 인식을 바탕으로 한 성호학파(星湖學派)와 연암학파(燕巖學派)가 나타나 상호 대조적 입장에서 문학예술을 성취하였다. 특히 연암학파는 상업 유통의 발전을 통한 도회적인 분위기 속에서 자유롭게 작

31 張以兪, 〈洛東江賦〉, 『知分軒集』 권1.
32 張以兪, 〈川谷賦〉, 『知分軒集』 권1, "在川上也, 樂水者耶. 在谷中也, 樂山者耶. 道不墜地, 東亦有焉. 維川與谷, 吾道寓焉."

품 활동을 전개하였다. 이러한 과정에서 물은 새롭게 주목되었다. 특히 박지원(朴趾源, 1737~1805)의 〈일야구도하기(一夜九渡河記)〉를 통해, 사물에 대한 작가의 감성적 접근이 정서환경에 따라 다르게 나타나므로, 작가의 정서가 어떠하냐에 따라 물이 전혀 다르게 인식된다는 것을 확인할 수 있다. 앞서 언급한 서경덕의 작품과 맥이 닿아 있어 흥미롭다.

> 일찍이 나는, 문을 닫고 누워서 물소리들을 나누어 들은 적이 있었다. 깊은 소나무에서 나오는 듯한 바람 소리, 이것은 듣는 사람이 청아(清雅)하기 때문이며, 산이 찢어지고 언덕이 무너져 내리는 듯한 소리, 이것은 듣는 사람이 흥분(興奮)한 까닭이며, 뭇 개구리들이 다투어 우는 듯한 소리, 이것은 듣는 사람이 교만(驕慢)하기 때문이며, 수많은 축(筑)의 격한 가락인 듯한 소리, 이것은 듣는 사람이 노한 까닭이다. 거대한 천둥과 급한 벼락 같은 소리, 이것은 듣는 사람이 놀란 까닭이고, 찻물이 보글보글 끓는 듯한 소리, 이것은 듣는 사람이 정취(情趣)가 있기 때문이고, 거문고가 가락에 맞는 듯한 소리, 이것은 듣는 사람이 슬픈 까닭이고, 종이창에 바람이 우는 듯한 소리, 이것은 듣는 사람이 의심(疑心)하고 있기 때문이다. 모든 소리는, 올바른 소리가 아니라 다만 자기가 마음속에 품고 있는 뜻대로 귀에 그러한 소리로 들리는 것이다.[33]

이 글에서 박지원은 듣는 사람의 마음 상태가 어떠하냐에 따라 같은 물소리도 전혀 다르게 들린다고 하였다. 그는 이러한 사실을 들어 외물(外物)에 현혹되지 않는 삶의 자세를 성찰적 입장에서 말하

---

33 朴趾源, 〈一夜九渡河記〉, 『燕巖別集』 권14, "余嘗閉戶而臥, 比類而聽之, 深松發籟, 此聽雅也, 裂山崩崖, 此聽奮也, 群蛙爭吹, 此聽驕也, 萬筑迭響, 此聽怒也, 飛霆急雷, 此聽驚也, 茶沸文武, 此聽趣也, 琴諧宮羽, 此聽哀也, 紙牕風鳴, 此聽疑也. 皆聽不得其正, 特胸中所意設, 而耳爲之聲焉爾."

강희안의 〈고사관수도〈高士觀水圖〉〉

고자 하였던 것이다. 문학은 본질적으로 감성적 울림을 귀하게 여기기 때문에 개개인의 다양한 느낌이 작품으로 형상화될 수밖에 없다. 이러한 관점에서 볼 때, 박지원이 사람마다 물소리에 대한 인식이 다르다고 한 것은, 물에 대한 자유로운 상상력을 역으로 보여 준 것이라 하겠다. 따라서 박지원의 물에 관한 물질적 상상력은 서경덕의 그것과 인식의 궤를 같이하며 인간의 다양한 감성을 총체적으로 보여주는 것이다.

주자학을 신봉하며 산수 속에 살기를 원했던 조선조의 수많은 유학자들은 물에 대한 특별한 심상을 지니고 있었다. 강희안(姜希顔, 1417~1464)의 〈고사관수도(高士觀水圖)〉도 이러한 맥락에서 이해된다. 특히 '관수(觀水)', '관란(觀瀾)'이라는 용어에서 보듯이, 눈앞에 보이는 현상적인 물결 속에서도 그 물결의 원천을 탐구하고자 했다. 이 같은 근원과 원리에 대한 탐구는 조선조 유학자들이 추구하는 이(理)나 도(道)의 세계가 물을 통해 가장 확실하게 형상화될 수 있다고 믿었기 때문이다. 그럼에도 불구하고, 서경덕이나 박지원처럼 듣는 사람의 심적 상태에 따라 물소리가 서로 다르게 들린다는 생각을 견지하며, 문학은 감성의 울림이라는 인식도 동시에 갖고 있었다. 원리를 강조하면서도 자유로운 상상이 가능하다는 것을 역설한 것이라 하겠다.

근대 이후

근대로 접어들면서 물은 다시 근대정신을 표상하는 대표적인 물질이 된다. 작가들은 근대의 시대정신을 담아내며 자신들의 다양한 심리 현상을 물을 통해 형상화하였다. 널리 알려진 것처럼 최남선(崔南善, 1890~1957)은 〈해(海)에게서 소년(少年)에게〉를 발표하며 이른바 '신체시'로 근대문학의 지평을 열었다. 제목이 말해 주는 것처럼 최남선은 바다의 이미지로 새로운 시대의 주역이 될 소년들에게 부정적인 현실을 극복하고 새로운 미래로 나아갈 것을 강조하였다. 여기서의 바다는 해외(海外)라는 말이 상징하듯이 근대적 문명을 의미한다. 소년들이 문명세계를 마음껏 받아들이며 미래를 향해 거대한 꿈을 꾸기를 기대하였던 것이다.

1930년대 순수시 계열의 시에서도 물이 주목된다. 김영랑(金永郎, 1903~1950)의 〈동백닙에 빗나는 마음〉(『시문학』, 1930)이 바로 그러한 예이다. 그는 여기서 "내마음의 어딘듯 한편에 끗업는 강물이 흐르네."라고 하면서 강물과 그 물결을 통해 순수한 심상을 아름답게 그려냈다. 여기서 제시하는 물은 일제강점기라는 특수한 상황에서 순수함을 지키는, 혹은 순수함 속으로 도피하는 대상으로 존재했다. 이것은 감정의 갈래가 더욱 세분화될 수밖에 없는 시대적 특성과 엄청난 변화의 소용돌이 속에 인간이 감내해야 할 운명이 물을 통해 이미지화되었다는 것을 말한다. 어떨 때는 죽음의 그림자가 어른거리기도 한다.

깊은 겨울 해빛이 다사한 날
큰 못가의 하마 잊었든 두던길을 삿분 거니러다가 무심코 주저앉다
구을다 남어 한곳에 쏘복히 쌓인 落葉 그 위에 주저앉다
살르 빠시식 어찌면 내가 이리 짓구진고
내몸푸를 내가 느끼거늘 아무렇지도 않은듯 앉어지다?
못물은 치위에도 달른다 얼지도 않는 날세 落葉이 수없이 묻힌 검은 뻘흙이랑 더러 드러나는 물부피도 많이 줄었다
흐르질 않드라도 가는 물결이 금 지거늘
이못물 웨 이럴고 이게 바로 그 죽음의 물일가
그져 고요하다 뻘흙속엔 지렁이 하나도 굼틀거리지않어?
뽀글하지도 안어 그져 고요하다 그물위에 떨어지는 마른잎 하나도 없어?
해볓이 다사롭기야 나는 서어하나마 人生을 느꼈는듸
연아문해? 그때는 봄날이러라 바로 이못가이러라
그이와 단두리 흰모시진설 두르고 푸르른 이끼도 행여 밟을세라 돌 위에 앉고 부풀은 봄물결위의 떠노는 白鳥를 히롱하여
아즉 靑春을 서로 좋아하였었거니
아! 나는 이지음 서어하나마 人生을 늣기는듸

— 김영랑, 〈지반추억(池畔追憶)〉[34]

---

34 김영랑, 〈池畔追憶〉, 『민족문화』 2, 민족문화연구소, 1947.

김영랑이 일제강점기가 지나고 1950년에 들어와서, 연못 가장자리에서 옛날을 추억하며 지은 시이다. 시인은 조금 어색하기는 하지만 인생을 느낄 수 있는 나이에 연못가에 앉아 젊은 시절을 추억하였던 것이다. 때는 '깊은 겨울 햇빛이 따사한 날'이었다. 여기서 그가 떠올린 것은 봄날 서로 좋아했던 어떤 사람이었다. 그 못가에서 단 둘이서 흰 모시옷을 입고 '이끼도 행여 밟을세라 돌 위에 앉'아 정담을 나누었다. 그러나 그녀는 이제 그의 곁에 없고, 연못만 고요하다. '뻘흙속엔 지렁이 하나도 꿈틀거리지' 않았다. 여기서 화자는 '이 못물 왜 이럴고'라고 하면서 죽음의 물을 떠올린다. '이게 바로 그 죽음의 물일까'라고 한 데서 이러한 사실은 더욱 분명해진다. 김영랑이 물을 통해 죽음을 떠올렸다면, 유치환(柳致環, 1908~1967)은 다음과 같이 시간을 떠올렸다.

> 무변 大海의 물속에서 네가 가진 한 쪽박 먹을 물, 너의 그 물이 盡하고 나면 다시 더는 떠 마실 수 없는, 아예 네게는 無緣한 尨大 무량한 물 — 시간이란 물!
>
> — 유치환, 〈시간(時間)이란 물〉[35]

유치환은 여기서 '무변 大海의 물'과 '한 쪽박 먹을 물'을 대비시키면서 영원과 순간이라는 시간을 물에 투사하고 있다. 즉, 무변 대해의 물은 영원을 말한 것이며, 한 쪽박 먹을 물은 순간을 말한 것이다. 여기서 나와 너라는 사람 사이에 있는 시간은 한계가 분명한 순간에 해당하므로, '너의 그 물이 盡하고 나면 다시 더는 떠 마실 수

35 최동호, 『한국 현대시와 물의 상상력』, 서정시학, 2010, 121쪽 재인용.

없는' 것이라 말할 수 있었다. 시간과 물은 흐른다는 측면에서 동일하다. 그런데 위 시의 '너'라는 자연 혹은 보편성의 입장에서 보면 영원한 물이며 시간이다. 이 때문에 그는 '아예 네게는 無緣한 尨大 무량한 물'이라 하였던 것이다. 이로써 유치환은 무량한 보편 속에서 찰나에 지나지 않는 인간 존재를 절감하게 된다.

소설은 물을 소재로 현실을 더욱 치열하게 그려 나갔다. 김정한(金廷漢, 1908~1996)의 소설 〈사하촌〉(『조선일보』, 1936)이 대표적이다. 이 소설에서 김정한은 물을 소재로 일제의 통치하에 있는 사하촌 소작인들의 궁핍한 생활상을 묘사하였다. 사하촌 소작인들이 겪는 비참한 삶과 생존을 위한 결집을 통해 1930년대 우리 농민의 고통을 적실하게 제시하면서 그 극복 의지를 나타내고자 했다. 여기서 우리가 주목하고자 하는 것은 물을 사이에 둔 갈등이다. 작가가 이를 통해 당대 농민들의 고난을 말하고자 했기 때문이다. 이 소설에서는 물과 관련하여 다음과 같이 서술하고 있다.

> 우르르르, 쐐---
>
> 이글이글 달아 있는 폭양 아래 난데없는 홍수 소리다. 물벌레, 고기 새끼가 죄다 말라져 죽고, 땅거미가 줄을 치고, 개미 떼가 장을 벌였던 봇도랑에, 둔덕이 넘게 벌건 황토 물이 우렁차게 쏟아져 내린다. 빨갛게 타져 죽은 곡식이야 인제 와서 물인들 알랴마는, 그래도 타다 남은 벼와 시든 두렁콩들은 물소리만 들어도 생기를 얻은 듯이 우줄우줄 춤을 추는 것 같다. 행길 양옆을 흘러가는 봇도랑 가에는 흰 옷, 누른 옷, 혹은 검정 치마가 미친 듯이 부산하게 떠들며 오르내린다.[36]

---

36 김정한, 『김정한 단편집 사하촌』, 문학과지성사, 2004.

〈사하촌〉은 보광사의 중으로 대표되는 지주 및 그 배후에 있는 식민지 권력, 여기에 기생하는 인간들과, 그 반대편에 있는 가난한 소작인들의 갈등을 묘사한 작품이다. 위의 지문은 T시 수도 출장소에서 저수지의 물을 텄을 때의 상황을 그린 것이다. 소작인들의 폭동이 일어날 것을 두려워하는 한편 저수지 청소를 위한 조처였다. 이때 천성이 착한 '고서방'은 물꼬를 조금 터놓았다가 봉변을 당하고, 남의 논두렁을 잘랐다는 죄목으로 주재소로 끌려가 몇 달을 고생하기도 한다. 이처럼 물을 중심으로 한 소작인들의 아픔은 박화성의 〈홍수전후〉(1934), 이무영의 〈농민〉(1954) 등에서도 두루 나타나니, 물은 당대의 현실을 이야기할 때 빠질 수 없는 소재였다.

1990년대 들어 생태문학이 본격화되면서 다시 물이 주목받기 시작했다. 특히 탈근대 담론이 활발하게 진행되면서 모든 생명체가 지닌 유기체적 특징이 강조되고, 인간과 인간은 물론이고 인간과 다른 생물, 나아가 생물과 무생물이 공존하는 환경을 꿈꾸게 되었다. 즉, 작가들은 생태적 문제에 많은 관심을 기울이게 되었던 것이다. 이 과정에서 생태시나 생태소설 같은 용어가 생겨나기도 했다. 이것은 근대의 과학문명과 이로 인한 생태계의 파괴가 부른 자연스런 현상이었다. 최승호(崔勝鎬, 1954~)의 〈누가 시화호를 죽였는가〉는 이런 측면에서 창작된 것이다.

> 시화호에선 악취가 난다. 관료들에게서도 악취가 난다. 구역질, 두통, 발열, 숨막힘, 마을사람들은 떠났다. 개펄은 거대한 조개무덤으로 변해버렸다.
> 쩍 벌어진 조개껍질 위로 허옇게 소금바람이 분다. 갯지렁이들도 떠났다. 도요새들은 항로를 바꾸었다.

무력감에서도 악취는 난다. 산송장들, 시화호 바닥에 누워 공장 폐수와 부패한 관료들의 숙변을 먹는 산송장들, 이것은 그로테스크한 나라의 풍경인가.
시화호라는 거대한 변기를 만드느라 엄청난 돈을 배설했다.
달마는 시화호에 오지 않는다. 시화호에 달이 뜬다. 누가 시화호를 죽였는가? 누가 죽은 시화호를 딸처럼 부둥켜안고 먼 바다로 걸어나가며 울겠는가.

나는 무력한 사람이다. 절망의 벙어리, 그래도 세금은 낸다. 세금으로 시화호를 죽였다. 살인청부자?

— 최승호, 〈누가 시화호를 죽였는가〉[37]

최승호는 이 시를 시화호의 아름다운 처녀 시절을 떠올리면서, 술 한잔 마시고 베란다 밖을 내다보며 지은 것이라 했다. 1990년대 후반의 일이다. 시인은 "시화호에선 시체 냄새가 난다. 몇 년을 더 썩어야 악취가 사라질지 이 거대한 시체를 어떻게 처리해야 할지 아무도 모른다."라며 말문을 열었다. 무엇을 이야기하고자 하는지를 바로 알 수 있게 했다. 그가 특별히 주목한 것은 죽음의 호수가 되어버린 시화호이다. 그 원인은 여러 가지가 있을 터인데, 최승호는 인간들의 무분별한 욕망이 결국 사화호를 죽이고 말았다고 보았다.

'관료들에게서도 악취가 난다'라는 구절과 '부패한 관료들의 숙변' 등의 구절에서는 공무원들과의 뒷돈 거래도 연상되게 했다. 그러나 '나'는 산송장처럼 무력하다. 이 때문에 시인은 '무력감에서도 악

37 최승호, 〈누가 시화호를 죽였는가〉, 『그로테스크』, 민음사, 1999.

취는 난다'고 하면서 자신을 비롯한 많은 이들을 '시화호 바닥에 누워 공장 폐수와 부패한 관료들의 숙변을 먹는 산송장들'이라고 질타한다. 그러나 스스로가 어찌할 수 없고, 세금을 내서 그 일을 하게 했으니 자신은 바로 '살인청부자'라며 자책한다. 이처럼 최승호는 절망의 끝에 우리 자신이 있다는 것을 보이며 호수의 죽음을 애도하였던 것이다.

물론 근대 이후 물에 관한 물질적 상상력에도 전통을 계승한 것이 있다. 강과 호수에 대한 건강한 서정적 심상을 유지한 것이 허다하다. 이러한 맥락을 잇는 작가들은 대체로 고전적 상상력에 사유의 기반을 두었는데, 시조시인 이병기(李秉岐, 1891~1968)는 그 대표적인 인물이다. 환경운동이 일어나기 전이기도 하지만, 그는 〈계곡(溪谷)〉에서 "맑은 시내 따라 그늘 짙은 소나무 숲"과 "고운 옥(玉)과 같이 갈리고 갈린 바위, 그려도 더러일까봐 물이 씻어 흐른다"[38]라며 폭포가 지닌 아름다움을 노래하였다. 우리는 여기서, 이상과 현실 속에서 작가들이 수행하였던 진지한 생태학적인 고민을 읽게 된다.

근대 이후 물에 관한 심상은 크게 세 가지로 분류된다. 첫째는 해외이다. 물 너머로 표상되는 이것은 문명과 개화를 의미하는 것으로, 청년들이 물 밖의 세계에서 새로운 문명을 받아들여 조선을 꿈속에서 깨어나게 하라는 것이었다. 둘째는 갈등이다. 소작인들에 대한 부당한 억압과 이에 따른 갈등이 문학을 통해 묘사됨으로써 당대 민중의 궁핍상을 표현하는 도구로 활용되었다. 셋째는 환경이다. 근대화 이후 오염된 물을 자각하며 인간의 욕심이 자연을 어떻게 파괴하는지를 비판적 시각에서 그려 내고자 했다. 이 밖에도 물은 근대적 심

38 李秉岐, 〈溪谷〉, 『嘉藍時調集』, 文章社, 1939.

상을 다양하게 담아내어 세상이 그만큼 복잡해졌음을 보여 주기도 했다.

물은 유연성이 있기 때문에 수많은 사물을 받아들인다. 천지창조 등의 신화시대는 물론이고 역사시대에 접어들어서도 물은 중요한 문학적 소재로 동원되었다. 이 때문에 물은 불교와 유교가 전하는 진리의 세계까지 포괄할 수 있었다. 작가들은 물로 색즉시공(色卽是空)의 불교적 진리를 말하고자 했는가 하면, 인욕을 씻고 천리로 나아가고자 하는 생각도 드러냈다. 조선 후기를 거쳐 근대로 오면서 물은 더욱 다양하게 문학적 소재로 채택되었다. 특히 모순된 현실을 핍진하게 다루는 대표적인 물질이 되었으며, 죽은 물을 대상으로 환경이나 생태 담론까지 이끌어 내었다. 바로 이러한 점에서 한국문학사에 물이 어떻게 등장하는지를 살피는 것은 우리의 문학정신이 역사적으로 어떻게 흘러왔는지를 파악하는 문제와 직결된다고 하겠다.

제2장

탄생에서 재생까지

제2장

탄생에서 재생까지

물은 사물을 창조하기도 하고 파괴하기도 하며 재창조하기도 한다. 물이 가진 이러한 능력을 인간에게 적용시키면 탄생과 죽음, 그리고 재생이 된다. 이 탄생과 죽음 사이에 서서 작가들은 물에 대한 문학적 상상력을 다양하게 발휘하였다. 즉, 물에 관한 작가의 상상력이 어느 한 방향으로 고정되지 않았다는 말이다. 문학이 인간 삶의 다양한 측면을 말과 글을 통해 형상화한 것이라면, 물에 관한 작가의 상상력은 인간의 삶과 밀착되지 않을 수 없다. 삶과 죽음이 인간에게 있어 가장 긴요한 문제라고 볼 때, 이 둘은 모순된 상태로 통일되어 있다. "삶이 죽음에서 말미암고, 죽음이 삶에서 말미암는다."[1]라는 말은 이 때문에 가능했던 것으로 보인다.

대립과 모순[2]은 존재를 구성하는 기본적인 축이다. 따라서 인간

1 『甑山道 道典』 4편 117장, "生由於死, 死由於生." 하이데거가 "죽음을 알아야 삶을 체득할 수 있다."고 한 언명도 같은 맥락에서 이해된다.

2 대립과 모순은 같으면서도 다르다. '대립'이 반대항이 있는 것이라면 '모순'은 양립할 수 없기 때문이다. 그러나 중간 개념의 유무에 따라 대소(大小) 등의 '반대대립'과 생사(生死) 등의 '모순대립'이라는 용어가 성립하듯이, 대립과 모순은 진리를 전하기 위한 문학적 장치로 널리

의 존재 방식 역시 여기서 자유로울 수 없다. 인간의 생명을 유지하는 데 가장 핵심적인 것이 심장과 두뇌라 할 때, 여기서 연역될 수 있는 감성과 이성 역시 그러하다. 하나는 열정을 지향하고, 다른 하나는 냉철을 지향한다고 보기 때문이다. 인간에게 있어 이 둘이 대립적이면서 총체를 이루듯이, 인간 행동의 양식 역시 상호 대립된 경우가 허다하다. 이처럼 대립과 모순이 존재를 형성하는 근원적 자질임을 염두에 두면서, 인간의 탄생, 삶, 죽음, 그리고 죽음 이후의 재생을 물 이미지를 통해 살펴보고자 하는 것이 본 장의 목적이다.

탄생

지구에서 발견된 가장 오래된 세포는 바다 깊은 곳에서 탄생했다고 한다. 지구의 생명체는 대부분의 기간을 물속에서 살았는데, 거의 40억 년 동안 깊은 바닷속에서 부글거리다가 겨우 4억 5000만 년 전에야 육지로 올라왔다는 것이다. 이런 측면에서 볼 때 지구의 생명은 물에서 왔으니 '물의 생명'이라 할 수 있다.[3] 인간의 경우 물과 더욱 직접적인 관계에 놓인다. 10개월 동안 어머니 배 속의 양수에서 생활하다 출생과 더불어 그 물속에서 나오기 때문이다. 지구의 생명이 물에서 출발하고 인간 역시 물에 의해 시작하니 물은 다양한 작품 속에서 탄생을 의미할 수 있었다. 프로이트(S. Freud, 1856~1939) 역시 물과 관련된 인간의 탄생을 다음과 같이 무의식으로 설명한 바 있다.

> 출생은 꿈속에서는 정해 놓고 물과 관계있는 것으로 표현됩니다. 물속

활용되었다. 이 책에서는 이를 인식하면서 이 두 용어를 탄력적으로 사용한다.

3 베로니카 스트랭(하윤숙 역), 『물: 생명의 근원, 권력의 상징』, 반니, 2015, 19쪽 참조.

에 빠진다거나 물에서 빠져나오는 것은 말하자면 출산이라든가 출생된다는 의미인 것입니다. 그런데 우리는 이 상징에서 발생학상의 진리가 두 가지로 인용되는 것을 잊지 않습니다. 인간의 조상을 포함해서 모든 땅에 사는 포유동물은 수서동물(水棲動物)에서 진화된 것입니다. 이는 꽤 오랜 옛날의 사실입니다. 그러나 이뿐만 아니라 어떤 포유동물이나 또 어떤 인간이라도 그 생존의 최초단계는 물에서 지냈었다는 것, 즉 태아는 어머니 체내의 양수(羊水) 속에서 생활하고 출생과 더불어 그 물속에서 나오게 되는 것입니다.[4]

위의 지문에 따르면 꿈속에서 물에 빠진다거나 물에서 빠져나오는 것은 출산 혹은 출생을 의미한다. 여기에 육상의 포유동물이 원래 수서동물이며, 인간 역시 체내의 양수 속에서 일정 기간 있다 출생한다는 것도 함께 주목하고 있다. 이처럼 의식과 무의식을 오가며, 물이 인간의 탄생에 중요한 작용을 하였다는 이러한 사고 형태는 신화 등 다양한 문학 장르를 통해 끊임없이 재현되어 왔다. 그야말로 물에서 살기도 하지만 물 자체가 생명과 탄생의 다른 이름이라고 할 수 있을 것이다.

『산해경(山海經)』「여자국(女子國)」 조에 "황지라는 연못이 있는데, 여자들이 들어가 목욕을 하고 나오면 곧 임신을 하였다. 사내아이를 낳을 경우에는 세 살만 되면 죽였다."[5]라고 적혀 있다. 탄생과 물의 연관성을 가장 극적으로 보여 주는 대목이다. 이는 모든 생명이 물에서 태어난다고 생각했기에 가능하였을 것이다. 아리아인의 종교인

---

4 프로이트(김성태 역), 『정신분석입문』, 삼성출판사, 1976, 125쪽. 최동호 역시 『한국 현대시와 물의 상상력』(서정시학, 2010, 127쪽)에서 이를 바탕으로 유치환의 물의 상상력이 무의식적이며 원초적인 상상력을 남다르게 보여 주고 있다고 설명한다.

5 『山海經』, 「女子國」, "有黃池, 婦人入浴, 出則懷妊矣. 若生男子, 三歲輒死."

브라만교의 경전 『베다(Veda)』의 경우 물은 가장 원초적인 모성을 상징하며, 이는 우주의 발생 초기에 빛이 없는 바다와 같다고 생각한 데서 연유한다.[6]

물과 결합되어 있지만 전혀 다른 측면에서 생명의 탄생을 보여주기도 한다. 홍수 신화와 남매혼(男妹婚) 이야기가 여기에 해당한다. 이 신화는 이 세상에 거대한 홍수가 나서 남매 단 둘만 살아남았는데, 이들은 인류의 종족을 번식하기 위해 하늘의 뜻을 물어 어쩔 수 없이 혼인하여 자손을 보존하게 되었다는 내용이다. 홍수가 아니라 전란이 신화의 배경이 되기도 하고, 하늘의 뜻을 확인하는 방법도 다양하였다. 즉, 산봉우리에서 맷돌을 굴려 서로 맞추기도 하고, 불을 피워 연기가 합쳐지는 것을 보기도 하며, 피를 흘려 서로 섞이는 것을 보고 천의(天意)라 확신하기도 했다. 이러한 남매혼 신화의 고형은 복희(伏羲)와 여와(女媧) 이야기다. 그 내용은 다음과 같다.

> 태고에 두 형제가 하늘과 땅을 다스리고 있었다. 동생인 뇌공(雷公)은 하늘을, 형인 고비(高比)는 땅을 맡았다. 어느 날 뇌공이 제물을 잘못 바친 것에 화를 내 가뭄이 들게 하여 지상의 모든 것이 말라 죽을 지경에 이르렀다. 보다 못한 고비가 하늘의 비를 훔쳐다가 사람들을 구하였다. 이에 노한 뇌공과 고비 사이에 싸움이 벌어졌는데 고비가 뇌공에게 이겨 조롱 속에 그를 가두었다. 고비에게는 복희와 여와라는 아들·딸 남매가 있었다. 고비는 집을 나서면서 절대로 조롱 속의 뇌공에게 물을 주지 말 것을 남매에게 당부하였다. 그러나 남매는 뇌공의 애원에 못 이겨 물을 주게 되고 뇌공은 힘을 얻어 조롱을 부수고 나왔다.

6 이승훈, 『문학으로 읽는 문화상징사전』, 푸른사상사, 2009, 199쪽 참조.

뇌공은 답례로 남매에게 이빨을 한 개 뽑아 주고 하늘로 올라갔다. 뇌공은 우신(雨神)에게 명령하여 밤낮없이 비를 내리게 했다. 홍수가 나서 모든 사람이 물에 빠져 죽고 산꼭대기까지 물에 잠겼다. 이때 남매는 뇌공이 주었던 이빨을 심었더니 순식간에 등나무로 자라서 박을 열매로 맺었다. 홍수가 밀려왔을 때 남매는 박을 파서 그 속으로 들어갔다. 남매는 박을 타고 홍수 속을 둥둥 떠다녔다. 홍수가 물러간 후 보니 아버지 고비와 모든 사람들은 죽었고 살아남은 사람은 남매밖에 없었다. 이때 천상의 태백금성(太白金星)이 남매끼리 결혼하여 인류의 대를 잇기를 권하였다. 남매는 거부하다가 산에 올라가 각기 다른 곳에서 연기를 피워 올려 두 연기가 합쳐지면 결혼하기로 마음먹었다. 마침내 두 연기가 하나로 합쳐지자 남매는 하늘의 뜻으로 알고 결혼하여 인류를 번성시켰다.[7]

이 설화는 홍수라는 물이 지닌 파괴성을 보여 주지만, 이 때문에 오히려 복희와 여와가 결혼하여 인류의 대를 잇게 되었다는 구조로 되어 있다. 이것은 물이 생명을 주기도 하고 파괴하기도 하는 모순성을 지니고 있기 때문이다. 따라서 물은 역설적 의미를 지닌다. 근친상간이라는 성적 과잉이 인류절멸의 위기 속에서 하늘의 뜻에 의해 용인된다. 이러한 홍수와 남매혼 설화는 우리나라에도 다양하게 전해지는데, 약간 차이가 있기는 하지만 서사의 기본 골격은 같다.[8] 홍수 설화는 세계적이라 할 터인데, 천의(天意)를 통해 천상계가 개입하고, 남매혼을 통해 오늘날의 인류가 시작되었다는 측면에서 그 증거

7 정재서, 「금지된 욕망과 물의 서사: 홍수신화·「소나기」·「비(Rain)」」, 『中國小說論叢』 14, 한국중국소설학회, 2001, 5쪽 재인용.

8 홍수와 남매혼 이야기와 그 변이 형태는 최래옥, 『한국 구비전설의 연구』, 일조각, 1981, 58~80쪽 참조.

물 또한 포괄적이다. 이러한 측면에서 이 설화는 단순한 전설의 범위를 훨씬 뛰어넘는다고 하겠다.

홍수 설화처럼 파괴로 인한 생명의 탄생이라는 역설적 의미를 지닌 것도 있지만, 물이 생명의 탄생과 자연스럽게 이어지는 경우도 많다. 이러한 생각은 물이 생명을 이루는 핵심적인 요소이자 생명을 유지하는 핵심적인 요소이기 때문이겠지만, 그 생각은 더욱 확장되어 물에서 생명이 산출되기도 한다. 그렇기에 앞서 언급한 고구려의 시조 주몽의 어머니 유화(柳花)를 강의 신 하백(河伯)의 딸로 설정할 수 있었던 것이다. 신라의 시조 혁거세가 경주의 나정(蘿井)에서 탄생한 것이나, 고려의 시조 왕건(王建)의 할머니 용녀(龍女)의 출생지가 서해 용궁으로 알려진 것도 같은 입장에서 만들어진 이야기다. 다음 자료 역시 같은 방향에서 이해된다.

> 이때 포구 가에 한 노파가 있었는데 이름이 아진의선이었다. 곧 혁거세왕의 고기잡이 어미였다. 그녀는 배를 바라보면서 말하기를, "이 바다에는 원래 바위가 없었는데 어찌하여 바위에 까치가 모여 울고 있을까?"라고 하면서 배를 저어 가서 보니 까치가 한 척의 배 위에 몰려 있었다. 배 가운데 궤짝이 하나 있었는데 길이가 20자이고 폭이 13자였다. 그 배를 끌고 와서 나무 숲 아래에 두고 길한 일인지 흉한 일인지를 몰라서 하늘을 향해 기도를 했다. 이윽고 열어 보니 단정하게 생긴 남자 아이가 있었다.[9]

『삼국유사』에 전하는 탈해왕 신화의 일부이다. 탈해의 말에 따르

9 一然, 〈脫解王〉, 『三國遺事』 권1, "時浦邊有一嫗, 名阿珍義先, 乃赫居王之海尺之母. 望之謂曰, 此海中元無石嵓, 何因鵲集而鳴, 拏舡尋之, 鵲集一舡上, 舡中有一櫃子, 長二十尺, 廣十三尺, 曳其船, 置於一樹林下, 而未知凶乎吉乎? 向天而誓爾. 俄而乃開見, 有端正男子."

면, 자신은 원래 용성국(龍城國) 사람으로, 알로 태어났기 때문에 버림을 받아 바다에 띄워져 여기까지 왔다고 했다. 나라 이름도 용성국이고, 그 나라에는 28용왕이 있었으며, 붉은 용의 호위를 받으며 왔다고 한 것으로 보아 온통 용과 관련되어 있음을 알 수 있다. 이때 용이 물에 산다고 믿어 온 것도 주목할 만하지만, 탈해가 물에 실려 왔다는 것은 그의 탄생이 물과 밀접한 관련이 있다는 것을 암시한다. 이처럼 물은 생명 내지 탄생과 결합되면서 다양한 작품에 등장하였다. 생명과 탄생은 용 설화와 밀접한 관련을 맺기도 한다. 바리공주 설화에서 볼 수 있는 것처럼 물은 생명의 약수(藥水)로 등장하기도 하지만,[10] 용이 살고 있는 특수한 거처로 인식되기도 하였다. 다음 설화를 중심으로 보자.

> 소백산의 형제봉과 배틀재의 준령, 태화산이 안산이 되어 양지바른 곳에 용수물이 샘솟고 있다. 용수물이 샘솟고 있어 마을 이름 자체가 용수마을이다. 용수물이 생기면서 이곳을 중심으로 많은 사람이 모여 살았다. 그중 이곳에 방씨 내외가 노부모를 모시고 마을의 모범가정으로 살아가고 있었다. …… 방씨 부부는 결혼한 지 5년이 되는 날부터 부모님에게 자식이 없음을 죄스럽게 생각하여 부인이 용소에 와서 아들을 낳게 해달라고 백일 정성을 드린 후 부인의 치성이 효험이 있었던지 태기가 있어 온 가족이 좋아했으나 10개월이 되어도 아기를 낳지 못하고 12개월째 아들을 보게 되었다.[11]

이 설화는 물과 생명의 연관성을 용을 소재로 하여 상징적으로

10 바리공주 설화에서 물은 죽은 사람을 살리는 생명수다. 즉, 바리공주는 저승으로 들어가 천신만고 끝에 부처님을 만나 약수를 구하여, 죽은 부모를 회생시켰다.

11 김정진, 「단양설화의 물의 상징성 연구」, 『지역문화연구』 3, 세명대학교 지역문화연구소, 2004, 123쪽 재인용.

보여 준다. 민간에서는 용이 비를 몰고 다니며 물을 관장한다고 믿어 왔다. 그러하기에 우리는 가뭄이 심할 때 용에게 기우제를 지냈다. 비를 내리게 하여 곡식을 풍성하게 생산하는 것도 생명과 결합되어 있지만 기자(祈子)를 위한 기도 역시 물에 사는 용에게 했다. 위의 설화에서 보듯이 방씨의 부인이 용소에 가서 아들을 점지해 달라고 정성을 드렸다는 것에서 이를 확인할 수 있다. 이것은 용왕을 먹이며 자손의 건강을 비는 풍습으로 나타나기도 한다.

물과 탄생의 상관성은 우주의 시원에 물이 관여하는 것으로 확장되기도 했다. 물은 우주의 시원이면서 마음의 근본이기도 했다. 이 때문에 유학자들은 우주의 시원과 마음의 근본을 결합시키면서 물을 발견하였다. 여기서의 물은 하나의 원천(原泉)이 되어 인식과 행위의 준칙이 되고, 학문의 근간을 이룬다고 생각했다. 근원이 있는 샘물이 끊임없이 흐르듯이 학문을 통해 세상의 온갖 이치가 밝아지길 희망했던 것이다. 조식(曺植, 1501~1572)의 〈원천부(原泉賦)〉는 바로 이러한 측면에서 창작된 것이다. 그 일부를 보자.

惟地中之有水　땅속에 물이 있는 것은
由天一之生北　천일(天一)이 북쪽에서 생기기 때문이다
本於天者無窮　하늘에 근본을 둔 것은 다함이 없나니
是以行之不息　이 때문에 쉼 없이 흐르는 것이라네
徵一泉之觱沸　하나의 샘물이 솟아나는 것을 살펴보면
異杯水之坳覆　길가에 고인 물과는 다르다네
縱初原之涓涓　비록 애초에는 방울방울 솟는 물에 불과하지만
委天地而亦足　천지를 다 먹여도 넉넉하다네
非有本則不然　근본이 없다면 그렇지 아니하리니
類人身之運血　사람 몸에 피가 도는 것과 같다네

或一暫之止息 혹여 잠시라도 멈추게 되면
天地亦有時而潰裂 때로는 우주의 질서가 파괴되기도 하지만
同不死於谷神 곡신(谷神)과 같이 영원히 죽지 않으니
實氣母之沆瀣 실로 기모(氣母)의 항해와 같도다
故祀典之崇本 그러므로 제사의 법전에서도 근본을 숭상하여
必先河而後海 반드시 황하에 먼저 제사하고 바다는 뒤로 하였다
思亟稱於宣尼 자주 물을 일컬었던 공자를 생각하니
信子輿之心迪 맹자가 근본에 비유했던 마음의 자취를 믿을 만하구나
推洊水於習坎 물이 끊임없이 구덩이를 메우고 나아가는 것을 미루어 보아
宜德行之素積 마땅히 평소에 덕행을 쌓아야 하리라
究人事之下行 일상생활에서 실천하는 일을 연구하는 것이
根天理之上達 오묘한 이치에 도달하는 근본이 된다

— 조식, 〈원천부(原泉賦)〉[12]

〈원천부〉는 물의 생성 원리와 그 영원성에 대해 언급하면서 시작한다. 물이 만물을 형성하는 다섯 가지 원기(元氣)인 오행에 근거하여 그것이 솟아나는 원리부터 밝히고자 한 것이다. '천일(天一)'이라 한 것이 그것이다.[13] 천일(天一)에서 물이 생긴다고 믿었기 때문이다. 그리고 물은 하늘에 근본을 둔 것이기에 다함이 없다고 했다. 땅속에서 처음 시작하는 물은 하늘의 영원성을 닮아 영원할 수 있으며, 영원한 것이어서 마침내 천지를 채운다는 것이다. 이어서 근본의 중요성을 제시하면서 물이 처음 샘솟은 원천을 강조했다. 잠시라도 피가

12 曺植, 〈原泉賦〉, 『南冥集』 권1.
13 「河圖」에서 數, 五行, 方位는 각각 '1·6-水-北', '2·7-火-南', '3·8-木-東', '4·9-金-西', '5·10-土-中央'으로 대응된다. 여기서 홀수는 '天'에, 짝수는 '地'에 배당되니 1은 '天-北'으로 '水'의 근원이 되는 것이다. 徐命膺 著·孟天述 譯註, 『先天四演: 易理의 새로운 理解』, 中央大學校 人文科學研究所, 1987, 29쪽; 金炳浩, 『周易講義』 上, 光明出版社, 1982, 7쪽 참조.

없으면 죽고 말듯이 근본이 없으면 천지는 파괴되고 말 것이기 때문이다. 이로써 물이 생명의 원천 구실을 한다고 보았던 것이다. 생명이 하늘로부터 왔다는 것을 인식할 때, 다음의 현대시조는 주목받아 마땅하다.

비우면
가득 채우고
차면 절로 넘치는 연적

네모꼴
모서리마다
天 · 一 · 生 · 水 소탈한 글씨

하늘은
한 방울 물도
목숨으로 나툰다 했네.

— 김상옥, 〈연적(硯滴)의 명(銘)〉[14]

김상옥(金相沃, 1920~2004)은 여기서 연적 네 모퉁이에 새겨져 있는 '천일생수(天一生水)'를 통해 두 가지를 상상한다. 하나는 영허(盈虛)라는 자연의 법칙이며, 다른 하나는 하늘이 지닌 자연 생명력이다. 차고 기우는 자연의 법칙은 달과 마찬가지로 연적에 물이 차고 비워지는 현상에서 촉발된 상상력이다. 그리고 하늘이 가장 먼저 생성하는 것이 물이라는 연적의 명문을 통해 '하늘은 한 방울 물도 목숨으로

14 김상옥, 〈硯滴의 銘〉, 『향기 남은 가을』, 尙書閣, 1989.

나툰다'고 했다. 여기서 우리는 차고 비는 순환성 속에서 하늘이 부여한 생명력을 감지하게 된다.

물은 생명 그 자체이기도 하거니와 물이 없으면 우리는 잠시도 살 수가 없다. 소설가 김남천은 〈물〉이라는 작품 들머리에, "물은 사람에게 하루라도 없어서는 아니 될 중요한 물건의 하나인 듯싶다. 그런 의미에서가 아니라 물은 우리들과 특별히 뗄 수 없는 인연이 있는 듯싶다."[15]라 하기도 했다. 우리는 여기서 앞에서 제시한 조식의 〈원천부〉에 나오는 '항해(沆瀣)'라는 용어를 주목할 필요가 있다. 이것은 북방의 한밤중 기운이 어떤 모습을 갖춘 것으로, 물을 의미하기 때문이다. 순수를 의미하는 한밤중에 생성되는 기(氣)의 외현태(外現態)라는 것이다. 이 때문에 물은 기의 어머니이며, 모든 생명체의 근원으로 인식되었고, 우주만물의 운동과 조화를 가능케 할 수 있었다. 물은 이처럼 탄생을 가능하게 하는 동시에, 그 자체가 생명이었다. 현대시의 경우 이러한 측면이 더욱 강조된다. 박재삼(朴在森, 1933~1997)의 〈봄 강변(江邊)〉을 읽어 보자.

해산한 아내의 젖줄기
강이 흐르고,
눈이 부시고,
정면으로는 바라볼 수 없고,

---

15 김남천, 〈물〉, 『대중』, 1933. 김남천은 이 작품으로 임화와 소위 '물 논쟁'을 벌이기도 했다. 1933년에 이 작품이 발표되자 임화는 김남천의 〈물〉은 경험주의적이며 생물학적 심리주의에 불과하다며 계급적 당파성이 결여된 작품이라 혹평했고, 김남천은 작품을 결정하는 것은 작가이며, 작가를 결정하는 것은 작가의 실천이라며 반박했다. 이 논쟁 이후 김남천은 고발문학론, 모랄론 등으로 나아가게 된다. '물 논쟁'에 대해서는, 김지형, 「"물 논쟁"에 나타난 김남천의 자기반성적 실천 고찰」(『민족문학사연구』 47, 민족문학사학회·민족문학사연구소, 2011)을 참조할 수 있다.

딱딱한 뼈마디
죄지은 근처
아지랭이 아른대고,
손짓조차 할 수 없고,
파릇한 풀잎에 오르는 물기운
아, 수만 마디의 말을 참는다.

— 박재삼, 〈봄 강변(江邊)〉[16]

이 시는 생명으로 가득하다. '해산', '젖줄기', '파릇한 풀잎', '오르는 물기운' 등에서 이러한 사실이 구체화되어 있다. 그런데 이것이 강이라는 물을 통해 펼쳐진 상상이라는 점이 중요하다. 길게 흐르는 강줄기를 보면서 아내의 젖줄기를 연상하고, 그것이 생명임을 자연스럽게 알 수 있게 하였다. 그 생명은 너무 눈이 부시어 정면에서 바라볼 수 없다고 했다. 부드러우면서 찬란한 생명의 대극점에 '딱딱한 뼈마디'가 존재한다. 강의 부드러운 물줄기와 대비되는 경화된 뼈가 암시하는 죄 혹은 죽음, 시인은 그것에 대해 '손짓조차 할 수 없'다고 했다. 이로써 물이 갖는 생명성이 더욱 확실해지도록 했다.

물은 자연의 본질적 요소 가운데 하나이다. 동양인들은 우주가 물에 의해 창조되었다고 상상하기도 하고, 불, 흙, 공기와 더불어 물을 중심으로 이루어졌다고 생각하기도 했다. 인간이 원래 바닷속의 수서동물(水棲動物)이었다는 과학적 증거도 그러하지만, 물은 존재의 근원이자 생명 발생의 근원적인 물질이었다. 이 때문에 인간은 물이 그들의 삶에 원초성과 보편성을 제공한다고 믿었다. 사정이 이러하

16 박재삼, 〈봄 江邊〉, 『울음이 타는 가을江』, 미래사, 1991.

므로 복희와 여와의 천지창조 신화나 탈해왕 등의 건국 신화는 물론이고, 근대에 창작된 작품에도 물이 생명과 탄생을 상징하는 물질로 자주 등장할 수 있었다.

삶

물은 인간의 생명을 유지하는 데 가장 중요한 요소이므로, 사람들은 물이 있는 곳 주변에 모여 살았다. 물이 없으면 먼 곳에서 물을 길어다 사용하거나, 우물을 파서 생활하기도 했다. 이곡(李穀, 1298~1351)은 강릉부(江陵府)에 있는 염양선사(艶陽禪寺)의 중건기를 쓴 적이 있다. 여기서 그는 샘물 긷기의 어려움과 샘 발견의 기쁨을 이렇게 적었다. "예전부터 절에 우물이 없었기 때문에 멀리서 물을 길어오느라 고생하였는데, 지대가 또 높고 건조해서 사람의 꾀로는 어떻게 해 볼 길이 없었다. 그런데 어느 날 우연히 부처에게 묵도(默禱)를 올리고 땅을 파자 한 길도 채 못 되어서 차가운 샘물이 세차게 솟아올랐다."[17]라고 한 것이 그것이다. 생활 속에서 물을 얻기 위한 노력을 진솔하게 알게 한다.

우물도 그러하지만 사람들은 물 주위에 살았다. 이 때문에 개울가에 삶의 거점을 마련하는 계거(溪居), 강가에 사는 강거(江居), 바닷가에 사는 해거(海居) 등의 용어가 생겨날 수 있었다. 사람들은 여기서 물을 공급받거나 물을 이용하여 생활하면서, 이와 관련된 작품을 다양하게 남길 수 있었다. 나루터에서 사람을 기다리거나 낚시로 물고기를 잡기도 하고, 물에 비친 달그림자를 감상하거나 물가에 정자

17 李穀, 〈高麗國江陵府艶陽禪寺重興記〉, 『稼亭集』 권2, "寺舊無井, 若於遠汲, 地又高燥, 人謀莫及, 偶於一日, 默禱于佛, 掘未及丈, 寒泉涌冽."

를 지어 벗들과 만나 시회(詩會)를 열기도 했다. 특히 강은 주요한 교통로였기 때문에 배를 타고 가면서 시심을 북돋우었던 것은 지극히 자연스런 일이다. 일찍이 이규보(李奎報, 1168~1241)는 고율시 92수를 지은 적이 있는데, 다음 작품은 그 가운데 하나이다.

(가) 다음 날 배를 띄워 삿대질하지 않고 흐르는 대로 동으로 내려가니 배가는 것이 날 듯하여 밤에 원흥사(元興寺) 앞에 대었다. 배에서 묵게 되었는데 밤은 고요하고 사람은 잠들어 오직 물속에서 고기가 뛰는 소리만 들릴 뿐이었다. 나도 팔뚝을 베고 조금 자는데 밤공기가 추워서 오래 자지 못하였다. 고기잡이 노래와 상선 피리소리가 멀고 가까운 데서 서로 들렸다. 하늘은 높고 물은 맑으며 모래는 밝고 언덕은 희었다. 물결 빛과 달그림자는 뱃집에 출렁대고 앞에는 기이한 바위와 괴상한 풀이 있어 마치 범이 걸터앉고 곰이 쭈그린 것 같았다. 나는 두건을 벗고 비스듬히 기대어서 강호(江湖)의 낙을 깊이 얻었다. 아! 강호의 낙은 비록 병중이라도 즐겁지 않을 수 없다. 하물며 날마다 기생을 끼고 주현(朱絃)을 타며 마음대로 노니 이 즐거움을 어찌 다 말할 수 있겠는가? 시 두 수를 지었다.

(나) 碧天浮遠水　푸른 하늘이 멀리 물 위에 떴으니
雲島認蓬萊　구름 섬이 봉래인가 짐작하네
浪底紅鱗沒　물결 밑에는 붉은 고기가 사라지고
煙中白鳥來　안개 속에는 백조가 날아오네
灘名隨地換　여울 이름은 땅에 따라 바뀌고
山色逐舟廻　산빛은 배를 따라 돌아오네
喚取江城酒　강성의 술을 가져오게 하여
悠然酌一杯　유유하게 한 잔을 마시네

(다) 夜泊沙汀近翠巖　밤에 모래 강변에 다다르니 푸른 바위 가까운데
坐吟篷底撚疏髥　돛 밑에 앉아 읊조리며 성긴 수염을 비비네
水光瀲瀲搖船閣　물빛은 출렁대어 선각을 흔들고
月影微微落帽簷　달그림자는 희미하여 모자 차양에 떨어지는구나
碧浪漲來孤岸沒　푸른 파도 밀려와서 외로운 언덕에서 사라지고
白雲斷處短峰尖　흰 구름 끊어진 곳에 낮은 봉우리가 뾰족하구나
管聲啢嘲難堪聽　새소리 같은 피리소리 들을 수 없으니
須喚彈箏玉指纖　쟁 타는 섬섬옥수를 불러야겠네

— 이규보, 〈고율시(古律詩)〉[18]

(가)는 제목이자 시를 짓게 된 동기이고, (나)와 (다)는 그 구체적인 작품이다. 이 시에서 이규보는 선상의 생활을 낭만적인 필치로 묘사하였다. '물결 밑의 붉은 고기', '안개 속의 백조', '출렁대는 선각', '희미한 달그림자', '새소리와 피리소리' 등이 모두 그것이다. 이를 통해 이규보는 '강호의 낙은 비록 병중이라도 즐겁지 않을 수 없다'고 하면서 물길을 이용한 여행의 즐거움을 표현하였다. 여기에 더하여 술을 마시며 기생과 더불어 음악을 즐기니 강호지락(江湖之樂)이 더욱 증폭된다고 했다. 정약용(丁若鏞, 1762~1836) 역시 배로 여행을 하면서 5언절구 75수를 지은 바 있다. 백씨(伯氏)를 모시고 배를 타고 충주로 가면서 창작한 〈강행절구(江行絶句)〉가 그것이다. 이 가운데 몇 수를 보이면 다음과 같다.

(가) 藍子洲前石　남자주 앞의 저 돌을 보니
丁年憶打魚　젊어서 고기 잡던 일 생각나는구나

18　李奎報, 〈古律詩九十二首〉, 『東國李相國集』 권6.

當時衆漁子　그 당시에 하고 많던 그 어부들이
唯有數人餘　이제는 두어 사람만 남았다네

(나) 西灩獅牙怒　서쪽 물결은 성난 사자 어금니 같고
盤渦虎眼橫　소용돌이는 가로지른 범의 눈 같네
悠哉彼漁艇　한가하여라 저 고기잡이하는 배는
施罟汎澄泓　그물 치고서 깊은 물에 떠 있다네

(다) 仰德村容小　앙덕마을은 국내가 조그마한데
漁家對水明　어부의 집이 물 마주해 환하여라
地名轟萬口　이곳 지명이 널리 알려진 것은
曾臥李完平　이완평이 은거했기 때문이라오[19]

(라) 急急豚魚瀨　몹시도 급한 돈어 여울에서는
葫蘆吐水聲　바가지로 물 푸는 소리가 나네
站船叢似竹　역참 배는 대숲처럼 빽빽이 떠 있고
祠下宰犧牲　사당 아래서는 희생을 잡는구나

— 정약용, 〈사월십오일(四月十五日)……〉[20]

어부는 물을 이용해 생업을 영위하는 사람이다. 정약용은 배를 타고 지나가면서 어부들에게 특별한 관심을 보였는데, 앞의 세 수가 그것이다. 자신이 젊어서 고기 잡던 때를 떠올리며, 당시에는 남자주(藍子洲)에 어부들이 많았으나 지금은 그렇지 못하다며 회고하기도 하고[(가)의 경우], 깊은 물에 그물을 치고 고기 잡는 배를 포착하기도 하며[(나)의 경우], 물빛에 비쳐 환하게 밝은 앙덕(仰德)마을의 어부 집을

19 이완평은 조선 중기의 재상인 이원익(李元翼, 1547~1634)을 가리킨다.
20 丁若鏞, 〈四月十五日, 陪伯氏乘漁家小艥向忠州, 效錢起江行絶句〉, 『與猶堂全書』 권7.

발견하기도 한다[(다)의 경우]. 그리고 마지막 작품(라)에서는 여울의 급한 물소리와 나란히 떠 있는 역참의 배들을 형상화하여 분주한 강가의 모습을 묘사하기도 했다. 모두가 물과 더불어 생활하는 일상을 묘사한 것이다.

한편 물과 생활을 결합시킬 때, 민요를 특별히 주목할 필요가 있다. 민요는 민중이 물을 활용하여 그들의 생활을 영위하는 것을 가장 적실히 보여 주기 때문이다. 민요 가운데서도 파래 소리, 두레질 소리 등으로 불리는 물 푸는 소리를 비롯해서, 모 심을 때 부르는 모심기 소리, 모를 옮겨 심기 위해 모판에서 모를 떼 낼 때 부르는 모찌는 소리, 논을 맬 때 부르는 논매는 소리 등이 주목된다. 모를 심는 것 자체가 그렇듯이 이들 노래에는 농민들의 생활고와 함께 삶에 대한 강한 생명력이 깃들어 있기 때문이다. 이 가운데 물 푸는 소리를 예로 들어 보자.

(가) 이 물을 품어 어디로 가나, 철썩-
　　우리 농토로 들어가나, 철썩-
　　우리 농토로 들어가면, 철썩-
　　대천 바다가 댈라는가, 철썩-
　　한강수가 댈라는가, 철썩-

— 민요, 〈맞두레질 소리〉(1)[21]

(나) 올라간다 올라가네 올라간다 올라가네
　　또 올라가고 한 뚜리 물이 올라가네 이 물 퍼서

21　김민하, 「노동요 지도를 위한 물 푸는 소리의 고찰」, 『국악교육연구』 6-1, 한국국악교육연구회, 2012, 38쪽 재인용.

올라가네 무엇하나 올라간다 서마지기 올라간다
저 논배미 올라간다 모 숨을라고

— 민요, 〈맞두레질 소리〉(2)[22]

앞의 작품은 천안 지역의 물 푸는 소리인 〈맞두레질 소리〉이고, 뒤의 작품은 김천 지역의 물 푸는 소리인 〈맞두레질 소리〉이다. 모두 농토로 물을 퍼 올리는 것을 그 내용으로 하고 있다. 물을 퍼 올려 대천 바다나 한강수처럼 넉넉한 물로 모를 심어 기르고자 하는 염원이 이 소리에 담겨 있다. 강경호가 〈둠벙에서 물 푸던 소리〉라는 글을 통해 증언하고 있듯이 물을 푸는 것은 삶을 위한 고통스런 활동이었다. 그는 "'솨아 솨아' 하면서 들리는 두레질 소리는 나를 아프게 하였다. 밤새 두레질을 하다보면 허리가 아프고 두레줄을 잡은 손에서 피가 났다."[23]라고 하며 부모의 고통에 대하여 언급하면서도, 허기진 논에 물을 대기 위한 두레질 소리는 자신을 키운 생명의 소리라고 하였다.

물과 생활의 관련성은 강을 통해 더욱 광범해진다. 강은 여러 물자를 실어 나르며 인간이 삶을 영위할 수 있게 하기 때문이다. 읍지를 비롯한 다양한 지리지에서 강의 형세를 구체적으로 제시하는 이유도 여기에 있다. 예컨대, 역대로 중국에서는 사독(四瀆), 즉 양자강(揚子江)·황하(黃河)·회수(淮水)·제수(濟水)에 제사를 지내 왔다. 국가를 경영하고 백성을 다스리는 데 가장 중요한 것이 치수(治水)라 하겠는데, 우(禹)임금의 치수 고사가 풍부하게 전해지는 것에서도 이러한 점을 확인할 수 있다.

---

22 김민하(2012), 앞의 논문, 40쪽 재인용.
23 강경호, 〈둠벙에서 물 푸던 소리〉, 『함평신문』, 2014년 1월 21일 자.

우임금은 치수를 통해 중국 최초의 왕조인 하나라를 세웠다. 그 공으로, 요(堯)임금이 순(舜)임금에게 선양(禪讓)한 것과 달리 우임금은 그의 자손들에게 왕위를 세습하게 된다. 이로 보면 우임금은 치수의 영웅이라 할 것인데, 그가 황하의 치수를 위하여 밤낮을 가리지 않았기에 '삼과불입(三過不入)'이라는 고사도 생겼다. 13년의 치수 기간 동안 자신의 집 앞을 세 번이나 지나가면서도 감히 들어가지 못했다는 것이다. 이러한 치수는 다름 아닌 백성들의 생활을 넉넉하게 하기 위함이었다. 우리는 여기서 강이 백성들의 생활과 밀착되어 있다는 것을 알게 된다. 그렇다면 강과 생활이 작품에서 구체적으로 어떻게 형상화되어 있는지가 궁금해진다. 조강(祖江)의 경우를 통해서 보자.

扁舟泊祖江	쪽배가 조강에 이르러
暮宿江村廬	날 저물자 강촌의 여관에 묵었네
洪濤若噴雪	큰 파도는 눈을 뿜어내듯이
澎湃騰空虛	철썩거리며 하늘로 오르네
江村老翁鬌皚皚	귀밑머리 흰 강촌의 노인은
自言生在此港居	스스로 이 항구에 산다고 말하네
祖江一名三歧河	'조강'은 다른 이름으로 '삼지하'라 하는데
是爲三江合朝滄海波	이는 세 강이 창해와 만나기 때문이라네
南通湖海西樂浪	남쪽으로는 호해와 통하고 서쪽으로는 낙랑과 이어지니
舳艫相屬如飛梭	서로 이어진 배들은 나는 북과 같다네
魚塩果布米作山	고기와 소금, 과실·포목·쌀이 산같이 쌓일 때는
此港一日千帆過	이 항구에 하루 동안 천 척의 배가 지나간다네
長年黃帽何郡郞	장년의 황모 쓴 사내는 어느 고을의 사람인지
賈客青絲金叵羅	손님들에게 청사며 금파라를 팔았지

皆言漢水苦難越	모두 한강을 건너기가 어렵다고 말하지만
笑問當壚沽酒娥	웃으며 주막의 술과 계집이 어떠냐고 묻는다네

— 신유한, 〈조강행(祖江行)〉[24]

이 시는 청천(靑泉) 신유한(申維翰, 1681~1752)의 〈조강행(祖江行)〉이라는 작품의 들머리다. 조강은 한강과 한탄강, 임진강이 만나 이루어진 강으로, 다시 예성강과 합쳐져 강화도 앞바다로 흘러든다. 신유한은 이 강의 어제와 오늘을 거민(居民)의 목소리에 담아 담담하게 전한다. 제시된 자료는 바로 조강의 번성한 어제를 언급한 것이다.[25] 신유한 당대의 상황은 예전에 비해 많이 달라지긴 하였지만, 조강은 고기와 소금을 실어 나르는 배들, 청사와 금파라를 파는 상인들로 북적댄다고 했다.

또한 신유한은 독자로 하여금 강을 중심으로 한 삶의 활기가 바로 느껴질 수 있도록 했다. "남쪽으로는 호해와 통하고 서쪽으로는 낙랑과 이어지니, 서로 이어진 배들은 나는 북과 같다오. 고기와 소금, 과실·포목·쌀이 산같이 쌓일 때는, 이 항구에 하루 동안 천 척의 배가 지나간다네."라고 한 것이 그것이다. 우리는 여기서 강을 중심으로 한 인간의 생활 현장을 문학 작품을 통해 구체적으로 확인할 수 있다.

바닷가에 사는 사람들은 바다가 삶의 현장일 수밖에 없다. 사람들은 바다를 통해 이상향을 꿈꾸기도 하고, 광활한 자유를 느끼기도 하며, 때로는 외침으로 인한 고달픈 역사적 현장으로 인식하기도

24 申維翰, 〈祖江行〉, 『靑泉集』 권2.
25 정우락, 「신유한의 문학사상과 그 시세계의 의미구조」, 『퇴계학과 한국문화』 41, 경북대학교 퇴계연구소, 2007, 291~292쪽 참조.

조강

한다. 조선 전기의 문인 어득강(魚得江, 1470~1550)의 시세계에는 바다에 대한 감흥이 자주 등장한다. 그 역시 바다를 통해 삶을 포착하고 있었다. 이는 그가 고성, 흥해, 곤양 등 바다를 끼고 있는 고을에서 태어나고 지방관 임무를 수행했기 때문에 발생한 자연스런 현상이라 하겠다. 다음 작품이 여기에 해당한다.

(가) 三千海外舟如葉　삼천포 바다 바깥에는 배가 나뭇잎 같고
十水橋邊檣似林　십수교 가에는 돛대가 숲과 같네
夜夜賈船窓下過　밤마다 창 아래를 지나가는 장삿배는
停橈應聽主人琴　노를 멈추고 아마 주인의 거문고 소리를 듣겠지

— 어득강, 〈아호정사(牙湖精舍)〉[26]

26 魚得江, 〈牙湖精舍〉, 『灌圃詩集』 권1.

(나) 十日東風九放顚　열흘 동안의 동풍이 아흐레를 멋대로 부는데
晴雷常自殷東邊　마른 천둥은 항상 저절로 동해 가에서 은성하네
漁人不管波濤惡　어부는 파도 험악함을 상관하지 않고
日日來陳魚蟹鮮　날마다 싱싱한 물고기와 게를 늘어놓는다네

— 어득강, 〈동주도원(東州道院)〉[27]

작품 (가)는 〈아호정사〉 다섯 수 가운데 세 번째 작품이고, 작품 (나)는 〈동주도원〉 열여섯 수 가운데 여덟 번째 작품이다. 이들 시에는 바다의 건강한 생명력이 살아 있다. 삼천포 바다에 떠 있는 수많은 장삿배들, 거센 파도를 헤치고 날마다 싱싱한 물고기와 게를 잡는 어부가 제시되어 있다. 어득강은 특히 바다의 위험성에 대하여 주목하였다. "남해의 거센 바람이 조수를 휘감아 오면, 강주의 섬은 하나의 탄환처럼 잠기네."[28]라고 한 것이 그것이다. 바다는 항상 이러한 위험성을 안고 있음에도 불구하고, 바닷가에 사는 어부들은 이를 극복하며 살아간다고 했다. 제주목사를 지낸 적이 있는 이원조(李源祚, 1792~1872) 역시 바다를 삶의 현장으로 인식하고 다음과 같은 시를 지었다.

一鮑身世千重海　깊은 바다에서 한 바가지의 전복을 캐는 신세
獸髮魚形已白頭　짐승의 머리 물고기의 형상으로 이미 흰머리
空往空來風日惡　바람이 몰아치는 나쁜 날씨에 부질없이 왔다 갔다
危死危生口腹謀　살아갈 방법을 찾아 생사를 넘나드는 삶
無穴爲珍有穴次　구멍이 없는 것은 진귀한 물건, 있는 것은 그다음
高價猶難廉價求　비싼 값은 어렵지만 헐값에는 할 수 있네

27 魚得江, 〈東州道院十六絶〉, 『灌圃詩集』 권1.
28 魚得江, 〈牙湖精舍〉, 『灌圃詩集』 권1, "南海長風捲潮至, 江州島沒一彈丸."

官家縱知爾辛苦　관가에서 비록 너희들의 고생을 알지만
朝貴何由減膳羞　조정의 귀인들이 어찌 진상을 줄이겠나
今年鍾乳復未復　금년의 종유석은 회복될까 그렇지 않을까
且飧白飯一椀休　저녁밥은 백반 한 상으로도 그만이로다

— 이원조, 〈용두관채복(龍頭觀採鰒)〉[29]

이 시는 이원조가 제주목사로 부임한 후 얼마 되지 않은 윤3월 24일에 용머리바위에서 포작(鮑作)들이 전복을 캐는 것을 보며 지은 것이다. 포작은 전복을 따는 남성을 의미하는 말이다. 당시 제주도 사람들은 특산물로 전복을 바쳐야 했으므로 포작은 잠녀(潛女) 등과 함께 육고역(六苦役) 가운데 하나를 담당하던 사람이었다. 위의 시에서 보듯이 이원조는 깊은 바다로 나가 전복을 캐는 포작을 짐승의 머리, 물고기의 형상, 흰머리로 묘사하면서, 그들이 생사를 넘나들며 위태롭게 살아간다고 했다. 바다를 기반으로 하는 이러한 삶은 고단하기 짝이 없었고, 관가에서는 그들의 고생을 알지만 진상을 줄여 줄 생각이 전혀 없다고 했다. 어민들의 생활상이 어떠했는지를 여실히 보여 주는 시라 하겠다.

물은 생명의 근원을 이루기도 하지만 그것을 통해 삶을 영위하게도 한다. 백성들은 샘을 파서 다양한 집안일을 하고, 이규보와 같은 사대부들은 강호(江湖)를 바라보며 풍류를 즐기기도 했다. 그러나 강이나 바다를 삶의 현장으로 삼아 살아가는 사람들의 생활 방식과 거기서 느끼는 정서는 한결같을 수 없다. 작가들은 그들의 다양한 삶을 민첩하게 포착하여 때로는 활기차게 때로는 고달프게 그것을

29　李源祚, 〈龍頭觀採鰒〉, 『耽羅錄』 上.

묘사했다. 한편 농민들은 물을 퍼 올려 넉넉한 물로 모를 심어 기르고자 하는 염원을 민요에 담았다. 물은 이처럼 사람들의 생활 속 깊이 들어와 생활시를 이루는 주요 소재원이 되었다.

죽음

물은 사람에게 생명을 공급하기도 하지만, 때로는 공포의 대상이 되기도 했다. 맹자가 '유자입정(孺子入井)'의 논리로 성선설(性善說)을 말한 것도 물이 죽음과 관련되기 때문이다. 특히 홍수는 많은 사람들을 죽음에 이르게 한다는 측면에서 자연재해 가운데서도 가장 큰 것이다. 이 때문에 국가에서는 큰비가 오면 홍수 대책을 시급하게 마련할 수밖에 없었다. 『각사등록(各司謄錄)』「경상감영계록(慶尙監營啓錄)」 1863년 6월 초5일 조의 기록에 따르면, "낙동강의 불어난 물이 들을 뒤덮으며 거슬러 흘러넘쳐서, 물가에 있는 면은 거의 다 침수되었고 곡식도 손상을 많이 입었다."[30]라면서 홍수를 조정에 보고하고 있다. 홍수는 국가적 재난이었기 때문이다. 다음 작품도 이러한 측면에서 읽힌다.

(가) 二氣失調燮　음양 두 기운이 조화를 잃으니
群龍未安蟄　뭇 용이 편안하게 거처하지 못하였네
陰怒發玄機　음기가 노하면 현기를 발동하여
懸空雨勢急　공중에서 빗줄기가 거세다네
暴流漲南川　사나운 물 남쪽 시내에 넘쳐
浩浩沒原隰　넘실넘실 들판을 삼켜 버렸네

30 『各司謄錄』, 「慶尙監營啓錄」, 1863년 6월 초5일 조, "洛江潦水, 蔽野溯漲, 浦面擧皆沈墊, 禾稼致多受傷."

水溢雨不止 물이 넘치는데도 비는 그치지 않아
皆言及井邑 모두들 마을을 덮칠 것이라 말하네
惟恐卷人家 오직 민가를 휩쓸까 염려스러운데
更憂傷穀粒 곡식이 상할까 더욱 걱정이라네
顧余牧一方 다만 내가 이 지방을 다스리니
此咎其誰執 이 허물을 누가 감당하여야 할까
誠微不動天 정성이 부족하여 하늘을 감동시키지 못하고
起坐徒悒悒 앉았다 일어났다 부질없이 걱정만 하네
願天罪我躬 원컨대 하늘은 이 몸을 죄주시고
哀聽生民泣 백성의 울음소리 슬피 들으소서

— 안축, 〈대우탄(大雨歎)〉[31]

(나) 橫流江海曾嫌溢 일찍이 강해가 범람해 넘치는 걸 꺼렸더니
暴富池塘爲戒盈 갑자기 못 물 불어나 가득 찬 게 경계되네
天意人心難自料 하늘 뜻과 사람 마음을 헤아리긴 어려우나
耕時欲雨艾時晴 밭 갈 땐 비 내리고 수확할 땐 활짝 갰으면

— 서거정, 〈우로(遇澇)〉[32]

앞의 작품은 안축(安軸, 1287~1348)의 〈대우탄(大雨歎)〉이고, 뒤의 작품은 서거정(徐居正, 1420~1488)의 〈우로(遇澇)〉이다. 모두 홍수를 소재로 창작한 것이다. (나)에는 비가 그치기를 바라는 소박한 정서가 담겨 있다면, (가)에는 목민관으로서의 애민의식이 짙게 내포되어 있다. 홍수는 백성들을 죽일 수 있기 때문이다. 안축은 음양의 기운이 조

31 安軸, 〈大雨歎〉, 『謹齋集』 권1.
32 徐居正, 〈遇澇〉, 『四佳詩集』 권20.

화를 잃어 큰비가 내린다고 보고, 홍수는 들판을 삼킬 수도, 마을을 덮쳐 민가를 휩쓸 수도, 곡식을 상하게 하여 백성들의 삶을 파괴할 수도 있다고 염려했다. 이처럼 홍수가 죽음을 불러올 수 있다고 보았던 것이다. 또한 안축은 홍수가 천의에 의한 것일 수도 있으므로, 혹 죄가 있다면 자신을 벌하라고 했다. 우리는 여기서 그의 목민관적 자세를 엿볼 수 있다. 옛날에 장마가 지속되면 군왕이나 지방관이 직접 기청제(祈晴祭)를 지내기도 했다.

> 큰 들에 곡식이 많아서 바야흐로 가을의 성숙을 기다리고 있는데, 3일을 연속하여 장맛비가 내리니, 혹 농작물에 해를 끼칠까 두렵습니다. 이에 마음속에서 나오는 간절한 정성을 피력하여, 감히 아래 백성을 불쌍히 여기시는 어진 은택을 바랍니다. 하늘의 밝으심은 백성들이 하고자 하는 것을 좇는 것이니, 구름과 그늘진 날씨를 풀어 버리시고 잠깐 사이에 흐림을 걷어 주시어, 연사는 풍년이 들고 즐거워하는 환성은 사방에서 물끓듯 일어나게 하소서.[33]

정보(鄭誧, 1309~1345)의 〈기청축(祈晴祝)〉이다. 홍수 자체로 백성들이 죽기도 하지만, 곡식이 익어 갈 때 큰비가 오면 흉년이 들어 백성들이 죽음을 면치 못하게 된다. 이 때문에 정보는 '아래 백성을 불쌍히 여기시는 어진 은택을 바'란다며 하늘에 빌었던 것이다. 이러한 기청제는 『조선왕조실록』 1404년(태종 4) 7월 25일에 "내신(內臣)을 흥국

---

33 鄭誧, 〈祈晴祝〉, 『東文選』 권110, "大野多稼, 方有望於秋成, 三日爲霖, 恐或貽於物害. 爰瀝由中之悃, 敢希憫下之仁, 惟天之明, 從民所欲, 雲陰解駮, 開霽色於須臾, 歲事登穰, 沸懽聲於遠邇." 鄭誧를 주로 '정포'로 읽으나, 문중에서는 '정보'로 읽고 있다. 『淸州鄭氏文穆公派世譜』에도 '정보'로 표기되어 있으므로 여기서도 이를 따라 '정보'로 읽는다.

사(興國寺)와 낙산사(洛山寺)에 보내어 기청법회(祈晴法會)를 베풀었다."[34] 라는 기록을 필두로 다양하게 보인다. 모두가 백성을 살리고자 하는 뜻이 담겨 있다.

큰물이 죽음과 파괴를 수반하며, 이것이 천의에 의한 징치(懲治)라는 것을 가장 잘 보여 주는 예가 장자못 전설이다. 이 전설은 시주온 도승(道僧)을 박대해 집터가 못이 되어 패망한 장자(長者)와, 도승이 말한 금기를 위반하여 돌이 된 며느리에 관한 이야기로 구조화되어 있는데, 다양한 변이형을 갖고 있다. 즉, 며느리가 살아남기도 하고, 며느리가 아니라 하인으로 나타나기도 하며, 장자가 구렁이로 변하여 물속에 살기도 하고, 돌이 된 며느리 이야기가 아예 생략되기도 한다. 낙동강의 발원지로 널리 알려져 있는 황지(黃池)도 이러한 전설을 갖고 있다. 의미 단락은 다음과 같다.

① 황지못 자리에 인색한 황부자가 살고 있었다.
② 어느 날 노승이 찾아와 시주를 청하자 황부자는 쇠똥을 바랑에 넣어 준다.
③ 황부자의 며느리가 이것을 보고 시아버지 대신 용서를 빌며 쌀을 시주한다.
④ 도승은 며느리에게 살고 싶으면 자신을 따라오라며 뒤돌아보지 못하게 한다.
⑤ 이에 며느리는 아이를 업고 강아지와 함께 도승을 따라 나선다.
⑥ 고개를 넘어서려는데 집 쪽에서 뇌성벽력 같은 소리가 들렸다.
⑦ 놀란 며느리는 뒤를 돌아보게 되고 아이, 강아지와 함께 돌이 되었다.

---

34 『조선왕조실록』 태종 4년(1404) 7월 25일(갑자), "遣內臣于興國寺及洛山寺, 設祈晴法會."

⑧ 황부자가 살던 집은 점점 가라앉고 그 자리에 연못이 생겼다.

⑨ 황부자는 이무기가 되었는데 그가 심술을 부리면 물이 누렇게 변하기도 한다.

이 이야기에는 도승이라는 신격, 장자와 며느리라는 일상적 인간의 선악적 표상, 금기를 어길 수밖에 없었던 인간의 나약성, 여전히 존재하는 악인형 인간의 영향 등이 두루 나타난다. 그런데 이 전설은 어떤 변이형을 갖는다고 하더라도 장자에 대한 징치의 결과로 못이 생겼다는 것은 동일하게 나타난다. 여기서 우리는 물에 빠져 죽기도 하지만, 물 자체가 파괴와 죽음을 표상하는 대표적인 소재라는 것을 알게 된다. 이러한 사실은 홍수 설화와 남매혼 이야기가 보여 주는 것처럼 홍수로 인한 생명의 창조라는 역설성과는 사뭇 다르다.

장자못 전설에서의 물이 수동적 죽음이라면, 사람이 물에 직접 뛰어들어 죽는 능동적 죽음도 문학 작품에 다양하게 나타난다. 전쟁 과정에서 이러한 이야기들은 실기의 형태로 많이 나타난다. 성주 사람 배중선(裵仲善)의 딸 이야기도 그 가운데 하나로, 고려 말 경산부(경북 성주군) 사람 배중선(裵仲善)의 딸이 아이를 업고 왜적에게 쫓기다가 소야강(所耶江)에 이르러 투신하여 정절을 지켰다는 이야기이다. 널리 알려져 있는 논개 이야기도 같은 맥락에서 이해된다. 일찍이 황현(黃玹, 1855~1910)은 〈의기논개비(義妓論介碑)〉라는 작품에서 다음과 같이 노래한 적이 있다.

楓川渡口水猶香　신내 나루는 냇물이 지금도 향기로워

濯我須眉拜義娘　깨끗이 세수하고 의낭에게 절을 하네

蕙質何由能殺賊　향초 같은 몸으로 어찌 적장을 죽였을까

藁砧已自使編行　낭군이 이미 항오에 들게 했기 때문이라

長溪父老誇鄕産　장계의 노인들은 제 고향 출신임을 자랑하고
矗石丹靑祭國殤　촉석루 단청에는 나라 위한 죽음을 제사하네
追想穆陵人物盛　생각해 보면 선조 때에는 인물이 많았는지라
千秋妓籍一輝光　기적(妓籍)에도 한 줄기 빛이 천추에 발하였네

— 황현, 〈의기논개비(義妓論介碑)〉[35]

신내[楓川]는 전북 장수군에 있는 시내 이름이다. 논개는 장수현감(長水縣監)을 역임한 경상 우병사 최경회(崔慶會)가 진주성 싸움에 참전하자 그를 따라서 진주로 왔다. 그녀는 왜군이 진주성을 함락시키고 촉석루에서 잔치를 열었을 때에 적장을 끌어안고 남강에 뛰어들었다. 이에 논개의 생가인 장수군 장계면 대곡리 주촌마을에 '촉석의기논개생장향수명비(矗石義妓論介生長鄕竪命碑)'를 세웠는데, 황현은 위와 같은 시를 지어 논개를 기렸던 것이다. 이보다 앞서 정약용 역시 〈진주의기사기(晉州義妓祠記)〉를 지어, "보잘것없는 한 여자가 적장을 죽여 보국(報國)하였으니 군신(君臣) 간의 의리가 환히 하늘과 땅 사이에 빛나서, 한 성에서의 패배가 문제되지 아니했다. 이 어찌 통쾌한 일이 아닌가."[36]라고 하면서 논개의 의로운 죽음을 기렸다.

논개와는 경우가 다소 다르지만 강에 투신하여 절의를 지킨 것으로는 향랑 이야기가 두루 알려져 있다. 이유원(李裕元, 1814~1888)이 〈산유화(山有花)〉라는 작품을 지으면서, "숙종 무인년(1698) 선산에 사는 양민의 딸 향랑(香娘)이 일찍 과부가 되었다. 친정 부모가 그녀를 개가(改嫁)시키려 하자 향랑은 〈산유화가〉를 짓고서 낙동강에 몸을 던

35 黃玹, 〈義妓論介碑〉, 『梅泉集』 권3.
36 丁若鏞, 〈晉州義妓祠記〉, 『茶山詩文集』 권13, "眇小一女子, 乃能殲賊酋以報國, 則君臣之義, 皦然於天壤之間, 而一城之敗, 不足恤也. 豈不快哉!"

져 죽었다. 그 가사에, '머리 돌리니 낙동강 물 푸르구나(回首洛東江水碧)'라는 등의 말이 있다."[37]라고 하였듯이 그의 죽음은 정절을 위한 것이었다. 이유원의 〈산유화〉는 다음과 같다.

山上有花花下山　산 위에는 꽃이 있고 꽃 아래엔 산이 있는데
一腔欲斷淚潸潸　창자가 끊어질 듯 눈물이 줄줄 흐르네
洛東江水無窮極　낙동강 푸른 물 끝없이 흘러가니
碧恨隨流去不還　사무친 원한 물 따라 흘러가고 돌아오지 않네

— 이유원, 〈산유화(山有花)〉[38]

〈산유화가〉 노래의 기원에는 다양한 설이 있다. 크게 보아 백제 관련설, 향랑 사건 관련설, 여타 기원설이 그것이다.[39] 조선 후기의 많은 문인들이 향랑의 안타까운 사연을 작품화하였는데, 기본적으로 민중의 이야기를 문학 작품에 담고자 한 것이었다. 이유원의 위 작품은 향랑이 절개를 지키기 위하여 낙동강에 투신하였다고 보고, 이를 윤리적 차원에서 높였다. 낙동강은 향랑의 절개를 고양하는 보조 기능을 하지만, 여기서 우리는 물이 사람의 목숨을 거두는 도구로 기능하고 있다는 것을 확인하게 된다. 이는 홍수나 징치에 의한 피동적 죽음이 아니라, 자신의 의지에 따라 능동적으로 강에 투신하여 죽음을 선택하고 있다는 측면에서 다르다.

근대 이후에도 수많은 작품에서 물은 죽음과 관련성을 가진다.

---

37 李裕元, 〈山有花〉, 『林下筆記』 권38, "肅宗戊寅年間, 善山民女香娘, 早寡, 父母欲奪志, 娘作山有花歌, 投洛東江, 其辭, 有回首洛東江水碧等語."

38 李裕元, 〈山有花〉, 『林下筆記』 권38.

39 이에 대해서는 정우락, 「신유한의 문학사상과 그 시세계의 의미구조」, 『퇴계학과 한국문화』 41, 경북대학교 퇴계연구소, 2007, 287~289쪽 참조.

물에 빠져 죽는 것에서부터, 죽음의 이미지를 가득 담은 물, 다시 살아나는 재생의 이미지를 가진 물, 물 자체가 죽어 환경 문제 혹은 생태 문제를 제기하도록 하는 물 등에 이르기까지 매우 다양한 양상을 띤다. 물이 죽은 사람을 떠오르게도 한다. 박태일의 〈명지 물끝·8〉이 그 경우이다. '고 김헌준'이라는 부제가 이것을 직설적으로 말해 준다. 이 작품에서 시인은 "어허 넘자 어허 넘어 뭍에서 물로 하늘 밖으로 마른 자리 발톱을 세워 훌훌이 날아가는 붉은 물떼새."[40]라고 하면서 '명지 물끝'에서 죽은 이가 '물떼새'로 날아오르기를 기원하였다. 이에 비해 심재상의 〈물의 음모〉는 죽음을 사실적으로 보여 준다.

> 날이면 날마다 물가에 서 있는 아이만 보입니다. 잡을수록 타오르는 그의 등만 보입니다. 고개 들어 뭔가 찾지 않아도 되는 수면, 내리깐 눈길로 자신의 깊이를 덮기만 하면 그만인 수면, 그 무서운 음모는 안 보이고 발바닥 둥글리며 타박타박 뜨거운 모래 위를 걸어가는 아이, 희고 눈부신 목덜미만 보입니다. 가지 마라 얘야, 그건 함정이란다, 물 속엔 손 뻗쳐 잡을 그늘 한 조각 없단다, 말도 못 꺼내보는 내 무서움의 바닥, 그 맹목은 안 보이고 어느덧 저만치 물 속에 서 있는 아이 머리만 보입니다. 아으, 아이만 안 보입니다. 눈이 빠지게 보고 또 보건만, 죽어서도 이 에미 이제 눈감을 수 없건만, 끝내 자신의 깊이만을 딛고 서 있는 수면, 그 번쩍이는 살얼음은 안 보이고, 날이면 날마다 사라진 아이의 뒷모습만 보입니다.
>
> — 심재상, 〈물의 음모〉[41]

40 박태일, 〈명지 물끝·8-고 김헌준〉, 『가을 악견산』, 문학과지성사, 1989, 47쪽.
41 심재상, 〈물의 음모〉, 『누군가 그의 잠을 빌려』, 문학과지성사, 1995, 43쪽.

앞의 작품은 심재상의 〈물의 음모〉 전문이다. 이 시를 보면 물가에 서 있던 '아이'가 서서히 물속으로 들어가 죽는다. 물가에 서 있는 아이가 보이고, 이어 그의 등만 보이고, 다시 희고 눈부신 목덜미만 보이고, 마지막으로는 아이의 머리만 보였다. 여기서 시인은 "물속에 서 있는 아이 머리만 보입니다. 아으, 아이만 안 보입니다."라고 했다. 물속으로 깊이 들어갔기 때문이다. 아이는 '내리깐 눈길로 자신의 깊이를 덮기만 하면 그만인 수면'을 가진 물의 음모를 깨닫지 못했다. 이로써 그의 '에미'는 죽어서도 눈을 감을 수 없다고 했다. 이처럼 물은 인간의 목숨을 거두어 가는 존재다. 한편 생태적 상상력으로 물 자체의 죽음을 그린 작품도 여럿 있다. 신경림의 〈낙동강 밤마리 나루〉가 그 가운데 하나다.

기름과 폐수로 거멓게 변색된 모래밭에
고기떼가 허옇게 배를 내놓고 널부러져 있다
이른 아침부터 풀들이 거무죽죽 죽어가고
빨래하는 아낙네도 고기잡는 늙은이도 없다
동력선 한 척이 유령선처럼 강 복판에 떠 있다
오광대가 덧뵈기춤으로 신명을 돋우었다는
옛 장터에는 올해도 복사꽃이 피지 않았다

등뼈 굽은 잉어를 낳는 꿈에서 놀라 깬
가겟집 맏며느리가 수돗가에서 구역질을 한다
봄날이라 강 안개는 꾸역꾸역 기어올라와
죽음의 잿빛 한 색깔로 마을에 칠한다

— 신경림, 〈낙동강 밤마리 나루〉[42]

42 신경림, 〈낙동강 밤마리 나루〉, 『쓰러진 자의 꿈』, 창작과비평사, 1993.

2000년대에 들어 시대적인 소명을 다하기 위하여 문단에서 새롭게 등장한 것 가운데 하나가 생태문학이다. 이 생태문학은 환경이나 생태계의 위기에 주목한다. 신경림의 위 시도 이러한 방향에서 창작된 것인데, 우리는 이 시에서 자연의 죽음을 목도한다. 옛날 신명을 돋우었던 오광대를 회고하나 모래밭은 기름으로 변색되고 물고기도 모두 죽어 '허옇게 배를 내놓고 널부러져 있다.' 죽음만 있었으므로 빨래하는 아낙도 고기 잡는 늙은이도 없었으며, 약동하는 봄을 맞이하였으나 복사꽃도 피지 않았다. 이 죽음의 나루에는 봄 안개마저 잿빛으로 '꾸역꾸역 기어올라와' 마을을 채색한다. 그런데 이성복의 다음 시는 물로 인한 죽음을 그리고 있지만, 작품 구도가 전혀 다르다.

> 그날 아침 물살은 신기하게도 빨랐습니다 우리는 채 깊지 않은 물가에서 얼굴을 씻고 머리 감았습니다
>
> 점심때 나와보니 우리 놀던 물가에 인적 끊기고 물길 휘돌아 깊어진 곳에 자욱이 사람들이 모였습니다
>
> 물 가운데를 유유히 돌아다니는 나룻배는 죽음이었습니까, 죽음의 그림자였습니까
>
> 시신을 찾지 못한 나룻배는 다시 사람들을 실어 나르고 한 쪽 물가에선 방금 도착한 사람들이 물장구치기 시작했습니다
>
> — 이성복, 〈물가에서〉[43]

43 이성복, 〈물가에서〉, 『그 여름의 끝』, 문학과지성사, 1990.

신경림의 〈낙동강 밤마리 나루〉가 어떤 희망도 보이지 않는 공간에서의 물이라면, 이성복의 〈물가에서〉는 생명이 역설적으로 제시되어 있다. 신기하게 빠른 물살에 얼굴 씻고 머리 감기, 점심 때 물길 휘돌아 깊은 곳에 빠져 죽은 사람의 시신 찾기, 한쪽 물가에선 다른 사람들의 물장구치며 놀기로 시상이 전개된다. 이 작품은 '물가-물안', '삶-죽음-삶'의 구조를 지니면서, 시신을 찾지 못한 나룻배가 다른 사람들을 실어 나른다. 이 나룻배는 죽음으로 가는 나룻배일 수도 있다는 생각에, 그 위에 타고 있는 살아 있는 사람들의 모습이 죽은 이의 모습과 묘하게 오버랩된다. 이처럼 물은 생명을 싣고 있지만 동시에 죽음의 그림자가 깊이 드리워져 있는 물질이었다.

물난리가 나면 그 물에 빠지거나 떠내려가 죽기도 하지만, 그로 인해 흉년이 들어 백성들이 죽음에 직면하기도 한다. 그러하기에 국왕이나 지방관은 기청제를 지내 날이 개기를 기원했다. 그러한 기록은 『조선왕조실록』 등에 허다하게 보인다. 물이 사람들의 목숨을 거두어 가기 때문에 논개는 적장을 끌어안고 남강에 뛰어들었고, 향랑은 절개를 지키기 위하여 낙동강에 투신하였으며, 〈무녀도〉에서 모화는 넋대를 흔들며 '신령님'을 지키기 위하여 깊은 물속으로 들어가 죽었다. 근대문학에 나타난 물과 죽음의 관계는 더욱 다양하여, 물 자체가 죽어 심각한 환경 문제를 불러일으키기도 했다. 이처럼 물은 생명의 이미지 못지않게 죽음의 이미지로 가득한 물질이기도 하다.

재생

물은 죽음과 재생에 있어 중요한 모티프(motif) 구실도 한다. 우리는 여기서 어변성룡(魚變成龍)의 고사를 떠올릴 수 있다. 『후한서(後漢書)』 〈이응전(李應傳)〉의 주해에 황하 상류의 하진(河津)에 대하여, "일명

용문(龍門)이라 하는데, 흐름이 매우 빠른 폭포가 있어 고기들이 오를 수가 없다. 강과 바다의 큰 고기들이 용문 아래로 수없이 모여드나 오르지 못하는데, 오르면 용이 된다."[44]라고 하였다. 또한 불교에서는 물고기라는 중생이 용이라는 보살로 다시 태어나는 것으로 보아 깨달음을 상징하기도 했다. 이것은 물고기로서의 죽음과 용으로의 재생을 의미한다고 해석된다. 바로 이러한 물이 지닌 죽음과 재생의 맥락에서 이색(李穡, 1328~1396)은 다음과 같은 〈용문가(龍門歌)〉를 지었다.

兩崖峭立黃河奔　두 절벽 우뚝 선 곳에 황하가 내달았고
天傾一派從崑崙　하늘이 곤륜산에서 한 가닥을 기울였네
地勢忽下倒建瓴　지세가 푹 꺼져서 병을 거꾸로 세운 듯
高似半空深入坤　높기는 반공중이요 깊기는 땅속이로다
鯉魚成群仰天躍　잉어가 무리를 이뤄 하늘을 우러러 뛰다가
霹靂飛火尾不存　천둥의 나는 불에 꼬리를 보존 못 하였네
哀哉點額還舊穴　슬퍼라 이마를 다쳐 옛 굴로 돌아가고
七十又二朝天元　일흔둘만이 옥황상제께 조회하였네
峻莫峻兮窮上玄　더없이 높은 저 하늘 끝까지 올라
引臂何人能得捫　어느 누가 팔을 끌어 붙잡을 수 있을꼬
韓山有客亦偶耳　한산의 나그네 또한 우연일 뿐이련만
熟讀父書探天原　부친의 글 잘 읽어 하늘을 더듬었다네
積善餘慶溢史冊　적선의 남은 경사가 사책에 넘치는지라
回首鴈塔歌龍門　안탑에 머리 돌려 용문을 노래하노라

— 이색, 〈용문가(龍門歌)〉[45]

44　沈炳巽, 〈河水四〉, 『水經注集釋訂訛』 권4, "一名龍門, 水險不通, 魚鼈之屬莫能上. 江海大魚, 薄集龍門下數千, 不得上, 上則爲龍."
45　李穡, 〈龍門歌〉, 『牧隱詩藁』 권3.

이 작품은 어변성룡(魚變成龍), 즉 등용(登龍) 고사를 염두에 두고 지은 것이다. 우선 황하 상류의 용문을 묘사하는 것으로 시작하였다. 우뚝한 절벽에서 쏟아지는 물을 하늘에서 내닫는 황하로 표현하였다. 이곳을 오르면 용이 되고 그렇지 않으면 이마만 다치고 돌아온다는 생각으로 시상을 전개하고, 결국 과거에 급제한 사람들이 대안탑(大雁塔)에 이름을 적던 습속을 소개하면서 등용의 위업을 드러내며 마무리했다. 널리 알려져 있던 이러한 어룡 고사를 생각하며 정이오(鄭以吾, 1347~1434)도 "세 번의 바람과 천둥으로 고기는 갑 있는 것으로 변한다."[46]라면서 등용 고사에 의거하여 어변갑(魚變甲)을 소재로 시를 짓기도 했다. 재생과 관련한 다음 자료 역시 주목할 필요가 있다.

> 상주 청리의 한 마을에 살던 사람 하나가 죽을 때가 되자 아내는 방에 못 들어오게 하고 아들들만 불러 놓고, "내가 죽으면 너희들은 내 머리를 잘라서 동네 우물에 넣도록 해라. 이 사실은 아무도 모르게 해야 한다."라는 유언을 하고 세상을 떠났다. 아들들은 은밀히 아버지의 목을 자르고는 짚으로 머리 형상을 만들어 장사를 지냈다. 그리고 야밤에 마을사람들 모르게 아버지의 머리를 우물에 집어넣었다. 그런데 그 어머니가 무슨 일인가 궁금하여 엿듣고는 자신만 그 자리에 빼놓은 것을 분하게 여겨 그 사실을 마을사람들에게 얘기해 버리고 말았다. 마을사람들은 공동으로 사용하는 우물에 죽은 사람의 머리를 넣었다는 말에 놀라 크게 성을 내며 몰려들었다. 사람들이 달려들어 우물 안을 보니 죽은 사람이 금빛 찬란한 갑옷을 입고 용마에 한쪽 발을 올려놓고 나머지 한쪽 발만 올려놓으면 우물 밖으로 나오려고 하던 찰나였다. 그 장수가 우물에서 나왔으면 세상을 바꿀 왕이 될 수 있었을 것이나 사

46 權鼈, 『海東雜錄』 3, 〈魚變甲〉, "三級風雷魚變甲."

람들이 보게 되어 결국 연기처럼 사라지고 말았다. 그 뒤로 마을은 망하고 말았다.[47]

이 자료는 민중의 비극적 좌절을 보여 주는 아기장수 전설과 결합되어 있다. 아기장수 전설은 다양한 변이형을 갖고 있다.[48] 비범하게 태어난 아기장수가 부모에 의해 못에 버려지기도 하고, 어머니에게 일정량의 곡식을 청해 스스로 못이나 바위 속에 들어가기도 한다. 대부분 비극으로 끝나지만, 우리는 이 이야기에 등장하는 우물(혹은 연못)을 주목한다. 재생의 기능을 하기 때문이다.[49] 위의 설화에서도 머리를 잘라 우물에 넣게 한다. 위대한 인물로 다시 태어나기 위함이다. 구연자는 이를 '금빛 찬란한 갑옷을 입고 용마에 한쪽 발을 올려놓고 나머지 한쪽 발만 올려놓으면 우물 밖으로 나오려고 하던 찰나'였다고 한다. 재생 성공 여부를 떠나 이 설화에서의 우물은 매우 중요한 재생 공간이라 할 것이다.

죽음과 재생은 신화적 상상력에 입각해 더욱 활발하게 전개된다. 단군신화에서 곰은 '굴'에서 죽어 웅녀로 다시 태어나는데, 이는 시련을 통한 새로운 가치의 획득이라는 입사식(入社式)의 형태를 지닌다. 기독교의 세례(洗禮)나 침례(浸禮)의식도 입사식의 형태를 갖추고 있다. 물을 뿌리는 것으로 간소화되기는 하였지만 머리에 물을 뿌리는 세례는 물에 몸을 담그는 침례가 그 원형인데, 이를 통해 세속적 자아는 죽고 성스런 자아로 다시 태어난다고 믿었다. 즉, 예수 그리스

47 이정임(1945년생, 서울 거주) 구연, 1985년, 권태효 채록.

48 아기장수의 기본형과 변이는 임철호, 「아기장수설화의 전승과 변이: 아기장수설화와 홍길동전(1)」(『구비문학연구』 3, 한국구비문학회, 1996)을 참조할 수 있다.

49 물론 반대로 나타나기도 한다. 즉, 재생에 실패하는 것은 같으나 용마가 되어 하늘로 날아오르다가 못에 빠져 죽기도 하기 때문이다.

도로 말미암아 새 생명으로 다시 태어나는 것을 상징적으로 보여 주는 의식이었다. 이 같은 통과제의는 문학 작품에도 두루 나타난다. 다음 설화를 중심으로 살펴보기로 하자.

> 창녕조씨 시조의 어머니는 신라 한림학사 이광옥(李光玉)의 따님이다. 태어나면서부터 속병이 있어서 아무리 약을 써보았으나 어떤 약도 효험이 없었다. 신음하는 가운데, 주위로부터 창녕 화왕산(火旺山) 용지(龍池)에 가서 목욕재계하고 기도 드리면 효험이 있을 것이라는 말을 들었다. 이에 용지를 찾아가 지극정성으로 기도를 드리고 있었다. 그때 갑자기 안개가 자욱이 일어나 한낮인데도 주위가 캄캄해지면서 물속으로 끌려 들어가는 듯한 몽롱한 기분에 빠져들었다. 얼마 후 정신을 차려 집으로 돌아왔다. 그로부터 속병은 씻은 듯이 나았지만 태기(胎氣)가 있어 그 뒤 아들을 낳게 되었다. 그런데 낳은 아들의 겨드랑이 밑에 '조(曺)' 자와 같은 무늬가 새겨져 있었다.[50]

이 설화는 창녕조씨(昌寧曺氏)의 시조(始祖) 조계룡(曺繼龍)이 태어나게 된 내력과 조(曺)씨 성의 유래에 대한 이야기다. 이유원도 『임하필기(林下筆記)』에서, "예향(禮香)이란 사람이 태어나면서부터 배앓이를 하여 화왕산에서 목욕을 하였는데, 못의 용과 교통하여 사내아이를 낳았다. 이에 그 아비 한림학사 이광옥(李光玉)이 그 일을 듣고 그 아이에게 조계룡이라는 성명을 내려 주었다."[51]라며 대동소이한 이야기를 전하고 있다. 여기서 보는 바와 같이 이광옥의 딸은 화왕산 용지에 들어가기 전에는 병든 몸이었다. 그러나 용지에서 목욕을 하며 안개

---

50 정우락, 『남명과 이야기』, 경인문화사, 2007, 1~10쪽 재인용.

51 李裕元, 「生產」, 『林下筆記』 권18, "有禮香者, 生有腹病, 浴于火王山, 池龍交生男, 其父翰林學士李光玉聞其事, 賜姓名曺繼龍."

에 휩싸인 후 병이 나았고 잉태까지 하였다. 화왕산 용지의 물이 죽음과 재생의 모티프로 기능한 것이다. 죽음과 재생의 모티프는 알영 신화에서도 나타난다.

> 당시 사람들이 다투어 치하하면서, "이제 천자가 내려오셨으니 덕(德)이 있는 여인을 찾아 배필을 정해야 할 것이다."라고 하였다. 이날 사량리 알영정(閼英井) 가에 계룡(鷄龍)이 나타나, 왼쪽 옆구리로 여자아이를 낳았다. 그 아이는 얼굴과 모습이 매우 아름다웠으나 입이 닭의 부리와 같았다. 이에 월성(月城) 북쪽에 있는 냇물에 목욕을 시켰더니 부리가 떨어졌다. 이로 인해 그 냇물 이름을 발천(撥川)이라고 한다. 궁실을 남산 서쪽에 세우고, 두 신성한 아이를 받들어 길렀다. 사내아이는 알에서 태어났는데, 그 모양이 표주박[瓠]과 같았다. 우리나라 사람들이 바가지를 박이라 해서 성씨를 박(朴)이라 했다. 또 여자아이는 태어난 우물 이름을 따서 이름을 지었다. 두 성인이 열세 살이 된 오봉(五鳳, 한나라 선제의 연호) 원년 갑자(甲子)에 사내아이는 즉위하여 왕이 되고 이어 알영을 왕후로 삼았다. 나라 이름을 서라벌(徐羅伐) 또는 서벌(徐伐) 또는 사라(斯羅) 또는 사로(斯盧)라 하였다. 처음에는 왕후가 계정(鷄井)에서 탄생하였으므로 나라 이름을 계림국(鷄林國)이라 하였는데, 계룡이 상서로움을 드러냈기 때문이다.[52]

우물과 생명 탄생의 상관성은 이미 언급한 바 있다. 위의 자료 역시 우물과 생명의 탄생이 바로 결합되어 있다. 알영정이라는 우물가

---

52 一然, 〈新羅始祖赫居世王〉, 『三國遺事』 권1, "時人爭賀曰, 今天子已降, 宜覓有德女君配之. 是日, 沙梁里閼英井邊, 有鷄龍現而左脇誕生童女, 姿容殊麗, 然而唇似鷄觜, 將浴於月城北川, 其觜撥落, 因名其川曰撥川. 營宮室於南山西麓, 奉養二聖兒, 男以卵生, 卵如瓠, 鄕人以瓠爲朴, 故因姓朴. 女以所出井名名之, 二聖年至十三歲, 以五鳳元年甲子, 男立爲王, 仍以女爲后. 國號徐羅伐, 又徐伐, 或云斯羅, 又斯盧. 初王生於鷄井, 故或云鷄林國, 以其鷄龍現瑞也."

에 계룡이 나타나 왼쪽 갈비를 통해 여자아이를 낳았다는 것이 그것이다. 우리가 여기서 주목하는 것은 그 아이의 입이 '닭의 부리와 같았다'는 대목과 '월성 북쪽에 있는 냇물에 목욕을 시켰더니 부리가 떨어졌다'는 대목이다. 닭의 부리와 같다는 것은 계정의 '계(鷄)'를 상징적으로 보여 준 것이지만,[53] 물에 목욕을 함으로써 알영은 정상적인 인간이 되었을 뿐만 아니라 더 나아가 왕후가 될 수 있었다. 태어날 때 결핍의 요소를 지녔으나 물에 의해 이것이 해소되고 마침내 귀인으로 재생되었던 것이다. 이처럼 물은 죽음과 재생을 가능케 하는 물질로 작용하였다.

물을 매개로 한 죽음과 재생의 모티프는 우리 고전소설에도 끊임없이 나타난다. 고전소설은 다수의 작품이 천상계와 지상계라는 이원적 세계관에 입각해 서술되어 있다. '천상계-지상계-천상계' 혹은 '현실-꿈-현실'의 구조를 지니면서 삶과 죽음 사이를 오간다. 〈장화홍련전〉에서 장화와 홍련은 배좌수의 딸로 환생하고, 〈유문성전〉, 〈정을선전〉 등에서도 억울하게 죽은 주인공이 환생한다. 물과 결부된 재생도 마찬가지다. 풍자소설 〈배비장전〉의 배비장은 온갖 망신을 다 겪는데, 이후 그의 각성을 이끌어 낸 것도 물(바다)이었다. 여자의 남편으로 가장한 방자가 관아의 뜰에 물을 채우고 거기에 배비장을 가둔 궤를 집어넣은 후 한쪽에서 여러 사람이 배 지나가는 소리를 낸다. 이때 배비장이 궤 가운데서 고함을 친다.

"저기 가는 저 배 말 좀 묻세 ……"

---

53 알영의 긴 입은 주몽의 어머니 유화와 동일하다. 하백은 유화가 마음대로 사내를 택했다는 이유로 사람을 시켜 유화의 입을 꿰매고 잡아당겨 석 자나 되도록 했다. 이후 유화는 북부여 왕인 금와왕에게 잡히게 되는데, 금와왕은 그녀의 입술을 잘라 말할 수 있도록 했다. 이는 북천에 씻어 부리가 떨어진 알영과는 다르다.

"무변대해 저 수중에 궤중 언성 고이하다. 우리 배에 부정탈라 상앗대로 떠밀쳐라."

배비장 하는 말이,

"나 잡것(귀신) 아니오. 사람이니 살려주오!"

"사람이거든 거주 성명을 일러라."

"제주의 배걸덕쇠요."[54]

위와 같은 대화를 나누며, 사람들은 "제주라 하는 곳이 물색지지라, 분명 유부녀와 간통하러 갔다가 저 지경이 되었지."라며 배비장의 음행을 비판한다. 이 같은 과정에서 결국 배비장을 궤에서 해방시킨다. 방자가 망망대해에 빠뜨릴 터이니 살고 싶거든 헤엄을 쳐서 가라면서 궤짝을 열어젖히고, 배비장은 알몸으로 군중들이 보는 가운데 나오게 된다. 이때 물은 배비장의 수치심을 극에 달하게 하는 구실을 한다. 그러나 그를 새롭게 태어나게 하는 구실도 한다. 물을 매개로 한 배비장의 죽음과 재생의 모티프가 잘 나타난다고 하겠다. 이러한 측면에서 읽히는 대표적인 고전소설은 아마도 〈심청전〉일 것이다. 다음 대목을 보자.

"출천효녀 심소저는 늙으신 아버지 눈뜨기를 위하여 젊은 나이에 죽기를 마다않고 바닷속 외로운 혼이 되었으니 어찌 아니 가련코 불쌍하리오. 우리 뱃사람들은 소저로 말미암아 장사에 이문을 내어 고국으로 돌아가지마는 소저의 영혼이야 어느 날에 다시 돌아올까? 가다가 도화동에 들어가서 소저의 아버지 살았는가 여부를 알아보고 가오리다. 한 잔 술로 위로하니 만일 알으심이 있거든 영혼은 이를 받으소서." 제물을

---

54 구인환 편, 『裵裨將傳』, 신원문화사, 2014.

> 풀고 눈물을 쏟고 나서, 한 곳을 바라보니 한 송이 꽃봉오리가 너른 바다 가운데 둥덩실 떠 있으니 뱃사람들이 고이 여겨 저희들끼리 의논하기를, "아마도 심소저의 영혼이 꽃이 되어 떴나 보다." 가까이 가서 보니 과연 심소저가 빠졌던 곳이어서 마음이 감동하여 꽃을 건져내어 놓고 보니, 크기가 수레바퀴처럼 생겼고 두세 사람이 넉넉히 앉을 만했다. …… 인당수에서 얻은 꽃을 옥분에 옮겨 심어 대궐 문 밖에 다다라 이 뜻을 아뢰니, 천자께서 반기시어 그 꽃을 들여다가 황극전에 놓고 보니 빛이 찬란하여 해와 달이 빛을 내는 것 같고, 크기가 짝이 없고 향기가 특출하니 세상 꽃이 아니었다.[55]

〈심청전〉에서 심청은 뱃사람들의 희생제물이 되어 인당수에 빠져 죽는다. 위 지문에서 보듯이 심청이 빠진 곳에 커다란 꽃봉오리가 떠올랐는데, 뱃사람들이 그것을 보고 '아마도 심소저의 영혼이 꽃이 되어 떴나 보다.'라고 생각하였다. 뱃사람들이 그 꽃을 천자께 바치고 마침내 심청은 꽃에서 나와 황후가 된다. 물론 다른 판본에서는 심청이 죽은 후에 용궁에 가서 옥황상제의 도움으로 재생하여 황후가 되어 심봉사와 재회하기도 한다. 심청의 죽음은 그녀의 운명을 바꾸는데, 출천(出天)의 효가 그 기반이 된다. 여기서도 물은 심청을 죽게 하는 동시에 다시 살게 하며, 더 나아가 가난한 소녀를 황후로 재생시킨다. 특히 현세에 다시 살아나 보상을 받는다는 측면에서 현세적 가치를 중시하는 고전소설의 세계관도 읽을 수 있다.

고전소설에서의 재생 모티프는 〈손 없는 색시〉를 근원설화로 하는 〈순금전〉에도 지속적으로 나타난다. 여기서는 더욱 직접적이다. 계모의 모함으로 순금이라는 처녀가 불륜의 누명을 쓰고 부친에게

---

55 완판본 〈심청전〉 권하.

손이 잘리지만, 훗날 샘물을 마시고 갑자기 손이 재생되었으며, 그의 아버지도 진실을 알아 순금의 계모를 쫓아내었다는 줄거리이다. 소설의 근원설화가 되는 구전설화에서는 이 재생을 매우 극적으로 묘사한다. "그냥 말간 샘물이 요거만 한 웅댕이에 가득한데, 그냥 이때 엎드려서 샘물을 입으로 골딱골딱 먹으면서 그래니까 울며 먹으며 그랬지, 인저 팔이 없으니까, 그러더니 이렇게 물을 엎드려서 먹는데 손이 무끌하더래유. 손이 무끌하더래유. 여전히 손이 달렸더래유."[56] 라고 한 것이 그것이다. 물과 재생이 어떻게 결합되는지 바로 이해할 수 있다.

물은 근대 이후에도 끊임없이 재생의 이미지로 활용되었다. 고은(高銀, 1933~)은 아예 〈부활(復活)〉이라는 직설적인 제목을 내세웠다. 시인은 이 작품에서 '동해(東海)'를 바로 재생의 공간으로 삼았다. 동해 기슭에서 '부서지면서 모인 게껍질'과 낙산사에서 '널린 오징어'를 통해 이것을 제시했다. 전자의 경우 '저마다 뼈 속의 살과, 두어 개의 눈을 얻어서' 모든 외로운 거품을 보내고 동해 기슭을 일제히 기어나가 깊은 바다 밑바닥으로 들어가라고 주문했다. 그리하여 마침내 '서로 조각조각 사랑하는 물결로 물결'치기를 희망했다. 낙산사에 '널린 오징어'에 대해서는 다음과 같이 부활하라고 했다.

東海 기슭 三陟 注文津 洛山寺에 널린 오징어들아
다시 눈부신 물오징어로 헤엄쳐서
너희들의 자유와 슬기의 관능으로
鬱陵島 獨島 近海 海潮音의 햇빛을 받아라.

56 조희웅, 〈손 없는 색시〉, 『한국구비문학대계』 1-9, 경기도 용인군 편, 한국정신문화연구원, 1984.

이 나라의 죽은 것들아
죽어서 집 없는 無主孤魂들아
저마다 가엾게 살아나서
東海 기슭을 달밤의 모래알들로 사랑하고
너희들은 白衣民族 人山人海의 춤으로 춤추어라.
東海 滄茫하라. 북과 쇠북아 울어라.

— 고은, 〈부활(復活)〉[57]

사람들에게 잡혀서 널린 오징어들이 '다시 눈부신 물오징어로 헤엄쳐서' 울릉도나 독도 근해의 해조음으로 햇빛 받기를 희망했다. 시인은 이러한 아름다운 부활이 결국 무엇을 상징하는지를 이어지는 시구를 통해 바로 알게 했다. 이 나라에서 가엾게 죽어 무주고혼(無主孤魂)이 된 사람들의 부활이 그것이다. 이들에게 다시 살아 동해의 파도처럼 춤추라고 했다. 사실 고은은 이 시를 통해 '게껍질'과 '널린 오징어'가 동해로 가서 다시 살아나기를 희망하지만, 그 희망이 이루어질 수는 없다. 마찬가지로 무주고혼이 된 '이 나라의 죽은 것들'도 다시 살아 동해의 파도처럼 춤출 수 없다. 여기서 시인은 깊은 절망에 빠진다. 그럼에도 불구하고 동해는 여전히 그에게 있어 북과 쇠북을 울리며 이들의 재생을 충동하는 재생의 공간이었던 것이다.

근대소설에서도 물을 매개로 한 죽음과 재생은 거듭되었다. 그러나 이것은 고전소설의 그것과는 방법론적 측면에서 사뭇 달랐다. 이에 대해 류기룡이 "근대적 사고에서는 그 재생 이후의 양상이 현실적이고 실증적인 상징물이었다. 이니시에이션의 죽음은 암흑, 대지, 태

57 고은, 〈부활〉, 『復活』, 민음사, 1974, 24쪽.

내 등으로 상징되며, 그 재생도 현실적·생리적 탄생은 아니었다. 이 죽음은 보다 높은 차원에서 상승을 위한 전제로서 맞이한 상징적 죽음이다."[58]라며 적절히 지적한 바 있다. 이를 주목하면서 김동인의 〈배따라기〉와 김동리의 〈무녀도〉의 다음 부분을 주목하자.

(가) 그리하여, 낮쯤 한 삼사 리 내려가서 바닷가에서 겨우 아내를 찾기는 찾았지만, 그 아내는 이전 같은 생기로 찬 산 아내가 아니요, 몸은 물에 불어서 곱이나 크게 되고, 이전에 늘 웃음을 흘리던 예쁜 입에는 거품을 잔뜩 물은 죽은 아내였다. …… 그리하여 삼 년을 지내서 지금부터 육 년 전에, 그가 탄 배가 강화도를 지날 날에, 바다를 향한 가파로운 뫼켠에서 바다를 향하여 날아오는 '배따라기'를 들었다. 그것도 어떤 구절과 곡조는 그의 아우 특식으로 변경된 — 그의 아우가 아니면 부를 사람이 없는, 그 '배따라기'이다.[59]

(나) 모화는 넋대를 따라 점점 깊은 물속으로 들어갔다. 옷이 물에 젖어 한 자락 몸에 휘감기고, 한 자락 물에 떠서 나부꼈다. 검은 물은 그녀의 허리를 잠그고, 가슴을 잠그고 점점 부풀어 오른다…….

그녀는 차츰 목소리가 멀어지며 넋두리도 허황해지기 시작했다.

"가자시라 가자시라 이수중분 백로주로,
불러 주소 불러 주소 우리 성님 불러 주소,
봄철이라 이 강변에 복숭꽃이 피그덜랑,
소복 단장 낭이 따님 이내 소식 물어 주소,
첫 가지에 안부 묻고, 둘째 가……."

58 柳基龍, 「藝術作品으로 昇華하는 죽음과 再生: 東仁의 〈배따라기〉에 담긴 〈아내〉의 原型的 모티프」, 『여성문제연구』 10, 대구효성가톨릭대학교 사회과학연구소, 1981, 8쪽 참조.
59 김동인, 『배따라기』, 소담, 1995.

할 즈음, 모화의 몸은 그 넋두리와 함께 물속에 아주 잠겨져 버렸다. 처음엔 쾌잣자락이 보이더니 그것마저 잠겨 버리고, 넋대만 물위에 빙빙 돌다가 흘러내렸다.[60]

(가)는 김동인의 〈배따라기〉 일부이다. 미인이었던 아내와 동생 사이를 오해한 '그'는 아내를 쫓아내고, 그 아내는 바다에 빠져 죽는다. 이후 아우도 집을 나가 바다로 떠나고 그 또한 아우를 찾아 뱃사공으로 유랑한다. 아우를 한 번 만났지만 곧 헤어졌고, 다시는 찾을 수 없었다. '그'는 '나'를 위해 배따라기를 한 번 불렀는데, '그 속에 잠겨 있는 삭이지 못할 뉘우침, 바다에 대한 애처로운 그리움'이 있었다. 그러니까 아내의 죽음은 남편인 '그'의 노래로 승화되어 재생한 것이다. 여기서도 물은 아내를 죽게 하지만, 그것은 다시 배따라기라는 미적 존재인 예술 작품으로 승화 재생되었던 것이다.

(나)는 김동리의 〈무녀도〉 일부이다. 이 작품은 전통적인 무속 신앙과 외래 종교인 기독교 사이의 갈등과 파국을 그린 것이지만, 물을 제재로 삼고 있다는 측면에서 더욱 주목할 만하다. 무녀 모화는 물에 빠져 죽은 부잣집 며느리의 혼을 위로하고, '예수 귀신이 진짠가 신령님이 진짠가'를 증명하기 위해 굿을 하다 넋대를 따라 점점 깊은 물속으로 들어가 죽는다. 그 장소는 예기소이다. 물은 모화를 죽게 하였지만, 그의 딸 낭이에 의해 '무녀도'라는 예술 작품으로 재생된다. 김동리는 이 이야기를 "소녀가 남기고 간 그림—이것을 할아버지께서는 '무녀도'라 불렀지만—과 함께 내가 할아버지로부터 전해들은 이야기는 다음과 같다."라고 시작하였던 것이다. 근대소설

60 김동리, 『무녀도/황토기』(김동리 전집 1), 민음사, 1995.

에 등장하는 이 같은 죽음과 재생의 모티프는 매우 다양하게 나타나는데, 최인훈의 〈광장〉도 그 가운데 하나나다.

> 돌아서서 마스트를 올려다본다. 그들은 보이지 않는다. 바다를 본다. 큰 새와 꼬마 새는 바다를 향하여 미끄러지듯 내려오고 있다. 바다. 그녀들이 마음껏 날아다니는 광장을 명준은 처음 알아본다. 부채꼴 사북까지 뒷걸음질친 그는 지금 핑그르 뒤로 돌아선다. 제정신이 든 눈에 비친 푸른 광장이 거기 있다.[61]

주인공 이명준은 분단의 비극적 상황 속에서 남북을 오가며 열린 공간인 광장을 찾아 나서지만 결국 실패하고 제3국을 선택한다. 그러나 어느 곳에서도 광장을 찾을 수 없었던 그는 인도의 상선 타고르호가 남지나해를 지나 항해하던 어느 날 밤, 바다로 뛰어들며 거기서 '푸른 광장'을 본다. 큰 새와 작은 새로 상징되는, 전쟁터에서 죽은 사랑하는 은혜와 그 사이에서 낳은 딸—은혜는 명준에게 "나 딸을 낳아요."라고 말한 바 있다.—이 갈매기가 되어 자유롭게 날아다니는 것을 보고 그곳이 진정한 사랑이 가능한 광장이라 생각했다. 명준에게서 바다는 죽음과 재생의 공간이었던 것이다. 이처럼 물은 죽음과 재생의 모티프로 다양한 작품에서 반복적으로 나타난다. 한창훈의 소설 〈세상의 끝으로 간 사람〉도 같은 측면에서 읽힌다.

> 사내는 바다가 마주 보이는 바위 끝에 서서 자신이 이곳에 온 이유를 생각했다. 그것은 아내 때문인 듯도 했고 시간 때문인 듯도 했고 저 자

61 최인훈, 『광장/구운몽』, 문학과지성사, 1976.

신 때문인 듯도 했지만 습기 때문이라고 결론지었다. 무엇인가에 젖고 싶었던 것이다. 육신이 메말라서 햇살에 바스러지려고 하면 어쨌든, 습기를 찾게 되는 것. 바다 쪽에서 물 알갱이 서넛이 굳어 있는 살갗으로 다가왔을 때 그는 갈증과 주림의 고장인 사막 한가운데서 반 홉의 물과 한 조각의 빵을 만난 것처럼 몸을 떨어댔다.[62]

한창훈의 소설을 해설한 김만식은 그의 소설에 여성과 생명이 발견된다고 했다.[63] 현실에 지친 주인공이 찾아 헤매는 곳이 바로 물이다. 위에서 보듯이 '육신이 메말라서 햇살에 바스러지려고 하면' 습기를 찾는다고 했고, 그것이 바로 '바다'라고 했다. 바다의 물 알갱이 서넛이 살갗에 닿으면 갈증과 굶주림의 사막에서 만난 물과 같다고 했다. 이것은 현실의 막다른 골목에서 만난 생명수에 다름 아니다. 여기서 우리는 사막이라는 죽음의 끝에서 바다로 인해 재생하는 '사내'를 발견하게 된다.

물에는 재생의 이미지가 가득하다. 창녕조씨 시조 설화에서 보듯이 물은 성스런 존재로 다시 태어날 수 있게 한다. 이처럼 물은 인간의 삶 속에 깊숙이 침투하면서 근대 이후의 문학 작품에서도 끊임없이 반복된다. 고은의 시 〈부활〉은 물론이고, 〈배따라기〉나 〈광장〉, 그리고 〈세상의 끝으로 간 사람〉에서 제시된 '바다'는 그 대표적인 것이었다. 물과 관련한 이러한 물질적 상상력은 파괴와 생성, 죽음과 재생이 지닌 물의 기능과 맞물리면서, 순환적이며 이중적인 의미로 변용된다. 여기서 더 나아가 물은 기존의 질서를 부정하거나 새로운 시대의 도래를 예견하는 문학적 비전으로 제시되기도 한다.

---

62 한창훈, 『세상의 끝으로 간 사람』, 문학동네, 2001, 71쪽.
63 김만식, 「여성과 생명의 발견」, 『세상의 끝으로 간 사람』, 문학동네, 2001, 286쪽.

모순의 힘
한국문학과
물에 관한 상상력
Forces of
Contradiction
Imagination
about Water
in Korean Literature

제3장

물, 그 모순의 힘

제3장

물, 그 모순의 힘

한국문학 속의 물 이미지는 모순적으로 나타나면서도 통일되어 있다. 그것은 경쟁과 협력을 함께하는 대대론(待對論)에 기반한 사물의 존재 원리와 결부되어 있다. 이러한 해석은 음양론(陰陽論)에서 보여 주는 것처럼, 서로 다른 두 물질이 하나로 통일되어 새로운 의미로 성장해 가는 모순성과 유동성을 염두에 둔 것이다. 물은 유행(流行)하면서도 변이(變易)하는 성질을 동시에 지니고 있다. 여기에 작자의 경험이 개입되면 지속과 변화라는 서로 다른 이미지로 형상화된다. 물은 균형을 위하여 움직이고, 균형 이후에는 다시 정적인 상태로 돌아가기도 한다. 균형이 유가에서 제시하는 바로 그 중용(中庸)은 아니라고 하더라도, 작가들은 이를 물이 지닌 덕으로 이해하고 적극 작품화하였다.

물은 생명 자체이면서 그 생명을 살리기도 하고 죽이기도 한다. 또한 다른 사물과 만나 그것과 쉽게 융합된다. 이처럼 물은 자신의 모습을 쉽게 바꾸기 때문에 같이 출발하였지만 때로는 양극단에 서기도 한다. 작가들은 물의 이 같은 모순적 경향을 민첩하게 포착하여 다채롭게 작품화하였다. 그것은 부드러우면서도 강하고, 단절되면서도 연속되어 있으며, 이별과 만남을 동시에 가져다주기도 한다. 때로는 욕망과 성찰로, 때로는 이상과 현실로 작품화되기도 하는 등 물은 인간 삶의 다면상(多面像)을 모순적 구도로 보여 준다. 본 장에서는 물의 이런 측면을 주로 살핀다.

1. 유순과 난폭

물은 부드러운 듯하지만 강하다. 물의 이 같은 성질에 입각하여 노자는, "천하에 물보다 유약한 것이 없다. 그러나 굳고 강한 것을 이기는 데는 물보다 나은 것이 없다. 어느 것도 물과 바꿀 수 없다. 약한 것이 강한 것을 이기고, 부드러운 것이 모진 것을 이기는 것을 천하에 알지 못하는 사람이 없지만 실행으로 옮기지 못한다."[1]라고 하였다. 노자는 여기서 부드러운 것이 강한 것이라는 물의 모순적 이미지를 역설적으로 읽어 내고 있다. 이처럼 물은 부드럽기 때문에 강하지만 물 자체가 때로는 부드럽게, 때로는 강하게 나타나고 있어 주목할 만하다.

물은 멈추어 있는 지수(止水)도 있고 흐르는 유수(流水)도 있다. 지수는 연못이나 호수의 물이고, 유수는 개울과 강의 물이다. 이같이 정동(靜動)의 성질을 함께 갖고 있는 물은 그 극점에서 유순성과 난폭성을 동시에 지니게 된다. 물의 이 같은 성격에 착목하여 가스통 바슐라르는 『물과 꿈』에서 물을 '부드러운 물'과 '난폭한 물'로 양분하

1 『老子』 78章, "天下莫柔弱於水, 而功堅强者莫之能勝, 以其無以易之, 弱之勝强, 柔之勝剛, 天下莫不知, 莫能行."

여 관찰하였다.[2] 여기서 우리는 물이 인간에게 안정을 주기도 하고 때로는 커다란 공포를 주기도 한다는 것을 알게 된다. 이것은 물이 본질적으로 부드럽지만 외부적 충격에 의해 난폭해질 수 있다는 뜻이다.

고요한 물, 유순한 물

물은 바람 등의 외부적 힘에 의해 흔들리고 때로는 난폭해지기도 하지만 연못과 호수 등의 지수는 유순하다. 이것은 물이 부드러움을 본질로 하고 있기 때문이다. 물은 부드러운 흐름을 지니기도 한다. 형태가 깊고 고요하며, 그윽하면서도 맑다. 이러한 성질로 인해 물을 소재로 한 작품은 부드럽고 유순한 물의 덕에 입각해 작가들의 사상과 감정을 드러낼 수 있었다. 물의 이러한 성질 때문에 일찍이 윤기(尹愭, 1741~1826)는, 〈강유설(剛柔說)〉을 지어 사람의 몸 가운데 가장 부드러운 것이 혀라면, 사물에 있어 가장 부드러운 것은 물이라 하였다. 그 일부를 보면 다음과 같다.

> 천하에서 지극히 부드러운 것을 들어 보자면 몸에 있어서는 혀만 한 것이 없다. 음식을 먹을 때나 말을 할 때 모두 이것을 쓰니, 의당 쉽게 닳아 버릴 것 같지만 죽을 때까지 닳지 않는다. 사물에 있어서는 물만 한 것이 없다. 물은 성질이 흘러가고 스며드니 의당 힘이 없을 듯하지만, 만곡(萬斛)의 배를 띄우고 천 길의 절벽을 무너뜨리고도 여유롭다. 이 두 가지는 천하에서 아무리 강한 것을 가져와 대치한다 하더라도 감당해 낼 수가 없다. 가령 혀가 강하다고 한다면 그 자리에서 닳는 것을 볼

---

2 가스통 바슐라르(이가림 역), 『물과 꿈』, 문예출판사, 1980.

수 있고, 물이 강하다고 한다면 힘에 반드시 한계가 있을 것이다.[3]

이 글에서 보듯이 윤기는 물이 혀와 마찬가지로 부드러움을 근본으로 하나 그 부드러움이 결국 강함을 이긴다고 했다. "만곡(萬斛)의 배를 띄우고 천 길의 절벽을 무너뜨리고도 여유롭다."라고 한 것이 그것이다. 여기서 우리는 부드러워야 강할 수 있음을 알게 된다. 그리고 "다루기 쉬운 부드러운 물이라 할지라도 행여 함부로 다룬다면 그 부드러움 때문에 침몰당한다."[4]라고도 했다. 부드러움이 오히려 거대한 힘을 가지고 있다는 사실을 명확히 한 것이다. 나아가 부드러운 물은 아름다운 서정을 만들어 낸다. 다음 작품을 보자.

(가) 溪水潺潺石逕斜　시냇물은 잔잔하고 돌길은 비스듬한데
寂寥誰似道人家　고요하기는 도인의 집 같은 데가 없으리라
庭前臥樹春無葉　뜰 앞에 누운 나무는 봄인데도 잎이 돋지 않고
盡日山蜂咽草花　온종일 산벌들은 풀꽃에서 잉잉대네

— 이제현, 〈구요당(九曜堂)〉[5]

(나) 幽亭瞰流水　그윽한 정자는 흐르는 물을 내려다보고
高樹俯潺湲　높은 나무는 잔잔하게 흐르는 물을 굽어본다네
驊騮嘶青草　빼어난 말이 푸른 풀밭에서 울음 우니
春在翠微間　봄이 푸른 산기슭에 있구나

— 이긍익, 〈성종조고사본말(成宗朝故事本末)〉[6]

3 尹愭, 〈剛柔說〉, 『無名子集文稿』 권6, "天下之至柔, 在身無如舌, 飮食言語皆以是, 宜若易弊也, 而至死不弊. 在物無如水, 其爲性只潤下沾濕, 宜若無力也, 而負萬斛舟, 決千仞石有餘, 是二者雖擧天下之至剛, 無足以當之, 使舌而剛則其弊也可立待, 水而剛則其力也必有限."

4 尹愭, 〈剛柔說〉, 『無名子集文稿』 권6, "以水之柔而易玩也, 而一或狎侮焉, 則反爲柔所陷."

5 李齊賢, 〈九曜堂〉, 『益齋亂藁』 권1.

6 李肯翊, 〈成宗朝故事本末〉, 『燃藜室記述』 권6.

앞의 작품은 이제현(李齊賢, 1287~1367)의 〈구요당(九曜堂)〉이고, 뒤의 작품은 이긍익(李肯翊, 1736~1806)이 성종의 시로 제시한 것이다. 부드러운 물은 작가들이 매우 선호하는 소재인데, 봄과 시내와 결합되면서 자주 등장한다. 봄의 시내는 생명으로 충일해 있기 때문이다. 작품 (가)의 잔잔한 시냇물과 풀꽃, 그 사이를 잉잉대는 산벌, 작품 (나)의 정자 아래로 흐르는 물과 푸른 산기슭의 봄 등이 대체로 그것이다. 이 같은 물의 부드러운 이미지는 물이 봄기운과 함께 만물을 소생시키는 역할을 담당하기에 가능한 것이다. 한편 부드러운 물은 미려한 자연을 만들어 내기도 한다. 다음 작품을 보자.

(가) 渡口舟橫直　나루터에는 배들이 가로 세로로 매였고
山頭舍後前　산머리의 집들은 앞뒤로 있다네
沈鷗輕白浪　물에 잠긴 갈매기는 흰 물결이 가볍고
飛鷰沒靑天　나는 제비는 푸른 하늘로 사라진다네
眼闊三江外　눈길은 삼강 밖으로 트여 있는데
神通七島邊　마음은 칠도(七島) 가로 통하네
忘憂人在否　근심을 잊은 망우당은 어디 계시는가
消息問長年　소식을 물은 지 여러 해나 되었다네

— 조형도, 〈진두망망우정(津頭望忘憂亭)〉[7]

(나) 明月樓前水　명월루 앞의 물
悠悠過達城　유유히 달성을 지나가네
相思人不見　서로 그리워하는 이는 보이지 않고
歸鴈兩三聲　돌아가는 기러기 울음만 두세 소리 들리네

— 조형도, 〈억오영양경허(憶吳永陽景虛)〉[8]

7　趙亨道, 〈津頭望忘憂亭〉, 『東溪集』 권1.
8　趙亨道, 〈憶吳永陽景虛〉, 『東溪集』 권1.

앞의 두 시는 조형도(趙亨道, 1567~1637)[9]의 작품이다. (가)는 곽재우(郭再祐, 1552~1617)를 생각하면서 지은 〈진두망망우정(津頭望忘憂亭)〉이고, (나)는 오여벌(吳汝撥, 1579~1635)을 생각하면서 지은 〈억오영양경허(憶吳永陽景虛)〉이다. 이들 시에는 모두 물과 관련된 아름다운 경치가 나타난다. 즉, 나루터에 매여 있는 배와 강물에 자맥질하는 갈매기, 명월루 앞을 유유히 흐르는 강 등이 그것이다. 이러한 정경 속에서 작가의 마음속에 떠오른 인물이 바로 곽재우와 오여벌이었다. 곽재우는 임란이 일어났을 때 그의 막하에 들어가 전공을 세운 적이 있었으며, 오여벌은 오운(吳澐, 1540~1617)의 둘째 아들로 조형도의 처남이었기 때문이다. 이러한 유순한 물은 그 주위에 사람을 불러 모아 인간과 자연의 조화를 창출하기도 한다.

(가) 芒鞋竹杖引兒孫　짚신 신고 죽장 짚고 아이들을 이끌고 나가
對酒臨溪日色溫　개울가에서 술을 대하노라니 날씨도 화창하네
貴賤悲歡都不管　귀함과 천함, 슬픔과 기쁨이 도무지 무슨 상관이리
怡然自負醉鄕尊　취향(醉鄕)의 어른임을 기쁘게 자부하노라

(나) 旣具妻孥又有孫　이미 아내와 자식에 또 손자까지 있으니
衡門亦足送寒溫　허름한 집에서 세월을 보냄도 또한 족하다네
已知隨處當安分　어느 곳에 있든지 분수에 편안한 법을 알았으니
肯爲傍人妄自尊　어찌 망령되게 남들에게 스스로를 높이겠나

— 이직, 〈추일, 진실유초곡계변(秋日, 盡室遊草谷溪邊)〉[10]

9 조형도의 물에 대한 상상력은 정우락, 「동계 조형도 시에 나타난 '물'에 대하여」(『영남학』 28, 경북대학교 영남문화연구원, 2015)에서 자세하게 다루었다.

10 李稷, 〈秋日, 盡室遊草谷溪邊〉, 『亨齋詩集』 권4.

고려 말 조선 초의 문인 이직(李稷, 1362~1431)의 작품이다. 그는 어느 가을날 초곡(草谷)의 시냇가로 가솔을 이끌고 소풍을 갔다. 함께한 가족은 아내와 자식, 그리고 손자였다. 당시 날씨는 화창하였고, 짚신을 신고 대나무로 만든 지팡이를 짚었으며, 술과 음식도 넉넉히 준비했다. 이때 이직은 무한한 행복감을 느낀다. 그는 이러한 행복감으로 인해 귀함과 천함, 기쁨과 슬픔을 전혀 상관하지 않고, 허름한 집에서 세월을 보내는 것에도 만족한다고 했다. 〈가을날, 온 가솔이 초곡 시냇가에서 노닐다[秋日, 盡室遊草谷溪邊]〉라는 이 작품의 제목이 말하는 것처럼, 이직의 만족은 초곡의 시내를 중심으로 이루어지고 있었다.

이직의 시가 물의 부드러움으로 인간 삶의 조화로움을 추동해 냈다면, 어떤 이들은 이러한 조화로움 속에서 생명성을 찾기도 했다. 특히 근대 이후 물의 서정성은 인간의 심층 영역을 묘사하는 데까지 이르게 된다. 인간의 심층 영역에 대한 묘사는 도학 등에 기반한 전통적 시학이 근대적 상황을 만나면서 변화되었음을 보여 주기에 충분하다. 그럼에도 불구하고 물이 지닌 핵심적인 요소라 할 수 있는 '본원'이나 '생명'에 대한 이미지는 포기하지 않았다. 이것은 고요함과 부드러움이 생명의 본원을 이루고 있다는 생각에 기반한 것이다.

이황(李滉, 1501~1570)의 경우 자신의 사상 체계와 맞물리는 지점에서 고요한 물을 발견하고 있다. 이 물은 주로 마음을 주제로 해서 비유적으로 활용되었다. 일찍이 남송(南宋) 시대의 학자 범준(范浚, 1102~1151)은 "마음은 비록 동하지 않은 적이 없지만 이른바 지극히 정하다는 것이 있다.[心雖未嘗不動 而有所謂至靜.]"라고 하면서 "비록 온갖 생각에 어지럽지만 이른바 지극히 정하다는 것은 그대로이다.[雖百慮煩擾 而所謂至靜者自若.]"라고 한 적이 있다. 이에 대하여 이황의 문인인 최응룡(崔應龍, 1514~1580)이 의심을 하였다. 이에 이황은 "이러한 이치가 없는 것은 아니나 '자약(自若)' 두 글자는 의심할 만하다."라고 하면서 절구 두 수를 적어서 최응룡에게 주었다. 그 작품은 이러하다.

(가) 止水如心靜爲體　잔잔한 물은 마음과 같아 고요함이 체(體)가 되며
動時波洶靜難尋　움직일 때의 거센 물결에선 고요함 찾기 어렵네
縱饒不靜非無靜　고요하지 않더라도 고요함이 없진 않으니
浪息依然水靜深　물결 잦아들면 이전처럼 고요하고 깊어지리

(나) 體隨用失如無靜　체가 용을 따라 잘못되면 고요함이 없는 것 같지만
性不終亡本固存　성은 끝내 사라지지 않아 근본은 그대로 보존되네
只說靜爲元自若　고요함이란 원래 그대로라고 말하지만
蘭溪無乃太深言　난계의 이 말 너무 심한 것 아니겠는가

— 이황, 〈범난계운(范蘭溪云)……〉[11]

이 작품에서 이황은 물을 마음에 비유하면서, 고요하고 유순한 물이 본체이듯이, 마음 역시 고요함이 본체라고 했다. 거센 물결은 일시적인 현상일 뿐 물결이 잦아들면 다시 고요해진다는 것이다. 최응룡이 마음의 본체에 대하여 물어 오자, 이황은 "한 번 움직이고 한 번 고요한 것은 마음의 체(體)와 용(用)이니, 분분하고 들뜬 생각 속에 지극히 고요한 상태 그대로인 하나의 마음이 따로 있는 것은 아니다."[12]라고 답변한 적도 있다. 이처럼 지극히 고요한 상태인 마음은 물이 지닌 본질적 고요함과도 같다. 이에 대하여 훗날 권지국(權文國)

11 李滉, 〈范蘭溪云, 百慮煩擾, 至靜者自若, 崔見叔府伯以爲疑, 某謂非無此理, 但自若二字, 可疑耳, 以二絶論其旨〉, 『退溪集續內集』 권5.

12 李滉, 〈答崔見叔問目〉, 『退溪集』 권12, "蓋一動一靜者, 心之體用, 非別有一心至靜自若於紛紜浮念之裏, 來喩云云."

과 이상정(李象靖, 1711~1781)은 다음과 같이 문답한 적이 있다.

> [문] 우산지목장(牛山之木章)에서 난계(蘭溪)가 말하기를 "고요하다는 것은 참으로 그대로[自若]이다."라고 하였습니다. '움직인다[動]'는 것은 별개 사물의 일이 아니니, 고요함[靜]이 사물을 느껴 움직이는 것입니다. '번잡하다[煩擾]'는 것은 고요함이 외부의 기운에 이끌려 어지럽게 되는 것일 뿐입니다. 지금 "참으로 그대로이다."라고 말하는 것은 '성(性)' 이외에 따로 '정(情)'이라는 것이 있다고 하는 것과 같을 듯합니다.[13]

> [답] 난계의 뜻은, 성(性)의 본체는 본래 고요하므로 온갖 생각이 번잡하여 '고요함'이라는 것을 잃었더라도, 느껴짐이 끝나면 고요함의 본체는 그대로 예전처럼 된다는 것을 말한 듯합니다. 그러나 말하는 가운데에 참으로 말한 것처럼 의심스러운 바가 있게 되었습니다. 퇴계 선생이 〈최견숙에게 답한 편지[答崔見叔書]〉에서 이 뜻을 설파하였으며, 시집(詩集)에도 이 설을 논한 내용이 있으니, 다시 살펴볼 수 있을 것입니다.[14]

앞의 자료는 권지국이 질문한 것이고, 뒤의 자료는 이상정이 답변한 것으로, 역시 마음의 동정을 어떻게 볼 것인가에 대하여 논의한 것이다. 여기서 마음의 고요함[靜]은 외부의 이끌림에 관계없이 자약(自若)한 것이다. 그러나 이 '자약'은 이황이 그렇게 생각한 것처럼 의심할 바가 있으니, '성(性)' 이외에 따로 '정(情)'이 존재하지 않는다는 생각에 근거한 것이다. 이황은 이 둘이 상호 밀접한 관계에 놓이며,

---

13 李象靖, 〈答權支國〉, 『大山集』 권27, "牛山之木章蘭溪說靜者固自若, 所謂動者, 非別件物事, 卽靜者感物而動也. 所謂煩擾者, 乃靜者爲客氣所引撓耳, 今曰固自若, 恐涉於性外別有所謂情者云云."

14 李象靖, 〈答權支國〉, 『大山集』 권27, "蘭溪之意, 似謂性體本靜, 雖百慮紛擾, 失其所謂靜者, 而所感旣息則靜體依舊自若, 然辭意之間, 儘有如來諭所疑, 退溪先生答崔見叔書, 說破此義, 詩集中, 亦有論此說, 可更檢看也."

'정'에 상관없는 그대로의 '성'은 존재하지 않는다고 보았다. 이를 앞에서 살펴본 것처럼 물에 비유해 설명하였던 것이다.

이황이 마음을 물에 비유해 성정을 논한 것과는 달리, 현대문학에서 물은 고요함 혹은 부드러움을 대변한다. 이때는 성리학에서 보여 준 강고한 이념성을 배제하고 고요 속에 생명력이 넘치는 물로 등장한다. 모든 굳어 있는 것은 죽은 것이듯이, 부드러움에는 생명을 향해 약동하는 이미지도 있다. 정지용(鄭芝溶, 1902~?)의 〈아츰〉은 바로 이러한 측면을 가장 적실히 드러낸 작품이라 하겠다.

> 프로펠러 소리……
> 鮮姸한 커---브를 돌아 나갔다.
>
> 快晴! 짙푸른 六月都市는 한 層階 더 자랐다.
>
> 나는 어깨를 골르다.
> 하픔…… 목을 뽑다.
> 붉은 숳닭모양 하고
> 피여오르는 噴水를 물었다……뿜었다……
> 해ㅅ살이 함빡 白孔雀의 꼬리를 폈다.
>
> 睡蓮이 花瓣을 폈다
> 옴으라쳤던 잎새. 잎새. 잎새.
> 방울방울 水銀에 바쳤다.
> 아아 乳房처럼 솟아오른 水面!
> 바람이 굴고 게우가 미끄러지고 하늘이 돈다.
>
> 좋은 아츰---

나는 탐하듯이 呼吸하다.

때는 구김살 없는 흰돛을 달다.

— 정지용, 〈아츰〉[15]

〈아츰〉의 전문이다. 조용하면서도 생동하는 상쾌한 6월의 아침을 묘사한 것이다. '프로펠러 소리 鮮姸한 커브를 돌아 나'가고, '해ㅅ살이 함빡 白孔雀의 꼬리를' 펴는 것에서 볼 수 있는 것처럼 아침의 신선함을 시각적으로 묘사했다. 수련이 화판을 펴자 물방울이 잎새에 방울방울 맺힌다면서, 아침이 지닌 순수도 적극 드러냈다. 여기서 시인은 '유방처럼 솟아오른 수면'을 본다. 이것은 부드러운 모성을 물로 상징화함으로써 물이 지닌 생명성과 함께 모성적 이미지를 보이기 위함이다. 우리는 여기서 물이 지닌 유순성은 모성적이며, 동시에 원초적 생명성과 깊이 연계되어 있다는 것을 알게 된다. 그렇다면, 이러한 유순함이 날카로움과 결부되면 어떻게 될까? 이에 대한 문학적 상상력을 불러일으킨 시인은 유치환이다.

小刀는 찌르는 것, 베는 것!

파르란히 짙푸른 하늘이며 스쳐가는 하얀 구름송이며가 화안히 들여다 보이는 조그마한 맑은 개울 속에 어쩐 小刀 하나가 잠겨 있다.

小刀는 찌르는 것, 베는 것!

맑은 흐름은 쉼 없이 小刀의 刀身을 헹기고 씻고 헹기고 씻어 흐른다.

흐르기만 한다.

15 정지용, 〈아츰〉, 『정지용 전집 1: 시』, 서정시학, 2015.

小刀는 찌르는 것, 베는 것!

오직 明快 銳利한 一切 否定으로만 있는 이 快刀의 不屈한 思辨을 달래고 눈감기고 달래어 그의 결의의 斷案을 宥和屈服시키기에 물은 그의 優柔不斷한 本性으로 한결 같이 어루만지고 귀속거리고 재잘거리고 輪舞하기를 말지 않나니.

小刀는 斷然히 찌르는 것, 베는 것!
그러므로 그는 그의 本然非常한 果斷의 둘레를 쉼 없이 감돌아드는 溫柔의 蠱惑에서 애써 놓여나려 한다. 도사리려 한다.

그러나 어찌 칼이 물을 베랴, 찌르랴!

진실로 反決할 줄 모르는 善性의 그 오직 無量한 量 앞에 頑惡은 마침내 한 개 凶器의 形骸로서 녹쓸어 가고 虛脫된 行爲의 그 觀念만으로 또렷이 또렷이 씻기어 남아 감을 본다.

— 유치환, 〈흐름에 잠긴 소도(小刀)〉[16]

제목에서 보듯이 '흐름'과 '소도(小刀)'가 병치되어 있다. 날카롭고 작은 칼이 부드럽게 흘러가는 물에 잠겨 있다. 그 물은 하늘과 구름이 맑게 비치는 개울이다. 소도는 찌르는 것이고 베는 것이다. 이를 유치환은 "오직 명쾌(明快) 예리(銳利)한 일체(一切) 부정(否定)으로만 있는 이 쾌도(快刀)의 불굴(不屈)한 사변(思辨)"이라 표현하였다. 그런데 이러한 날카로움을 유순한 물은 "달래고 눈감기고 달래어 그의 결의

16 유치환, 〈흐름에 잠긴 小刀〉, 『東方의 느티』, 신구문화사, 1959.

의 단안(斷案)을 유화굴복(宥和屈服)"시킨다. 그리하여 마침내 물이 지닌 "온유(溫柔)의 고혹(蠱惑)"으로 소도는 녹슬어 간다. 이것은 부정적인 것과의 정면대결이라기보다, 한결같이 어루만지고 소곤거리고 재잘거리면서 이겨 내는 힘이다. 즉, 부드러움의 힘이다.

물은 유연성을 지닌다. 그러하기에 어떤 사물에도 수용과 적응이 가능하다. 물은 모든 종류의 자연현상과 섞이며, 때로는 인류의 특정한 운명과도 긴밀하게 결합된다. 이러한 성격을 지닌 물은 아름다운 경치를 연출하며 시인들로 하여금 수많은 감흥을 일으키게 한다. 봄의 충일한 생명력으로 등장하기도 하고, 자연과의 조화 속에 무한한 안정감을 주기도 한다. 이러한 안정감은 마음이 지향하는 최고의 덕목이므로 이황과 같은 성리학자들은 성정(性情)을 물에 비유하며, 물이 지닌 상징적 의미를 극대화했다. 근대 이후의 작가들 역시 부드러운 물을 주목하면서 다양한 시상을 전개하였다. 날카로움을 마침내 이기는 최후의 승자로 부드러운 물을 떠올린 사람은 바로 유치환이었다.

움직이는 물, 난폭한 물

물은 부드러운 데서 그치지 않는다. 외부적인 힘이 작용하면 움직여서 마침내 난폭해지기까지 한다. 성현(成俔, 1439~1504)이 〈공무도하(公無渡河)〉에서 "긴 바람이 몰아쳐서 큰 물결을 일으켜, 뒤집히는 높은 파도 거대한 산 같은데, 공께서 조각배를 타고 거친 강 향하니, 순식간에 한목숨이 가을 터럭 같아지네."[17]라고 한 데서 우리는 물의

17 成俔, 〈公無渡河〉, 『虛白堂風雅錄』 권2, "長風捲地吹洪濤, 洪濤翻作銀山高. 公隨一葉泝萬頃, 瞬息性命如秋毫."

위험성을 쉽게 알 수 있다. 백수광부의 죽음을 염두에 두면서 지은 악부잡체(樂府雜體)의 들머리인데, 난폭한 물은 결국 사람들을 죽게 한다. 가을 터럭 같은 목숨을 제시하여 물로 인한 극도의 위험성을 나타낸 것이다. 난폭한 물의 이미지는 다음 작품에도 잘 형상화되어 있다.

(가) 掛眼東門憤未消　눈을 동문에 걸어 두어도 분이 사라지지 않아
碧江千古起波濤　푸른 강은 천고에 파도를 일으키네
今人不識前賢志　지금의 사람이 옛 어진 이의 뜻을 알지 못하여
但問潮頭幾尺高　다만 조수 머리가 몇 자나 높은지를 묻는다네

— 박인량, 〈오자서묘(伍子胥廟)〉[18]

(나) 月沈空谷初逢虎　달이 어둑한 텅 빈 골짜기에서 호랑이를 만나고
風亂滄溟始泛槎　바람이 어지러운 큰 바다에서 비로소 뗏목을 띄운다네
萬事莫於平處說　만사가 평탄하다고 말하지 말라
人生到此竟如何　인생이 이에 이르면 마침내 어이할꼬

— 정구, 〈무제(無題)〉[19]

앞의 시는 고려 전기의 문신 박인량(朴寅亮, ?~1096)의 〈오자서묘(伍子胥廟)〉이다. 절강(浙江)의 조수(潮水)가 특별히 사나워 사람들은 오자서의 분기가 그렇게 한 것이라고 했다. 오자서가 참소를 입어 죽으면서 월(越)나라가 오(吳)나라를 멸망시키는 것을 보겠다며, 자신의 눈을 뽑아 성 동쪽의 문에 걸어 두라고 한 고사를 염두에 둔 것이다.

---

18 朴寅亮, 〈伍子胥廟〉, 『東文選』 권19.
19 鄭逑, 〈無題〉, 『寒岡集』 권1.

여기서의 높은 파도는 오자서의 탱천한 분기를 의미하는바, 물이 강한 힘을 소유하고 있다는 것을 보였다.

뒤의 작품은 정구(鄭逑, 1543~1620)의 〈무제(無題)〉이다. 정구는 이 시에서 먼저 위험을 이야기했다. '달이 어둑한 텅 빈 골짜기에서 만난 호랑이', '바람이 어지럽게 부는 큰 바다에 띄운 뗏목'이 바로 그것이다. 험난한 상황에서의 근신(勤愼)과 입지(立志)의 중요성을 언급한 것이니, '수사선도(守死善道)' 혹은 '사생취의(捨生取義)'의 의미가 있다고 하겠다.[20] 정구가 여기서 말한 '바람이 어지럽게 부는 큰 바다'는 바로 현실의 경험 세계 속에 존재하는 위험과 횡포다. 이때 물은 험한 세상 바로 그것이며, 매우 난폭하게 그려지고 있다. 권근(權近, 1352~1409)의 다음 시도 같은 방향에서 읽힌다.

舊聞黃河天上來　황하는 천상에서 온다고 예전에 들었는데
今見濁浪運空開　지금 보니 흐린 물결 공중으로 이어졌네
東流奔放疾於瀉　동쪽으로 흘러흘러 물 쏟듯 빠르니
飈馳電邁聲驅雷　바람 날고 번개 치고 소리는 우레 같네
龍爭鼉吼振鬐鬣　용타(龍鼉)가 울어 대며 갈기를 떨치는데
怒濤極目高崔嵬　성난 파도 솟아올라 산처럼 우뚝하네
或如甲騎戰平陸　철기(鐵騎)가 육지에서 어울려 싸우는 듯
刀搶奮擊何雄哉　칼과 창이 부딪쳐라 어이 그리 웅장한고
東風吹帆溯流上　동풍이 돛을 불어 물 거슬러 올라가니

20 박태무(朴泰茂)는 정구의 이 시가 진실로 격언이라며 다음과 같이 차운하기도 했다. "谷避月沉寧逢虎, 波須風定可汎槎. 萬事必於平時謹, 臧倉之子于我何?"(『西溪集』 권2, 〈寒岡先生有無題詩, 曰月沉空谷初逢虎, 風亂滄溟始汎槎. 萬事莫於平處說, 人生到此竟如何? 眞格語也. 余遂反其意而次其韻, 爲吾輩一節深一節之戒〉)가 그것이다. 또한 허유(許愈)는 "今先生此詩, 盖欲使學者, 有死之心, 無生之氣, 如田單之在卽墨, 然后始可成功."(『后山集』 권12, 〈書示許致可〉)이라 했다.

快若逸驥施鞭催　채찍 맞은 준마인냥 몹시도 빠르구나
小生遊燕歷齊魯　내 연(燕)을 구경하고 제노를 거쳤지만
欲賦遠遊慚非才　원유부를 짓자니 재주 없어 부끄럽네
自將胸中有豪氣　가슴속엔 저마다 호기를 지녔기에
俯視河水同看杯　하수를 굽어보니 술잔 보기 마찬가지
惟思禹功被萬世　우임금 공덕이 만세를 덮었으니
倚舷發嘯聲正哀　배에 기대 휘파람 불자 소리 정히 애처롭네

— 권근, 〈황하(黃河)〉[21]

위 작품은 권근이 물을 거슬러 오르면서 지은 〈황하(黃河)〉라는 시이다. 권근은 여기서 물의 난폭성을 앞의 10구에서 다양하게 제시하고 있다. 천상으로 이어진 물줄기, 쏟아지듯 흐르는 유속, 우레 혹은 용타가 울부짖는 듯한 물소리, 산처럼 우뚝한 성난 파도, 육지에서 싸우는 철기병, 칼과 창의 부딪침 등이 모두 그것이다. 이러한 험난한 물 위에 배를 띄우니 채찍 맞은 준마인 양 몹시도 빠르다고 했다. 황하의 거센 물살 속에서 위태롭게 배를 타고 가는 것을 묘사한 것인데, 이때 권근이 본 물은 난폭하기 그지없었다. 난폭한 물을 묘사한 것이 여럿 있지만, 조식(曺植, 1501~1572)이 〈유두유록(遊頭流錄)〉에서 신응사(神凝寺) 계곡을 묘사한 것은 압권이라 하지 않을 수 없다.

> 얼마 전에 내린 비에 시냇물이 불어 돌에 부딪혀 치솟아 오르고 부서지니 때로는 마치 만 섬 구슬을 들이마시고 내뿜고 하면서 다투어 쏟는 듯하고, 때로는 마치 천 가닥 우레가 거듭 쳐서 씨근거리며 으르렁거리는 듯하였다. 마치 어슴푸레하게 은하(銀河)가 가로 뻗쳐 뭇별이 빛을

21　權近, 〈黃河〉, 『陽村集』 권6.

잃고 시들어 버린 듯하고, 다시금 요지(瑤池)에서 맞아들여 잔치를 벌이고 난 뒤 비단 자리가 마구 흐트러져 있는 듯하였다. 검푸르게 깊은 못은 용과 뱀이 비늘을 숨긴 듯 깊이를 엿볼 수 없고, 우뚝하니 솟은 돌은 소와 말이 모습을 드러낸 듯 서로 뒤섞여 있어 셀 수가 없을 정도였다. 그렇듯 나타났다 사라졌다 하면서 끊임없이 변화하는 시냇물의 모습은 저 중국의 양자강(揚子江)에 있는 구당협(瞿塘峽) 정도라야 견줄 수 있는 형편이었으니 이는 진실로 천공(天工)의 빼어난 솜씨를 숨김없이 마음껏 발휘한 곳이라 하겠다.[22]

조식은 1558년 4월 10일부터 25일까지 16일간 지리산을 유람한 적이 있다. 4월 20일 쌍계사에서 신응사로 와서 22일까지 이 절에 묵게 되는데, 비가 너무 많이 왔기 때문이다. 위의 글은 그때 쓴 것으로, 4월 20일의 기록이다. 여기서 보듯이 조식은 불어난 물을 다양하게 묘사하고 있다. '만 섬 구슬을 들이마시고 내뿜고 하면서 다투어 쏟는 듯'하고, '천 가닥 우레가 거듭 쳐서 씨근거리며 으르렁거리는 듯'도 하다면서 거센 물살을 다채롭게 형용하였다. 양자강에서 물살이 세기로 소문난 구당협 정도에나 견줄 수 있지 않을까 하면서 어떤 것으로도 제대로 형용할 수 없음을 보였다.

난폭한 물은 작가들에게 많은 자극을 주었고, 작가들은 이를 적극 형용하였다. 이식(李植, 1584~1647)이 갑자기 불어나 넘쳐흐르는 조계(曺溪)의 물을 보고 지은 〈조계관폭창(曺溪觀瀑漲)〉은 그 대표적 작품이다. 그는 여기서 뭇 여울이 한데 모여 골짜기에서 넘쳐 나는 물, 그

22 曺植, 〈遊頭流錄〉, 『南冥集』 권2, "新雨水肥, 激石濆碎, 或似萬斛明珠, 競瀉吐納, 或似千閃驚雷, 沓作噫吼, 怳如銀河橫截, 衆星零落, 更訝瑤池燕罷, 綺席縱橫, 黝黝成潭, 龍蛇之隱鱗者, 深不可窺也. 頭頭出石, 牛馬之露形者, 錯不可數也. 瞿塘峽口, 方可以喩其變化出沒, 眞是化工老手戱劇無藏處也."

사나운 기세를 어떻게 막을 수 있겠냐면서, "그 사이에 어지럽게 널려 있는 바윗돌들, 서로 버티면서 갈등을 빚는다네. 치고 박고 짓찧는 일 어찌 절로 그치랴만, 강경하게 맞서면서 오히려 겨뤄 볼 듯. 태산처럼 우뚝 서서 부동의 자세 취해 보나, 콸콸 거센 물살 아랑곳없이 지나가네."[23]라고 거침없이 흐르는 물살을 묘파하고 있다. 그야말로 거센 물은 치열한 전투와 같은 것이었다. 그는 이어서 난폭한 물을 이렇게 묘사했다.

(가) 或騆騢冲陣　얼룩말로 몸 바꿔서 적진을 치달리다
或戈戟嬰圉　창을 들고 변방에서 농성(籠城)을 하는구나
或狂夫瞿瞿　어리숙한 사나이 겁을 먹고 조심하듯
或碩人俁俁　훤칠하게 큰 사나이 자기 재주 과시하듯
或如强項令　어느 때는 흡사 강항령처럼
摧剛柔不茹　약한 이는 보살피고 강한 자는 짓부수네
或如賈勇夫　어느 때는 다시금 용기 파는 사내처럼
怒拳爭跋距　주먹 불끈 쥐고 성내어 뛰쳐나가누나
陰符縱捭闔　음부의 병법 펼쳐 내며 마음대로 열고 닫고
白戰堅脊膂　육박전을 벌여 가며 요새지 굳게 지키나니
巴山嚴抗張　장비(張飛)에 항거하던 파산의 엄안(嚴顔)이요
海岱齊餘莒　마지막 보루인 거(莒) 땅 남은 해대 간의 제나라
建瓴北攻趙　거꾸로 물 쏟아붓듯 북쪽의 조나라를 공격하다가
方舟南下楚　뱃머리 나란히 하여 남으로 초나라로 내려가네

(나) 聲音又何異　물소리는 또 얼마나 종류가 다르던가

---

23 李植, 〈曺溪觀瀑漲〉, 『澤堂集』 권5, "亂石當其間, 相持作齟齬. 舂撞豈自止, 梗捍反欲拒. 巖巖屹不動, 活活流必去."

咫尺隱笑語　가까이에 숨어서 킥킥 웃는 말소리
鞳鞺鼓鳴枹　북채 들고 전고(戰鼓)를 두드리다가
噌吰鍾響簴　요란하게 종소리 울려 퍼지고
或鏗鏘佩環　허리춤의 패옥(佩玉) 소리 간혹 쟁그랑
或合止柷敔　시종(始終) 알리는 축어마냥 딱딱딱 드르르륵
或雜若唱唄　가창(歌唱)과 범패(梵唄) 소리 섞어 놓은 듯
或和若律呂　암놈 수놈 십이율려 어울려 노니는 듯
或殷若轟霆　우르릉 쾅쾅 천둥소리 울리다가도
或細若鳴杼　가느다랗게 들리는 스르릉 스르릉 베틀 소리
喧爭若仇讎　원수처럼 으르렁대며 시끄럽게 싸우더니
嗔喝若爾汝　성내면서 이놈 저놈 욕질을 해 대누나

— 이식, 〈조계관폭창(曺溪觀瀑漲)〉[24]

이 작품은 이식의 〈조계관폭창(曺溪觀瀑漲)〉 가운데 물을 전쟁에 비유한 부분과 물소리를 다양한 소리에 비유한 부분을 적출한 것이다. (가)에서는 물을 전쟁에 비유하여, 창을 들고 변방에서 농성하는 듯, 주먹을 불끈 쥐고 성내며 뛰쳐나가는 듯, 육박전을 벌여 가며 요새를 굳게 지키는 듯, 장비와 엄안이 싸우는 듯하다며 치열한 전투 장면을 연상하였다. 그리고 (나)에서는 물소리를 다양한 소리에 비유하였다. 킥킥거리며 웃는 소리, 북채를 들고 두드리는 전고(戰鼓) 소리, 요란한 종소리, 패옥 소리, 축어(柷敔) 소리, 범패 소리, 천둥소리, 베틀 소리, 원수끼리 싸우며 지껄이는 욕 소리 등이 그것이다. 이러한 난폭한 물은 문학 작품에서 거듭 나타나는바, 거센 물은 작가들의 중요한 문학적 소재로 채택되었다. 그러나 계곡을 난폭하게 흐

24 李植, 〈曺溪觀瀑漲〉, 『澤堂集』 권5.

르는 물은 장부의 '기상'으로 환치되기도 한다. 이러한 측면에서 선비들의 폭포에 대한 관심과 그 형상화가 주목된다.

雷鳴飛瀑震林岡　우레처럼 울리는 폭포는 숲 언덕을 진동시키고
花染猩紅滿樹香　꽃은 붉게 물들어 나무 가득 향기롭네
大醉巖頭揮彩筆　바위 위에서 크게 취해 붓을 휘두르는데
黑雲深鎖石千張　검은 구름이 천 장의 돌을 깊이 잠그고 있네

— 황준량, 〈유가야산차광풍뢰(遊伽倻山次光風瀨)〉[25]

이 시는 황준량(黃俊良, 1517~1563)이 가야산을 유람하면서 지은 〈유가야산차광풍뢰(遊伽倻山次光風瀨)〉 아홉 수 중 세 번째 작품이다. 작자는 폭포가 우레와 같이 숲의 언덕을 진동시킨다고 했다. 검은 구름을 제시하여 주위의 험한 분위기도 나타내었다. 그러나 이 작품에 물의 난폭함만 등장하는 것은 아니다. 오히려 전구(轉句)의 '바위 위에서 크게 취해 붓을 휘두르는데' 등에서는 장부의 장대한 기상을 느낄 수 있다. 폭포를 읊은 시들은 대체로 이러한 측면에서 읽히는 경우가 많다. 예컨대, 허목(許穆, 1595~1682)이 〈운계증법윤(雲溪贈法潤)〉에서, "그 아래 절벽에는 폭포수 매달려서, 우렛소리 진동하고 골짝에는 구름이 가득하다."[26]라 한 것도 모두 같은 맥락에서 읽힌다.

난폭한 물은 민중의 힘을 상징하기도 했다. 조식이 쓴 〈민암부(民巖賦)〉가 대표적이다. 그가 이 작품을 창작한 기본 의도는, 백성의 힘을 과시하며 임금을 경각시키려는 것이었다. 조식은 '민은 물과 같

25 黃俊良, 〈遊伽倻山次光風瀨〉, 『錦溪外集』 권6.
26 許穆, 〈雲溪贈法潤〉, 『記言別集』 권1, "下有懸崖瀑布水, 雷雨滿耳雲滿壑."

다'는 『순자(荀子)』「왕제(王制)」 편[27]을 인용하면서 임금을 배에, 백성을 물에 비유하였다. 그리고 물이 배를 띄울 수도 있고 전복시킬 수도 있듯이, 백성이 왕권을 유지하게 할 수도 있고 교체할 수도 있다며 민의 힘을 과시하였다. 물은 배를 띄우는 능력뿐만 아니라, 뒤집을 수 있는 능력 역시 갖추고 있기 때문이다. 이 가운데 뒤집을 수 있는 능력에 특별히 주목하면서 그는 이렇게 노래했다.

民猶水也	백성이 물과 같다는 것은
古有說也	예부터 있어 온 말이라네
民則戴君	백성은 임금을 받들기도 하지만
民則覆國	나라를 뒤엎기도 한다네
吾固知可見者水也	내 진실로 아노니 볼 수 있는 것은 물이라
險在外者難狎	험함이 밖에 있는 것은 친압하기 어렵지만
所不可見者心也	볼 수 없는 것은 마음이라
險在內者易褻	험함이 안에 있는 것은 천대하기 쉽다네
履莫夷於平地	걸어 다니기에는 평지보다 더 평탄한 곳이 없지만
跣不視而傷足	맨발로 다니매 살피지 않으면 발을 쉽게 다치고
處莫安於衽席	거처하기에는 이부자리보다 더 편한 것이 없지만
尖不畏而觸目	뾰족함을 두려워하지 않다가 눈이 찔린다
禍實由於所忽	화는 실로 소홀히 하는 데서 생기니
巖不作於溪谷	험함이 계곡에서만 생기는 것은 아니라네

— 조식, 〈민암부(民巖賦)〉[28]

27 『荀子』, 「王制」, "君者舟也, 庶人者水也. 水則載舟, 水則覆舟."
28 曺植, 〈民巖賦〉, 『南冥集』 권1.

조식의 작품 〈민암부〉의 들머리다. 여기서의 '암(巖)'은 암험(巖險)함을 의미하는바, 백성들이 지니고 있는 거대한 힘이다. 조식은 이를 어떻게 설명할 길이 없어 물의 힘을 통해 상징적으로 나타냈던 것이다. 백성은 가까이 있기에 쉽게 보살필 수가 있지만 방심하여 제대로 다스리지 못하면 거친 물과 같은 힘이 발생하여 군왕이 전복당한다고 했다. 조식은 군주의 고대광실, 대궐 내에서 정사를 어지럽히는 여알(女謁)의 성행, 심한 사치, 마음대로 거두는 세금, 형벌의 자행 등을 그 원인으로 들었다. 이렇게 되면 하늘은 군왕에게 준 천명을 거두어들이고, 백성들의 암험한 힘으로 임금을 교체한다고 하였다.[29]

난폭한 물은 민중의 거대한 힘을 상징하기도 하지만, 민중의 고달픈 삶을 형상화하는 소재가 되기도 했다. 즉, 난폭한 물로 당대의 현실을 밀도 있게 그릴 수도 있었다. 이러한 측면에서 물을 주목한 사람은 박화성(朴花城, 1904~1988)이다. 그는 〈홍수전후〉(1934)라는 소설에서, 홍수라는 난폭한 물로 인해 농민들이 참담한 삶을 살아간다고 하면서, 동시에 소작 제도가 갖는 불합리성을 강하게 비판하였다. 이 이야기에 따르면, 영산강 가에 살고 있던 송서방이 홍수라는 천재지변으로 인해 세상에 대하여 서서히 눈을 뜨게 되고, 마침내 소작쟁의에 참여하게 된다. 다음은 〈홍수전후〉의 일부이다.

> 사람들은 발을 동동 굴렀다. 읍내서 물 구경을 왔던 부인들 중에는 물에 희생된 작은 제물의 흘러가는 뒤를 향하여 손에 들었던 우산을 던지며 소리쳐 우는 이도 있었다. 이 광경을 목도한 윤성의 동무들의 젊은 가슴은 훨훨 달아올랐다. 다섯 사람은 사납게 펄펄 솟아오르는 붉

29 조식의 〈민암부〉에 나타난 천명 문제에 대해서는 정우락, 「천명문제와 관련한 남명의 현실주의적 세계관」(『남명학연구』 3, 경상대학교 남명학연구소, 1993)에서 자세하게 다루었다.

은 물결을 눈 흘기며 노를 저어 윤성에게로 향하였다. 노를 젓는 네 팔뚝에는 의분의 힘이 올라 우둘우둘 떨렸다. 그러나 거의 가까이 그곳에 닿으려 하였을 때 급히 쳐내리는 물결에 노는 뚝꺽 분질러졌다. 노를 잃어버린 배는 금세 전복되려 하였다.[30]

〈홍수전후〉는 가뭄을 다룬 〈한귀〉와 더불어 박화성의 현실인식이 어떠했는지를 명확하게 보여 준다. 위의 지문에는 난폭한 물을 바라보면서 아우성치고, 그 물 위에서 생존을 위하여 고군분투하는 읍민들의 모습이 그려져 있다. '펄펄 솟아오르는 붉은 물결'에서 보는 것처럼 그 물은 매우 거셌고, 주인공 윤성의 친구들은 그 위에서 노를 저어 윤성에게로 갔지만 노마저 부러져 버린다. 이 때문에 '금세 전복되려' 한다고 했다. 얼마나 급박한 상황인지를 바로 알 수 있다. 이처럼 물로 인해 모순된 사회현실을 자각한다는 점에서, 결국 난폭한 물은 각성으로 이끄는 매개 역할을 한다. 이것은 조식이 〈민암부〉에서 보여 주었던 치자(治者)의 자각과는 또 다른 것으로, 아래로부터의 자각이었다. 그러나 이러한 물이 지니는 역동성은 새로운 차원으로 승화되기도 한다. 김현승(金顯承, 1913~1975)의 〈파도〉를 읽어 보자.

아, 여기 누가
술 위에 술을 부었나.
잇발로 깨무는
흰 거품 부글부글 넘치는
춤추는 땅— 바다의 글라스여.

---

30 박화성, 『홍수전후』, 푸른사상, 2009.

아, 여기 누가
가슴을 뿌렸나.
언어는 선박처럼 출렁이면서
생각에 꿈틀거리는 배암의 잔등으로부터
영원히 잠들 수 없는,
아, 여기 누가 가슴을 뿌렸나.

아, 여기 누가
性보다 깨끗한 짐승들을 몰고 오나.
저무는 도시와,
병든 땅엔
머언 수평선을 그어 두고
오오오오 기쁨에 사나운 짐승들을
누가 이리로 몰고 오나.

아, 여기 누가
죽음 위에 우리의 꽃들을 피게 하나.
얼음과 불꽃사이
영원과 깜짝할 사이
죽음의 깊은 이랑과 이랑을 따라
물에 젖은 라이락의 향기
저 파도의 꽃떨기를 7월의 한 때
누가 피게 하나.

— 김현승, 〈파도〉[31]

31 김현승, 〈파도〉, 『현대문학』, 현대문학사, 1965.

이 작품은 파도에 대하여 노래한 것이지만, 앞에서 살펴본 바 있는 민중을 상징하지는 않는다. 오히려 신선한 감각으로 건강한 생명력을 느끼게 한다. 병약한 문명과의 대극점에 놓여 있다. 김현승은 파도를 '술 위에 부은 술', '생각에 꿈틀거리는 배암', '기쁨에 사나운 짐승'과 같이 동적인 이미지로 제시하였는데, 그것은 '저무는 도시'나 '병든 땅'이라는 문명의 저편에서 원시적 생동감을 준다. '성(性)보다 깨끗한 짐승들', '기쁨에 사나운 짐승들'이라는 시어에서 볼 수 있듯이 메마르고 병든 문명의 세계와 대립된 창조적인 물, 바다를 제시한 것이다. 그러나 시인은 이러한 생명력이 다시 모순의 힘 속에 있다는 것도 감지한다. 마지막 연에서 제시한 '죽음 위의 꽃', '얼음과 불꽃', '영원과 깜짝할 사이'가 그것이다. 파도는 이처럼 죽음과 얼음과 영원 위에 핀 꽃, 즉 역설적 구도 속에 피어 있는 꽃이었던 것이다.

물은 유동성을 지닌다. 이 때문에 물은 경사를 타고 낮은 곳으로 흘러내리고, 절벽을 만나면 폭포가 되어 떨어진다. 비가 와서 그 수량이 많아지면 거센 힘으로 바위에 부딪혀 포말을 일으킨다. 이러한 성질을 가진 물은 그 극점에서 난폭해지기도 한다. 작가들은 이에 입각하여 물 이미지를 다양한 상상력을 동원하며 작품에 담았다. 거센 물 자체의 모습과 다양한 소리를 그려 내기도 하지만 그것은 험한 세상, 강한 기상, 백성들의 거대한 힘으로 나타나기도 하고, 근대 이후에는 건강한 생명력 등 이와는 또 다른 이미지로 등장하기도 한다. 우리는 여기서 유동성을 지닌 물의 양상과 세력에 따른 작가의 상상력이 얼마나 다양하게 나타나는지를 이해하게 된다.

2. 단절과 지속

물은 단절과 지속의 차원에서 언급되기도 한다. 공간적인 측면에서 보면 물은 깊이와 넓이로 인하여 차안과 피안을 단절시키고, 시간적인 측면에서도 물은 흘러가서 돌아오지 않으므로 현재와 과거를 단절시킨다. 그러나 반대로 생각해 보면 물은 공간적인 측면에서 차안과 피안을 채워 연결시키고, 시간적 측면에서 영원히 흐르기 때문에 현재와 과거를 이어 준다. 즉, 물은 시공간적 측면에서 단절과 지속의 기능을 동시에 수행한다. 이 같은 단절과 지속이 인간사와 접맥되면 만남과 이별 등 더욱 다양한 상상력을 불러일으키기 마련이다.

철학에서는 주로 물이 흐른다는 점에 주목하여 지속적인 면을 부각하지만, 문학에서는 물이 흘러가서 돌아오지 않는다는 점에 주목하여 단절적인 면을 부각시킨다. 철학이 보편성을 강조하며 영원히 변하지 않는 진리를 중시한다면, 문학은 인간의 특수성을 강조하며 변화무쌍한 구체적인 경험의 세계를 중시하기 때문이다. 그러나 문학을 이렇게 단순하게만 볼 수는 없다. 전통시대에는 철학과 소통하면서 작품 활동을 한 작가들이 대부분이었기 때문이다. 도학파의 시세계가 그 대표적인 예다. 사정이 이러함을 두루 고려하면서 물이 지닌 단절과 지속을 논의해 보자.

막고 끊는 물

폭우가 쏟아지거나, 그로 인해 물이 불어나게 되면 공간이 단절될 수밖에 없다. 불교에서의 차안과 피안도 결국은 강을 중심으로 한 고통받는 이쪽 언덕과 고통이 없는 저쪽 언덕을 의미한다. 물로 인한 단절은 폭우처럼 갑자기 생겨나기도 한다. 일상을 기록한 일기에 이러한 현상이 많이 등장한다. 예컨대, 김성일(金誠一, 1538~1593)은 〈기묘일기(己卯日記)〉 3월 1일 조에서, "물에 막혀서 어머님의 산소에 올라가지 못하고 사당에서 제사 지냈으며, 동림(東林) 제사도 그렇게 하였다. 생원 형님과 전적(典籍) 아우는 물 때문에 오지 못하였다."[32] 라고 기록하였다. 이때의 물이 바로 막고 끊는 물이다. 폭우로 인해 강물이 불어나 가는 길이 막혀 체류하게 되면 여러 일들이 벌어지기도 한다. 다음 자료를 보자.

> 비 오다 개다 하다. 강물에 막혀서 동관역(東關驛)에 머물렀다. 들으니 옆 사관에 등주(登州)에서 온 이 선생(李先生)이란 자가 있는데, 점을 잘 치고, 또 사람을 시켜 우리나라 사람을 보고자 한다기에 식후에 찾아갔다. 그는 태을수(太乙數)를 보고 점을 친다고 한다. 내가 그에게 "이게 자미두수(紫微斗數)가 아니오?" 하고 물었더니, 이생(李生)이 "이른바 '자미'란 소수(小數)에 불과하오나, 이 태을은 곧 태을의 일성(一星)이 자미궁(紫微宮)에 있어서 천일생수(天一生水)에 속하므로 '태을'이라 하오. 그리하여 을(乙)이란 곧 일(一)이요, 수(水)는 조화의 근본이며, 육임(六壬)은 곧 물이요, 둔갑(遁甲) 역시 태을이라, 이는 『오월춘추(吳越春秋)』 같은 책에 명험(明驗)이 많이 나타나 있고, 64괘가 모두 이에 지나지 않는 거요. 그러므로 장수가 된 자로서 이 육임과 둔갑의 법을 모르면 기변(奇變)을 알지 못하는 법이오."라고 하였다.[33]

32 金誠一, 『鶴峰集』 권3, 〈己卯日記〉, 3월 1일 조, "阻水, 未得上母塋, 祭于祠堂, 東林祭亦然, 生員兄典籍弟, 以水不來."

33 朴趾源, 『熱河日記』, 〈馹汎隨筆〉, 7월 21일 조, "乍雨乍晴. 阻河漲, 留東關驛, 聞隣舍, 有登州客李先生者, 善推數, 且使人要觀朝鮮人云故, 飯後往尋焉. 推命之術, 爲太乙數云. 余問此紫微斗數否? 李生曰, 所謂紫微, 小數也, 太乙一星, 在紫微宮, 屬天一生水故, 曰太乙, 乙者一也, 水爲造化之根, 六壬木水也, 遁甲亦太乙也, 吳越春秋等書, 多著明驗, 六十四卦, 都不出此書. 爲將者, 不通六任遁甲則, 不識奇變云."

『열하일기』의 〈일신수필(馹汛隨筆)〉 7월 21일 조의 기사이다. 박지원(朴趾源, 1737~1805) 일행이 비로 인해 강물이 불어 동관역에 머물면서, 등주에서 온 사람과 점에 관한 대화를 나누는 대목이다. 이때 이 선생이라는 사람이 태을수를 본다고 했다. 이 선생이 '태을'은 '태일'로 '천일생수'의 물을 뜻한다고 했다. 이렇게 보면 태을은 근원이 물을 의미하며, 태을수는 물을 통해 다른 사람의 운명을 점친다는 것이다. 박지원은 그 이야기를 허탄한 것으로 생각하여 그 자리를 뜨지만, 이 역시 물의 단절이 만들어 낸 사연이다. 이처럼 큰물로 인해 가는 길이 막히는 것은 지극히 일상적인 일이었다. 다음 작품 역시 같은 상황에서 창작되었다.

沮洳原野闊　질척이는 광활한 들판을 지나
日暮到溪潯　저물녘에 시냇가에 도착했는데
簇立紛如蟻　물가에서 개미처럼 늘어섰자니
翔飛反羨禽　나는 새가 도리어 부러워지네
登山嫌路遠　산길은 너무 멀어 가기 힘들고
依壟畏波侵　들길은 넘친 물로 끊겼을 듯해
脫袴攀鞍馬　바지 벗고 탔던 말을 끌어당기며
聯繩繫柳林　줄로 몸을 연결하여 나무에 매네
扶携相撇烈　끌고 잡고 물 헤치며 건너가다가
狼狽半浮沈　낭패하여 반은 물에 빠져 버리니
怯冷身顫戰　찬물에 겁이 나서 몸은 떨리고
臨危髮豎森　위태로운 곳에서는 모발이 서네
纔離小溪險　험한 작은 시내 지나자마자
復値大河深　다시 깊은 대하가 가로막는데
積雨肥添水　많은 비로 강물이 불어난 데다

愁雲暗蔽岑　먹구름이 산을 잔뜩 덮고 있구나
爆衣爭斫木　옷 말리려 다투어 불을 지피고
乏米競烹蔘　쌀이 없어 너도나도 삼을 달이네
肉食朱門裏　고기 먹는 고귀한 사람들이야
誰知靡鹽心　나라 위해 애쓰는 마음 알쏜가

— 성현, 〈과탕참부조대하류삼일(過湯站復阻大河留三日)〉[34]

이것은 성현(成俔, 1439~1504)의 작품으로, 탕참(湯站)을 지난 뒤 다시 큰 강에 막혀 3일을 머물면서 지은 〈과탕참부조대하류삼일(過湯站復阻大河留三日)〉이다. 큰비로 강물이 불어 고생했던 것을 그대로 묘사하고 있다. "험한 작은 시내 지나자마자, 다시 깊은 대하가 가로막는"다고 하면서, 물로 인한 고충이 점점 더해 간다고 했다. 이처럼 물은 성현에게 가는 길을 끊어 놓는 역할을 하였던 것이다. 이러한 일은 사람들이 일상적으로 겪는 것이었기에 시적 소재가 되기에 용이하였다. 황준량(黃俊良, 1517~1563)이 비 때문에 평안역에서 사흘 동안 머물게 된 사연을 작품화한 것을 예로 들어 보자.

碧天如水雁飛秋　강물처럼 푸른 하늘에 기러기 나는 가을
一葉寒聲滿驛樓　한 잎 서늘한 소리 역루에 가득했네
半夜無端溪雨急　한밤중 느닷없는 비에 시냇물 불어나니
隔江三日客窓愁　사흘 동안 강물에 막혀 객창에 시름만 깊어 가네

— 황준량, 〈평안일체우삼일(平安馹滯雨三日)〉[35]

34 成俔, 〈過湯站復阻大河留三日〉, 『虛白堂詩集』 권14.
35 黃俊良, 〈平安馹滯雨三日〉, 『錦溪集』 권1.

황준량이 비로 인해 평안역에서 3일을 머물면서 지은 〈평안일체우삼일(平安馹滯雨三日)〉이다. 시의 내용을 보면 평안역에서 한밤에 느닷없이 비가 내렸다고 했다. 전혀 예견하지 못한 사태이다. 첫 두 구에서 보듯이 어제 저녁에는 강물 같은 푸른 하늘에 기러기가 날고, 가을이라 잎 사이를 지나가는 바람도 서늘하였다. 그런데 한밤중에 갑자기 비가 내려 역에 3일 동안이나 체류할 수밖에 없었다. 황준량은 이러한 사정을 위의 작품으로 나타내며, '객창에 시름만 깊어 간다'고 하였다. 그러나 상대를 머물게 하고자 하는 측에서는 길을 끊어 놓는 물이 오히려 고마울 따름이다. 대상이 사랑하는 임일 경우에는 더욱 그러하다. 다음 시조를 보자.

바람 불으소서 비 올 바람 불으소서
가랑비 그치고 굵은 비 들으소서
한길이 바다이 되어 님 못 가게 하소서

— 무명씨, 〈바람 불으소서〉[36]

〈정선아라리〉처럼 임이 물 건너편에 있으면, "눈이 올라나 비가 올라나 억수장마 질라나 만수산 검은 구름이 다 모여든다."라고 걱정하며, 물이 불어나 둘 사이를 끊어지게 하지 말기를 바랄 것이다. 그러나 임이 이미 왔을 때는 물이 길을 끊어 서로 함께하는 시간이 많아지기를 기대한다. 위의 시조에는 이러한 사정이 잘 드러나 있다. 일찍이 김종직이 길을 가다가 큰비를 만나 안덕사(安德寺)라는 절에 묵은 적이 있었다. 이것이 김종직에게는 고통이었지만, 그 절의 중에

36 무명씨, 〈바람 불으소서〉, 남창본 『고금가곡집』, 1928.

게는 오히려 영광이었다. 김종직이 이를 시로 써서, “팔십 세 된 이웃 중은 두 손 맞잡고 말하기를, 사신이 머문 적은 예로부터 없었다 하네.”[37]라고 한 데서 이러한 사정을 엿볼 수 있다.

작가들은 현실 속에서 폭우로 인한 단절을 겪으며, 자신이 처한 상황에 따라 이것을 고통스러워하기도 하고 오히려 기뻐하기도 한다. 단절이 외부적으로 일어나 오히려 고립으로 인한 정회를 더 누리기를 소망하기도 했다. 그러나 물에 대한 상상력은 여기에 한정되지 않았다. 단절이 세속을 잊고 자연에 귀의하는 것으로 확장되기도 하기 때문이다. 세속과 자연은 성속(聖俗)의 관념으로 성장하여 보다 많은 의미를 내포하기도 했다. 이러한 점을 고려하면서 다음 작품을 살펴보기로 하자.

(가) 狂奔疊石吼重巒　미친 듯 첩석 사이를 내달으며 겹겹의 봉우리에 울리니
人語難分咫尺間　사람의 말소리를 지척 간에서도 분간하기 어렵네
常恐是非聲到耳　항상 세상의 시끄러운 소리 귀에 이를까 두려워하여
故教流水盡籠山　짐짓 흐르는 물로 온 산을 에워싸게 하였다네

— 최치원, 〈제가야산독서당(題伽倻山讀書堂)〉[38]

(나) 岹嶢崑山頂　까마득한 곤륜산 꼭대기에는
清淺弱水流　맑고 얕은 약수(弱水)가 흐른다네
弱水不可涉　약수를 도무지 건널 수가 없어
相思三千秋　삼천 년 긴 세월을 그리워하였네
霜飛烟空闊　서리 날리고 안개 낀 하늘 넓기도 한데

---

37 金宗直, 〈七月二十五日出興德縣門逢大雨過輪峴澗谷之水皆及馬腹遂阻水尋安德寺宿焉〉, 『佔畢齋集』 권21, “八十隣僧叉手道, 皇華駐節古來無.”

38 崔致遠, 〈題伽倻山讀書堂〉, 『孤雲集』 권1.

月照巖桂幽　달빛 비친 바위엔 계수나무 그윽하네
乞君黃金液　그대에게서 황금액을 구하노니
換我紫綺裘　내가 입은 자기구(紫綺裘)를 드리리
崑山有歸鶴　곤륜산으로 돌아가는 학이 있어
惆悵寄離愁　슬프게 이별의 근심을 부쳐 보내네

— 허봉, 〈상원부인(上元夫人)〉[39]

앞의 시는 최치원(崔致遠, 857~?)의 〈제가야산독서당〉이고, 뒤의 시는 허봉(許篈, 1551~1588)의 〈상원부인〉이다. 여기서의 물 역시 막고 끊는 단절의 이미지로 나타난다. 즉 앞에서는 가야산 홍류동의 물을 통해, 뒤에서는 약수(弱水)[40]를 통해 세속 공간과 초월 공간이 단절되고 있다. 그러나 위의 두 시는 그 방향에 있어 완전히 반대다. 즉 최치원은 가야산이라는 초월 공간에서 세속을 차단하였다면, 허봉은 세속 공간에서 약수 너머에 있는 초월 공간을 간절히 염원하고 있다. 여기서 우리는 물이 성(聖)과 속(俗)을 단절시키는 기능을 하지만, 개개인이 처한 상황에 따라 서로 다르게 형상화된다는 것을 알게 된다.

특히 최치원의 시 〈제가야산독서당〉은 여러 사람들의 시적 상상력을 자극하여 다양한 차운시를 등장하게 했다. 예컨대, 김수증(金壽增, 1624~1701)이 "외로운 정자 그윽이 층층의 멧부리에 기댔으니, 만 골짝 맑은 물이 세상과 막았구나. 마음 한가하면 몸도 멀어진다는 것을 절로 깨닫나니, 시비하는 소리 어떻게 청산에 이르겠는가."[41]라

39 許篈, 〈上元夫人〉, 『荷谷先生詩抄』. 상원부인은 〈한무제내전(漢武帝內傳)〉에 보이는 천상의 선녀이다. 작자 허봉은 이 시에서 자신이 전생에 상원부인과 사랑을 나누다 인간 세상에 귀양 온 적선(謫仙)이라 말하면서, 곤륜산의 약수에 가로막혀 헤어진 지 삼천 년이 되도록 만날 수 없는 안타까움을 토로하고 있다.
40 약수는 곤륜산(崑崙山)을 에워싸고 흐른다는 강물로, 새의 깃털조차도 가라앉는다고 한다.
41 金壽恒, 〈敬次伯氏籠水亭和崔孤雲韻〉, 『文谷集』 권3, "[原韻] 孤亭幽絶倚層巒, 萬壑淸流隔世

고 한 것도 그 가운데 하나다. 그는 또한 〈농수정소서(籠水亭小序)〉를 지어, "내가 어려서부터 이 시를 애송하였는데, 혹시라도 물이 돌에 부딪혀 거세게 내달으면 일찍이 고풍(高風)을 생각하지 않은 적이 없다."[42]라고 하였다. 이 모두가, 물소리가 세속과 자연의 단절을 이룩한다는 상상에 기반한 것이다.

물로 인한 차안과 피안의 단절은 신화 속에서도 등장한다. 대표적인 것이 동명왕 신화이다. 동명왕이 동부여(東夫餘)에 있을 때 금와왕(金蛙王)의 여러 아들과 사이가 좋지 않아 죽임을 당할 위험에 빠졌다. 이에 졸본부여(卒本扶餘)로 피신하게 되었는데, 엄리대수(淹利大水)에 이르러 강물에 막혀 더 이상 나아가지 못하게 되었다. 그때 주몽이 "나는 천제(天帝)의 손자이고, 하백(河伯)의 외손자다."라고 하니, 자라와 물고기가 물 위로 떠올라 다리를 만들어 주몽이 강을 무사히 건널 수 있게 해 주었다고 한다. 이때의 물 역시 단절의 물이라 할 터인데, 이를 소재로 한 시를 한 수 보자.

天孫逃難到江頭　천손이 환난을 피해 강가에 도착했으나,
欲濟無梁孰艤舟　건너려 해도 다리가 없으니 누가 배를 댈까.
魚鼈成橋終利涉　어별이 다리가 되어 마침내 건널 수 있었으니,
始知神聖異凡流　신성한 분은 범인과 다름을 비로소 알겠네.

— 성여신, 〈서도유적(西都遺跡)〉[43]

성여신(成汝信, 1546~1632)이 평양을 여행하면서 옛 유적을 통해 느

間. 自覺心閒身更遠, 是非何得到青山."

42 金壽增, 〈籠水亭小序〉, 『谷雲集』 권6, "余自少愛誦之, 或遇水石噴薄處, 未嘗不懷高風."

43 成汝信, 〈西都遺跡十二首〉, 『浮査集』 권1.

낀 바가 있어 12수의 시를 지었다. 위의 시는 그 가운데 10번째 시로, 엄사수에 대한 노래이다. 주몽의 위기와 천신의 도움을 소재로 하고 있는데, 이러한 상상력은 여러 작가들에 의해 재생된다. 예컨대, 정두경(鄭斗卿, 1597~1673)이 〈동명왕사〉에서, "웅장한 왕검성 도읍지에, 천손의 일 까마득하기만 하네. 흰 구름에서 일찍이 말은 보였으나, 창해에는 다리 있다는 말 듣지 못했네."[44]라고 하거나, 이익(李瀷, 1681~1763)이, "천제의 손자이자 하백의 외손을 위해, 엄사수에서 다리 놓아 동국에 드러났네."[45]라고 한 것이 모두 그것이다. 주몽 신화에 등장하는 이 같은 단절의 물이 시대를 내려오면서도 여전히 중요한 시적 소재로 등장하였던 것이다.

끊고 막는 물은 『대동운부군옥』의 지귀 설화에서도 나타난다. 이에 따르면 선덕여왕이 자신을 사모하다가 불귀신이 된 지귀를 주문으로 물리치는데, 그 주문에서, "지귀의 마음속 불, 자신을 태우고 불귀신이 되었구나. 저 멀리 바다 밖으로 흘려보내, 다시는 보지도 말고 친하지도 않으리!"[46]라고 하였다. 그러니까 여왕은 먼저 자신의 팔찌를 주어 불붙은 지귀의 마음을 다스리게 했으나, 그것이 여의치 않자 자신과 지귀 사이에 서늘한 바다를 두자고 했다. 불같은 정념은 자신을 태우고 상대를 태우고 마침내 세상을 태울 수 있기 때문이다. 이것은 뜨거워진 마음을 제대로 다스리지 못해 발생한 사태다.

---

44 鄭斗卿, 〈東明王祠〉, 『東溟集』 권3, "王儉都雄壯, 天孫事寂寥. 白雲曾見馬, 滄海不聞橋."

45 李瀷, 〈夢鼈〉, 『星湖集』 권8, "天帝之孫河伯甥, 優勃成橋顯大東."

46 權文海, 〈心火燒塔〉, 『大東韻府群玉』 권20, "志鬼心中火, 燒身變火神. 流移滄海外, 不見不相親." 『三國遺事』 권4 〈二惠同塵〉에는, "또 어느 날 풀로 새끼를 꼬아 영묘사에 들어가 금당과 좌우의 경루 및 남문 회랑을 새끼로 둘러치고 절을 관리하는 스님에게 말하기를, '이 새끼는 반드시 사흘 후 풀도록 하라'고 했다. 절을 관리하는 스님은 그 말을 이상하게 생각하면서도 그대로 두었다. 과연 사흘 만에 선덕왕이 절에 행차하였는데, 지귀(志鬼)의 심화(心火)가 나와 그 탑을 불태웠지만 새끼줄을 맨 곳은 화재를 면하였다."라고 하면서 혜공의 신통력에 초점을 맞추어 서술되어 있다.

이로써 여왕은 서늘한 것으로 조율된 사랑을 주문하였던 것이다.

지귀 설화에는 영원한 사랑에 대한 뚜렷한 한계가 있다. 그것은 신분적 한계일 수도 있고, 남녀 간의 사랑이 지닌 본질적인 한계일 수도 있다. 그 한계가 결국에는 화재 예방이라는 전혀 엉뚱한 것으로 전환되고 있지만, 여왕을 사랑한 신라의 백성 지귀는 우리에게 안타까움을 준다. 그는 먼바다에서 '물[水]'을 누르지 못하는 '불[火]'로 선덕여왕을 그리워하며 맴돌고 있을 것이기 때문이다. 여기서의 물이 바로 남과 여 사이를 막고 끊는 물이다. 이에 착목하여 서정주는 〈우리 데이트는〉이라는 작품을 남겼다.

햇볕 아늑하고
永遠도 잘 보이는 날
우리 데이트는 인젠 이렇게 해야지 —

내가 어느 절간에 가 佛供을 하면
그대는 그 어디 塔에 기대어
한 낮잠 잘 주무시고

그대 좋은 낮잠의 賞으로
나올 때 내 금팔찌나 한 짝
그대 자는 가슴 위에 벗어서 얹어 놓고
그리곤 그대 깨어나거든
시원한 바다나 하나
우리 둘 사이에 두어야지.

— 우리 데이트는 인젠 이렇게 하지.

햇볕 아늑하고

永遠도 잘 보이는 날

— 서정주, 〈우리 데이트는〉[47]

서정주의 〈우리 데이트는: 선덕여왕의 말씀 2〉라는 작품의 전문이다. 그는 지귀 설화에 큰 관심을 가져 "살(육체)의 일로서 살의 일로서 미친 사내에게는, 살닿는 것 중 그중 빛나는 황금 팔찌를 그 가슴 위에, 그래도 그 어지러운 불이 다 사라지지 않거든, 다스리는 노래는 바다를 넘어서 하늘 끝까지"(〈선덕여왕의 말씀 1〉)라고 하기도 했다. 서정주는 위의 시에서 영원한 사랑을 노래했다. 사랑에서의 영원이란 무엇인가? 이것은 뜨거움만으로는 불가능하다. 어쩌면 내가 불공을 드릴 때 그대는 낮잠을 자는 것이고, 시원한 바다를 나와 너 사이에 두는 것이다. 결국 서정주는 이러한 막고 끊는 거리가 있을 때 오히려 사랑은 영원할 수 있다는 역설의 논리를 구성하였던 것이다.

나와 너 사이 혹은 차안과 피안 사이에 비, 강, 바다 등이 존재할 수 있다. 이때의 물은 나와 너 혹은 차안과 피안 사이를 막고 끊어 구분하는 역할을 한다. 비가 와서 가지 못하거나, 큰 강이 가로막아 건너지 못하는 경우가 있기 때문이다. 이로 보아 단절은 주로 공간에서 이루어진다는 것을 알 수 있다. 물로 인해 체류한 상태에서 흥미로운 일이 벌어지기도 하며, 사랑하는 남녀 사이에서의 막고 끊는 물은 다행이기도 하고 불행이기도 하다. 임이 물 이편에 있을 수도 있고, 물 저편에 있을 수도 있기 때문이다. 또한 물은 최치원의 〈제가야산독서당〉의 경우처럼 현실과 초월 사이에 존재할 수도 있고, 서

47 서정주, 〈우리 데이트는〉, 『미당 서정주 전집』, 은행나무, 2017.

정주의 〈우리 데이트는〉의 경우처럼 남녀 사이에 존재할 수도 있다. 전자는 순수를 담보하는데, 후자는 그 관계가 영원한 것으로 발전하는 데 오히려 도움을 주는 물이다.

흘러 지속되는 물

물은 유동성에 입각하여 아득히 흘러가 버리고 돌아오지 않는다. 그러나 그 물은 시간적으로 끊임없이 흐르고 공간적으로 차안과 피안을 이어 주는 역할을 한다. 물이 지닌 지속성과 항구성은 영원을 추구하는 사람들에게 깊은 공감을 주었으며, 배를 타고 차안과 피안을 넘나들며 다양한 시적 감흥을 일으키기도 했다. 특히 조선조의 선비 작가들은 흐르는 물을 통해 시간적 연속성과, 이와 맞물려 있는 인간의 지향의식 가운데 하나인 항상성(恒常性)을 발견하고 그것을 작품에 담고자 했다. 여기에서 도체(道體)를 발견하였기 때문이다.

일찍이 공자는 냇가에 서서 "흘러가는 것이 이 물과 같구나! 밤낮을 그치지 않는구나!"[48]라며 탄식하였다. 물이 지닌 지속성과 항구성, 거기서 인간이 추구해야 할 이상과 본질을 발견하였다. 그러니까 물이 흘러가 버리고 돌아오지 않는 것에 주목하는 것이 아니라, 언제나 그 자리에서 영원히 흐른다는 그 '흐름'에 주목하였던 것이다. 공자는 냇가에 서서 물결이 장구히 흘러가는 것을 보며, 도 역시 가변적인 것이 아니라 불변하는 것에 있다고 생각했다. 이에 대하여 주자는 다음과 같이 말했다.

> 천지의 조화는 가는 것은 지나가고 오는 것이 이어져서 한순간의 그침

48 『論語』, 「子罕」, "逝者如斯夫! 不舍晝夜!"

> 도 없으니, 바로 도체의 본연이다. 그러나 그 지적하여 쉽게 볼 수 있는 것으로는 시냇물의 흐름만 한 것이 없다. 그러므로 여기에서 이것을 말씀하여 사람들에게 보여 주셨으니, 배우는 자들이 때때로 성찰하여 공부에 털끝만 한 간격도 없게 하고자 하신 것이다.[49]

여기서 보듯이 주자는 한순간의 그침도 없는 것을 '도체지본연(道體之本然)'이라 보고, 시냇물의 흐름이 그것을 형상한다고 하였다. 그러면서 학자들의 성찰 공부도 마땅히 이와 같아야 한다고 강조하였다. 이러한 생각은 정이(程頤, 1033~1107)도 마찬가지였다. 그가 공자의 이 말을 "이것은 도체이다. 하늘의 운행은 쉼이 없어서, 해가 지면 달이 뜨고 추위가 가면 더위가 오며, 물이 흘러 끊임이 없고, 물건은 생겨나 다하지 않으니, 모두 도와 일체가 되어 밤낮으로 운행하여 일찍이 그침이 없다."[50]라고 한 데서 이를 확인할 수 있다. 특히 물의 지속성은 보편성을 확보한 진리의 세계와 맞닿아 있어 중요한 문학적 소재가 되었다. 물의 지속성을 보면서 도체를 생각한 것은 다음 작품에도 잘 드러난다.

(가) 自嘆如斯逝　스스로 탄식하며 이와 같이 간다던
依俙川上言　냇가에서의 말씀이 아련도 하여라
有時頻命駕　때로는 자주 수레 명하여 나가고
竟日獨關門　온종일 문 닫고 홀로 있기도 하네
入海浩無際　바다에 들면 넓어서 끝이 없거니와

---

49 『論語』,「子罕」, 朱子註, "天地之化, 往者過, 來者續, 無一息之停, 乃道體之本然也. 然其可指而易見者, 莫如川流. 故於此發以示人, 欲學者時時省察, 而無毫髮之間斷也."

50 『論語』「子罕」, 朱子註, 程子曰: "此道體也. 天運而不已, 日往則月來, 寒往則暑來, 水流而不息, 物生而不窮, 皆與道爲體, 運乎晝夜, 未嘗已也."

在山初發源　산에 있으면 처음 발원지가 되는데
誰知必東意　꼭 동으로 흐르는 뜻을 누가 알랴
成性幸存存　본성이 다행히 끝없이 보존됨일세

— 이색, 〈자탄(自嘆)〉[51]

(나) 故人來共一燈明　벗들이 찾아와 등불 함께 밝히는데
秋色能開數日晴　가을빛이 여러 날 쾌청하였네
逝水幾歎吾道在　흐르는 물에 우리 도 있다고 얼마나 탄식했나
浮雲已似俗緣輕　뜬구름은 이미 속세의 인연처럼 가볍네
文章得失千秋事　문장의 득실은 천추의 일이요
江漢風流萬古情　강한의 풍류는 만고의 정이로다
無限商量猶未盡　무한한 토론이 다함이 없으니
可能携手與同行　함께 손잡고 동행할 수 있겠네

— 조긍섭, 〈순좌여성산제형(舜佐與星山諸兄)……〉[52]

작품 (가)는 이색(李穡, 1328~1396)이 스스로 탄식하며 지은 것이고, 작품 (나)는 조긍섭(曺兢燮, 1873~1933)의 시로, 조긍섭과 송준필(宋浚弼, 1869~1943)이 인흥에 모여서 성산의 여러 벗들과 강가에서 놀기로 약속하고 지은 것이다. 서로 시대를 달리하며 다른 환경에서 창작된 것이지만 공자가 시냇가에서 흐르는 물을 보면서 탄식한 것을 함께 생각하고 있다. 이들 역시 흐르는 물에서 도체를 보았는데, 지속성과 항상성은 그 대표적인 자질이었다. 이 때문에 이색은 순자(荀子)의 "물이 만 번 꺾이어도 반드시 동으로 흐르는 것은 굳은 의지가 있

51 李穡, 〈自嘆〉, 『牧隱詩藁』 권23.
52 曺兢燮, 〈舜佐與星山諸兄, 會于仁興, 約遊江上〉, 『巖棲集』 권4.

는 것 같다."[53]라는 말을 들며 본성의 보존을 특별히 제시했고, 조긍섭 역시 흐르는 물에서 '오도(吾道)'를 보면서 풍류와 결합시킬 수 있었다.

쉼 없이 흐르는 물을 보면서 물의 다양한 측면을 관찰한 작품으로는 유희춘(柳希春, 1513~1577)의 〈관수설(觀水說)〉이 대표적이다. 그는 홍진(洪進, 1541~1616)이 물을 좋아하는 본성을 가졌다고 하면서, 그가 망호대(望湖臺)에서 대동강을 내려다보고 "아름답다, 물이여. 넓고도 넓다."라고 하며 물의 아름다움과 그 넓이에 대하여 감탄한 적이 있었다고 한다. 이어서 유희춘은 물에서 아름다움을 느끼는 것이 아니라 도학을 볼 수 있어야 한다면서 〈관수설〉을 짓는 이유를 설명했다. 여기서 그는 물의 다양한 점을 관찰하고 있다. 그러나 그 중심은 지속성과 항상성에 입각한 도체의 발견이다. 그 핵심 부분을 제시하면 다음과 같다.

> 저 원천과 장천이 솟고 솟아 가득히 흘러 밤낮으로 쉬지 않고 한순간도 멈추지 않음은 도(道)의 본체(本體)요, 수원이 깨끗하여 작은 찌꺼기도 없는 것은 성(性)의 근본이요, 파도가 지세의 곡절을 따른 것은 정(情)의 발로(發露)요, 그친 물이 맑게 응집되어 물체의 공교로움을 비추는 것은 공경하고 밝은 것이요, 여러 물줄기가 길거나 짧고 차례도 다르되 만 번을 꺾으면서 함께 흘러 바다로 들어간 것은 격물치지(格物致知)가 활연(豁然)히 관통함이요, 웅덩이를 채운 다음에 나아간 것은 문장을 이룬 후에 통달함이요, 어룡(魚龍)을 수용하고 보장(寶藏)을 저축함은 군자의 도량이요, 느리면 잔잔하고 바람을 머금으면 어른거리며 드러나

53 『荀子』, 「宥坐」, "其萬折也必東, 似志."

들여다보이는 것은 군자의 문장이요, 온천과 화정(火井)이 궁리를 할 때 하나만 고집하는 것이 아니고, 봄부터 가을까지 마시기도 하고 삶기도 하며 관수(灌水)도 하고 세탁(洗濯)도 하며 띄우기도 하고 싣기도 한 것은 군자가 밝은 임금을 만나 백성을 윤택하게 함이 패연(沛然)하여 막을 수 없는 것이요, 현명(玄冥)이 용사하여 얼음이 견고하게 어는 것은 군자가 천지가 폐색(閉塞)한 때를 당하여 정고(貞固)한 뜻을 거두어 품에서 혜택이 만물에게 미치지 못한 것입니다. 차가운 기운이 비록 가혹하더라도 우물 밑 샘물이 다한 곳에는 홀로 양덕(陽德)을 안고 얼지 않으므로 사람들이 물을 떠 가도 고갈되지 않음은 군자가 몸이 비록 한때 궁할지라도 사람들을 가르치고 글을 저술하여 내세의 미혹을 깨우침이요, 상수(湘水)와 위수(渭水)의 두 물이 청정하여 찌꺼기가 없어 가을이 되면 밑이 보임은 상지(上知)의 자질이 청명 순수하여 기품과 물욕의 더럽힘이 없음이요, 황하(黃河)와 탁한 경수(涇水)가 모든 것을 비추지 못하는 것은 중인(中人)과 하우(下愚)가 기품에 얽매이고 물욕에 가려진 것입니다.[54]

위의 글에서 알 수 있듯이 유희춘은 도학을 물의 다양한 측면에 입각해 설명하고 있다. 우선 한순간도 멈추지 않고 흐르는 것은 도의 본체와 같다고 보았다. 도의 본체가 이러하므로 그것의 외현은 매우 다양할 수밖에 없다. 예컨대, 깨끗한 수원과 성(性)의 근본, 지세와 곡절에 따른 파도의 변화와 정(情)의 발로, 지수가 사물을 비추

---

54 柳希春, 〈觀水說〉, 『眉巖集』 권3, "夫源泉長川, 混混滔滔, 不捨晝夜, 無一息停斷者, 道之體也. 源頭潔淸, 無纖毫塵滓者, 性之本也. 波瀾動盪, 隨地曲折者, 情之發也. 止水凝湛, 鑑物巧況者, 敬而明也. 衆派參差而異序, 萬折同流而入海者, 格物致知而豁然貫通也. 盈科而後進者, 成章而後達也. 容魚龍蓄寶藏者, 君子之量也. 舒爲淪漣, 含風粼粼者, 君子之文章也. 溫泉火井者, 窮理之不執一者也. 自春至秋, 爲飮爲烹, 爲灌爲濯, 可浮可載者, 君子之遇明主澤生民, 沛然莫之能禦者也. 玄冥用事, 凝氷堅確, 君子當天地閉塞之時, 卷懷貞固而不能及物者也. 寒威雖壯, 井底窮泉, 獨能抱陽德而不凍沍, 資人汲而不匱渴, 此君子身雖窮於一時, 誨人著書, 覺來世之迷惑者也. 湘渭二水, 淸淨無査滓, 至秋見底, 猶上智之資淸明純粹, 無氣稟物欲之累也. 黃河濁涇, 不能明映萬類, 猶中人下愚拘於氣而蔽於欲也."

는 것과 경(敬)의 밝음, 여러 물줄기가 함께 바다로 들어가는 것과 격치(格致)를 통한 활연관통(豁然貫通), 웅덩이를 채운 다음 나아가는 것과 문장을 이룬 다음의 통달, 수많은 어룡과 보장의 수용과 군자의 도량, 잔잔하면서도 바람에 따라 어른거리는 것과 군자의 문장 등이 모두 그것이다. 이 밖에도 유희춘은 물을 다각도로 관찰한 뒤, "천일(天一)은 물을 생(生)하니 물은 오행에 있어서 조화의 가장 앞자리를 얻었고 조리가 하나뿐이 아니므로 고인이 물을 도학에 비유함은 옛날부터 그러했던 것"[55]이라 결론지었다. 이처럼 물은 도학의 대표적인 상징체였다. 사정이 이러하므로 다음과 같은 작품도 나올 수 있었다.

(가) 晩泊沙汀葉葉舟　모래톱에 늦게 닿은 조각배들
紛紛去馬與來牛　소와 말은 여기저기 왔다가 가네
江山萬古只如此　강산은 만고에 이와 같거늘
人物一生長自休　인물은 일생 동안 길이 쉬지를 않네
西日已沈波渺渺　서쪽으로 해가 기울어 물결만 아득하고
東流不盡思悠悠　동으로 흐르는 물 끝이 없어 생각만 아득하네
停舟獨立曛黃久　배를 대고 황혼 속에 홀로 서 있노라니
掠水飛回雙白鷗　두 마리 나는 백구 물결 차며 돌아드네

— 김일손, 〈여수헌등관수루(與睡軒登觀水樓)〉[56]

(나) 晝夜穿雲不暫休　구름을 뚫고 밤낮으로 잠시라도 쉬지 않으니
始知源派兩悠悠　근원과 물줄기가 모두 유장하다는 것을 비로소 알겠네

55 柳希春, 〈觀水說〉, 『眉巖集』 권3, "天一生水, 水在五行, 得造化之最先, 而條理不一, 故古人以水喩道學, 尙矣."
56 金馹孫, 〈與睡軒登觀水樓〉, 『濯纓集』 권5.

試看河海千層浪　시험 삼아 강과 바다의 높은 물결을 보라
出自幽泉一帶流　그윽한 샘 한 줄기 물에서 흘러나온 것이라네

— 이이, 〈산중사영·수(山中四詠·水)〉[57]

앞의 작품은 김일손(金馹孫, 1464~1498)이 관수루에서 지은 것이고, 뒤의 작품은 이이(李珥, 1536~1584)가 산속의 삶을 바람·달·물·구름으로 나누어 읊은 것 가운데 '물[水]'에 대해 노래한 것이다. 이들 작품에서 보듯이 물은 그 흐르는 속성에 기인하여 항상성의 이미지를 지니고 있다. 김일손은 물이 산과 함께 만고에 이와 같다면서 '동류부진(東流不盡)'이라 하였고, 이이는 잠시도 쉬지 않고 흐르는 물을 통해 근원의 깊음을 감지하였다. 이 같은 물의 항상성에 대해서 이황(李滉, 1501~1570)은 〈도산십이곡(陶山十二曲)〉에서, "유수(流水)는 어찌하여 만고에 그치지 않는고."라고 하면서, 우리도 이같이 만고상청(萬古常靑)하자고 했다. 흐르는 물에서 지속성과 항상성을 지닌 도체를 보았기 때문이다. 그런데 윤선도(尹善道, 1587~1671)의 〈오우가(五友歌)〉는 다소 다르게 읽힌다.

구름빛이 조타한 검기가 자로한다
바람 소래 맑다하나 그칠 적이 하노매라
조코도 그츨 뉘 업기는 믈 뿐인가 하노라

— 윤선도, 〈오우가·물〉[58]

윤선도는 물[水]·돌[石]·소나무[松]·대나무[竹]·달[月]을 다섯 친구로

57 李珥, 〈山中四詠〉, 『栗谷集』 권1.
58 尹善道, 〈五友歌〉, 『孤山遺稿』 권6.

삼아 〈오우가〉를 지었다. 앞의 시는 그 가운데 물을 노래한 것이다. 친구 사이에는 영원한 것이 무엇보다 중요하다면서 물에서 영원성을 찾았고 깨끗함도 함께 강조했다. 그러기 위해 청탁(淸濁)은 구름과 대비하고, 단속(斷續)은 바람과 대비하였다. 구름과 바람이 가변적인 것이라면 물은 깨끗하고도 그치지 않으니 진정한 벗의 덕성을 지니고 있다는 것이다. 우리는 여기서 윤선도가 물을 어떠한 시각에서 바라보고 있는지를 바로 알 수 있다. 그것은 도체의 표현이라기보다, 자연에서 새롭게 발견하는 인간의 한 유형이었던 것이다.

근대 이후에도 끊임없이 흐르는 물은 작가들의 주요 관심사였다. 예컨대 김소월은 〈개여울〉에서 "가도 아주 가지는, 안노라시던, 그러한 約束이 잇섯겟지요", "가도 아주 가지는, 안노라심은, 구지 잊지 말라는 부탁인지요"[59]라고 한 바 있다. 개울이 끊임없이 흘러가는 것을 보면서, 떠난 임에 대한 추억을 떠올린 것이다. 그리고 화자는 임이 아주 간 것은 아니라면서 임이 떠난 절망적인 상황 속에서도 개여울에 앉아서 개울가의 '파릇한 풀포기'가 돋아나는 것을 보며 자신의 마음속에 임이 영원히 존재한다고 노래했다. 이것은 도학의 본체가 보여 주는 영원함이 아니라, 물이 흘러감에 따라 임도 떠났지만 가슴속에 남아 있는 그리움은 영원하다는 것이다. 즉 사랑의 정념이 지닌 지속성을 제시하였던 것이다. 이러한 측면에서 김소월의 〈가는 길〉은 새롭게 읽힌다.

그립다
말을 할까

59 김소월, 『진달내꼿』, 매문사, 1925.

하니 그리워

그냥 갈까
그래도
다시 더 한 번……

저 산에도 까마귀, 들에 까마귀,
서산에는 해진다고
지저귑니다.

앞 강물, 뒷 강물,
흐르는 물은
어서 따라오라고 따라가자고
흘러도 연달아 흐릅디다려.

— 김소월, 〈가는 길〉[60]

길과 강은 여러 측면에서 공통점이 있다. 모두가 선을 중심으로 하고 있으며, 수로와 육로 등에서 볼 수 있듯이 둘 다 교통로로 이용된다. 여기에서는 만남과 이별이 이루어지기도 하는데, 이별은 만남에 비해 더 많은 정서적 자극을 준다. 이러한 측면에서 김소월의 〈가는 길〉은 헤어진 자에 대한 그리움, 지는 해, 흘러가는 물 등을 통해 머뭇거리며 아쉬워하지만 떠날 수밖에 없는 화자의 내면을 적실히 묘사하고 있다. 특히 위의 작품 가운데 4연의 '앞 강물'과 '뒷 강물'이 서로 '어서 따라오라고 따라가자고' 하며 쉼 없이 흐르는 것에 주목

60 김소월, 〈가는 길〉, 『개벽』 40, 1923.

할 필요가 있다. 그리운 임과의 시간을 흘려보낼 수밖에 없는 화자의 심정이 드러나기 때문이다. '서산에 해진다'고 지저귀며 이별을 재촉하는 까마귀처럼 강물도 그렇게 따라 흘렀던 것이다.

김소월의 〈가는 길〉에는 앞서 살핀 조선조 선비들의 시에서 보인 물이 함의한 도체로서의 지속성과 항구성은 전혀 내포되어 있지 않다. 단지 떠나기 싫지만 떠날 수밖에 없는 '가는 길'이 있음을 화자가 제시할 따름이다. 우리는 흔히 김소월이 한의 정서를 매우 효과적으로 그려 냈다고 한다. 그립다고 말을 할까 말까 망설이는 것이나, 머뭇거리며 따라가고 따라오는 강물 등에 미련 혹은 한의 정서가 깊게 배어 있기 때문이다. 곧 시적 화자의 그리움에 대한 정서가 일회적인 것이 아니라 지속성이나 항구성 위에 놓여 있다는 것이다. 이에 비해 김영랑의 〈끝없는 강물이 흐르네〉는 이와는 또 다른 강물의 이미지를 제공한다.

(가) 내 마음의 어딘 듯 한편에 끝없는
강물이 흐르네.
돋쳐 오르는 아침 날 빛이 빤질한
은결을 도도네.
가슴엔 듯 눈엔 듯 또 핏줄엔 듯
마음이 도른도른 숨어 있는 곳
내 마음의 어딘 듯 한편에 끝없는
강물이 흐르네.

— 김영랑, 〈끝없는 강물이 흐르네〉[61]

61 김영랑, 〈끝없는 강물이 흐르네〉, 『시문학』, 1930.

(나) 바람따라 가지오고 머러지는 물소리
아조 바람가치 쉬는적도 잇섯스면
흐름도 가득찰랑 흐르다가
더러는 그림가치 머물럿다 흘러보지
밤도 산골 쓸쓸하이 이한밤 쉬여가지
어느뉘 꿈에든셈 소리업든 못할소냐

새벽 잠ㅅ결에 언듯 들리여
내 무건머리 선듯 싯기우느니
황금소반에 구슬이 굴럿다
오 그립고 향미론 소리야
물아 거기좀 멋췃스라 나는 그윽히
저 창공의 銀河萬年을 헤아려보노니

— 김영랑, 〈시내ㅅ물소리〉[62]

두 작품 모두 김영랑의 것으로, 물에 관한 그의 시적 상상력을 잘 보여 준다. (가)에서 화자는 강물을 자신의 마음속으로 온전히 끌어들이고 있다. 5행과 6행을 보면 '내 마음'이 거의 '강물'로 환치되고 있음을 볼 수 있다. 가슴, 눈, 핏줄은 '나'의 몸을 의미하는 것인데, 여기에 마음이 '도른도른' 숨어 있다고 했다. 이 때문에 강물은 시인의 마음속에 영원할 수 있었을 것이다. 작품 (나) 역시 "더러는 그림가치 머물럿다 흘러보지", "물아 거기좀 멋췃스라"라고 하면서, 지속되는 물소리에 향미로움을 느끼며 자신에게 더 머물러 있기를 희망

62 김영랑(양병호 편저), 〈시내ㅅ물소리〉, 『오매 단풍들것네: 원본 金永郎 전집』, 한국문화사, 1997.

했다. 이것은 김소월이 〈가는 길〉에서 보여 준 머뭇거리며 흐르는 강물보다 더욱 내면화된 물이라 하겠다.

공자가 시냇가에서 탄식하면서 말했듯이 물은 밤낮으로 흐름을 멈추지 않는다. 물이 지닌 이러한 지속성과 항구성에 입각하여 고전 작가들은 도체(道體)를 형상화하기도 하고, 그 속에서 진정한 우정의 의미를 찾기도 했다. 이것은 단절이 주로 공간에서 이루어지는 것과 달리 지속은 시간적 속성을 갖고 작품에 등장한다는 것을 의미한다. 근대 이후에는 물의 흐름이 지닌 시간적 지속성이 더욱 내면화된 것으로 보인다. 물의 지속적 흐름은 특히 정서적 측면을 부각시키는 데 효과적이었다. 김소월이 〈가는 길〉에서 보여 주었던 '그리움'이나, 김영랑이 〈끝없는 강물이 흐르네〉에서 말한 '마음'이 모두 그러한 것이다.

3. 이별과 만남

물과 관련된 단절과 지속의 문학적 이미지들은 물의 물리적 현상, 즉 시공간적으로 단절되거나 연속되는 물의 본성과 결합되어 있다. 이와 관련해 볼 때 이별과 만남을 주제로 한 문학 작품들은 단절되거나 지속되는 물의 본성을 인간의 문제로 환치시켜 작품으로 형상화한 것이라 하겠다. 따라서 이별과 만남을 주제로 한 물의 이미지는 단절과 지속의 문학적 변용이라 할 수 있을 것이다. 단절은 이별과 눈물을 가져다주고, 만남과 지속은 사랑하는 연인이 추구하는 최대의 기쁨을 선사하기 때문이다.

이별과 만남은 인간의 일상에서 핵심적 요소에 해당한다. 작게는 삶 속의 만남과 이별이겠지만, 크게는 탄생 혹은 죽음이라는 만남과 이별이다. 이 때문에 역대로 수많은 작가들이 이 문제를 다루었다. 예컨대, 김성일(金誠一, 1538~1593)은 "바다 밖에서의 상봉에 정은 각별한데, 한 가지 꽃에 시의 소리가 어려 있구나."[63]라고 했고, 류시화는 "내 안에 있는 이여, 내 안에서 나를 흔드는 이여, 물처럼 하늘처럼 내 깊은 곳 흘러서, 은밀한 내 꿈과 만나는 이여, 그대가 곁에 있어도, 나는 그대가 그립다."[64]라고 했다. 모두 만남과 이별을 물과 결부시켜 노래한 것이다.

이별을 상징하는 물

물은 흘러가서 다시 돌아오지 않는다. 항상 이별하는 것이다. 이 때문에 인간의 이별을 물에 즐겨 비유할 수 있었다. 특히 사랑하는 사람과의 만남에 대한 소망은 간절할 수밖에 없다. "동짓달 기나긴 밤 한 허리를 베어 내여, 춘풍 이불 아래 서리서리 넣었다가, 사랑하는 임이 오시는 날 밤에 굽이굽이 펴리라."라고 했던 황진이(黃眞伊)의 시조를 굳이 들지 않더라도, 이별의 아픔과 임에 대한 그리움, 사랑하는 임과의 만남을 지속시키고 싶은 마음은 누구에게나 간절하다. 만남에 대한 염원이 간절할수록 이별에 대한 아픔도 깊다. 그러하기에 우리 문학사에는 이별을 소재로 한 작품이 수없이 많다. 고려가요 〈서경별곡(西京別曲)〉과 정지상(鄭知常, ?~1135)의 〈송인(送人)〉은 그 대표적 작품이다.

(가) 西京이 셔울히 마르는
　　닷곤ᄃᆡ 쇼셩경 고외마른

63 金誠一, 『鶴峰逸稿』 권2, "海外相逢別有情, 一枝花上帶詩聲."
64 류시화, 〈그대가 곁에 있어도 나는 그대가 그립다〉, 『그대가 곁에 있어도 나는 그대가 그립다』, 푸른숲, 2002.

여ᄒᆡ므논 질삼뵈 ᄇᆞ리시고
괴시란ᄃᆡ 우러곰 좃니노이다

구스리 바회예 디신ᄃᆞᆯ
긴히ᄯᆞᆫ 그츠리잇가
즈믄ᄒᆡ를 외오곰 녀신ᄃᆞᆯ
信잇ᄃᆞᆫ 그즈리잇가

大同江 너븐디 몰라셔
ᄇᆡ내여 노ᄒᆞᆫ다 샤공아
네가시 럼난디 몰라셔
녈ᄇᆡ예 연즌다 샤공아
大同江 건넌편 고즐여
ᄇᆡ타들면 것고리이다

— 고려가요, 〈서경별곡(西京別曲)〉[65]

(나) 雨歇長堤草色多　비 갠 긴 언덕에 풀빛 푸른데
送君南浦動悲歌　남포에서 임 보내려니 슬픈 노래 일렁이네
大同江水何時盡　대동강 물이야 어느 때나 마를 건가
別淚年年添綠波　해마다 이별의 눈물 푸른 물에 더하는데

— 정지상, 〈송인(送人)〉[66]

---

65 미상, 〈西京別曲〉, 『樂章歌詞』「歌詞」 上, 張4-5. 〈서경별곡〉 가운데 후렴은 생략하고 의미 부분만을 간추리되, 원문은 그대로 살렸고 띄어쓰기와 연 구분은 이해하기 쉽도록 고쳤다. 전규태(「〈서경별곡〉 연구, 『고려시대의 가요문학』, 새문사, 1982)는 〈서경별곡〉을 다음과 같이 풀이하였다. "西京이 본대 서울이지마는, 새로 닦은 곳 소성경을 사랑하오이다마는, 님을 여의는 것보다는 차라리 질삼베를 버리고, 정녕 님이 나를 사랑하신다면 울며 님을 쫓아가겠소이다. 구슬이 바위 우에 떨어진들 끈이야 어이 끊어지리잇가, 천년을 외오가신들 믿음이야 어이 끊어지리잇가. 대동강 넓은지 몰라서 배를 내어놓았느냐, 사공아! 네 각시가 음란한지 몰라서 내 님을 떠나는 배에 실었느냐, 사공아! 대동강 건너편 꽃을여 배타 들면 꺾으리이다."

66 鄭知常, 〈送人〉, 『東文選』 권19.

앞의 두 시는 형식을 달리하지만 대동강을 중심으로 이별의 슬픔을 노래하고 있다는 측면에서 동질성을 지닌다. 〈서경별곡〉에서는 "대동강(大同江) 너븐디 몰라셔", "대동강(大同江) 건넌편 고즐여"라고 하였는데, 이를 통해 화자는 한편으로 대동강이 넓다는 것을, 다른 한편으로 대동강 건너편에 꽃이 있다는 것을 진술하고 있다. '넓다'는 것은 임과 나와의 이별의 넓이를 의미하며, 그 넓이는 건너편에 있는 꽃과 관련되어 있다. 즉, 사랑하는 사람이 배를 타고 대동강을 건너가 꽃을 꺾을 것이기 때문이다. 꽃은 다름 아닌 여인이니 그 여인으로 인해 임이 자신과 이별하게 될 것임을 화자는 예감하고 있었던 것이다. 같은 사연을 지니고 있는 것은 아니지만 정지상의 〈송인〉 역시 대동강을 무대로 이별의 눈물을 뿌리고 있어, 물은 우리 문학사에서 이별과 관련한 주요 소재라 하지 않을 수 없다.[67] 대동강 나루는 이별의 나루라고 해도 좋을 터인데, 그렇기 때문에 정지상의 〈송인〉에 차운한 다음과 같은 작품이 나올 수 있었다.

(가) 大同江口渡人多　대동강 나루 건너는 사람 하도 많아서
慣聽勞勞送客歌　길손 보내는 슬픈 노래 질리게도 들었소만
誰似三年咨度定　삼 년 임기 마치신 우리 임만 한 이 있었을까
身歸天上德餘波　조정에 복귀한 그 뒤에도 덕의 물결 출렁일 테니

(나) 蘭舟在渡馬聲多　나루에 있는 목란주(木蘭舟)에 마성이 하 많으니
作別何須唱楚歌　작별하며 비가(悲歌)를 굳이 부를 필요 있으랴만

67 정지상의 대동강 시는 이후 많은 사람들에게 이별 노래의 대명사처럼 여겨졌다. 기생 여아(廬兒)가 지은 시 가운데, "나의 팔에 있는 것은 누구의 이름인가, 얼음 같은 살갗에 먹물 들어 글자마다 선명하네. 차라리 대동강 물을 마르게 할지언정, 이 마음은 마침내 처음 맹세를 저버리지 않으리.[廬兒臂上是誰名, 墨入氷肥字字明. 寧使大洞江水盡, 此心終不負初盟.]"라 한 것도 그 가운데 하나이다.

自是令人難忍淚　이 뒤로 남몰래 흐르는 눈물 걷잡기 어려워서
風吹落日水增波　바람이 부는 석양녘엔 강물도 불어나리이다

(다) 生憎官渡渡無多　한스러워라 관도를 건너는 사람 별로 없어
不用舟人更棹歌　뱃사공의 뱃노래도 다시 필요가 없으리니
歸騎如爭水東去　물이 동으로 흘러가듯 말을 타고 떠나노라면
應憐滯客共頹波　머뭇거리는 나그네가 물결과 함께 슬퍼지네

— 최립, 〈갱정강도송별소사(更呈江渡送別小詞)……〉[68]

위의 시는 최립(崔岦, 1539~1612)이 관직을 그만두고 대동강 나루에서 이별하며 지은 것이다. (가)는 주민을 위한 것이며, (나)는 관기를 위한 것, (다)는 자신을 위한 것이라고 했다. 모두가 정지상의 〈송인〉을 차운한 것이다. 그는 대동강 나루에는 무수한 이별이 이루어져 나그네를 보내는 구슬픈 노래가 끊임없이 들린다고 했다. 그 노래가 구슬퍼 (나)에서처럼 눈물이 강물을 불어나게 한다고 하였는데, 정지상이 〈송인〉에서 '첨록파(添綠波)'라 한 것을 염두에 둔 것이다. 그리고 (다)에서는 떠나기 싫은 나그네가 물결과 함께 슬프다고 했다. 이처럼 뱃길을 이용하여 떠나는 강이 이별과 결합되는 것은 지극히 자연스럽다. 이러한 이별의 정서는 '봄비'를 통해 이루어지기도 한다. 다음 작품이 그것이다.

이 비 그치면
내 마음 강나루 긴 언덕에
서러운 풀빛이 짙어오것다.

---

68 崔岦, 〈更呈江渡送別小詞, 次昔人韻〉, 『簡易集』 권8. 「西都錄」 後. 시제의 '석인(昔人)'은 바로 정지상을 의미한다.

대동강

푸르른 보리밭길 맑은 하늘에
종달새만 무어라 지껄이것다.

이 비 그치면
시새워 벙그러질 고운 꽃밭 속
처녀애들 짝하여 새로이 서고

임 앞에 타오르는
향연(香煙)과 같이
땅에선 또 아지랑이 타오르것다.

— 이수복, 〈봄비〉[69]

이 시에서 이수복(李壽福, 1924~1986)은 고려가요 〈서경별곡〉이나 정지상의 〈송인〉에서 보았던 이별의 정한을 봄비와의 역설적 구도 속

69 이수복, 〈봄비〉, 『현대문학』 3월 호, 현대문학사, 1955.

에서 형상화하고 있다. 봄비가 그친 후 풀빛으로 짙어 올 강 언덕, 노래하는 종달새, 시새워 피는 꽃, 짝하여 서는 처녀애들이라는 생명 이미지가, 서러운 풀빛과 향연(香煙)의 애상적인 이별 이미지와 등치되어 있다. 이것은 정지상이 〈송인〉에서 이별과 강, 눈물과 비 등의 소재로 단절의 슬픔을 제시하지만 비 갠 후 청신한 푸른 풀빛과의 등치를 통해 시 전체를 비애로 끌어내리지 않는 수법과 동일하다. 강나루라는 긴 언덕, 그 아래로 유장하게 흐르는 물이 연상되면서 이별이 오랜 시간의 질서 속에서 이루어지고 있다는 것도 암시한다.

이별은 주로 강나루에서 이루어지지만, 강가의 누각이나 언덕 등에서 이루어지기도 한다. 이첨(李詹, 1345~1405)은 한강에서 곽어사(郭御使)와 헤어지며 "차마 이별하지 못하여, 한강 가에 말을 세웠도다."[70] 라고 하였고, 이숭인(李崇仁, 1347~1392)은 여강(驪江)에서 김약재(金若齋)와 헤어지며 "강변에서 아래를 굽어보는 누각, 등반하니 세상 생각이 멀어지네."[71]라고 하였으며, 신흠(申欽, 1566~1628)은 청천강에서 헤어지면서, "어느 때 어느 곳에서 또다시 만날 건가, 이별의 슬픔만이 배에 가득 실려 있네."[72]라고 하였다. 그리고 이익(李瀷, 1681~1763)은 금강에서의 이별을 다음과 같은 긴 시로 나타냈다.

人生離闊誰不悲	인간 세상 이별이 누군들 슬프지 않으랴만
天地間惟錦江別	천지간에 오직 금강의 이별이 서글프네
錦江之水流無窮	금강의 물결은 끝없이 흘러가고
怒風吹起波濤咽	성난 바람 불어와 파도가 오열하네

70 李詹, 〈迎曙驛逢郭御史明日漢江上相別〉, 『東文選』 권10, "依依不忍別, 立馬漢江濱."
71 李崇仁, 〈驪江樓留別金若齋次韻〉, 『陶隱集』 권2, "樓閣臨江次, 登攀遠世情."
72 申欽, 〈淸川江記別〉, 『象村集』 권19, "悵望前期何處是, 滿船都載別離愁."

元凱勛華問幾時　어진 신하와 요순은 그 어느 시대던가
君子挽回有機括　군자가 세도를 만회함에 관건이 있도다
都人加額望太平　도성 사람 목을 빼고 태평을 바랐는데
大風有隧先摧折　대풍이 부는 길이 있어 먼저 꺾였으니
朝端禍色網彌天　조정에 재앙 일어 화색이 천하에 가득해
志士掩泣皆結舌　지사는 숨죽이고 울며 모두 입 다물었네
君不見　그대는 보지 못했나
去去南出綾城道　저 멀리 남으로 떠나 능성 가는 길에
孤臣受玦辭金闕　고신이 결옥 받고 대궐을 하직함을
君不見　그대는 보지 못하였나
永保亭下悄無寐　영보정 아래 근심으로 잠 못 이루고
元戎幕臨滄海闊　장군 군막이 너른 바닷가에 임한 것을
人皆恇惕我獨往　모두들 두려워하는데 나 홀로 가나니
滿滿杯心照白日　넘실거리는 술잔에 밝은 해가 비치네
上有蒼旻下厚坤　위로는 창천이요 아래에는 땅이 있어
情知此行歸期絶　이 길이 돌아올 기약 없음 알고 있네
欲乘靈虯訴上帝　규룡을 타고 가 상제에게 호소하려니
閽人怒目當關叱　문지기가 성내며 관문 막고 꾸짖고
欲撫彗星掃氛祲　혜성을 어루만져 요기를 없애고자 하나
浮雲四塞難披拂　뜬구름이 사방을 막아 헤쳐 가기 어렵네
山多豺虎野蝮蛇　산에는 승냥이, 범이 많고 들에는 독사요
水中往往沙弩發　물속에는 종종 물여우가 쏘려고 노려 대니
不如提攜美名歸大夜　좋은 명성 가지고 저승으로 돌아가
千秋萬歲藏碧血　천추만세토록 벽혈을 간직함만 못하리

— 이익, 〈금강별(錦江別)〉[73]

73 李瀷, 〈錦江別〉, 『星湖集』 권8.

이익은 여기서 금강의 이별이 가장 슬프다면서, 물소리를 이별의 슬픔을 담은 '오열'로 인식하였다. 그런데 이익의 이 이별은 특별하다. 1521년 신사무옥(辛巳誣獄) 때에 남곤(南袞, 1471~1527)의 계략으로 투옥되었다가 살해된 한충(韓忠, 1486~1521)을 떠올리고 있기 때문이다. 1519년 11월 한충은 수영(水營)에 있다가 조광조(趙光祖, 1482~1519)가 능성(綾城)에 유배되었다는 소식을 듣고는 혼자 말을 타고 달려가서 금강(錦江)에서 맞이하고 시를 화답하며 이별한 바 있다. 이후 그는 남곤에 의해 죽임을 당하였다. 이 때문에 이익은 금강의 이별이 특별히 슬프다고 하면서 죽음의 이미지가 가득한 위의 시를 지었던 것이다.

물을 통해 이별과 고독을 노래하는 것은 물이 흐르고 흘러서 돌아오지 않는다는 현상에 기인한 것일 터이다. 이 때문에 역대로 많은 작가들은 흐르는 물을 통해 이별을 노래할 수 있었다. 황진이가 "청산리(青山裏) 벽계수(碧溪水)ㅣ야 수이 감을 쟈랑마라, 일도창해(一到滄海)하면 도라오기 어려우니"[74]라고 한 것에서도 이러한 사실을 확인할 수 있다. 물은 한번 흘러가면 영원히 돌아오지 않기 때문이다. 물에 대한 이러한 감각은 기생이라는 특수한 신분과 관련이 있어 보인다. 기생에게는 젊음이 커다란 재산이었기 때문에 시간에 특별히 민감하게 반응하지 않을 수 없었을 것이다. 다음 시조도 같은 방향에서 읽힌다.

> 내 情은 青山이요 님의 情은 綠水ㅣ로다
> 綠水 흘너 간들 青山이야 變홀 손가
> 綠水도 青山 못 니저 밤새도록 우러 녠다

— 황진이, 〈내 정은 청산이요〉[75]

---

74 金天澤, 『原本青丘永言』 黃眞.

여기서 황진이는 고정되어 있는 '청산'과 흘러가는 '녹수'를 대비시켜 불변과 변화를 말하고자 했다. 청산은 언제나 그 자리에 있고, 푸른 물은 흘러 지나가 버리기 때문이다. 그러나 청산과 잠시 만나고 그 곁을 지나온 녹수는 청산을 그리워하면서 밤새워 운다고 했다. 여기서 우리는 청산과 녹수는 '푸르름'으로 마음이 동질하다는 것을 알게 된다. 산(山)과 수(水)가 동정(動靜)으로는 그 성격을 달리하지만, 청(靑)과 녹(綠)이 푸르다는 측면에서 같다는 것이다. 굳건한 사랑을 이 같은 변치 않는 색깔로 나타낸 것이라 하겠다.

앞의 시조에서 우리는 황진이가 이별의 슬픔에 함몰되지 않는다는 것을 알 수 있다. 종장에서 "綠水도 靑山 못 니저 밤새도록 우러녠다."라고 하며, 오히려 푸르름이라는 믿음으로 승화시키고 있기 때문이다. 이것은 사랑의 영원함을 물소리 혹은 파동의 이미지와 결합시킴으로써 탁월한 시적 발상의 전개를 보여 준 것이라 하겠다. 이처럼 물은 이별의 노래에 중요한 소재로 등장하면서 특별한 주제를 형성하였다. 또한 이별의 슬픔 역시 물의 이미지를 활용한다. 가장 직접적인 용어는 '눈물'일 터인데, 눈물에 대한 다양한 형상화 방식이 흥미롭다.

분벽사창 구지 닫고 무정세월 보낼 적에
눈물 끝에 한숨이오 한숨 끝에 눈물이라
흐르느니 눈물이오 지우느니 한숨이라
이 내 눈물 바다 되여 배를 타고 갈라보다
지척동방 천리로다 바라보니 눈이 암암

75 朴乙洙, 『韓國時調大事典』, 亞細亞文化社, 1992, 827번 시조.

원앙혼 되어가고 독수공방 날 새울 제
눈물이 비와 같고 한숨이 광풍같다
눈물 한숨 병행하면 풍우지경 요란하다

— 미상, 〈단장이별곡(斷腸離別曲)〉[76]

조선 후기의 애정가사 가운데 하나이다. 이별곡은 대체로 이별의 준비, 이별의 순간, 이별 후의 고통과 외로움으로 전개되는데, 이 작품 역시 마찬가지다. 위의 자료는 이 가운데 이별의 고통과 외로움을 노래한 것이다. 즉, 이별의 고통을 눈물의 크기와 양으로 이야기하면서, 흐르는 눈물이 바다와 같다며 그 눈물에 배를 타고 간다며 과장했다. 그리고 눈물이 비와 같다면서 천지에 가득한 물을 언급하기도 했다. 외로움은 자신을 남성 화자의 여성화로 제시하고 있다. 분벽사창(粉壁紗窓), 독수공방(獨守空房)이 모두 그러한 것이다. 이러한 한탄과 비애의 고전적 이별이 근대 이후에는 전혀 다른 이미지로 표상된다. 박재삼(朴在森, 1933~1997)의 〈울음이 타는 가을 강〉에서 이를 확인할 수 있다. 이 작품에서 가을 강은 이별마저 아름답게 느끼게 한다.

마음도 한자리 못 앉아 있는 마음일 때,
친구의 서러운 사랑 이야기를
가을 햇볕으로나 동무삼아 따라가면,
어느새 등성이에 이르러 눈물 나고나.

76 申明均 편, 『歌詞集』, 中央印書館, 1935. 『가사집』에는 〈단장이별곡〉 두 편이 있는데, 이 작품은 첫 번째 작품이다.

제삿날 큰집에 모이는 불빛도 불빛이지만
해질녘 울음이 타는 가을 강을 보겠네.

저것 봐, 저것 봐,
네 보담도 내 보담도
그 기쁜 첫사랑 산골 물소리가 사라지고
그 다음 사랑 끝에 생긴 울음까지 녹아나고,
이제는 미칠 일 하나로 바다에 다 와 가는,
소리 죽은 가을 강을 처음 보겠네.

— 박재삼, 〈울음이 타는 가을 강〉[77]

노을이 물든 가을 강을 보면서 죽음과 이별을 애상적으로 노래하고 있다. 한 해로서는 잎이 떨어지는 가을, 하루로서는 노을이 물든 해질녘, 그리고 흘러 돌아오지 않는 강, 시인은 여기서 죽음과 이별을 느끼지 않을 수 없었다. 이러한 정서는 인생의 유한성에 대한 한의 정서이기 때문에 강을 통해 감지하는 이별은 존재론적이라 하겠다. 청년 시절의 '기쁜 첫사랑의 산골 물소리'에서 시작하여 '사랑 끝에 생긴 울음'이 있는 중년을 지나, '울음이 타는 가을 강'인 장년 내지 노년에 이르게 되었다. 이 시점에서 시인은 그 강을 응시하면서 '미칠 일 하나로 바다에 다 와 가는' 물을 본 것이다. 산골 물이 마침내 도착하는 바다는 죽음 바로 그것이다. 삶의 큰 이별이라 할 수 있을 것이다. 그 이별을 울음이 타는 가을 강의 아름다움으로 승화시키고 있다는 사실도 주목할 부분이다.

---

77 박재삼, 〈울음이 타는 가을 강〉, 『울음이 타는 가을江』, 미래사, 1991.

이별은 인간의 일상사에 해당한다. 죽음도 이별 가운데 하나이다. 특히 이별은 사람들에게 많은 정서적 자극을 주기 때문에 작가들은 이를 소재로 절창을 만들어 냈다. 이때 비유로 동원되었던 것이 바로 물이다. 물은 흘러가면 다시 돌아오지 않기 때문이다. 수많은 사물들 가운데 인간의 가장 원초적인 생명 작용은 남녀의 사랑과 그 행위일 것이다. 그러나 사랑에는 이별의 아픔도 따르기 마련이다. 강은 사랑의 감정이 샘솟는 장소이며 사랑을 나누는 장소이기도 하지만, 이 둘을 갈라놓는 이별의 장소이기도 하다. 〈서경별곡〉과 정지상의 〈송인〉 같은 작품은 바로 이를 민첩하게 포착하여 노래한 천고의 절창이라 하지 않을 수 없다.

만남을 인도하는 물

물은 흘러가서 다시 돌아오지 않기도 하지만, 항상 새로운 물이 나에게로 다가온다. 이 때문에 작가들은 만남을 물에 즐겨 비유할 수 있었다. 만남의 장소가 강가나 개울가 등 물과 관련된 것도 흥미롭다. 『시경』 첫머리에서 "끼룩끼룩 우는 물수리, 황하의 물가에서 노는구나. 얌전하고 조용한 아가씨, 덕 높은 군자의 좋은 짝이라네."[78]라고 한 〈관저(關雎)〉나 "진수와 유수는 봄물로 넘실거리는데, 사내와 여인이 손에 난초를 들고 있네. 여인이 구경하셨는지 묻자 사내가 벌써 구경했다고 말하네."[79]라고 한 〈진유(溱洧)〉 등 고대의 허다한 시편들에서 이러한 사실을 바로 확인할 수 있다. 물과 결합된 이 같은 사랑의 이미지는 우리 문학에도 다양하게 등장한다. 우선 〈가락국기(駕

78 『詩經』, 「國風」, 〈關雎〉, "關關雎鳩, 在河之州. 窈窕淑女, 君子好逑."
79 『詩經』, 「鄭風」, 〈溱洧〉, "溱與洧方渙渙兮, 士與女方秉蕑兮. 女曰觀乎? 士曰旣且."

洛國記〉에 보이는 수로왕(首露王)과 허황옥(許黃玉)의 만남을 보자.

> 왕이 드디어 유천간에게 명하여 가벼운 배와 빠른 말을 가지고 망산도에 가서 기다리게 했다. 또한 신귀간에게 명하여 승점에 가도록 했다. 홀연히 바다의 서남쪽 모퉁이로부터 붉은빛의 돛을 보고 붉은 깃발을 펼친 배가 북쪽으로 향하고 있었다. 유천간 등이 먼저 망산도 위에서 횃불을 들어 올리니 그 배에서 사람들이 다투어 육지로 내려와 뛰어왔다. 신귀간이 이를 보고 대궐로 달려와 이 사실을 왕에게 아뢰니 왕이 듣고 크게 기뻐했다. …… 이어 왕과 왕후가 함께 침전에 들자 왕후가 조용히 왕에게 말하기를, "저는 아유타국의 공주로서 성은 허씨이고 이름은 황옥이며 나이는 열여섯이옵니다. 본국에 있을 때인 금년 5월에 부왕과 황후께서 저에게 말씀하시기를, '아비와 어미가 어젯밤 꿈에서 함께 하늘의 상제를 뵈었다. 상제께서 말씀하시기를, 가락국의 시조 수로는 하늘이 내려보내어 왕위에 앉게 했으니 신령스럽고 성스런 이는 오직 그분일까 한다. 그런데 그가 나라를 새로 다스리고 있으나 아직 배필을 정하지 못하였다. 경들은 반드시 공주를 보내 그의 배필을 삼게 하라 하고 말을 마치자 하늘로 올라가 버렸다. 꿈을 깬 후에도 상제의 말씀이 오히려 귀에 쟁쟁할 뿐이니 너는 여기서 빨리 우리와 작별하고 그곳으로 떠나라.' 하셨습니다."라고 했다.[80]

수로왕이 배필을 얻지 못하자 이를 안타깝게 여긴 9간이 자신들

---

80 一然, 〈駕洛國記〉, 『三國遺事』 권2, "遂命留天干押輕舟, 持駿馬, 到望山島立待, 申命神鬼干, 就乘岾. 忽自海之西南隅, 掛緋帆, 張茜旗, 而指乎北. 留天等先擧火於島上, 則競渡下陸, 爭奔而來, 神鬼望之, 走入闕奏之, 上聞欣欣. …… 於是, 王與后共在御國寢, 從容語王曰, 妾是阿踰陁國公主也, 姓許名黃玉, 年二八矣. 在本國時, 今年五月中, 父王與皇后顧妾而語曰, 爺孃一昨夢中, 同見皇天上帝, 謂曰, 駕洛國元君首露者, 天所降而俾御大寶, 乃神乃聖, 惟其人乎. 且以新莅家邦, 未定匹偶, 卿等湏遣公主而配之, 言訖升天. 形開之後, 上帝之言, 其猶在耳. 儞於此而忽辭親向彼乎, 往矣."

의 딸 중에서 좋은 사람을 골라 배필로 삼도록 하였으나, 수로왕은 이를 거절하고 하늘의 뜻을 따르고자 했다. 사람을 보내 망산도에 가서 기다리게 하니, 홀연히 바다의 서남쪽 모퉁이에서 배가 나타났고, 이에 정중히 예를 갖추어 맞이하였다. 여기서 보듯이 바다는 수로왕과 허황옥에게 만남의 기쁨을 가져다준 공간으로 등장한다. 아유타국을 떠난 허황옥은 바다를 건어 남해에 가서 찾기도 하고 방향을 바꾸어 동해에 가서 찾기도 하였으나, 결국 수로왕을 만나 혼인하게 된다. 일연은 "왕과 왕후가 함께 사는 것은 마치 하늘에 대하여 땅이 있고, 해에 대하여 달이 있고, 양에 대하여 음이 있는 것과 같았다."[81]라고 적고 있다. 이들의 만남이 얼마나 성공적이었는지를 보여준 것이라 하겠다.

물을 통한 만남이 가장 극적으로 표현된 것은 견우와 직녀 이야기일 것이다. 이 이야기는 중국을 비롯해서 한국과 일본 등 동아시아 전역에 널리 알려져 있다. 『시경』의 〈대동(大東)〉에서는 "오직 하늘에 은하수가 있으니 보는 데에 또한 빛이 있으며, 세모난 저 직녀성이 종일토록 일곱 번 자리를 바꾸는구나. 비록 일곱 번 자리를 옮기나 갚아 줄 문장을 이루지 아니하며, 반짝이는 저 견우성도 수레 상자를 멍에하지 아니하였도다."[82]라 하며 견우와 직녀를 소재로 노래하고 있다. 7월 7일 밤에 견우와 직녀가 오작교 위에서 만난다는 이야기는, 많은 시인들의 심금을 울리기에 족하였다. 이를 기념하기 위하여 시인문사들은 시회를 열기도 했다. 다음 자료를 보자.

---

81 一然, 〈駕洛國記〉, 『三國遺事』 권2, "況與王后而居也, 比如天之有地, 日之有月, 陽之有陰."
82 『詩經』, "維天有漢, 監亦有光, 跂彼織女, 終日七襄. 雖則七襄, 不成報章, 睆彼牽牛, 不以服箱."

옛 풍속에 7월 7일은 견우와 직녀가 서로 만나는 날이라 하여 칠석(七夕)이라 일컬었다. 문인(文人)과 시사(詩士)들이 산이나 물가 정자에서 더위를 피하여 마음껏 마시고 크게 취하니 이를 '칠석놀이'라고 한다.

天下方秋梧葉零　온 세상에 막 가을 오니 오동잎은 떨어지고
風人攜酒共忘形　풍류인들 술잔 잡고 형식마저 잊어버렸네
豪吟欲向銀河乞　호탕하게 시 읊으며 은하수를 향해 걸교(乞巧)하니
誰是牽牛織女星　어느 것이 견우성이며 어느 것이 직녀성인가

— 최영년, 〈칠석음(七夕飮)〉[83]

이러한 칠석놀이는 20세기까지 지속된다. 위의 자료에서도 볼 수 있듯이 칠석은 견우와 직녀가 은하수 위에서 만나는 '상봉지일(相逢之日)'로 인식되었다. 이처럼 하늘에서 견우와 직녀가 만나는 것을 기념하여 지상에서는 시인문사들이 벗들과 만나 누정이나 시냇가에서 시를 짓고 놀면서 칠석놀이를 즐겼다. 예컨대, 홍태유(洪泰猷, 1672~1715)의 경우 칠석날 이웃에 사는 손이 와서 함께 즐기며 시를 지은 바 있는데, "강 마을 일이 없어 맑고 그윽하지 않음이 없는데, 좋은 날을 맞아 동이의 술에 기대 근심을 잊는다네."[84]라 하였다. 강 마을에서 강이라는 물의 흐름과 하늘의 은하수가 자연스럽게 결합되도록 하였다. 이안눌(李安訥, 1571~1632)의 경우는 더욱 적극적이었다.

七月七日漁郎里　7월 7일 어랑리
東隣西隣十六人　동서의 이웃 16인

83 崔永年, 〈七夕飮〉, 『海東竹枝』, "舊俗, 七月七日, 謂牽牛織女相逢之日, 稱以七夕, 文人詩士, 納涼于山亭水榭, 大酌高飮, 名之曰 칠석노리."

84 洪泰猷, 〈七夕, 鄰客來會, 喜而有吟〉, 『耐齋集』 권2, "江鄉無事不淸幽, 樽酒佳辰賴遣愁."

盎中漉酒趁佳節　동이 속의 거른 술 좋은 계절을 만났으니
川上鋪筵邀遠賓　냇가에 자리 펴고 멀리서 온 손들 맞이하네
縱談未省語音別　이야기를 하노라니 말씨가 다른 줄 모르겠고
促饌且欣顔色眞　음식을 재촉하니 진실로 얼굴빛이 기쁘네
誰向天孫強乞巧　누가 천손에게 억지로 걸교를 하랴
醉眠忘却異鄕身　취해 조노라니 타향에 있는 몸을 잊는다네

— 이안눌, 〈칠월칠일(七月七日)……〉[85]

이 작품에서 보듯이 동쪽과 서쪽의 이웃 16인이 어랑리 냇가에 모여 칠석놀이를 즐긴다. 이들은 시주를 즐기면서 지금 타향에 있는 것도 잊어버린다고 했다. 견우와 직녀의 만남, 동쪽과 서쪽에서 온 지기(知己), 은하수를 연상케 하는 냇가 등에서 볼 수 있는 것처럼 이들에게서 칠석은 상봉(相逢)의 날이었던 것이다. 최석정(崔錫鼎, 1646~1715)의 경우는 칠석날 아예 배를 띄워 물 위에서 시회를 열고자 했다. "이 밤 달을 완상하는 것이 마땅하니, 작은 시내에 배를 띄워도 좋으리. 술과 안주가 있는 아회(雅會)를 이루니, 손님이 따르고 시 또한 흐르네."[86]라고 한 것이 그것이다. 견우와 직녀가 하늘에서 만나는 것을 기념하며 지상에서 아회를 여는 것은 어쩌면 자연스러운 일이다. 이곡(李穀, 1298~1351)의 다음 시도 이러한 측면에서 읽힌다.

平生足跡等雲浮　평생의 발자취 뜬구름 같은 처지에서
萬里相逢信有由　만 리 밖에서 만나다니 실로 기연(奇緣)일세

85 李安訥, 〈七月七日, 里中諸人邀飮大川上〉, 『東岳集』 권15.
86 崔錫鼎, 〈七夕, 同朴老惟說, 弄月前溪〉, 『明谷集』 권6, "此夜月宜賞, 小溪舟可遊. 杯盤成雅集, 賓從亦詩流."

天上風流牛女夕　하늘나라는 견우 직녀의 멋스러운 저녁이요
人間佳麗帝王州　인간 세계는 멋지고 화려한 제왕의 고을이라
笑談款款尊如海　정다운 담소 속에 술동이는 바다처럼 넘실넘실
簾幕深深雨送秋　깊숙한 주렴 밖으로 비가 가을을 보내누나
乞巧曝衣非我事　걸교나 옷 말리는 일은 내가 알 바 아니니
且憑詩句遣閑愁　그저 시구에 의지해서 괜한 시름이나 잊으려네

— 이곡, 〈칠석소작(七夕小酌)〉[87]

여기서 보듯이 이곡은 견우와 직녀가 만나는 천상의 풍류에 따라 지상의 제도(帝都)에서 그 같은 만남을 갖고자 하였다. 칠석날 밤에 과일 등을 차려 놓고 직녀와 견우에게 비는 것이나 햇볕에 쬐어 옷을 말리는 것은 자신의 일이 아니라면서 '정다운 담소' 속에서 벗들과 깊이 있게 정서를 나누고자 했다. 또한 '주렴 밖으로 비'가 온다고 하여, 이러한 만남의 기쁨이 비와 밀접한 연관이 되도록 했다. 우리는 여기서 견우와 직녀, 그리고 비 등이 지상의 만남을 도인(導引)하는 중요한 요소로 작용한다는 것을 알게 된다. 지상에서의 만남은 굳이 천상을 빌릴 필요가 없다. 다음 작품을 보자.

與君俱占好江山　내 그대와 경치 좋은 곳을 함께 차지하여
相去盈盈一水間　물 하나를 사이에 두고 사이좋게 살아가네
秋至爲沽魚舍酒　가을 되면 어부 집서 담근 술을 사 들고는
棹歌乘興月中還　뱃노래의 흥을 타고 달빛 속에 돌아오네

— 정두경, 〈증청조당주인(贈聽潮堂主人)〉[88]

87 李穀, 〈七夕小酌〉, 『稼亭集』 권16.
88 鄭斗卿, 〈贈聽潮堂主人〉, 『東溟集』 권3.

정두경(鄭斗卿, 1597~1673)은 청조당 심상사(沈上舍)에게 물을 사이에 두고 서로가 좋은 경치를 차지하고 있다고 했다. 여기서의 물은 '나'와 '그대'를 분리시키는 역할을 하는 듯하지만 이로 인한 슬픔이 조금도 개입되어 있지 않다. 기구에서 보듯이 오히려 좋은 경치를 함께 차지하고 있다고 생각했기 때문이다. 또한 승구와 결구에서는 가을이 되어 경치가 더욱 아름다워지고 이에 술을 사서 서로 만난다고 했다. 이 만남은 뱃노래의 흥을 타고 강을 건너서 이루어진다. 이때의 물은 만남을 이끌어 내는 것인바, 이들 둘 사이를 흐르는 우정을 상징한다고 볼 수 있다. 또한 만남은 강 위에서 직접 이루어지기도 한다. 다음 작품의 경우가 그러하다.

過雨霏霏濕江樹　지나는 비 부슬부슬 강가 나무를 적시고
薄雲洩洩凝晴光　엷은 구름 즐겁게 햇빛 머금고 있네
黃山江深不可渡　황산강이 너무 깊어 건널 수 없는데
回望百里雲茫茫　돌아보니 백 리에 구름만 아득하구나
江頭兒女美無度　강 머리의 예쁜 여자
臨流欲濟行彷徨　물가에 다다라 오가며 건너려 하네
鳴鳩乳燕春日暮　우는 비둘기, 어미 제비, 봄날은 저무는데
落花飛絮春風香　떨어지는 꽃과 날리는 버들가지는 춘풍에 향기롭네
招招舟子來何所　불러 보노라 뱃사공, 어디서 오는고
掛帆却下魚山莊　돛 달고 곧 어산장을 내려오네
問之與我同去路　물어보니, 그 여자 나와 갈 길이 같아
遂與共坐船中央　드디어 배 복판에 함께 앉았네
也知羅敷自有夫　나부는 스스로 남편 있는 줄 알거늘
怪底笑語何輕狂　웃는 모습과 말씨가 얼마나 경솔한가
藐然不顧黃金贈　황금으로 선물 줄 생각은 전혀 없고

目送江岸雙鴛鴦　강 언덕 한 쌍의 원앙새에 눈길 보내네

君乎艤舟我豈留　그대여 배 대어라, 내 어찌 머무르리

我友政得黃茅岡　내 친구가 정녕 황모강에서 기다리거늘

— 정보, 〈황산가(黃山歌)〉[89]

낙동강 하류 임경대 앞의 나루에서, 정보(鄭誧, 1309~1345)는 우연히 젊은 여성을 만나 함께 배를 타게 되었다. 그 여성은 남편이 있지만 정보에게 추파를 던지며 유혹해 왔고, 이에 정보는 강안의 원앙새를 보며 마음을 다잡았다. 이와는 달리 정보의 〈황산가〉를 차운한 남구만(南九萬, 1629~1711)은 "내 주머니 속을 더듬었으나 줄 만한 물건 없지만, 강 물결에 노니는 원앙새는 배우지 않으리. 기로(岐路)에 어찌 떠나가고 머무름 아까워하랴, 채찍을 재촉하며 급히 앞산 등성이를 지나가네."[90]라고 했다. 정보의 고지식함을 은근히 비판한 것이다. 나루와 물은 이처럼 남녀의 만남이 강조되는 감성 공간이었다.[91] 만남의 공간이 빨래터로 제시되기도 한다. 〈진주낭군〉 전승이 그것이다. 이 전승의 서사 단락은 대체로 다음과 같다.

① 젊은 여성이 가난한 집에서 3년간 시집살이를 한다.

② 시어머니가 남편이 돌아올 것이라며 진주 남강에 빨래를 하러 보낸다.

③ 진주 남강에서 빨래를 하면서 풍광도 즐기고 남편을 기다린다.

④ 말굽 소리에 다리 위를 보니 남편이 풍채 좋게 지나가는데 자신을 못 본 체한다.

89 鄭誧, 〈黃山歌〉, 『東文選』 권7.

90 南九萬, 〈梁山次韻鄭誧黃山歌〉, 『藥泉集』 권1, "我探囊中無可贈, 不學江波野鴛鴦. 臨岐何用惜去留, 催鞭忽過前山岡."

91 정우락, 「낙동강과 그 연안지역의 공간 감성과 문학적 소통」, 『한국한문학연구』 53, 한국한문학회, 2014, 93쪽.

⑤ 하던 빨래를 마저 하고 집으로 돌아오니 사랑방이 소란스럽다.

⑥ 시어머니가 남편이 왔으니 사랑에 나가 보라고 한다.

⑦ 사랑에 나가 보니 남편이 기생첩을 끼고 술을 마시며 즐긴다.

⑧ 여성은 자기 방으로 건너와서 명주 수건에 목을 매 죽는다.

⑨ 남편이 이 사실을 알고 달려 나와 한탄한다.[92]

〈진주낭군〉 전승은 고된 시집살이를 하며 남편의 출세와 사랑을 기대했던 젊은 여성이, 자신에게 무심한 남편에게 자결로써 항거하며 남편을 각성시킨다는 내용이다. 만남에 대한 기대가 실망으로 급변하고, 마침내 절망과 자살로 파국을 맞는 이 서사 가운데, 우선 ①에서 ③까지를 주목해 보자. 이 부분이 민요 〈진주난봉가〉에서는 "울도 담도 없는 집에 시집 삼 년을 살고 나니, 시어마씨 하는 말씀 야야 아가 며늘 아가, 진주낭군을 만날라면 진주 남강에 빨래 가라."라는 가사로 표현된다. 비록 그 만남은 빗나가고 말지만, 『시경』 〈관저〉 편 등에서 보았듯이 여기서도 강은 남성과 여성을 만나게 하는 장소로 기능하였다.

남편을 만난다는 여성의 기대감은 "진주 남강에 빨래 가니 돌도 좋고 물도 좋아, 오동통통 두드리니"라는 사설에 잘 나타난다. 훌륭한 경치와 더불어 임을 만날 수 있다는 기대감에 여성은 한껏 기쁨을 느끼는데, 특히 '오동통통'이라는 빨래 소리에 여성의 신명이 살아 있다. 그러나 남편은 "하늘 같은 갓을 쓰고, 구름 같은 말을 타고 못 본 듯이 지나"간다. 실망 속에 "흰 빨래는 희기 씻고 검둥 빨래는 검기

---

92 진주낭군 전승은 경북(17편)을 중심으로 경남(11편), 전북(4편), 전남(2편), 충남(2편), 충북(1편), 제주(1편)에 전한다. 이에 대한 연구는 김종군, 「〈진주낭군〉 전승 양상과 서사의 의미」(『溫知論叢』 29, 온지학회, 2011)에서 이루어졌다. 〈진주낭군〉 전승의 서사 단락은 이 논문 85쪽에서 제시한 것을 약간 손질하였다.

씻"으며 일을 급하게 마무리하고 집에 온다. 그러나 실망은 절망으로 돌변하고 만다. ⑦에서 보는 것처럼 남편이 기생첩을 끼고 즐겁게 술을 마시고 있었기 때문이다. 이에 여성은 결국 ⑧과 같이 자살로 파국을 맞는다.

한편 만남의 기대를 물과 빨래로 표출하였던 〈진주낭군〉 서사와 달리, 물과 만남의 관계가 추상화된 논리로 구상되기도 한다. 강은교의 〈우리가 물이 되어〉는 이러한 측면에서 새롭게 읽힌다.

물이 되어 만난다면
가문 어느 집에선들 좋아하지 않으랴.
우리가 키 큰 나무와 함께 서서
우르르 우르르 비 오는 소리로 흐른다면.

흐르고 흘러서 저물녘엔
저 혼자 깊어지는 강물에 누워
죽은 나무뿌리를 적시기도 한다면.
아아, 아직 처녀인
부끄러운 바다에 닿는다면.

그러나 지금 우리는
불로 만나려 한다.
벌써 숯이 된 뼈 하나가
세상에 불타는 것들을 쓰다듬고 있나니.

만 리 밖에서 기다리는 그대여
저 불 지난 뒤에

흐르는 물로 만나자.

푸시시 푸시시 불 꺼지는 소리로 말하면서

올 때는 인적 그친

넓고 깨끗한 하늘로 오라.

— 강은교, 〈우리가 물이 되어〉[93]

이 작품의 물은 "우르르 우르르 비 오는 소리로 흐"르고, "죽은 나무뿌리를 적시기도" 하며, "처녀인 부끄러운 바다에 닿"기도 한다. 여기서 우리는 물의 생명력을 우선 감지하게 된다. 한편 물의 반대편에 불이 있다고 했다. 이것은 "숯이 된 뼈"로 상징되는 죽음이다. 작자는 여기서 우리가 물이 되어 만나, 물로 흐르며 "푸시시 푸시시 불 꺼지는 소리로 말하"자고 했다. 죽음과 파괴를 넘어 생성과 조화를 성취하자는 것이다. 뜨겁게 서로를 죽이는 불이 아니라, 저 혼자 깊어지는 유순한 강물로 흐르며 '바다'에 닿고, '하늘'에 오르자고 했다. 이때의 물은 '가문 어느 집'이라는 부정되어 마땅한 현실을 극복하는 요소로 작동하며, 동시에 영원을 상징하는 '하늘'로 갈 수 있게 하는 지혜의 산물이다.

물은 항상 새로움으로 가득하다. 샘에는 새로운 물이 솟고, 개울이나 강에는 새로운 물이 흘러든다. 이러한 물은 흘러서 지나가거나 고여 정체되어 있는 물과는 달리 만남의 기쁨과 그로 인한 환희로 가득하다. 가야의 수로왕과 아유타국의 허황옥 설화에서 보듯이 물은 결연을 위한 중요한 매개 역할을 했다. 이러한 연유로 칠석 설화가 말하고 있듯이 하늘에서는 견우와 직녀가 은하수(銀河水)를 건

93 강은교, 〈우리가 물이 되어〉, 『우리가 물이 되어』, 문학과지성사, 1986.

너며 만남의 기쁨을 누린다고 했고, 지상에서는 강가나 강상에서 남녀를 비롯한 다양한 만남이 이루어진다고 했다. 이러한 상황에서 등장하는 물이 바로 만남을 도인(導引)하는 물이다. 그리고 물이 이처럼 만남을 위한 매개 역할을 하기 때문에, 강은교처럼 뜨거운 불이 아닌 서늘한 물로 만나 영원하자며 노래할 수 있었다.

4. 욕망과 성찰

초나라의 애국시인 굴원(屈原)은 〈어부사(漁父辭)〉에서 물의 청탁(淸濁)을 통해 서로 다른 현실 대응 방식을 제시했다. 어부가 그에게 추방당한 이유를 묻자 굴원은, 세상이 모두 흐린데 나 혼자 맑았고, 모든 사람 다 취했는데 나 홀로 깨어 있었기 때문[94]이라고 하였다. 이에 어부는 "창랑의 물이 맑으면 내 갓끈을 씻고, 창랑의 물이 흐리면 내 발을 씻겠네."[95]라고 노래한다. 세상에 적응해 가는 논리를 물의 청탁에 비유해서 말한 것이다. 물의 청탁은 완급(緩急)과 함께 다양한 의미망을 거느린다. '청'과 '완'이 깨끗함·순수함·정의로운 세상 등과 결부되어 있다면, '탁'과 '급'은 더러움·불순함·부조리한 세상 등을 연역해 낸다.[96]

청탁과 완급은 물이 지닌 고유한 성질이다. 그러나 시인은 이를

94 屈原, 〈漁父辭〉, "擧世皆濁我獨清, 衆人皆醉我獨醒, 是以見放."
95 屈原, 〈漁父辭〉, "滄浪之水清兮! 可以濯我纓, 滄浪之水濁兮! 可以濯我足."
96 이황은 이 가운데 어부의 유연성을 오히려 세계인식에 대한 불철저성으로 여겨 비판하고, 공자의 말씀에 따라 청수(淸水)에서의 탁영을 더욱 강조하였다. 〈陶山雜詠·濯纓潭〉(『退溪集』 권3)에서, "어부가 당년에 홀로 술 깬 이를 비웃었으나, 공자께서 정녕히 경계하신 말씀과는 어떠한고? 내가 와서 노를 두드리며 풍월을 읊조리니, 도리어 맑은 못에서 갓끈 씻을 수 있음이 기쁘네.[漁父當年笑獨醒, 何如孔聖戒丁寧? 我來叩枻吟風月, 却喜清潭可濯纓.]"라 한 것이 그것이다.

인간 심성과 현실에 적용하여 다양하게 작품화했다. 욕망과 성찰을 물에 비유한 것이 그 대표적인 사례다. 이것은 인간의 격정적 욕망이 탁하고 급한 데 비해, 성찰을 통한 본원으로의 복귀는 맑고 편안하다는 생각에 기인한 것이다. 특히 조선의 선비들은 심성수양의 논리를 시문학에 적극 적용하여, 구름과 탁류를 제거하고 푸른 하늘과 맑은 물을 제시하였다. 제월광풍(霽月光風)이나 명경지수(明鏡止水)는 모두 이 같은 상황에서 사용된 용어들이다. 우리는 여기서 욕망과 성찰이 구체적으로 어떤 문학적 장치를 통해 작품화되는지가 궁금해진다.

욕망을 상징하는 물

욕망의 사전적 의미는 '무엇을 가지거나 하고자 하는 간절한 바람, 혹은 그 마음'이다. 인간은 누구나 욕망을 갖고 있다. 일찍이 공자는 '욕이불탐(欲而不貪)'[97]이라 한 적이 있다. 무엇인가를 하고자 하면서도 탐욕스러워서는 안 된다는 말이다. 공자의 이러한 언명은 그가 70세에 겨우 도달할 수 있었다는 '종심소욕(從心所欲), 불유구(不踰矩)'의 경지에 비추어 볼 때 군자가 평생을 두고 힘써야 하는 부분임을 알 수 있다. 욕망을 제대로 조절하는 것이야말로 수양의 제1목표라 하지 않을 수 없다. 특히 사욕(私欲)은 군자가 가장 먼저 경계해야 할 것으로 보았다.

물은 지수와 유수가 있고, 유수는 다시 안류(安流)와 격류(激流)로 나뉜다. 여기서 안류를 조절이 잘된 욕망이라 한다면, 격류는 조절에 실패한 욕망이라 할 수 있다. 이것을 주자학적 입장에서 말하면, 마

97 『論語』, 「堯曰」, "君子, 惠而不費, 勞而不怨, 欲而不貪, 泰而不驕, 威而不猛."

음은 본래 선한 것인데 생각으로 나타나면 선(善)함과 그렇지 못함이 있게 되는 것과 같다. 『근사록』에서는 이를 두고, "비유하자면 물은 모두 물이라고 할 수 있지만, 만약 흘러서 갈라지게 되어 어떤 물은 동쪽으로 흐르고 어떤 물은 서쪽으로 흐르게 되면, 그것을 지류라고 말하는 것과 같다."[98]라고 하였다. 일찍이 이황(李滉, 1501~1570)은 다음과 같은 시를 지은 적이 있다.

> 黃濁滔滔便隱形　도도하게 흐르는 탁한 물결에는 문득 모습을 숨겼다가
> 安流帖帖始分明　잔잔한 물 흐를 때에 비로소 분명히 나타나네
> 可憐如許奔衝裏　어여쁘다, 이렇게 세찬 물결에 부딪치면서도
> 千古盤陀不轉傾　천고의 반타석은 기울어지지 않는다네
>
> — 이황, 〈반타석(盤陀石)〉[99]

이 시에서 이황은 황탁(黃濁)과 안류(安流)를 대립시키고 있다. 거칠게 흐르는 흐린 물과 편안하게 흐르는 맑은 물을 이렇게 표현한 것이다. 이것은 우리의 마음이 싯누런 흙탕물로 내달리기도 하고 맑은 시냇물이 잔잔하게 흐르는 것 같기도 함을 비유적으로 나타낸 것이다. 마음은 때에 따라 거센 황토물과 마찬가지로 인욕(人欲), 즉 욕망에 휘둘리기도 하고, 그 욕망이 가라앉아 정갈해지기도 한다는 뜻이다. 그러나 우리 마음속에는 반타석과 같은 천리(天理)가 내재하며, 이것은 고요할 때 비로소 감지된다고 했다. 여기서 고요할 때 반타석이 드러나므로 탁류를 그대로 방치할 수 없는 문제가 발생하게 된다.

---

98 『近思錄』 권1, 「道體」, "譬如水, 只可謂之水. 至如流而爲派, 或行於東, 或行於西, 却謂之流也."
99 李滉, 〈陶山雜詠·盤陀石〉, 『退溪集』 권3.

성리학자들은 지수(止水)를 성인의 마음으로 보았다.[100] 성인은 사물로 인하여 노여워하는 일이 일어나지 않는다는 뜻이다. 주자가 "성(性)을 물에 비유할 수 있는데, 본래 모두 맑은 것이로되 깨끗한 그릇에 담기면 맑게 되고, 더러운 그릇에 담기면 흐리게 되지만, 맑게 하면 본래의 그러한 깨끗함이 항상 있는 것과 같다."[101]라고 한 것도 이 때문이다. 성리학자들은 이러한 생각에서 더욱 나아가 탁류를 복잡다단한 인간사로 보기도 했다. 거기에 인간의 욕망이 꿈틀거리고 있기 때문이다. 신흠(申欽, 1566~1628)의 〈서중(書中)〉은 바로 이러한 생각을 담고 있다.

書中有昔賢　책 가운데 옛 현인이 있어
臭味多相似　취미가 나와 많이 비슷하다네
所悲迹已陳　슬픈 것은 자취 이미 묵어서
九原不可起　죽은 사람 살려 낼 수 없음이로세
世上有從遊　세상에 종유한 이가 있기는 하나
軌轍與我異　처세의 법도가 나와 다르니
滔滔濁流間　도도히 흐르는 탁류의 사이에
幾人同素致　깨끗한 마음 같이할 이가 몇이나 될꼬
悠悠古及今　아득한 예로부터 지금까지의 일이
慨焉傷我意　개연히 나의 뜻을 상하게 하는구려

— 신흠, 〈서중(書中)〉[102]

위의 작품은 신흠이 책을 보다가 느낀 바가 있어 지은 것이다. 그

100 『近思錄』 권5, 「克己」, "聖人之心, 如止水."
101 『近思錄』 권2, 「爲學」, "性譬之水, 本皆清也, 以淨器, 盛之則清, 以汚器, 盛之則濁. 澄治之則本然之清未嘗不在."
102 申欽, 〈書中〉, 『象村稿』 권6.

가 주목한 것은 세상에 나아가고 물러난 고인들의 자취였다. 그리고 "세상에 종유한 이가 있기는 하나, 처세의 법도가 나와 다르"다고 하였다. 여기서 우리는 신흠이 도의 유무에 따라 세상에 나아가거나 물러난다는 출처의식(出處意識)을 갖고 이 부분을 관찰하고 있다는 것을 알게 된다.[103] 특히 주목할 부분은 "도도히 흐르는 탁류"와 "깨끗한 마음"의 병립이다. 전자는 인간의 욕망이 횡행하는 부조리한 현실을 의미하고, 후자는 거기에 몸을 담지 않는 퇴처적(退處的) 실천을 말한다. 신흠이 구체적으로 누구를 지칭한 것인지는 알 수 없지만, 출처를 마땅하게 하지 못한 자에 대한 비판적 시각이 담겨 있음은 분명하다. 마지막 구절에서 "나의 뜻을 상하게" 한다는 것에서 이것이 확인된다.

탁류가 사회적 욕망으로 인식되면서 그것은 급류(急流)로 표현되기도 했다. 그러니까 급류는 위험한 세상 바로 그것이었다. 서거정(徐居正, 1420~1488)이, "그대 같은 명철함은 천하에 드물고말고, 급류용퇴(急流勇退)하는 건 예전에도 흔치 않았네."[104]라고 하거나, 정온(鄭蘊, 1569~1641)이 "급류에서 당일에 물러나기를 어찌 더디 하였던가, 거원(蘧瑗)이 사십구 년간의 잘못을 알았단 말 내 이제 알았노라."[105]라는 등의 허다한 구절이 그것이다. 전약수(錢若水)나 거원(蘧瑗)의 고사를 들어,[106] 욕망으로 치닫는 세상의 위험에서 이처럼 벗어나고자 했던 것이다. 대체로 자연 속으로의 회귀를 염원했지만, 자연 자체가 또한

103 출처의식에 대해서는 정우락, 「출처에 대한 인식과 그 비판의 논리」, 『남명문학의 철학적 접근』, 박이정, 1998, 7쪽 참조.
104 徐居正, 〈次權逍遙亭詩韻, 寄長湍別墅〉, 『四佳詩集』 권50, "明哲如君天下少, 急流勇退古無多."
105 鄭蘊, 〈寄贈西末洞〉, 『桐溪集』 권1, "急流當日退何遲, 蘧瑗方知四十非."
106 송나라 때 어떤 도승(道僧)이 진단(陳摶)에게 전약수(錢若水)를 평가하여 "그는 급류 속에서 용감히 물러날 수 있는 사람이다.[是急流中勇退人也.]"라고 했고, 춘추시대 위나라 대부(大夫) 거백옥(蘧伯玉)은 "나이 50세 때에 49년 동안의 잘못을 깨달았다.[年五十而知四十九年非.]"라고 했다.

급류일 수도 있다. 김극기(金克己, 1150년경~1204년경)의 다음 시를 보자.

天翁尙未貰漁翁　하늘이 아직도 어옹에게 너그럽지 못하여
故遣江湖少順風　일부러 강호에 순풍을 적게 보낸다네
人世嶮巇君莫笑　사람 사는 세상 험한 것을 그대는 비웃지 말라
自家還在急流中　스스로가 도리어 급류 속에 있는 것을

— 김극기, 〈어옹(漁翁)〉[107]

여기에 따르면, 하늘이 어옹에게 오히려 강풍을 많이 보낸다고 했다. 그 이유를 아래 두 구에 제시하고 있다. 즉, 강호에 사는 그 사람은 험난한 세상을 비판하며 물러나 살지만, 강호에 살며 세상의 험난함을 비웃는 것은 그 은거가 순수하지 않다는 것이다. 이 때문에 어옹이 도리어 급류 중에 있다면서, 은자의 허위의식을 비판하고 있다. 여기서의 급류는 세상의 높은 파도를 의미하니, 욕망의 파도에 다름 아니다. 강호에 숨어산다고 하면서 오히려 현실적 욕망에 사로잡혀 있으니 이것은 현실에 나아가 욕망 속에 사는 것보다 더 위험하다는 사실을 김극기는 말하고자 했던 것이다.

유수 가운데 '탁류'는 인간의 욕망이 거침없이 흐르는 현실을 의미하는 데 주로 사용된다. 예컨대 굴원이 〈어부사(漁父辭)〉에서 "온 세상이 다 흐리더라도 나는 홀로 깨끗할 것이다."라고 했을 때의 그러한 탁류이다. 이러한 사회적 문제의식과 결부된 탁류는 근대기 이후에 중요한 문학적 소재로 등장한다. 채만식(蔡萬植, 1902~1950)의 통속적 장편소설인 〈탁류〉는 그 대표적 작품이다. 여기서의 '탁류'는 타락

107 金克己, 〈漁翁〉, 『東文選』 권19.

한 사람들로 이루어진 사회를 의미한다. 즉, 여주인공 정초봉을 내세워 1930년대의 타락한 사회상과 몰락해 가는 계층의 운명을 비극적으로 보여 주고자 하였던 것이다. 채만식의 탁류에 대한 생각은 이 작품의 들머리에 구체적으로 제시되어 있다.

> 금강(錦江) ……
>
> 이 강은 지도를 펴놓고 앉아 가만히 들여다보노라면, 물줄기가 중동께서 남북으로 납작하니 째져가지고는--한강이나 영산강도 그렇기는 하지만--그것이 아주 재미있게 벌어져 있음을 알 수 있다. 한 번 비행기라도 타고 강줄기를 따라 가면서 내려다보면 또한 그럼직할 것이다.
>
> … (중략) …
>
> 여기까지가 백마강이라고, 이를테면 금강의 색동이다. 여자로 치면 흐린 세태에 찌들지 않은 처녀 적이라고 하겠다. 백마강은 공주 곰나루에서부터 시작하여 백제 흥망의 꿈자취를 더듬어 흐른다. 풍월도 좋거니와 물도 맑다. 그러나 그것도 부여 전후가 한창이지, 강경에 다다르면 장꾼들의 흥정하는 소리와 생선 비린내에 고요하던 수면의 꿈은 깨어진다. 물은 탁하다. 예서부터 금강이다.[108]

채만식은 1937년 10월 12일부터 〈탁류〉라는 장편소설을 『조선일보』에 연재하면서, 우선 지도를 펴 놓고 물줄기를 들여다보았다고 했다. 여기서 우리가 주목하고자 하는 것은, 금강이 부여까지는 '세태에 찌들지 않은 처녀 적'이라면, 강경부터는 '장꾼들의 흥정하는 소리와 생선 비린내에 고요하던 수면의 꿈은 깨어진다'라고 한 대목이

---

108 채만식, 『채만식·탁류』, 북앤북, 2009.

다. 탁류가 시작되기 때문이다. 이 탁류는 황해로 흘러드는데, 강이 다하는 남쪽 언덕에 위치한 도시가 군산이다. 채만식은 여기서 이야기를 시작하며, 탁류를 통해 인간의 부조리한 욕망과 나라를 빼앗긴 가난한 조선인의 현실을 사실적으로 형상화하고자 했다.

채만식의 소설에 등장하는 금강은 결국은 주인공 초봉의 기구한 일생을 암시하며, 동시에 민족의 기구한 처지를 나타낸 것이다. 처음에는 맑던 물이 갈수록 탁류로 변하는 과정이, 순수했던 초봉이 세태의 흐름 속에 혼탁해져 가는 것과 일정한 관련이 있기 때문이다. 이 작품의 중간에서는 백제의 흥망을 제시하면서 한 나라가 망하게 된 사정을 상기시킨다. 그리고 탁류의 흐름은 군산의 미두장으로 이어져, 일제의 수탈을 암시하게 된다. 이 미두장은 호남평야에서 생산된 미곡을 일본으로 실어 가기 위한 수탈의 장소였기 때문이다.

그러나 인간의 욕망 자체가 모두 탁하다고 하기는 어렵다. 그것은 오히려 충일한 생명력일 수도 있기 때문이다. 이것은 우리가 이미 살핀 바 있는 신화 속의 물에서도 잘 나타났던 바이다. 물이 지닌 창조와 생성의 힘, 이것이 위대한 나라를 건국하고 세계를 창조하는 근원적인 힘으로 작용한다. 건국 내지 천지창조 신화와 마찬가지로 '사랑'을 주제로 한 문학 작품에도 물은 자주 등장한다. 이는 봄에 약동하는 생명력을 느끼듯이, 모든 사랑에는 어떤 생명력이 작동하며, 이것은 자연스럽게 물과 결부된다.

물과 사랑의 상관관계에 대해서는 황순원(黃順元, 1915~2000)의 단편 〈소나기〉를 주목할 필요가 있다. 소년과 소녀의 애틋한 첫사랑의 경험이 물을 소재로 아름답게 묘사되기 때문이다. 〈소나기〉는 제목 자체에서 물이 갖고 있는 속성을 드러내고자 했다. 소나기를 통해 이야기가 절정으로 달려가지만, 소년과 소녀의 순정은 처음부터 '개울'

을 통해서 성장하고 있었다. "소년은 개울가에서 소녀를 보자 곧 윤초시네 증손녀 딸이라는 걸 알 수 있었다.", "토요일이었다. 개울가에 이르니, 며칠째 보이지 않던 소녀가 건너편 가에 앉아 물장난을 하고 있었다.", "개울물은 날로 여물어 갔다." 등의 구절을 통해서 이를 바로 알 수 있다.[109]

개울가라고 하는 배경이나 물장난이라는 행위 등을 통해 소년과 소녀의 사랑도 개울물처럼 날로 여물어 갔다. 여기서 보이는 물은 충일한 생명력과 관련된 싱싱한 욕망이라 해도 좋을 것이다. 이러한 욕망은 건강성을 담보로 한다. 이성에 대한 사랑으로 나타나기도 하지만, 맑고 건강한 물처럼 그 자신 안으로 응결된 어떤 힘을 보유하고 있기 때문이다. 한편, 모든 욕망이 그러하듯이 이것은 격정으로 치달을 수도 있다. 이때의 물은 잔잔하게 흐르는 물이 아니라 흔히 격랑의 파도로 등장한다. 즉, 욕망이 파도를 통해 격정적으로 나타난다는 것이다. 다음 작품을 보자.

> 파도야 어쩌란 말이냐
> 파도야 어쩌란 말이냐
> 님은 뭍같이 까딱 않는데
> 파도야 어쩌란 말이냐
> 날 어쩌란 말이냐

— 유치환, 〈그리움〉[110]

109 이 부분에 대해서는 정재서, 「금지된 욕망과 물의 서사: 홍수신화·「소나기」·「비(Rain)」」, 『중국소설논총』 14, 한국중국소설학회, 2001, 9쪽에 자세하다. 「소나기」는 제4장, '개울, 일상의 발견'에서 보다 자세하게 다루기로 한다.

110 유치환, 〈그리움〉, 『青馬詩抄』, 青色紙社, 1939.

파도

유치환(柳致環, 1908~1967)의 시는 생명에 대한 의지로 가득하다고 평가된다. 이 때문에 서정주와 함께 생명파 시인으로 일컬어질 수 있었다. 이 시는 바다에서 거세게 일어나는 파도와 조금도 움직이지 않는 육지(뭍)를 대비시키고, 임을 향해 달려가는 화자와 거기에 미동도 하지 않는 대상을 간명한 필치로 그리고 있다. 물론 파도는 화자의 욕망이 강하게 내재되어 있는 마음이며, 대상은 이것을 조금도 수용하지 않고 있으니, 화자의 '그리움'은 깊어 갈 수밖에 없다. 이처럼 유치환은 사랑하는 이에게 보내는 욕망을 파도에 비유함으로써 스스로도 주체하지 못하는 격정을 표출하였던 것이다.

욕망은 삶을 구성하는 핵심적인 요소이다. 인간의 근본적인 욕망이라고 하는 식욕(食慾), 수면욕(睡眠慾), 색욕(色慾) 등도 마찬가지인데, 모두 중요한 에너지원에 가 닿게 한다. 음식물에 기반한 식욕으로 우리가 몸을 유지하는 데 필요한 에너지를 공급받는다. 잠에 기반한 수면욕으로 우리가 정신을 유지하는 데 필요한 에너지를 공급받으며, 또한 색욕이 없으면 인류가 보존될 수 없다. 이러한 1차적인 욕망을 확보하면 다시 재물욕(財物慾)과 명예욕(名譽慾)이 발생한다. 소위 5욕이다. 불교 설화에는 이를 다섯 방울의 꿀물로 비유한다. 물에 꿀이 첨가된 것이라 하겠는데, 이야기는 대체로 다음과 같다.

> 옛날 어떤 나그네가 큰 들판을 걸어가고 있었는데 갑자기 미쳐 날뛰는 코끼리 한 마리를 만났다. 그 코끼리는 나그네를 해치려 달려들었고, 나그네는 뒤를 돌아볼 겨를도 없이 도망치다가 들 한복판에 있는 옛 우물터를 발견하였고, 마침 칡넝쿨이 그 안으로 뻗어져 있는 것을 보았다. 나그네는 재빨리 넝쿨을 타고 우물 속으로 피신하였다. 그러나 위에 있는 코끼리는 갈 생각을 하지 않았기 때문에 다시 올라갈 수가 없었다. 힘이 빠진 나그네는 아래로 점점 미끄러져 내려갔는데 우물의 물에 닿으려는 순간 무서운 독룡(毒龍)이 그 속에서 독을 뿜어내고 있었다. 너무나 놀란 나그네는 사방으로 발 디딜 곳을 찾았으나 거기에서도 독사 네 마리가 혀를 날름거리고 있었다. 위에서는 미친 코끼리가 발을 구르고 물밑에서는 독룡이, 그리고 우물의 사방 벽에서는 독사가 위협을 가하고 있었다. 그야말로 진퇴양난이었다. 이때 그는 위를 쳐다보았다. 그런데 이것이 어찌된 일인가? 검은 쥐 한 마리와 흰 쥐 한 마리가 자신의 목숨을 지탱하고 있는 칡넝쿨을 번갈아 가면서 갉아먹고 있는 것이 아닌가! 순간 나그네는 모든 것을 포기하고 마는데, 그때 마침 그 위에 벌집이 있어 꿀 다섯 방울이 나그네의 입으로 떨어졌다. 그러자 나그네는 지금 자신이 처해 있는 모든 절박한 상황을 잊어버리고 그 꿀에 탐닉하게 된다.[111]

---

111 정우락, 『문화공간, 팔공산과 대구』, 글누림, 2009, 261~262쪽 참조.

빈두로존자(賓頭盧尊者, Pindola bharadvaja)의 설법을 모은 『빈두설경(賓頭說經)』이 이 이야기의 출전이다. 여기에 등장하는 나그네는 인간 자신이며, 코끼리는 무상(無常), 칡넝쿨은 인간의 생명줄, 우물은 인간 생사의 구렁텅이, 독룡은 죽음의 그림자, 네 마리의 독사는 지(地)·풍(風)·수(水)·화(火)의 사대(四大), 흑백(黑白)은 밤과 낮, 두 마리의 쥐가 번갈아 가며 칡넝쿨을 갉아 먹는 것은 밤낮의 교체에 따라 얇아지는 생명줄, 다섯 방울의 꿀은 식욕(食慾) 등의 5욕을 상징한다고 한다. 인간은 이 5욕에 의해 생사의 구렁텅이를 초월하지 못하고 죽음이 자신을 위협하는데도 불구하고 그것을 탐닉한다는 것을 상징적으로 보여 준 것이다. 이 설화는 결국 생사의 윤회에서 해탈해야 한다는 부처의 가르침을 전하기 위해 만들어진 것이라 하겠다.

물은 생명을 근본으로 하지만, 여기에는 안류가 있고 격류가 있다. 이 때문에 일정한 형체를 갖고 있지 않은 물은 인간의 욕망을 형상화하는 데 매우 유용한 소재로 사용된다. 성리학자들은 물의 생명성을 인정하면서 그것이 지닌 인간의 욕망을 탁류나 급류로 비유하는 등 적극적으로 활용하였다. 채만식의 〈탁류〉에서는 이것이 사회적 문제로 확장되면서 부조리한 식민지 현실을 묘사하는 문학적 소재로 등장한다. 그는 이를 통해 비극적인 조선의 현실을 말하고자 했던 것이다. 한편 황순원의 〈소나기〉 등에서는 물이 지닌 충일한 생명력을 통해 인간의 근원적인 욕망 구도를 형상화하고 있어, 욕망을 상징하는 물이 문학 작품에 어느 하나로 고정되어 나타나는 것은 아님을 알 수 있다. 설화 공간에서도 인간의 욕망은 다양하게 표출되었다.

성찰을 상징하는 물

물에는 사물을 되비추는 반사성이 있다. 거울이 없던 시대에는 물에 자신의 얼굴을 비추어 살폈다. 이러한 사정을 담고 있는 글자가 '살필 감(監)'이다. 이는 '臥+一+皿'이 결합된 것으로, 수평이 된 그릇에 엎드려 자신의 모습을 살핀다는 뜻이 내포되어 있다고 한다. 초창기에는 거울을 쇠로 만들었으니 '金+監'이 거울의 의미를 가질 수 있게 된 것이다. 박지원(朴趾源, 1737~1805)이 "우리 형의 모습 누구를 많이 닮았지? 돌아가신 아버지가 떠오를 때마다 형을 봤었네. 오늘 형님 생각이 나는데 어디를 가 보나, 시냇물에 가서 나를 비춰 본다네."[112]라고 한 것도 물이 거울의 역할을 했기 때문이다. 우리는 여기서 자연스럽게 물을 통해 자신의 얼굴을 살피고자 했던 사정과 이것이 더욱 확장되어 성찰의 의미로 성장해 갔던 저간의 사실을 이해하게 된다.

작가에게 물은 자기성찰의 주요한 도구이기도 하다. 이것은 물이 거울처럼 자신을 비춰 주는 역할을 하기 때문이다. 성찰은 함양과 함께 유가 지식인들이 심성 수양의 중요한 방법론으로 삼는 것이다. 함양이 심성의 본원을 배양하고자 하는 것이라면, 성찰은 일의 상황에 따라 마음속에서 이(理)를 살펴 아는 것이다. 따라서 성찰은 함양의 공부이고, 함양은 또한 성찰의 전제라고 할 수 있다. 조선의 수많은 성리학자들은 거의 대부분이 이 개념으로 수양하고 실천했다. 이들의 작품 역시 이 같은 사상이 내재적으로 작동한 과정과 그 결과이다. 중요한 것은 그들이 이것을 물에 비유하여 노래했다는 것이다.

---

112 朴趾源, 〈燕岩憶先兄〉, 『燕巖集』 권4, "我兄顔髮曾誰似, 每憶先君看我兄. 今日思兄何處見, 自將巾袂映溪行."

이황의 다음 시를 보자.

(가) 小塘淸徹底　작은 연못의 바닥까지 맑디맑으니
天光共雲影　하늘빛이 구름 그림자와 함께 비치네
更待月印心　다시 달이 연못 가운데 비칠 때를 기다려
眞成灑落境　진실로 쇄락경을 이루었네

— 이황, 〈광영당(光影塘)〉[113]

(나) 露草夭夭繞水涯　이슬 머금은 풀이 무성하게 푸른 언덕을 둘러 있고
小塘淸活淨無沙　작은 못은 맑고 깨끗해 티끌 한 점 없구나
雲飛鳥過元相管　구름 날고 새 지나감은 본디 상관되지만
只怕時時燕蹴波　다만 때때로 제비가 수면을 차는 것을 두려워하네

— 이황, 〈야지(野池)〉[114]

이황의 이 두 시는 모두 주자의 〈관서유감(觀書有感)〉에서 그 의경(意境)을 빌려 온 것이다.[115] 여기서 제시한 작은 연못은 바로 마음을 의미한다. 이 마음은 미발(未發) 상태와 이발(已發) 상태가 있어, 성리학자들의 경우 미발 상태에서는 함양을 통해 심성의 본원을 길러 내야 한다고 보았다. 앞의 작품은 바로 이것을 의미한다. 바닥까지 맑은 연못에 천광운영이 배회하고, 달빛까지 비쳐 쇄락경을 이룬다고 한 것이 그것이다. 이에 비해 뒤의 작품은 때때로 제비가 차서 물결이 일어날까를 두려워하고 있다. 마음이 이미 발한 후에는 세밀히 살

113 李滉, 〈光影塘〉, 『退溪別集』 권1.
114 李滉, 〈野池〉, 『退溪外集』 권1.
115 주자의 〈觀書有感〉(『朱子大全』 上, 中和堂 影印, 26쪽)은 이렇다. "半畝方塘一鑑開, 天光雲影共徘徊. 問渠那得淸如許? 爲有源頭活水來." 이에 대한 해석은 정우락, 『남명문학의 철학적 접근』(박이정, 1998, 95쪽)을 참조할 수 있다.

도산서원의 정우당(淨友塘)

펴 인욕의 개입을 조기에 차단하자는 것이다. 사물에 접할 때마다 수시로 살펴 심성의 본원으로 돌아가려는 노력의 일환이라 하지 않을 수 없다.

주자의 〈관서유감〉은 조선의 선비 문단에 많은 영향을 끼쳤다. 여기에 성찰의 의미가 강하게 내포되어 있었기 때문이다. 이 작품에서 우리는 자연이 인간에게 전하는 심성의 소리와 함께 자연과 인간이 심성론적으로 교융되는 사실을 충분히 감지할 수 있다. 성리학자들은 우주 만물에 천리가 깃들어 있다고 생각했다. 이것은 인간뿐만 아니라 자연에도 천리가 깃들어 있다는 생각을 가능케 한다. 인간과 자연은 본체론적 측면에서 조금도 차이가 없으므로 합일을 이룩할 수 있다고 믿었다. 자연이 전하는 심성의 소리를 바로 이러한 경계에서 체득할 수 있었던 것이다.

앞에서 든 이황의 시도 마찬가지지만, 〈관서유감〉은 문학적 측면에서 다양한 영향을 미쳤다.[116] 즉 〈관서유감〉을 차운한 경우도 있고, 이 시의 내용 혹은 용어의 일부를 용사(用事)한 경우도 있으며, 이 시의 주요 용어를 작품의 제목으로 한 경우도 있다. 그리고 가전체(假傳體) 문학 등에서 작품의 주요 소재로 등장하기도 했다. 이처럼 주자의 〈관서유감〉에 열광한 것은 이 시가 물을 소재로 한 성리학적 심성론을 매우 효과적으로 형상화하고 있기 때문이다. 오건(吳健, 1521~1574)의 〈활수(活水)〉라는 부(賦)도 그 가운데 하나다. 주자 시의 '위유원두활수래(爲有源頭活水來)'에서의 '활수(活水)'를 염두에 둔 작품이다. 장편이지만 전문을 들어 보면 다음과 같다.

隣太初而靜處　태초에 가까워서 고요한 곳
夙游心於觀水　내 일찍 물을 보는 데 마음을 두었지
澄一源之□□　하나의 근원이 — 원문 빠짐 — 맑게 하면
湛萬派於箇□　그 — 원문 빠짐 — 온갖 물결이 맑아지지
妙因顯而知微　묘하게도 드러남으로 인해 은미함을 알게 되니
默遡原乎金井　묵묵히 샘의 근원으로 거슬러 올라가네
環胸海之灑落　가슴속에 가득한 상쾌한 기운
一方塘之開鏡　거울 같은 맑은 연못 하나 열었네
潛本體之虛靈　본체의 텅 비고 신령함에 침잠하여
渾溥博於丹田　단전에 넓고 깊은 덕을 무르녹이네
絶査滓之點汚　찌꺼기가 더럽히고 손상시키는 것을 끊고
涵太虛之浩然　태허의 드넓은 기상을 함양하네
瀶光風於波面　수면에 맑은 바람 스쳐 가고

116 〈관서유감〉을 이러한 측면에서 다룬 대표적 논의로는 정우락, 「주자시의 문학적 수용과 문화적 응용: 〈觀書有感〉을 중심으로」(『퇴계학과 유교문화』 57, 경북대학교 퇴계연구소, 2015)를 들 수 있다.

照秋月於淸漣　맑은 물결에 가을 달 비치네
燗雲影之寒回　깨끗하여 구름 그림자 차갑게 되비치고
淡天光之軒豁　담담하여 하늘빛이 툭 트였네
妙徹上而徹下　묘함이 위와 아래에 드러나
極淸瑩而光明　지극히 맑고 빛나며 찬란하고 밝도다
知靜深之有本　고요하고 깊음은 근본이 있음을 아니
豈厥流之自淸　어찌 그 흐름이 저절로 맑아지랴
凝一脈於源頭　발원하는 곳에서 한 줄기 샘물 솟아
釀純灝之潑潑　성대하게 흘러가는 큰물이 되네
挹無極之眞精　무극의 참된 정기를 받아들여
蘊方寸而流出　마음에 쌓아서 흘러나오게 하라
體雖寓於虛靜　본체는 허정한 곳에 있어도
用大費於動盪　작용은 동탕한 곳에서 크게 쓰이네
包小德之川流　작은 덕이 냇물처럼 갈라져 흐름을 포괄하고
括鳶魚之飛躍　솔개가 날고 물고기가 뛰는 것을 포괄하네
洞精粗於虛底　텅 빈 속에서 정밀함과 거칢을 통찰하고
察天地於淵默　깊고 고요한 가운데 천지의 이치를 살피네
紛脈絡之分明　맥락이 분명함을 가려내며
謇混混而不息　고요히 흐르고 흘러 그치지 않네
涵萬像而呈露　만상을 머금고서 드러내니
稟一眞於靈源　신령스런 하나의 진리를 받았기 때문이라네
是本然之淸虛　이것이 본연의 맑고 허령함이니
諒至理之斯存　진실로 지극한 이치가 이에 존재하네
在日用而流行　일상생활 속에서 유행하나니
貫古今兮一原　고금을 꿰뚫는 하나의 근원이라네
然涵養之失正　그러나 함양이 바름을 잃으면

鮮不汩於外物　외물에 빠지지 않음이 드무네
性必拂於搏躍　본성은 억지를 부리는 데서 반드시 어기게 되고
淸亦渾於汚瀆　맑음 또한 더럽혀지는 데서 혼탁하게 되네
紛兩集而塵泥　두 갈래 물이 모이면 흙탕물이 되고
穢天眞於溝澮　뒤섞인 도랑에서 천진을 더럽히네
信澄源之有道　맑은 근원에 도가 있음을 믿으니
循厥性而不悖　본성을 따르면서 어기지 않는 것이라네
悠悠兮宇宙　아득하구나 우주여
孰涵得其如許　그 누가 이와 같이 포용했는가
啓河洛之圖書　하도와 낙서를 펴 보면
理浩浩於默契　무한한 이치를 묵묵히 깨닫네
潛洙泗之靈承　수사의 신령한 덕에 잠심해 공부하면
發浩嘆於臨川　냇가에 임하여서 드넓은 탄식 발하리
挹氣像於浴沂　기수에서 목욕한 그 기상을 취하면
歎溥博於淵泉　깊은 냇가에서 드넓은 이치를 탄식하리
彼湍水之矯激　저 여울물이 격렬하게 흐름이여
謾不分乎東西　멋대로 동서를 분간하지 못하누나
超獨淸於群濁　뭇 탁함에서 빼어나 홀로 맑으니
偉浩然之正脈　위대하도다 호연지기의 정맥이여
悲慾浪之滔天　욕망의 물결이 하늘까지 넘실댐을 슬퍼하고
慨源流之湮沒　근원의 흐름이 없어짐을 개탄하네
幸靈源之不渴　다행히 신령한 근원이 마르지 않아
澍餘波於濂洛　염락에 남은 물결을 적셨네
貯淸氷於寒塘　차가운 못에 맑은 얼음을 저장하여
浩光霽之澄徹　광풍제월의 명징함을 드넓게 했네
開明鑑於盆池　작은 연못에 고요한 물을 담아 놓고
洞乾神之幽奧　천지의 그윽한 이치를 통찰하네

援前後而遐想　전후의 고사를 끌어다가 상상해 보니
諒一源之流暢　진실한 근원이 막힘없이 흐르는구나
豈考亭之我欺　어찌 고정이 나를 속이겠는가
徵至微於有像　형상이 있는 데서 지극히 은미한 이치를 징험하네
戒斷潢之望海　막힌 연못에서 바다를 바라는 것을 경계하며
潛靜慮而有得　침잠해 고요히 생각하면 깨달음이 있으리
泂一脈之涓涓　한 줄기 졸졸 흐르는 냇물을 거슬러 오르며
恐黃流之斯呑　거친 물결이 덮칠까를 두려워하네
誰知一寸之膠　누가 이 마음의 집착을 알아
救此千丈之渾　이 천 길의 혼탁에서 구해 줄까
庶承流於前修　선현들이 밝힌 것을 계승하여
浩天理於玉淵　깊은 연못에서 천리를 드넓히길
白日忽其遲暮　한낮이 갑자기 해거름이 되니
立源頭而惘然　원두에 서서 어찌할 줄 모르네

— 오건, 〈활수(活水)〉[117]

이 작품은 제목뿐만 아니라 구체적인 내용도 주자의 〈관서유감〉을 따랐다. '활수(活水)', '방당(方塘)', '개경(開鏡)', '천광(天光)', '운영(雲影)', '원두(源頭)' 등의 용어가 모두 그것이다. 오건은 여기서 쇄락한 마음을 '방당'과 결합시키고 있다. '마음의 찌꺼기'라고 표현된 인욕을 버리고, '태허의 넓고 큼을 함양한다'고 하면서 천리를 보존하고자 했다. 그 효과도 제시하였다. 맑은 잔물결에 비치는 가을 달, 넓게 트인 하늘빛, 지극히 맑고도 밝은 것 등이 그것이다. 사물의 근원이자 심성의 궁극처인 원두의 활발성(活潑性)을 제시하면서 그 경계의 극치를

117 吳健, 〈活水〉, 『德溪集』 권1.

보였다. 성찰에 기반한 심성 함양과 천인합일의 묘리를 이렇게 나타낸 것이다.

오건은 외물에 의한 인욕을 경계하는 것도 잊지 않았다. "그러나 함양이 바름을 잃으면, 외물에 빠지지 않음이 드무네. 본성은 억지를 부리는 데서 반드시 어기게 되고, 맑음 또한 더럽혀지는 데서 혼탁하게 되네. 두 갈래 물이 모이면 흙탕물이 되고, 뒤섞인 도랑에서 천진을 더럽히네."라 한 것이 그것이다. 천리를 보존하는 데는 인욕의 제거가 무엇보다 중요하다고 생각한 결과인데, 오건은 인욕을 흙탕물로 표현하였던 것이다. 그렇다면 어떻게 하면 이러한 흙탕물을 맑게 할 수 있을까? 그는 선현의 길을 따라 밟는 것이 가장 좋은 방법이라 생각했다. 그리하여 마침내 만나는 옥연(玉淵)의 천리(天理), 성찰의 효과를 적극 드러낸 것이라 하겠다.

물과 거울이 동질성을 지니고 있다는 측면에서 이것은 성찰의 주요 매개체였다. 근대 이후에도 마찬가지로, 시인들은 물을 들여다보면서 자아를 성찰하고자 했다. 물에 자신의 얼굴을 비춰 보면서 삶과 내면을 들여다보았던 것이다. 이러한 측면에서 창작된 대표적인 작품은 아마도 윤동주(尹東柱, 1917~1945)의 〈자화상(自畫像)〉일 것이다. 1948년 유고 시집 『하늘과 바람과 별과 시』에 수록된 이 작품은 인구에 널리 회자되고 있다. 특히 여기에 등장하는 우물이 자아성찰의 공간이라는 데 주목할 필요가 있다. 전문은 이러하다.

> 산모퉁이를 돌아 논가 외딴 우물을 홀로 찾아가선 가만히 들여다봅니다.
>
> 우물 속에는 달이 밝고 구름이 흐르고 하늘이 펼치고 파아란 바람이 불고 가을이 있습니다.

그리고 한 사나이가 있습니다.
어쩐지 그 사나이가 미워져 돌아갑니다.

돌아가다 생각하니 그 사나이가 가엾어집니다.
도로 가 들여다보니 사나이는 그대로 있습니다.

다시 그 사나이가 미워져 돌아갑니다.
돌아가다 생각하니 그 사나이가 그리워집니다.

우물 속에는 달이 밝고 구름이 흐르며 하늘이 펼치고 파아란 바람이 불고
가을이 있고 追憶처럼 사나이가 있습니다.

— 윤동주, 〈자화상〉[118]

이 시의 공간적 배경인 우물이 있는 산모퉁이의 외딴 논 가는 조용하고 한적한 곳이다. 우물도 그렇지만 자아성찰을 위한 좋은 환경이라 하겠다. 여기서 본 '밝은 달', '흐르는 구름', '펼쳐진 하늘', '파란 바람', '가을'은 모두 순수를 상징하는 것들이다. 그런데 그와 대비되는 한 '사나이'가 그곳에 있고, 화자는 그 사나이가 미워져서 떠난다. 그러나 그 사나이가 가여워져서 다시 우물로 돌아가 그 속을 들여다보며 머뭇거린다. 이것은 순수를 중심으로 한 심리적 갈등을 '미움'과 '가여움'이라는 양가감정으로 나타낸 것이다. 이와 동시에 순수의 이상을 실현한 추억의 사나이를 다시 제시하면서 그 갈등을 극복하고 있다는 것도 보여 준다. 마지막 연이 바로 그것이다. 윤동주의 이러한 성찰과는 그 각도가 조금 다른 다음 시를 보자.

118 윤동주, 〈자화상〉, 『하늘과 바람과 별과 시』, 정음사, 1948.

첫 窓門 아래 와 섰을 때에는
피어린 牡丹의 꽃밭이었지만

둘째 窓 아래 당도했을 땐
피가 아니라 피가 아니라
흘러내리는 물줄기더니,
바다가 되었다.

별아, 별아, 해, 달아, 별아, 별들아,
바다들이 닳아서 하늘 가며는
차돌같이 닳아서 하늘 가며는
해와 달이 되는가. 별이 되는가.

셋째 窓門 영창에 어리는 것은
바닷물이 닳아서 하늘로 가는
차돌같이 닳는 소리, 자지른 소리.
셋째 窓門 영창에 어리는 것은
가마솥이 끓어서 새로 솟구는
하이얀 김, 푸른 김, 사랑 김의 떼.

하지만 가기 싫네 또 몸 가지곤
가도 가도 안 끝나는 머나먼 旅行
뭉클리어 밀리는 머나먼 旅行,

그리하여 思想만이 바람이 되어
흐르는 내 兄弟의 앞잡이로서
철따라 꽃나무에 기별을 하고,

옛 愛人의 窓가에 기별을 하고,
날과 달을 에워싸고 돌아다닌다.
눈도 코도 김도 없는 바람이 되어
내 兄弟의 앞을 서서 돌아다닌다.

— 서정주, 〈여수(旅愁)〉[119]

이 작품은 서정주의 중기 시에 속하는 〈여수〉의 전문이다. 여기서 말하는 피는 욕망의 상징이며 관능의 상징으로 기능한다. 이러한 피와 대립되어 있는 소재가 바로 물이다. 이때의 물은 피나 욕망에 의해 이끌려 가는 것이 아니라 영원을 향해 가는 여행이다. 제2연에서 말한 "피가 아니라 피가 아니라, 흘러내리는 물줄기더니, 바다가 되었다."라는 언표는 이를 상징적으로 보여 준다. 여기서 우리가 주목하고자 하는 것은 '창문'이다. 둘째 창 아래 도착했을 때 피의 부정(不淨)이 물의 정(淨)이 되어 질적인 측면에서 달라진다. 이렇게 볼 때 창문은 물로 가는 과정에서 만난 성찰로 기능하며 동시에 그 단계를 의미한다. 그리하여 마침내 바람이 되어 '옛 애인'이나 '형제'들 앞에서도 자유로워질 수 있었다.

물은 반사성을 지니고 있으므로 거울과 같은 성찰의 역할을 담당한다. 특히 주자의 〈관서유감〉은 선비들에게 스스로를 성찰할 수 있는 기회를 제공한 대표적인 작품이다. 그러하기에 조선조의 많은 선비들은 차운시를 쓰는 등 이 작품에 열광하였고, 어떤 경우는 방당(方塘)을 직접 조성하는 등 문화론적으로 확장하기도 했다. 근대 이후에도 물은 성찰의 중요한 도구였다. 윤동주가 〈자화상〉에서 암담

119 서정주, 〈여수〉, 『新羅抄』, 정음사, 1961.

한 식민지 현실과 맞물리는 어떤 머뭇거림과 망설임을 통해 자아를 성찰하고, 각도를 달리하지만 서정주가 〈여수〉를 통해 물로 가는 성찰의 과정을 보여 줌으로써 인간의 정신적 성장을 노래한 데서 이를 확인할 수 있다. 이로 보아 물은 그 반사성으로 인해 인간의 성찰을 나타내는 상징적인 소재가 될 수 있었다.

5. 이상과 현실

물은 두 방향에서 이해할 수 있다. 순방향과 역방향이 그것이다. 순방향은 물이 처음 샘솟는 원두(源頭)에서 개울을 이루어 흐르다가 수많은 지류를 흡수하여 강이 되고, 그 강이 다시 수많은 강과 더불어 바다를 이루며 아래로 흘러가는 방향이다. 역방향은 바다에서 시작하여 거슬러 올라가 강을 만나고, 강을 거슬러 올라가 다시 개울을 만나며, 마침내 물이 처음 샘솟는 원두를 찾아가는 방향이다. 순방향의 물은 자연스럽지만 수많은 현실과 결부되면서 혼탁해지기 쉽고, 역방향의 물은 인위적인 노력이 필요하지만 순수한 심성, 그 이상을 추구할 수가 있다. 물에 대한 이 같은 이해 방법에 따라 작가들은 역방향의 이상과 순방향의 현실이라는 논리를 발견하고 이에 따른 다양한 작품을 창작하였다.

이상과 현실은 기본적으로 모순되고 대립된다. 현실세계 속에서 추구할 수 없는 것이 이상세계이기 때문이다. 이러한 사정으로 이상세계는 〈홍길동전〉에 보이는 것처럼 현실세계와 수평적 거리에 있는 신세계 율도국(律島國)과 같은 섬으로 그려지기도 하고, 〈대관재몽유록(大觀齋夢遊錄)〉에 나타나는 것처럼 현실세계와 수직적 거리에 있는 천상의 문장국(文章國)과 같은 가상의 공간으로 설정되기도 한다. 그러나 이와는 약간 달리 이상향을 지상의 은밀한 곳에 두기도 한다. 무릉도원(武陵桃源)이나 청학동(靑鶴洞), 그리고 우복동(牛腹洞) 등은 모두 이러한 발상에서 생성된 이상 공간들이다. 이것은 이상향을 현실 속에서 찾으려는 일련의 노력이라 할 것이다.

거슬러 올라 찾은 이상

물에 대한 역방향의 이해에 기본적으로 작동하는 힘은 구심력이다. 구심 논리에 따라 과거로 돌아가고, 순수로 회귀한다. 우리는 때로는 인간의 본성도 이로써 찾게 된다고 믿었다. 이에 비해 순방향의 이해에 작동하는 힘은 원심력이다. 원심 논리에 따라 흘러 미래로 나아가고, 수많은 사물을 만나며 복합적 세계를 만들어 낸다. 구심력으로 이루어 내는 것이 정체성이라면, 원심력으로 이루어 내는 것은 개방성이다. 이 같이 순역(順逆)의 측면에서 물을 이해하며, 물을 거슬러 올라가 인간 심성의 본원을 찾으려고 했던 대표적인 작품이 바로 주자의 〈무이도가(武夷櫂歌)〉이다.

일찍이 주자는 〈무이도가〉 제9곡에서, "구곡이라 막 다하는 곳에서 눈이 확 트여, 뽕나무와 삼밭에 비와 이슬 내리는 평천이 보이네. 어부는 다시 도화원(桃花源) 가는 길을 찾지만, 이곳 외에 세상에 별천지가 있겠는가?"[120]라고 한 적이 있다. 여기서 보듯이 구곡의 물이 다하는 막다른 곳에서 눈이 갑자기 트여 새로운 동천(洞天)이 나타났는데, 주희는 이를 '별유천(別有天)'이라 표현하고 있다. 바로 궁극의 자

---

120 朱熹, 〈淳熙甲辰中春精舍閑居戱作武夷櫂歌十首呈諸同遊相與一笑〉, 『晦庵集』 권9, "九曲將窮眼豁然, 桑麻雨露見平川. 漁郎更覓桃源路, 除是人間別有天."

리에서 만나는 이상 공간이었던 것이다.

조선의 선비들은 주자의 무이구곡을 다양한 방식으로 수용하였다. 구곡 비평을 시행하며 주자의 〈무이도가〉를 제대로 이해하기 위해 노력하기도 하고, 구곡시를 지어 주자의 생각을 따르려고도 했으며, 구곡원림(九曲園林)을 조성하여 주자처럼 살기를 희망하기도 했다. 뿐만 아니라 〈구곡도〉를 그려 무이산을 상상하거나 자신 혹은 선조가 설정한 구곡을 기념하며 구곡을 조선화하기도 했다. 주자의 무이구곡과 〈무이도가〉는 이같이 다양한 방향에서 우리나라 선비들에게 수용·전개되었다. 우선 다음 작품을 보자.

(가) 九曲山窮水瑩然　구곡이라 산은 다하고 물 맑아서
游鱗潑潑躍平川　물고기는 활발하게 평천에서 뛰어노네
漁舟此日桃源覓　고깃배는 이날도 도원을 찾지만
別有雲門一洞天　따로 하나의 동천이 운문에 있다네

— 박하담, 〈운문구곡가(雲門九曲歌)〉 제9곡[121]

(나) 九曲回頭更喟然　구곡에서 머리 돌이켜 다시 탄식하노니
我心非爲好山川　내 마음은 산천만 좋아함이 아니로세
源頭自有難言妙　처음 샘솟는 곳은 말하기 어려운 묘한 것이 있어
捨此何須問別天　이를 두고 어찌 별천지를 물으랴

— 정구, 〈앙화주부자……(仰和朱夫子……)〉 제9곡[122]

(가)는 박하담(朴河淡, 1479~1560)의 〈운문구곡가(雲門九曲歌)〉 가운데

121 朴河淡, 〈雲門九曲歌〉, 『逍遙堂集』 권1.
122 鄭逑, 〈仰和朱夫子武夷九曲詩韻十首〉, 『寒岡集』 권1.

〈무흘구곡〉 제9곡 '용추'

용추 실경

제9곡이고, (나)는 정구(鄭逑, 1543~1620)의 〈앙화주부자무이구곡시운십수(仰和朱夫子武夷九曲詩韻十首)〉 가운데 제9곡이다. 이들은 모두 주자의 〈무이도가〉를 차운하여 지었는데, 두루 아는 것처럼 조선의 선비들은 주자의 이 시가를 차운하면서 주자학을 적극적으로 체현하고자 했다.[123] 특히 이 구곡시는 대부분 물을 거슬러 오르며 창작되었으며, 9곡에서 대체로 극처(極處)를 노래하고 있다는 점을 주목할 필요가 있다. 이것은 인간 심성의 본원이기도 하고, 유가에서 추구하는 이상세계이기도 하기 때문이다. 앞의 시에서 운문(雲門)이 바로 별천지며, 원두(源頭) 있는 곳이 별천지라고 한 것은 바로 이를 말한 것

123 주자 〈武夷櫂歌〉의 한국적 전개와 이것이 지닌 인문학적 의미에 대해서는 정우락, 「주자 무이도가의 한국적 전개와 인문학적 의미」(『자연에서 찾은 이상향 구곡 문화(九曲文化)』, 울산대곡박물관, 2010)를 참조할 수 있다.

이다. 이 때문에 박하담이 (가) 시에서 '도원(桃源)'을 제시한 것은 지극히 당연한 일이다. 우리는 여기서 도원을 소재로 한 유가적 이상과 도가적 이상이 서로 만나고 있다는 것도 알게 된다. 다음 자료 역시 같은 측면에서 읽힌다.

(가) 九曲將終山亦窮　구곡이 장차 다하고 산 또한 다하는 곳
武夷村在岸邊東　무이촌이 언덕 가 동쪽에 있구나
淵源水接乎郊近　원두의 물은 들판 가까이로 이어지는데
淸遠亭留古壁空　청원정에는 고벽이 빈채로 남아 있네

— 권상일, 〈청대구곡시(淸臺九曲詩)〉 제9곡[124]

(나) 九曲紅流別有洞　구곡이라 홍류동에 별천지 동천이 있어
桃花春水謝塵鬩　복사꽃 봄물 속에 떠오니 세상 싸움 이르지 않네
始焉出峀終知環　구름은 멧부리서 나오고 새는 저녁에 돌아오는데
獸有麒麟鳥有鳳　짐승에는 기린이 있고 새에는 봉황이 있다네

— 민우식, 〈쌍룡구곡시(雙龍九曲詩)〉 제9곡[125]

(가)는 권상일(權相一, 1679~1760)의 〈청대구곡시〉 가운데 제9곡인 〈소호곡〉이고, (나)는 민우식(閔禹植, 1885~1973)의 〈쌍룡구곡시〉 가운데 제9곡인 〈홍류동〉이다. 이 두 시는 모두 별천지의 이상 공간을 제시하고 있다. 그곳은 물이 다하는 자리에 새롭게 열리는 세상이며, 복사꽃이 봄물 속에 떠오는 공간이다. 주자가 그의 〈무이도가〉에서 제시한 것과 동일한 상마(桑麻)의 일상업(日常業)이 나타나는 확 트인

124 權相一, 〈淸臺九曲詩·第九穌湖曲〉, 『淸臺集』 권3.
125 閔禹植, 〈雙龍九曲詩·九曲紅流洞〉, 『華雲遺稿』 권1.

넓은 공간이다. 권상일은 청원정이 있는 곳이 그러한 곳이라 했고, 민우식은 홍류동이 그러한 곳이라 했다. 이 같은 별천지 혹은 이상 공간은 복사꽃 등에서 볼 수 있듯이 소재적 측면에서 도가적 분위기도 연출한다. 다음 자료 역시 맥락을 같이한다.

> 내 친구 예성(蘂城) 안돈숙(安敦叔)이 춘주(春州, 춘천)에서 돌아와 종남산 우사(寓舍)로 나를 찾아와서 나에게 말하기를 "내가 우거(寓居)하고 있는 고을에 새롭게 별장 터를 잡아 '가일(可一)'이라 이름을 붙였네. 삼면(三面)이 산으로 둘러싸여 있고 한 면이 물에 가로막혀 있어서 외부인들은 사람이 사는 줄도 모르네. 이곳을 찾아오는 자는 반드시 뗏목을 타고 물을 거슬러 오다가 10여 리쯤 와서 비로소 언덕에 내리면 골짜기 하나가 보이는데, 산이 밝고 물이 맑아 무릉도원(武陵桃源)에 그다지 양보할 것이 없네. 내가 장차 풀을 베고 돌을 쌓아 작은 집을 짓고 우거하면서 노년을 마칠 생각이네. 공이 나를 위해 기문을 지어 주시게나."라고 했다.[126]

이 글은 정탁(鄭琢, 1526~1605)이 1599년에 지은 〈가일재기(可一齋記)〉의 일부이다. 충주목사를 지낸 적이 있는 안돈숙이 정탁을 찾아와 가일재(可一齋)의 기문을 지어 달라면서 정자 주변을 설명하고 있다. 이 글에 따르면, 가일재가 있는 곳은 뗏목을 타고 물을 거슬러 오다가 10여 리쯤 와서 비로소 언덕이 있고, 이곳에 내리면 골짜기 하나가 보인다고 했다. 물을 거슬러 올라가 만나는 곳, 바로 무릉도원과 같은 곳이었다. 구곡시에서 보이는 물 거슬러 오르기와 〈가일재기〉

126 鄭琢, 〈可一齋記〉, 『藥圃集』 권3, "吾友蘂城安敦叔, 歸自春州, 訪余於終南之寓舍, 謂余曰, 吾於寓鄕, 新占泉石坊, 曰可一. 三面據山, 一面阻水, 外人莫知其有居者. 尋源而入者, 須用舟筏溯流而行, 行過十餘里許, 方始下岸, 見有一洞, 山明水麗, 武陵桃源, 不足多讓焉. 吾將伐茅築石, 構小齋, 以寓余棲息終老之志, 公其爲我記之."

에서 보이는 물 거슬러 오르기는 서로 다르지 않다. 모두 도원의 이상을 만날 수 있기 때문이다. 이러한 상상력은 진화(陳澕, 생몰년 미상)의 〈도원가(桃源歌)〉에 더욱 구체적으로 드러난다.

丱角森森	어린아이 하 많은 곳은
東海之蒼煙	동해의 짙푸른 안개 속이고
紫芝曄曄	자줏빛 영지 빛나는 곳은
南山之翠巓	남산의 푸른 봉우리라네
等是當時避秦處	그때에 진나라 화 피할 곳은
桃源最號爲神仙	도원이 최고여서 신선이라 불렀다네
溪流盡處山作口	시냇물 그친 곳에 산은 굴을 만들었고
土膏水軟多良田	땅 기름지고 물 부드러워 좋은 밭이 많았네
紅狵吠雲白日晩	밝은 해 저물 때에 붉은 삽살개 구름 향해 짖고
落花滿地春風顚	봄바람 불어오니 떨어진 꽃 땅에 가득하네
鄕心斗斷種桃後	고향 생각 다 끊어진 건 복숭아나무 심은 뒤고
世事只說焚書前	세상일은 단지 책 태우기 전의 것만 말하네
坐看草樹知寒暑	풀 나무 가만히 보고서야 추위와 더위 알았고
笑領童孩忘後先	아이들과 웃으며 노니느라 앞서고 뒤지는 차례 잊었네
漁人一見卽回棹	어부가 한번 보고 곧 배를 되돌리니
煙波萬古空蒼然	안개 낀 물결만 만고에 부질없이 아득하네
君不見江南村	그대는 보지 못했는가 저 강남 마을에서
竹作戶花作藩	대나무로 지게문 만들고 꽃으로 울타리 삼은 것을
淸流涓涓寒月漫	맑은 물 졸졸 흐르는 곳에 시린 달이 이지러지고
碧樹寂寂幽禽喧	푸른 나무 고요한 곳에 그윽이 깃든 새가 우네
所恨居民產業日零落	한스러운 것은 백성들 생업이 날로 피폐해지는데
縣吏索米將敲門	고을 관리 세미 걷으러 문 두드리는 것이라네

但無外事來相逼　다만 찾아와서 핍박하는 바깥일만 없다면
山村處處皆桃源　산마을 곳곳이 모두 다 도원이리
此詩有味君莫棄　이 시에는 뜻이 있으니 그대는 버리지 말고
寫入郡譜傳兒孫　고을 기록에 적어 두었다가 자손에게 전하게

— 진화, 〈도원가(桃源歌)〉[127]

이 작품의 상상력은 도잠(陶潛, 365~427)의 〈도화원기(桃花源記)〉에 기반한다. 이 글에 따르면, 무릉(武陵)의 어부(漁父)가 길을 잃은 뒤 배를 타고 물을 따라 올라가니 산에 구멍이 뚫려 있어, 들어가 본즉 모두가 복숭아꽃이요, 촌락이 있는데 거기에 사는 사람들은 진(秦)나라 때의 모진 정치를 피하여 들어온 사람들로, 600년이 되도록 바깥세상과 교통하지 않고 평안하게 살고 있었다. 이에 대하여 진화는 "시냇물 그친 곳에 산은 굴을 만들었고, 땅 기름지고 물 부드러워 좋은 밭 많았네. 밝은 해 저물 때에 붉은 삽살개 구름 향해 짖고, 봄바람 불어오니 떨어진 꽃 땅에 가득하네."라고 하면서, 노자가 가장 이상적인 나라의 형태로 제시한 소국과민(小國寡民)의 이상향을 언급하고 있다.

그러나 진화가 물을 거슬러 올라가 만나는 도화원을 제시한 이유는 다른 데 있었다. 그는 그 이유를 마지막 여섯 구 이하에 실어 두었다. 즉 고을 관리들의 가혹한 세금 때문에 백성들의 생업이 날로 피폐해진다는 것이었다. 여기서 우리는 이상세계가 현실세계의 대극점에 있으면서, 그 이상세계는 세금 등 관리의 핍박이 없는 세계라는 것을 알게 된다. "다만 찾아와서 핍박하는 바깥일만 없다면, 산마

127 陳澕, 〈桃源歌〉, 『梅湖遺稿』.

을 곳곳이 모두 다 도원이리."라고 한 것이 그것이다.

무릉도원뿐만 아니라, 가혹한 세금이나 병란을 피하여 숨어들고자 한 청학동이나 우복동(牛腹洞)도 마찬가지다. 이 가운데 우복동을 중심으로 살펴보기로 하자. 우복동은 상주시 화북면 용유리, 장암리, 상오리 지역으로 알려져 있다. 이곳은 지리산의 청학동과 함께 조선의 대표적인 복지동천(福地洞天)으로 인식되어 온 곳이다. 많은 사람들이 도잠의 〈도화원기〉에서 이상향을 발견하고 이와 유사한 곳을 찾아 나서기도 했는데, 특히 이규경(李圭景, 1788~?)은 이에 대하여 다양한 관심을 갖고 우복동과 우복동도(牛腹洞圖)에 대한 변증설(辨證說)을 쓴 바 있다. 이 밖에도 정약용(丁若鏞, 1762~1836)은 〈우복동가(牛腹洞歌)〉를 지어 관심의 일단을 드러냈으며, 무명씨의 〈우복동기(牛腹洞記)〉도 있어 이에 대한 당대의 관심을 알 수 있다. 이규경이 전한 다음 자료를 보자.

(가) 우리나라에도 도화원(桃花源)과 유사한 곳이 있으니, 그 이름은 우복동이다. 그곳에 가서 살기를 바라는 자들은 간절히 원하기를 그만두지 않았다. …… 살펴보건대, 우복동에 관한 전설은 예로부터 전해졌다. 그러므로 내가 젊은 시절에도 그 이야기를 들었다. 박초수(朴初壽)에게 그 그림을 얻어 보니, 우복동은 삼도(三道)가 합하는 경계에 있었다. 영남의 상주목과 호서의 청주목을 경계로 하며, 또 영남 문경현과 호서 연풍현을 경계로 하기 때문에 삼도봉이 있다.[128]

(나) 문경 청화산 아래 깊이 막히고 험준하고 궁벽한 곳에 저음동(猪音洞)이 있다. 사방의 산이 하늘에 닿아 있다. 다만 앞산의 험준한 곳에 겨우

128 李圭景, 〈牛腹洞辨證說〉, 『五洲衍文長箋散稿』 天地篇.

오솔길 하나가 나 있는데, 경사가 급하고 매우 험하여 한 사람만이 통행할 수 있다. 그러므로 소와 말은 통행하지 못한다. 중간에 큰 동천이 하나 있는데, 사방 10여 리나 된다. 토질이 매우 비옥하여 전답이 1백여 석을 수확할 정도이며 벼와 보리 등 여러 곡식을 심기에 알맞다. 채소, 뽕나무와 대마, 닥나무와 옻나무, 꿩과 닭, 기름과 꿀 등이 모두 풍족하며 온갖 과실이 열매를 맺는다. 인가는 60, 70호가 된다. 그러나 풍속이 순박하고 예스러우며 환곡도 부역도 없이 다만 화전세를 낼 뿐이다. 관리가 들어오지 않기 때문에 자유롭게 사니, 이곳은 산골짜기의 보잘것없는 땅이 아니고, 바로 혼란스러운 시대에 살 만한 곳이다. 그러니 낙토가 아니겠는가. 예로부터 전하는 우복동은 반드시 이 동천일 것이다. 이곳이 비록 진우복동은 아닐지라도 사람이 살 만한 곳이다.[129]

이규경은 청학동이나 우복동이 현실에 없다고 생각하고, 이를 변증하는 과정에서 전해지는 이야기를 수집하여 제시하였는데, 위는 그 가운데 일부이다. 당시는 〈우복동도(牛腹洞圖)〉가 그려지는 등 이곳을 찾아 나서는 사람들이 많았다. (가)에서 보듯이 우복동은 상주와 청주, 그리고 문경이 합쳐지는 곳에 위치한다고 하였다. 그곳은 혼란스런 시대에 숨어들어 살 만한 곳으로, 모든 것이 넉넉하고 자유롭다고 했다. 그곳은 매우 험준하여 오솔길 하나가 나 있을 뿐이고 경사가 급하여 한 사람만 겨우 통할 수 있지만, 그곳을 벗어나면 커다란 동천이 하나 나타나는데, 사방 10리나 되며 토질도 매우 비옥하다고 하였다. 정약용이 〈우복동가〉에서 제시한 우복동에 대한 형상도 이와 크게 다르지 않다.

---

129 李圭景, 〈牛腹洞路程記〉, 『五洲衍文長箋散稿』 天地篇.

俗離之東山似甕	속리산 동편에 산이 항아리 같아
古稱中藏牛腹洞	예로부터 그 속에 우복동이 있다고 했네
峯回磵抱千百曲	산봉우리 시냇물이 천 겹 백 겹 둘러싸서
袵交褶疊無綻縫	여민 옷섶 겹친 주름 터진 곳이 없는 듯하네
飛泉怒瀑恣喧豗	나는 시내 성난 폭포 시끄러운데
壽藤亂刺相牽控	다래 넝쿨과 가시나무가 얼기설기 길을 막고 있네
洞門一竇小如管	동문은 대롱 같은 작은 구멍 하나
牛子腹地纔入峒	송아지가 배를 깔아야 겨우 들어갈 수 있다네
始入峭壁猶昏黑	막 들어서면 가파른 절벽이 오히려 어둑하지만
稍深日月舒光色	조금 깊이 들어가면 해와 달이 그 빛을 비추네
平川斷麓互映帶	평평한 시내와 끊어진 산기슭이 서로 비추고
沃土甘泉宜稼穡	기름진 땅과 맑은 물은 농사짓기 적당하네
仇池淺狹那足比	얕고 좁은 구지(仇池)로 어찌 비교할 수 있으리
漁子徊徨尋不得	어부가 배회해도 찾을 수가 없다네
玄髮翁嗔白髮兒	머리 검은 노인이 백발이 된 자식 꾸짖고
熙熙不老眞壽域	희희낙락 늙지 않는 장수의 고을이라네

— 정약용, 〈우복동가(牛腹洞歌)〉[130]

정약용은 여기에서 폭포가 있고 다래 넝쿨과 가시나무로 가려진 좁은 구멍으로 들어가면, 기름진 토양과 맑은 물로 농사를 지을 수 있는 우복동이 나타난다고 했다. 그 역시 "이 세상에 우복동이 어찌 있을 수 있으리.[嗚呼牛腹之洞世豈有.]"라고 하면서도 당대의 우복동 이야기를 작품화하였다. 조형도(趙亨道, 1567~1637)가 〈차쌍계정개자운(次雙溪亭開字韻)〉에서 "깎아지른 바위 아래로 넓은 동천 열리고, 사방으

130 丁若鏞, 〈牛腹洞歌〉, 『茶山詩文集』 권5.

로 에워싼 산에 두 줄기의 물이 감도네. 무릉도원 참경계를 찾으려거든, 사람들에게 떠내려오는 꽃을 따라오도록 하게."[131]라고 한 상상력의 근원 역시 동일한 것이었다.

거슬러 올라가 만난 이상 공간은 지수(止水)가 갖는 안정감을 획득하는 것으로 나타나기도 한다. 김륵(金玏, 1540~1616)의 〈지수부(止水賦)〉에서 이러한 현상이 잘 나타난다. 그는 박승임(朴承任)과 황준량(黃俊良), 그리고 이황(李滉) 등에게 군자의 처신을 배웠다. 그의 문학적 특성은 말이 고요하고 맑았으며, 법도에 맞으면서도 우아했다고 한다. 또 그는 온화하고 친밀하며 간략하면서도 진중하여 치밀한 글쓰기를 좋아했다고 한다. 〈지수부〉는 바로 이러한 그의 성격 혹은 문학적 특성을 잘 보여 준다. 장편고시의 형태로 되어 있는데, 이 작품의 앞부분은 이렇다.

淨胷海之智水　가슴 바다 지혜로운 물 깨끗이 하고
泝淸泠之一源　맑고 차가운 근원을 거슬러 올라가네
警峽流之驚沸　협곡으로 흘러 놀라 용솟음치는 것 깨우치고
憫涇波之多渾　흐르는 물결에 혼탁함 많음 불쌍히 여기네
豈本源之固然　어찌 근원이 진실로 그러하겠는가
是狂瀾之橫決　이는 어지러운 물결로 흐르는 까닭이지
覽止水之澄深　지수의 맑고 깊음을 보고
悟眞源之活潑　참된 근원 활발함을 깨닫네
寂微飈之不興　고요하여 작은 광풍도 일어나지 않고
澹纖埃之未起　평안하여 작은 먼지도 일어나지 않네

131 趙亨道, 〈次雙溪亭開字韻〉, 『東溪集』 권1, "斷巖平豁洞天開, 山四屛圍水二廻, 欲訪桃源眞境界, 許敎人逐泛花來."

涵萬象於上下　하늘과 땅에 만 가지 물상 적시고
洞一色於表裏　겉과 속이 한 가지 색으로 같다네
鏡光明兮洞澈　거울 빛처럼 밝아 깊으면서도 맑고
玉彩寒兮淸瑩　옥빛처럼 차가워 맑으면서도 밝네
含雪月之晶輝　눈처럼 밝은 달 깨끗한 빛 머금고
落天雲之光影　뜬구름의 빛과 그림자 비치네
旣天理之昭融　천리의 밝고 밝음이여
自全體之呈露　스스로 그 근본이 드러났다네

— 김륵, 〈지수부(止水賦)〉[132]

〈지수부〉는 도합 72구로 구성되어 있으며, 위의 시는 18구까지이다. 1구에서 6구까지는 물을 거슬러 올라가면서 거칠고 혼탁함을 만나는데, 그것은 본원이 그러한 것은 아니라 했다. 7구부터 18구까지는 지수(止水)를 통해 이상향을 감득하고 있다. 즉, 그것은 맑고 깊으며, 참된 근원으로 활발하기 때문이다. 또한 광풍이 일어나지 않고, 평안하여 먼지 없으며, 거울처럼 밝고 옥빛처럼 차갑다고 했다. 이러한 곳에 천리가 밝게 빛나니 성리학에서 제시한 이상을 지수를 통해 드러내고자 했던 것이다. 여기서 우리는 김륵이 지수를 통해 체득하는 본성과 이것으로 추구하는 이상을 동시에 만나게 된다. 지수를 가장 큰 범위에서 만날 수 있는 곳이 호수다. 이 때문에 거슬러 올라가 만나는 물의 근원은 아니지만 호수 역시 지수의 연장선에서 이상공간으로 제시될 수 있었다.

132 金玏, 〈止水賦〉, 『栢巖集』 권1.

홍진(紅塵)을 다 떨티고 듁쟝망혜(竹杖芒鞋) 집고 신고
거문고 드러메고 셔호(西湖)로 도라가니
로화(蘆花)의 떼만흔 갈며기는 제벗인가 ᄒᆞ더라

— 김성기, 〈홍진을 다 떨티고〉[133]

위 작품에서는 서호가 지수로 등장한다. 여기서의 서호는 중국의 서호가 아니다. 작가 김성기(金聖基, 생몰년 미상)가 노년에 한강 변의 서호에서 배를 띄우고 노닌 적이 있으므로 한강의 서호, 즉 지금의 마포 일대이다. 이 작품의 화자는 속세의 먼지를 모두 털어 내고 거문고를 둘러메고 서호로 들어가니 갈대꽃 우거진 곳에 떼를 지어 날아다니는 갈매기가 자신이 벗인 줄 알고 반긴다고 했다. 즉 서호를 통해 갈매기와 인간의 간극마저 사라지는 이상공간을 만나게 된다. 조용한 수평선과 물가의 갈대밭, 그리고 그 사이를 나는 갈매기 등으로 이 같은 상상력을 가능케 했다. 우리는 여기서 원두에서 느끼는 이상이 간혹 호수와 같은 수평적 구도 속에서도 읽힌다는 것을 확인할 수 있다.

역방향으로 거슬러 오르는 물은 인욕(人欲)을 막고 천리(天理)를 보존하고자 하는 인간의 수양 의지와 깊은 관련이 있다. 특히 조선조의 성리학자들은 여기에 지대한 관심을 갖고 있었다. 그들은 수양을 통해 성인을 배우고자 했던 사람들이기 때문이다. 생각이 이러했으므로 선비들은 주자의 무이구곡을 적극적으로 받아들여 구곡을 경영하고 구곡시를 차운하며 그들이 추구하는 이상향을 구현하고자 했던 것이다. 주자의 생각에 따라 도가적 무릉도원(武陵桃源) 역시 여

133 金聖基, 〈紅塵을 다 떨티고〉, 『海東歌謠』.

기서 떠올리게 된다. 청학동(青鶴洞)이나 우복동(牛腹洞) 등도 같은 맥락에서 이해되는 이상 공간이라 하겠다.

흘러가며 만난 현실

지역이나 학파에 따라 견해가 서로 다를 수 있지만, 조선의 수많은 선비들은 역방향으로 물을 거슬러 오르며 심성을 수양하고자 하였다. 그 과정에서 별유천(別有天)이라는 이상세계를 자연스럽게 제시할 수 있었다. 그러나 물은 아래로 흘러 현실 속으로 들어가는 것이 순리이기 때문에, 기본적으로 현실주의를 표방하고 있었던 선비들은 이를 외면할 수가 없었다. 진원(眞源)을 찾아 거슬러 올라가서 이상적인 공간을 찾으려 하였으나, 그곳에 안착하지 못하고 다시 물을 따라 현실로 돌아와야 했던 것이다.

일찍이 맹자는 「고자장구(하)」에서 물을 다스리는 방법에 대하여 말한 바 있다. 즉, 백규(白圭)가 자신이 우왕보다 물을 잘 다스린다고 하자, 맹자는 "그대의 말이 지나치다. 우왕의 물을 다스림은 물의 길을 따르신 것이다."[134]라고 하면서 물이 아래로 내려가는 순류의 도를 언급하였다. 만약 물을 막아 역류시켜 이웃 나라로 가게 한다면, 이것으로 홍수가 나게 되니, 어진 사람은 이러한 것을 미워한다면서 비판하였다. 맹자는 여기서, 물이 아래로 잘 내려가게 해서 사람들에게 해가 없도록 한 것이다. 우선 다음 두 작품을 보자.

(가) 獨鶴穿雲歸上界　한 마리 학은 구름으로 솟구쳐 하늘로 올라가고
一溪流玉走人間　구슬처럼 흐르는 한 가닥 시내는 인간 세상으로 흐르네

---

134 『孟子』, 「告子章句(下)」, "子過矣, 禹之治水, 水之道也."

從知無累翻爲累　누 없는 것이 도리어 누가 된다는 것을 알고서
心地山河語不看　산하를 마음으로 느끼고는 보지 않았다고 말하네

— 조식, 〈청학동(靑鶴洞)〉[135]

(나) 白石淸流亂樹間　하얀 돌 위 맑은 물 우거진 나무 사이로 흐르는데
曹溪門外坐忘還　조계 문 바깥에서 돌아갈 걸 잊고 앉았다네
眞源未泝世緣在　진원으로 거슬러 오르지 못하고 세상 인연이 남아 있어
此水此身俱出山　이 물과 이 몸은 함께 산을 나서네

— 임제, 〈차운증태능(次韻贈太能)〉[136]

(가)는 조식(曺植, 1501~1572)의 〈청학동〉이고, (나)는 임제(林悌, 1549~1587)의 〈차운증태능〉이다. 조식은 지리산의 깊은 꼴짜기인 청학동에서 학과 물을 발견한다. 학은 구름을 헤치고 솟구쳐 하늘로 올라가고, 물은 인간 세상으로 흐른다고 했다. 여기서 그는 하늘로 날아오르는 학을 선택하지 않고, 인간 세상으로 흐르는 구슬 같은 물줄기를 선택한다. 임제 역시 진원으로 더욱 거슬러 오르는 것을 포기하고 물을 따라 산을 나선다고 했다. 그 이유를 조식은 인간으로서 현실세계의 누(累)가 없는 것이 오히려 '누'가 되기 때문이라 했고, 임제는 세상의 인연이 아직 남아 있기 때문이라고 했다. 모두 세상에 대한 관심이 작동한 결과라 하지 않을 수 없다.

물은 하류로 가면서 수량이 더욱 풍부해지고, 이를 이용한 수운이 발달하기 마련이다. 이렇게 되면 물은 생활을 위한 매우 중요한 수단이 된다. 낙동강의 경우를 예로 들어 보자. 이 강은 수운의 발

135 曺植, 〈靑鶴洞〉, 『南冥集』 권1.
136 林悌, 〈次韻贈太能〉, 『白湖集』 권3.

달로 어선(漁船)은 물론이고 상선(商船)과 객선(客船)도 줄을 이었다.[137] 『세종실록』에서 "수로로 배가 다닐 만한 때이면, 물가의 각 고을 관선(官船)이 낙동강(洛東江)으로부터 올라와 상주(尙州)의 수산역(守山驛)에 이르러 육지에 내려, 다시 육로를 따라 초점(草站)을 넘어 충주(忠州)의 김천천(金遷川)에 이르러 배를 타고 서울로 오게 됩니다."[138]라고 기록한 데서도 낙동강 뱃길의 중요성을 알 수 있다. 그러나 낙동강을 이용한 영남의 물자 실어 나르기는, 지역민에게는 착취로 인식되기도 했다. 즉, 서울과 지방, 관리와 백성이라는 경제적·신분적 불균형을 자각하는 계기가 되었던 것이다. 김종직(金宗直, 1431~1492)의 〈낙동요(洛東謠)〉는 이러한 측면에서 창작되었다.

黃池之源纔濫觴	황지의 원두 겨우 잔에 넘칠 정도였으나
奔流到此何湯湯	마구 달려와 여기에 이르러 넓기도 하네
一水中分六十州	한 줄기 낙동강이 육십 고을을 나누니
津渡幾處聯帆檣	얼마나 많은 나루에서 돛단배를 이었던가
海門直下四百里	바닷길로 바로 달려 사백 리 물길
便風分送往來商	바람 타고 왕래하는 상선들 분주하네
朝發月波亭	아침에 월파정을 떠나서
暮宿觀水樓	저녁에는 관수루에 묵는다네
樓下網船千萬緡	누 아래 관선(官船)에는 천만금이 실렸으니
南民何以堪誅求	남쪽 백성들은 가렴주구를 어이 견디리

137 장이유(張以兪)가 〈낙동강부(洛東江賦)〉(『知分軒集』 권1)에서 "천 리의 긴 땅으로 뻗쳐 그 여파가 남해로 들어가는데, 교룡이 집을 짓고 구름과 비를 일으켜서 백성을 이롭게 한다. 상선(商船)이 오르내리며 서로 교역하면서 우리의 일용(日用)을 편리하게 하니, 좁고 얕은 도랑이나 내에 비길 바가 아니다."라고 한 것도 강이 지닌 소통성을 인식하였기 때문이다.

138 『世宗實錄』 世宗5年 癸卯, "若水路可以行船時, 則以水邊各官官船, 從洛東江上來, 至尙州守山驛下陸, 更從陸路, 踰草岾至忠州金遷川, 乘船達于京."

缾甖已罄橡栗空	쌀독도 비었고 도토리와 밤도 없는데
江干歌吹椎肥牛	강가에서 풍악 울리며 살찐 소 잡는구나
皇華使者如流星	나라의 사신들은 유성과 같지만
道傍髑髏誰問名	길가의 해골들은 누가 있어 이름을 물을까
少女風王孫草	서풍이여, 왕손초로 불지어다
遊絲澹澹弄芳渚	아지랑이 아물거리며 봄 물가를 희롱하고
望眼悠悠入飛鳥	내 눈 속으로는 유유히 나는 새 들어오네
故鄉花事轉頭新	고향의 꽃소식 조만간 새롭겠지만
凶年不屬嬉遊人	흉년이라 유람하는 사람도 볼 수가 없으리
倚柱且高歌	기둥에 기대어 소리 높여 노래하나니
忽覺春興慳	춘흥이 일어나지 않는 것을 홀연히 알았다네
白鷗欲笑我	갈매기도 나를 비웃으려는 듯
似忙還似閑	바쁜 듯도 하고 한가한 듯도 하구나

— 김종직, 〈낙동요(洛東謠)〉[139]

이 시에서 보듯이 김종직은 가장 먼저 낙동강의 형세를 주목하고 있다. 황지에서 발원하여 영남 60주를 둘로 나누고 마침내 바다로 흘러든다고 했다. 그리고 그 강가 나루터에는 돛단배가 수없이 이어지고, 강을 왕래하는 상인이 분주하다고 했다. 여기까지 시상을 전개시킨 김종직은 관수루 아래의 관선(官船) 위에 실린 천만금이 남쪽 백성들로부터 가렴주구한 물건이라 했다.[140] 그의 사회 감성이 얼마

139 金宗直, 〈洛東謠〉, 『佔畢齋集』 권5.

140 운현(尹鉉, 1514~1578)은 〈영남탄(嶺南歎)〉(『菊磵集』 권중)에서 16세기 중엽 영남의 피폐상을 전하며 그 원인을 "병수사 진영장 제멋대로 탐학하는 무리들, 수령들도 자상한 분 아니로다. 한결같이 백성의 고혈만 쥐어짜니, 눈앞의 고통 치료할 자 누구던가?[領鎭率貪縱, 長民非慈祥. 同然浚膏血, 誰醫眼前瘡?]"라고 하였다. 윤현은 이러한 사정 역시 그 원인이 조정과의 소통 부재에 있다고 보고, "천 리 길 가로막혔는데, 구중궁궐은 어찌도 아득하기만 한가.[堂下隔千里, 九重何茫茫.]"라고 하면서 임금이 이러한 사실을 제대로 알아야 한다고 강조하였다.

나 날카로운지를 바로 알 수 있다. 즉, 경제적 불평등이라는 모순적 사회 현실을 간파한 것이다. 그는 이러한 모순을 '강가의 풍류'와 '길가의 해골'로 대립화하였다. 이러한 상황에서 고향을 떠올렸으니 마음이 아프지 않을 수 없었다. 김종직의 누정을 통한 사회 감성은 사림파로서의 사회의식을 분명히 드러낸 것이라 하겠다.[141] 이처럼 물을 따라 내려가면 다양한 현실을 만날 수 있는데, 다음 자료도 같은 맥락에서 읽힌다.

> 눈과 비가 섞여 왔다. 비안현(比安縣)으로 떠나는데, 정경임·강응철(姜應哲) 등이 마중 나와 길가에 있는 생원 송광국(宋光國)의 집에서 조용히 얘기를 나누고 작별하였다. 낙동강(洛東江) 관수루(觀水樓)에서 점심을 먹었다. 선산부사(善山府使) 장세철(張世哲)이 출참(出站)하여 지대(支待)하였다. 신지수(申之綏)·지승(之承)·녹(祿)·경여(敬輿) 등이 뒤늦게 와서 작별하였다. 상주로 돌아갔다가 상경하는 유후(有後)를 전송해 보냈다. 서로 멀뚱멀뚱 바라볼 뿐, 말 한마디 못 하고 헤어졌다. 이 뒤부터는 회포가 더욱 언짢아 자제할 수가 없었다. 눈비를 맞으며 초경(初更)에 비안현(比安縣)에 들어가, 밤새도록 뒤척이며 잠들지 못하였다. 자식과 이별하는 마음으로 아비와 작별하는 자식의 심정을 헤아려 보니, 멀리 이별하는 회포가 피차 같을 것이어서 더욱 눈물이 나는 것을 알았다. 현감은 바로 조직(趙稷)이었다.[142]

---

141 여기에 대해서는 정우락, 「낙동강과 그 연안지역의 공간 감성과 문학적 소통」(『한국한문학연구』 53, 한국학문학회, 2014)에서 자세하게 다루었다.

142 慶暹, 『海槎錄(上)』, 1607년 1월 26일 조, "雨雪交下, 發向比安縣, 鄭景任, 姜應哲等, 邀別於路左生員宋光國家, 從容話別, 中火於洛東江觀水樓, 善山府使張世哲, 出站支待, 申之綏之承祿敬輿等, 追至作別, 送有後還向尙州, 仍爲上京, 脈脈相看, 不出一言而別, 自此之後, 懷抱甚惡, 不能自抑, 冒雨雪初更入比安縣, 達夜轉輾, 明發不寐, 以別子之心, 度離父之情, 遠別之懷, 彼此應同, 尤覺潸然, 縣監乃趙稷也."

이 글은 경섬(慶暹, 1562~1620)이 1607년(선조 40)에 통신부사(通信副使)로서 정사(正使) 여우길(呂祐吉), 종사관(從事官) 정호관(丁好寬)과 함께 일본을 다녀오면서 보고 듣고 느낀 일들을 일기체로 적은 사행일록(使行日錄)의 일부이다. 이 역시 관수루에서의 경험을 서술한 것이다. 관수루가 낙동강으로 내려가려면 반드시 거쳐야 하는 길목에 위치하므로, 여기서 당연히 많은 봉별(逢別)이 있었을 것이다. 경섬도 강응철(姜應哲)·신지수(申之綏) 등과 여기서 작별을 하였는데, 그 이별의 마음을 "회포가 더욱 언짢아 자제할 수가 없었다."라고 기록하고 있다. 낙동강은 이러한 이별의 아픔을 안고 무심히 흘렀던 것이다. 물과 관련한 세상에 대한 관심은, 간혹 물 그 자체가 고단한 삶을 표현하는 중요한 소재가 되기도 했다.

> 八公山 져 구름아 오고가고 너는 自由로다
> 너도샤 故國悲懷 못 닛는가
> 往來間 비 ᄒᆞᆫ 줄기 淚水로다[143]

> 金烏江 깃픈물은 누를 위ᄒᆡ 밧비가노
> 漁父야 ᄇᆡ 머물러라
> 十七萬寃獄漏 져 江水와 비교ᄒᆞ식[144]

이 작품은 독립운동가 장석영(張錫英, 1851~1926)이 『흑산일록(黑山日錄)』에서 제시한 것이다. 『흑산일록』은 장석영이 파리장서 사건으로 체포되어 대구감옥에 수감되었을 때를 회고하며 쓴 일기이다.[145] 앞

---

143 張錫英, 『黑山日錄』 張20.
144 張錫英, 『黑山日錄』 張20.
145 정우락, 『대구감옥 127일, 그 고난의 기록: 국역 흑산일록』, 경북대학교출판부, 2019 참조.

의 작품에서는 팔공산 기슭에서 비를 뿌리는 구름을 통해 조국 비원의 원루(冤淚)를 느꼈고, 뒤의 작품에서는 금호강[146] 깊은 물을 통해 당시 독립운동과 관련하여 감옥에 갇힌 17만 명의 깊은 원한을 생각했다. 이처럼 현실세계로 내려온 물은 구체적인 역사적 사건과 결부되면서, 그 자신이 하나의 역사가 되기도 했다. 이는 물론 장석영 자신이 현재 옥고를 치르고 있는 상황에서, 자유롭게 오고가는 구름과 빠르게 흐르는 강물을 통해 구금된 자아와 슬픈 민족을 역으로 떠올렸기에 가능한 것이었다.

전통사회에서는 농사를 위한 물의 확보가 무엇보다 중요했다. 사람들의 생활과 관련하여 물이 흘러내려 최종적으로 가닿는 곳이 논과 밭일 것이다. 이 때문에 농민들은 농업 노동과 관련된 다양한 물의 노래를 불러 왔다. 벼를 심는 데는 물이 반드시 필요하므로 이와 관련된 노래가 중심을 이루었다. 못자리에서 모를 뽑아내면서 부르는 〈모찌기 노래〉와 모를 심으면서 부르는 〈모내기 노래〉 등은 논농사를 하는 고장이면 어디나 존재한다. 〈가래질 소리〉도 논농사를 하는 지방에서 널리 불리는데, 경상북도 청도군에서 채록된 것을 들어 보자.

에호 가래야
에호 가래야
쪼끔당 나린 줄기
골골마다도 보 생겼네

146 본문에는 금호강이 '金鳥江'으로 되어 있으나 이는 '琴湖江'을 잘못 표기한 것이다. 이 강은 자양천(紫陽川)과 고촌천(古村川) 등 여러 하천이 영천시에서 합류하여 서류하면서 경산시를 관류하고, 이어 대구시 영역에 들어와 북쪽으로 굽어 흘러 서류하다가 달성군에 들어가 남류하면서 낙동강에 합류한다.

이 가래 저 가래 무슨 가래
보를 쳐야만 물을 얻지
풍년이 오네 풍년이 오네
보를 쳐야만 풍년이요
물을 조야만 풍년이요
차산땅 넓은 들에
모를 심어야 풍년이고
세상천지 사람들아
우리가 이카다가
어느 골로 돌아 가노
젊을 적에 많이 먹고
보를 쳐여 물을 얻자

— 민요, 〈가래질 소리〉[147]

이 민요는 경상북도 청도군 풍각면 차산리에 전해지는 것이다. 조그맣게 내려오는 시내 줄기마다 보를 준설하자는 내용의 〈가래질 소리〉이다. 특히 젊은 시절 부지런히 일할 것을 권하며, 물 확보를 위해 함께 노력하자고 했다. 위의 노래에서 창자는 "세상천지 사람들아, 우리가 이카다가, 어느 골로 돌아 가노?"라고 했다. '이카다가'는 '이렇게 하다가'의 경상도 방언인데, '이렇게'가 어떤 상황인지 불분명하다. 그러나 문맥상 급박한 상황을 보고만 있지 말자는 의미인 듯하다. 상호 협력해 열심히 보를 만들고 이를 통해 물을 확보하여 풍년을 얻자는 것이다. 우리는 여기서 열악한 상황을 극복하고자 하는

147 채록 장소: 청도군 풍각면 차산리, 채록일: 1992. 12. 10. 제보자: 김오동(남, 1922년생), 박용희(남, 1930년생). 우리소리연구소(http://blog.daum.net/sichoi2/124) 참조.

농민들의 현실 응전력을 읽게 된다.

물이 벼논으로 들어간다는 측면에서 물에 대한 관리는 하나의 현실적 권력이기도 하다. 이러한 측면에서 김정한(金廷漢, 1908~1996)의 〈사하촌(寺下村)〉은 새롭게 읽힌다. 이 소설은 1930년대 우리 농민의 고통과 그것을 극복하고자 하는 치열한 의지를 담은 작품이다. 〈사하촌〉은 제목이 말하고 있듯이 절 밑에서 그 절의 농토를 부쳐 먹고 사는 가난한 농민들에 대한 이야기다. 혹심한 가뭄으로 인한 농민과 농민, 농민과 지주 사이의 갈등을 다룬 것인데, 결국은 지주의 횡포가 고조되어 농민들은 소작 쟁의(爭議)를 일으키게 된다. 이때 물을 사이에 두고 심각한 갈등이 일어난다. 다음 대목을 보자.

> 우르르르, 쐐-
>
> 이글이글 달아 있는 폭양 아래 난데없는 홍수소리다. 물벌레 고기새끼가 죄다 말라져 죽고, 땅거미가 줄을 치고, 개미 떼가 장을 벌였던 못도랑에, 둔덕이 넘게 벌건 황톳물이 우렁차게 쏟아져 내린다. 빨갛게 타져 죽은 곡식이야 인제 와서 물인들 알랴마는, 그래도 타다 남은 벼와 시들은 두렁콩들은 물소리만 들어도 생기를 얻은 듯이 우줄우줄 춤을 추는 것 같다. 행길 양 옆을 흘러가는 봇도랑 가에는 흰 옷, 누른 옷, 혹은 검정 치마가 미친 듯이 부산하게 떠들며 오르내린다.[148]

"우르르르, 쐐-"라고 한 것은 저수지(貯水池)의 물을 터놓았기 때문이다. "성동리 농민들이 밤낮없이 떼를 지어 몰려가서 애원"도 하고 탄원도 하였으며, "두 손발이 닳도록 빌기도 하고, 불평도 하"였

---

148 金廷漢, 〈寺下村〉, 『金廷漢短篇選』, 삼중당, 1975.

다. 그리고 "나중에는 밤중에 수원지 울안에까지 들어가서 물을 달리 돌려내려"고도 했다. 이 때문에 'T도시 수도 출장소'에서는 폭동이 일어날 것을 두려워하여 저수지의 물을 트게 된 것이다. 이 소설에서 가뭄이라는 천재지변은 사실 문제가 되지 않는다. 이를 계기로 지주의 횡포를 문제 삼고 있기 때문이다. 근면하게 일하여도 농민들이 빈곤에서 벗어날 수 없는 근원적인 이유를 사실적으로 추적했다고 하겠는데,[149] 이를 나타내는 데 있어 물은 매우 중요한 소재였다.

김정한은 〈사하촌〉에서 "물이 흐를세라 돋우어 둔 물꼬와, 논두렁 낮은 짬을 한층 더 단단히 단속하느라고 몹시 바빴다."[150]라고 기술하고 있다. 이처럼 그는 물과 생명을 등식화하며 농민들이 쟁의를 일으킬 수밖에 없는 사회적 구조를 제시하였다. 이에 비해 정희성의 〈저문 강에 삽을 씻고〉에 등장하는 물은 암담한 현실을 매우 객관적으로 보여 주는 역할을 한다. 즉 어두운 현실로 돌아갈 수밖에 없는 노동자의 비애를 흐르는 강을 통해 담담한 어조로 그려 내고 있다. 이것은 1970년대 산업화로 소외된 노동자의 고뇌와 체념, 바로 그것이라 하겠다. 이 작품의 전문은 다음과 같다.

흐르는 것이 물뿐이랴
우리가 저와 같아서
강변에 나가 삽을 씻으며
거기 슬픔도 퍼다 버린다
일이 끝나 저물어
스스로 깊어가는 강을 보며

---

149 김교선, 「농민소설의 방법」, 『비평문학』 7, 1994, 12쪽.
150 金廷漢, 〈寺下村〉, 『金廷漢短篇選』, 삼중당, 1975.

쭈그려 앉아 담배나 피우고
나는 돌아갈 뿐이다
삽자루에 맡긴 한 생애가
이렇게 저물고, 저물어서
샛강바닥 썩은 물에
달이 뜨는구나
우리가 저와 같아서
흐르는 물에 삽을 씻고
먹을 것 없는 사람들의 마을로
다시 어두워 돌아가야 한다

— 정희성, 〈저문 강에 삽을 씻고〉[151]

이 시에 등장하는 물은 김정한이 〈사하촌〉에서 "물 끊어진 수문을 우두커니 들여다보는 농민들은 하도 억울해서 말도 욕도 아니 나오고, 그만 그곳에 주저앉았다."라고 할 때의 그 물과는 전혀 다른 것이다. "강변에 나가 삽을 씻으며, 거기 슬픔도 퍼다 버린다"라고 하고 있으니, 강물을 통해 오히려 인생의 의미를 발견하고 있다. 그리고 쭈그려 앉아 담배를 피우며 물끄러미 보는 그러한 강이다. "샛강바닥 썩은 물"에는 부조리한 현실의 밑바닥도 보인다. 그러나 "먹을 것 없는 사람들의 마을"로 돌아가지 않을 수 없는 사정을 제시하며, 화자는 슬픔을 담고 무심하게 흐르는 강을 통해 굶주리는 마을로 돌아가야만 했다. 이처럼 시인은 흐르는 물을 통해 자신의 고달픈 현실적 아픔을 포괄적으로 담아낼 수 있었다.

151 정희성, 〈저문 강에 삽을 씻고〉, 『저문 강에 삽을 씻고』, 창작과비평사, 1978, 22쪽.

아픔은 물소리를 통해 전혀 새롭게 들리기도 한다. 그것은 박지원이 〈일야구도하기(一夜九渡河記)〉에서 보여 주었던 것처럼 청자의 마음 상태에 따라 다르게 들리기 때문이다. 특히 현실적인 문제에 부딪혀 곤경에 처해 있을 때는 물소리가 괴롭게 들린다. 자신의 괴로운 마음이 거기에 실려 있기 때문이다. 이러한 측면에서 장유(張維, 1587~1638)의 〈부득명열수(賦得鳴咽水)〉는 새롭게 읽힌다. 그는 여기서 불평하는 듯이 흐르는 물소리를 들었다.

流水復流水　계속 흐르고 흘러가는 물
潺潺日夜鳴　밤낮으로 쉬지 않고 흐느끼누나
有何無盡恨　무슨 못 다한 한 남아 있기에
長作不平聲　이렇듯 언제나 불평이 가득한고
隴外征人怨　산 너머 군대 나간 임을 원망하는 듯
天涯逐客情　하늘 끝 쫓겨난 나그네의 심회인 듯
那堪枕上聽　베갯머리 듣자니 견딜 수 없어
歸夢轉難成　꿈결의 고향길 더욱 찾기 어려워라

— 장유, 〈부득명열수(賦得鳴咽水)〉[152]

장유는 이 작품의 제목을 〈부득명열수〉라 하였다. '명열(鳴咽)'을 시제에 제시한 것으로 보아, 이 시인에게 어떤 아픔이 있음을 바로 알 수 있다. 그는 여기서 밤낮으로 쉬지 않고 흐느끼며 흘러가는 냇물소리를 통해 다하지 못한 한을 감지하고 있다. 그 한은 현실적인 문제와 일정한 관계에 놓인 것으로 보인다. 산 너머 군대 나간 임에 대

152 張維, 〈賦得鳴咽水〉, 『谿谷集』 권27.

한 원망이나, 하늘 끝으로 쫓겨난 유배객의 심회를 떠올리고 있기 때문이다. 이러한 현실적 불만 때문에 냇물이 흐느끼며 흘러간다고 하였다. 이처럼 아래로 순류하는 물은 현실과 만나고, 그 고달픈 현실의 목소리는 물소리를 통해 다양하게 형상화되고 있었던 것이다.

요컨대, 순방향으로 흘러내리는 물은 자연스럽게 현실세계와 만난다. 정자 아래를 흐르거나 마을로 흘러들어 여러 작가들의 심금을 울리기도 한다. 배를 띄울 수 있는 강을 이루게 되면, 자연스럽게 생길 수 있는 현실적 불만들이 강하게 노출된다. 김종직이 〈낙동요〉를 통해 보여 주었던 가렴주구(苛斂誅求)를 일삼는 관료들의 횡포 등이 모두 그러한 것이다. 그리고 김정한이 〈사하촌〉에서 보여 주었던 것처럼 혹심한 가뭄의 상태에서는 물을 사이에 두고 소작 쟁의가 일어나기도 하고, 정희성의 〈저문 강에 삽을 씻고〉에서는 직면해 있는 고달픈 현실을 강에 내린 어둠으로 제시하기도 했다. 이는 물이 현실을 담아내는 긴요한 소재이기에 가능한 것이다.

제4장

물에 관한 공간 상상력

제4장

물에 관한 공간 상상력

본 장에서는 한국의 문학 작품에 등장하는 물에 관한 공간 상상력을 구체적으로 다룬다. 이것은 여러 가지 방법으로 접근할 수 있으나, 여기에서는 '우물-개울-강하-호수-바다'라는 공간이 문학적 소재로 등장하는 작품을 주로 다룬다. 즉, 물의 흐름에 따라 순방향으로 설정하되, 지수와 유수가 섞일 수 있도록 했다.[1] 일찍이 〈용비어천가〉에서도 "ᄉᆡ미 기픈 므른 ᄀᆞᄆᆞ래 아니 그츨ᄊᆡ 내히 이러 바ᄅᆞ래 가ᄂᆞ니"(제2장)라고 했거니와, 본 장에서는 물의 작은 단위에서 시작하여 큰 단위로 나아가기로 한다.

우물과 강하 등은 모두 물로 구성되어 있지만, 문학적 상상력이 상이하게 나타나는 것은 어쩌면 당연한 일이다. 이들과 관련한 삶의 환경과 경험의 과정이 서로 다르기 때문이다. 여기에 착목해서 이 장에서는 '우물-생명', '개울-일상', '강하-소통', '호수-서정', '바다-

---

1 이식(李植)은 〈조계관폭창(曺溪觀瀑漲)〉(『澤堂集』 권5)에서 물이 지닌 이러한 순차성을 들어 "위대하여라 물이 지닌 덕성이여, 실개천부터 순서를 지켜 조금씩 큰 바다로 나간다.[大哉坎之德, 涓流積有序.]"라고 하였다.

이상'을 중심으로 각각의 공간을 읽고자 한다. 이것은 물론 절대적인 것이 아니다. 생명은 전체를 관통하며, 일상은 강하나 바다에서도 충분히 나타날 수 있다. 그러나 여기서 제시된 주제어는 물이 지닌 공간 단위의 핵심 상상력이 아닐 수 없다.

1. 우물, 생명의 원두

우물은 연못과 함께 지수(止水)의 가장 작은 단위이다. 그러므로 여기서는 연못도 함께 다룬다. 일찍이 이황(李滉, 1501~1570)은 도산에 서당의 자리를 정하면서, "앞으로는 강과 들이 내려다보이고 깊숙하고 아늑하면서도 멀리 트였으며, 산기슭과 바위들은 선명하며 돌우물은 물맛이 달고 차서 참으로 수양할 곳으로 적당하다."[2]라고 하였다. 이것은 우물이나 연못이 지닌 물질적 상상력이 '생명'과 밀접하게 결합되어 있다는 것을 의미한다. 이 밖에도 우물은 정화(淨化), 부활(復活), 왕권(王權) 등을 상징하기도 하고, 마을의 중심 공간으로 함부로 오염시켜서는 안 되는 성스러운 곳이기도 하다.

물을 통해 모든 사물이 생명을 유지한다는 사실을 감안할 때, 우물은 생명의 원두(源頭) 구실을 한다. 따라서 여기에 기반한 상상력은 '물을 마시고 산다'는 것을 훨씬 뛰어넘어 우물에서 생명이 탄생하기도 하고, 우물물을 길어 먹임으로써 죽은 사람을 살리기도 하는 등 다양한 곳으로 발휘된다. 이렇게 보면, 우물은 생명을 탄생시키기도 하고, 사람들이 그 물을 먹고 살아가게도 하며, 죽은 사람이나 죽어

2 李滉, 〈陶山雜詠幷記〉, 『退溪集』 권3, "前俯江郊, 幽敻遼廓, 巖麓悄蒨, 石井甘冽, 允宜肥遯之所."

도산서원의 열정(洌井)

가는 사람을 다시 살아나게도 한다. 우물과 관련한 이러한 소재는 문학 작품에 광범하게 나타난다.

우물 파기와 생명의 발견

물은 생명 그 자체이며 생명과 관련된 모든 것이라 할 수 있다. 또한 혈액을 뇌까지 전달하는 구실을 할 뿐만 아니라 이를 통해 생명을 자각할 수 있도록 한다. 이러한 생명은 '의식의 흐름'을 이루어 어떤 창조를 가능케 한다. 환언하면, 물은 유기체 안에서 이루어지는 물질적인 현상으로만 존재하는 것이 아니라, 우리의 정서와 상상 속에 스며들어 수많은 생각을 비유적으로 이끌어 낸다. 이처럼 물은 생명을 가능하게 하고, 그 생명은 의식의 흐름을 통해 무한한 상상력을 자극한다. 생명이 물을 통해 가능하다고 볼 때, 인간은 우물 파기에서 이것을 시작하였다.

물은 우리의 갈증을 해소시킬 뿐만 아니라 생명을 유지하는 데 필요한 음식을 씻고 요리하는 데도 필수적이다. 이 같은 기본적인 생활은 물론이고 농업이나 목축 등의 생산 활동에도 없어서는 안 될 요소이다. 이러한 물을 확보하는 데는 두 가지 방법이 있다. 하나는 자연에 의존하는 것이다. 자연적으로 만들어진 우물을 비롯해서 냇물과 강물을 이용하기도 하고, 빗물을 받아 이용하기도 한다. 그러나 이것은 한계가 있기 마련이다. 그러하기에 보다 안정적으로 물을 사용하기 위하여 우물을 파거나 저수지를 만드는 등 각종 수리 사업을 벌여 왔던 것이다.

'목이 말라야 우물을 판다'는 임갈굴정(臨渴掘井) 등의 성어는 물론이고 다양한 속담이 만들어지기도 했다. '굴우물에 돌 넣기', '소금 먹은 소 굴우물 들여다보듯', '우물 안 개구리', '우물에 가서 숭늉 찾기', '우물가에 애 보낸 듯', '침 뱉은 우물 다시 먹기' 등이 그것이다. 이것은 우물이 우리의 생활 속에 깊이 들어와 있었음을 방증한다. 김유신(金庾信, 595~673)이 자신의 집 앞을 지나면서도 급한 공무로 집에 들르지 않고, 다만 집안 분위기를 살피기 위해 우물의 물만 맛보았다는 유명한 일화가 있다. 이 또한 우물이 우리 삶과 얼마나 밀접하게 연관되어 있었는지를 잘 보여 준다. 이러한 생각에 기초하여 다음 작품을 읽어 보자.

孰室于玆　누가 여기에다 집을 지었는고
匪佛則仙　부처 아니면 신선이렷다
山環碧玉　산엔 푸른 옥이 둘러쳐져 있고
地湧靑蓮　땅엔 푸른 연꽃이 솟아났도다
水在地中　물이 땅속에 들어 있지만

窮通自天　막히고 통함은 하늘에 달린 일
維井之胥　우물이 바짝 마른 것도
維陽之愆　바로 혹독한 가뭄 때문이라
求之山下　물을 구하려면 산 아래에 가서
驢背人肩　나귀 등에 싣고 사람 어깨에 메고
往來一舍　삼십 리 길을 왕래하다 보니
斗水百錢　한 말 물값이 무려 일백 전
人求其福　사람들이 복을 구한다면서
養此福田　물 긷는 이 복전을 가꾼다마는
雖則福田　말은 비록 복전이라 할지라도
食可下咽　먹는 물이 어찌 목에 넘어가리오
有大檀越　힘 있는 어떤 신도 한 분이
乃見其然　이런 사실을 목도하고는
乃募良匠　훌륭한 기술자를 데리고 와서
乃相東偏　동쪽 우물 터를 살펴보았다오
其下惟石　그런데 그 아래에 바위가 있어
鑿之彌堅　파면 팔수록 더욱 단단한지라
人初指笑　사람들이 처음에는 비웃으면서
有類溜穿　낙숫물로 바위 뚫는 식이라 하였다네
其深百尺　하지만 백 자쯤 깊이 파 들어가
其久二年　이 년이라는 오랜 세월을 거쳐
旣難旣獲　어려운 고비 넘기고 일단 성공하자
有冽寒泉　맑게 솟아 나오는 차디찬 샘물이여
遠近聚觀　원근에서 사람들이 구경하러 모여들어
奔走後先　앞서거니 뒤서거니 줄달음질 쳤나니
其源混混　근원이 있는 샘물 퐁퐁 솟아나서

其達涓涓　졸졸 막힘없이 끝없이 흘러 퍼지리라
泓澄涵泳　맑게 고인 깊은 우물 속에
顚倒星躔　하늘의 별자리 거꾸로 걸렸나니
物之隱現　외물이 숨고 드러나는
其理則全　그 도리 온전히 지녔도다
孰無其後　그 누가 마무리 짓지 않고
而有其前　시작만 하고서 놔두리오
掘至九仞　아홉 길 파 들어갈 때까지
不泉勿捐　솟지 않는다고 해서 포기하지 않았노라
我銘在甃　나의 이 명을 벽돌에 새겼나니
凡百勉旃　사람들이여 부디 권면할지어다

— 이곡, 〈영암사신정명(靈巖寺新井銘)〉[3]

이곡(李穀, 1298~1351)이 영암사의 신정(新井)에 대하여 지은 작품이다. '명(銘)'이라는 제목으로 보아 새로 판 우물을 통해 어떤 교훈적 의미를 담고자 했음을 알 수 있다. 이 작품은 서사적 흐름을 지니고 있다. '① 영암사의 우물이 가뭄 때문에 마름, ② 물을 길어 오려면 30리 길을 갔다 와야 함, ③ 어떤 신도가 샘을 파는 기술자를 데려옴, ④ 샘을 파는 과정에서 바위가 가로막아 어려움에 처하게 됨, ⑤ 어려움을 뚫고 2년의 공사 끝에 마침내 맑은 물이 샘솟음, ⑥ 마지막 어려움을 극복할 때 비로소 성공할 수 있음'이라는 일련의 이야기가 그것이다.

이곡이 이 작품을 통해 말하고자 한 것은 결국 "아홉 길 파 들어갈 때까지, 솟지 않는다고 해서 포기하지 않았노라."이다. 원래 이 구

3　李穀, 〈靈巖寺新井銘〉, 『稼亭集』 권7.

절은『맹자』에서 가지고 온 것이다. 일찍이 맹자는「진심장(盡心章)」에서 도를 행하고자 하는 사람을 우물을 파는 데 비유한 적이 있다. "행하고자 하는 사람은 비유하자면 우물을 파는 것과 같으니, 우물을 아홉 길을 팠더라도 샘물에 미치지 못하면 오히려 우물을 버리는 것이다."[4]라고 한 것이 그것이다. 우물을 아무리 깊게 판다고 하더라도 마지막 고비를 넘지 못해 샘 줄기에 미치지 못하고 중지하면 우물을 포기하는 것과 같듯이, 성인을 추구하다가 고비를 만나 중도에 그만두면 성인을 포기하는 것과 같다는 것이다.

이곡의 이 작품에서 우물 파기가 수양론과 밀착되어 있다면, 이인로(李仁老, 1152~1220)의 〈홍도정부(紅桃井賦)〉[5]는 좀 더 자유로운 상상을 하고 있다. 여기서 그는 홍도정에서 흘러넘치는 물소리가 거문고의 맑은 소리 같다고 하면서, 우물 주변에서 생성된 하나의 놀이 문화를 소개하고 있다. 즉, 시원한 물을 움켜서 먹고, 식사 후 우물의 돌에 걸터앉아 더위를 씻어 내고, 우물가에 대자리를 펴고 목침을 베고 누워서 상상의 나래를 펼치는 것 등이 그것이다. 그러하기에 진나라 왕개(王愷)와 석숭(石崇), 당나라 원재(元載)나 단문창(段文昌) 같은 거부가 전혀 부럽지 않다고 했다. 이인로는 홍도정이라는 우물과 그 주변에서 즐기는 시원함이 그 어떤 부귀보다 낫다고 생각했던 것이다.

우물을 통한 작가들의 이러한 상상력은 요임금 시대의 어떤 노인이 지었다는 〈격양가(擊壤歌)〉[6]와 결부되면서 태평성대의 표현으로 나

---

4 『孟子』,「盡心章句(上)」, "有爲者, 辟若掘井, 掘井九軔而不及泉, 猶爲棄井也."
5 李仁老, 〈紅桃井賦〉, 『東文選』 권2.
6 〈격양가(擊壤歌)〉에서 "해가 뜨면 일어나고 해가 지면 쉬면서, 내 우물 파서 물 마시고 내 밭을 갈아서 밥 먹나니, 임금님의 힘이 나에게 도대체 무슨 상관이랴![日出而作, 日入而息, 鑿井而飮, 耕田而食, 帝力於我何有哉!]"라고 하였다.

타나기도 했다. 이색(李穡, 1328~1396)이 "계단 쌓는 덴 땅의 형세를 따랐고, 우물 파 놓으니 물결이 일어나누나."[7]라고 하거나, 허목(許穆, 1595~1682)이 "밭 갈고 우물 파며 임금님 공력 잊고, 삶을 즐겨 거울 속의 흰 수염도 사랑하네."[8]라고 한 것 등 허다한 착정(鑿井) 고사가 그것이다. 이를 통해 작가들은 당대의 여유로움과 태평함을 우물을 중심으로 이야기하고 싶었던 것이다.

우리 문학 속에서 우물은 어떠한 상징적 이미지를 지니는가. 일찍이 이규보(李奎報, 1168~1241)는 우물과 대화를 나누었다. 그는 1239년(고종 26) 5월 7일 집의 샘물이 말랐다가 다시 나오자 그 샘과 문답(問答)하는 형식으로 다섯 수의 시를 지은 적이 있다. 〈기해오월칠일, 가천부출, 희성문답오수(己亥五月七日, 家泉復出, 戱成問答五首)〉가 그것이다. 여기서 그는 "찬 샘물 예전처럼 바위틈에서 나와, 못에 흘러들어 푸른 물결 넘실대누나. 묻노라 영천은 아는가 모르는가, 주인이 다시 몇 해나 볼지를."[9]이라는 물음으로 시작하였다. 이에 대하여 샘은 이렇게 대답한다.

盤迴縈屈石中間　굽이굽이 돌 사이를 돌고 돌아서
觱出方成一掬瀾　막 한 움큼 물결 이루었노라
地下泉流多少在　땅속에 흐르는 샘 하 많은데
何憂不及此時看　어이해 여태까지 못 본 것을 걱정하느뇨

— 이규보, 〈천답주인(泉答主人)〉[10]

---

7 李穡, 〈新居〉, 『牧隱藁』 권5, "築階隨地勢, 鑿井起波紋."
8 許穆, 〈自吟〉, 『記言』 권1, "耕鑿自饒忘帝力, 樂生還愛鏡中鬚."
9 李奎報, 〈己亥五月七日, 家泉復出, 戱成問答五首〉, 『東國李相國後集』 권6, "寒流依舊湧嵒間, 入沼盈盈瀲翠瀾. 爲問靈泉能會不, 主人還復幾年看."
10 李奎報, 〈泉答主人〉, 『東國李相國後集』 권6.

이 시는 물론 생명과 직결되지는 않는다. 이후의 시상이 술을 빚는 물로 전이되면서 이규보의 독특한 호기(豪氣)와 결부되고 있기 때문이다. 그러나 그는 땅속에서 물길을 이루고 있다가 오랜만에 흘러넘치는 것을 보고 감당할 수 없는 기쁨으로 샘에게 말을 건네었다. 샘물은 바로 천지 기운의 응결이기 때문이다. 이러한 입장에서 최항(崔恒, 1409~1474)은 "대개 우주(宇宙) 안에 사대(四大)가 있으니 땅은 그 중의 하나로 늘 편안하고, 하늘이 낳은 오행(五行) 중에 물은 능히 아래를 적시어 잘 이롭게 하는 것인데, 이 영천의 솟아오름이 바로 대화(大和)의 융액(融液)임을 징험할 수 있고, 또한 천지 기운의 훈증(薰蒸)임을 점칠 수 있나이다."[11]라며 표전(表箋)을 올리기도 했다.

대화(大和)의 융액인 물이 지닌 최고의 덕은 생명성에 있다. 우물은 이와 직결되는 상징성을 지니기도 한다. 생명의 잉태 공간, 특히 새로운 나라를 창건하는 건국시조의 탄강처로 등장하기도 하고, 신성한 제의처로서의 공간적 기능을 지니기도 하며, 호국신이 깃들어 있어 국운을 점칠 수 있는 공간으로 인식되기도 하고, 용신 또는 수신이 거처하거나 여인이 왕이나 신(神) 등 귀한 신분의 존재를 만나는 공간이기도 하다.[12] 이러한 상징성을 관통하는 것은 바로 신성성과 생명성이다. 여기에는 물론 생명 자체가 신성한 것이라는 의식이 깃들어 있다. 우물은 무엇보다 생명, 그것도 그 시원을 알리는 역할을 한다. 우선 다음 자료를 보자.

---

11 崔恒, 〈賀靈泉湧出箋〉, 『東文選』 권33, "蓋域有四大, 地旣得一以常寧, 天生五材, 水能潤下而善利, 于以驗大和之融液, 亦以占叶氣之薰蒸."

12 권태효는 「우물의 공간적 성격과 상징성 연구」(『민족문화연구』 56, 고려대학교 민족문화연구원, 2012)에서 우물의 상징성에 대해 연구하였다.

(가) 그곳의 노인이 말하길 …… 바다 중간에 여국(女國)이 있는데 남자가 없다고 했다. 혹 전하기로는 그 나라에 신이한 우물[神井]이 있어 이를 보면 자식을 낳는다고 했다.[13]

(나) [백제 시조 온조왕] 25년 2월에 왕궁의 우물이 갑자기 넘쳤다. 한성(漢城)의 민가에서 머리 하나에 몸이 둘인 소가 태어났다. 일관은 "우물이 갑자기 넘침은 대왕이 크게 일어날 징조이고, 소가 머리 하나에 몸을 두 개 가진 것은 대왕이 이웃 나라를 병합할 징조"라 하였다. 왕은 기뻐한 나머지 진한과 마한을 병탄할 생각을 하였다.[14]

앞의 자료는 고대국가 옥저에 대한 이야기로, 이 나라에 신이한 우물이 있어 이를 보면 자식을 낳는다고 했고, 뒤의 자료는 백제의 온조왕에 대한 이야기로, 우물이 넘치는 것은 대왕이 크게 일어날 징조라고 했다. (가)가 생명 발견의 구체성을 띤 것이라면, (나)는 건국을 상징적으로 보여 준 것이라 하겠다. 이 두 이야기는 우물이 탄생 내지 출발을 상징한다는 측면에서는 동일하다. 특히 뒤의 이야기는 의자왕 5년 2월에 백제 서울의 우물이 핏빛으로 변했다는 기록과 극명하게 대비되는데, 생명이 있는 곳에 죽음도 있다는 것을 보여 주고 있어 흥미롭다. 핏빛이 전쟁으로 인한 참혹상을 연상시키기도 하지만, 핏빛으로 변한 물은 이미 죽은 물을 뜻하기 때문이다.

우물에 생명 발견의 상징성이 있다고 할 때, 범일국사(梵日國師) 전승을 주목할 필요가 있다. 범일국사는 신라의 선승으로, 구산선문

---

13 『後漢書』 권85, 〈東夷傳·沃沮〉, "其耆老言 …… 又說海中有女國, 無男人, 或傳其國有神井, 窺之輒生子云."

14 金富軾, 〈百濟本紀〉, 『三國史記』 권23, "二十五年, 春二月, 王宮井水暴溢. 漢城人家馬生牛, 一首二身. 日者曰, 井水暴溢者, 大王勃興之兆也, 牛一首二身者, 大王并鄰國之應也. 王聞之喜, 遂有幷呑辰馬之心."

(九山禪門) 중 사굴산문(闍崛山門)을 처음 연 사람으로 알려져 있다. 그의 어머니가 우물의 물을 바가지로 뜨니 그 속에 해가 담겨 있었다고 한다. 물을 버리고 다시 떴는데도 또 해가 담겨 있어 그냥 마셨는데, 그 이후로 태기가 있어 사내아이를 순산했고, 그 아이가 바로 범일 국사였다는 것이다. 여기서 우물의 물과 태양의 결합, 즉 우물이라는 여성성(수신성)과 태양이라는 남성성(천신성)의 결합을 상징적으로 보여 줌으로써 위대한 사람의 탄생을 이끌어 냈다. 널리 알려진 혁거세 설화도 같은 맥락에서 이해할 수 있다.

> 전한(前漢) 지절(地節) 원년 임자 3월 초하루에 여섯 부의 시조들이 각각 자제들을 거느리고 다 함께 알천 둑 위에 모여 의논하기를 "우리들은 위로 백성을 다스릴 임금이 없어 백성들이 모두 방자하고 안일하여 제멋대로 하고 있다. 어찌 덕 있는 사람을 찾아내어 임금으로 삼아 나라를 창건하고 도읍을 정하지 않으랴!"라고 했다. 그리하여 높은 곳에 올라 남쪽을 바라보니 양산 밑에 있는 나정 가에 번개빛과 같은 이상한 기운이 땅에 드리워졌고 백마 한 마리가 무릎을 꿇고 절하는 시늉을 하고 있었다. 그곳을 찾아서 살펴보니 자줏빛 알 한 개가 있었다. 말은 사람을 보자 길게 울면서 하늘로 올라가 버렸다. 그 알을 깨뜨려 사내아이를 얻으니 모습이 단정하고 아름다웠다. 놀랍고 신이하여 동천(東泉)에서 목욕을 시키자 몸에서 광채가 나고 새와 짐승들이 춤을 추니 천지가 진동하고 해와 달이 맑고 밝았다. 이로 인하여 혁거세왕이라 이름하였다.[15]

---

15 一然, 〈朴赫居世〉, 『三國遺事』 권1, "前漢地節元年壬子 三月朔, 六部祖各率子弟, 俱會於閼川岸上, 議曰, 我輩上無君主臨理蒸民, 民皆放逸, 自從所欲, 盍覓有德人, 爲之君主, 立邦設都乎? 於是, 乘高南望, 楊山下蘿井傍, 異氣如電光垂地, 有一白馬跪拜之狀, 尋撿之 有一紫卵, 馬見人長嘶上天, 剖其卵得童男, 形儀端美, 驚異之, 浴於東泉, 身生光彩, 鳥獸率舞, 天地振動, 日月淸明, 因名赫居世王."

앞의 이야기가 『삼국사기』「신라본기」〈혁거세거서간〉 조에는 "고허촌의 우두머리 소벌공이 양산 기슭을 바라보니 나정 옆의 숲 사이에서 말이 무릎을 꿇고 앉아 울고 있었다. 가서 보니 문득 말은 보이지 않고 다만 큰 알만 있었다. 그것을 쪼개니 어린아이가 나왔으므로 거두어서 길렀다. 나이가 10여 세에 이르자 남달리 뛰어나고 성숙하였다. 6부 사람들은 그 출생이 신비하고 기이하였으므로 그를 받들어 존경하였는데, 이때 이르러 그를 임금으로 삼았다. 진한 사람들은 박[瓠]을 박(朴)이라 일컬었는데, 처음에 큰 알이 마치 박과 같았던 까닭에 '박'을 성으로 삼았다."[16]라고 요약되어 있다.

이 자료에서 우리가 주목하는 것은 '우물'이다. 이와 함께 '번개', '백마', '알' 등도 주목할 만한 소재들이다. 여기서 우물이 여성성을 상징한다면, 번개는 남성성, 백마는 하늘의 남성성을 실어 나르는 빛을 상징한다. 이렇게 여성성과 남성성이 결합하여 알을 낳고, 그 알을 깨고 나온 사내아이가 혁거세왕이 되었다는 것이다. 동천에 목욕을 시키자 몸에서 빛이 나고 새와 짐승이 춤을 추고, 천지가 진동을 하고, 해와 달이 맑고 밝았다는 것은 바로 우주적 축복을 안고 태어나 비범한 능력을 가진 자에 의해 신라가 건국되었다는 것을 이야기하기 위함이다.

혁거세왕뿐만 아니라 그 왕비 역시 우물과 깊은 관련이 있다. 『삼국유사』의 〈신라시조 혁거세왕〉 조에, "당시의 사람들이 다투어 치하하면서, 이제 천자가 내려오셨으니 마땅히 덕 있는 왕후를 찾아 천

16 金富軾, 〈赫居世居西干〉, 『三國史記』 권1, 「新羅本紀」 第1, "高墟村長 蘇伐公, 望楊山麓, 蘿井傍林間, 有馬跪而嘶, 則往觀之, 忽不見馬, 只有大卵. 剖之, 有嬰兒出焉, 則收而養之. 及年十餘歲, 岐嶷然夙成. 六部人, 以其生神異, 推尊之, 至是立爲君焉. 辰人謂瓠爲朴, 以初大卵如瓠, 故以朴爲姓."

자의 배필을 정해야 할 것이라 하였다. 이날 사량리(沙梁里) 알영정(閼英井) 가에 계룡이 나타나서 왼쪽 옆구리로 여자아이를 낳으니 모습과 얼굴이 빼어나게 아름다웠다. 그러나 입술이 닭의 부리와 같았다. 곧바로 월성의 북천(北川)에 목욕을 시켰더니 그 부리가 떨어졌다. 이로 인하여 그 냇물 이름을 발천(撥川)이라고 한다."[17]라고 한 것이 그것이다. 계룡의 옆구리에서 태어나고 입술이 닭의 부리와 같아 혁거세와는 달리 신분적 한계가 노출되기도 하나, 그 역시 알영정이라는 우물가에서 태어났다.

범일국사의 탄생이 우물물과 태양의 결합이라면, 혁거세와 그 비의 탄생 설화는 나정과 알영정이라는 우물가에서 이루어진다. 이 모두가 우물물을 중심으로 한 하늘과 땅의 결합, 남성성과 여성성의 결합을 의미한다. 위대한 탄생은 우주적 차원에서 이루어진다는 것도 이로써 확인된다. 여기서 나아가 우물과 관련하여 더욱 세속화된 것이 바로 '버들잎 화소'의 결연담(結緣譚)이다. 이 설화는 '어떤 남자가 급히 달려옴 → 우물가에서 여자에게 마실 물을 청함 → 여자가 남자에게 물에 버들잎을 띄운 바가지를 건넴 → 결연'의 구조로 이루어져 있다. 이때 남성은 대체로 높은 신분, 여성은 낮은 신분으로 나타나지만, 이들의 결연을 통해 새로운 생명이 탄생된다는 측면에서는 동일하다. 이와 관련된 다음 자료를 읽어 보자.

(가) 왕건의 할아버지가 중국에서 올 때 서해안에서 용녀를 만났는데 이 분이 왕건의 할머니다. 왕건의 둘째 부인은 오달영의 딸인데, 왕건이 궁예

17 一然, 〈新羅始祖 赫居世王〉, 『三國遺事』 권1, "時人爭賀曰, 今天子已降, 宜覓有德女君配之, 是日, 沙梁里閼英井邊, 有鷄龍現, 而左脇誕生童女, 姿容殊麗, 然而唇似鷄觜, 將浴於月城北川, 其觜撥落, 因名其川曰撥川."

밑에서 장군 노릇을 할 때 전쟁을 하다가 숨이 차 우물가에 있는 한 처녀에게 물 한 바가지를 달라고 하니 처녀가 버드나무 잎사귀를 훑어서 물에다 뿌려주었다. 왕건이 괘씸하게 생각하여 이것이 무슨 짓이냐고 하니까, 처녀는 숨이 찼을 적에 냉수를 급하게 먹으면 체한다고 하면서 후후 불면서 잡수시라고 일부러 그렇게 했다고 하였다. 머리가 비상한 여자라 생각하고 왕건이 그녀를 부인으로 얻었다. 오달영도 머리가 좋았다. 오달영이 거울 뒤를 깎아 왕건이 왕이 될 것이란 글자를 거울에 새겼다. 거울을 이용하여 그 일대에서 왕건이 왕이 될 것이라며 인심을 얻었다. 왕건은 궁예를 쫓아내고 왕이 되었다.[18]

(나) 연산조에 사화가 크게 일어나자 교리로 있던 이씨 성을 가진 사람이 망명을 하여 보성에 이르게 되었다. 목이 몹시 말랐는데 한 어린 여자아이가 우물에서 물을 긷고 있었다. 달려가서 마실 물을 청하니, 여자가 바가지에 물을 가득 떠서 그 옆에 있는 버드나무 잎을 따서 그 그릇 위에 띄워 건네주었다. 마음에 몹시 이상한 생각이 들어 물어보니 "당신이 몹시 목이 말라 하여 천천히 마시라고 그리하였습니다."라고 했다. 그 사람이 크게 놀라 "그대는 뉘 집의 따님이오?"라고 물었다. 이에 여자가 대답하기를, "저 건너편 유기장(柳器匠) 집의 딸입니다."라고 하니, 남자가 그의 뒤를 따라서 유기장에게 사위 되기를 청하고 몸을 의탁하였다. …… 이 사람은 바로 판서 이장곤(李長坤)이다.[19]

버들잎 화소는 위의 자료가 보여 주듯 왕건과 같은 건국주에게도 나타나고 이장곤과 같은 문신에게도 나타난다. 이것은 이 화소가 보편성을 갖고 있다는 뜻이다. 이 화소가 지니는 서사 내적 기능

18 신석하(남, 46세) 제보, 『한국구비문학대계』 1-7, 경기도 강화군 편, 한국정신문화연구원, 1982, 530쪽.

19 동국대학교 한국문학연구소 편, 「계서야담」, 『한국문헌설화전집』 1, 태학사, 1987, 213쪽.

은 여성의 현명함과 남녀의 결연이다.[20] 여기서도 여전히 우물물은 중요한 기능을 한다. 우물은 두 남녀의 결연을 가능케 하고, 이러한 결연은 결국 탄생을 가능케 하기 때문이다. 이처럼 우물은 그 물을 통해 신이한 탄생을 만들어 내기도 하고, 우물가에서 신이한 탄생이 이루어지기도 한다. 이것이 인간 세계와 더욱 밀착되면, 남녀의 결연을 통한 새로운 탄생으로 이어진다. 즉, 우물은 탄생의 중요한 매개 역할을 하며, 작가와 언중(言衆)은 이를 통해 생명을 발견하였던 것이다.

물이 생명의 근원이라는 점과 우물이 여성을 상징한다는 점이 결합되면서 우물은 자연스럽게 잉태의 공간이 되었다. 여기에 근거하여 우물은 자연스럽게 신화적 상상력 속으로 들어와 혁거세나 범일국사의 탄생을 가능케 했고, 더 나아가 남녀 결연의 매개가 되어 생명 잉태를 간접적으로 나타내기도 했다. 그러나 우물에 대한 상상력은 여기서 그치지 않는다. 우물 속에 용이 살기도 하지만, 외부의 용과 교합하면서 새로운 생명을 잉태하기도 하기 때문이다. 이러한 상상력에 입각해 창작된 가전(假傳)이 성여학(成汝學, 1557~?)의 〈관부인전(灌夫人傳)〉이다. 이 작품은 다음과 같이 7언절구로 요약되어 있다.

兩脚山中有小池　양각산(兩脚山) 가운데 작은 연못 있으니
池南池北艸離離　연못의 위아래로는 풀이 무성하네
無風白浪翻天起　바람 한 점 없어도 하늘마저 뒤집을 듯 흰 물결 일어남은
一目朱龍出入時　외눈박이 붉은 용이 들락날락하는 때라네

— 성여학, 〈관부인전(灌夫人傳)〉[21]

---

20 버들잎 화소의 서사적 기능에 대해서는 이수자, 「설화에 나타난 '버들잎 화소'의 서사적 기능과 의의」(『구비문학연구』 2, 한국구비문학회, 1995)를 참조할 수 있다.

21 成汝學, 〈灌夫人傳〉, 『韓國의 假傳文學』(金昌龍 편), 太學社, 1997.

이 작품에서 주장군(남자 성기의 의인)이 관부인(여자 성기의 의인)에게, '계관산(雞冠山)의 불그죽죽한 성 가운데 자그마한 연못이 하나 있는데 그 연못의 물은 따뜻하게 솟아올라 온갖 병이 다 낫는다는 말을 듣고 목욕을 하고 싶다.'며 편지를 써서 청하자, 관부인은 이를 거절한다. 이에 주장군이 노하여 성을 쳐들어가 진퇴를 거듭하다 결국 실패해 물러나고 만다. 남녀의 교합이 관부인의 소지(小池) 지키기와 주장군[朱龍]의 돌격하기로 형상화되어 있지만, 이 작품의 핵심은 생명 탄생에 있다. 주장군의 편지에 "혹시라도 온탕을 허락해 주셔서 만에 하나라도 효험을 보게 된다면 부인의 바람에 감복하여 아들을 많이 낳을 수 있도록 축하해 드리겠습니다."[22]라고 하고 있기 때문이다.

우물물은 사람들이 길어다 먹는 물이다. 물 그 자체가 생명이기도 하지만, 이 물을 마심으로써 사람들은 생명을 유지할 수 있다. 인간 의식의 흐름도 결국은 물이 우리 몸속에 들어와 어떤 작동을 하기에 가능한 것이다. 우주의 생명 역시 이로써 설명이 가능하기 때문에 고인(古人)들은 물을 대화(大和)의 융액(融液)이라고 말할 수 있었다. 특히 건국시조의 탄생이 우물을 통해 이루어지기도 하고, 범상치 않은 사람 또한 우물에서 탄생하였다. 또한 우물은 그 물로 인해 결연의 매개가 되기도 했다. 왕건 설화에서 보이는 버들잎 화소가 대표적이다. 그러나 이러한 탄생과 결연을 훨씬 뛰어넘어 우물은 재생을 위한 공간이기도 했다. 이는 우물을 통해 영원을 추구하는 사람들의 열망을 보인 것이라 하겠다.

22 成汝學, 〈灌夫人傳〉, "倘許溫湯, 萬一得效, 感戴夫人之請, 祝多男子."

생명 원두의 응시

의학은 생명을 다루는 학문이기에 허준(許浚, 1539~1615)은 『동의보감』에서 물을 특별히 주목하였다. 〈논수품(論水品)〉이 바로 그것이다. 여기에서 그는 33종의 물을 제시하고 그 종류와 용도를 설명하였다. 이 가운데 우물물[井水]에 대하여, "대체로 우물물은 땅속 깊이 있는 물줄기에서 나오는 것이라야 제일 좋다. 얕은 곳에서 나오는 것은 강물이 스며들어 간 것이기 때문에 좋지 않다."[23]라고 하거나, 맑은 샘[淸泉]에 대하여, "병을 치료하는 데 쓰는 물은 다 맑은 샘물을 새로 길어다가 써야 한다. 한곳에 고여 있어서 더러워지고 흐리며 미지근한 물을 쓰면 효과가 없을 뿐만 아니라 오히려 사람에게 해롭다."[24] 라고 기록하고 있다. 모두 물이 생명과 관련이 있기 때문이다.

또한 『동의보감』에서 "물은 일상적으로 쓰는 것이라서 사람들이 흔히 홀시하는데 그것은 물이 하늘에서 생겼다는 것을 알지 못하기 때문이다. 사람은 물과 음식에 의해서 영양분을 얻는다. 그러니 물이 사람에게 중요한 것이 아니겠는가. 사람은 살찐 사람도 있고 여윈 사람도 있으며 오래 사는 사람도 있고 오래 살지 못하는 사람도 있다. 이런 차이가 생기는 원인은 흔히 수토(水土)가 같지 않기 때문이다. 그것은 남쪽 지방과 북쪽 지방을 비교해 보면 알 수 있다."[25]라고도 했다. 물이 지극히 평범하고 일상적인 듯하지만, 그것은 '하늘'이라는 위대한 곳에서 생겨 신비한 힘을 가지고 있다고 생각하였던 것이다. 이러한 측면에서 황준량(黃俊良, 1517~1563)의 다음 작품은 주목할 만하다.

23 許浚, 〈論水品〉, 『東醫寶鑑』, "凡井水, 有遠從地脈來者, 爲上, 有從近處江河中, 滲來者, 欠佳."
24 許浚, 〈論水品〉, 『東醫寶鑑』, "療疾, 皆取新汲淸泉, 不用停汚濁煖, 非直無效, 固亦損人宜愼之."
25 許浚, 〈論水品〉, 『東醫寶鑑』, "水者, 日常所用, 人多忽之, 水不知天之生, 人水穀以養之, 水之於人, 不亦重乎? 故, 人之形體有厚薄, 年壽有長短, 多由於水土之不同, 驗之南北可見矣."

宿霧籠山趾　묵은 안개가 산발치를 싸안고 있는데
靈泉湧石陰　영묘한 샘이 바위 그늘에서 솟아나네
椒辛薰病骨　후추처럼 매워 병든 뼈에 훈기 줄 수 있고
氷冷濯煩襟　얼음처럼 차 괴로운 가슴 씻을 수 있으니
坤闢醫人寶　땅이 사람을 고치는 보갑을 열고
天隆活物心　하늘이 만물 살리는 마음 내린 것이네
神皇嘗草意　신농씨가 초목을 맛본 뜻이
更覺體仁深　인을 깊이 체득한 것임을 새삼 알게 되었네

— 황준량, 〈영천초정(榮川椒井)〉[26]

영주의 '초정[椒泉]'을 노래한 것이다. 일찍부터 영주의 초정은 신이한 샘으로 유명하였다. 이 때문에 사대부들은 이곳에 와서 목욕을 하면서 심신을 달랬다. 김령(金坽, 1577~1641)은 『계암일록(溪巖日錄)』 1616년 7월 17일 조에서, "평보 형이 내일 이지와 함께 애전(艾田)으로 가서 한강(寒岡) 정구(鄭逑) 어른을 찾아뵈려 한다. 한강이 풍병을 앓고 있어 근래에 초천(椒泉)으로 목욕하러 왔기 때문이다."[27]라고 기술하고 있다. 당시 정구는 1615년(73세) 5월에 중풍에 걸려 오른쪽 몸이 마비되어 있었는데, 이를 치유하기 위해 초정을 찾았던 것이다. 주세붕(周世鵬, 1495~1554) 또한 여기를 찾아 〈욕초정(浴椒井)〉과 〈초정(椒井)〉 시 2수를 남기는 등 많은 작가들이 이곳을 찾아 샘이 지닌 생명력을 노래했다.[28] 정몽주(鄭夢周, 1337~1392)도 이에 동참하여 다음과 같이 노래하였다.

---

26 黃俊良, 〈榮川椒井〉, 『錦溪集』 권2.

27 金坽, 『溪巖日錄』, 1616년 7월 17일 조, "盖平甫兄, 與以志明日往艾田, 拜寒岡鄭斯文, 寒岡患風病, 近日來浴椒泉也."

28 초정을 찾은 많은 인사들이 시문을 남겼는데, 주세붕의 시 2수를 비롯하여, 곽진(郭瑨, 1568~1633), 황준량(黃俊良, 1517~1563), 오수영(吳守盈, 1521~1606), 박승임(朴承任, 1517~1586) 등의 시가 전해져 오고 있다.

伊誰修館宇　누가 공관을 지으면서
鑿井在墻東　담 동쪽에 우물을 파 두었던고
赤日行天上　붉은 해는 하늘을 지나가고
清泉出地中　맑은 샘은 땅속에서 솟는다네
往來紛似織　왕래의 분주함이 베 짜는 듯한데
酌飮利無窮　마시는 이로움은 그지없다네
玩易曾觀象　주역을 읽으며 일찍이 상을 보나니
知渠濟物功　그것이 사물을 구제하는 공임을 알겠네

— 정몽주, 〈복주관중정(復州館中井)〉[29]

이 시는 정몽주가 사행을 가면서 복주(復州, 지금의 요녕성遼寧省 복현復縣)에서 지은 것이다. 공관의 동쪽에 우물이 있는 것을 발견하고, 땅속에서 솟는 맑은 샘물이 사람들에게 무한한 이로움을 준다고 했다. 우물이 모든 생명의 원천이라는 자각에 의한 것이다. 여기서 정몽주는 자연스럽게 『주역』의 정괘(井卦)를 떠올렸다. 이 괘는 곤괘(困卦)에서 돌부리에 넘어지고 가시덩굴에 살이 찢긴 자가 마시는 생명수를 의미한다. 이 때문에 그는 미련(尾聯)에서 『주역』의 괘상을 보면서 물이 지닌 생명력을 노래했다. 또한 그는 "봉황지(鳳凰池)의 물이 봄빛으로 물들었네."[30]라고 하면서, 그 생명력이 우주적인 것이라고 말하기도 했다. 이러한 자연 생명력의 기제(機制)는 성리학적 상상력과 결부될 수 있는데, 다음의 시가 그것이다.

潛在深淵或躍如　깊은 연못에 잠겨 있지만 때로 힘차게 뛰는 것을

29　鄭夢周, 〈復州館中井〉, 『圃隱集』 권1.
30　鄭夢周, 〈入直中書門下省醉賦〉, 『圃隱集』 권2, "鳳凰池水染春光."

子思何取著于書　자사가 어찌하여 책에 적어 두었던고
但將眼孔分明見　다만 눈으로 분명히 볼 수 있다면
物物眞成潑潑魚　모든 사물들은 모두 활발발하게 뛰는 물고기인 것을

— 정몽주, 〈호중관어(湖中觀魚)〉[31]

위 시는 〈호중관어〉 두 수 가운데 첫째 수이다. 자사는 『중용』에서 "『시경』에 이르기를 '솔개는 하늘에서 날고 물고기는 연못에서 뛰네.'라고 하였으니 이는 도가 상하로 드러남을 말한 것이다."[32]라고 하였다. 이에 대하여 정이(程頤, 1033~1107)는 "이 한 절은 자사께서 사람을 위해 매우 긴요하게 말씀하신 것으로, 생동감이 넘치는 절이다."[33]라고 하였다. 정몽주는 『중용』의 바로 이 대목을 읽고, 물속에서 물고기가 깊이 유영하며 노닐다가 때때로 뛰어오르는 것을 보면서 우주의 생동감[活潑潑地]을 느꼈던 것이다.[34] 〈호연권자(浩然卷子)〉에서 "천고의 이 마음을 같이하여, 연어(鳶魚)의 묘한 이치 넘실거리네."[35]라고 한 것도 같은 맥락에서 이해된다.

성리학자들은 우주의 자연 생명력은 인욕이 제거될 때 가능하며, 이를 통해 천인합일을 이룰 수 있다고 믿었다. 여기서 우리는 성리학적 성찰을 감지하게 된다. 성리학에서 이(理)는 개별 사물을 초월해서 존재하기도 하고, 개별 사물에 내재하여 개별 사물의 존재와 운동을

---

31 鄭夢周, 〈湖中觀魚〉, 『圃隱集』 권1. 이 시는 제목이 〈湖中觀魚〉로, 엄격한 의미에서 '호수'를 노래한 것이지만, 시의 구체적인 내용이 연못[淵]과 관련된 것이므로 여기서 다룬다.

32 『中庸』, "詩云, 鳶飛戾天, 魚躍于淵, 言其上下察也."

33 『中庸』, 朱子註, "此一節, 子思喫緊爲人處, 活潑潑地."

34 조선 후기 경기도 포천의 선비 유심재(有心齋) 이화보(李和甫, 1714~1780)는 정몽주의 이 시 미련을 들어 "이 한 구절은 진실로 동방도학지조(東方道學之祖)이다."라고 평가하기도 했다. "포옹(圃翁)의 시에, '다만 눈으로 분명히 볼 수 있다면, 모든 사물들은 모두 활발발하게 뛰어노는 물고기인 것을'이라 하였는데, 이 한 구의 말은 실로 '동방도학의 첫머리'이다."(〈答全好古別紙〉, 『有心齋集』 권3)라 한 것이 그것이다.

35 鄭夢周, 〈浩然卷子〉, 『圃隱集』 권2, "千古同此心, 鳶魚妙洋洋."

규정하는 원리로서 존재하기도 한다. 이를 흔히 '이일분수(理一分殊)'로 설명한다. 이를 깊이 인식하고 있었던 정몽주 역시 "크고 작게 만 가지로 나누어져 다르지만, 여기에 밝고 밝은 이치가 있다네."[36]라고 할 수 있었다. 이 이(理)가 바로 천리(天理)인데, 성리학자들은 인욕을 씻어 낸 자리에서 천리가 보존된다고 주장하였다. 물의 중요한 기능 가운데 하나가 세척이니, 이는 자연스럽게 수양론과 결부될 수 있었던 것이다. 이정(李楨, 1512~1571)의 다음 작품을 보자.[37]

(가) 剩水庭心鏡面開　뜰 가운데의 연못은 거울처럼 열리고
主人攜客繞千梅　주인은 객을 일천 그루 매화 둘러진 곳으로 인도하네
夢驚夜半蕭蕭雨　꿈을 깬 한밤에 소슬한 빗소리 듣노라니
認得源頭一派來　원두에서 한 줄기 물이 흘러왔음을 알겠네

— 이정, 〈유숙관포당(留宿灌圃堂)〉[38]

(나) 虛而能受滿而傾　비어야 받아들일 수 있고 차면 기우나니
招損持謙只暫頃　손해를 부르고 겸손을 잡는 것은 잠깐 사이라네
碓自低昂休不得　물방아 오르내리는 것 멈추지 않으니
原泉活活本無情　샘의 근원은 콸콸 솟아 본디 무정하다네

— 이정, 〈쌍계루상부간수대(雙溪樓上俯看水碓)〉[39]

(가)는 〈유숙관포당(留宿灌圃堂)〉이라는 작품이다. 관포당은 이정의 스승 어득강(魚得江, 1470~1550)의 당호인데, 이정이 여기에 유숙하

36 鄭夢周, 〈幻庵卷子〉, 『圃隱集』 권2, "鉅細紛萬殊, 粲然斯有理."
37 이정의 시에 대해서는 정우락, 「『중용』이 구암 이정의 문학에 미친 영향」(『동방한문학』 25, 동방한문학회, 2003)에서 자세하게 다룬 바 있다.
38 李楨, 〈留宿灌圃堂〉, 『龜巖集』 권1.
39 李楨, 〈雙溪樓上俯看水碓〉, 『龜巖集』 권1.

면서 지은 것이다. 이 작품이 연못을 마음에 비유하고 있다는 점을 주목할 만하다. 주자의 〈관서유감(觀書有感)〉과 동일한 기법이다. 주자는 마음을 연못, 거울, 원두 등에 비유하였는데, 이정 역시 그러하였다.[40] 마음이 항상 연못과 거울로 비유되듯이, 이것이 지닌 맑은 본성을 지속적으로 유지하기 위해서는 원두가 튼실하지 않으면 안 된다는 것을 두 사람은 보이고자 했다. 주자가 인간에, 이정이 우주에 보다 더 밀착되어 있는 상이성이 발견되지 않는 바 아니나, 이것으로 이들은 인간의 마음에 깃든 천리의 세계를 노래하고자 하였다.

(나)는 〈쌍계루상부간수대(雙溪樓上俯看水碓)〉라는 작품이다. 이정은 1548년 쌍계루에서 물로 작동하는 방아를 굽어보면서 시를 두 수 남긴다.[41] 이것은 그 가운데 하나이다. 기구와 승구에서 보듯이 물방아가 비어 있기 때문에 물을 받아들일 수 있다는 것에 착안하여 겸손의 의미를 제시하였다. 그리고 전구와 결구에서는 물방아의 반복되는 오르내림과 그 원리를 제시하여 머물지 않고 생성되는 만물을 묘사하였다.[42] 이정이 이 작품에서 강조하고자 한 것은 물방아의 '허이능수(虛而能受)'와 그것을 가능하게 한 '원천활활(原泉活活)'이다. 우리는 흔히 마음의 본체를 '허(虛)'[43]라고 한다. 이 때문에 수많은 작용이 가능한 것으로 보았다.

---

40 이정의 상상력은 주자의 〈관서유감(觀書有感)〉에 많이 의지하고 있다. 〈연담사(蓮潭辭)〉(『龜巖續集』 권1)가 그 대표적 작품이다. 즉, "못의 물은 천길이요, 거울처럼 평평한데 푸르고 맑아라. 구름 그림자는 배회를 하고, 부용을 드니 수많은 줄기라네.[潭之水兮千丈, 鏡面平兮綠淨. 雲影兮徘徊, 擎芙蓉兮萬柄.]"라고 한 것이 그것이다.

41 『구암속집(龜巖續集)』 권1에 이것과 동일한 제목의 작품이 한 수 더 있다. 이로 보아 쌍계루에서 두 수를 지었는데, 한 수가 빠져 속집을 만들면서 추가한 것이 아닌가 한다. 두 수 모두 지은 연대가 무신(戊申), 즉 1548년인 것도 하나의 증좌가 된다.

42 이정의 이 같은 생각은 〈시학자(示學者)〉(『龜巖集』 권1)에도 잘 나타나 있다. 원문은 이러하다. "風霜雨露天之敎, 萬物生成自不停. 此理昭昭非恍惚, 晴牕盥手讀西銘."

43 "마음의 본체는 텅 비어 있어 사물을 응함에 자취가 없다. 그것을 잡는 데는 요점이 있으니 보는 것이 법칙이다.[心兮本虛, 應物無迹. 操之有要, 視爲之則.]"(『論語』「顔淵」, 朱子註)라 한 것이 그것이다.

조선조 성리학자들은 연못을 마음의 본체에 비유하면서 생명의 원두로 생각했다. 그들은 이러한 생각에 기반하여 우물이나 연못에 특별한 관심을 갖고, 주자의 생각에 따라 이를 통해 수양하고 실천하고자 했다. 예컨대 이황(李滉, 1501~1570)은 계상서당 앞에 모난 연못을 파 두었는데, 여기에 비가 내린 뒤에 느낌이 있어 시를 지은 적이 있다. 〈계당전방당, 미우후작(溪堂前方塘, 微雨後作)〉이 그것이다. 이 시는 5언고시의 형태로 되어 있다. 이 작품 역시 주자의 〈관서유감〉이 갖는 수양론적 의미를 지니고 있다. 다소 길지만 그 전문을 들면 다음과 같다.

小塘雨絲絲　작은 연못에 이슬비 가늘게 내리는데
清晨獨來憩　맑은 새벽에 홀로 와서 쉰다네
窓虛可坐臨　창은 비어 낮아서 내려다볼 수 있고
地淨無塵翳　땅은 깨끗하여 티끌 한 점 없다네
靄靄雲氣垂　뭉게뭉게 피어나는 구름 기운 드리우더니
微微波紋細　미미하게 물결의 무늬 가늘기만 하네
蒼苔濕滿嵌　물기 머금은 검푸른 이끼는 바위에 가득하고
碧草霑委砌　젖은 검푸른 풀은 섬돌에 쌓여 있네
餘霏洗水面　이슬비 수면을 씻어 내니
一鑑寒潑眥　하나의 거울처럼 차갑게 눈이 부시네
度鳥忽遺影　나는 새 문득 그림자 남기고
游魚新得計　뛰노는 물고기는 새로운 계책을 얻었다네
夙昔抱沖素　예로부터 깨끗하고 순박함 지니고자 하여
生平不狎世　평생토록 세상과는 친하지 못하였네
蒙泉有活源　몽천에는 힘차게 솟아오르는 물이 있으니
果育希晚歲　과감한 생동과 덕의 기름으로 만년을 기약하네

題詩豈夢占　시 짓지만 어찌 꿈에서 얻으리
觀書儻天契　책 보며 어쩌다 하늘과 계합하네
何況後夜來　하물며 다음날 다시 온다면
風月更光霽　바람과 달빛 더욱더 맑고 깨끗하리

— 이황, 〈계당전방당, 미우후작(溪堂前方塘, 微雨後作)〉[44]

모난 연못[方塘]에 가늘게 비가 내리는데, 그 비가 그친 후 주위의 산천 경계가 맑디맑다고 했다. "이슬비 수면을 씻어 내니, 하나의 거울처럼 차갑게 눈이 부시네."라고 한 것은 인욕이 씻겨 나간 마음을 비유한 것이기도 하다. 방당이 마음을 상징하는 것이니 그 의미가 더욱 또렷하다.[45] 인욕이 사라진 곳에 천리가 유행한다는 생각에 따라, 이황은 '나는 새'와 '뛰는 물고기'를 제시할 수 있었다. '몽천'의 '활원'은 생명의 원두 그것이 아닐 수 없다. 서책 가운데 이러한 성리학적 이상이 있으므로 책을 보면서 하늘과 계합(契合)한다고 했다. 천인합일의 이상을 이렇게 표현한 것이다. 마지막에는 그 효과를 제시하였는데, 비 갠 뒤의 바람과 달로 표상되는 광풍제월(光風霽月)이 그것이다. 우물(또는 연못, 샘)을 통한 이러한 생명에의 응시와 성찰의 과정은 현대시에서도 지속적으로 계승된다. 김영랑의 다음 시를 보자.

마당앞
맑은새암을 드려다본다

저 깁흔 땅밑에

44 李滉, 〈溪堂前方塘, 微雨後作〉, 『退溪集』 권2.
45 이에 대해서는 정우락, 「주자시의 문학적 수용과 문화적 응용: 〈觀書有感〉을 중심으로」(『퇴계학과 유교문화』 57, 경북대학교 퇴계연구소, 2015)를 참조할 수 있다.

사로잡힌 넉 잇서
언제나 머ㄴ 하날만
내여다보고 계심 가터

별이 총총한
맑은새암을 드려다본다

저 깁흔 땅속에
편히 누은 넉 잇어
이 밤 그눈 반작이고
그의것몸 부르심 가터

마당앒
맑은새암은 내령혼의 얼골

— 김영랑, 〈마당 앞 맑은 새암을〉[46]

마당 앞에 조성되어 있는 맑은 샘, 거기에 하늘이 내려와 앉는다. 3연에서는 샘이 먼 하늘을 내다본다고 했고, 4연에서는 총총한 별이 샘을 들여다본다고 했다. 여기서 샘과 하늘은 서로 교통하게 되는데, 이것은 성리학에서 말하는 바 천인합일(天人合一)과 상통하는 것은 아니다. 그러나 시인이 샘을 통해 하늘과 새로운 소통을 시도한 것임은 틀림이 없다. 마지막 연에서는 '마당 앞 맑은 새암'을 '내 영혼의 얼굴'이라고 하였다. 김영랑은 여기서 자신의 영혼을 본 것이다. 그 영혼에는 별이 총총한 하늘이 깃들어 있다. 여기에 게재되어 있는

46 김영랑, 〈마당 앞 맑은 새암을〉, 『마당 앞 맑은 새암을』, 한국저작권위원회, 2010.

것은 우주와 함께하는 생명의 한 현상 바로 그것이라 하겠다.

이와는 달리 성리서인 『근사록(近思錄)』에서는 생명을 이렇게 표현하였다. "서(恕)는 이쪽에서 미루어 나가는 것이요, 애(愛)는 저쪽에 미치는 것이다. 인(仁)을 샘의 원천에 비유한다면, '서'는 샘이 흘러가는 것이고, '애'는 샘이 윤택하게 되는 것이며, 공(公)은 소통하여 막힘이 없는 것이다. 오직 그것이 소통하여 막힘이 없기 때문에 흘러서 사물을 윤택하게 할 수가 있다."[47] 여기서 사물 속으로 흘러들어 가 사물을 윤택하게 하는 것, 그것이 바로 생명이다. '인'이 사물 속으로 흘러들어 '공'으로 소통하기, 이것을 성리학자들은 생명의 세계로 생각한 것이다.

『동의보감』에서는 물을 매우 중시한다. 의학이 생명을 다루는 학문이고, 물은 생명의 다른 말이기 때문이다. 샘과 생명의 관계는 여기서 자연스러워진다. 이 때문에 정몽주는 『주역』의 「정괘(井卦)」에 주목하면서 '발발어(潑潑魚)'를 제시하고 있다. 이것은 성리학자들이 우주의 약동하는 생명력을 표현할 때 쓰는 일상적인 용어인 어약우연(魚躍于淵)에 기반한 것으로, 생명의 원두를 응시하지 않고는 불가능하다. 우주의 왕성한 생명력은 하늘과 땅, 혹은 하늘과 인간을 결합시키는 역할을 하는데, 근대 이후의 작품에도 지속적으로 이어진다. 김영랑은 마당 앞의 맑은 샘을 통해 자신의 영혼과 별을 일체화함으로써 세계와의 통합을 이루어 내는 시적 비전을 보여 주기도 했다. 이러한 비전 역시 우물로 생명 현상을 설명하는 좋은 예라 하지 않을 수 없다.

47 『近思錄』 권2, 「爲學」 葉註, "恕者推於此, 愛者及於彼. 仁譬泉之源也, 恕則泉之流出, 愛則泉之潤澤, 公則疏通而無壅塞之謂也. 惟其疏通而無壅塞, 故能流而澤物."

2. 개울, 일상의 발견

개울은 '흐른다'는 측면에서 연못이나 우물과 다르다. 빨리 흐른다는 점에서 강하(江河)와도 구별된다. 샘에서 흘러내리는 물은 개울을 이루며 빠른 속도로 흐르기 때문에, 개울은 유수 가운데 강보다 훨씬 빠르며 시내를 거쳐 강으로 흘러든다. 개울이 산 쪽에, 시내가 평지 쪽에 좀더 가까이 흘러 구분이 되기도 하지만 여기서는 함께 다룬다. 향촌 사회가 주로 개울을 중심으로 형성되었다는 것을 고려할 때, 이 개울은 그들의 일상생활에서 중요한 역할을 하였다. 개울을 막아 농사를 짓기도 하고, 개울가에 누정을 세워 유식(遊息)의 공간으로 활용하기도 했다. 고려 후기부터 발달한 지방의 재지사족은 주로 이 개울을 중심으로 마을을 만들고, 여기서 그들의 삶을 영위하였던 것이다.

일찍이 주요한(朱耀翰, 1900~1979)은 〈샘물이 혼자서 춤추며 간다〉에서, "샘물이 혼자서, 춤추며 간다. 산골짜기 돌틈으로, 샘물이 혼자서, 우스며 간다. 험한 산길 꽃사이로, 하늘은 맑은데, 즐거운 그 소리, 산과 들이 울리운다."[48]라며 노래한 바 있다. 그가 여기서 샘물이 산골짜기의 돌 틈 사이로 즐거운 소리로 흐른다고 한 것도 그 경쾌한 유속 때문에 가능한 것이었다. 또한 윤동주(尹東柱, 1917~1945)는 〈산골물〉에서 "괴로운 사람아 괴로운 사람아, 옷자락 물결 속에서도, 가슴 속 깊이 돌돌 샘물이 흘러, 이 밤과 더불어 말할 이 없도다. 거리의 소음과 노래 부를 수 없도다."[49]라고 하면서 주요한과는 또

---

48 주요한, 〈샘물이 혼자서 춤추며 간다〉, 『불놀이』, 샘터사, 2000.

49 윤동주, 〈산골물〉, 『하늘과 바람과 별과 시』, 정음사, 1955. 이 시는 "그신듯이 냇가에 앉았으니, 사랑과 일을 거리에 매끼고, 가만히 가만히, 바다로 가자, 바다로 가자."로 이어진다.

다른 서정을 읊고 있다. 바로 이러한 개울의 다른 형상을 염두에 두면서, 일상의 발견에 대하여 살펴보기로 한다.

일상의 다면적 형상

일상은 날마다 반복되는 인간의 생활을 말한다. 이 때문에 일상은 작가들의 기본 경험을 바탕으로 한 현실적인 문제와 긴밀하게 맞닿아 있다. 사람은 누구나 일상을 살아가기에 그 일상은 다면성을 갖고 있고 이러한 다면성은 작가의 시각에 따라 매우 복잡하게 전개된다. 인식의 형식에 따라 인식의 대상이 전혀 다르게 상상되는 것과 같은 이치이다. 예컨대, 시적 자아가 시적 대상을 만나 작품을 구성할 때, 시인의 인식 능력과 환경에 따라 작품은 전혀 다르게 나타난다. 우선 이황이 시와 덕(德)이 함께 온전하였다고 칭송했던 어득강(魚得江, 1470~1550)의 경우를 보자. 그는 개울에 대하여 다음과 같이 노래한 적이 있다.[50]

叢林北洞是靑田　우거진 수풀의 북쪽 골짜기는 청전인데
靑鶴來棲不記年　청학이 와서 깃든 해를 기억하지 못하네
咫尺一溪還弱水　지척의 개울 하나가 도리어 약수인데
昔人猶未見眞仙　옛사람은 오히려 진선을 보지 못했다네

— 어득강, 〈청학심선(靑鶴尋仙)〉[51]

청학동에서 신선을 찾는다는 내용의 〈청학심선(靑鶴尋仙)〉이다. 어

50 어득강에 대해서는 정우락, 「灌圃 魚得江 시에 나타난 '물'의 상상력」(『남명학』 22, 남명학연구원, 2017)에서 자세하게 다루었다.
51 魚得江, 〈靑鶴尋仙〉, 『灌圃詩集』 권1.

득강은 청학이 온 때를 모르지만, 그 이상 공간이 따로 있지 않다고 했다. 그러한 까닭에 지척에 있는 개울을 바로 이상세계에 있다는 약수(弱水)라고 한 것이다. 이에 따라 옛사람이 부질없이 이상향을 찾아 떠났던 것에 문제를 제기하고, 개울 하나가 있는 지척의 그 공간이 바로 진선(眞仙)이 있는 곳이라 했다. 이것은 불교의 선종에서, 본성을 찾는 것을 소를 찾는 것에 비유한 〈십우도(十牛圖)〉의 회귀적 세계상과 유사하다. 이 그림 역시 현실을 떠났다가 자신이 있었던 공간이 바로 이상 공간임을 깨닫고 현실로 돌아오기 때문이다. 어득강 역시 이상세계는 지극히 가까운 곳에 있음을 재발견하게 되었던 것이다.

개울을 중심으로 하나의 이상적 호중천(壺中天)을 만들어 간 대표적인 인물은 이황일 것이다. 그의 호(號)가 퇴계(退溪)인 것에서 알 수 있듯이, 그는 언제나 개울로 물러나고자 했고, 거기서 자신의 이학적 학문 혹은 문학세계를 자연을 통해 구현하고자 했다. 이는 〈도산기(陶山記)〉로 널리 알려진 〈도산잡영병기(陶山雜詠幷記)〉와 〈도산잡영(陶山雜詠)〉에 잘 나타나 있다. 이 작품은 이황이 도산서당을 짓고 난 이듬해인 1561년 11월에 창작된 것으로, 여기에 주자의 〈무이정사잡영(武夷精舍雜詠)〉의 전통을 이어받아 자신의 문학과 학문을 담고자 했다. 〈도산기〉의 일부를 들어 보자.

> 산 뒤에 있는 물을 퇴계(退溪)라 하고 산 남쪽에 있는 물을 낙천(洛川)이라 한다. 퇴계(退溪)는 산 북쪽을 따라 낙천(洛川)에 들어가서 산 동쪽으로 흐르고 낙천(洛川)은 동병(東屛)에서 나와 서쪽으로 산기슭 아래에 이르러 넓고 깊게 고여서 몇 리를 거슬러 올라가면 길이가 배를 놓을 만하다. 금(金) 같은 모래와 옥(玉) 같은 조약돌이 맑게 빛나며 검푸르고 차디찬 징담(澄潭)이 이른바 탁영담(濯纓潭)이다. 서쪽으로 서병(西屛)의 벼

랑을 지나서 그 아래의 물까지 합하여 남으로 큰 들판을 지나 부용봉(芙蓉峯) 밑으로 들어가는데 이것이 바로 서병(西屛)이 동병(東屛)으로 와서 합세한 곳이다. 처음에 내가 퇴계 위에 자리를 잡고 시내를 굽어 두어 칸 집을 얽어서 책을 간직하고 옹졸한 성품을 기르는 처소로 삼으려 하였는데, 벌써 세 번이나 그 자리를 옮겼으나 번번이 비바람에 허물어졌다. 그리고 그 시내 위는 너무 한적하여 가슴을 넓히기에 적당하지 않았기에 다시 옮기기로 작정하고 산 남쪽에 땅을 얻었던 것이다.[52]

퇴계라는 호도 그러하려니와, 위의 자료에서 보듯이 이황의 삶은 물과 불가분의 관계에 놓인다. 처음 그는 퇴계 가에 한서암(寒棲庵)과 계상서당(溪上書堂)을 지어 놓고 강학하였다. 그러나 번번이 비바람에 무너졌고, 그 자리 또한 지나치게 궁벽하고 한적하여 마음을 활짝 펼 수 없었기에 도산 쪽으로 옮긴다고 했다. 그의 말대로 "거기에는 조그마한 골짜기가 있는데 앞으로는 강과 들이 내려다보이고, 깊숙하고 아늑하면서도 멀리 트였으며, 산기슭과 바위들은 선명하며 돌우물은 물맛이 달고 차서 이른바 비돈(肥遯)하기에 적절한 곳"[53]이었기 때문이다. 계(溪)와 천(川)이 조금 다른 느낌이 들기는 하지만, 성리학자 이황은 이를 기반으로 학자적 생활을 영위하고자 했던 것이다.

『논어』의 「선진(先進)」에서 "늦은 봄에 봄옷[春服]이 만들어지면 기수(沂水)에서 목욕을 하고 무우(舞雩)에서 바람을 쐰 뒤에 노래하며 돌

---

52 李滉, 〈陶山雜詠幷記〉, 『退溪集』 권3, "山後曰退溪, 在山南曰洛川. 溪循山北, 而入洛川於山之東, 川自東屛而西趨, 至山之趾, 則演漾泓渟, 沿泝數里間, 深可行舟, 金沙玉礫, 淸瑩紺寒, 卽所謂濯纓潭也. 西觸于西屛之崖, 遂竝其下, 南過大野, 而入于芙蓉峯下, 峯卽西者東而合勢之處也. 始余卜居溪上, 臨溪縛屋數間, 以爲藏書養拙之所, 蓋已三遷其地, 而輒爲風雨所壞, 且以溪上偏於闃寂, 而不稱於曠懷, 乃更謀遷, 而得地於山之南也."

53 李滉, 〈陶山雜詠幷記〉, 『退溪集』 권3, "爰有小洞, 前俯江郊, 幽敻遼廓, 巖麓悄蒨, 石井甘洌, 允宜肥遯之所."

아오겠다."라고 한 증점의 욕기(浴沂) 고사에 따라 사대부들은 개울에서 목욕을 즐기기도 했다. 예컨대, 최립(崔岦, 1539~1612)이 영귀루(詠歸樓)에 올라 가랑비가 내리는 광경을 보고 지은 작품에서, "청명하고 화창한 날 욕기(浴沂)하기에 알맞은 때, 더구나 붉은 누대 창파(蒼波)를 누르고 있음에랴!"[54]라고 하거나, 이현일(李玄逸, 1627~1704)이 족손 이동보(李仝輔)에 대한 제문에서, "때는 마침 저무는 봄날로서, 욕기하기에 좋은 날이었으니, 산의 꽃이 비단 같고, 들의 풀이 방석과 같았네."[55]라고 한 것 등 허다한 구절이 모두 그것이다. 이러한 생각의 연장선상에서 다음 작품을 읽어 보자.

全身四十年前累　사십 년 동안 쌓인 온몸의 때를
千斛淸淵洗盡休　천 섬 맑은 연못에 다 씻어 낸다네
塵土倘能生五內　만일 진토가 오장 안에 생긴다면
直今刳腹付歸流　바로 배를 갈라 흐르는 물에 부치리

— 조식, 〈욕천(浴川)〉[56]

이 작품은 조식의 〈욕천〉이다. 원주(原註)에서 밝히고 있듯이 그는 1549년(명종 4) 8월 초에 우연히 거창의 감악산(紺岳山) 아래서 놀게 되었는데, 이때 함양 지방 문인이었던 임희무(林希茂)와 박승원(朴承元)이 이 소식을 듣고 달려와 함께 목욕을 하였다.[57] 위 작품은 이를 통해 느낀 바 있어 지은 것이다. 조식은 기구의 '전루(前累)'와 전구의 '진토

54 崔岦, 〈次登詠歸樓遇微雨韻岦〉, 『簡易集』 권8, "淸和正屬浴沂時, 況復朱樓壓碧漪."
55 李玄逸, 〈族孫仝輔〉, 『葛庵集』 권5, "時當春暮, 浴沂之辰. 山花似錦, 野草如茵."
56 曺植, 〈浴川〉, 『南冥集』 권1.
57 曺植, 〈浴川〉, 『南冥集』 권1, "己酉八月初, 偶遊於紺岳山下, 咸陽文士林希茂·朴承元, 聞而馳到, 侍與之同浴焉."

거창의 포연

(塵土)'로 표현된 인욕이 '오내(五內)'로 표현된 마음에 생기면 배를 갈라서라도 거침없이 씻어 내겠다고 했다. 이것에 대한 강한 의지를 승구와 결구에서처럼 '천곡(千斛)'과 '고복(刳腹)'으로 보였다. '천곡'은 많은 양의 물이며, '고복'은 배를 가른다는 것이니 인욕 세척에 대한 강한 의지를 표출한 것이라 하겠다. 이와 같은 시상에 의거하여 지은 시가 조임도(趙任道, 1585~1664)의 다음 작품이다.

亭南一曲寒溪水 정자 남쪽 한 굽이 찬 시냇물에서
滌盡全身萬斛塵 온몸에 많은 때를 다 씻어 버렸네
雨過春山生氣像 비 지나간 봄 산에는 기상이 생기고
雲消秋月換精神 구름 걷힌 가을 달에 정신이 바뀌네
登高更覺胸襟豁 높은 곳에 오르니 가슴이 트이는 걸 더욱 느끼고
望遠還知眼界新 먼 곳을 바라보니 시야가 새로움을 도리어 알겠네

颯爽淸風生兩腋　상쾌한 맑은 바람이 양쪽 겨드랑이에 생기니
冷然卻似羽衣人　서늘한 기운 드는 게 문득 신선 같구나

— 조임도, 〈욕후유감(浴後有感)〉[58]

이 작품은 조임도가 1613년(광해군 5) 여름에 창작한 것이다. 그는 이 시의 수련(首聯)에서 "정자 남쪽 한 굽이 찬 시냇물에서, 온몸에 많은 때를 다 씻어 버렸네."라고 하였다. 조식이 "사십 년 동안 쌓인 온몸의 때를, 천 섬 맑은 연못에 다 씻어 낸다네."라고 한 것과 같은 발상이다. 조임도는 여기에서 더욱 나아가 '비 지나간 봄 산', '구름 걷힌 가을 달' 등을 제시하면서 탁 트인 가슴과 상쾌한 마음을 통해 문득 신선이 된 듯하다고 했다. 목욕과 함께 높은 대에 올라 바람을 쐬는 데서 오는 청량감을 강조한 것이다. 우리는 여기서 개울물을 통해 심신을 수양하고자 하는 조선조 선비들의 일상을 발견하게 된다.

선비들에게 개울은 풍류의 공간이기도 하다. 이들은 여기에 재사(齋舍)나 정자(亭子)를 지어 놓고 강학을 하기도 하고 풍류를 즐기기도 했다. 정만양(鄭萬陽, 1664~1730)의 경우를 보면, 그는 동생 정규양(鄭葵陽, 1667~1732)과 함께 경북 영천의 화북면 횡계리 일대에 구곡을 설정한 바 있다. 횡계구곡(橫溪九曲)이 그것인데, 제4곡이 옥간정(玉磵亭)이다. 정만양의 〈옥간정만영병소기(玉磵亭謾詠幷小記)〉[59]에는 개울을 기반으로 한 당시 선비들의 생활이 잘 나타나 있다. 그는 영과담(盈科潭) 가에 옥간정을 지어 놓고, 주위 사물에 격진병(隔塵屛), 광풍대(光風臺), 지어대(知魚臺), 제월대(霽月臺) 등의 이름을 붙여 유가적 의미를 부여하

58 趙任道, 〈浴後有感〉, 『澗松集』 권2.
59 鄭萬陽·鄭葵陽, 〈玉磵亭謾詠幷小記〉, 『塤篪兩先生文集』 권2.

였다. 그리고 다음과 같이 옥간정 10경을 설정하면서 자신의 풍류의식을 더욱 고양시키기도 했다.

10경	내용	시기
1경	양쪽 언덕에 복숭아꽃 활짝 피니 붉고 붉으며 희고 희다.	봄
2경	푸른 녹음은 바다 같고, 꾀꼬리가 날아오르며 또한 내린다.	여름
3경	곳곳의 단풍나무 숲이 비단을 쌓아서 겹겹으로 수를 놓았다.	가을
4경	시냇가에 한송(寒松)이 울창하게 푸른빛을 머금다.	겨울
5경	아침이 늦도록 짙은 안개가 걷히지 않는다.	아침
6경	객이 적고 사람이 한가하면 혹 낚싯대를 잡고, 혹 거문고를 가지고 뗏목에 오른다.	낮
7경	화산(花山)에 해가 지니 햇빛이 어른거린다.	저녁
8경	달이 앞의 연못에 비치니 달빛이 금빛으로 일렁인다.	밤
9경	산에 비가 처음 내리니 시냇물 소리가 우렁차다.	비
10경	아름다운 숲과 나무가 영롱하여 사랑할 만하다.	눈

이를 보면 정만양이 옥간정 주변의 자연을 얼마나 섬세하게 관찰하였는지를 바로 알 수 있다. 이들 10경에서 '봄'·'여름'·'가을'·'겨울'이라는 사계절, '아침'·'낮'·'저녁'·'밤'이라는 하루, '눈'과 '비'라는 자연현상 등을 제시하면서 정자와 이를 둘러싼 자연의 아취를 적극 드러냈다. 〈계장사십영(溪莊四十詠)〉에서 볼 수 있는 것처럼, 그의 관심은 정자 주변 전체로 확대되어 가기도 했다. 또한 "소장한 책이 천 권이요, 거문고가 한 벌이다. 복숭아나무는 만 가지이고, 버드나무는 천 가지, 소나무 10그루, 박달나무·석류나무·계수나무·개나리·해당화가 각각 1그루인데 창포와 국화를 차례대로 배열하였으니 모두 세속의 사물이 아니다."[60]라고 적었다. 개울을 기반으로 한 이들의 일상이

60 鄭萬陽·鄭葵陽, 〈玉磵亭謾詠幷小記〉, 『塤篪兩先生文集』 권2, "所藏書千卷, 琴一張, 桃萬朵,

어떠하였는지를 바로 알 수 있게 한다. 개울을 중심으로 한 선비들의 일상은 다음 시에서도 잘 나타난다.

回首岩廬枕澗湄　머리 돌려 암려(岩廬)를 보면 물을 베고 있는데
茅簷安得此中移　초가집을 어찌하면 이곳으로 옮길 수 있을까
明月前宵君有約　밝은 달 뜬 어젯밤 그대와 약속했으나
赤灘今日我來遲　적벽탄에 오늘 내가 늦게 오고 말았구려
十里流湍飛似雪　십 리에 흐르는 여울은 눈처럼 날리고
一山紅樹迊如籬　산의 꽃과 나무는 울타리처럼 둘렀구나
暇日風流非不好　한가한 날의 풍류 좋지 않은 건 아니지만
世間閒事不宜爲　세상에 등한한 일은 마땅히 하지 마시게

— 노신용, 〈적벽탄(赤壁灘)〉[61]

근대전환기를 살았던 노상직(盧相稷, 1854~1931)은 만주로 망명을 떠났다가, 다시 고국으로 돌아와 밀양에 자암서당을 지어 놓고 그곳에서 강학하였다. 그는 제자들에게 시제(詩題)나 운자(韻字)를 내어 작시(作詩) 공부를 시켰는데, 즉흥적으로 시를 짓기도 했다.[62] 위의 작품은 1900년 3월 15일 노상직이 노택용(盧宅容, 1878~1949), 노신용(盧申容, 1878~?) 등과 적벽탄(赤壁灘)에 가서 상화음주(賞花飮酒)하면서 지은 것이다. 노신용은 여기서 이 같은 한가로운 일이 좋기는 하지만 긴요한 공부를 위해 매진해야 할 것이라 했다. 우리는 여기서 개울을 기반으로 한 선비들의 풍류와 이에 대한 약간의 갈등을 확인할 수 있다.

柳千絲, 松十挺, 檀一, 梅一, 榴一, 桂一, 連翹一, 海棠一, 昌歜叢菊, 以次排列, 皆非俗物也."

61 盧相稷, 〈赤壁灘〉, 『紫巖日錄』 권12.

62 노상직의 시 교육과 문생들의 작시(作詩)에 대해서는 김소연, 「『紫巖日錄』 삽입시에 나타난 講學文化와 그 의미」(경북대학교 대학원 석사학위 논문, 2016)에 자세하다.

계변(溪邊)에 향촌이 조성되고 이를 통해 사대부들은 독서 강학하였을 것이므로, 개울은 자연스럽게 그들의 의식 형성과 창작 방식에 지대한 영향을 미쳤을 것이다. 그러나 사대부들의 이러한 생각과는 달리, 맑고 활기차게 흐르는 개울은 청소년들의 청순한 감정이 싹트는 매우 의미 있는 장소이기도 했다. 앞서 잠시 살펴본 적이 있지만, 이러한 측면에서 읽히는 것이 바로 황순원(黃順元)의 〈소나기〉이다. 그의 초기 소설은 성장소설의 성격을 띤 작품이 많다고 알려져 있는데, 〈소나기〉(1953), 〈별〉(1941), 〈산골 아이〉(1949) 등이 대표적이다. 이들 소설의 주인공들은 죽음, 이별 등을 겪으면서 육체적·정신적으로 성장하게 된다. 특히 〈소나기〉는 개울을 통해 이 과정이 나타나고 있어 흥미롭다. 다음 한 대목을 보자.

> 다음 날은 좀 늦게 개울가로 나왔다. 이 날은 소녀가 징검다리 한가운데 앉아 세수를 하고 있었다. 분홍 스웨터 소매를 걷어 올린 목덜미가 마냥 희었다. 한참 세수를 하고 나더니, 이번에는 물속을 빤히 들여다본다. 얼굴이라도 비추어 보는 것이리라. 갑자기 물을 움켜 낸다. 고기라도 지나가는 듯. 소녀는 소년이 개울둑에 앉아 있는 걸 아는지 모르는지 그냥 날쌔게 물만 움켜 낸다. 그러나, 번번이 허탕이다. 그대로 재미있는 양, 자꾸 물만 움킨다. 어제처럼 개울을 건너는 사람이 있어야 길을 비킬 모양이다. 그러다가 소녀가 물속에서 무엇을 하나 집어낸다. 하얀 조약돌이었다. 그리고는 벌떡 일어나 팔짝팔짝 징검다리를 뛰어 건너간다. 다 건너가더니만 홱 이리로 돌아서며,
> "이 바보."
> 조약돌이 날아왔다. 소년은 저도 모르게 벌떡 일어섰다. 단발머리를 나풀거리며 소녀가 막 달린다. 갈밭 사잇길로 들어섰다. 뒤에는 청랑한 가을 햇살 아래 빛나는 갈꽃뿐.[63]

이 소설에는 사춘기 소년 소녀의 아름다우면서도 슬픈 첫사랑의 경험이 서정적으로 그려져 있다. 앞의 인용문은 〈소나기〉 가운데서도 가장 아름답게 묘사된 장면이다. 여기에 등장하는 맑은 개울은 강이나 바다로 자라나기 전의 청소년적 공간이자, 강과 바다보다 작지만 훨씬 더 맑고 순수한 공간이다. 그러나 소녀가 단발머리를 나풀거리며 달려갔던 길을 "뒤에는 청량한 가을 햇살 아래 빛나는 갈꽃뿐"이라고 표현하여, 계절의 끝자락을 제시함으로써 어떤 슬픈 일이 일어날 것임을 암시하기도 했다. 이처럼 〈소나기〉에서 개울은 소년의 성장 과정에서 순수한 사랑과 아픔을 경험하는 특별한 공간이었다.

〈소나기〉의 개울물은 소년과 소녀의 슬픈 사랑 이야기를 생성시키는 역할을 한다. 그러나 이러한 만남과 생성은 자연이 지닌 보편적 질서 속에서 볼 때 다시 헤어짐과 소멸로 이어진다. 이것은 물이 흘러가지만 다시 오고, 헤어졌다 다시 만나고, 만났다 다시 헤어지는 것과 같은 이치이다. 인간의 삶에서 발생하는 이러한 봉별의 반복적 일상은 물로 가장 잘 설명할 수 있다. 바로 이러한 측면에서 허만하(1932~)는 〈그곳에 개울이 있었다〉라는 작품을 창작할 수 있었을 것이다.

뜻밖에 그곳에 개울이 있었다
흐르고 있었다
시간이 목을 추기고 있었다

그때
사라지는 것이 태어났다

63 황순원, 〈소나기〉, 『황순원 전집』 3, 문학과지성사, 1995, 11쪽.

있다가 없어지는 것
어느덧 보이지 않는
소실점을 향하여
손을 흔들며
이별과 출발 사이
손을 흔들며

그것은 멀어지고 있었다
그곳에도 천체가 있고
해와 달이 돌고 있었다

— 허만하, 〈그곳에 개울이 있었다〉[64]

여기서 보듯이 개울에서는 '시간이 목을 추기고[축이고] 있었다'. 사라지는 것이 태어나고, 있는 것이 없어지는 이별과 출발 사이, 개울물이 그렇게 만나고 헤어지고 있었던 것이다. 이는 흐르는 물이 지니고 있는 보편적 속성이다. 이때 그는 '그곳에 개울이 있었다'는 것을 발견하고, 화자를 내세워 '손을 흔들며' 이별하고자 하였다. 우리는 여기서 만남과 헤어짐이 물의 흐름과 같이 자연의 질서 속에서 엄연히 존재하는 아주 사소한 일상이라는 것을 깨닫게 된다. 이를 시인은 천체가 있고 여기서 일월이 순환한다는 것을 보였다. 마지막 세 행은 바로 이것을 말한 것이다. 개울은 이처럼 자연의 질서 속에 발견되는 일상이었다.

양택 풍수에서 배산임수(背山臨水)라고 할 때, 그때의 물은 대체로

64 허만하, 〈그곳에 개울이 있었다〉, 『서정시학』 2016년 가을 호, 2016.

개울이다. 그 물로 농사도 짓고 다양한 생활용수로도 쓴다. 그러므로 개울은 일상과 밀접한 관련이 있을 수밖에 없다. 선비들은 개울 주위에 서당을 건립하여 강학 활동을 하고, 목욕을 하면서 스스로를 수양하고, 물을 통해 자신의 학문적 성찰을 다져 나가기도 했다. 황순원이 〈소나기〉에서 보여 주었듯이 근대 이후의 개울은 청소년들이 사랑을 느끼며 성장하는 지극히 일상적인 공간으로 등장하기도 했다. 그리고 개울은 헤어지고 만나는 물처럼 사람들이 봉별의 추억을 간직한 곳이기도 하다. 개울물은 이처럼 우리의 일상 깊은 곳으로 흐르고 있었다.

구곡원림의 조성

조선조 선비들이 개울을 중심으로 이룩한 대표적인 문학은 구곡원림(九曲園林) 조성에 따른 구곡시이다. 그 바탕에는 물론 존주자(尊朱子) 의식이 자리하고 있었다. 주자는 50세(1179)에 남강군지사(南康軍知事)로서 백록동서원(白鹿洞書院)을 중건하였고, 54세(1183)에는 무이구곡 제5곡에 무이정사(武夷精舍)를 건축한 후 〈무이정사잡영병서(武夷精舍雜詠幷序)〉를 썼다. 그는 이 서문에서 정사 주변의 경치를 아름답게 묘사해 놓았다. 고려 말 주자 성리학의 전래와 더불어 무이산과 무이구곡에 대해 자세하게 기록해 놓은 『무이지(武夷志)』가 유입되면서, 조선의 선비들은 자연스럽게 주자의 〈무이정사잡영병서〉와 〈무이도가〉를 읽게 된다. 정구(鄭逑, 1543~1620)가 쓴 다음 글은 이를 이해하는 중요한 단서를 제공한다.

> 나에겐 예전부터 〈구곡도〉가 있었는데 이 선생(퇴계 이황)이 발문을 쓰신 것으로, 이정존(李靜存: 이담李湛)이 소장한 중국본의 모사품이었다. 정말

> 이지 이른바 시야에 가득 들어온 구름과 안개가 정묘(精妙)의 극을 다하여, 마치 귓전에까지 들리는 듯 황홀하였다. 또 중국본 속에서 무이산의 총도(總圖)와 서원도(書院圖)를 발견하였는데, 지난번 화산(花山: 안동)에 있을 때 우연히 화가를 만나 이를 본떠 아울러 『무이지』 속에 그려서 넣게 하고 거기에 이 선생의 발문을 붙였다.[65]

이어지는 글에서 정구는 "한가로울 때마다 한 번씩 열람하고 있노라면 내 몸이 외진 조선 땅, 그것도 400여 년 뒤에 살고 있다는 사실을 까맣게 잊곤 한다. 그러니 400년 전 그 당시 매일 주 선생을 모시고 도를 강론하면서 무이구곡에서 노래 부르며 생활했던 사람들은 그 기상과 흥미가 과연 어떠하였겠는가?"[66]라고 하면서 주자의 강학에 동참하지 못한 것을 못내 아쉬워하였다. 많고 적음의 차이가 있기는 하나 정구의 이 같은 생각은 조선의 성리학자들에게 일반적으로 나타나는 의식의 일면이었다.

조선 선비들은 주자의 무이구곡을 다양한 방식으로 수용하였다. 구곡 비평을 시행하며 주자의 〈무이도가〉를 제대로 이해하기 위해 노력하기도 하고, 구곡시가를 지어 주자의 생각을 따르고자 하기도 했으며, 구곡원림을 조성하여 주자처럼 자연을 즐기고자 하기도 했다. 이뿐만 아니라 구곡도를 그려 무이산을 상상하거나 자신 혹은 선조가 설정한 구곡을 기념하며 조선의 독특한 구곡 문화를 만들기도 했다. 이 같은 한국의 구곡 문화는 중국의 그것에 비해 훨씬 다양

---

65 鄭逑, 〈書武夷志附退溪李先生跋李仲久家藏武夷九曲圖後〉, 『寒岡集』 권9, "余舊有九曲圖, 卽李先生題跋李靜存所藏唐本之摹寫者也. 信乎所謂滿目雲烟, 精妙曲盡, 怳若耳邊之有聞矣. 又於唐本册子中, 得總圖與書院圖, 頃在花山, 偶値畫手, 竝令模入志中, 係以李先生跋文."

66 鄭逑, 〈書武夷志附退溪李先生跋李仲久家藏武夷九曲圖後〉, 『寒岡集』 권9, "每於閑中時一翫閱, 不覺此身之落在東偏, 四百有餘年之下, 不知當日日侍講道而歌詠周旋於其間者, 其氣像意味, 又復何如也邪?"

하고 풍부했다. 이것은 주자학의 한국적 토착화가 한국의 자연 및 사상적 환경에 따라 매우 다양하게 전개되어 왔음을 의미한다.

구곡시 가운데 주자의 구곡시를 그대로 차운한 경우를 정격(正格)이라 한다면, 여러 가지 형태로 변화된 것은 변격(變格)이다. 구곡시가 그러하듯 구곡원림 역시 정격형과 변격형, 그리고 복합형이 있다. 주자는 무이산의 흐르는 물길을 거슬러 오르며 아홉 굽이를 설정하고 명명하였다. 제1곡은 승진동(升眞洞), 제2곡은 옥녀봉(玉女峯), 제3곡은 선기암(仙機岩), 제4곡은 금계동(金雞洞), 제5곡은 무이정사(武夷精舍), 제6곡은 선장봉(仙掌峯), 제7곡은 석당사(石唐寺), 제8곡은 고루암(鼓樓岩), 제9곡은 신촌시(新村市)이다. 우리나라에서는 이러한 주자의 구곡원림을 원형 그대로 수용한 정격형과, 그것을 모방하되 전혀 다른 측면에서 곡을 설정하여 경영한 변격형 및 복합형이 생겨났다.

먼저, 정격형 구곡원림에 대해 살펴보자. 한국의 구곡은 물을 거슬러 올라가면서 설정된 정격형이 대부분이다. 지금까지 알려진 우리나라 최초의 구곡원림은 박귀원(朴龜元, 1442~1506)의 '고야구곡(姑射九曲)'이다.[67] 이 구곡은 밀양시 단장면 고례리에 설정된 것이다. 박귀원의 행장에, "산수가 맑고 빼어나며 굽이도는 지형이 아홉 굽이인 것이 주부자가 은거한 곳과 닮은 점이 있기 때문에 〈도가〉 한 편을 차운하여 그 뜻을 깃들게 했다."[68]라고 밝혀 놓았듯이, 그는 벼슬의 뜻을 접고 고향 주변에 주자의 무이구곡을 모방하여 고야구곡을 경영하였다. 밀양은 사림파의 종장이었던 김종직(金宗直, 1431~1492)이 살

67 이에 대해서는 김문기, 「朴龜元의 姑射九曲 園林과 姑射九曲詩」(『퇴계학과 유교문화』 52, 경북대학교 퇴계연구소, 2013)에서 다루었다.

68 朴龜元, 〈行狀〉, 『采志堂遺稿』, "山水淸絶, 縈回九曲, 有似乎朱夫子考槃之地, 故次櫂歌一篇, 以寓其志."

던 곳이므로 그와의 교유 과정에서 자연스럽게 구곡 문화가 형성되었음을 알 수 있다. 이것은 다시 사림파의 성향이 농후한 청도 지역에 조성된 박하담(朴河淡, 1479~1560)의 '운문구곡(雲門九曲)'으로 이어진다. 다음의 구곡도 그 가운데 하나이다.

(가) 곡운구곡(谷雲九曲): 김수증(金壽增)

제1곡 방화계(傍花溪), 제2곡 청옥협(青玉峽), 제3곡 신녀협(神女峽), 제4곡 백운담(白雲潭), 제5곡 명옥뢰(鳴玉瀨), 제6곡 와룡담(臥龍潭), 제7곡 명월계(明月溪), 제8곡 융의연(隆義淵), 제9곡 첩석대(疊石臺)

(나) 문암구곡(門巖九曲): 채준도(蔡準道)

제1곡 화암(畫巖), 제2곡 휴암(鵂巖), 제3곡 동산(東山), 제4곡 의눌(毅訥), 제5곡 수영곡(水永谷), 제6곡 도산(道山), 제7곡 잠두(蠶頭), 제8곡 문암(門巖), 제9곡 용등(舂嶝)

(가)는 김수증(金壽增, 1624~1701)이 강원도 화천 일대에 경영한 '곡운구곡(谷雲九曲)'이고, (나)는 채준도(蔡準道, 1834~1904)가 대구시 동구 일대에 경영한 '문암구곡(門巖九曲)'이다. 이 두 구곡은 하나의 예시일 뿐 훨씬 더 많은 정격형 구곡원림이 존재한다. 그러나 이항로(1792~1868)의 '벽계구곡(蘗溪九曲)'처럼 그 명칭과 장소가 분명한 것도 있고, 조헌(趙憲, 1544~1592)의 '율원구곡(栗原九曲)'처럼 이 분야에 애정을 가진 연구자가 시의 내용과 자연경관을 결합시켜 추론한 것도 있고,[69] 오기영(吳璣泳, 1837~1917)의 '장전구곡(長田九曲)'처럼 여전히 미상인 채로 남아 있는 것도 있다. 이 밖에도 '가야구곡'에서 보이는 것처

69 이상주, 「趙憲의 栗原九曲과 栗原九曲詩」, 『중원문화연구』 10, 충북대학교 중원문화연구소, 2006.

럼, 여러 사람들이 오랜 시간을 갖고 그 문화를 숙성시켜 온 곳도 있고,[70] '덕산구곡'처럼 위로는 주자와 지역 선비를, 옆으로는 도산구곡을 의식하면서 설정된 것도 있어[71] 그 의미가 한결같지는 않다.

다음으로, 변격형 구곡원림에 대해 살펴보자. 한국에 조성된 수많은 구곡원림이 모두 정격형을 유지하고 있는 것은 아니다. 이는 주자학이 한국에 전래되어 주자 성리학의 어떤 부분을 더 주목하느냐에 따라 다양한 해석이 발생한 경우와 같은 이치이다. 기호학파와 영남학파 사이에 있었던 이기 논쟁도 마찬가지다. 이러한 논쟁은 주자학의 한국적 발전을 가져왔다는 측면에서 매우 중요한 의미를 지닌다. 주자학의 해석 과정에서 발생한 이러한 경향은 주자학의 한국적 토착화를 보여 주는 유력한 사례가 되기 때문이다. 사정의 이러함은 구곡원림의 설정에 있어서도 같은 방식으로 나타난다. 다양한 변격형이 그것인데, 이 부분을 몇 가지로 나누어 관찰해 보기로 하자.

우선, 물을 따라 내려오면서 구곡이 설정된 경우이다. 물을 거슬러 오른다는 것은 매우 중요한 의미를 지닌다. 본성 회복을 염두에 두고 있기 때문이다. 주자는 이것을 적극적으로 받아들여 작품화했다. 조선의 선비들 역시 이에 따라 구곡을 설정하고 구곡시를 지었다. 그러나 이들의 성리학적 상상력은 여기에 함몰되지 않고 보다 자유로운 공간 상상력을 발휘하였다. 그 가운데 하나가 계류를 따라

70 '가야구곡'은 윤봉구가 구곡시를 지으면서 출발하였는데, 이 구곡의 명칭 가운데 옥병계, 석문담, 와룡담 등 삼곡은 김진규(1658~1716)가 명명하여 손수 팔분체(八分體)로 써서 암석 표면에 새겨 둔 것이고, 나머지 육곡은 아우 윤봉오(1688~1769)와 함께 옥계(玉溪) 아래 복거한 후에 명명한 것이다. 이로써 구곡 문화는 협동 과정을 거친다는 것을 알 수 있다.

71 하범운의 '덕산구곡'은 정식이 설정한 '무이구곡'을 기반으로 설정된 것인데, 그 명칭도 제5곡과 제6곡이 약간 다를 뿐 동일하다. 또한 이 〈덕산구곡시〉는 이야순의 요청을 받고 〈도산구곡시〉와 〈옥산구곡시〉를 의식하면서 창작한 것이다. 이에 대한 연구는 최석기, 「河範運의 三山九曲詩 창작배경과 德山九曲詩의 의미」(『남명학연구』 42, 경상대학교 남명학연구소, 2014)에서 이루어졌다.

내려가면서 구곡을 설정하여 주자의 〈구곡도가〉에 대한 차운시를 짓는 것이었다.

(가) 청대구곡(淸臺九曲): 권상일(權相一)

제1곡 우암(愚巖), 제2곡 벽정(碧亭), 제3곡 죽림(竹林), 제4곡 가암(佳巖), 제5곡 청대(淸臺), 제6곡 구잔(溝棧), 제7곡 관암(觀巖), 제8곡 벌암(筏巖), 제9곡 소호(穌湖)

(나) 죽계구곡(竹溪九曲): 미상

제1곡 취한대(翠寒臺), 제2곡 금성반석(金城盤石), 제3곡 백자담(柏子潭), 제4곡 이화동(梨花洞), 제5곡 목욕담(沐浴潭), 제6곡 청련동애(靑蓮東崖), 제7곡 용추폭포(龍湫瀑布), 제8곡 금당반석(金堂盤石), 제9곡 중봉합류(中峯合流)

'청대구곡(淸臺九曲)'은 문경시와 예천군을 관통하는 금천에 설정된 원림으로, 권상일(權相一, 1679~1760)이 경영한 것인데, 정격형과는 정반대로 위쪽이 제1곡, 아래쪽이 제9곡으로 설정되어 있다. '죽계구곡(竹溪九曲)'은 영주시 순흥면 배점리 죽계천에 설정된 원림으로, 누가 경영한 것인지 분명치 않다. 그러나 순흥부사 신필하(申弼夏, 1688~?)가 위쪽을 제1곡, 아래쪽을 제9곡으로 보아 이를 돌에 새김으로써 하나의 특징을 이루게 했다. 이 밖에도 홍양호(洪良浩, 1724~1802)가 벼슬을 접고 지금의 서울시 강북구 우이동으로 들어가 설정한 '우이구곡(牛耳九曲)'과 노성도(盧性度, 1819~1893)가 충북 괴산군 연하동천에 설정한 '연하구곡(煙霞九曲)', 신성섭(申聖燮, 1882~1959)이 대구의 금호강을 따라 설정한 '와룡산구곡(臥龍山九曲)' 역시 역방향이다.[72] 구곡

72 『선성지』에는 예안구곡 또는 예안십사곡이 있는데, 이 역시 상류로부터 물길을 따라 내려오며 설정된 것이다.

설정의 한국적 토착화 과정을 보여 주는 대표적 사례라 할 것이다.

한편 두 줄기의 계류를 활용하여 구곡을 설정한 경우도 있다. 구곡원림은 단선으로 조성되기도 하고 복선으로 조성되기도 한다. 무이구곡이 그러하듯이 구곡의 정격형은 하나의 계류를 단선적으로 선택해서 설정한다. 물줄기를 거슬러 오르며 원두(源頭)에 이르는 길을 가장 쉽고 분명하게 제시할 수 있기 때문이다. 기호 지역과 영남 지역을 가리지 않고 우리가 알고 있는 거의 대부분의 구곡은 이 기본형을 지킨다. 그러나 민우식(閔禹植, 1885~1973)이 문경에 설정한 '쌍룡구곡(雙龍九曲)'은 그렇지 않다. 구체적인 명칭은 다음과 같다.

> 제1곡 입문(入門), 제2곡 지도석(志道石), 제3곡 우연(于淵), 제4곡 여천대(戾天臺), 제5곡 방화동(放化洞), 제6곡 안도석(安道石), 제7곡 낙경대(樂耕臺), 제8곡 광명암(廣明巖), 제9곡 홍류동(紅流洞)

위는 민우식이 문경시 농암면 쌍룡계곡에 설정한 원림구곡이다. 이 구곡은 두 계곡에 걸쳐 설정되어 있다는 점에서 여타의 구곡과 현저히 다르다. 쌍룡계곡은 도장산 기슭의 농암천과 내서천으로 이루어지는데, 이 두 줄기 물의 합수 지점에서 약간 아래쪽에 설정된 것이 제1곡 '입문'이다. 이렇게 제1곡을 설정한 후 제2곡에서 제6곡까지는 오른쪽의 농암천에, 제7곡에서 제9곡까지는 왼쪽의 내서천에 설정하고 있다. 쌍룡은 계곡 둘을 용으로 표현한 것인데, 민우식은 입문을 '입도문(入道門)'으로 생각하며 입도차제(入道次第)의 논리에 따라 이 계곡에서 진리의 세계를 구현하고자 하였다. 민우식이 자신의 은거처인 쌍룡계곡의 환경을 충분히 활용하면서, 성리학적 이념을 실천하고자 한 결과라 하겠다.

그리고 구곡이 칠곡으로 줄어들거나 십곡으로 늘어나는 경우도 있다. 구곡에서의 숫자 9는 양수(陽數)의 끝으로, 궁극을 의미한다. 이 때문에 『초사(楚辭)』「구변(九辨)」에서는 "구는 양의 수이면서 도의 근본이다."[73]라고 할 수 있었다. 구곡으로 거슬러 올라가는 것은 자연스럽게 도학의 궁극적 원리를 체현한다는 의미로 확장될 수 있다. 주자가 이에 따라 무이산에 아홉 굽이를 설정하여 〈무이도가〉를 지었듯이 우리나라 선비들도 '아홉' 굽이를 설정하여 구곡을 경영하였다. 그러나 아홉 굽이의 설정이 한결같지는 않아, 칠곡으로 줄어들기도 하고 십곡으로 늘어나기도 한다.

(가) 고산칠곡(高山七曲): 이상정(李象靖)

제1곡 늠연교(凜然橋), 제2곡 세심정(洗心亭), 제3곡 유연대(悠然臺), 제4곡 고산정사(高山精舍), 제5곡 심춘대(尋春臺), 제6곡 무금정(舞禁亭), 제7곡 무릉리(武陵里)

(나) 서호병십곡(西湖屏十曲): 도석규(都錫珪)

제1곡 부강정(浮江亭), 제2곡 이락서당(伊洛書堂), 제3곡 선사(仙槎), 제4곡 이강서원(伊江書院), 제5곡 가지암(可止巖), 제6곡 동산(東山), 제7곡 와룡산(臥龍山), 제8곡 은행정(銀杏亭), 제9곡 관어대(觀魚臺), 제10곡 사수빈(泗水濱)

구곡을 벗어난 것 가운데는 십곡으로 늘어난 것보다 칠곡으로 줄어든 것이 더 많은데, 장위항(張緯恒, 1678~1747)의 영주 '무도칠곡(茂

73 『楚辭』, 「九辨」, "九者, 陽之數, 道之綱紀也." 초나라의 문화전통 가운데 '구(九)'에 대한 숭상이 뚜렷하다. 굴원의 〈구가(九歌)〉에서 이를 알 수 있으며, 무이산 역시 옛 초나라를 중심으로 한 월나라의 문화전통 속에 있었다. 주자의 '구곡' 역시 이러한 전통 속에서 형성된 것으로 보인다.

島七曲)', 남한조(南漢朝, 1744~1809)의 문경 '선유칠곡(仙遊七曲)', 김종률(金種律) 등 7인의 벗이 함께 경영한 '선유칠곡' 등이 있다. 문경의 선유칠곡은 정태진(丁泰鎭, 1876~1956)에 의해 다시 구곡으로 발전하고 있어 흥미롭다. 개울을 중심으로 형성된 이들 칠곡은 구곡에서 축소된 것이지만, 그 이유를 분명히 알 수는 없다. 이는 칠곡으로도 자신의 거주지 주변을 충분히 형상화할 수 있다는 생각과 함께, 정사 주변의 환경이 칠곡으로밖에 형상화될 수 없었던 특수성을 고려한 결과가 아닐까 한다. 이 역시 무이구곡의 한국적 변용임은 물론이다.[74]

마지막으로, 복합형 구곡원림에 대해 살펴보자. 복합형 구곡원림은 정격형과 변격형이 동시에 나타나는 경우이다. '무흘구곡(武屹九曲)'의 경우가 바로 여기에 해당한다. 무흘구곡은 물을 거슬러 올라가며 설정되어 있어 얼핏 보면 정격형이다. 그러나 구곡 안에 또 다른 구곡이 설정되어 있어, 곡내곡(曲內曲)의 문화공간을 만든다. 이 구곡은 성주와 김천에 걸쳐 설정되어 있고, 무흘구곡 안에 정동박(鄭東璞, 1732~1792)의 '쌍계구곡(雙溪九曲)'과 이원조(李源祚, 1792~1871)의 '포천구곡(布川九曲)'이 다시 설정되어 있다. 쌍계구곡은 정동박이 쌍계사 근처에 양한정(養閒亭)을 짓고 선조인 정구의 구곡시를 염두에 두면서 설정한 것이다. 장소는 무흘구곡과 거의 일치하지만 무학정의 '선암', 입암의 '환선도', 용추의 '완폭정' 등 무흘구곡 주변의 문화경관에 관심을 갖고 있는 것이 특징이다. 이원조의 포천구곡은 무흘구곡

74 이 밖에 이관빈(李寬彬, 1759~?), 윤희배(尹喜培, 1827~1900)가 계류가 아닌 산길을 따라 설정한 '황남구곡(黃南九曲)'이 있다. 황남은 경상북도 김천의 황학산(黃鶴山) 남쪽을 의미하는데, 황학산의 길을 따라 오르며 아홉 굽이 승경을 차례로 읊은 것으로, 변격형 가운데 변형이 가장 심하다. 구체적인 명칭은 제1곡 모성암(慕聖岩), 제2곡 문도동(聞道洞), 제3곡 저익촌(沮溺村), 제4곡 귀영곡(歸詠曲), 제5곡 백어리(伯魚里), 제6곡 안연대(顔淵坮), 제7곡 자하령(子夏嶺), 제8곡 공자동(孔子洞), 제9곡 주공동(周公洞) 등이다. 그러나 황남구곡은 개울을 따라 설정된 것이 아니므로 이 책에서는 생략한다.

제2곡과 제3곡 사이의 화죽천에 설정되어 있다. 포천구곡의 구체적인 명칭은 다음과 같다.

> 제1곡 법림교(法林橋), 제2곡 조연(槽淵), 제3곡 구로동(九老洞), 제4곡 포천(布川), 제5곡 당폭(堂瀑), 제6곡 사연(沙淵), 제7곡 석탑동(石塔洞), 제8곡 반선대(盤旋臺), 제9곡 홍개동(洪開洞)

이원조는 성주군 가천면 화죽천 상류에 만귀정(晩歸亭)을 짓고 포천구곡을 경영하였다. 그는 여기서 더 나아가 〈포천산수기(布川山水記)〉를 써서 이에 대한 명칭과 함께 특징을 자세하게 기술하고, 〈포천구곡차무이도가십수(布川九曲次武夷櫂歌十首)〉를 지었다. 이원조는 명예를 다투고 이익을 노리는 계책을 꾸미지 않기 위하여 이곳에 들어왔다며 입동의 이유도 스스로 밝히고 있다. 그의 〈포천구곡시〉는 '포천'이라는 구체적 지명을 언급하고 있는데, 18세기 이후 정동박 등이 지역의 산수 실경에 의거하여 구곡시를 지었던 방식을 계승한 것이다. 이처럼 무흘구곡 안에 다시 쌍계구곡과 포천구곡이 설정됨으로써, 무흘구곡은 '곡내곡'이라는 독특한 문화공간을 형성할 수 있었다.

복합형 구곡원림으로 장위항(張緯恒, 1678~1747)이 설정한 '운포구곡(雲浦九曲)'도 들 수 있다.[75] 장위항은 자가 천응(天應)이고 호가 와은(臥隱)이며, 과거에 합격하여 사헌부감찰(司憲府監察)과 자인현감(慈仁縣監) 등을 지내기도 하였으나, 주로 영주 내성천 가의 와운곡(臥雲谷)에

75 장위항의 운포구곡에 대해서는 김문기, 「장위항의 운포구곡 원림과 운포구곡시」(『퇴계학과 유교문화』 49, 경북대학교 퇴계연구소, 2011)에서 자세하게 다루었다.

초가를 짓고 은거하면서 평생토록 학문을 연마하였다. 와운곡은 주자가 은거했던 운곡과 닮아서 그가 특별히 좋아하였다고 한다. 따라서 자신의 집 이름도 주자의 글에서 취하고, 드디어 내성천 가에 운포구곡을 설정해 경영하였던 것이다. 그는 물을 거슬러 올라가며 구곡시를 짓기도 하고, 다시 물을 따라 내려가면서 구곡시를 짓기도 했다. 다음이 그것이다.

(가) 제1곡 우천곡(愚川曲), 제2곡 송사곡(松沙曲), 제3곡 용추곡(龍湫曲), 제4곡 전담곡(箭潭曲), 제5곡 운포곡(雲浦曲), 제6곡 귀만곡(龜灣曲), 제7곡 금탄곡(錦灘曲), 제8곡 동저곡(東渚曲), 제9곡 지포곡(芝浦曲)

(나) 제1곡 지포곡(芝浦曲), 제2곡 동저곡(東渚曲), 제3곡 금탄곡(錦灘曲), 제4곡 귀만곡(龜灣曲), 제5곡 운포곡(雲浦曲), 제6곡 전담곡(箭潭曲), 제7곡 용추곡(龍湫曲), 제8곡 송사곡(松沙曲), 제9곡 우천곡(愚川曲)

위에서 보듯이 (가)와 (나)는 정반대이다. (가)는 물을 거슬러 오르며, (나)는 물을 따라 내려가며 구곡원림이 설정되었기 때문이다. 그러나 장위항의 구곡 실험은 여기에서 그치지 않았다. 그는 영주시 문수면 우천(愚川) 가에 따로 '무도칠곡(茂島七曲)'을 설정하였다. 이 무도칠곡은 문수면 수도리의 무섬마을에서 시작해, 문수면 조제 2리인 학사정에서 끝난다. '제1곡 무도곡(茂島曲)→제2곡 어호곡(漁戶曲)→제3곡 송평곡(松坪曲)→제4곡 화둔곡(花屯曲)→제5곡 주산곡(酒山曲)→제6곡 등산곡(登山曲)→제7곡 미담곡(薇潭曲)'이 그것이다. 이처럼 장위항은 운포에 은거하면서 그 주변의 굽이가 아홉이면 구곡을, 일곱이면 칠곡을 설정하여 일상적인 자연을 특별한 문화공간으로 만들어 나갔다.

이상에서 보듯이 조선조 선비들은 구곡원림을 경영하면서 개울을 중심으로 구곡의 문화공간을 만들어 갔다. 주자학이 수용되면서 조선의 선비들은 주자와 마찬가지로 홀수로 된 구곡을 경영하였다. 생활공간을 중심으로 하나의 계류를 선택하여 물을 거슬러 올라가면서 아홉 굽이를 설정하고, 이에 대해 시를 읊조렸던 것이다. 그러나 이러한 기본형을 대체로 유지하면서 주자학의 조선적 변용이 이루어지기도 했다. 물을 따라 내려가면서 구곡을 설정하기도 하고, 두 계곡으로 나누어 구곡을 설정하기도 하며, 구곡이 칠곡으로 축소되기도 하였다. 자신이 살던 산수의 특수성을 반영한 결과라는 측면에서, 조선조의 구곡 문화 만들기는 주자의 기본형에 대하여 매우 유연한 자세를 취하고 있었음을 알 수 있다.

3. 강하, 소통의 현장

우리나라는 한강을 중심으로 도읍지를 만들어 조선의 문명을 건설하였듯이, 문명은 강을 중심으로 발생했다. 나일강 유역의 이집트 문명, 티그리스·유프라테스강 유역의 메소포타미아 문명, 인더스강 유역의 인더스 문명, 황하강 유역의 황화 문명 등 고대 문명의 발상지가 큰 강 유역이라는 것은 결코 우연이 아니다. 이는 강이 인간의 문명을 이끄는 데 매우 중요한 역할을 했다는 뜻이다. 사람들은 강을 중심으로 도시를 만들고, 풍부한 수원을 바탕으로 생활을 영위하였다. 강하는 단순한 물이 아니라 인류를 위한 젖줄이었던 것이다. 무엇보다도 강이 지난 시대에 교통과 운송 기능을 담당하였다는 사실을 주목할 필요가 있다. 넓은 수로는 다양한 물자를 실어 나르며 문화적 소통을 가능하게 하였기 때문이다.

수많은 개울이 모여 강을 이룬다. 그렇기 때문에 개울과 강하는 유속과 수량이 전혀 다르고, 그에 따른 상상력 역시 다르게 나타날 수밖에 없다. 문학 작품과 강하를 결합시켜 볼 때, 여러 지점이 형성되는데, 그것은 강 자체의 아름다움부터 사람들의 생활상에 이르기까지 다양하다. 이 가운데 우리가 주목하고자 하는 것은 강의 대표적인 기능이라 할 수 있는 소통이다. 나루가 그러하듯이 강을 통해 차안과 피안을 오가며 문화를 실어 나르고, 이 과정에서 많은 작품이 생산된다. 강하를 소통의 입장에서 살펴보고자 하는 이유가 바로 여기에 있다.

선비들의 낭만적 소통

소통은 만남을 통해 이루어진다. 이 소통의 내적 기제는 자연을 통한 낭만 감성과 도학 감성이다. 인간과 자연의 소통이 일방적이고 관념적이라면, 인간과 인간의 소통은 쌍방적이고 경험적이다. 특히 인간 사이의 소통은 사회를 구성하는 사람들 간의 협력과 협조를 전제로 하기에 전통사회에서는 이를 매우 중시했다. 상우천고(尙友千古)라는 말도 있듯이, 자신의 시대에 마음의 벗을 구하지 못하면 천년을 거슬러 올라가 고인과 벗이 될 수도 있다고 생각했다. 이러한 점을 염두에 두면서 작가들은 강하에서 작품 활동을 하였던바, 논의를 좀 더 분명하게 하기 위하여 영남의 젖줄인 낙동강을 중심으로 공간적 소통과 시간적 소통을 알아보기로 한다.

우선 공간적 소통에 대해 살펴보자. 영남 지역과 기호 지역의 소통은 낙동강 가에 있는 매학정(梅鶴亭)의 경우를 중심으로 보자. 이 정자는 경상북도 구미시 고아읍 예강리 낙동강 변에 위치하고 있으며,

초성(草聖)으로 칭송되는 황기로(黃耆老, 1521~?)가 훗날 자신의 사위 이우(李瑀, 1542~1609)에게 물려준 것으로, 강안제일명구(江岸第一名區)이다. 이곳을 통해 양 지역의 문인들이 만나면서 적극적인 소통이 이루어졌다. 이는 낙동강 연안의 학문인 강안학(江岸學)의 특징인 회통성(會通性)에 의한 것이기도 하다.[76] 상하를 오르내리며 기호 지역과 영남 지역의 선비들이 만나고, 동서를 넘나들며 퇴계학파와 남명학파의 선비들이 만났기 때문이다.

매학정으로 구체화시켜 관련 작품을 남긴 문인들을 보면, 송순(宋純, 1493~1583)이나 임억령(林億齡, 1496~1569)처럼 호남인이 있는가 하면, 이정(李楨, 1512~1571)이나 황준량(黃俊良, 1517~1563)처럼 영남인도 있고, 이이(李珥, 1536~1584)처럼 기호인도 있다. 노론의 영수인 송시열(宋時烈, 1607~1689)이 있는가 하면, 소론의 중심인물인 조지겸(趙持謙, 1639~1685)도 있고, 남인 선비 조임도(趙任道, 1585~1664)도 있다. 매학정을 이우가 소유하였으니 당연히 기호 노론 계열의 문인들이 중심이 되었지만 그 정자의 소재지가 영남이었기 때문에 영남의 문인들도 이곳을 방문하여 다양한 작품을 남겼던 것이다.[77] 이로써 매학정은 자연스럽게 낙동강 연안 지역의 대표적인 소통 공간이 될 수 있었다.

낙동강을 중심으로 한 좌우의 소통은 영남의 양대 학파라 할 수 있는 퇴계학파와 남명학파 사이에서 이루어졌다. 이 지역에는 이황과 조식을 함께 스승으로 모신 문인들이 많았을 뿐만 아니라, 이수진(李秀鎭)이나 이원경(李遠慶) 등은 이황을 제향한 도산서원이나 조식을 제향한 덕천서원을 두루 찾아 사모와 그리움의 정서를 극진히 표

76 이에 대해서는 정우락, 「강안학과 고령 유학에 대한 시론」(『퇴계학과 한국문화』 43, 경북대학교 퇴계연구소, 2008)에서 자세하게 다루었다.

77 이에 대해서는 정우락, 「낙동강과 그 연안지역의 공간 감성과 문학적 소통」(『한국한문학연구』 53, 한국한문학회, 2014) 245~250쪽을 참조할 수 있다.

하기도 했다.[78] 특히 강안의 성주 지역은 퇴남학의 회통이 가장 활발하게 이루어졌던 곳이다. 이황의 제자 황준량과 조식의 제자 오건이 1560년을 전후로 이 지역에 부사 혹은 교수로 부임하면서 이러한 성향은 더욱 강하게 나타났고, 이로써 정구, 김우옹(金宇顒, 1540~1603), 김담수(金聃壽, 1535~1603) 같은 회통적 성향을 지닌 인물들이 출현할 수 있는 기틀을 마련하였다.

낙동강의 공간적 소통은 국제적으로 확장되기도 했다. 김종직이 〈인동객사기(仁同客舍記)〉에서 "인동(仁同)은 낙동강 동편에 있는 영남(嶺南) 중로(中路)의 요충지로, 일본·유구·구주(九州) 세 섬나라의 오랑캐들이 보물을 받들고 중역(重譯)을 거쳐 조공 오는 자를 조석으로 맞이하고 전송하여 사철 끊이지가 않는 곳"[79]이라고 한 데서 이를 바로 알 수 있다. 김성일(金誠一, 1538~1593)은 일본으로 사신을 가면서, "묻노라 낙동강 물이여, 어느 때 나의 고향 청하성을 지나왔나? 내 지금 너와 함께 바다로 나가면서, 천 리 길을 함께 가니 더욱 정이 드누나."[80]라고 노래하였다. 이처럼 낙동강은 국제적 소통에 따른 낭만 감성을 자극하던 공간이기도 하였다.

다음으로 시간적 소통에 대해 살펴보자. 소식의 적벽유(赤壁遊)는 낙강시회에서 지속적으로 상기되었다. 일방적이기는 하나 이것 역시 시간적 소통에 다름 아니다. 류진(柳袗, 1582~1635)이 〈적벽부(赤壁賦)〉

78 성주의 읍지인 『성산지』에 따르면 이수진은 1792년(정조 16)에 도산서원에 나아가 퇴계 선생 신위를 배알하고, 이황이 자연에 묻혀 살았던 즐거움을 두루 보고 돌아와서, "만세토록 전하여도 폐단이 없을 것은 퇴계 선생의 학문이로다."라고 하였고, 이원경은 두류산 기슭의 덕천서원을 찾아, "두류산 아래로 높은 선비 찾았더니, 적막한 물가에 띠풀 집 쓸쓸하네. 두어 번 새소리에 맑은 낮 고요한데, 복사꽃 흘러오니 무릉도원 봄이로다.[頭流山下訪高人, 茆屋蕭條寂寞濱. 啼鳥聲數淸晝靜, 桃花流水武陵春.]"라는 시를 지었다.

79 李德懋, 〈琉球使〉, 『靑莊館全書』 권69, "仁同, 濱于洛之東涯, 據嶺南中路之要衝, 日本琉球九州三島之夷, 奉琛重譯而至者, 朝迎夕送, 四時不絶."

80 金誠一, 〈過梁山龍堂〉, 『鶴峰逸稿』 권2, "爲問洛東大江水, 幾時過我靑霞城. 我今與汝同歸海, 千里相隨應有情."

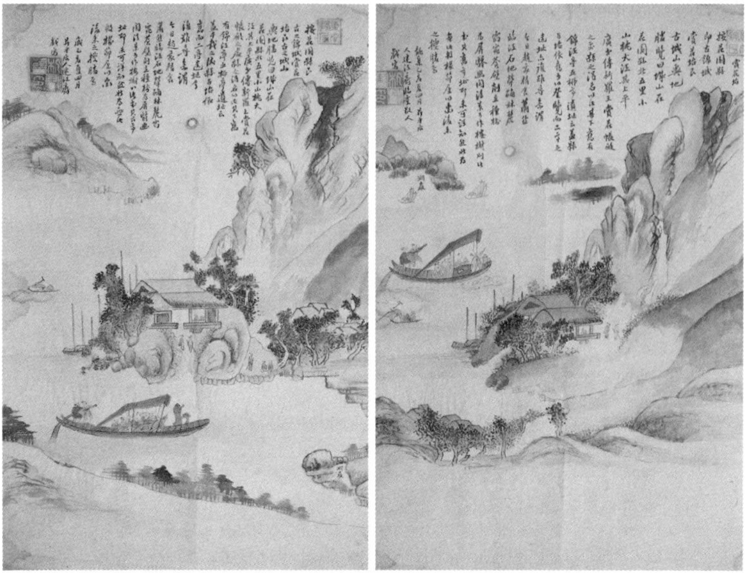

박승동의 〈낙강상화대선유(洛江賞花埭船遊)〉

의 ‘소(蘇)’ 자 운을 얻어 “임술년 달은 열엿새, 적벽강에 일찍이 소동파가 배를 띄웠지. 천 년의 아름다운 기회 만나, 한 척의 조각배 평평한 호수에 띄웠네. 옛사람 비록 못 보아도 멋진 일은 진실로 한가지라네.”[81]라고 한 데서 이러한 생각을 분명히 읽을 수 있다. 그는 소식의 적벽유를 생각하면서 고인과 소통하고자 했는데, 여기에 낭만 감성이 작동했음은 물론이다.

그러나 낙동강 연안의 선비들은 적벽유의 낭만 감성에만 머무르지 않았다. 낙동강 승경이 적벽에 비해 전혀 모자라지 않았을 뿐만 아니라, 이락(伊洛)의 연원을 거슬러 올라가는 실마리가 여기서 제공

81 柳珍, 〈得蘇字, 初賦五言詩, 不滿於意, 更賦七言, 而初作亦不敢隱, 竝附錄于下〉, 『壬戌泛月錄』 張22, “壬戌月既望, 赤壁曾泛蘇. 千載遇佳期, 一葉凌平湖, 古人雖不見, 勝事眞相符.”

된다고 믿었기 때문이다. 바로 도학 감성이 작동한 것이다. 강 이름에 연유한 낙의식(洛意識)이 위로는 이락으로 거슬러 오르고 아래로는 그들이 사는 당대까지 이어진다고 생각했다. 이러한 생각에 근거하여 이상정(李象靖, 1711~1781)은 〈기락편방서(沂洛編芳序)〉에서, 정구가 함안의 용화산(龍華山) 아래서 선유한 것을 들어, 정구는 이황의 적전(嫡傳)으로 낙동강 일대가 도학의 연원이 되게 했다고 발언할 수 있었다. 조천경(趙天經, 1695~1776)이 〈낙강범월속유시서(洛江泛月續遊詩序)〉에서, 낙동강을 통해 이락(伊洛)의 진원(眞源)을 거슬러 오른다고 생각한 것도 같은 맥락에서 이해된다.

시간적 소통은 당대인이 전대인의 문화를 계승하는 것으로 나타나기도 했다. 이황은 1562년 가을에 김성일(金誠一, 1538~1593) 및 김부륜(金富倫, 1531~1598) 등과 선유를 계획하였으나 날씨로 인해 실행에 옮기지 못한 적이 있었다. 이를 생각하며 김성일은 여러 동지들과 낙동강 상류 적벽에서 시회를 열었다. 그는 〈유적벽기(遊赤壁記)〉를 써서 "맑고도 깨끗했던 선생의 모습을 다시 뵐 수가 없어, 선생께서 남긴 시편을 거듭해서 읊으며 나도 모르게 눈물을 글썽였다. 이에 드디어 좌우 사람들에게 권하여 모두 그 시운(詩韻)을 따라서 시를 읊게 했다."[82]라며 당시의 사정을 설명했다.

낙강시회가 대를 이어 꾸준히 계승되면서 고금의 소통을 가능케 하기도 했다. 1588년 7월에 정구는 함안군수를 그만두고 낙동강 개산포에서 시회를 열어 '만경창파욕모천(萬頃蒼波欲暮天)'을 분운했다. 이 시회가 그의 문인세대에도 지속되어 정구의 아들 정장

82 金誠一, 〈遊赤壁記〉, 『鶴峰集』 권5, "氷壺秋月, 不可復見, 三復遺詞, 不覺感淚濟如也. 遂屬左右, 咸依韻敬賦焉."

(鄭樟, 1569~1614)을 비롯해서 이도자(李道孜, 1559~1642), 이도유(李道由, 1566~1649), 이육(李堉, 1572~1637) 등이 참여하여 〈추차낙강운(追次洛江韻)〉을 지으며 선대의 시회를 이어 나갔다. 이뿐만 아니라 1622년 7월에 있었던 이준의 낙강시회는 하나의 모범이 되어 꾸준히 계승되었다. 1770년에 조천경(趙天經, 1695~1776) 등이 낙강시회를 열고, 당시 지은 시를 모아 책으로 엮은 후 서문을 지어 〈낙강범월속유시서(洛江泛月續遊詩序)〉라 하였다. '속유(續遊)'라는 용어에서 볼 수 있듯이 이들은 선배들의 시회 문화를 이어 가고자 했던 것이다.

특히 강상에서 이루어지는 선유시회는 기본적으로 풍류정신과 문예정신을 담보한다. 선유와 풍류, 시회와 문예가 맞물려 있기 때문이다. 일찍이 〈낙강범월시서(洛江泛月詩序)〉에서 이준이 1622년(임술) 7월 16일을 맞아 시회를 여는 동기를 언급하는 과정에서도 이 정신이 뚜렷이 드러난다. 즉, "소동파가 적벽에서 논 일은 예나 지금이나 부러운 것이어서, 아름다운 경치가 있으면 이를 상상하게 되었다. 이로 인해 동파의 호방한 문장과 걸출한 구절은 강신(江神)의 도움에 힘입어 무지개 같은 광채와 신기루 같은 색채가 사람의 귀와 눈을 현혹하기에 족하였다. 우리들이 비록 〈적벽부〉 같은 부를 짓는 재주는 없지만 경치를 만나 정취를 이룬다면 마땅히 옛사람들에게 부끄러울 것이 없을 것이다."[83]라고 하면서 소식의 풍류를 계승하며 시를 지어 회포를 풀고자 하였던 것이다.

이준의 제의에 따라 인근의 문인 30명이 모였다. 이준은 소식(蘇軾)이 1082년(임술) 7월 16일에 적벽유(赤壁遊)를 하였던 것처럼 낙동강

83 李埈, 〈洛江泛月詩序〉, 『壬戌泛月錄』, "蘇老赤壁之遊, 爲古今所歆羨, 至有丹靑而想像者, 是因此老豪詞傑句, 爲江神所助, 虹光蜃彩, 有足以照人耳目也. 吾儕雖非作賦之材, 然觸景成趣, 則宜無媿於古人."

에 배를 띄우고 풍류를 즐기면서 시회를 열어 그 감흥을 보존하고자 했다. 그는 소식을 본받고자 함이 아니라고 애써 변명하고 있지만[84] 임술년 7월 16일을 선택하고 소식의 〈적벽부〉를 분운하여 창작한 것으로 보아, 이들이 소동파의 풍류정신을 계승하고자 하였음을 알 수 있다. '술(戌)' 자 운을 얻은 조정(趙靖, 1552~1636)의 다음과 같은 발언은 이를 더욱 분명하게 한다.

元豊歲壬戌　원풍 임술년
七月十六日　7월 16일
蘇仙泛赤壁　소식이 적벽에 배를 띄웠나니
勝事誰更軼　훌륭한 일 누가 다시 이었던가
我輩物外人　우리들은 세상 밖의 사람이라
風流皆第一　풍류는 모두 제일이라네
天啓後壬戌　천계 후 임술년
佳會任眞率　좋은 모임 진솔하게 가졌다네
相携至書院　서로 손잡고 서원에 이르니
手中橫健筆　손에는 훌륭한 붓이 들려 있네

— 조정, 〈득술자(得戌字)〉[85]

원풍 임술년은 1082년(북송, 원풍 5)으로 소식이 적벽에서 뱃놀이를 한 해이고, 천계 임술년은 1622년(광해군 14)으로 이준 등이 낙동강에서 뱃놀이를 한 해이다. 조정은 여기서 '훌륭한 일을 다시 잇는다'[86]고 하면서 스스로 '풍류제일(風流第一)'이라고 하였다. 이어 좋은 글을

84 李埈, 〈洛江泛月詩序〉, 『壬戌泛月錄』, "將赤壁賦從頭分韻, 次第占之, 非敢效坡作也, 聊以識勝遊."
85 趙靖, 〈得戌字〉, 『壬戌泛月錄』 9쪽.
86 조정은 같은 시에서 '壯遊天幸借, 舊事今可述'이라 하여 소식의 적벽유를 계승하고 있다는 것을 거듭 강조하였다.

지어 문예를 드날릴 수 있도록 붓을 들고 도남서원에 모였다고 하고 있어, 그들이 사물에 닿아 느끼는 아름다운 흥취를 시로 남길 생각이었음을 짐작할 수 있다. 이 시에서는 '소언(少焉)', '부유(蜉蝣)', '인생애, 애오생(人生哀, 哀吾生)' 등의 시어뿐만 아니라 상상력의 방향도 본받고자 하였다. 우리는 여기서 낙동강에 배를 띄우고 선유시회를 열며 소식의 풍류정신과 문예정신을 계승하고자 했던 강안의 문인들을 만날 수 있다.

낙동강 중류 지역에서는 누정을 중심으로 한 풍류와 문예 역시 활발하게 이루어졌다. 누정은 다양한 기능을 갖고 있지만 문학의 산실이라는 측면에서 더욱 중요하다. 누정에서 시회를 열어 문학 작품을 한꺼번에 다량 생산하기도 하고, 시간대를 달리하여 누정의 원운에 따라 작품을 축적하기도 한다. 또한 한 작가가 주위의 승경을 감상하며 집경시를 짓기도 한다. 여기에는 물론 음주를 곁들이는 것이 대부분이다. 예컨대, 고령에 살았던 허명신(許命申, 1569~1637)은 누정과 관련하여 다양한 시를 창작하였는데, 그 가운데 박윤(朴潤, 1517~1572)의 정자인 죽연정(竹淵亭)과 관련하여 다음과 같은 작품을 남겼다.

> 박첨지 및 여러 벗들과 함께 죽연정에 앉아서 종일토록 술을 마시며 이야기하다가 저물녘에 배를 타고 고사정(孤査亭)에 오르면서 그물을 쳐서 큰 고기 대여섯 마리를 잡았다. 달이 뜨기를 기다려 죽연정으로 내려와서 회를 쳐서 안주로 삼아 몹시 취하도록 마시고 운을 불러 시를 지었다.
>
> 夕陽休道近黃昏　저물녘에 황혼이 가까워졌다고 말하지 말라
> 漁艇移來月一痕　고깃배를 타노라면 조각달이 따라온다
> 今夜相逢須盡醉　오늘 밤 서로 만나 모름지기 실컷 취하면

渚蘭應笑楚醒魂　물가의 난초는 응당 웃으며 매질하여 취한 술 깨워 주리

— 허명신, 〈여박첨지급제익(與朴僉知及諸益)……〉[87]

앞의 글은 뒤의 시를 창작하게 된 동기를 적은 것인데, 제목을 겸한다. 이에 따르면 허명신이 여러 벗들과 죽연정에서 술을 마시다가 배를 타고 고사정으로 가면서 물고기를 잡고, 다시 죽연정으로 내려와 술을 마시면서 시를 지었다. 우리는 여기서 강을 끼고 있는 정자에서 예상되는 음주와 그 흥취, 이로 인한 문예 창작이라는 계기적 행위를 어렵지 않게 이해할 수 있다. 누정을 통한 이 같은 풍류와 문예는 원운에 따른 차운시를 지으면서 다양하게 이루어지는데, 1936년 이명걸(李明杰)이 편찬한 『교남누정시집(嶠南樓亭詩集)』에는 강안 지역의 대표적인 누정과 그 제영시가 제시되어 있어 이를 잘 알게 한다. 이뿐만 아니라 여기저기 흩어져 있는 누정시첩(樓亭試帖)들은 누정을 둘러싸고 이룩한 강안 지역의 풍류정신과 문예정신을 잘 드러내 준다.

인간의 상호소통은 강한 동류의식으로 성장하기도 했다. 낙동강의 경우를 보면, 사림파의 성장과 일정한 관련이 있어 보인다. 이들은 영천의 정몽주(鄭夢周, 1337~1392), 선산의 길재(吉再, 1353~1419), 밀양의 김종직(金宗直, 1431~1492), 성주의 김맹성(金孟性, 1437~1487), 달성의 김굉필(金宏弼, 1454~1504) 등으로 이야기되는 사림파의 성장을 깊이 인식하고 있었다. 우리는 여기서 김종직을 다시 주목하지 않을 수 없다. 무오사화가 일어날 수 있었던 결정적인 계기가 되었던 그의 〈조의제문(弔義帝文)〉도 낙동강을 배경으로 창작되었기 때문이다. 그 서

87 許命申, 〈與朴僉知及諸益, 坐竹淵亭, 終日杯酒相話, 昏乘舟上孤査, 散網得大魚五六, 待月出下竹淵, 作膾泥醉呼韻〉, 『癡齋集』 권1.

문을 잠시 들어 보자.

> 정축년 10월 일에 내가 밀성(密城)으로부터 경산(京山)을 경유하여 답계역(踏溪驛)에서 자는데, 꿈에 한 신인(神人)이 칠장복(七章服)을 입고 헌걸찬 모습으로 와서 스스로 말하기를 "나는 초 회왕(楚 懷王)의 손자 심(心)인데, 서초패왕(西楚霸王) 항적(項籍)에게 시해되어 침강(郴江)에 빠뜨려졌다."라고 하고는, 언뜻 보이다가 이내 보이지 않았다. 나는 그 꿈을 깨고 나서 깜짝 놀라 말하기를 "회왕은 남초(南楚) 사람이고, 나는 동이(東夷) 사람이니, 지역의 거리는 만여 리일 뿐만 아니요 세대의 선후 또한 천여 년이나 되는데, 꿈자리에서 서로 만나게 되었으니, 이것이 그 얼마나 상서로운 일인가. 또 사서(史書)를 상고해 보면 강(江)에 던졌다는 말은 없는데, 혹시 항우(項羽)가 사람을 시켜 비밀히 격살(擊殺)하여 그 시체를 물에다 던져 버렸던가. 이것을 알 수가 없다."라고 하고 마침내 글을 지어 조문하였다.[88]

위에서 언급된 밀성(밀양)과 경산(성주)은 모두 강안 지역이다.[89] 김종직은 1457년(문종 2, 27세)에 성주의 답계역(踏溪驛)에서 자면서 꾼 꿈을 소재로 해서 〈조의제문〉을 짓는다. 세조의 왕위 찬탈을 풍자해서 지은 글로 많이 알려져 있는 이 글은 조선시대 최대의 필화 사건이 되었다. 『성종실록』이 편찬될 때 김일손이 이 글을 사초에 싣자, 이를

88 金宗直, 〈戊午史禍事蹟〉, 『佔畢齋集』 附錄, "丁丑十月日, 余自密城道京山, 宿踏溪驛, 夢有神人, 被七章之服, 頎然而來, 自言楚懷王孫心, 爲西楚伯王項籍所弑, 沉之郴江, 因忽不見, 余覺之, 愕然曰, 懷王, 南楚之人也, 余則東夷之人也, 地之相去, 不翅萬有餘里, 世之先後, 亦千有餘載, 來感于夢寐, 玆何祥也. 考之史, 無投江之語, 豈羽使人密擊, 而投其尸于水歟, 是未可知也, 遂爲文以吊之."

89 김종직은 강안 지역에서 나고 활동했다. 그의 아버지 김숙자(金叔滋)는 선산과 성주에서 교수직을 맡았고, 고령에서는 현감직을 수행한 적이 있다. 이때 김종직도 아버지를 따라와서 글을 읽었다.

빌미로 이극돈(李克墩, 1435~1503)과 유자광(柳子光, 1439~1512) 등이 연산군을 충동하여 무오사화를 일으켜 사림파를 제거하고, 자신들의 정치적 입지를 굳히고자 했다. 이 일로 김종직은 부관참시 당하고 그의 많은 제자들이 희생되었다.

김종직의 흔적은 낙동강과 그 연안 지역에 즐비하다. 강안 지역의 대표적인 산인 가야산의 경우, 김종직의 제자 김일손이 이 산을 유람하면서 〈가야산해인사조현당기(伽倻山海印寺釣賢堂記)〉를 남겨 그 사정을 알게 한다. 그는 이곳을 찾아 스승 김종직이 찾았던 조현당에서 스승의 시뿐만 아니라 동문인 김맹성, 유호인(兪好仁, 1445~1494), 표연말(表沿沫, 1449~1498) 등의 시를 발견하고 기뻐했다. 김종직 스스로도 문인 김맹성이 고향 성주로 돌아갈 때, "가야산엔 모난 곳과 평평한 곳 있어, 그곳에 고사리며 온갖 풀 있다네. 가야산엔 연못이며 여울이 있어, 그곳엔 물고기와 마름풀이 있다네."[90]라는 시를 지어 전송하기도 했다.

관수루 역시 낙동강과 영남 사림파의 성장이 어떠한 관계에 놓여 있는지를 여실히 보여 준다. 앞서 제시한 김종직의 〈낙동요〉도 바로 이 관수루에서 지어진 것이거니와 그의 제자들 역시 대거 이 누각에 올라 작품을 남겼다. 유호인(兪好仁, 1445~1494)의 〈관수루십절(觀水樓十絶)〉[91]과 〈차낙강관수루운(次洛江觀水樓韻)〉,[92] 김일손(金馹孫, 1464~1498)의 〈여수헌등관수루(與睡軒登觀水樓)〉와 권오복(權五福, 1467~1498)의 이에 대한 차운시 등이 모두 그것이다. 16세기에는 이해(李瀣, 1496~1550)

---

90 金宗直, 〈送善源還伽倻舊居〉, 『佔畢齋集』 권5, "倻山有紀堂, 有薇有瑤草. 倻水有潭瀨, 有魚有荇藻."

91 兪好仁, 〈觀水樓十絶〉, 『濡谿集』 권2.

92 兪好仁, 〈次洛江觀水樓韻〉, 『濡谿集』 권2.

가 〈등관수루차안공운(登觀水樓次安公韻)〉[93]을, 이황(李滉)이 〈낙동관수루(洛東觀水樓)〉[94]와 〈등상주관수루(登尙州觀水樓)〉[95]라는 작품을 남겨 낙동강과 그 연안 지역이 사림파의 성장에 있어 어떤 위치에 놓여 있었는지를 잘 보여 준다.

소통은 자연과 인간 사이에서 이루어지기도 했다. 이것은 낭만 감성과 도학 감성이 주로 작동한 결과다. 도학 감성을 중심에 두면, 유가에게 제시하는 비덕(比德)의 미의식이 이것을 가능케 했다. 공자가 『논어』에서 요산요수(樂山樂水)를 통해 인간이 마땅히 지녀야 할 인지(仁知)를 강조한 이래, 성리학자들은 이를 통해 합자연(合自然)의 이념을 실현하고자 했다. 우리는 여기서 자연과 인간의 이념적·관념적 소통을 확인할 수 있다. 이러한 소통은 낙동강을 창작 공간으로 한 문학에 두루 나타난다. 1601년(선조 34) 서사원(徐思遠, 1550~1615) 등이 낙동강의 지류인 금호강에서 시회를 열었는데, 당시 정구의 제자 이천배(李天培, 1558~1604)는 다음과 같은 작품을 지었다.

淸流涵麗景　맑은 물결에 고운 경치 담겨 있고
遠峀生雲烟　먼 산 계곡에서 구름 안개 피어나네
柔櫓擊空明　부드러운 노로 달빛 비친 물결을 젓노라니
滿船俱英賢　배에 가득한 이는 모두 어진 선비
搖搖棹復棹　흔들거리며 노를 젓고 또 저으니
點點山連山　점점이 산과 산이 연달아 있네
雲影淨如掃　구름 그림자는 쓸어 낸 듯 맑고

93 李瀣, 〈登觀水樓次安公韻〉, 『溫溪集』 권1.
94 李滉, 〈洛東觀水樓〉, 『退溪集』 권1.
95 李滉, 〈登尙州觀水樓〉, 『退溪集』 권1.

天光凝碧漣　하늘빛은 푸른 물결에 비치네

撑篙驗用力　상앗대를 저으며 힘써 나아가노라니

俯仰知淵天　올려보고 내려보니 생기 활발함을 알겠네

豪思若雲湧　호탕한 마음은 구름이 솟아오르는 듯

此身挾飛仙　이 몸은 나는 신선을 옆에 끼었다네

— 이천배, 〈만력이십구년(萬曆二十九年)……〉[96]

이천배는 금호강 시회에 참여해서 '연(烟)' 자 운을 얻어 위와 같은 작품을 남겼다. 그는 이 시에서 깨끗한 강물 위에 하늘빛 구름 그림자가 유행하고 있음을 보였다. 이는 주자가 〈관서유감(觀書有感)〉에서 '천광운영공배회(天光雲影共徘徊)'라고 한 구절을 용사한 것으로, 유행하는 천리를 표현하고자 한 것이다. '부앙지연천(俯仰知淵天)'의 '연천' 역시 '연비려천(鳶飛戾天) 어약우연(魚躍于淵)'의 '연'과 '천'으로, 기운이 생동하는 활발발(活潑潑)의 경계를 나타낸 것이다. 이로써 자연과 인간은 생기로 소통하게 되고 마침내 합일을 이룩한다. 이러한 성리학적 상상력은, 같은 시회에 참여했던 장내범(張乃範, 1563~1640)의 '도내연어리(度內鳶魚理)', 정수(鄭錘, 1573~1612)의 '도인락연어(道人樂鳶魚)' 등 허다한 시구에서 반복적으로 등장한다.[97]

강이 지닌 최대의 기능은 소통에 있다. 사람들은 상하를 오르내

---

96 李天培, 〈萬曆二十九年辛丑暮春之念三日, 與張旅軒德晦, 徐樂齋行甫, 呂鑑湖聖遇, 郭敦夫, 李士彬, 宋仲裕, 張正甫, 鄭君燮, 李學可, 鄭振甫, 徐進甫, 都廷彦二十三人, 船遊於達城琴湖之江, 以朱子詩, 出載長烟重, 歸粧片月輕, 千巖猿鶴友, 愁絶棹歌聲句, 分韻得烟字〉, 『三益齋集』 권1.

97 낙동강을 중심으로 한 자연과 인간의 소통은 이를 훨씬 뛰어넘는다. 잠곡(潛谷) 김육(金堉, 1580~1658)의 경우 낙동강 하류에 위치한 가야진에서 하늘과 소통하기 위해 기우제를 지내기도 하였다. 『잠곡속고(潛谷續稿)』에 보이는 당시의 제문은, "조령이라 큰 고개 그 남쪽에는, 천리토록 기름진 들판 펼쳐져 있네. 사람들이 신령님의 은혜 입으며, 풍족한 생활을 누려왔다네. 어찌하여 이토록 여러 해 동안, 이처럼 바싹 타는 가뭄 들었나? 백만이나 되는 백성 모두 입 벌려, 바야흐로 배고픔을 하소연하네. 제수 물품 제대로 못 갖춘 것이, 신령님께 몹시도 부끄러우나, 정결하게 올리는 제사 흠향하시어, 소낙비를 듬뿍 한번 뿌려 주소서."이다.

리거나 좌우를 넘나들면서 문화를 실어 나르고, 이에 따라 작가들은 강상의 풍정을 작품에 담았다. 특히 선비들이 강상에서 배를 띄워 놓고 연 선유시회(船遊詩會)는 인간과 인간, 인간과 자연의 소통을 낭만적으로 혹은 도학적으로 성취하는 대표적인 문학적 회합이었다. 낙동강을 예로 들면, 류성룡(柳成龍)의 고제 이준(李埈)이 벌인 상주의 임술시회는 낙동강 선유시회의 전범이 되어 상주를 중심으로 오랫동안 하나의 문화적 축을 구성하였다. 이 밖에도 정구(鄭逑) 등의 용화산(龍華山) 아래에서의 선유, 장현광(張顯光)과 서사원(徐思遠) 등의 금호선사선유(琴湖仙査船遊)는 강을 통한 소통이 얼마나 활발하게 진행되어 왔는지를 보여 주는 좋은 사례가 된다.

민중의 사회적 소통

강하에는 어촌이 형성되어 있다. 어부에게 강은 삶의 현장이다. 우리 문학사에는 강촌(江村)을 소재로 한 작품이 허다한데, 시인들은 서정적 아름다움을 전하기도 하고, 어촌에서의 삶을 담담하게 묘사하기도 하고, 고달픈 삶을 민요를 통해 표출하기도 한다. 예컨대, 김성달(金盛達)의 부실(副室)이 지었다고 하는 〈강촌즉사(江村卽事)〉도 그 가운데 하나이다. 여기서 그는 "산 그림자 강에 비치자 사립문 닫았는데, 어부는 조수와 함께 와서 문을 두드리네. 그대 올 때 바다 비 만난 것 알겠거니, 뱃머리에 도롱이를 걸어 놓은 것이 보이네."[98]라고 하였다. 강촌의 어느 곳이나 있을 법한 풍경이다.

일찍이 허목(許穆, 1595~1682)은 1658년(효종 9)에 〈무술주행기(戊戌舟

98 李德懋, 〈淸脾錄〉, 『青莊館全書』 권32, "山影倒江掩夕扉, 漁人款乃帶潮歸. 知爾來時逢海雨, 船頭斜掛綠簑衣."

行記)〉를 쓴 바 있다. 당시 그는 언관(言官)직을 사임하고 임금이 소대(召對)하겠다고 하는데도 불구하고 병을 핑계로 사양하고 비를 맞으며 도성을 빠져나와 서강(西江)에 배를 띄우고 여행을 하였다. 빗속에서 선유봉(仙遊峯)을 구경하고 양화(楊花)나루를 지나 행주산성(幸州山城) 아래에 이르러 배에서 묵었다. 그는 당시의 사정을 이렇게 적고 있다.

> 배 안에서 하룻밤을 묵었다. 아침 밀물 소리를 듣고 배를 띄우니 조수가 가득 차오르고 있었다. 얼마 후 빠지는 조수를 타고 공암(孔巖)으로 내려가 파릉포구(巴陵浦口)에 이르니, 바다와 근접하여 강물이 흐려지기 시작하고 소금기가 있었다. 부도(堯島)를 지나면 그 남안(南岸)에 장릉(章陵)이 있고 장릉 아래는 김포군(金浦郡)이다. 뱃사람이 서쪽으로 심악(深嶽)과 봉성(鳳城)이 서로 마주 보고 있는 곳을 가리키며 그곳이 바다 입구라고 하였다. 그 바깥은 조강(祖江)이라 하는데, 조강이란 두 강이 모여서 바다로 들어간다는 뜻이며, 또한 삼기하(三岐河)라고도 한다. 그 북안(北岸)은 교하(交河)의 오도성(烏島城)으로서, 서남쪽으로는 강화(江華)가 바라다보이고 곧장 서쪽으로 가면 덕수(德水)의 해암(蟹巖)이다. 이곳에서 닻을 내리고 한낮의 조수가 밀려들기를 기다렸다. 조수가 빠졌을 때 어부들이 배를 타고 강을 가로질러 그물을 치는 것을 구경하였다. 또 바닷사람이 더벅머리에 발가벗은 몸으로 배의 키를 잡자 그 그물이 조수를 타고 오르락내리락하였다. 갈매기 수십 마리가 고기를 서로 잡겠다고 어지러이 나는데 사람이 있는 것은 아랑곳하지 않았다. 사람들이 고기를 보느라 새는 아랑곳하지 않으므로 새 또한 사람을 아랑곳하지 않은 것이다.[99]

---

99 許穆, 〈戊戌舟行記〉, 『記言別集』 권15, "宿於舟中. 聞早潮起, 船則潮水正滿, 俄而乘潮落, 下孔巖, 至巴陵浦口, 近海江水始濁, 有鹹氣, 過堯島, 其南岸章陵, 章陵下金浦郡也. 舟人西指深嶽與鳳城相對, 此海口也. 其外祖江, 祖江者, 二江之會, 入海亦曰三岐河, 其北岸, 交河之烏島城, 西南望江華, 直西爲德水之蟹巖, 至此下碇, 待午潮, 潮落時, 觀漁父乘舟橫江張網, 又海子蓬首

조강(祖江)에 대한 기록이다. 허목은 이 강에 대하여 "조강이란 두 강이 모여서 바다로 들어간다는 뜻이며, 또한 삼기하(三岐河)라고도 한다."라고 했다. 한강과 한탄강, 임진강이 만나 이 강을 이루고 다시 예성강과 합쳐져 강화도 앞바다로 흘러들기 때문이다. 강과 바다가 만나는 곳이기에 무역 등 활발한 삶의 현장을 목격할 수 있다. 허목 역시 여기에 대하여, "조수가 빠졌을 때 어부들이 배를 타고 강을 가로질러 그물을 치는 것을 구경하였다. 또 바닷사람이 더벅머리에 발가벗은 몸으로 배의 키를 잡자 그 그물이 조수를 타고 오르락내리락하였다."라고 하면서 조강에서 민중의 생활을 목격하고, 이를 특기해 두었다.

물의 유동성으로 인한 운송 기능은 그 유역의 문화를 만들어 내는 데 중요한 역할을 한다. 대표적인 것이 초계 밤마리의 오광대놀이 전설이다. 이 이야기는 '① 낙동강에 홍수가 나서 큰 궤 하나가 밤마리 앞의 언덕에 와 닿았다. ② 열어 보니 탈과 기타 탈놀이 도구가 들어 있었다. ③ 처음에는 모두 두려워하여 손을 대지 않았다. ④ 이후 인연이 있어 닿은 것이니 탈놀이를 해야 한다는 여론에 따라 탈놀음을 시작하게 되었다.'는 내용으로 전개된다. 이른바 표착화소(漂着話素)로 구성되어 있고, 이러한 경향은 김해의 가락오광대나 가산오광대의 경우도 마찬가지다.[100] 강하와 민중의 사회적 소통은 민요에 자주 등장한다.

앞사공아 짝지 집어 떠난다

躶身, 持舟機, 其網乘潮上下, 有海鷗數十, 爭魚亂飛, 與人相忘, 人見魚而忘鳥, 故鳥亦忘人."

100 이에 대해서는 권오경, 「낙동강문화와 부산문화의 소통: 구비전승문학을 중심으로」(『동남어문학논집』 22, 동남어문학회, 2006)가 참고가 된다.

뒷사공아 힘을 내어 건너가자
이 물을 건네가면 손님들이 잘 가신다.
우리 둘이 힘을 내세
댕겨라 앞사공 뒷사공 노저어라
배 띄운다 배 띄운데이
어서어서 이 손님들 빨리빨리 오시오
이 배를 못타거든 훗배로 오시며는
다시는 못보니더 어화 벗님네
나도야 배를 타고 건너갈 때
이 손님들 내 짝대기 하나 믿고 건너가니
이거를 조심해라 이리저리 댕기지말고
혼자만 뽀끈 쥐고 바-끈 쥐고 있시면 떠나갑니다
앞사공아 들어봐래이
앞으로 배가 수으니 뒤에야 돌아갈 줄 찍어다고
에야이야 나는 노를 저어주네 이만하면 그만이다
어서 손님 건너 주제이

— 〈도산나루 뱃사공 노래〉[101]

안동의 도산나루에서 전해진다는 뱃사공 노래이다. 여기에는 앞사공과 뒷사공이 삿대를 밀면서 손님을 제대로 건네주기 위해 힘쓰는 장면이 연출되어 있다. 특히 물이 얕은 곳에서 깊은 곳으로 배를 밀어 나갈 때에 쓰는 긴 막대기인 삿대를 '짝대기'로 표현하면서, 이것을 믿고 자신들에게 의지하는 손님들을 최선을 다해 건네주자고 한다. 그리고 손님들에게도 '바-끈 쥐고 있시면 떠나갑니다'라고 하

101 권오경, 「낙동강문화와 부산문화의 소통: 구비전승문학을 중심으로」, 『동남어문학논집』 22, 동남어문학회, 2006, 68쪽 각주 28 참조.

면서 조심을 당부하기도 했다. 낙동강 상류의 물살이 세기 때문에 조심하라는 당연한 당부라고 할 수 있다. 이처럼 민중은 뱃사공 노래를 부르며 강을 중심으로 그들의 삶을 영위해 갔던 것이다. 그러나 이러한 민중의 삶은 지역 양반에 의해 고통을 받기도 했다. 소통의 부재에서 온 것이라 하겠다. 다음 자료에 이러한 모습이 뚜렷하다.

> 오시에 제천댁으로 내려가다가 길에서, 도산(陶山)에서 배가 전복되었다는 말을 들었다. 급히 일휴당에 당도하니 뱃사공[梢工]이 와서 말하기를, 열 사람이 빠져 죽었는데 나의 노비 승수(承守)도 그중에 있다 하여 몹시도 참담하고 애통하였다. 자세히 들어 보니, 분천(汾川)의 상인(喪人) 이협(李莢)이 의인(宜仁)마을의 들판에 나무가 산더미같이 쌓여 있다는 말을 듣고, 얼족(孼族) 이필종(李必從)과 이예(李藝) 및 황씨 성을 가진 양반을 데리고 탁영담(濯纓潭)에 이르러 건너가고자 했는데, 풍파가 크게 일고 물결이 거세지자 사람들이 모두 가기를 꺼렸다고 한다. 이협이 사공을 야단치고 도산 사람이 때리려고 하매 사공이 성이 나서 말하기를, "이렇게 험한 물을 억지로 건너려고 하니, 비록 사람들이 많이 죽더라도 나는 모르겠소."라고 하였다. 이협과 이필종이 억지로 도산과 분천 사람들을 몰아서 배에 오르게 하고, 건너가려고 하지 않던 행인들까지 함께 싣고 가다가 중류에서 배가 뒤집히니, 이협과 이필종은 헤엄을 잘하여 살아 나왔으나 도산의 수노(首奴) 두 명과 서원(書院) 사람 세 명은 모두 죽고, 이예는 거의 죽다가 겨우 살아 나왔으며, 승수는 평소에 헤엄을 잘하지 못하여 홀연히 비명에 죽었다고 한다. 참담함을 이루 말할 수가 없다.[102]

102 金坽, 『溪巖日錄』, 1605년(선조 38) 7월 22일 조, "午下堤川宅, 路聞陶山船覆, 急到日休堂, 梢工來云, 十人溺死, 吾奴承守, 亦在其中, 滲怛慘怛. 詳聞則汾川喪人李莢, 聞宜仁郊田積木如山, 率孼族李必從李藝及兩班黃姓, 至濯纓潭欲渡, 風波大起, 水勢洶激, 人皆憚行. 莢喝梢工叱, 陶

앞의 〈도산나루 뱃사공 노래〉에서는 뱃사공이 자신의 책무를 다하고자 노력했다면, 이 자료에서는 지역 양반의 횡포로 뱃사공이 곤욕을 치르고 급기야 같은 나루에서 열 명이 물에 빠져 죽는 대형 익사 사고까지 일어났다. 풍파가 크게 일어나 사공이 건너가기를 꺼리자, 이협과 도산서원 사람들이 그 사공을 협박 구타하고, 건너려고 하지 않는 행인까지 배에 타게 하여 결국 사고가 일어나고 말았던 것이다. 도산서원의 수노 두 명과 서원 사람 세 명, 작자의 노비였던 승수도 이 사고로 죽었다. 소통 부재로 인한 결과가 얼마나 참담한지를 여실히 보여 주는 대표적인 예라고 할 수 있을 것이다.

근대 이후 강하는 사회 감성을 더욱 자극하는 곳이었다. 조명희(趙明熙, 1894~1938)의 〈낙동강〉도 그 가운데 하나이다. 이 작품에 대해서는 제1차 방향전환의 소설, 본격적인 프로소설의 첫 작품, 사회주의 리얼리즘의 예시 등 여러 가지 서로 다른 평가가 존재하는 것이 사실이다.[103] 그러나 이 소설의 들머리에서 조명희는, "낙동강 칠백리 길이길이 흐르는 물은 이곳에 이르러 곁가지 강물을 한 몸에 뭉쳐서 바다로 향하여 나간다. 강을 따라 바둑판같은 들이 바다를 향하여 아득하게 열려 있고 그 넓은 들 품 안에는 무덤무덤의 마을이 여기저기 안겨 있다. 이 강과 이 들과 거기에 사는 인간—강은 길이길이 흘렀으며, 인간도 길이길이 살아왔었다. 이 강과 이 인간, 지금 그는 서로 영원히 떨어지지 않으면 아니 될 것인가?"[104]라고 하면서, 낙동강이 민중의 삶과 직결되어 있다는 것을 기술하였다. 그리고 관련

山人將打之, 梢工忿曰, 强涉如此險水, 雖殺人多, 吾何知乎? 莢必從, 强駈陶山及汾川人登舟, 行路之不欲渡者, 亦不獲已同載, 中流舟遂覆, 莢及必從善浮水獲免, 陶山首奴二名及院人三名皆死, 藝幾死僅活, 承守則素不能浮, 忽死非命, 慘不可言."

103 『한국민족문화대백과사전』(http://encykorea.aks.ac.kr) 참조.

104 조명희, 〈낙동강〉, 『조명희단편집: 낙동강, 농촌사람들, 저기압』, 붉은나무, 2017.

된 민요를 다음과 같이 소개하고 있다.

봄마다 봄마다
불어 내리는 낙동강물
구포벌에 이르러
넘쳐 넘쳐 흐르네
흐르네-에-헤-야

철렁철렁 넘친 물
들로 벌로 퍼지면
만 목숨 만만 목숨의
젖이 된다네
젖이 된다네-에-헤-야

이 벌이 열리고 —
이 강물이 흐를 제
그 시절부터
이 젖 먹고 자라왔네
자라왔네-에-헤-야

천 년을 산 만 년을 산
낙동강! 낙동강!
하늘가에 간들
꿈에나 잊을쏘냐
잊힐쏘냐-이-히-야

— 조명희, 〈낙동강〉[105]

105 조명희, 〈낙동강〉, 위의 책.

강과 들과 인간의 관계는 삶의 공간 바로 그것이다. 이를 인식하면서 조명희는 특히 낙동강이 만민을 살리는 젖줄이라는 것을 강조한다. "철렁철렁 넘친 물, 들로 벌로 퍼지면, 만 목숨 만만 목숨의, 젖이 된다네"라고 한 언표에서 직설적으로 나타난다. 낙동강을 통해 이러한 상상이 가능했던 것은 강이 민중의 삶과 직결되는 특별한 공간이기도 하거니와, '천 년을 산 만 년을 산' 유구한 역사적 공간이기도 하기 때문이다. 이러한 인식하에 조명희는 주인공 박성운을 내세워 사회주의 운동의 어떤 모범을 보이고자 했다. 그는 낙동강이 원래 낙원이었다는 것을 이렇게 말한다.

> 이네의 조상이 처음으로 이 강에 고기를 낚고, 이 벌에 곡식과 열매를 딸 때부터 세지도 못할 긴 세월을 오래오래 두고 그네는 참으로 자유로웠었다. 서로서로 노래 부르며, 서로서로 일하였을 것이다. 남쪽 벌도 자기네 것이요, 북쪽 벌도 자기네 것이었다. 동쪽도 자기네 것이요, 서쪽도 자기네 것이었다.[106]

그러나 조명희는 당대에 와서 그렇게 되지 않는다는 것을 인식한다. 여기에 대하여 그는 "놀고먹는 계급이 생기고, 일하여 먹여 주는 계급이 생겼다. 다스리는 계급이 생기고, 다스려지는 계급이 생겼다."라고 하면서, 낙토(樂土)가 고토(苦土)로 바뀌게 된 까닭이 계급이 생겨났기 때문이라고 보았다. 이로써 "임자 없던 벌판에 임자가 생기고 주림을 모르던 백성이 굶주려 가기 시작"하여 사태가 심각해지지 않을 수 없었다. 그는 계급투쟁을 하지 않을 수 없는 이유를 밝히면

---

106 조명희, 〈낙동강〉, 위의 책.

서, 주인공 박성운을 내세워 낙동강 변에서 농민들의 피폐한 삶을 개혁하기 위해 사회 운동에 나서고자 했다.

민중의 사회 감성을 강을 통해 더욱 적극적으로 작품화한 것은 신동엽(申東曄, 1930~1969)의 〈금강〉이다. 이 작품은 금강을 중심으로 1894년 3월에 일어났던 갑오농민전쟁을 다룬 민족적이며 민중적인 대서사시이다. 즉, 동학운동으로 상징되는 민족적 수난과 고통의 과정에서부터 1919년 3월의 기미독립운동, 1960년 4월의 4·19혁명에 이르기까지 과거와 현재를 하나의 저항적 몸짓으로 노래하고 있다. 이로써 그는 이 땅의 역사적 비극성을 새로이 인식하게 하였던 것이다. 〈금강〉은 각각 2장씩으로 되어 있는 서화와 후화를 포함해 총 30장 4,673행으로 구성되어 있다. 그렇다면 '금강'이라는 강하가 신동엽에게 어떻게 인식되고 있었는지 확인해 보자.

〈밀알 한 알이 썩지 않으면
언제까지나 한 알로 있을 뿐이나,
땅에 떨어져 썩으면
더 많은 밀알 새끼 치느니라.〉

백제,
예부터 이곳은 모여
썩는 곳,
망하고, 대신
거름을 남기는 곳

금강,
예부터 이곳은 모여

썩는 곳,
망하고, 대신
정신을 남기는 곳

바람버섯도
찢기우면, 사방팔방으로
날아가 새 씨가 된다.

그러나
찢기우지 않는 바람버섯은
하늘도 못보고
번식도 없다.

— 신동엽, 〈금강〉[107]

신동엽은 〈금강〉에서 "이 세상은, 우주에 있는 모든 생물은, 한 가지 목숨의, 강물일까요. 그래서 죽음도 삶도, 없는 걸까요?", "당신도, 나도, 한 가지 강물의 흐름 위에, 돋아난 잠깐의 표정일까요?"라고 하였다. 우주의 모든 생물은 강물과 같은 영원성 위에 잠깐 돋아나는 표정이라며 강물의 흐름을 통해 영원을 보고 있다. 그러나 위에서 보듯이 금강은 예로부터 썩고 망하지만 정신을 남기는 곳이라고 하였다. 강물은 영원하기에, 모든 순간적인 것을 썩게 하고 망하게 하지만 그 정신은 깊이 살아남는다는 것이다. 이러한 과정에서 신동엽은 백제를 의식했다. 금강을 배경으로 번성했던 백제는 이미 망했지만, 그것이 밑거름이 되어 새로운 정신으로 태어났다는 것이다.

107 신동엽, 〈금강〉, 『금강』, 창작과비평사, 1989.

그는 동학농민운동이나 기미독립운동, 그리고 4·19혁명도 이러한 역사적 문맥 속에서 파악하고자 했다.

신동엽이 금강에서 가장 먼저 착목한 것은 이 공간이 갖고 있는 역사성이다. 백제의 터전이면서 동학농민운동의 진원지였기 때문이다. 그는 금강의 하늘을 보면서 "사람은 한울님이니라, 노비도 농삿군도 천민도, 사람은 한울님이니라."라는 동학 사상을 통해 끊이지 않는 민중 혁명을 떠올렸다. 이러한 지속성 혹은 불변성 또한 강하가 갖고 있는 내적·정신적 힘이라고 본 것이다. 강은 역사와 마찬가지로 고갈되지 않는다. 민중의 역사도 강물과 마찬가지로 흘러가지만 결코 단절되거나 사라지지 않는다. 신동엽은 이러한 강물의 영원성에서 폭압적 권력에 맞서며 끊임없이 재생하는 민중의 힘을 본 것이다. 〈금강〉은 신동엽의 바로 이러한 상상력에서 탄생한 작품이다.

배를 타고 오르내리는 강하는 그 자체가 소통의 현장이다. 이를 통해 상인들은 상호 무역을 하고 어부들은 그들의 삶을 영위한다. 특히 물이 지닌 유동성은 운송 기능을 가지고 있어 문화를 실어 나르는 역할을 했다. 대표적인 것이 표착화소(漂着話素)에 입각한 초계 밤마리의 오광대놀이이다. 낙동강의 홍수로 탈이 떠내려와 놀이를 시작하게 되었기 때문이다. 뱃사공이 부르는 노래에도 소통의 노력이 보이는데, 이것이 제대로 되지 않아 사람들이 익사하는 참담한 사건도 벌어졌다. 소통을 위한 노력과 그것이 부재한 결과였다. 특히 근대 이후에는 강하를 중심으로 민중의 사회 감성이 다각도로 모색되었는데, 조명희의 〈낙동강〉과 신동엽의 〈금강〉은 그 대표적인 작품이다.

4. 호수, 서정의 체험

호수는 '육지가 오목하게 패어 물이 괴어 있는 곳'을 말하는데, 자연적인 것도 있고 인공적인 것도 있다. 지수(止水)가 그 범위에 따라 우물, 연못, 호수 등으로 구분된다면, 호수는 이 가운데서 가장 크다. 바다와 접해 있는 넓은 강의 경우 간혹 호수처럼 보이기도 하여, 시인들은 강을 아예 '호'라 부르며 시를 짓기도 했다. 특히 호수는 그 넓이와 수평선이 가져다주는 편안함 때문에 많은 작가들이 즐겨 문학적 대상으로 삼았다. 바람이 불어 잔물결을 이루거나, 구름 그림자가 맑은 물결에 비치는 것 등에서 무한한 서정을 느꼈던 것이다. 이로써 낭만 취향은 극대화될 수 있었다.

역대의 작가들은 호수를 동경하면서, 호수 속에 배를 띄워 풍류를 즐기기도 하고, 아예 그 곁에 누각이나 정자를 지어 시정(詩情)을 만끽하기도 했다. 이익(李瀷)의 〈양월호(揚月湖)〉, 김윤식(金允植)의 〈비파호(琵琶湖)〉, 안축의 〈경포범주(鏡浦泛舟)〉, 정약용(丁若鏞)의 〈남호범주기(南湖泛舟記)〉 등이 모두 그것이다. 근대 이후에도 여전히 호수는 주요 문학적 소재로 등장했다. 김동명은 "내 마음은 호수(湖水)요, 그대 저어 오오. 나는 그대의 흰 그림자를 안고, 옥(玉)같이, 그대의 뱃전에 부서지리다."라고 하면서 사랑과 그 기쁨을 호수를 통해 나타냈다. 이 장에서는 호수의 심상 가운데 특히 '서정'을 주목한다. 이것이 호수에 대한 문학적 상상력 가운데 가장 핵심적인 부분이기 때문이다.

서호 풍정의 한국적 수용

호수는 그 넓이와 수평선으로 인해 인간에게 아름다움과 함께 심리적 안정을 제공한다. 햇살에 물결이 반짝거리거나 바람이 지나가면서 파문을 일으키는 것에서 사람들은 무한한 평화를 느낀다. 그러므로 평화로운 호수는 낭만적이고 서정적인 심상을 그려 내기에 적당한 공간이다. 호수는 지수의 반사성으로 인해 나무나 정자, 산 등 주위의 수많은 사물들을 담아낼 수 있다. 사람들은 호수에 배를 띄워 풍정을 즐기거나 고기를 잡는 등 실용적인 용도로 활용하기도 한다. 이 때문에 고전 작가들은 서호(西湖)나 운몽택(雲夢澤) 등 중국 문학에 등장하는 호수를 상상하며, 경포호(鏡浦湖) 등 한국의 호수를 직접 찾아 그 아름다움에 빠져들곤 하였다.

호수 가운데 특히 서호는 중국의 것을 상상한 것도 있지만, 아예 우리나라의 호수를 서호라 이름하며 산수를 즐기기도 했다. 저 유명한 윤선도(尹善道, 1587~1671)의 〈어부사시사(漁父四時詞)〉에서도, “동풍이 건듣 부니 물결이 곱게 인다. 돛 달아라 돛 달아라, 동호(東湖)를 돌아보며 서호(西湖)로 가자꾸나. 지국총 지국총 어사와, 앞산이 지나가고 뒷산이 나아온다.”라고 하면서 서호를 떠올렸다. 윤선도는 전라남도 보길도 부용동에 들어가 한적한 나날을 보내면서 이 작품을 지었는데, 자신이 은거하고 있는 곳을 중국의 서호에 비기며 서정적 흥취를 더했던 것이다.

중국의 절강성(浙江省) 항주(杭州) 서쪽에 위치해 있는 서호는 삼면이 산으로 둘러싸여 있고 호안(湖岸)의 총 길이가 15km에 달하는 거대한 호수이다. 이 호수는 중국 고대의 4대 미인 가운데 한 명인 서시(西施)의 이름을 따서 서자호(西子湖)라고도 불렸는데, 백거이(白居易)에 의해 그 아름다움의 가치가 적극적으로 발현되었다. 이후 임포(林逋, 967~1028), 소식(蘇軾, 1036~1101), 한세충(韓世忠, 1088~1151), 악비(岳飛, 1103~1141) 등에 의해 서호는 다양한 고사를 축적하게 되었으며, 현재에 이르기까지 복합적인 문화공간으로 성장하였다.

호수의 물새들

북송의 시인 소식이 서호의 호중(湖中)에 남북으로 30리에 달하는 제방을 준설하여 사람들을 통행할 수 있게 하였는데, 사람들이 이 제방을 소공제(蘇公堤)라 불렀다. 또한 북송의 시인 임포가 매화를 심고 학을 기르며 서호(西湖)의 고산(孤山)에서 은거하였기에 사람들이 매처학자(梅妻鶴子)라고 칭송하였다. 이러한 고사는 중국은 물론이고[108] 한국 시인들의 시심을 자극하기에 충분하였고, 이와 관련된 수많은 작품을 낳았다. 나아가 전여성(田汝成, 1502~1557)의 『서호지(西湖志)』를 들여와 탐독하고 〈서호도(西湖圖)〉를 그리며 중국 서호의 낭만적 풍치에 젖어들기도 하였다.[109] 일찍이 임포와 소식은 서호에 대하여 다음과 같은 시를 지었다.

---

108 중국의 경우 서호문학(西湖文學)을 발생시켰다. 이 서호문학의 정의와 그 형상의 변천은 劉暢, 「西湖文學에 나타난 理想空間으로서의 西湖形象의 변천」(고려대학교 대학원 석사학위논문, 2016)에서 이루어졌다.

109 이에 대해서는 정민, 「16·7세기 조선 문인지식인층의 江南熱과 西湖圖」, 『고전문학연구』 22, 한국고전문학회, 2002 참조.

(가) 水氣並山影　호수의 물 기운 산 그림자가 겹치어
蒼茫已作秋　창연한 가운데 이미 가을이 되었구나
林深喜見寺　깊은 산속 사찰을 발견하여 기쁜데
岸靜惜移舟　고요한 호숫가에서 배를 돌리기 아쉽네
疏葦先寒折　성긴 갈대가 찬바람에 꺾이고
殘虹帶夕收　남아 있는 무지개가 석양에 사라지네
吾廬在何處　우리 집이 어디에 있는고
歸興起漁謳　어부가 흥을 일으키며 뱃노래 부르며 돌아가는 곳이라네

— 임포, 〈추일서호한범(秋日西湖閑泛)〉[110]

(나) 水光瀲灩晴方好　물빛은 넘실넘실 갠 날에 한창 좋더니
山色空濛雨亦奇　산빛은 어둑어둑 비 오는 것도 기관일세
欲把西湖比西子　서호를 가져다가 서시에 비교할진댄
淡粧濃抹總相宜　엷은 화장 짙은 화장이 둘 다 서로 알맞겠네

— 소식, 〈음호상초청후우(飮湖上初晴後雨)〉[111]

앞의 작품은 임포의 시이고, 뒤의 작품은 소식의 시이다. 이 둘은 백거이와 함께, 서호와 관련된 중국의 대표적인 시인이다. 임포는 고향이 항주 전당(錢塘)이며, 소식은 1089년(북송 원우 4) 7월에 두 번째로 항주의 지방관이 되었다. 이 때문에 이들은 서호를 특별히 사랑하며 다수의 작품을 남겼다. 이들은 호수에 비치는 아름다운 산 그림자의 풍치와 그 속에서 어부의 노랫소리와 함께 사는 작자의 낭만적 감흥을 드러내는가 하면, 서호의 아름다운 풍경을 고대의 미인 서시에 견

110 林逋, 〈秋日西湖閑泛〉, 『林和靖詩集』, 『四庫全書』, 集部, 別集類.
111 蘇軾, 〈飮湖上初晴後雨〉, 『蘇東坡集』 권9.

주면서 서호의 빼어난 경치를 형상화하기도 했다.

한국문학에 남긴 서호의 표상은 시대적 흐름에 따라 다르게 나타난다.[112] 서호를 초기에 수용한 고려시대의 경우, 유흥의 공간 혹은 임포의 고사를 떠올리며 매화의 순수함을 노래하는 공간이었고, 조선시대에 들어와서는 그 이미지가 더욱 확장되고 분화되었다. 이러한 과정에서 등장하는 서호에 관한 주된 정조는 서정과 낭만이었다. 즉, 서호를 미적 공간으로 인식하면서 조선의 아름다운 풍경을 극대화하는 데 힘썼다. 조선 전기의 대표적인 관각문인 서거정(徐居正, 1420~1488)도 그 가운데 한 명이다. 그는 다음과 같이 〈서호범주(西湖泛舟)〉라는 시를 지었다.

西子湖邊十頃秋　서자호 가엔 열 이랑 호수가 한창 가을이라
雨奇晴好兩淸幽　우기와 청호 둘이 다 맑고 조용하기만 하네
風流小舫移時纜　풍류 어린 작은 배를 한참 동안 정박했을 제
樓外靑山散不遲　누각 밖의 푸른 산들은 재빨리 흩어졌으리

— 서거정, 〈서호범주(西湖泛舟)〉[113]

서거정은 서호를 특별히 좋아하였다. 이 때문에 그는 서호 고사를 용사하여 수많은 시를 지었다. 서호의 뱃놀이는 매우 유명하였는데, 이로써 〈서호범주〉라는 작품이 다양하게 생산될 수 있었다. 영암 월출산 자락에도 서호가 있고, 낙동강과 만나는 대구의 금호강(琴湖江) 하구에도 서호가 있듯이 조선에는 여러 곳에 서호가 있었다. 이 가운

112 이에 대해서는 김동준, 「한국한문학사에 표상된 중국 서호의 전개와 그 지평」(『한국고전연구』 28, 한국고전연구학회, 2013)에서 다루었다.
113 徐居正, 〈西湖泛舟〉, 『四佳詩集』 권20.

데 한강의 서호가 대표적이다. 한강에는 강폭이 유난히 넓어 호수 같은 곳이 있는데, 동호와 서호가 그것이다. 동호는 두모포(豆毛浦) 일대이고, 서호는 마포와 서강, 양화도 일대이다. 서거정은 이 서호에 배를 띄워 놀면서 중국의 서호를 떠올렸다. 그리고 '엷은 화장과 짙은 화장이 둘 다 서로 알맞다'고 한 소식의 시를 염두에 두면서, '우기(雨奇)와 청호(晴好) 둘이 다 맑고 조용하기만 하다'고 했다. 허목(許穆, 1595~1682)은 서호에 대하여 다음과 같이 기록하고 있다.

> 삼강(三江)의 명승 중에 서호(西湖)가 가장 크다. 한강 물은 노량(露梁)과 용산(龍山)에 이르러 나뉘어 두 갈래의 물이 되었다가 서강(西江)의 용수(龍首)를 지나 다시 합류하여 물줄기가 방대하고 깊어져 서쪽의 바다로 흘러 들어간다. 높은 강 언덕은 울룩불룩하고 긴 모래톱에는 자갈이 깔려 있으며 외딴 섬 모래톱에는 강물이 넘실거린다. 그곳에 사는 새는 기러기·들거위·갈매기·따오기·촉옥(燭玉)이고, 자라는 풀은 갈대·줄풀·개구리밥이며, 이 밖에 목축인의 얼룩소와 염소, 아낙네들이 가꾸는 뽕나무, 의원이 심은 약초, 어부가 펼쳐 놓은 그물이 있다.[114]

한강 가에 있는 낙오정(樂悟亭)에 대한 기문을 지으면서 허목이 언급한 내용이다. 여기서 말하는 '삼강'은 한강(漢江), 용산강(龍山江), 서강(西江)으로, 조선 시대 물산(物産)이 집합되던 곳이다. 물이 서로 모여 호수처럼 넓기 때문인데, 자연 경관을 아름답게 묘사하며 서정의 세계를 드러냈다. 이어 "강변의 절경은 봄 강가의 물소리가 듣기 좋고,

114 許穆, 〈樂悟亭記〉, 『記言』 권13, "三江之勝, 西湖最大, 漢水至露梁龍山, 中分爲二水, 過西江龍首, 復合流, 渾渾泱泱, 西注海門. 高岸長洲, 崛嵎磧歷, 別島沙渚瀰漫, 其鳥, 鴻雁駕鵝鷗鷺燭玉, 其草, 蒹葭菰蘆青蘋, 牧人之犁牛羝羊, 妾子之桑, 醫師蒔藥, 漁子設網."

월출이 보기 좋고, 포구의 빗소리가 듣기 좋으며, 저물녘에 내리는 눈이 보기 좋다."[115]라고 하면서 낙오정 주변의 서호 풍정을 자세하게 기록하였다. 선조 때의 문신 성여학(成汝學, 1557~?)은 〈서호곡(西湖曲)〉 4수를 지은 적이 있다. 그 가운데 첫째 수와 둘째 수는 이러하다.

(가) 芳草滄洲路　방초가 피어 있는 창주의 길이요
春風白石村　봄바람 부는 백석의 마을이로다
夜來江雨過　밤이 와서 강의 비가 지나간 뒤
沙岸雁聲喧　모랫벌 가에서는 기러기 소리 시끄럽네

(나) 明月出遙浦　밝은 달은 먼 포구에서 나오고
蒼煙起遠村　푸른 연기는 멀리 있는 마을에서 일어나네
樓臺繞洲渚　누대는 돌아 흐르는 물가에 있는데
歌吹夜來喧　노랫소리 밤이 되자 들려오네

— 성여학, 〈서호곡(西湖曲)〉[116]

이 시에서 보듯이 성여학은 서호에서 무한한 서정과 낭만을 느끼고 있다. 앞의 시에서 방초는 창주의 길에 피어 있고, 봄바람은 백석 마을로 불어오며, 밤에 비가 지나가면 아침에는 모랫벌로 기러기가 떠들썩하게 내려앉는다고 했다. 뒤의 시에서도 성여학의 서정과 낭만의 정서는 지속된다. 먼 포구에서 떠오르는 밝은 달과 원촌에서 일어나는 푸른 연기를 제시하여 원경을 먼저 그린 다음, 물이 누대를 돌아 흐르고 조용한 밤이 되자 노랫소리가 떠들썩하게 들려온다고

115 許穆, 〈樂悟亭記〉, 『記言』 권13, "臨江絶景, 宜於春渚, 宜於月出, 宜於浦雨, 宜於暮雪."
116 成汝學, 〈西湖曲〉 其一·二, 『鶴泉集』 권1.

근경을 제시했다. 그의 이러한 낭만 정취는 '서호'라는 이름이 가진 풍취와 어울리면서 그 농도를 더하였다.

그런데 서호의 낭만적 풍취는 쉽게 관념화되기도 했다. 중국의 서호를 연상하면서 작품을 창작하였기 때문이다. 예컨대, 사화기를 지나면서 다양한 작품이 창작되는데, 이때 창작된 허강(許橿, 1520~1592)의 〈서호별곡(西湖別曲)〉이 대표적이다. 이 작품의 작자 허강은 아버지가 유배를 가서 그곳에서 죽자, 세상을 등지고 40년 동안 한강의 서호에 은거하였다. 이 과정에서 봄 어느 날 서호를 유람하고 가사체로 된 〈서호별곡〉을 지었다. 여기서 그는 봄을 맞이한 감회에서 시작하여 서호 주변의 유람과 풍류 등을 두루 노래했다. 다음은 유람의 종착지인 송호에 대해 읊은 것이다.

> 辟强 林泉과 栗里 田園의
> 흘이리 뵈아히로다
> 桃花 錦浪의 武昌 새버드리
> 가지마다 봄미로다
> 葡萄酒 鵝黃酒 鸞鶿爵 鸚武杯
> 一日須傾 三百杯를
> 馮池 鑾刀와 松江 鱸魚로
> 光芒이 戰國ᄒᆞ니 霍霍霏霏로다
> 手揮 絲桐이오 目過 還雲ᄒᆞ니
> 滄溟 烟月이야 ᄯᅩ우리의 물리로다
> 翩躚ᄒᆞᆫ 羽衣道士이 江皐로 다니며 무로ᄃᆡ
> 그ᄃᆡ네 노로미 즐거우냐 엇ᄯᅥᄒᆞ뇨
> 湖山 千載예 아ᄅᆞᆷ다온 이ᄅᆞᆯ
> 절로 아니라 사ᄅᆞᄆᆞ로 그러ᄒᆞ니

山陰 蘭亭도 右軍옷 아니면
清湍 脩竹이 蕪沒 沙山이랏다
宇宙 勝賞을 ᄎᆞᄌᆞ리 업ᄉᆞ먀
造物이 숨겻다가 天遊 盛迹이야 우리로 열리로다
空明의 빗ᄶᅢᄅᆞᆯ 흘리노하 가ᄂᆞᆫᄃᆡᄅᆞᆯ 졷니노라

— 허강, 〈서호별곡(西湖別曲)〉[117]

여기서 보듯이 성여학은 한강의 서호를 노래하며 중국 고사를 적극 활용하고 있다. 도잠(陶潛, 365~427)이 율리로 돌아가면서 지었던 〈귀거래사(歸去來辭)〉, 무릉도원의 이상향을 제시하였던 〈도화원기(桃花源記)〉, 이백(李白, 701~762)이 노자작(鸕鶿爵) 앵무배(鸚武杯)를 들고 하루에 모름지기 3백 잔을 기울여야 한다고 했던 〈양양가(襄陽歌)〉 등에서 용사(用事)하면서 호기와 함께 한강 서호에서의 무한한 흥취를 즐겼다. 그러고는 서호의 아름다움이 저절로 되는 것이 아니라 사람으로 인하여 비로소 서호일 수 있다면서, 인물로 인해 산수가 비로소 의미 있어진다고 했다.

대구 금호강 하구의 서호에서 도석규(都錫珪, 1773~1837)가 자호를 서호라 하면서 〈서호병십곡(西湖屛十曲)〉을 지은 바 있고, 전라남도 영암의 서호에 대해서는 김창협(金昌協, 1651~1708)이 봄날 배를 띄워 놀면서 〈서호춘범(西湖春泛)〉 네 수를 창작한 바 있다. 김창협은 이 작품의 첫째 수에서 "이른 아침 서호를 바라다보니, 봄 밀물 아스라이 올라오네. 너른 수면 산줄기 멀리 잠기고, 떠오른 해 물 위에 일렁거리네. 편한 흐름 뱃길이 순탄하고, 높은 파도에 어살이 깊게 빠졌네. 호

117 임기중 편, 『한국가사문학주해연구』, 아세아문화사, 2005.

탕한 저 갈매기 성질을 보소, 돛대 아니 피하는 게 사랑스럽구나."[118] 라고 하면서 서호의 봄 풍경을 낭만적으로 그려 냈다. 다른 세 작품 모두 이러한 정서를 이어 갔다. 한번 들어 보자.

(가) 小艇搖雙槳　두 노로 저어 가는 거룻배 안에
清樽載兩頭　맑은 술 술동이 두 통을 싣고
遙遙指極浦　아스라이 먼 물가 향해 가다가
望望下中洲　서둘러 작은 섬에 닻을 내렸네
鳥向空明度　광활한 창공으로 새는 나는데
人疑汗漫游　한만한 놀이라고 의심들 하리
回頭看月嶽　고개 돌려 월출산 바라다보니
秀色半滄流　푸른 물 반이 잠긴 수려한 산 빛

(나) 亂石環洲峙　험한 돌이 모래섬을 둘러 높이 솟았고
清波掠岸回　맑은 파도 기슭을 자꾸 할퀴네
竹疎侵繫纜　매인 뱃줄 댓가지 스쳐 비비고
沙白照行杯　물 위 술잔 비추는 새하얀 모래
晚飯炊依樾　숲 그늘 의지하여 저녁밥 짓고
春衣坐襲苔　이끼 밭 봄옷으로 마냥 앉아서
未愁西日落　서산에 지는 해를 시름 않으니
應泛夜潮迴　밤 밀물에 배 띄워 돌아가야지

(다) 極浦潮初上　먼 물가에 밀물이 올라올 즈음
歸舟月並移　돌아가는 배 달과 함께 자리를 뜨니
依依孤島遠　외로운 섬 어렴풋 멀어져 가고

118 金昌協, 〈西湖春泛〉, 『農巖集』 권1, "西湖朝望迥, 極目上春潮. 闊浸連山盡, 光浮出日搖. 安流迎鷁首, 高浪沒漁標. 浩蕩看鷗性, 憐渠不避橈."

淅淅細波吹　산들바람 잔잔한 물결 일으켜
鼓柁驚沙鳥　키 두드려 물새를 깨워 놀라게 하며
持杯勸檝師　술잔 잡아 사공에게 권한다네
前灘流尙淺　앞 여울의 물길이 아직은 얕아
沿溯不嫌遲　밀물 따라 더디 감 또한 좋아라

— 김창협, 〈서호춘범(西湖春泛)〉[119]

(가) 시에서 김창협은 "고개 돌려 월출산 바라다보니"라고 하였다. 이것은 서호가 월출산 기슭에 위치하고 있다는 것을 보여 주기 위함이다. 그는 여기서 맑은 술동이와 수려한 산 빛을 제시하여 흥취와 함께 서호의 품격을 노래했다. 이러한 분위기는 아래 두 수에서도 지속적으로 이어졌다. 즉, (나)의 "물 위 술잔 비추는 새하얀 모래", (다)의 "술잔 잡아 사공에게 권한다네"라고 하여 술잔을 통해 낭만 감성을 더했으며, 숲 그늘 의지하여 저녁밥 짓고, 키 두드려 물새를 깨워 놀라게 한다면서, 자연에 동화된 시인의 서정을 적극적으로 나타냈다. 제목이 〈서호춘범〉이니 봄날 서호에 배를 띄우고, 서호 주변의 아름다운 정경을 낭만적으로 그려 내고자 했던 것이다. 여기서 우리는 중국의 서호에서 완전히 벗어난 독자화된 한국의 서호를 느낄 수 있다.

지수 가운데 그 수체(水體)의 범위가 가장 큰 것이 호수이다. 호수는 그 넓이와 수평선으로 인해 우리에게 아름다움과 함께 심리적 안정을 제공한다. 특히 중국의 임포나 소식이 서호 풍정을 노래하면서 이들의 정서가 한국에 유입되어 서울, 대구, 영암 등지에 다양한 서호

119 金昌協, 〈西湖春泛〉, 『農巖集』 권1.

가 탄생하게 되었다. 장르는 한시가 주축을 이루는데, 짧은 형태의 절구도 있고 연시 형태로 된 것도 있어 서호를 다면적으로 그려 냈다. 김창협의 〈서호춘범〉 4수가 대표적이다. 특히 성여학은 〈서호별곡〉을 지어 가사체로 서호의 아름다움을 노래했다. 이때 도잠의 〈귀거래사〉와 〈도화원기〉, 이백의 〈양양가〉 등을 용사하며 서호의 풍정을 낭만적으로 그렸다. 이로써 서호는 완전한 한국화의 길을 걸을 수 있게 되었다.

호수의 다양한 얼굴

중국의 서호를 연상하면서 한국의 서호를 만들어 갔던 우리 작가들은, 서호라는 이름을 갖고 오되 완전히 다른 서호를 노래했다. 물론 우리 고유의 명칭을 사용하여 서호의 풍정을 떠올린 작품도 여럿 있다. 경포호처럼 호수의 온진한 모습을 지닌 것에서부터 넓은 강을 호수로 인식하며 노래한 것까지 호수는 문학의 주요 소재였다. 우리는 여기서 작가들의 인식이 한결같지 않다는 데 주목할 필요가 있다. 그것은 아름다움에서 추함까지 다양한 스펙트럼을 갖고 있었고, 설화 공간에서 생성된 호수도 다양하게 나타났다. 특히 경포호는 이야기 생성의 주요 공간이기도 하고, 시인묵객들이 그들의 서정을 작품에 담아내는 대표적인 장소이기도 했다.

우리나라 사람들은 호수가 어떻게 만들어진다고 생각했을까? 이는 대체로 전국적으로 광포하는 장자못 전설과 결부되어 있다. 즉, 시주 온 도승(道僧)을 박대한 장자(長子)가 패망하여 그의 집터는 못이 되고, 도승이 일러 준 금기를 위반한 며느리는 돌이 되었다는 내용이다. 이미 살펴본 바 있는 강원도 태백산의 황지 전설을 비롯해서 제천시 모산동 의림지, 강원도 강릉시 운정동 경포호 등도 이러한 장

경포호

자못 전설을 그 조성 배경으로 한다.

경포호는 호수의 물이 거울같이 맑다고 해서 경호(鏡湖)라 불리기도 한다. 석호(潟湖)인 이 호수 주변에는 울창한 송림이 있으며, 그 너머로는 푸른 동해 바다가 있다. 이에 경포대는 활달한 동해를 한눈에 조망할 수 있는 웅장하고 화려한, 우리나라의 대표적 누대가 될 수 있었다. 이 밖에도 경포호 주변에는 다양한 건축물이 있는데, 선교장(船橋莊)을 비롯한 해운정(海雲亭), 방해정(放海亭), 경호정(鏡湖亭), 금란정(金蘭亭) 등이 그것이다. 이들 건축물은 경포호의 아름다움과 품격을 더욱 높여 준다. 경포호에 대한 문학적 형상이 한결같지는 않지만, 이 역시 서호 표상의 연장선상에서 이해할 수 있다. 다음 자료를 보자.

(가) 경포대는 강릉부(江陵府)에서 15리 떨어진 지점에 있는데, 일명 경호(鏡湖)라고도 한다. 너비는 30리가량 되며, 물빛이 환하게 맑아서 거울 면과 같다. 그러므로 그렇게 이름한 것이다. 호수는 비록 넓고 장원(長遠)하

나, 깊어도 어깨가 잠기지 않고 얕아도 정강이 아래를 밑돌지 않는다. 그러니 정말 쟁반 속의 물과 같았다.[120]

(나) 鏡浦平如鏡　경포가 거울처럼 평평한데
有臺如插柄　자루를 꽂아 놓은 듯한 대가 있네
水色與天光　물빛과 하늘빛
青銅上下並　청동빛 위아래 동일하다
造物眞作劇　조물주가 참으로 연극을 벌여
麗精初發礦　곱고 정밀함 갓 쇳돌에서 뽑아낸 듯
大地卽洪爐　대지는 바로 큰 화로와 같은 것
躍金明月影　어른거리는 금빛은 곧 밝은 달그림자로다
鑄成一方諸　신선의 세계를 잘 다듬어서 만들었는데
涵虛三百頃　하늘이 비친 수면이 삼백 경이네
瑩若新磨出　번쩍거리기는 새로 갈아 낸 칼빛 같고
拂拭愈潔淨　털고 훔쳐 낸 것처럼 더욱 정결하도다
遊人日來窺　한유하는 사람 날마다 와서 구경하는데
羅綺晨粧靚　비단 같은 호수는 새벽 단장을 곱게도 하였네
波面生菱花　물결 위에는 마름꽃이 피었는데
藻彩春相映　화려한 그 빛깔 봄을 만끽하누나
萬象詎逃形　만상이 어떻게 그 형체 피할 수 있으랴
微塵看自屛　미세한 티끌도 보기만 하면 스스로 피해 가노라
君子鑑於斯　군자는 여기에서 거울을 삼아
能令思慮整　사려를 잘 정리하도록 해야 하느니
移爾置胸中　호수 너를 옮겨다가 흉중에 두어

---

120 李裕元, 〈鏡浦臺·大關嶺〉, 『林下筆記』 권37, "鏡浦臺, 在江淩府十五里, 一名鏡湖. 廣可三十里, 水色澄明如鏡面. 故名湖雖活遠, 深不沒肩 淺不下脛, 正似盤匜中水."

復我虛靈境　나의 마음을 허령하게 하리
團圓了無翳　둥글기만 하고 가려진 데 없으니
本體曰淸靜　본체는 맑고 고요한 것이네
不唯辨姸媸　아름다움과 더러움만 구분할 뿐 아니라
持以照邪正　그것을 가져 사와 정을 비추리
四海自太平　사해는 스스로 태평한 것이라
澄明同此景　맑고 밝은 것 이 경치와 같나니

— 이수광, 〈경포(鏡浦)〉[121]

(가)에서 보듯이 이유원은 『임하필기』에서 경포호에 대하여 "정말 쟁반 속의 물과 같았다."라고 했다. 그리고 여기에 이이(李珥, 1536~1584)의 〈경포대부〉를 비롯해서 이수광(李睟光, 1563~1628), 최립(崔岦, 1539~1612), 박수량(朴遂良, 1475~1546), 양사언(楊士彦, 1517~1584), 윤증(尹拯, 1629~1714), 김창흡(金昌翕, 1653~1722) 등 여러 시인들의 시를 실어 놓았다. 또 (나)에서 보듯이 이수광 역시 물빛과 하늘빛이 청동과 같이 위아래로 푸르다고 하면서 경포호의 맑음에 대하여 극찬하였다. 그는 이러한 맑음을 통해 스스로를 성찰하여 군자가 되어야 한다고 했다. 이를 통해 결국 평천하까지 나아가고자 한 것이다.

경포호에는 흥미로운 이야기도 다수 전한다. 『해동잡록』에 전하는 박신(朴信, 1362~1444)의 이야기가 대표적이다. 박신은 운봉인(雲峯人)으로, 정몽주의 문인이며 고려 우왕(禑王) 시절에 과거에 급제하고, 조선에 들어와서 이조판서와 수문전 대제학(修文殿大提學)을 거쳐 찬성사(贊成事)에 이르렀던 고려 말 조선 초의 문신이다. 그는 일찍이 관동안

121 李睟光, 〈鏡浦〉, 『芝峯集』 권7.

렴사(關東按廉使)가 되어 강릉에 부임하였는데, 거기서 홍장(紅粧)이라는 기생을 만나게 된다. 박신은 홍장을 본 순간 첫눈에 반했고, 홍장 역시 박신에게 마음을 빼앗겼다. 이와 관련하여 『해동잡록』에는 다음과 같은 이야기가 전한다.

> 공은 일찍이 관동안렴사(關東按廉使)가 되어 강릉(江陵) 기생 홍장(紅粧)을 사랑했었는데, 강릉부윤 석간(石澗) 조운흘(趙云仡)이 거짓으로 말하기를, "홍장이 이미 죽었습니다." 하니, 박신은 슬픈 마음을 억누르지 못하였다. 조석간이 안렴사를 초청하여 경포(鏡浦)에 나가 놀았는데, 비밀리에 홍장을 단장시키고 별도로 그림 그린 배를 준비하여 모습이 처용(處容)과 같은 한 아전을 뽑아서 홍장을 싣고, 또 채색 현판을 걸고 거기다 다음과 같은 시를 썼다.
>
> 新羅聖代老安詳　신라 거룩한 시대의 늙은 안상은
> 千載風流尙未忘　천 년 전의 풍류놀이를 아직도 잊지 못했도다
> 聞道使華遊鏡浦　듣건대, 사화(감사)가 경포대에 논다기에
> 蘭舟不忍載紅粧　참지 못하고 목란 배에다 홍장을 실어 왔노라
>
> 그 배가 천천히 포구로 들어와 물가에 돌아다니자, 조석간이 공에게 말했다. "이 땅은 옛날 신선의 유적이 있어 지금도 신선들이 오가는 일이 있는데, 꽃핀 아침이나 달 밝은 저녁이면 사람이 혹 보기도 하지만 바라볼 수는 있어도 가까이하지는 못합니다." 이에 박공이 말하기를, "산천은 이와 같고 풍경이 특이하다."라고 하면서 눈물을 글썽이며 배 안을 자세히 보니 곧 홍장이 있었다. 온 좌석이 크게 웃으며 극히 즐거이 놀다가 파했다.[122]

122 權鼈, 〈朴信〉, 『海東雜錄』 권1, "公嘗按關東, 愛江陵妓紅粧, 府尹趙石磵云, 仡云紅粧已仙去, 朴信悼念不自抑, 石磵邀按廉使, 出遊鏡浦, 密令紅粧靚飾, 別具畫船, 選一官人狀貌類處容者,

이 일화는 박신이 강릉 기녀 홍장을 사랑하자, 조운흘이 홍장이 죽었다며 박신을 속이고서는 아름다운 경치 속에 신선을 내세워 박신과 홍장을 다시 만나게 했다는 이야기이다.[123] 여기서 우리가 주목하고자 하는 것은, 신선의 등장은 물론 조운흘이 아전에게 그렇게 하도록 시킨 것이지만, 경포호의 비경이 아니었으면 불가능한 일이었다는 것이다. 그러하기에 조운흘은 '지금도 신선들이 오가는 일이 있는데, 꽃핀 아침이나 달 밝은 저녁이면 사람이 혹 보기도 한다'고 했고, 박신 역시 '산천은 이와 같고 풍경이 특이하다'고 하면서 경포호를 찬양했다.

경포대는 호수와 어울리며 절경을 연출하였다. 이를 이이는 〈경포대부〉에서, "아래로는 땅이 아득해, 성곽을 보고서야 겨우 분별하게 되네. 위로는 하늘에 솟아 있어, 별을 잡아 딸 수 있다네. 위치는 속세의 바깥이고, 땅은 선경(仙境)에 들어 있어라. 물결은 학 위에 떠 있는 달을 머금고, 난간은 뱃머리의 바람을 받아들이네. 길 가는 사람이 다리를 건널 제, 긴 무지개가 물속에 박힌 것을 보게 되네. 신선 궁궐은 구름결에 솟아서, 흡사 신기루가 허공에 뜬 것과 같구나."[124] 라고 하면서 경포호와 경포대를 선경으로 묘출하였다.

호수는 관상의 대상이기도 하지만 배를 띄워 유흥을 즐기는 곳이

載紅粧, 又揭彩額. 題詩其上曰, 新羅聖代老安詳, 千載風流尙未忘. 聞道使華遊鏡浦, 蘭舟不忍載紅粧. 徐入浦口, 徘徊洲渚間, 石磵語廉使曰, 此地有古仙遺跡, 至今仙曹往來其間, 花朝月夕, 人或見之, 但可望不可近. 朴曰, 山川如此, 風景殊異, 涕淚盈眶, 熟視之乃紅粧也. 一座大笑, 極歡而罷."

123 『해동잡록』에는 뒷날 박신이 다음과 같은 시를 지었다고 기록되어 있다. "젊은 시절 부절을 가지고 관동 지방을 안렴하였는데, 경포대에서 놀던 것이 꿈속에 들어오네. 대 아래서 목란배를 다시 띄우고 싶지만, 홍장이 쇠잔한 늙은이라 비웃을까 저어하네.[少年持節按關東, 鏡浦淸遊入夢中. 臺下蘭舟忠又泛, 却嫌紅粧笑衰翁.]" 우리는 여기서 경포호의 미려한 풍경이 박신과 홍장의 사랑 이야기를 있을 수 있게 했다는 것을 알게 된다.

124 李珥, 〈鏡浦臺賦〉, 『栗谷集』 권1, "下臨無地, 見城郭而纔分. 上出重霄, 捫星辰而可摘. 境是方外, 地入壺中. 波含鶴背之月, 軒納鷁頭之風. 行人渡橋, 見長虹之臥水. 仙闕橫雲, 比海蜃之浮空."

기도 하다. 정약용(丁若鏞, 1762~1836)의 〈남호범주기(南湖泛舟記)〉를 이러한 측면에서 읽을 수 있다. 그는 1789년(정조 13) 가을에 울산에 계신 아버지께 인사차 가서, 마침 중추(中秋)의 밝은 달밤을 맞아 몇몇 객(客)들과 배를 띄우고 남호(南湖)에서 놀았다. 남호는 사람들에게 그리 알려지지 않은 곳이었다. 배를 띄우고 어부에게 투망질을 시키면서 달밤을 즐겼는데, 정약용은 당시의 경험을 다음과 같이 적었다.

> 어부에게 투망질을 시켰으나 고기가 잡히지 않았다. 그때 갑자기 청둥오리[綠鴨] 떼가 수면에 내리더니 둥둥 떠서 물을 차고 다녔다. 조금 지나자 모두 머리를 거꾸로 하고 물속으로 들어갔는데, 흰 물고기가 물 위에 수십 마리나 떠올랐다. 노질하는 사람이 말하기를, "오리가 고기를 잡아 그 골[腦]만을 쪼아 먹고 버린다."라고 하였다. 그것을 건져서 회(膾)를 쳤더니 마치 은사(銀絲)와 같았다. 이것이 하나의 기이한 일이다. 사죽(絲竹)의 즐거움이 없었는데 취하여 돌아가려고 할 때 마침 경주[鷄林]에 사는 객(客)으로, 가야금을 들고 지나가는 이가 있어 그에게 술을 주고 가야금을 타라고 하였더니, 그 사람이 스스로 노래 부르고 가야금으로 화답(和答)을 하는데, 고운 음악 소리가 마음을 즐겁게 했다. 이 또한 하나의 기이한 일이다.[125]

이 글에서 정약용은 울산 남호에서 경험한 기이한 일 두 가지를 소개했다. 하나는 투망질로도 고기가 잡히지 않았는데, 홀연히 나타난 청둥오리가 잡아 놓은 물고기로 회를 쳐서 먹었던 일, 다른 하나

125 丁若鏞, 〈南湖泛舟記〉, 『茶山詩文集』 권14, "令漁人擧網無所得, 忽有綠鴨一羣飛下水面, 汎汎然曳水而行, 少焉悉翻頭入水, 旣而白魚之浮水者數十, 榜人之言曰鴨捕魚囓其腦而舍之也. 取而膾之, 若銀絲然, 此一奇也. 顧無絲竹之娛, 將及醉而還, 適有雞林客持伽倻琴過者, 與之酒使鼓琴, 其人乃自歌自琴以和之, 靡曼可悅, 又一奇也."

는 가야금을 들고 지나가는 사람을 불러 연주하게 한 일이 그것이다. 이처럼 호수는 바라보고 느끼는 즐거움도 있지만, 그 위에 배를 띄워 놓고 회를 쳐서 먹거나 음악을 들으며 즐거워하는 '기사(奇事)'가 있는 풍류의 공간이기도 했다.

경포호도 그러하거니와 호수는 그와 이웃해 있는 인공물과 조우하면서 더욱 아름답게 형상화된다. 예컨대, 조선 중기의 문인 관포 어득강이 〈아호정사(牙湖精舍)〉에서, "사마를 용납한 큰 집이 수초 물가를 누르는데, 남북으로 다니면서 부절을 지녔던 늙은 주인이라네. 서적은 모름지기 한가한 곳에서 보아야 할 것이니, 호수의 정자는 단지 마음을 기르기 위함만은 아니라네."[126]라고 한 것도 그 가운데 하나다. 그는 여기서 호수와 그 주변의 건축물에 주목하고 있다. 특히 호숫가에 세운 정자가 마음을 기르기 위한 것만은 아니라고 하면서, 서정적 아름다움과 함께하는 호수의 기능을 말하였다. 호수와 그 주변에 대한 그의 관심은 〈유섬호(遊蟾湖)〉에서도 잘 나타난다. 한번 들어 보자.

湖上重來景物新　호숫가에 다시 오니 경물이 새로운데
山皆有素似相親　산은 모두 그 본디 서로 친한 듯하네
金鰲偃蹇雄諸岳　우뚝 솟은 금오산 모든 산의 으뜸인데
豈識今吾是主人　지금 내가 주인이란 것을 어찌 알겠는가

— 어득강, 〈유섬호(遊蟾湖)〉[127]

126 魚得江, 〈牙湖精舍〉, 『灌圃詩集』 권1, "高門容駟壓菁濱, 北節南符老主人. 書籍會須閑處看, 湖亭非直爲頤神."

127 魚得江, 〈遊蟾湖〉, 『灌圃詩集』 권1.

어득강은 섬진강 하구의 넓은 강물을 섬호(蟾湖)라고 하였다. 그리고 〈유섬호(遊蟾湖)〉라는 네 수의 시를 지었는데, 위 시는 두 번째 것이다. 이 작품을 자세히 읽어 보면, 호수가 매우 아름답기는 하지만 홀로 존재하는 것이 아님을 알 수 있다. 우뚝한 금오산을 중심으로 여러 산들이 주위에 있고, 그 산들이 호수에 비치고 있기 때문이다. 여기서 더 나아가 어득강은 사람을 특별히 주목하였다. 결구에서 "지금 내가 주인이란 것을 어찌 알겠는가"라고 한 것이 그것이다. 우뚝한 금오산 등 여러 산들도 중요하지만, 시를 짓는 '나'가 바로 주인이었다. 이를 통해 우리는 어득강이 주체적 안목으로 호수를 바라보고 있다는 것을 알게 된다. 호수에 관한 그의 상상력은 여기서 멈추지 않는다. 현판 등을 보면서 호수를 연상하기도 하기 때문이다. 다음 작품을 보자.

樓額正宜淸獻事　누대의 편액은 참으로 청헌(淸獻)[128]의 일에 맞는데
湖名有底取于琴　호수의 이름은 어찌하여 거문고에서 취하였나
壁間更得琴侯韻　벽 사이에서 다시 금후(琴侯)의 운을 얻었으니
餘事詞章亦古音　나머지 일인 사장(詞章)은 또한 예스런 음률이로다

— 어득강, 〈대구동헌, 용제운재위일절(大丘東軒, 用諸韻裁爲一絶)〉[129]

이 작품은 대구도호부의 동헌, 즉 금학루(琴鶴樓)를 소재로 쓴 것이다. 금학루는 대구를 둘러 흐르는 금호강(琴湖江)을 염두에 둔 명칭이다. '누대'와 '거문고'가 결합되고, 금학루에는 청원정(淸遠亭) 금유

128 '청헌'은 관직 생활을 수단으로 살림을 늘리는 일을 하지 않고 청빈하게 살아가는 것을 말한다. '청헌'은 송나라 조변(趙抃)의 시호로, 조변이 두 번에 걸쳐 촉의 수령으로 있으면서 행검을 청렴하게 하여 모범을 보이자 풍속이 바뀌었다고 한다.

129 魚得江, 〈大丘東軒, 用諸韻裁爲一絶〉, 『灌圃詩集』 권1.

(琴柔)의 제영도 있었다. 이 때문에 어득강은 '금학루-금호-금유'의 상관성 속에서 금유의 시를 품격이 높은 '고음(古音)'이라 했다. 우리는 여기서 어득강의 풍류를 발견할 수 있다. 누대 이름에서 촉발된 상상 속의 호수이기는 하지만, 자연스럽게 풍류와 접속되고 있었던 것이다. 또한 어득강은 〈제나주서청관(題羅州西淸觀)〉에서 "빼어난 경치 속에 오래 머물러 있으니 풍류에 족하네."[130]라고 하면서 빼어난 경치와 풍류를 결합시키기도 하고, 〈서동서당집고첩후(書東書堂集古帖後)〉에서 "일소(逸少)의 풍류가 유독 여럿 가운데서 빼어났네."[131]라고 하면서 왕희지의 풍류를 드높이기도 했다. 이것은 호수의 문학적 심상이 어떻게 확장되고 있는지를 보여 주는 좋은 사례라 하겠다.

호수는 근대 이후에도 핵심적인 문학적 제재가 되었다. 그것은 사랑과 기다림을 상징하기도 하고, 자연에 더욱 밀착되어 낭만적 세계를 나타내는 도구로 작동하기도 했다. 예컨대, 유치환은 〈아가(雅歌)1〉에서 "어느 신화에 있다는 신비한 호수가 당신의 검은 눈 같이 고웁기가 하랴."라고 하면서 "그 한 점 꾸김살 없이 펼쳐 있는 푸른 하늘인즉 이 나이거니 나의 사랑이거니"[132]라고 했다. 호수를 통해 사랑하는 사람을 떠올리고, 그 사랑의 감정을 호수에 실었던 것이다. 정지용의 〈호수〉 역시 "얼굴 하나야, 손바닥 둘로, 폭 가리지만. 보고 싶은 마음, 호수만하니, 눈 감을밖에"라고 하면서 그리움의 크기를 호수의 크기로 제시하였다. 호수는 이처럼 그리운 이를 떠올리는 매개체 역할을 하였던 것이다. 이러한 사랑의 감정을 호수로 씻기도 했다. 다음 작품이 바로 그러한 경우이다.

---

130 魚得江, 〈題羅州西淸觀〉, 『灌圃詩集』 권1, "留連勝地足風流."
131 魚得江, 〈書東書堂集古帖後〉, 『灌圃詩集』 권1, "逸少風流獨冠群."
132 최동호, 『한국 현대시와 물의 상상력』, 서정시학, 2010, 122쪽 재인용.

발에 터부한 것을 다 빼어 버리고
黃昏이 湖水우로 걸어오듯이
나도 사뿐사뿐 걸어 보리이까?

내사 이 湖水가로
부르는 이 없이
불리워 온 것은 참말 異蹟이외다.

오늘 따라
戀情, 自惚, 猜忌, 이것들이
자꼬 금메달처럼 만져지는구려.

하나, 내 모든 것을 餘念없이
물결이 씻어 보내려니
당신은 湖面으로 나를 불러내소서.

— 윤동주, 〈이적(異蹟)〉[133]

이 작품은 앞서 보았던 유치환이나 정지용이 호수를 노래했던 것과는 방향이 서로 다르다. 이들이 모두 사랑이나 그리움의 감정을 호수에 담았다면, 윤동주는 오히려 이러한 감정들을 호수를 통해 씻어 내고자 했기 때문이다. 3연에서는 오늘따라 연정이나 시기 등의 감정들이 마음속에서 일어나 금메달처럼 만져진다고 했고, 4연에서는 자신의 모든 것을 물결이 씻어 보낸다고 했다. '餘念없이'에서는 어떤 결기마저 느껴진다. 씻어 보내고자 하는 물결은 다름 아닌 거울 같은 호수 표면의 물이다. 이처럼 호수는 시인들로 하여금 감정

133 윤동주, 〈이적〉, 『하늘과 바람과 별과 시』, 정음사, 1948.

을 불러일으키기도 하고 그것을 소멸시키기도 하는 등, 정반대의 모순적 기능을 담당하였다. 한편, 감정의 일어남과 소멸 사이에는 기다림이 있다. 이러한 기다림을 호수에서 읽은 시인은 이형기(李炯基, 1933~2005)이다.

어길 수 없는 약속처럼
나는 너를 기다리고 있다

나무와 같이 무성하던 청춘이
어느덧 잎 지는 이 호숫가에서
호수처럼 눈을 뜨고 밤을 새운다

이제 사랑은 나를 울리지 않는다
조용히 우러르는
눈이 있을 뿐이다

불고 가는 바람에도
불고 가는 바람같이 떨던 것이
이렇게 고요해질 수 있는 신비는
어디서 오는가

참으로 기다림이란
이 차고 슬픈 호수 같은 것을
또 하나 마음속에 지니는 일이다

— 이형기, 〈호수〉[134]

---

134 이형기, 〈호수〉, 『적막강산』, 모음출판사, 1963.

이형기의 〈호수〉의 전문이다. 이 시에서 시인은 호숫가에서 '너'를 기다리며, '불고 가는 바람'이나 '불고 가는 바람같이 떨던 것'이라는 감정의 혼란이 사라지고 고요하면서도 신비한 호수 같은 마음을 얻게 된다. 기다림의 미학을 깨닫게 된 것이다. 이형기는 이것을 '차고 슬픈 호수'라고 했다. 그리하여 호수라는 시적 대상을 기다림이라는 자아의 감정과 결부시킴으로써 사랑의 열정에 흔들리는 자신을 차가운 호수를 통해 극복하고자 했다. 열정을 잔잔한 기다림으로 승화시키고 있음을 호수를 통해 잘 나타냈다고 할 것이다.

호수를 통해 시인들은 참으로 다양한 감흥을 일으킨다. 경포호의 경우, 그 아름다움으로 인해 시인들은 신선의 세계를 떠올리고, 물빛과 하늘빛이 청동처럼 푸르다며 찬탄을 거듭하였다. 이러한 아름다움 앞에서는 조선시대 문인들에게서 흔히 볼 수 있는 성리학적 이념도 비교적 적게 작동하였다. 자연 그대로의 아름다움에 빠져든 것이다. 이러한 현상은 여타의 호수도 마찬가지다. 근대문학의 경우 호수는 사랑이나 그리움 등 인간의 감정을 불러일으키는 역할을 하기도 하고, 이러한 감정들을 씻어 내는 역할을 하기도 했다. 나아가 그 사이에서 조용한 기다림의 정서를 호수를 통해 노래하기도 했다. 이처럼 호수는 지수로서 조용하기 때문에 시인들이 자신들의 모든 감정을 전혀 다른 모습으로 실을 수 있었던 것으로 보인다.

5. 바다, 이상의 구현

바다는 강하가 한데 모여서 이루어진 것이라는 점에서 역대로 문학적 상상력의 보고였다. 이를 통해 이상향을 꿈꾸기도 하고, 광활한 자유를 느끼기도 하며, 때로는 외침으로 인한 고달픈 역사적 현장으로 인식하기도 했다. 우리나라는 삼면이 바다이고, 지구의 차원으로 넓혀도 표면의 70.8%를 바다가 차지하고 있으니 그 엄청난 크기에 주목하지 않을 수 없다. 그러한 까닭에 우리 민족은 바다에 친근하고, 또 그 중요성을 잘 알고 있었다. 더욱이, 바다를 통해 우리 선조들은 멀리 중국 강남 지방이나 필리핀까지도 진출하였으며, 그 활동 영역이 발해만과 중국 연안을 비롯하여 규슈·혼슈 연안까지 뻗어 나갔다.

한국이 바다와 친숙할 뿐만 아니라, 특히 대일본 관계와 대중국 관계가 주로 바다를 통해 이루어졌기 때문에 바다는 한국문학에 있어 매우 중요한 소재가 되어 왔다. 조선시대에는 일본과 중국에 사신으로 가는 등 왕래가 빈번하였고, 근대 이후 개항이 시작되면서 바다에 대한 인식이 크게 변화되었다. 국제적 감각 속에서 각성을 이루어 내고, 수산업·운송업이 발달하면서 문학은 바다를 주요 제재로 수용하게 되었다. 즉 그 크기만큼이나 바다에 대한 상상력의 폭이 넓어진 것이다.[135] 이러한 점을 염두에 두면서 이 장에서는 바다가 이상을 구현하는 데 어떻게 작동하는지를 살펴보기로 한다.

광활함에 기반한 이상

샘에서 시작한 물은 개울과 강을 거쳐 바다로 들어간다. 이 때문에 『서경(書經)』 「우공(禹貢)」에서는 "강수와 한수가 바다에서 조회한

135 최재남은 한국고전문학에 나타난 바다 인식의 층위와 전환에 대하여 '물의 규모와 흐름에 대한 인식', '방향과 위치에 따른 인식의 변화', '정도의 차이와 질적 변화', '경계와 분리로서의 바다'로 나누어 설명한 바 있다. 최재남, 「한국 고전문학과 바다에 대한 인식」, 『한국고전연구』 26, 한국고전연구학회, 2012 참조.

다.[江漢朝宗于海.]"라고 할 수 있었고, 권채(權採, 1399~1438)는 〈일본국사영상인송천유권시서(日本國使齡上人松泉幽卷詩序)〉에서 "샘의 솟아오르는 물이 옥을 쏟고 구름을 머금고 한 줄기가 천 리를 가서 막힌 데가 없는 것을 보면, 마치 상인(上人)이 진원(眞源)을 활짝 열어서 멀리 성해(聖海)의 묘한 지경으로 들어가는 것 같다."[136]라고 할 수 있었다. 이처럼 작가들은 물이 샘에서 시작하여 수많은 내를 이루고, 이것이 다시 강으로 흘러들어 마침내 성스러운 바다로 들어가는 것에서 이상을 보았다. 정구(鄭逑, 1543~1620)가 "바다는 사람들이 집대성인 줄 안다네."[137]라고 하였던 것도 같은 맥락에서 이해된다. 그러나 바다의 광활함에 대해서는 작가마다 생각이 한결같지 않았다. 다음 시조를 보자.

(가) 白日은 西山에 지고 黃河는 東海로 든다
古來 英雄은 北邙으로 가단 말가
두어라 物有盛衰니 恨홀 줄이 이시랴

— 최충, 〈白日은 西山에 지고〉[138]

(나) 滄海中 너은 수심 집의 오니 또 다시 왓닉
滄海가 깁다 마리 모도 다 虛事로다
이 후난 滄海로 말고 숙의셔 셕일가.

— 미상, 〈滄海中 너은 수심〉[139]

---

136 權採, 〈日本國使齡上人松泉幽卷詩序〉, 『東文選』 권93.
137 鄭逑, 〈四仙亭, 仰次先祖文簡公韻〉, 『寒岡集』 권1, "海也人知集大成."
138 崔沖, 〈白日은 西山에 지고〉(金壽長, 『海東歌謠』).
139 미상, 〈滄海中 너은 수심〉(미상, 『樂府』).

감포 앞바다

앞의 작품은 『해동가요(海東歌謠)』에 실린 것으로 고려 중기의 문신 최충(崔冲, 984~1068)의 시조로 알려져 있고, 뒤의 작품은 『악부(樂府)』에 실린 것으로 작자 미상이다. (가)에서 작가는 황하가 동해로 흘러든다고 했고, (나)에서는 수심(愁心)이 창해보다 더 깊으니 몸을 닦아서 이 수심을 다스려야 한다고 했다. 강이 흘러 바다를 이루고, 그 무량한 바다의 깊이를 제시함으로써 이와 관련된 인간의 심상을 표출한 것이다. 그러나 여기에는 인간이 지향하는 이상은 존재하지 않는다. 다만 깊이와 광대만 있을 따름이다.

바다의 외형에 대하여 정철(鄭澈, 1536~1593)은 〈관동별곡〉에서 "바다 밧근 하늘이니 하늘 밧근 므어신고"라고 하면서 "기픠를 모르거니 ᄀᆞ인들 엇디 알리"라 했다. 모두 바다라는 무변광대한 공간을 주목한 것이라 하겠다.[140] 바다의 광활함은 국제관계 속에서도 자연스

140 이러한 측면은 현대시에서도 자주 등장한다. 예컨대, 도종환이 〈개울〉에서 "제가 곧 바다의

럽게 등장했다. 특히 해로를 통해 외국에 사신으로 갈 때, 바다는 이들에게 더없이 넓은 곳이었을 것이다. 양국 사이에 놓여 있는 그 광활함은 그리움을 불러일으키는 중요한 요소이기도 했다. 정몽주(鄭夢周, 1337~1392)의 시를 보자.

登州望遼野　등주에서 요동의 들판을 바라보니
邈矣天一涯　아득한 하늘 저편일세
溟渤限其間　넓은 바다가 그 사이를 경계 지어
地分夷與華　땅이 동이와 중화로 나뉘었구나
我來因舟楫　내가 배를 저어 왔으니
利涉還可誇　잘 건너온 것이 자랑스럽네
昨日海北雪　어제의 바다 북쪽 눈[雪]이
今朝海南花　오늘 아침 바다 남쪽의 꽃이 되었네
夫何氣候異　어찌 기후가 이렇게 다를 수 있을까
可驗道路賒　길이 멀다는 것을 증험할 수 있겠네

— 정몽주, 〈삼월십구일(三月十九日)……〉[141]

이 시는 정몽주가 50세 되던 1386년 3월 19일에 바다를 건너 등주의 공관에 머물면서 지은 것이다. 당시 정몽주는 중국으로의 다섯 번째 사행길에 올라 있었고, 등주에서 곽통사(郭通史)와 김압마(金押馬)를 기다리던 중이었다. 위에서 보듯이 바다는 동이와 중화, 즉 고려와 중국을 구분하는 역할을 했다. 동이에서 중화로 가기 위해 배를

출발이며 완성이었음을, 멈추지 않고 흐른다면, 그토록 꿈꾸던 바다에 이미 닿아 있다는 걸, 살아 움직이며 쉽없이 흐른다면, 주저앉거나 포기하지 않고 늘 깨어 흐른다면"이라 한 것이 그것이다.

141 鄭夢周, 〈三月十九日, 過海宿登州公館, 郭通事, 金押馬船阻風未至, 因留待〉, 『圃隱集』 권1.

타고 그 광활한 바다를 건넜으니 이것이 도리어 자랑스럽다고 했다. 그 사이가 매우 넓었기에 두 지역의 기후가 뚜렷하게 구별된다고 했다. 그리고 이를 바다 북쪽의 눈과 바다 남쪽의 꽃으로 선명하게 대비되도록 했다. 양국 사이의 거대한 바다가 눈과 꽃의 대비로 나타났던 것이다. 바다가 지니고 있는 이러한 광대한 모습에 대하여 조선시대의 성리학자 장현광(張顯光, 1554~1637)은 〈관해설(觀海說)〉을 통해 이렇게 말한 적이 있다.

(가) 그 큼을 말하면 끝이 없고 그 깊음을 말하면 측량할 수 없고 그 풍부함을 말하면 다할 수 없고 그 유구함을 말하면 만고에 항상 그러하다. 그 양(量)을 말하면 비록 하늘을 뒤덮는 홍수와 흙을 태우는 가뭄이 있더라도 일찍이 더하고 줄어듦을 볼 수 없으며, 그 웅장함을 말하면 천하에 형체가 있고 기운을 가지고 있는 모든 것을 다하여도 더불어 짝할 수가 없다.[142]

(나) 동쪽을 바라보는 자들은 단지 해와 달이 나옴을 바라볼 뿐이요 그 밖은 하늘이어서 바다 밖을 볼 수 없으며, 서쪽을 바라보는 자들은 단지 해와 달이 지는 것을 볼 뿐이요 그 밖은 하늘이어서 바다 밖을 볼 수 없다. 구주(九州)가 넓을 수 없고 오악(五嶽)이 웅장할 수 없고 우레와 천둥이 동요할 수 없고 서리와 이슬이 더할 수 없으니, 하물며 그 나머지 것에 있어서랴. 천하에 귀를 가지고 있는 자가 바다보다 큰 것이 있다는 말을 들어 본 자가 없으며, 천하에 눈을 가지고 있는 자가 바다보다 큰 것을 본 자가 없다.[143]

---

142 張顯光, 〈觀海說〉, 『旅軒集』 권4, "言其大則無際, 言其深則不測, 言其富則無盡, 言其悠久則萬古常然, 言其量則雖滔天之水, 焦土之旱, 未見其增損, 言其壯則盡天下之有形有氣, 罔能與之侔者焉."

143 張顯光, 〈觀海說〉, 『旅軒集』 권4, "東其望者, 但見日月之出而已, 其外則天也, 未有見其能外於

장현광은 경상도 인동에 살았기에 젊어서 바다를 보지 못했다. 그는 47세 되던 해인 1600년(선조 33)에 처음으로 흥해군(興海郡)으로 가서 안력을 다해 바다를 보고 그 감동을 잊지 못해 〈관해설〉을 지었다. 위 자료는 그 일부이다. 이에 따르면 장현광은 (가)에서 바다의 크기와 깊이 등 외연을 먼저 주목했다. 그리고 이것을 더욱 극대화하여 (나)에서 바다보다 더 큰 것은 듣지도 보지도 못했다고 했다. 이 때문에 그는 "내가 이날 본 것을 입과 혀로 형용하고 붓과 먹으로 나타내려고 한다면 비록 긴 들보와 같은 필력(筆力)을 가지고 조화에 참여하는 문장을 구사하더라도 그 실제에 걸맞게 표현하기가 어려울 것이다."[144]라고 하였다.

그러나 장현광의 관심은 바다의 크기에만 머물지 않았다. 그것을 통해 형이상학적인 의미를 유추해 내고자 하였다. 이 때문에, "파도를 논하고 붕새를 말하고 어룡(魚龍)을 논하고자 하는 자들은 이것들이 단지 그 한 부분일 뿐이요 한 물건일 뿐이니, 어찌 바다에 가감이 될 수 있겠는가."[145]라고 하면서 파도, 붕새, 어룡은 하나의 현상에 불과하다고 했다. 보다 근원적인 것을 바다를 통해 상상하고자 한 것이다. 여기서 장현광은 성리학적 상상력을 작동시켰다. 그것은 바로 근원에 대한 통찰이다. 바다는 단순한 바다가 아니라 백천(百川)이 모여서 이룩된 것이고, 그 백천 역시 어떤 근원이 있을 것이라 생각했다. 즉, 장현광은 여기서 '태극(太極)'을 본 것이다. 우리는 여기서 바

海者焉, 西其望者, 但見日月之沒而已, 其外則天也, 未有見其能外於海者焉. 九州不得以廣也, 五嶽不得以雄也, 雷霆不得以動之, 霜露不得以加之, 況其餘者乎! 天下之有耳者, 未有耳夫大於海者也, 天下之有目者, 未有目夫大於海者也."

144 張顯光, 〈觀海說〉, 『旅軒集』 권4, "欲以是日所觀者, 形之以口舌, 狀之以翰墨, 則雖用如長杠筆力, 參造化文字, 亦難於稱其實矣."

145 張顯光, 〈觀海說〉, 『旅軒集』 권4, "於此, 有欲以論波濤, 語鵾鵬, 談魚龍者, 則是特其一端而已, 一物而已, 曾何足爲海之輕重哉!"

다의 광활함이 어떻게 이상과 맞물리는지를 알게 된다. 장현광은 다시 이렇게 말했다.

> 아, 이러한 바다가 넓고 두터운 땅에 거두어지니 땅은 참으로 크며, 이러한 바다와 이러한 땅이 제일 큰 하늘에 포용되니 하늘은 진실로 더욱 크다. 바다를 거두는 땅과 땅을 포괄하는 하늘이 한 이치의 가운데서 열렸다 닫혔다 하니, 이치는 또 하늘과 땅이 말미암아 나온 것이다. 하늘과 땅과 만물이 말미암아 나왔으나 그 방소(方所)와 형체를 볼 수 없으므로 억지로 이름하기를 태극(太極)이라 하니, 태극은 귀를 가지고 있는 자가 들을 수 있는 것이 아니요 눈을 가지고 있는 자가 볼 수 있는 것이 아니다. 반드시 이 마음의 총명과 예지(叡智)로 보고 들어야 한다. 이 바다를 본 자는 천하에 참으로 많으나 태극을 본 자는 천하에 몇 사람이나 되겠는가. 이것을 가지고 말한다면 바다 또한 큰 것이 될 수 없다. 바다와 하늘과 땅의 큼은 형체와 기운으로 큰 것이요, 태극의 큼은 형체가 없고 기운이 없는 것으로 큰 것이다. 마땅히 형체와 기운으로 큰 것은 반드시 한량이 있고, 형체가 없고 기운이 없는 것으로 큰 것은 한량이 없는 것이 아니겠는가.[146]

위의 지문에서 보듯이 장현광은 넓은 바다는 두터운 땅이 품고, 거대한 바다와 거대한 땅은 하늘이 품는다고 했다. 결국 태극(太極)을 발견한 것이다. 그는 땅과 땅을 포괄하는 하늘이 한 이치로 가운데서

146 張顯光, 〈觀海說〉, 『旅軒集』 권4, "嗚呼! 以此海而見振於博厚之地, 則地固大也. 以此海此地, 而見包於一大之天, 則天固尤大也. 以振海之地, 包地之天, 而開闔於一理之中, 則理又天地之所從出也. 爲天地萬物之所從出, 而未有以見其方所形體, 故彊名之曰太極, 太極者, 非有耳者所可得以聞, 非有目者所可得以見, 必也觀聽之以此心之聰明睿知者歟! 觀此海者, 天下固多其目矣, 其有以觀夫太極者, 天下幾何人哉? 以此而言, 則海亦不得以爲大矣. 海與天地之大, 大以形氣者也. 太極之大, 大以不形不氣者也. 宜乎大以形氣者, 必有限量, 而大以不形不氣者, 其無限量乎!"

열렸다 닫혔다 한다면서 태극의 작용을 말했다. 생각이 여기에 미치자 그는 바다를 본 자는 많겠지만 이 바다에서 태극을 본 자는 거의 없다고 했다. 바다와 땅과 하늘은 형체가 있는 것이어서 한계가 있다면, 형체가 없는 태극은 한계가 없다고 했다. 이로써 바다보다 큰 태극을 만난 것이다. 장현광은 바다라는 현상 속에서 도체를 보았다. 도체의 체현은 성리학자들이 추구하는 최고의 이상이 아닐 수 없다.

장현광은 이처럼 강이 모여 바다가 되고, 그 바다는 한량없이 크고 깊다는 것을 우선 형용했다. 나아가 바다의 크기를 포용한 땅, 그 땅을 포용한 하늘을 떠올리면서 태극을 감지하였다. 태극은 형체를 지니고 있지 않아 무한하다고 했다. 그러나 그는 여기서 멈추지 않고 학문에도 이러한 도가 있다고 하면서, 진성지명(盡性知命)이 효제충신(孝悌忠信)에 근본하고, 궁신지화(窮神知化)가 쇄소응대(灑掃應對) 사이에 있다고 했다. 이것은 효제충신과 쇄소응대라는 천근하고 일상적인 것에 진성지명과 궁신지화라는 유가의 도가 있다는 것이다. 이 때문에 그는 "멀고 크고 높고 깊은 도에 뜻을 둔 자는 진실로 가깝고 작고 낮고 얕은 일에 종사하여야 하고, 가깝고 작고 낮고 얕은 일을 하는 자는 멀고 크고 높고 깊은 도를 채우지 않을 수 없다."[147]라고 할 수 있었다.

장현광은 바다의 광활함에서 시작하여 결국 성리학적 상상력에 입각한 태극을 떠올렸지만, 근대 이후의 시인들은 그들의 입장에서 또 다른 바다를 상상하고 연역해 냈다. 예컨대, 문무학은 〈낱말 새로 읽기.13-바다〉에서 바다를 어머니의 사랑으로 환치하였다. "바다가

147 張顯光, 〈觀海說〉, 『旅軒續集』 권4, "志遠大高深者, 固當從事於近小卑淺, 而爲近小卑淺者, 又不可不充之於遠大高深也."

'바다'라는 이름을 갖게 된 것은, 이것저것 가리지 않고 다 '받아'주기 때문이다. '괜찮다' 그 한마디로, 어머니는, 바다가 되셨다."[148]라고 한 것이 그것이다. 문무학은 수많은 내가 흘러 바다로 들어가는 것을 보면서, 바다가 지닌 포용력을 이끌어 냈다. 어머니가 바로 이러한 큰 사랑을 지니고 있다면서 어머니는 마침내 바다가 되셨다고 했다. 도학자 장현광과는 전혀 다른 생각이라고 하겠다.

김영랑도 수많은 물이 모여 거대한 물을 이룬 바다를 떠올렸다. 그러나 그의 바다는 장현광이 태극을 떠올린 도학의 바다나, 문무학이 어머니를 떠올린 포용의 바다와는 또 다른 것이었다. 〈바다로 가자〉라는 작품에 이것이 분명하게 나타난다. 이 작품은 1949년에 발표되었으니 해방 후 4년이 지났고, 6·25동란이 발발하기 1년 전이었다. 그렇다면 그는 무엇 때문에 '바다로 가자'라고 외쳤을까? 바다 밖에 무엇이 있었을까를 염두에 두면 그 답은 어렵지 않게 풀린다. 우리 앞에 놓인 광활한 이상이 바로 그것이다. 작품을 구체적으로 보이면 다음과 같다.

바다로 가자 큰 바다로 가자
우리 인제 큰 하늘과 넓은 바다를 마음대로 가졌노라
하늘이 바다요 바다가 하늘이라 바다 하늘 모두 다 가졌노라
옳다 그리하여 가슴이 뻐근치야
우리 모두 다 가자꾸나 큰 바다로 가자꾸나

우리는 바다없이 살았지야 숨 막히고 살았지야
그리하여 쪼여들고 울고불고 하였지야

---

148 문무학, 〈낱말 새로 읽기.13-바다〉, 『낱말』, 동학사, 2009.

바다없는 항구 속에 사로잡힌 몸은
살이 터져나고 뼈 퉁겨나고 넋이 흩어지고
하마터면 아주 거꾸러져 버릴 것을
오! 바다가 터지도다 큰 바다가 터지도다

쪽배 타면 제주야 가고오고
獨木船 倭섬이사 갔다 왔지
허나 그게 바달러냐
건너뛰는 실개천이라
우리 삼년 걸려도 큰 배를 짓자꾸나
큰 바다 넓은 하늘을 우리는 가졌노라

우리 큰 배 타고 떠나가자꾸나
창랑을 헤치고 태풍을 걷어차고
하늘과 맞닿은 저 수평선 뚫으리라
큰 호통하고 떠나가자꾸나
바다없는 항구에 사로잡힌 마음들아
툭 털고 일어서자 바다가 네 집이라

우리들 사슬 벗은 넋이로다 풀어놓은 겨레로다
가슴엔 잔뜩 별을 안으렴아
손에 잡히는 엄마별 아기별
머리위엔 그득 보배를 이고오렴
발아래 좍 깔린 산호요 진주라
바다로 가자 우리 큰 바다로 가자

— 김영랑, 〈바다로 가자〉[149]

149 김영랑, 〈바다로 가자〉, 『영랑시선』, 중앙문화협회, 1949.

이 시는 김영랑의 〈바다로 가자〉 전문이다. 김영랑이 우선 주목한 것은 바다의 광대함인데, 이것은 장현광과 다르지 않다. 그러나 2연에서 보듯이 우리는 '숨 막히고', '쪼여들고', '울고불고' 하였으며, '항구 속에 사로잡'히고, '살이 터져나고', '뼈 퉁겨나고', '넋이 흩어지'기도 하였다. 이를 통해 '아주 거꾸러져 버릴' 수 있었다고 했다. 5연에서 사슬을 '풀어놓은 겨레'라고 한 것으로 보아 앞의 것이 일제가 구속하는 공간이라는 것을 알 수 있다. 그리하여 우리는 '인제' 큰 하늘과 넓은 바다를 마음대로 가졌기 때문에 빼근한 가슴으로, 한반도에서 왜까지의 거리를 실개천으로 여기며 더욱 넓은 세계로, 즉 이상을 찾아 나아가자고 했다.

앞에서 보았듯이 김영랑의 〈바다로 가자〉는 일본의 구속에서 벗어났으니, 일본을 훨씬 뛰어넘어 큰 배를 타고 '하늘과 맞닿은 저 수평선'을 뚫고 나아가자고 했다. 해방 후 반도에 갇혀 있던 상황에서 벗어나 일본을 뛰어넘어 세계로 나가고자 하는 시인의 의지가 엿보인다. 광복 이후 한반도의 역사적인 공간은 정치적 세력 다툼으로 아수라장이었다. 이러한 상황을 보면 바다 너머의 세계는 그에게 있어 막연한 이상이었다. 그것은 마지막 연에서 노래하듯이 머리 위로 '엄마별'과 '아기별'이 있고, 발아래로는 '좍 깔린 산호요 진주'가 있는 추상적 공간이었다. 개방되어 있지만 어떤 실제적 비전을 제시하는 그러한 바다는 아니었던 것이다.

바다의 광활함에 대한 상상력은 유치환에게서는 또 다르게 나타난다. 그의 〈바다〉를 보면 "이것뿐이로다, 억만 년 가도, 종시 내 가슴 이것뿐이로다."[150]라고 하면서 거대한 바다와 자신의 '마음'을 결

150 유치환, 〈바다〉, 『蜻玲日記』, 行文社, 1949.

부시키고 있다. 유치환은 바다를 시의 소재로 삼기를 즐긴 대표적인 시인이다. 대체로 그는 어쩔 수 없는 사랑의 감정을 바다를 통해 표현하였다. 〈그리움〉에서는 "파도야 어쩌란 말이냐"라고 하면서, 사랑으로 인한 그리움과 괴로움을 반복되는 파도를 통해 강렬하게 노래하였다. 그렇다면 그의 〈바다 가운데서〉는 또 어떻게 바다를 노래하고 있을까?

> 지금 나를 에워 있는 이 호막한 것
> 나즉이 마주 닿은 한 잔 水天이며
> 水天 끝 아슴히 엿보이는 먼 뭍 그리매며
> 그 속을 쉼 없이 오가는 바람결의 읊조림이여
>
> 아아 이것이로구나
>
> 그 검은 눈매 속 萬里인 양 깃들었던 것이
> 그의 온통 향기로이 피어나던 것이
>
> 무한으로 무한으로 나를 이끌어 가던 것
> 잠재우듯 황홀히 매료하던 것
>
> 오직 하나 애석한 목숨이 열리는 길
> 마침내 영원한 보좌에로 이르는 길
>
> 알았노라 이제야
> 사랑이여 네 안에 천지가 감춰져 있고
> 천지 안에 네가 참례하여 있음을
>
> — 유치환, 〈바다 가운데서〉[151]

151 유치환, 〈바다 가운데서〉, 『青馬詩抄』, 青色紙社, 1939.

이 시에서 유치환은 바다의 광활함 그 자체가 된다. 1연에서 그는 자신을 에워싸고 있는 ‘호막한 것’, 나직하게 마주 닿아 있는 ‘한 장의 수천(水天)’을 제시하고 있다. 호막(浩邈)은 넓고 막막한 것이고, 수천은 하늘과 바다가 맞닿은 곳이니 모두 바다의 광활함을 나타낸 것이다. 그런데 이러한 광대함이 ‘나를 에워 있’다고 했고, 4연에서는 ‘무한’으로 자신을 이끌어 간다고 하며 황홀히 매료되는 궁극을 제시했다. 이것은 그의 마지막 도달점이라 하겠는데, 바다와 하늘, 나와 바다가 일체화되는 경험을 나타낸 것이다. 그가 여기서 ‘사랑’을 떠올린 것은 우연이 아니다. 6연에서 보듯이 사랑 안에 천지가 감춰져 있고, 천지 안에 사랑이 참례하고 있다고 했다. 바다와 사랑이 어떤 함수관계에 놓여 있음을 말하는 것이라 하겠다. 결국 그의 시에 자주 등장하는 바다의 광활함, 그 기반에도 사랑이 작동하고 있었던 것이다. 사랑은 유치환의 이상에 다름 아니었다.

수많은 강이 흘러들어 이루는 바다는 깊고 광활하다. 이 깊고 광활함이 수심(愁心)보다는 덜할 것이라는 무명씨의 시조도 있지만, 정몽주는 중국으로 사신을 가며 바다를 중국과 고려 사이에 존재하는 것으로 인식했고, 성리학자 장현광은 바다의 광대함을 통해 태극을 보기도 했다. 태극은 도체인데, 그 도체를 체현함으로써 성리학적 이상을 바다를 통해 구현한 것이라 하겠다. 이처럼 자신의 지식 내용과 생활 환경에 따라 다르게 인식되는 것이 바다였다. 근대 작가들 역시 마찬가지다. 이들은 ‘바다로 가자’며 일제에서 벗어나 세계로 나아가자고 했고, 또한 바다를 온몸으로 느끼며 거기서 무한한 사랑을 감지하기도 했다. 바다라는 공간은 이처럼 작가들에게 다채롭게 인식되면서 그 크기만큼이나 무한한 동태적 상상력이 발휘되는 공간이었다. 그 상상력은 이상을 담지하고 있다는 측면에서 주목할 만하다.

그리움과 이상 사이

바다는 그 크기의 광대함으로 말미암아 기실 두려움의 대상이기도 했다. 그러한 까닭에 사신들이 사행(使行)을 떠나거나 교역(交易)을 하거나 서학(西學)을 들여올 때 용신(龍神)에게 제사를 지내는 등 다양한 의식을 치르기도 했다. 의상을 사모한 선묘가 스스로 용이 되어 신라로 가는 의상의 배를 호위하였다는 이야기를 보아도 바다가 얼마나 두려운 공간이었는지를 알 수 있다. 게다가 바다는 왜구의 노략질로 목숨이 오가는 전장(戰場)이 되기도 하였다.

바다 여행에서 순풍은 배를 타고 가는 사람들이 간절히 원하던 것이었다. 진성여왕의 막내아들 양패(良貝)가 궁수(弓手) 50명을 선발하여 당나라에 사신으로 가게 되었던 이야기를 들어 보자.[152] 배가 곡도(鵠島)에 도착했을 때 풍랑이 크게 일어나 점을 쳐서 제사를 지냈다. 양패의 꿈에 노인이 나타나서 활 잘 쏘는 사람 한 명을 이 섬에 남겨 두면 순풍을 얻을 것이라 했다. 이에 제비뽑기를 하여 거타지(居陁知)가 남게 되었다. 거타지는 곡도에 혼자 남아 서해신의 가족을 죽이는 사미승을 사살(射殺)하고, 그 보답으로 서해신의 딸을 아내로 맞는다. 다음 대목을 들어 보자.

> 이에 노인이 나타나 사례하면서, "공의 덕택으로 우리의 생명을 보존하게 되었소. 청컨대 나의 딸을 아내로 삼아 주시오."라고 하였다. 거타지는, "따님을 주시고 저를 버리지 않으시는 것은 제가 참으로 원하는 것입니다."라고 하였다. 노인이 그의 딸을 한 가지의 꽃으로 변화시켜 그의 품속에 넣어 주고 또 용 두 마리에게 명하여 거타지를 모시고 사신

152 거타지 이야기에 대해서는 정우락, 『삼국유사 원시와 문명 사이』(역락, 2012, 160~163쪽)를 참조할 수 있다.

이 탄 배를 따라가도록 했다.[153]

거타지는 사신과 함께 용의 호위를 받으며 당나라에 무사히 다녀오게 된다. 본국에 돌아와서는 가슴에 품고 있던 꽃을 꺼내어 여자로 변하게 해서 함께 살았다. 사실 거타지 설화에는 신라의 고단한 상황과 함께 새로운 세계에 대한 비전이 제시되어 있다. 그러니까 호국신인 서해신은 사미승에게 박해를 받을 만큼 무기력한 존재로 전락했었는데, 거타지 덕분에 죽음을 면하고 새로운 힘을 가질 수 있었던 것이다. 이처럼 바다는 여러 가지 위험이 도사리고 있었고, 용의 호위를 받아야 사신으로 무사히 다녀올 수 있는 곳이기도 했다.

사행길의 위험은 유능한 외교관이었던 정몽주와 관련된 자료에서도 다양하게 나타난다. 정몽주는 1372년(공민왕 21)과 1377년(우왕 3) 등 여러 차례 명나라로 봉명 사행을 떠났다. 그리고 1377년 9월에는 일본에 사신으로 갔다. 당시 그는 잡혀갔던 고려인 수백 명을 귀국시키는 등 외교적 수완을 유감없이 발휘하기도 했다. 당시의 사정이 〈포은선생연보고이(圃隱先生年譜攷異)〉 41세 조에 자세히 적혀 있다.[154] 생사를 넘나들며 수행해야 하는 사행, 정몽주는 다음과 같은 시를 지은 적이 있다.

客懷易悽楚　나그네 회포 슬퍼지기 쉬운데
世事喜蹉跎　세상일은 즐겨 빗나가 버린다네
偕行二三子　함께 오던 두세 사람이

---

153 一然, 〈眞聖女大王 居陁知〉, 『三國遺事』 권2, "於是, 老人出而謝曰, 受公之賜, 全我性命, 請以女子妻之. 居陁曰, 見賜不遺, 固所願也. 老人以其女, 變作一枝花, 納之懷中, 仍命二龍, 捧居陁趂及使舟工."

154 정우락, 「포은 정몽주 시에 나타난 공간 상상력」, 『포은학연구』 16, 포은학회, 2015, 217쪽 참조.

相失迷風波　풍파에 서로 길을 잃었네
終夜苦憶念　밤새도록 그 생각에 괴로워하다
耿耿聞鼓撾　뒤척이며 때를 알리는 종소리를 듣는다네

— 정몽주, 〈삼월십구일(三月十九日)……〉[155]

정몽주가 1386년 3월 19일 바다를 건너 중국의 등주 공관에 머물며 지은 것이다. 당시 그는 중국으로의 다섯 번째 사행길에 올라 있었고, 등주에서 곽통사(郭通史)와 김압마(金押馬)를 기다리던 중이었다. 여기서 그는 바다에서 일어나는 파도로 인해 같이 오던 사람이 서로 헤어져 생사를 알 수 없어 밤새 괴로워하였다. 이보다 앞서 정몽주가 1377년 3월에 서장관으로 지밀직사사(知密直司事) 홍사범(洪師範)을 따라 중국에 갔을 때는, 귀로에 허산(許山) 앞바다에서 태풍을 만나 여러 사람들이 변을 당하였다. 이때 정사 홍사범 등 39명이 익사하고 생환한 자는 정몽주를 비롯해 113명이었다. 이처럼 사행길에서 만난 바다는 두려움의 대상이었다. 그러나 이러한 험한 바닷길도 그에게는 기실 굳건한 외교를 위해 반드시 건너야 하는 것이었다. 다음 작품을 보자.

吳王使節到天東　오왕의 사절 천동에 이를 때
十幅帆飛路自通　열 폭의 돛이 날아 길이 저절로 트이네
歲月悠悠行役裏　세월은 행역 중에 아득히 지났으나
山川歷歷夢魂中　산천은 꿈결 속에서 뚜렷이 보이네
兩邦厚意同滄海　두 나라의 후의는 창해와 같으니

155 鄭夢周, 〈三月十九日, 過海宿登州公館, 郭通事, 金押馬船阻風未至, 因留待〉, 『圃隱集』 권1.

영덕 앞바다

萬里歸期得好風　만 리 길 돌아갈 때 순풍을 얻겠도다
他日姑蘇臺上望　뒷날 고소대에 올라 바라보노라면
蓬瀛不見水連空　봉영은 보이지 않고 물만 하늘에 닿아 있네

— 정몽주, 〈송항주사(送杭州使)〉[156]

이 시는 중국에서 온 사신을 보내면서 지은 〈송항주사〉이다. 항주에서 왔으니 오왕의 사절이라 했고, 고려로 왔으니 천동이라 했다. 두 나라 사이에 커다란 바다가 존재하지만 뱃길로 서로 소통할 수 있다. "열 폭의 돛이 날아 길이 저절로 트이네."라고 한 것이 그것이다. 또한 두 나라의 후의가 바다와 같다고 했다. 이러한 후의로 인해 다시 순풍의 뱃길을 이용해 만 리 길을 무사히 가기를 축원하고, 이후 다시 항주의 고소대와 고려의 봉래·영주산 사이에는 넓은 바다가

156 鄭夢周, 〈送杭州使〉, 『圃隱集』 권2.

존재할 것이라 했다. 이처럼 바다는 양국을 소통케 하면서, 상호 후의와 함께 아득한 그리움의 공간으로 성장하기도 했다. 그러한 그리움은 정몽주의 사행길에서 사향의식으로 전이되었다. 다음의 경우가 그것이다.

江南柳江南柳	강남의 버들이여, 강남의 버들이여
春風裊裊黃金絲	봄바람에 황금 실처럼 하늘거리네
江南柳色年年好	강남의 버들빛이야 해마다 좋지만
江南行客歸何時	강남의 나그네는 언제나 돌아갈꼬
蒼海茫茫萬丈波	만 길 물결 일렁이는 저 창해
家山遠在天之涯	고향은 아득히 하늘 끝에 있다네
天涯之人日夜望	하늘 끝의 사람 밤낮으로 바라는 건
歸舟坐對落花	돌아가는 배에 앉아 낙화를 대하는 것이라네
空長嘆空長嘆	부질없이 길이 탄식하고 탄식하도다
但識相思苦	다만 서로 그리워하는 괴로움을 알지만
肯識此間行路難	이곳의 행로난을 어찌 알겠나
人生莫作遠游客	인생에 먼 길의 나그네는 되지 말지니
少年兩鬢如雪白	소년의 두 귀밑머리 눈처럼 희어지네

— 정몽주, 〈강남류(江南柳)〉[157]

이 작품은 〈강남류〉로, 『동문선(東文選)』이나 『해동역사(海東繹史)』 등에 실려 널리 전한다. 이 시에서 보듯이 정몽주는 현재 멀리 강남에 사신으로 와서 바다 끝에 있는 고향을 그리워하고 있다. 이러한 객수(客愁)는 "바다 건너 동쪽으로 고향을 바라보고, 봄 다 갈 즈음

157 鄭夢周, 〈江南柳〉, 『圃隱集』 권1.

높은 집에 앉았네."[158]라고 하거나, "어제 돛을 달고 바다를 건너갈 때, 고향을 돌아보니 이미 하늘가에 아득하였네.",[159] "내가 올 때 동녘을 바라보며 시름하였지. 물결은 멀리 고향에 닿아 있었네."[160]라고 하는 등 다양하게 표출되었다. 정몽주의 사향의식은 일본 사행에서도 그대로 나타난다. "고국은 바다 서녘이요, 외로운 배는 하늘 한 가이어라."[161]라 한 것에서 이를 확인할 수 있다. 이처럼 바다는 그에게 사향의식을 더욱 증폭시키는 역할을 하였다. 사행길의 사향의식은 사신들에게 일반적인 것이었다. 정도전(鄭道傳, 1342~1398)의 다음 작품도 그 연장선상에서 읽힌다.

高閣臨靑峭　누각은 푸른 산에 닿아 있고
洪濤接遠空　파도는 먼 공중을 잇대었구려
沙痕問潮水　모래 자국 살피어서 조수를 묻고
雲氣占天風　구름 기운 바라보며 바람 점치네
客路春將半　나그네 길은 봄이 장차 반인데
鄕關日出東　내 고향은 해 돋는 저 동쪽일세
何當好歸去　언제나 탈 없이 잘 돌아가서
尊酒故人同　벗님들과 술 함께 나눠 볼거나

— 정도전, 〈등주대풍(登州待風)〉[162]

정도전은 1390년(공양왕 2)에 정당문학(政堂文學)에 오르고, 명나라에 성절사로 가서 윤이(尹彛)와 이초(李初) 등이 이성계를 무고한 사실

158 鄭夢周, 〈贈嵒房日本僧永茂〉, 『圃隱集』 권2, "故園東望隔滄波, 春盡高齋獨結跏."
159 鄭夢周, 〈蓬萊驛, 示韓書狀〉, 『圃隱集』 권1, "昨日張帆涉海波, 故園回首已天涯."
160 鄭夢周, 〈日照縣〉, 『圃隱集』 권1, "我來東望仍搔首, 波浪遙應接故鄕."
161 鄭夢周, 〈洪武丁巳, 奉使日本作〉, 『圃隱集』 권1, "故國海西岸, 孤舟天一涯."
162 鄭道傳, 〈登州待風〉, 『三峰集』 권2.

을 변명한 바 있다. 앞의 시는 당시 등주(登州)에서 지은 것으로 보인다. 여기서 보듯이 그는 '내 고향은 해 돋는 저 동쪽'이라고 하면서 바다 너머에 있는 조국을 그리워하고 있다. 이러한 경향은 이직(李稷, 1362~1431)의 〈유등주대풍〉에서도 반복된다. "동서로 나뉜 곳에서 고국을 그리워하고, 남북으로 둘러싼 바닷물은 외로운 성을 안고 있다."[163]라고 하면서, "하루 종일 구름 보며 수심에 잠이 들고, 거세게 치는 파도 위로 흰 갈매기만 날아가네."[164]라고 한 것이 그것이다. 바다 건너에 있는 고국에 대한 간절한 그리움을 이렇게 표현하였던 것이다.

타국에 있을 때는 바다의 넓이만큼이나 고향이 그립지만, 고국에 있는 경우는 사정이 달랐다. 현실은 언제나 험난하고, 오히려 바다 건너에 이상향이 있다고 생각했기 때문이다. 이러한 생각은 삶의 현실이 어려우면 어려울수록 더욱 간절하였나. 바다와 그 너머의 공간은 이상의 비전을 제공하는 구실을 하였던 것이다. 다양한 해석이 있기는 하지만 고려속요 〈청산별곡〉의 "살어리 살어리랏다 바ᄅᆞ래 살어리랏다, ᄂᆞᄆᆞ자기 구조개랑 먹고 바ᄅᆞ래 살어리랏다."라는 구절에 등장하는 '바다'도 험난한 고려의 현실을 벗어나 새로운 희망을 안겨줄 수 있는 이상향이었다. 현대시 김소월의 〈바다〉도 그 연장선상에서 읽힌다.

> 뛰노는 흰 물씰이 닐고 또 잣는
> 붉은 풀이 자라는 바다는 어듸

---

163 李稷, 〈留登州待風〉, 『亨齋詩集』 권3, "地隔東西懷古國, 海環南北抱孤城."
164 李稷, 〈留登州待風〉, 『亨齋詩集』 권3, "盡日看雲愁只睡, 波濤浩蕩白鷗輕."

고기잡이삼둘이 배 우에 안자
사랑 노래 불으는 바다는 어듸

파랏케 죠히 물든 藍빛 하늘에
저녁놀 스러지는 바다는 어듸

곳업시 떠다니는 늘근 물새가
떼를 지어 좃니는 바다는 어듸

건너 서서 저便은 딴나라이라
가고 십은 그립은 바다는 어듸

— 김소월, 〈바다〉[165]

이 시는 평안북도 곽산읍의 바다를 대상으로 한 것으로 알려져 있다. 여기서 화자가 지향하는 곳은 바다이다. 김소월은 이 바다를 "쒸노는 흰 물쌜이 닐고 또 잣는", "붉은 풀이 자라는", "고기잡이삼들이 배 우에 안자 사랑 노래 불으는", "藍빛 하늘에 저녁놀 스러지는", "늘근 물새가 떼를 지어 좃니는" 그러한 바다라고 했다. 그러나 그 바다는 그리운 '딴나라'였다. 가고 싶지만 갈 수 없는 그런 나라였다. 여기서 우리는 이 시가 일제강점하에서 창작되었다는 것을 상기할 필요가 있다. 식민지인의 상실과 그 좌절을 엿볼 수 있기 때문이다. 바로 이러한 측면에서 김소월의 〈바다〉는 〈청산별곡〉의 화자가 '바ᄅᆞ래' 살고자 했던 것과 일치한다. 이러한 일치는 현실이 언제나 험난하기 때문이다.

165 金素月, 〈바다〉, 『素月詩集 진달래꽃』, 賣文社, 1925.

문학 작품을 통해 험난한 현실을 보다 적극적으로 극복하고자 한 경우도 있다. 작가들은 바다 너머에 이상이 있다고 보고, 적극적인 실천을 통해 그 이상을 추구하고자 하였다. 〈홍길동전〉과 〈허생전〉에서 제시되는 바다가 바로 그 대표적인 예다. 〈홍길동전〉의 홍길동은 적서 차별에 강한 불만을 품고 율도국(栗島國)에 들어가 신분 차별이 없는 이상세계를 만들고자 노력하였고, 〈허생전〉의 허생은 빈 섬에 들어가 허약한 조선의 경제를 바로잡고자 했다. 해당 부분을 들어 보면 다음과 같다.

(가) ᄎᆞ설. 잇ᄯᆡ 길동이 졔 곳ᄃᆡ 도라가 졔젹을 분부ᄒᆞᄃᆡ, "내 단여 올 곳 이시이 여 등은 빈거히 츌입말나. ᄂᆡ 도라오기랄 기다리라." 하고, 즉시 구름을 타고 남경으로 향ᄒᆞ다가 ᄒᆞᆫ 곳의 다〃라이 이ᄂᆞᆫ 률도국이라. 그 경셩의 드려가 ᄉᆞ면을 ᄉᆞᆯ피보이 산쳔이 쳥슈ᄒᆞ고 인물이 변셩ᄒᆞ여 가히 안신ᄒᆞᆯ 곳지라. 마암에 흠션불의ᄒᆞ고 ᄯᅩ 남경의 드려가 두로 구경ᄒᆞ고, 도라오ᄂᆞᆫ 길의 졔도라 ᄒᆞᄂᆞᆫ 셤 듕의 두로 단며 산쳔을 ᄉᆞᆯ펴 보이 일봉산이 쳔ᄒᆞ명산이라. ᄉᆞ면이 뉵칠ᄇᆡᆨ이오, 슈회 금히 죠흔지라. 셤 듕의 헤오ᄃᆡ, 'ᄂᆡ 다시 죠션의셔ᄂᆞᆫ 범남ᄒᆞᆫ 에ᄉᆞ랄 ᄒᆡᆼ치 못ᄒᆞ리이 이곳의 와 아직 은거ᄒᆞ엿다가 쟝ᄎᆞᆺ 대ᄉᆞ랄 도모ᄒᆞ리라' 하고 표현히 도라와 졔젹다려 일너 ᄀᆞᆯ오대 ……[166]

(나) 허생은 늙은 사공을 만나 말을 물었다. "바다 밖에 혹시 사람이 살 만한 빈 섬이 없던가?" "있습지요. 언젠가 풍파를 만나 서쪽으로 줄곧 사흘 동안을 흘러가서 어떤 빈 섬에 닿았습지요. 아마 사문(沙門)과 장기(長岐)의 중간쯤 될 겁니다. 꽃과 나무는 제멋대로 무성하여 과일 열매가

166 정우락본 〈길동녹〉(하).

절로 익어 있고, 짐승들이 떼지어 놀며, 물고기들이 사람을 보고도 놀라지 않습디다." 그는 대단히 기뻐하며, "자네가 만약 나를 그곳에 데려다 준다면 함께 부귀를 누릴 걸세."라고 말하니, 사공이 그러기로 승낙을 했다.[167]

(가)는 정우락본 〈길동녹〉의 율도국에 대한 묘사 부분이고, (나)는 〈허생전〉의 빈 섬에 대한 묘사 부분이다. 율도국에 대해서는 '산천이 깨끗하고 인물이 번성하여 편안하게 살 만한 곳'이라 하였고, 빈 섬에 대해서는 '꽃과 나무는 제멋대로 무성하여 과일 열매가 절로 익어 있고, 짐승들이 떼 지어 놀며, 물고기들이 사람을 보고도 놀라지 않는 곳'이라 했다. 〈홍길동전〉의 율도국은 신분 차별 없이 인물이 번성하여 편안히 살 만한 곳이었고, 〈허생전〉의 빈 섬은 과일이나 곡식이 풍부하여 경제적으로 대단히 풍족한 곳이었다. 이는 모두 신세계라고 할 수 있는 섬으로 제시되어 있지만, 바다 너머에 존재하는 것이기에 바다의 한 지향으로 보아야 할 것이다.

이상은 인간이 생각할 수 있는 가장 완전한 상태를 의미한다. 사전적으로는 절대적인 지성이나 감정의 최고 형태로 실현 가능한 상대적 이상과 도달 불가능한 절대적 이상으로 구별할 수 있다. 〈홍길동전〉이나 〈허생전〉 등에서 볼 수 있듯이 문학 작품에서의 이상 공간은 대체로 그 시대의 현실을 극복하기 위한 모델로 제시된 것이라 할 터인데, 낭만적으로 처리되어 있다. 결국 이러한 이상 공간은 현실 속에서는 영원히 존재하지 않는 공간이었다. 그럼에도 불구하고

167 朴趾源, 〈許生傳〉, "許生問老篙師曰, 海外豈有空島可以居者乎? 篙師曰, 有之. 常漂風直西行三日夜, 泊一空島, 計在沙門長崎之間, 花木自開, 菓蓏自熟, 麋鹿成群, 游魚不驚. 許生大喜曰, 爾能導我, 富貴共之, 篙師從之."

인간은 이상을 추구하였고, 그에 대한 좌절을 경험하기도 하였다. 김기림(金起林, 1908~?)의 〈바다와 나비〉가 바로 그러한 예다.

> 아무도 그에게 水深을 일러 준 일이 없기에
> 흰나비는 도무지 바다가 무섭지 않다.
>
> 청무우밭인가 해서 내려갔다가는
> 어린 날개가 물결에 절어서
> 공주처럼 지쳐서 돌아온다.
>
> 삼월달 바다가 꽃이 피지 않아서 서글픈
> 나비 허리에 새파란 초승달이 시리다.
>
> — 김기림, 〈바다와 나비〉[168]

이 시는 1939년 4월 『여성』지에 처음 발표되었고, 이후 1946년에 『바다와 나비』라는 같은 제목의 시집이 출간되면서 거기에도 실린 작품이다. 여기서는 바다와 나비가 극명하게 대립되어 있다. 세상 물정을 모르는 가냘프기 이를 데 없는 나비는 바다를 청무우밭으로 여기고 내려가지만, 냉정하고 무정한 바다는 나비에게 커다란 시련을 안겨 준다. '어린 날개가 물결에 절어서 공주처럼 지쳐서 돌아'오기 때문이다. 나비의 이상향이 청무우밭이라면, 바다는 현실의 냉혹함을 상징한다. 푸른색의 차가움과 흰색의 순수함을 대비시키면서, 결국 그 순수한 이상이 냉혹한 현실에 부딪혀 좌절되고 만 것을 선명

---

168 김기림, 〈바다와 나비〉, 『바다와 나비』, 신문화연구소, 1946.

한 색조 대비와, '새파란 초승달' 같은 감각적 이미지로 형상화하였던 것이다.

바다는 그 크기의 광활함만큼이나 많은 위험이 도사리고 있고, 또한 두려움을 일으키는 대상이기도 했다. 특히 바다를 건너 사행을 떠나는 경우는 더욱 그러하였기에 거타지 설화와 같은 이야기가 만들어질 수 있었다. 차안과 피안 사이가 넓은 만큼 그리움의 크기도 컸다. 또한 부조리한 현실 속에 있을 때 바다는 항상 이상의 대상이었다. 고려가요 〈청산별곡〉의 '바다'는 물론이고, 〈홍길동전〉에 등장하는 율도국, 〈허생전〉에 등장하는 빈 섬 등이 모두 이상향으로 제시되어 있다. 허균의 〈장생전(蔣生傳)〉에서 "나는 사실 죽지 않았소. 바다 동쪽으로 향하여 한 나라를 찾아 떠나갔소."라고 한 장생의 말도 이상향을 언급한 것이다. 이처럼 바다는 대단히 위험한 곳이지만 우리 문학사에서 그리움과 이상 사이의 어떤 지점에 위치하고 있었다.

제5장

물의 문화론적 확장

제5장

물의 문화론적 확장

본 장에서는 물이 문화론적 측면에서 어떻게 확장될 수 있는지를 주로 다룬다. '문화론'은 문화학이 지닌 포괄적 개념을 더욱 구체화한 것으로, 시간과 공간에 따른 차이성을 인정하는 문화에 대한 이론을 의미한다.[1] 이것은 문화가 고정된 부동의 것이 아니라는 점을 적극적으로 수용한 것이다. 문화는 동서와 고금에 따라 달리 나타나며, 인간의 의도에 따라 재구성된다. 즉 음식과 주택, 의복과 신념 체계 등이 특정한 시간과 공간에 한정되어 있는 것이 아니라, 시간과 공간에 따라 변화한다는 것이다. 그러나 그 변화는 전통에 근거한 축적성을 지니므로, 불변적 요소도 동시에 지닌다. 이러한 불변적 요소가 변화적 요소와 맞물리면서 새로운 문화를 만들어 내기도 한다.

복합성을 개념의 근원에 두고 있는 문화는 물을 중심으로 구성된다고 해도 과언이 아니다. 여기서는 '물과 음식 문화', '물과 종교

1 이에 대해서는 정우락·백두현, 「문화어문학: 어문학에 대한 문화론적 혁신」, 『문화어문학이란 무엇인가』, 커뮤니케이션북스, 2015, 18~22쪽 참조.

문화', '물과 공동체 문화', '물과 놀이 문화', '물과 생태문화'로 나누어 서술하기로 한다. '음식'은 생명을 유지하기 위해 가장 기본적인 물질이고, '종교'는 전통적인 종교는 물론이고 신종교나 민속 문화를 포괄한다. '공동체'는 집단을 의미하는바, 사람들이 물을 중심으로 어떻게 문화를 만들어 가는지를 주목한다. 또한 '놀이'와 '생태' 속에 등장하는 물을 주목하며, 물에 대한 새로운 인식도 함께 고찰하기로 한다.

1. 물과 음식 문화

인간은 음식을 통해서 생명을 유지한다. 그러므로 식욕은 인간이 생명을 유지하는 데 필요한 기본적인 욕망이다. '음식(飮食)'이란 글자에서 '마실 음(飮)' 자는 바로 물을 의미한다. 이 물은 우물에서 솟는 물일 수도 있지만, 과일 속에 들어 있는 물일 수도, 고로쇠 등 나무에서 나는 수액일 수도, 우유 등 동물의 젖일 수도 있다. 또 효자 설화에 많이 등장하는 것처럼 바로 에너지로 전환되는 피[血]일 수도 있다. 이를 기반으로 하여 음식 문화가 만들어지며, 인간은 비로소 생명을 유지하게 된다.

갓난아이가 먹는 젖은 자연스럽게 만들어지는 것이지만, 자라나면서 인간은 조리된 음식으로 영양을 공급받는다. 조리 시 어떤 물을 사용하느냐에 따라 음식의 영양이나 맛이 달라진다. 이로 보아 음식 맛은 바로 물맛이라 해도 과언이 아니다. 술이나 차의 경우는 더욱 그러하다. 이 때문에 물은 땅을 가려서 뜨고, 시간을 가려서 뜬다. 특히 제사에서는 정화수를 의미하는 현주(玄酒)와 끓여서 만든 탕(湯)을 함께 사용하기 때문에 더욱 복잡해진다. 여기서는 음식과 물의 상관성을 먼저 다루고, 이에 대한 구체적 논의는 술과 차로 한정한다.

음식과 물의 상관성

'음식'은 '음(飮)'과 '식(食)'의 합성어다. '음'이 물이나 술 등의 액체를 목구멍으로 넘기는 것을 말한다면, '식'은 먹을거리가 저작(咀嚼)을 통해 위장으로 보내지는 것을 의미한다. 이렇게 볼 때 '음'은 주로 액체와 관련된 것이고, '식'은 고체와 관련된 것이다. 그러나 이 둘은 밀접한 상호 관련성 속에 놓인다. 마시고 먹는 행위가 함께 이루어지는 경우가 허다하거니와, 물은 이 행위에서도 더욱 근본적인 역할을 담당하기 때문이다.

서유구(徐有榘, 1764~1845)는 『임원경제지(林園經濟志)』「정조지(鼎俎志)」'식감촬요(食鑑撮要)'의 첫머리에 수류(水類)를 두었다. 음식 조리에 있어 물의 중요성을 적극 부각시킨 것이다. 물맛이 곧 음식 맛이라 했다. 우주의 근원이 물이고, 물이 바로 음식의 근원이었던 것이다. 식탁에 오르는 모든 음식은 물이 없으면 존재할 수 없고, 거기에 맛을 내는 간장도 물이 없으면 있을 수 없다. 음식을 조리하는 데 가장 중요한 것이 물이므로, 가정에서는 물을 확보하는 것이 최우선이었다. 그 가운데서도 부엌은 음식을 만드는 곳이기에 전통 가정에서는 물을 담아 저장하는 커다란 물두멍을 가장 먼저 준비하였고, 근대 이후의 주방에서도 수도를 이용한 물의 수용은 핵심적인 것이었다.

전통시대의 물과 음식은 어떤 관계에 놓이는가. 이것은 전통 음식조리서를 살펴보면 바로 알 수 있다. 현재까지 알려진 전통 음식조리서는 43개 문헌이다. 목판본 『규합총서(閨閤叢書)』(1868)를 제외하면 모두 필사본이며, 여기에는 한문으로 기록된 『수운잡방(需雲雜

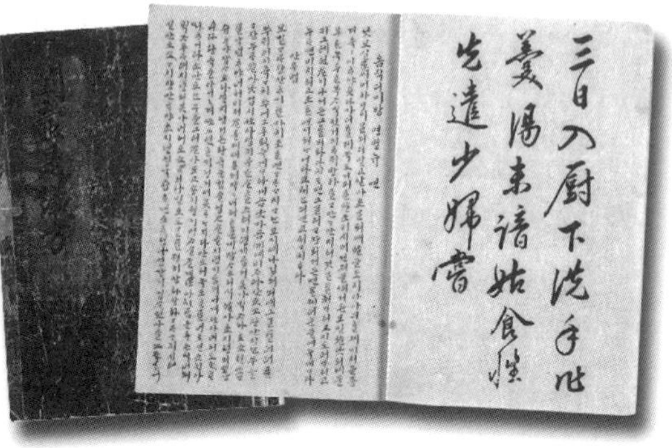

『음식디미방』

方)』과 『도문대작(屠門大嚼)』이 포함되어 있다. 이들 음식조리서 가운데 장계향(張桂香, 1598~1680)이 지은 『음식디미방』(1670년경)과 김유(金綏, 1491~1555)와 김령(金坽, 1577~1641)이 함께 지은 『수운잡방』(16세기 중엽)은 학술적 가치가 높고 음식조리서로서의 상징적 의미가 있다. 이 조리서에서도 물이 강조되어 있음은 물론이다. 『음식디미방』과 『수운잡방』을 중심으로 조사해 보면 다음과 같다.[2]

서명	물의 종류와 등장 횟수
『음식디미방』	물(62), 냉수(5), 찬물(1), 정화수(3), 끓여 식힌 물(3), 끓는 물(1), 뜨거운 솥뚜껑 물(1), 따뜻한 물(1), 더운 물(1), 맑은 물(1), 구멍떡 삶던 물(1), 석회 넣어 끓인 물(1), 간장 물(2), 얼음물(1), 얼음(1)
『수운잡방』	물(50), 탕수(51), 정화수(6), 달인 물(1), 누룩 우린 물(1), 청장을 탄 물(1)

2 이 조사는 배영동, 「경북 종가 음식조리서의 등장 배경과 세계기록유산 등재 근거」, 『세계기록유산으로서 종가 음식조리서의 가치』(국제학술회의 발표자료집, 경북 종가 음식조리서 세계기록유산 등재 추진연구 사업단, 2014, 148쪽)에서 이루어졌다.

이 조사는 물이 모든 음식의 가장 기본적인 재료가 된다는 것을 알게 한다. 그리고 『음식디미방』과 『수운잡방』에는 정화수가 각각 세 번, 여섯 번 등장하여 그 특별함을 표시해 두었다. 이것을 그대로 사용하기도 하지만 끓이거나, 끓여서 식히거나, 얼리기도 한다. 나아가 물에 간장이나 석회, 누룩이나 청장 등 다른 물질을 첨가하기도 한다. 『온주법』에도 물 40회, 탕수 8회, 냉수 4회, 감초물 2회, 얼음 1회, 뜨물 1회가 등장하여, 물과 음식의 상관성을 바로 알 수 있게 한다. 이는 물을 알맞게 써야 조리를 제대로 할 수 있다는 의미이다.

전통시대의 조리서 가운데 『음식디미방』을 주목해 보자. 음식과 물의 관계를 가장 다양하게 소개하고 있기 때문이다. 이 책의 지은이 장계향은 이시명(李時明, 1590~1674)의 재취(再娶)로 출가하였다. 가학에 기반한 유학적 전통에 입각하여 『음식디미방』을 저술하였는데, 음식이 그러하듯 실용성에 초점이 맞추어져 있다. 한글로 표기된 점도 이러한 측면에서 이해된다. 김유(金綏)의 『수운잡방』과 허균(許筠, 1569~1618)의 『도문대작』이 남성에 의해 한자로 표기된 조리서라는 점에서, 『음식디미방』은 그것들과 확실히 차별화된다. 음식에 관한 구체성에 있어서도 말할 필요가 없다. 이 책의 다음 부분을 주목해 보자.

> 이삼월에 녹두를 갈되 온 낟알과 뉘가 없도록 갈아라. 어스름(=새벽)에 정화수를 길어다가 (간 녹두를) 담그되, 담근 것을 (뚜껑으로) 덮어 놓으면 녹두가 쉬어 버리니 그냥 물에 잠기게 담가 두어라. 이튿날 새벽, 우물에 가서 (녹두를) 씻어 급히 (물을) 갈아 해가 뜨거워지기 전에 무명 주머니에 (넣어) 잇꽃[紅花] 물을 내듯 쳐내어, 찬물을 많이 부어 아주 눅눅하게 하여 두레박 모양의 질그릇에 (넣어) 가라앉혀라. 이튿날 아침에 웃물을 퍼내 버리고, 가라앉은 흰 가루 위에 종이를 깔고 그 위에

재를 깔아라. 그 물이 다 재어 배거든 재를 걷어 내고 숟가락으로 긁어 채반에 식지(食紙)를 깔고 (그 위에) 널어 티가 들어가지 않도록 말려서 넣어 두어라.

세면(細麵)을 만들려고 쓸 때는 밀가루를 가장 깨끗이 하여 비단에 체질한다. 녹두가루 두 되로 만들려 하면 밀가루 7홉을 율무같이 깨끗이 죽을 쑤어 그 죽에 (두 되의) 녹두가루를 체질하여 부드럽게 반죽하고, 더운 것을 면본(=국수틀)에 눌러 찬물에 건져 씻어 얼음물에 담가 두고 쓰면 손님 예닐곱 명은 대접할 수 있다.[3]

『음식디미방』「싀면법」의 일부이다. '싀면'은 세면(細麵), 즉 실국수이다. 장계향이 실국수 만드는 과정에서 얼마나 다양한 물을 사용하였는지를 알 수 있다. 녹두를 담그기 위해 새벽에 길어 오는 '정화수'를 비롯해서 녹두를 씻어 내는 '우물물', 녹두를 가라앉히는 '찬물', 면을 만들어 담가 두는 '찬물' 등 다양한 물 사용법이 제시되어 있다. '웃물' 퍼내기와 재에 배어든 '물'까지 언급하여 녹두를 이용한 녹말국수를 조리할 때 물이 어떻게 이용되는지를 정밀하게 서술하고 있다. 이렇듯 장계향은 『음식디미방』에서 거의 모든 종류의 음식 조리에 물을 언급하였다.

『수운잡방』도 마찬가지다. 이 조리서는 김유가 살았던 조선 초기의 식생활 문화를 알 수 있다는 측면에서 그 자료적 가치를 인정받

3 장계향(백두현 주해), 〈싀면법〉, 『음식디미방 주해』, 글누림, 2006, "이삼월의녹도ᄅᆞᆯᄀᆞᄃᆡ온낫과뉘업시ᄀᆞ라어을믜졍화슈기러다가ᄃᆞ모ᄃᆡ이ᄃᆞ몬거슬덥흐면녹되쉬니그처물에ᄌᆞ몰게ᄃᆞᆷ가이튼날새배우물의가씨어급히ᄀᆞ라ᄒᆡ달게덥지아닌제무영주머니예닛내ᄃᆞᆺ쳐내여ᄎᆞᆫ물을만이부어ᄀᆞ장눅게ᄒᆞ여관질그ᄅᆞᄉᆡ안치와이튼날아젹의웃물퍼ᄇᆞ리고흰ᄀᆞᄅᆞ안ᄌᆞᆫ우희죠희ᄭᆞᆯ고그우희ᄌᆡᄅᆞᆯᄭᆞᆯ면그무리다ᄌᆡ예ᄇᆡ거든ᄌᆡ거더내고술로글거채반의식지ᄭᆞᆯ고너러틔드지아니케ᄆᆞᆯ뢰여녀허두고싀면디여쓸제면밀ᄀᆞᄅᆞᆯᄀᆞ장조히ᄒᆞ여깁의뇌여녹도ᄀᆞᄅᆞ두되디려ᄒᆞ면밀ᄀᆞᄅᆞ칠홉을의이ᄀᆞ치조히쥭쑤어그쥭의녹도ᄀᆞᄅᆞᆯ보ᄃᆞ라이뇌여ᄆᆞ라더우니면본의눌러ᄎᆞᆫ물의건디시서어름물에ᄃᆞᆷ가두고쓰면손님여닐곱이나격그리라."

고 있다. 또한, 중국의 것을 그대로 베낀 것이 아니라 우리나라의 속방(俗方)도 두루 소개하여 사대부 집안의 음식 문화를 알게 한다. 이 책에서도 물은 음식 조리에 가장 중요한 것으로 인식된다. 앞에서 잠시 소개하였듯이 물의 세분화를 통해 이를 바로 알 수 있다. 김유는 물이 음식의 종류에 따라 다르게 활용되면서 음식 고유의 맛을 낼 수 있게 해 준다고 생각했다. '파김치'를 조리할 때, 물이 어떻게 활용되는지 다음 서술을 보자.

> 파를 잔뿌리만 남기고 손질하여 독에 담아 손으로 고르게 누른 후 물을 가득 채우고, 이틀에 한 번씩 물을 갈아 준다. 여름에는 3일, 가을에는 4~5일 지난 다음에 매운 기가 가시거든 다시 내어서 씻고, 눈이 내린 듯이 소금을 뿌려 둔다. 이것을 파 한 층 소금 한 층으로 켜켜이 섞어 담고 조금 짠 소금물을 만들어 독에 가득 채운다. 박초로 독 아가리를 막고 돌 두 개로 눌러 두었다가 익으면 쓴다. 쓸 때에는 껍질과 잔뿌리를 떼어 내면 그 빛깔이 희고 좋다.[4]

위의 예문에서 보듯이 독에 파를 담아 물을 가득 채운 후 '이틀에 한 번씩 물을 갈아 준다'고 했다. 이처럼 물은 음식을 준비하고 조리하는 데 절대적이다. 파의 매운맛을 제거하기 위하여 물을 사용하고, 다시 소금을 뿌려 파의 숨을 죽여 파김치를 만든다고 했다. 음식 조리에 사용되는 물의 중요성에 대한 인식은 물을 바탕으로 한 음식이 바로 인간의 심신을 이루는 기반이 되며, 동시에 음식이

---

4 金綏, 〈葱沈菜〉, 『需雲雜方』, "葱淨洗, 去麁皮不去鬚, 納瓮勻推壓滿注, 水, 二日一改水, 夏待三日, 秋待四五日, 無冽氣爲限, 還出更洗着, 鹽下灑雪, 葱一件鹽一件, 納瓮作鹽水暫醎滿注, 於朴草擁閉甕口, 二石鎮之, 待熟用之, 用時, 去皮鬚其色白好."

곧 약이라는 약식동원(藥食同原) 사상에 입각해 있는 것으로 보인다. '백자주(栢子酒)' 등 약술 조리법을 소개한 것 등이 대표적인 예가 될 것이다.[5]

사람이 모이는 곳이면 반드시 공식(共食)의 문화가 이루어진다. 공식은 공동체를 이끄는 중요한 힘으로 작동하기 때문이다. 이러한 문화를 기념하기도 하는데, 『애일당구경첩(愛日堂具慶帖)』, 『의령남씨가전화첩(宜寧南氏家傳畫帖)』, 『대구서씨가전화첩(大邱徐氏家傳畫帖)』 등의 경우에서 확인된다. 이 가운데 『애일당구경첩』은 상하 두 권으로 구분되어 있다.[6] 이 화첩의 권하는 이현보(李賢輔, 1467~1555)가 안동부사로 재직할 당시(1519) 중양절을 맞아 자신의 부모와 관내 노인들을 초청하여 잔치를 베풀었던 사정을 그림과 시로 나타낸 것이다. 이현보는 그 서문에서 다음과 같이 밝혔다.

> 기묘년(己卯年, 1519) 가을에 재임한 고을에서 양로연(養老宴)을 베풀고 경내의 80세 이상 노인들을 찾아, 사족(士族)에서부터 천한 종에 이르기까지 남녀 상관없이 나이가 해당되는 자면 모두 참여하게 하니 도합 수백 명에 이르렀다. 이때 나의 부모님도 화산에서 반나절 거리의 이웃 고을에 계시고 연세가 80세셨다. 『맹자(孟子)』에 이르기를 "내 집의 노인을 노인으로 잘 모시고 나서 남의 노인에까지 미친다."라고 하였으니, 지금 좋은 날을 맞이하여 잔치 자리를 베풀며 빈객을 모으고 고을의 노인을 즐겁게 하는데 나의 어버이를 먼저 하지 않는다면 인정과

5 『수운잡방』「백자주」에는 이 술이 "신중(腎中)과 방광이 냉한 것을 치료하고, 오랫동안 낫지 않는 두통과 온갖 삿된 기운과 귀매 들린 것을 없앤다."라고 기록되어 있다.

6 『애일당구경첩』에 대한 연구는 강순애, 「聾巖 李賢輔의 「愛日堂具慶帖」 권하에 관한 연구」(『서지학연구』 53, 서지학회, 2012); 권정은, 「"애일당구경첩"의 문화교육적 존재 의의」(『새국어교육』 108, 한국국어교육학회, 2016); 최은주, 「『愛日堂具慶帖』을 통해 본 聾巖 李賢輔의 문화 활동」(『대동한문학』 45, 대동한문학회, 2015) 등에서 이루어졌다.

사리에 어찌 합당하겠는가. 이로 인하여 맞이하여 함께 참석하시게 하여 안팎으로 대청을 나누어 모두 나의 부모님을 주인으로 삼아 성대하게 음식을 차려서 극진히 즐겁게 하니, 보는 자들이 아름답다 칭송하고 나 또한 스스로 흐뭇하게 여겼다. 대개 벼슬하여 장상(將相)에 이르러 진수성찬을 차려 놓고 그 부모를 영예롭게 봉양하는 자가 어찌 세상에 없겠는가마는 나처럼 이웃 고을의 원이 되어 향내의 노인들을 모아 놓고 부모님을 모셔 와 함께 즐겁게 잔치를 연 자는 마땅히 많지 않을 것이다. 이후로 다시 이런 잔치를 열 수 있을지 어떨지는 알지 못하겠다.[7]

여기서 보듯이 이현보는 안동 경내의 80세 이상 노인들을 모아 양로연을 열었다. 물론 공식(共食) 문화에 따른 음식은 필수였다. "나의 부모님을 주인으로 삼아 성대하게 음식을 차려서 극진히 즐겁게 하니"라고 쓴 데서 이를 확인할 수 있다. 이 연회에서 어떤 음식이 나왔는지 구체적으로 밝혀져 있지는 않지만, 그림을 보면 음식이 풍성하게 차려져 있다. 이들 음식을 만드는 데는 앞에서 제시한 것과 유사한 음식조리서나 전통적으로 내려오는 조리법이 활용되었을 것이다. 이를 통해 당대 사람들은 효를 중심으로 한 공동체 문화를 만들어 갔을 것이다.

밥과 물은 하나의 세계관으로 제시되기도 한다. 공자가 『논어(論語)』에서 "거친 밥을 먹고 물을 마신 뒤에 팔을 베고 누웠으니 그 가

7 李賢輔, 〈花山養老宴詩 幷序〉, 『愛日堂具慶帖』, "己卯秋, 設養老宴於任府, 搜訪境內年八十以上老, 自士族至賤隷, 無問男女, 苟準齒者咸與焉, 多至數百人, 時余之雙親, 在花之隣縣, 距半日程, 年且八旬. 軻書云, 老吾老, 以及人之老. 當此佳辰, 開設宴席, 聚賓客娛鄕老, 而不先吾親, 情與事豈得歟. 因邀共參, 分作內外廳, 皆以吾老作主. 大張供具, 極盡歡欣, 觀者稱美, 予亦自多焉. 蓋仕宦而至將相, 享列鼎, 榮養其親者, 世豈無之. 作宰隣邑, 聚會鄕老, 奉兩親同歡如予者, 宜未多得. 不識此後能更作此會否."

운데도 즐거움이 있도다. 의롭지 않은 방법으로 부귀하게 되는 것은 나에게는 뜬구름과 같다."[8]라고 하거나 "어질구나, 안회(顔回)여. 한 그릇 밥과 한 표주박 물을 마시며 누항에 사는 것을 사람들은 근심하며 견뎌 내지 못하는데, 안회는 그 낙을 바꾸지 않으니, 어질구나, 안회여!"[9]라고 한 언명은 이를 명시적으로 보여 준다. 이러한 안빈낙도(安貧樂道)는 조선시대 선비들이 표방하였던 대표적인 세계관이다. 이러한 까닭에 '소사(疏食)'와 '음수(飮水)'는 다양한 작품의 소재로 등장할 수 있었다. 다음 작품도 그 가운데 하나이다.

茅簷의 쑥 길 젹에
長者도 오나 가나
陋巷ᄋᆡ ᄒᆡ 놈픈 제
簞瓢飮도 잇도 업고
ᄂᆞ물 먹고 물 마시고
ᄑᆞᆯ 베고 누워셔도
이 마ᄋᆞᆷ 어든 거시
이 ᄀᆞ온ᄃᆡ 즐거워라
千鍾萬駟도
이 ᄆᆞᄋᆞᆷ 옴길런가

— 조식, 〈권선지로가(勸善指路歌)〉[10]

조식(曺植, 1501~1572)이 지은 것으로 알려진 〈권선지로가(勸善指路

8 『論語』「述而」, "飯疏食飮水, 曲肱而枕之, 樂亦在其中矣, 不義而富且貴, 於我如浮雲."
9 『論語』「雍也」, "賢哉! 回也. 一簞食, 一瓢飮, 在陋巷, 人不堪其憂, 回也, 不改其樂, 賢哉! 回也."
10 李相寶, 『韓國歌辭選集』, 集文堂, 1979, 138쪽. 이 작품의 작자에 대해서는 논란이 있다. 퇴계 소작설(所作說)과 남명 소작설, 그리고 이이나 실명씨(失名氏) 소작설이 그것이다. 이에 대해서는 정우락, 『남명문학의 철학적 접근』, 박이정, 1998, 177쪽 각주 33 참조.

歌)〉의 일부이다. 여기서 작자는 안연(顔淵)의 누항(陋巷) 단표음(簞瓢飮)을 제시하며 '마음'의 중요성을 언급하고 있다. 낙도(樂道)는 바로 이 '마음'에 달려 있기 때문이다. 이러한 선비들의 낙도정신은 결국 음식을 초월하는 정신경계에 다름 아니다. 즉, 다양한 음식조리서에 보이는 것과 같이 맛과 영양을 두루 갖춘 음식을 어떻게 만드는가 하는 생각에서 완전히 벗어나 있다. 마음을 다스리며 학문에 열중하는 것이 선비의 본분이라 생각했기 때문이다. 선비들의 이러한 생활 방식은 그들의 세계관과 맞물리면서 보다 소박한 음식 문화를 만들었다. 여기서의 물은 '맹물'을 의미하며, 조촐한 음식을 대표하는 상징체에 다름 아니다.

설화 공간에서는 쌀과 물이 반대 개념으로 등장하기도 한다. 다양한 변이 형태를 갖고 있는 〈쌀 나오는 바위〉 전설이 그것이다. 이 전설은 ① 옛날 산속의 어떤 절에 수도승이 기거하였는데, ② 절 근처의 작은 바위 구멍에서 쌀이 흘러나왔다. ③ 승려가 쌀을 더 많이 나오게 할 요량으로 그 구멍을 팠더니, ④ 이후 쌀은 나오지 않고 물만 나왔다는 내용으로 이야기가 전개된다. 구멍을 판 주체가 일반인이기도 하고, 쌀 나오는 곳이 절의 부엌 한쪽이기도 하고, 쌀 대신 핏물이나 까투리가 나오기도 하지만 대체로 대동소이하다.

이 〈쌀 나오는 바위〉 전설의 '쌀'은 양식(糧食)을 의미하지만, '물'은 쓸모없는 것으로 등장한다. 자연은 수도(修道)를 제대로 할 수 있도록 일정한 쌀을 공급하며 수도승을 돕지만, 그 수도승이 물욕에 눈이 멀어 쌀이 더 많이 나올 수 있도록 구멍을 확장하자 더 이상 쌀이 나오지 않게 한다. 쌀을 한꺼번에 많이 얻으려는 수도승의 물욕을 이렇게 징치한 것이라 하겠다. 이 전설에서는 쌀과 물이 전혀 다른 방향으로 설정되어 있지만, 색깔은 물론이고 생활에 필수적인 요소라는 점에서 이 둘은 유사성도 지니고 있다. 물로 쌀을 씻어 밥을 하는 과정을 생각하면 더욱 그러하다.

조리에 있어 물은 특별히 중요하다. 그러므로 가정에서는 물 관리에 신경을 쓰지 않을 수 없었다. 식수의 경우 집 안에 있는 우물의 물을 사용하기도 하고, 농가에서는 마을 사람들이 공동으로 이용하는 샘이나 우물에서 물을 길어다 집 안의 커다란 물두멍에 저장해 두고 사용했다. 전통사회의 경우, 물 긷는 일은 아침에 이루어졌고, 주로 여성이 담당하였는데, 물 긷는 일이 힘들었으므로 물을 아껴 쓰지 않을 수 없었다. 이 때문에 한 번 사용한 물을 용도에 따라 여러 번 쓰기도 했다. 다음 자료는 이것을 잘 설명하고 있다.

(가) 시 물[세 번째 사용하는 물] 정도 밖에 못 씻어요. 아이 씻은 물[처음 씻은 물]은 거이께네[그러니까] 소물[소 먹이는 물] 내고, 두 물 시 물은 설거지도 하고, 국 끓일라면[끓이려고 하면] 따로 폭폭 치대서 쌀뜨물[쌀뜨물]도 내고 그러지요. 쌀보다는 보리쌀을 주장[주로] 마이[많이] 먹었는데, 맏물하고 두 물까지는 일부러 집에서 씻어 소물 내갖고 샘에 가서 치대 씻지요. 보리는 미미[매우 알뜰하게] 씻어야 하기 때문에 아예 샘에 가서 씻어요. 물이 마이 등께[들어가기 때문에].

(나) 설거지는 집에서 하는데, 요새처럼 철철 흔들어 하질 못하지요. 물을 그만큼 여다[이어다] 나르지를 못해서, 쌀뜨물[쌀뜨물] 받아 논[놓은] 것으로 아이 씻고, 바가지물로 헹궜지요. 설거지한 물은 소물[소 먹이는 물]로 가지요. 설거지할 때 물 마이[많이] 하면 소물도 마이 나와 좋지만, 혼자 물 여다 먹으니 그렇게 못하지요.[11]

---

11 김재호, 「전통적 물 문화의 생태학적 선순환 구조」, 『물의 문화와 생명성』, 민속원, 2011, 115쪽 재인용. [ ] 안은 필자가 사투리를 표준어로 풀이한 것이다.

이 두 자료는 경상북도 예천군 용문면 선동마을에서 조사(2004. 12. 28.)한 것이다. (가)는 쌀 씻는 방식이고, (나)는 설거지 방식이다. 여기서 보듯이 길어 온 물은 세 번 정도 사용한다. 처음 쌀을 씻은 물, 즉 겉뜨물은 비교적 덜 깨끗하지만 영양분이 많으므로 소죽을 끓이거나 소 먹이는 물로 사용하고, 두 번째, 세 번째 씻은 물인 속뜨물로는 설거지를 하고, 설거지한 물은 다시 소 먹이는 물로 사용하였다. 이처럼 길어 온 물은 매우 아껴 쓰면서 깨끗한 정도에 따라 용도를 달리하여 여러 번 사용하였다.

물은 씻는 용도와 먹는 용도를 오가며 재활용되었다. 쌀뜨물이나 설거지물처럼 씻은 물이 소 먹이는 물로 재활용되고, 속뜨물로 국을 끓여서 사람이 먹기도 했다. 특히 보리 삶은 물은 여유 있게 장만해 두었다가 머리를 감기도 했다. 앞서 말한 선동마을의 제보자가 "쌀뜬물[쌀뜨물]도 첫물은 소물 하고 새로 받아서 찬물 섞어서 머리 감고 그랬지요. 옛날에는 모다[모두] 머리가 길었잖아요. 그 물로 씻으면 미끄러운 게 잘 내려가요."[12]라고 한 데서 이를 확인할 수 있다.

물 그 자체가 생명을 유지하는 데 필수적이지만, 이것으로 음식을 만든다는 점에서 물은 음식 문화의 핵심에 놓인다. 그러므로 '마시다[飮]'와 '먹다[食]', 즉 물과 밥이라는 서로 다른 물질이 결합하여 '음식'이라는 하나의 단어를 형성할 수 있었다. 나아가 음식을 조리함에 있어 물을 주목하는 것은 지극히 당연한 일이다. 『음식디미방』이나 『수운잡방』 등 조선시대의 고조리서에서 이를 바로 확인할 수 있다. 이들 서적에는 다양한 종류의 물이 제시되어 있다. 음식과 물이 특별한 관계에 놓이기 때문에 부엌에서는 물 관리에 더욱 신중을

12 김재호(2011), 앞의 논문, 119쪽.

기하였다. 특히 농가에서는 한 번 쓴 물을 버리지 않고 여러 차례 재사용하였는데, 이를 통해 전통시대에 가정 내의 물이 얼마나 소중하고 신중하게 관리되었는지 알 수 있다.

술과 차에 대하여

물을 활용한 음식 가운데, 대표적인 것이 술과 차다. 이 둘은 인간의 음식 문화에서 없어서는 안 될 것이지만, 인간에게 기능하는 방식이 서로 다르다. 술은 인간의 마음을 들뜨게 하는 데 비해, 차는 차분하게 가라앉게 하기 때문이다. 사정이 이러하므로 서로 다른 생활 환경 속에서 사람들은 때로는 술을, 때로는 차를 즐겼다. 문인들은 이 둘에 특별한 정취(情趣)가 있었기에 도연명(陶淵明)이나 이백(李白) 등 중국의 풍류객은 말할 것도 없고, 우리나라의 이규보(李奎報)나 정철(鄭澈) 등도 관련 작품을 다량 남길 수 있었다.

먼저 술에 대해서 생각해 보자. 일찍이 이덕무(李德懋, 1741~1793)는 『사소절(士小節)』에서 선비들의 일상 예절에 관하여 서술하면서, 음식이나 술을 대하거나 먹고 대접하거나 만드는 것을 소개한 바 있다. 즉, 음식을 만들고 술을 마시는 것 등은 선비사회에서 매우 중요한 문화였던 것이다. 특히 술은 서로의 우정을 확인하고, 배려와 친교 등 사회문화적 의미를 형성한다는 측면에서 그 의미가 컸다. 이러한 측면에서 술빚기[釀酒]에 어떤 물을 사용하느냐는 주요 관심사가 아닐 수 없었다.

술은 물의 다른 이름이기도 했다. '현주(玄酒)'에서 이를 확인할 수 있다. 이것은 정화수를 일컫는 말로, 제사 때 올리는 청수(淸水)를 의미한다. 그러므로 윤휴(尹鑴, 1617~1680)는 "술독은 출입문 동쪽에다 두는데, 단지 두 개 중 하나에는 술을 채우고 하나에는 현주(玄酒)를 채워 서쪽에다 둔다."[13]라고 말할 수 있었다. 술의 근본이 물이기에 여기서 꾸밈없는 대음(大音)을 느끼기도 했다. 이것은 현주의 맛이 지극히 담백하여 모든 맛의 근본이듯이, 대음의 소리는 들을 수 없지만 모든 음악의 근원이 되기 때문이다. 이러한 생각에 바탕하여 장현광(張顯光, 1554~1637)은 다음과 같이 〈와분명(瓦盆銘)〉이라는 작품을 남겼다.

> 하늘에서 이치를 받고 땅에서 형질을 갖추었다. 비어 있으므로 받아 사용하여도 다함이 없다. 쌓여서 반드시 적셔 주었으니 이는 덕의 베풂이다. 대단히 왕성하여 가능케 하니 현주(玄酒)의 맛과 같으며, 두드려 소리가 울리나니 대음(大音)의 지극함이로다. 세상이 너를 숭상할 때에는 천하가 순박하였는데 풍속이 너를 가볍게 여기자 진원이 해침을 당하였다. 남들은 질박함을 누추하게 여기나 나는 그 참됨을 깨끗하게 여기고, 남들은 추함을 천하게 여기나 나는 그 순박함을 귀하게 여긴다. 포의(布衣)를 따르기 좋아하고 저 왕공(王公)을 천시하는 듯하다. 이제 붓을 던지고 대나무 옆에 쓰러져 누우니 질동이 또한 꽃과 돌 사이에 넘어져 있네. 즐거워 산 밖의 풍진을 모르니 희이(希夷)의 세월에 꿈이 달구나.[14]

'와분명'이라는 제목에서 알 수 있듯이, 장현광은 이 작품에서 질박함이라는 덕을 칭송하고 있다. 그는 질박함을 '현주'에서도 찾았다. 이것이 가청(可聽) 경계에서 벗어나 있는 대음(大音)과 같다고 하면서, 도(道)의 세계인 희이(希夷)에 견주었다. 일찍이 『노자』는 도의 본

13 尹鑴, 〈時祭〉, 『白湖集』 권31, "尊于戶東, 兩甒一實酒, 一實玄酒在西."
14 張顯光, 〈瓦盆銘〉, 『旅軒續集』 권4, "理乎天, 質乎地, 虛以受, 用不已, 貯必浥, 德之施, 何盛而可, 玄酒之味, 考之而鳴, 大音之至, 世方尙爾, 天下淳厖, 俗及輕爾, 眞元乃戕, 人陋其朴, 我潔其眞, 人賤其醜, 我貴其淳, 樂與布衣者從之, 有若傲視夫王公, 於是, 擲筆頹臥於竹根, 瓦盆亦傾於花石, 陶然不知山外之風塵, 夢方甘於希夷之日月."

체로 '희이'를 제시한 바 있다. 즉, "보아도 보이지 않는 것을 이름하여 이(夷)라 하고, 들어도 들리지 않는 것을 희(希)라 한다."[15]라 한 것이 그것이다. 이처럼 질그릇은 현주나 대음과 같이 순수한 본체를 지니고 있기 때문에 풍진 세상에서 벗어나 도의 세계에 노닐 수 있다고 했다. 중국의 고사에는 물이 아예 술로 등장하기도 한다.

> 서북쪽 변경에는 옥궤주(玉饋酒)가 있는데 술로 된 샘이 이곳에서 흘러나온다. 그 샘의 너비는 1장이 넘고 깊이는 3장이며 술은 고기처럼 맛이 있고 거울처럼 맑다. 위에는 옥으로 된 잔과 그릇이 있는데 이 잔으로 한 번 뜨면 다시 샘에서 한 잔이 나온다. 천지가 함께 한가롭게 지내는 곳이며 하늘의 시간이 없다. 이 술을 마시면 사람이 태어나지도 죽지도 않는데 일명 옥유주(玉遺酒)라고 한다. 옥으로 된 그릇에는 육포가 있는데 맛은 노루고기와 같고 한 조각을 떼어 먹으면 한 조각이 다시 돋아나며 이름을 추복(追復)이라고 한다.[16]

이 자료에는 불사불멸(不死不滅)의 도가적 상상력이 가득하다. 옥으로 된 잔과 한가로움을 제시하여 인간의 일상에서 벗어난 곳임을 바로 인지할 수 있게 했다. 샘인데 술로 되어 있다고 하면서, 이 술로 된 샘은 한 잔을 마시면 다시 한 잔이 샘솟고, 안주로 사용되는 노루고기같이 맛있는 육포도 한 조각을 떼어 먹으면 다시 한 조각이 새로 돋는다고 했다. 영원히 구비되어 있는 맛있는 음식과 장생은 인간이 희구하는 것인바, 술을 마시고 마침내 신선의 경지에 들 수 있

---

15 『道德經』 章14, "視之不見, 名曰夷, 聽之不聞, 名曰希."

16 郭璞·東方朔, 『神異經·西北荒經』, "西北荒中有玉饋之酒, 酒泉注焉. 廣一丈長, 深三丈, 酒美如肉, 淸澄如鏡. 其上有玉尊·玉籩. 取一尊, 復一出焉, 與天地同休, 無乾時. 飮此酒, 人不生死, 一名玉遺酒. 玉籩有脯焉, 其味如麞, 食一片, 一片復生也, 其脯名曰追復."

다고도 했다. 이 술을 마시면 사람이 태어나지도 죽지도 않는다는, 즉 생사를 초월한다는 것이 바로 그것이다. 예천(醴泉)이나 주천(酒泉) 등의 지명에서 보듯이 이러한 상상력은 광범하게 펼쳐지고 있었다.

그러나 인간 세상에서 물이 바로 술일 수는 없다. 그럼에도 불구하고 물과 술은 매우 깊은 관계로 결합되어 있다고 믿었다. 즉, 술맛이 곧 물맛으로부터 시작된다고 생각했던 것이다.[17] 술장사를 흔히 물장사라 하는 이유도 여기에 있다. 술빚기에서는 물을 가리기 때문에 수돗물을 사용하지 않고 깊은 곳에서 길어 올린 샘물을 사용한다. 이 때문에 양조장에는 술을 만드는 데 필수적인 전용 우물이 하나씩 있는 것이다. 물에 어떤 성분이 들어 있느냐에 따라 물맛이 다르고, 물맛이 어떠냐에 따라 술맛이 다르다. 이뿐만 아니라 물을 뜨는 시기에 따라 술맛이 달라지기도 한다. 다음 자료를 보자.

> 청명수(淸明水, 청명날 길은 물)나 곡우수(穀雨水, 곡우날 길은 물)로 술을 빚으면 빛이 연보라색이고 맛이 톡 쏘며 오래 둘 만하다. 『사시찬요(四時纂要)』에 "청명날과 곡우날 장강물을 길어 술을 빚으면 술빛이 연보라색이고 맛이 유별난 것은 대개 그 철의 정기를 얻기 때문이다."라고 하였다.[18]

홍만선(洪萬選, 1643~1715)이 『산림경제(山林經濟)』에서 『동의보감(東醫寶鑑)』의 자료를 인용해 술빚기에 대하여 설명한 것이다. 그는 『산림경제』에서 백하주(白霞酒), 소국주(小麴酒), 약산춘(藥山春), 호산춘(壺山春), 삼해주(三亥酒), 잣술[柏子酒], 호도주(胡桃酒), 연엽주(蓮葉酒) 등[19] 다

---

17 이러한 측면에서의 논의는 최무웅, 「술(酒)맛은 물(水)로부터」(『지하수』 3, 한국지하수학회, 1993), 김창목, 「술제조에 있어서의 물의 기능성」(『주류산업』 17, 한국주류산업협회, 1997)이 있다.

18 洪萬選, 〈治膳〉, 『山林經濟』 권2.

19 이 밖에도 경면녹파주(鏡面綠波酒), 벽향주(碧香酒), 하향주(荷香酒), 이화주(梨花酒), 청서

양한 술의 제조법을 설명하였는데, 이 가운데서도 물을 어떻게 사용하느냐에 주목하였다. 위의 자료 역시 술을 빚을 때 물을 뜨는 시기에 따라 술맛이 다르다는 것을 설명하고 있다. 물에는 계절마다의 정기(精氣)가 있다고 믿었기 때문이다.

다음으로 차에 대하여 생각해 보자. 차야말로 물에 매우 민감하다. 이 때문에 좋은 물은 좋은 차를 만드는 데 필수적인 것으로 여겨왔다. 초의선사(艸衣禪師)가 〈다신전(茶神傳)〉에서 "차는 물의 정신이요, 물은 차의 본체다. 참된 물이 아니면 그 정신이 드러나지 않으며, 잘 가려진 차가 아니면 그 본체를 엿볼 수 없다."[20]라 한 것도 모두 이 때문이었다. 차를 체(體)라고 한다면 물은 용(用)이다. 차와 물을 체용의 관계로 보았기에, 물의 선택은 차의 선택 못지않게 중요하였다. 이를 염두에 두며 다음 자료를 보자.

(가) 산봉우리의 샘물은 맑고 가벼우며, 물 밑의 샘물은 맑지만 무겁다. 돌 틈의 샘물은 맑고 달며, 모래 사이의 샘물은 맑고 차며, 흙에서 솟은 샘물은 담담하고 희다. 누런 돌 틈을 흐르는 물은 좋고, 푸른 돌 틈을 흐르는 개펄 물은 전혀 쓸모가 없다. 흐르는 물이 고여 있는 물보다 좋으며, 그늘을 등지고 있는 물이 햇볕에 드러난 물보다 참되다. 참된 것은 원래 맛이 없고 참된 물은 향기가 없다.[21]

주(淸暑酒), 부의주(浮蟻酒), 청감주(淸甘酒), 포도주(葡萄酒), 백주(白酒), 일일주(一日酒), 삼일주(三日酒), 잡곡주(雜穀酒), 지주(地酒), 내국홍로주(內局紅露酒), 과하주(過夏酒), 밀주(蜜酒) 등이 더 소개되어 있다. 장계향의 『음식디미방』에도 순향주, 삼해주, 삼오주, 이화주, 점감청주, 감향주, 송화주, 죽엽주, 유화주, 향온주, 하절삼일주, 사시주, 소곡주, 일일주, 백화주, 동양주, 절주, 벽향주, 남성주, 녹파주, 칠일주, 두강주, 별주, 행화춘주, 하절주, 시급주, 과하주, 점주, 점감주, 하향주, 부의주, 약산주, 황금주, 오가피주, 차주, 소주, 밀소주 등 37종의 술빚기가 소개되어 있고, 같은 술일지라도 제조 방법을 달리하는 경우도 여럿 있다.

20 艸衣, 〈茶神傳·品泉〉, 『艸衣選集』, "茶者, 水之神, 水者, 茶之體. 非眞水, 莫顯其神, 非精多, 莫窺其體."

21 艸衣, 〈茶神傳·品泉〉, 『艸衣選集』, "山頂泉淸而輕, 水下泉淸而重, 石中泉淸而甘, 砂中泉淸而

(나) 물은 맑고[清] 가볍고[輕] 감미롭고[甘] 깨끗한 것[潔]을 좋게 여긴다. 가볍고 감미로운 것은 물의 본성이지만 그것을 얻기란 여간 어렵지 않다. 고인이 물을 품평하는데 중령(中泠)과 혜산(惠山)의 것을 으뜸으로 여기나 그 물은 쉽게 얻을 수가 없다. 그러므로 산천의 맑은 물을 취하면 된다. 그다음으로는 항상 긷는 우물물이 쓸 만하다. 만약 강하(江河)의 물이라면 물고기와 자라의 비린내가 나고 진흙탕에 고인 물은 비록 가볍고 달더라도 취하지 않는다.[22]

(가)는 초의선사가 〈다신전〉에서 언급한 '품수(品水)'의 일부이고, (나)는 송나라 조길(趙佶, 1082~1135)이 지은 〈대관다론(大觀茶論)〉[23] 가운데 '수(水)'에 대한 설명이다. 모두 차를 끓일 때 쓰는 물을 어떻게 취할 것인지를 언급한 것이다. 특히 조길은 차 끓이기 좋은 물을 청(清), 경(輕), 감(甘), 결(潔)로 요약했다. 청수(清水)는 무색투명한 물이며, 경수(輕水)는 다른 물질이 섞이지 않은 순수한 물이며, 감수(甘水)는 혀로 맛보았을 때 단맛이 날 듯 말 듯한 물이며, 결수(潔水)는 독성이 없는 위생적인 물이다. 그는 차를 끓일 때 물을 선택하는 것이 이처럼 까다롭다고 하였다. 다음 작품에서도 이러한 사정이 잘 나타난다.

(가) 相逢久面目　오래 알고 지낸 얼굴 서로들 만났나니
妙契透機關　묘하게 계합하여 속마음 꿰뚫어 보는 사이
三業水俱淨　삼업을 물처럼 모두 깨끗하게 하고

冽, 土中泉淡而白. 有於黃石爲佳, 瀉出青石無用, 流動者, 愈於安靜, 負陰者, 眞於陽, 眞原無味, 眞水無香."

22 趙佶, 〈水〉, 『大觀茶論』, "水以清輕甘潔爲美, 輕甘乃水之自然, 獨爲難得. 古人品水, 雖曰中泠·惠山爲上, 然人相去之遠近, 似不常得. 但當取山泉之清潔者. 其次, 則井水之常汲者爲可用. 若江河之水, 則魚鱉之腥, 泥濘之汙, 雖輕甘無取." 본문의 중령(中泠)과 혜산(惠山)은 물맛이 달기로 유명한 곳이다. 이 산은 각각 중국의 강소성(江蘇省) 진강현(鎭江縣)과 무석현(無錫縣)에 있다.

23 『대관다론』의 원명은 『다론(茶論)』이다. 차에 대한 전문 저술로, 1107년(북송 대관 1)에 책이 이루어졌기 때문에 『대관다론』이라 하였으며, 도합 20편으로 이루어져 있다.

一生雲與閑　일생을 구름 따라 한가히 보내신 분
泉甘宜煮茗　샘물은 달아서 차 끓이기 제격이요
日永好看山　낮 시간이 길어서 산 보기 좋아라
慙愧靈師語　영 스님에게 해 준 말 얼마나 부끄러운지
休官便此還　나는 벼슬 관두고 곧장 여기에 오고 싶은걸

— 이숭인, 〈제남악총선사방(題南嶽聽禪師房)〉[24]

(나) 宛宛春風動禁林　쌀쌀한 봄바람 금원(禁苑)에 부는데
篝燈墻北故人尋　궁장(宮墻) 북쪽 호롱불 아래 옛 친구 찾아왔네
百忙猶揀烹茶水　아무리 바빠도 차 끓일 물은 가렸고
一晤能捐買酒金　한번 만나매 술 살 돈 아끼지 않네
叱犉青田勞遠夢　콩밭에 송아지 쫓던 일 꿈결같이 어렴풋하고
聽鷄紫陌損初心　장안(長安) 거리에 새벽 닭 우니 흥취가 다했네
逢場却恨相知晚　만난 자리에서 늦게 사귄 것 한탄하여
讀盡新詩到夜深　새로운 시 읊어서 자정(子正)에 이르렀네

— 이덕무, 〈이사천좌상(李麝泉座上)……〉[25]

(가)는 이숭인이 남악의 총선사 방에서 쓴 것이다. 여기서 작자는 자연이 제공하는 맑음과 한가로움이 무엇보다 마음에 들었다. 이 때문에 한유(韓愈, 768~824)가 〈송영사(送靈師)〉에서 "지금 그대를 우리의 도로 끌어들여, 삭발한 머리에 선비의 관을 씌워주고 싶구려."[26]라고 했던 말을 떠올리며 후회한다고 했다. 환속하여 유가적 삶을 권한 것인데, 오히려 자신이 벼슬을 버리고 자연 속에 머물고 싶었던 것이

24　李崇仁, 〈題南嶽聽禪師房〉, 『陶隱集』 권2.
25　李德懋, 〈李麝泉座上, 逢李雪隱 小飮, 仍拈韻. 聞鷄而罷〉, 『青莊館全書』 권12.
26　韓愈, 〈送靈師〉, 『韓昌黎集』 권2, "方將斂之道, 且欲冠其顚."

다. 그리고 이러한 맑은 공간에서 그 지취를 극대화하는 데는 차가 필요하다고 생각했다. '샘물은 달아서 차 끓이기 제격'이라 한 것을 통해 이를 알 수 있다. 차를 끓이는 데 필요한 물을 '감(甘)'이라 하였으니, 차에 대한 물의 중요성을 거듭 확인하게 된다.

(나) 시는 이덕무가 이희경(李喜經, 1745~?)과 함께 있는 자리에서 이기헌(李基憲, 1763~?)을 만나 간소하게 주석(酒席)을 베풀고 시를 읊으며 즐기다가 닭 우는 소리를 듣고 파한 경험을 작품화한 것이다. 여기서 우리가 주목하고자 하는 것은 함련(頷聯)의 '아무리 바빠도 차 끓일 물은 가렸고'라는 구절이다. 차를 끓일 때 물을 가렸다는 말이다. 이는 물론 물에 따라 차맛이 달라진다는 생각에 기반한 것이다. 결국 음다(飮多)는 하나의 수도 과정이었던 것이다.

당나라의 육우(陸羽, 733~804)는 『다경(茶經)』을 지어 다수(茶水)를 22개 등급으로 나누어 물맛을 구분하였고, 장우신(張又新)도 〈전다수기(煎茶水記)〉를 지어 차를 끓이는 물에 대하여 품평하였다. 초의선사 역시 〈봉화산천도인사다지작(奉和山泉道人謝茶之作)〉에서 "물은 황하의 가장 위에 있는 원천을 찾았으며, 팔덕을 모두 갖추고 있어 매우 아름답다네. 깊은 곳에서 가볍고 부드러운 물을 길어다 한번 마셔 보니, 참되고 깨끗하며 조화로워 체(體)와 신(神)이 열리네."[27]라고 하였다. 모두 차와 물의 관계, 이에 따른 인식의 깊이를 설명한 것이라 하겠다.

음다 문화는 현대시에서도 계승되었다. 현대시의 한 갈래로 자리잡고 있다고 해도 과언이 아닐 터이다. 차를 애호하는 작가들은 대체로 불교와 친연성을 가지며, 다담(茶談)을 즐긴다. 차를 애호하는

27 艸衣, 〈奉和山泉道人謝茶之作〉, "水尋黃河最上源, 具含八德美更甚. 深及輕軟一試來, 眞精適和體神開."

사람들은 동호회를 결성하기도 하였는데, 한국차인회도 그 가운데 하나다. 이 단체에서는 1981년 5월 25일을 급기야 '한국 차의 날'로 제정하고, 1985년 3월 31일에는 한국차학회를 창립하였다. 이 과정에서 학회지도 내고, 다양한 다시(茶詩)를 창작했다. 이러한 움직임과는 별도로 차에 관심이 있는 시인들은 차시를 지었다. 다음 작품도 그 가운데 하나다.

> 멀리 해남 대흥사 한 스님이 등기로 부쳐온 햇차 한 봉지
> 물을 달여 햇차를 끓이다 생각한다
> 누가 나에게 이런 간곡한 사연을 들으라는 것인가
> 마르고 뒤틀린 찻잎들이 차나무의 햇잎들로 막 피어나는 것이었다
> 소곤거리면서 젖고 푸른 눈썹들을 보여주는 것이었다
>
> — 문태준, 〈햇차를 끓이다가〉[28]

이 시는 문태준의 〈햇차를 끓이다가〉 전문이다. 시인은 물을 달여 햇차를 끓이다 생각한다고 했다. 그것은 죽음과 재생에 관한 '간곡한 사연'이었다. 위 시에서는 '마르고 뒤틀린 찻잎'과 '햇잎들로 막 피어나는'이 서로 대조를 이루고 있다. 앞의 것이 죽음이라면 뒤의 것은 재생이다. 물 끓는 소리를 통해 간곡한 사연을 듣게 되었고, 물은 마침내 찻잎이 '젖고 푸른 눈썹'을 회복할 수 있게 했다. 신생(新生)의 새로운 생명을 부여한 것이다. '마르고 뒤틀린' 것은 얼핏 보아 죽은 것이지만 영원히 죽은 것은 아니고, '젖고 푸른 눈썹'으로 새롭게 태어난 찻잎도 영원히 사는 것은 아니다. 이러한 과정에서 물은 중요한 역할을 하게 되는데, 차맛을 내는 데 필요한 택수(擇水), 그 이상의 의

---

28 문태준, 〈햇차를 끓이다가〉, 『맨발』, 창비, 2013.

미를 지니고 있다. 재생이 바로 그것이다.

그렇다면, 술과 차의 관계는 어떠할까. 여기에 대한 생각을 일찍이 왕부(王敷)는 〈다주론(茶酒論)〉이라는 작품에 담았다. 이 글은 차와 술이 서로 다투자 물이 중재를 하는 내용이다. 즉, 차가 "만 가지 나무의 중심이며, 희기가 옥 같아 황금처럼 귀하다.[萬木之心, 白如玉 似黃金.]"라며 자신이 제일이라고 하자, 술은 "귀인들과 통하고 공경이 흠모하는 바[酒通貴人 公卿所慕]"라며 자신이 제일이라 했다. 이에 물이 인생의 사대(四大)는 '지수화풍(地水火風)'이니 "차가 물을 얻지 못하면 어찌 되겠으며, 술이 물을 얻지 못하면 어떤 모습일까?"라고 하면서 사이좋게 지내라고 했다.[29] 조선 후기의 문신 윤기(尹愭, 1741~1826)도 술과 차에 대하여 글을 쓴 적이 있는데 〈음설(飮說)〉이 그것이다. 그 일부는 이러하다.

> 늙은이가 된 지금도 술을 경계하는 마음이 있어 아무리 적은 양이라 해도 단숨에 들이켜지 않고 천천히 마시곤 한다. 사람들은 이런 나를 보고 비웃으며 묻는다. "술을 차처럼 마시면 무슨 맛이 있단 말이오?" 나는 이렇게 응수한다. "술은 차처럼 마셔야 비로소 단맛 속에 쓴맛이 있고 쓴맛 속에 단맛이 있어 형언할 수 없이 지극한 맛이 있음을 알 수 있지요. 샘물 맛을 구분했다는 육우(陸羽)와 장우신(張又新)도 이보다 더 섬세하게 맛보지는 못했을 게요. 술잔을 기울여 단번에 들이켜 버리면 어느 겨를에 섬세하게 술맛을 느낄 수 있겠소?" 마치 나는 남들이 모르는 음주의 오묘한 이치를 참으로 알고 있는 것처럼 말이다. 그러면 사람들은 더욱 비웃으며 억지라고 한다.[30]

29 王敷, 〈茶酒論〉 참조.

30 尹愭, 〈飮說〉, 『無名子集』 권3, "今老矣而猶常存戒心, 雖小許不敢一吸, 倒盃徐徐呷之. 人笑之曰, 飮酒如飮茶, 有甚滋味. 余應之曰, 飮酒如飮茶然後, 方知甘中有辛, 辛中有甘, 自然有不可

이 작품은 윤기가 술을 절제할 줄 몰랐던 어린 시절, 경전을 접하고서 술을 끊은 13세 이후, 의원의 권고로 술을 조금씩 마신 30세 이후를 먼저 서술한 다음, 자신의 남다른 음주법에 대하여 소개한 것이다. 술을 차처럼 천천히 마셔야 한다는 것이 그의 결론이다. 이를 통해 단맛 속에 쓴맛이 있고, 쓴맛 속에 단맛이 있다는 것을 알아 지극한 맛을 느낄 수 있다고 했다. 차를 통해 샘물의 맛을 구분한 육우나 장우신의 경우와 마찬가지로, 술 역시 천천히 마실 때 그 맛의 진가를 알 수 있다는 논리이다. 우리는 여기서 술과 차가 근원적으로 내포하고 있는 물맛이 술맛과 차맛을 결정한다는 것을 어렵지 않게 알게 된다.

물은 술과 차에 절대적인 영향을 미쳤다. 이 때문에 제조하는 사람들은 좋은 물을 선택하기 위해 무척 애썼고, 이에 대해 나름의 이론을 펼치기도 했다. 술과 차는 거의 물로 이루어져 있다는 점은 같지만, 술이 마시는 사람을 들뜨게 한다면, 차는 오히려 차분하게 한다. 이러한 차이점 때문에 문인들은 자신이 처한 사정에 따라 술을 마시기도 하고 차를 마시기도 했다. 고려후기의 대문호 이규보(李奎報, 1168~1241)가 시와 술, 거문고를 특별히 좋아하여 스스로 삼혹호(三酷好) 선생이라 하면서도 차에 관한 시를 다량 남길 수 있었던 이유도 바로 여기에 있다. 술과 차가 인간의 음식 문화 속에 깊숙이 들어와 있었기 때문이다.

形之至味, 雖陸羽, 張又新之能辨泉味, 未必過之, 若一傾而盡, 則何暇細嘗其味耶? 若吾眞知飮酒妙理, 他人不知也. 人益笑之以爲強辨."

2. 물과 종교 문화

물은 세계를 창조하기도 하고 파괴하기도 한다. 이러한 창조와 파괴는 인간으로 하여금 신성함과 두려움을 동시에 느끼게 한다. 신성함과 두려움은 종교성의 근원을 이룬다. 이뿐만 아니라 물은 거울처럼 맑아 사물을 비추는 역할을 하며, 오염된 사물을 깨끗하게 정화시키고, 세상에서 가장 낮은 곳으로 흘러드는 겸하성(謙下性)을 지니고 있다. 물의 이러한 요소에는 무한한 종교적 심상이 들어 있다. 물에 관한 종교 심상이 이러하므로, 다양한 종교 경전에서는 그들이 말하는 이치를 물에 비유하였고, 또한 물을 활용하여 실천하기도 했다.

용신앙(龍神仰) 등 전통 종교는 물론이고 중세의 유불선과 관련된 종교의식, 나아가 근세에 한국에서 만들어진 신종교(新宗教) '찬물교'와 '청수교(清水教)'에 이르기까지 물은 다양한 신앙의 대상으로 등장하였다. 그러하기에 물 자체가 공물(供物)이기도 했다. 신앙 대상에게 정화수(井華水)를 정성스럽게 떠올리는 공물이 바로 그것이다. 이것은 신앙적인 맑음과 정갈함을 강하게 함축한 중요한 종교적 행위라 할 수 있다. 정화수를 장독대에 올려놓고 좁게는 집안의 건강과 평화를, 넓게는 사회나 국가의 안녕을 빌었다.

용신앙과 물의 종교 심상

우리는 어떤 초월적인 힘을 믿고 의지함으로써 심리적 안정을 취하기도 하고, 나아가 절대자에 의지하여 건강한 삶을 유지하려 하기도 한다. 마음의 안정과 건강한 삶은 인간에게 있어 근본적인 문제이자 최종 목적이다. 이것을 해결하기 위해 성립된 것이 종교이다. 이 때문에 종교에서는 그 방법이 서로 다르기는 하지만, 인간의 심적 고뇌나 육체적 죽음을 절대자에 대한 믿음, 이에 따른 기도 내지 염원을 통해 해결하고자 한다. 물은 인간뿐만 아니라 우주 생명의 근원이라는 측면에서 종교적 알레고리로 사용되었다. 세척을 통한 정화와 약수를 통한 치유는 매우 중요한 종교 요소를 지니고 있기에 더욱 그러하였다. 우선 다음 자료를 보자.

> 이곳에서는 진귀한 향취와 진리의 맛으로 그 몸을 기르고 마음을 기르기 때문에 누구라도 배고프고 목마른 고통이 없다. 더욱이 이곳은 아름다운 숲과 향기로운 바람이 불어 항상 따뜻하고 서늘하기 때문에 본래부터 추운 겨울과 더운 여름의 고통이 없다. 또한 여래와 신선들이 함께 모여 팔덕연지(八德蓮池)에서 목욕을 하고 살기 때문에 달리 싫어할 계절은 영원히 없는 것이다. 팔덕연지는 팔 공덕수(功德水)로 〈칭찬정토경(稱讚淨土經)〉에 보면, 여덟 가지의 공덕을 갖춘 물의 못으로, 고요하고 깨끗하며, 차고 맑으며, 맛이 달고, 입에 부드러우며, 윤택하고, 편안하고 화평하며, 목마름 등의 한량없는 근심을 없애주며, 온몸을 건강하게 하는 것이다. 〈구사론(俱舍論)〉에는 이 팔덕연지의 물을 달고, 차며, 부드럽고, 가볍고, 깨끗하고, 냄새가 없고, 마실 때 목이 상하는 일이 없고, 마시고 나면 배탈이 나는 일이 없는 것이라 하였다.[31]

원효(元曉, 617~686)가 『유심안락도(遊心安樂道)』에서 극락을 묘사한 부분으로, 그는 팔덕연지의 팔 공덕수를 제시하면서 특히 물에 주목하고 있다. 〈칭찬정토경〉과 〈구사론〉에서 제시하는 것은 대동소이한데, 물이 깨끗하고, 차고, 맛이 달고, 부드럽고, 색깔이 윤택하고, 보

---

31 민주식, 「물의 표정: 미학의 과제로서의 물」, 『미학』 34, 한국미학회, 2003, 3쪽 재인용.

기에 편안하고, 냄새가 없고, 목마름 등 근심을 없애 주고, 온몸을 건강하게 하는 것 등이 그것이다. 깨끗하고, 부드럽고, 달아 시각적인 측면이나 촉각적인 측면, 그리고 미각적인 측면이 모두 만족스럽다는 것이다. 특히 근심을 없애 주는 데서 정화를, 몸을 건강하게 하는 데서 치유를 제공하는 공덕수이다.

동양 문화에 깊이 내재되어 있는 용신앙 역시 주목할 필요가 있다. 용은 권력, 벽사 혹은 길상, 수신(水神) 등을 상징한다. 특히 물을 지배하는 수신으로서의 용은 물과 관련한 독특한 용신앙을 만들어 낸다. 이 때문에 민간설화에서는 연못은 물론이고 개울이나 강하, 바다에서도 용이 등장하며, 또한 용이 구름을 몰고 다니며 비를 뿌리는 것으로 알려져 있다. 도화꽃이 필 무렵 황하의 잉어들이 거센 물살을 거슬러 올라가서 상류의 협곡에 있는 용문(龍門)으로 다투어 뛰어올라 용이 된다는 '어변성룡(魚變成龍)'이나 '등용문(登龍門)'과 같은 성어가 만들어지기도 했다.

용이 물을 관장한다고 생각하였으므로, 물 가운데서도 가장 좋은 물을 '용알'이라 하면서, 이를 뜨는 민속이 생겨나기도 했다. '용알뜨기'가 그것이다. 홍석모(洪錫模, 1781~1850)는 『동국세시기(東國歲時記)』에서 "황해도와 평안도 풍속에 용이 밤에 동네의 우물에 알을 낳고 기르는데, 보름 전날 밤 집집마다 부지런한 며느리들이 닭이 울 때를 기다려 바가지를 가지고 서로 앞을 다투어 가서 용의 알이 담긴 정화수를 길어 온다. 맨 먼저 긷는 사람이 그해의 농사를 제일 잘 짓는다."[32]라고 하였고, 최영년(崔永年, 1856~1935)의 『해동죽지(海東竹枝)』에서는, "옛 풍속에 정월 보름날 새벽에 정화수를 긷는데 물위에 방울

32 洪錫模(이석호 외 역), 『東國歲時記』, 대양서적, 1972, 59쪽.

거품이 있으면 이것을 용의 알이라 하고 이것을 보면 재수가 있다고 한다. 이것을 용의 알을 뜬다고 한다."[33]라고 하였다. 용알뜨기에 대하여 김려(金鑢, 1766~1822)는 다음과 같이 노래한 바 있다.

> 閭閻閣氏綠紬衣　여염집 각시들 초록 비단 입고
> 細語噥噥集竹扉　작은 말로 대사립에 모여 소곤거리는 말
> 約伴携甁溪上去　우리 함께 동무하여 물동이 이고 개울로 가서
> 手撈龍卵滿擎歸　용알을 가득 떠서 높이 들고 오자 하네
>
> — 김려, 〈상원이곡(上元俚曲)……〉[34]

김려가 정월 대보름의 풍속을 읊은 것이다. 그는 이 시의 소주(小註)에서, "이날 저녁 여자들은 동무들과 약속하면서 항아리를 들고 달을 담아 돌아오자고 하는데, 이를 노용란이라 한다."[35]라고 하였다. '노용란'을 최영년은 『해동죽지』에서 '급용란(汲龍卵)'이라 하였는데 같은 의미이다. 이 용알뜨기는 세시풍속 내지 민속종교로 다양하게 전해진다. 강원도 원성군 판부면 일론마을의 용알뜨기도 그 한 예다. 이 마을에서는 정월 열나흗날 밤을 새우고 대보름날 이른 아침에 우물로 가서 용알을 뜨는데, 용알을 가장 먼저 뜬 집에 행운이 온다고 하여 동네 아낙들은 밤을 새운다고 했다.[36] 용은 개울이나 연못에도 서려 있다고 믿었다. 유중교(柳重教, 1832~1893)는 〈용란동삼영(龍卵洞三詠)〉에서 이렇게 읊조렸다.

---

33 崔永年, 『海東竹枝』, 장학사, 1925, 532쪽.

34 金鑢, 〈上元俚曲, 斅李玄同體二十五首, 走筆簡雲樓兪子範〉, 『藫庭遺藁』 권2.

35 金鑢, 〈上元俚曲, 斅李玄同體二十五首, 走筆簡雲樓兪子範〉, 『藫庭遺藁』 권2, "是夕, 女子輩約伴提瓮汲月而歸, 名曰撈龍卵."

36 여기에 대해서는 김명자, 「세시풍속을 통해 본 물의 종교적 기능」, 『한국민속학』 49, 한국민속학회, 2009, 160쪽 참조.

水轉山廻闢洞天　산을 돌고 물을 돌면 별천지가 열리니
老龍偃蹇臥深淵　노룡이 편안하게 깊은 못에 누워 있네
一出騫騰定何日　한번 나와 높이 날아오를 날은 언제쯤일까
千家耒耜想望邊　모든 농가에서 쟁기를 들고 비를 기다리네

— 유중교, 〈용란동삼영(龍卵洞三詠)〉[37]

용란동은 경기도 가평군 옥계(玉溪)의 다른 이름이다. 일찍이 유중교는 이곳에 들러 계곡 입구에 있는 '탁영계(濯纓溪)'와 탁영계에서 수백 보를 거슬러 올라가면 나오는 '와룡연(臥龍淵)', 그리고 와룡연 위에 있는 폭포인 '옥류폭(玉流瀑)'에 대하여 7언절구 한 수씩을 지었다. 위의 시는 그 가운데 두 번째 시로, 와룡연을 노래한 것이다. 여기서 보듯이 유중교는 용란동 와룡연에 노룡이 편안하게 누워 있다고 하면서, 속히 날아올라 비를 뿌려 달라고 했다. 용이 비를 몰고 온다는 생각에 기반한 것임은 물론이다.

경남 양산시 원동면 낙동강 변에 가야진사(伽倻津祠)[38]가 있다. 이에 대하여 『경상도지리지』 「양산군」 조에 "군 서쪽의 가야진은 옥지연(玉池淵)이라고도 하는데, 용이 사는 곳으로 영락 신축년(세종 3)에 붉은 용이 나타났다. 나라에서 제사 지내는 곳이다."라고 하였으니 이 사당이 낙동강의 용신에게 제사 지내고 수운(水運)의 안전과 강의 범람을 막기 위하여 빌었던 곳임을 알 수 있다. 그리고 『삼국사기』 권32 「제사(祭祀)」 조에 따르면 대사(大祀)는 3산(山)에 있었고, 중사(中祀)는 5악(岳)·4진(鎭)·4해(海)·4독(瀆)에 있었다고 하는데, 이 가운데 가

37　柳重教, 〈龍卵洞三詠〉, 『省齋集』 권1.
38　경상남도 민속문화재 제7호(1983년 12월 20일 지정), 면적은 $1,000m^3$이며, 사당·삼문·재사·내삼문으로 구성되어 있다.

야진사는 4독에 해당한다.[39] 가야진사에는 다음과 같은 흥미로운 이야기가 전한다.

> 옛날 양주도독부에 있던 한 전령이 공문서를 갖고 대구로 가던 길에 이곳 산막에서 하룻밤을 묵어가게 되었다. 그런데 그날 밤 전령에게 용 한 마리가 나타났다. 용은 남편 되는 이가 첩만 사랑하고 자기는 사랑하지 않으니 첩 용을 죽여 원수를 갚아주면 꼭 은혜를 갚겠다면서 원수를 갚아 달라고 애원하였다. 전령은 용의 딱한 사정에 동정심이 생겨 그렇게 하겠다고 약속하였다. 그리고는 그 다음 날 용이 시키는 대로 칼을 빼들고 남편 용이 첩을 데리고 논다는 용소에 가서 바위 틈에 숨어서 용 두 마리가 나오기만을 기다렸다. 조금 있다가 갑자기 강물이 끓어오르면서 용 두 마리가 불쑥 솟아올라 오더니 서로 엉켜 희희낙락하기 시작했다. 이를 보고 겁에 질린 전령은 다급한 김에 앞뒤도 가릴 사이 없이 칼을 뽑아들고 그중 한 마리를 향해 내리쳤다. 그러나 공교롭게도 칼이 빗나가 숫룡을 죽이고 말았다. 남편 용의 죽음에 슬피 울던 용은 어쨌든 약속을 지켜야겠다는 생각에 그에 대한 보답으로 용궁을 구경시켜 주겠다는 제의를 했다. 전령은 입었던 갑옷과 칼, 투구를 벗어던지고 용의 등에 올라 물속으로 들어갔는데 그 후부터 용과 전령의 자취는 사라지고 말았다. 그런 일이 있고 난 후부터 이 마을에는 재앙이 그치지 않았다. 그러자 마을 사람들은 힘을 모아 용이 놀던 용소가 보이는 곳에 사당을 짓고 세 마리의 용과 전령의 넋을 위로했다. 그래서 지금까지 매년 봄 가을 두 번에 걸쳐 돼지를 잡아서 용소에 던지

39 신라에서 3산을 국가적 차원에서 숭배하고 제사한 것은, 이들이 왕도 주변의 산이라는 점으로 미루어 볼 때 늦어도 고대국가부터였다고 추정할 수 있다. 삼국통일 후 당시 신앙의 대상이 되고 있던 상당수의 명산대천이 신라의 영토로 편입됨에 따라 신라는 이들까지 포함하여 국가 제사의 대상을 대사(大祀), 중사(中祀), 소사(小祀)로 구분하는 등 사전(祀典)을 확대 재정비하였는데, 3산은 이러한 과정에서 대사에 편입된다. 여기에 대해서는 문경현, 「신라국 형성과정의 연구」(『신라사 연구』, 경북대학교출판부, 1983)를 참고할 수 있다.

며 제사를 지내오고 있다.[40]

이 이야기는 용 겨루기 설화의 변형이라 할 수 있다.[41] 여기에는 사람과 신물의 관계에서 사람이 신물을 제압하고 도와줄 수 있다는 것이 나타나 있다. 인간이 신물에게 도움을 줄 수 있다고 하면서 그 능력을 극대화하고, 신물들끼리의 불신과 그 싸움에 끼어들었다는 점에서 신물과 인간이 밀접한 관계에 있음을 보인 것이다. 이 이야기는 인간과 용을 동일 선상에 두어 용에 대한 신성성이 현격히 약화되었다. 그러나 돼지를 잡아서 용소에 던지며 용을 먹이던 것은 벽사진경(辟邪進慶)의 논리에 따라 마을의 안녕을 빌기 위한 것이다. 따라서 민간신앙의 측면에서 이 설화를 해석할 수 있다.

물은 투명성을 지니고 있어 오염된 것을 세척해 준다. 정화수가 정화력을 발휘하는 물이라 볼 때, 여기서 가장 중요한 것이 바로 물의 세척성이다. 일상생활 속에서 이루어지는 세수(洗手), 세안(洗顔), 세탁(洗濯), 세정(洗淨) 등은 모두 여기에 근거한 것이며, 이것이 욕심으로 혼탁해진 마음을 씻어 내는 세심(洗心)이라는 추상적 영역으로 확장되기도 한다. 물 자체가 지닌 맑음으로 인해 환경이나 사물 등에 오염된 것을 세척하고, 이를 통해 마음을 정화한다는 것이다. 바로 이러한 점 때문에 기독교 신앙에서 볼 수 있듯이 세례나 영세의식이 생성될 수 있었다.

물의 투명성에 기반한 세척성은 다양한 곳에 응용된다. 예컨대, 유교의 서원 향사례에서 알묘례(謁廟禮)를 올릴 때 '관수세수(盥手洗手)'

40 정우락, 『양산고을 문화사랑』, 도서출판 대명, 2002, 139~140쪽 재인용.

41 『용비어천가』 제22장에서 "赤帝 일어나실쌔 한 칼에 죽으니 火德之王을 神婆가 아뢰니, 黑龍이 한 살에 죽어 白龍을 살려내시니 子孫之慶을 神物이 아뢰니"라고 한 것이 그 한 예이다.

를 하거나, 불교의 관불(灌佛) 혹은 관정(灌頂) 의식을 할 때 더러운 생각을 없애 달라며 게송을 외우거나, 무속에서 굿을 시작하기 전에 바가지에 물을 담아 굿당을 돌며 뿌리는 행위 등이 모두 그러한 것이다. 물 자체의 맑음으로 인해, 그것에는 주변의 환경이나 사람 혹은 물건 등의 부정을 물리치거나 막는 힘이 있다고 믿었던 것이다. 이 때문에 '씻김굿' 같은 것은 그 자체가 정화의 표현이기도 하다. 이를 염두에 두면서 불교의 종교의식에서 시행하는 사방찬(四方讚)의 경우를 들어 보자.

> 一灑東方潔道場 첫 번째 물을 동쪽으로 뿌려 도량을 맑게 하고
> 二灑南方得淸凉 두 번째 물을 남쪽으로 뿌려 시원함을 얻는다네
> 三灑西方俱淨土 세 번째 물을 서쪽으로 뿌려 정토를 구족하고
> 四灑北方永安康 네 번째 물을 북쪽으로 뿌려 영원한 편안함을 얻는다네
>
> —『천수경(千手經)』, 〈사방찬(四方讚)〉[42]

『천수경』에 포함되어 있는 〈사방찬〉이다. 동서남북 사방으로 물을 뿌리면 도량이 맑아지고, 시원함을 얻으며, 정토를 두루 갖추고, 평안함을 얻는다고 찬양하였다. 이는 사방을 깨끗하게 하는 정화의식이다. 부처님을 예경하고 찬탄하는 의례에서 가장 먼저 행하는 의식은 도량을 맑게 하는 일일 터인데, 〈사방찬〉은 도량을 깨끗이 하여 불법이 성스럽게 머무는 영역임을 물을 뿌려 선포하는 것이다. 그러므로 승려들은 새벽 3시에 일어나 법당 다기에 물을 떠서 올리고 도량석(道場釋)을 한 다음 청정수를 뿌리며 이 〈사방찬〉을 독송한다.

42 『불교상용의례집』, 대한불교조계종교육원, 2013.

정화에 대한 종교적 행위로는 계욕(禊浴) 혹은 불탁(祓濯)이 대표적이다. 여기서의 '계'는 푸닥거리나 제사를 뜻하는 말로 불계(祓禊)라고도 하는데, '불'은 재앙이나 악귀를 쫓아 깨끗하고 맑게 한다는 뜻을 가지고 있다. 이에 대하여 『삼국유사』「가락국기」에는 수로왕의 탄생과 관련하여, "후한 세조 광무제 건무 18년 임인 3월 계욕일에 그들이 살고 있는 북쪽의 구지에서 이상한 소리로 부르는 기척이 있어 2, 3백 명의 무리들이 여기에 모였더니 사람의 목소리 같은 것이 들렸다."[43]라고 기록하고 있다. 여기서의 '계욕'은 사제자(司祭者)가 하천의 물로 몸을 정결히 하여 신에게 제사를 드리는 것을 의미한다. 이와 같은 정화는 민속행사 가운데 답청과 함께 치르던 욕기(浴沂), 유두(流頭) 등에서도 두루 나타난다.

정화는 단순히 몸과 마음을 깨끗하게 하는 것에서 한발 더 나아가 완전한 차원 변화를 가져오기도 한다. 이와 관련한 대표적인 이야기가 『삼국유사』 권3「탑상(塔像)」 제4에 나오는 백월산의 두 성인 노힐부득(努肹夫得)과 달달박박(怛怛朴朴)에 관한 것이다.[44] 백월산은 신라 구사군(仇史郡) 북쪽에 있는데, 이 산의 동남쪽 선천촌(仙川村)에 두 사람이 살고 있었다. 한 사람은 노힐부득이고 다른 사람은 달달박박이다. 이들은 모두 풍채와 골격이 범상치 않았고 속세를 떠날 마음이 있어 서로 좋은 친구가 되었다. 20세가 되자 마을 동북쪽 고개 밖에 있는 법적방(法積房)에 가서 머리를 깎고 중이 되었는데, 부득은 미륵불을 성심껏 구했고 박박은 아미타불을 경례하고 염송했다.

---

43 一然, 〈駕洛國記〉, 『三國遺事』 권2, "屬後漢世祖光武帝建武十八年壬寅三月禊洛[浴]之日, 所居北龜旨, 有殊常聲氣呼喚, 衆庶二三百人集會於此, 有如人音."

44 이에 대한 이야기는 정우락, 『삼국유사 원시와 문명 사이』(글누림, 2012, 92~97쪽)에서 다루었다.

이후의 이야기를 요약해 제시하면 다음과 같다.

> 노힐부득과 달달박박이 수도한 지 3년이 조금 안 된 어느 날, 해가 저물어 가는데 나이가 20에 가깝고 얼굴이 매우 아름다운 한 낭자가 난초의 향기를 풍기면서 박박에게 찾아와 자고 가기를 청했다. 이에 박박은 절은 깨끗하여 그대가 올 곳이 아니라면서 내쫓았다. 박박에게 쫓겨난 낭자는 부득을 찾아갔다. 이에 부득은 절은 여자가 있을 곳이 아니나 깊은 산골짜기에 날이 어두웠으니 어쩔 수 없다면서 묵어가게 했다. 밤이 새려 할 때 낭자는 부득을 불러 산고(産故)가 있으니 짚자리를 마련해 달라고 했다. 부득은 측은하게 여겨 그렇게 했다. 낭자가 해산을 끝내고 목욕하기를 청하기에 부득이 목욕통을 준비하여 목욕을 시켜 주었다. 그때 부득은 목욕통에서 향기가 강하게 풍기면서 물이 금빛으로 변하는 것을 보고 놀란다. 이에 낭자는 부득에게도 목욕을 권하였고, 또 옆에 나타난 연대(蓮臺)에 오르게 했다. 그 낭자는 성도를 위해 온 관세음보살이라 말하고는 사라졌다.
>
> 한편, 박박이 오늘 밤에 부득이 틀림없이 계를 더럽혔을 것이라 생각하고 부득이 있는 곳으로 달려갔다. 그러나 부득은 연화대에 앉아 미륵본상이 되어 광명을 내뿜고 있었는데 그 몸이 금빛으로 변해 있었다. 박박은 자기도 모르게 머리를 조아려 절을 하니 부득이 그 까닭을 자세히 말해 주었다. 박박 역시 부득의 도움으로 무량수(無量壽)를 이루게 되었다. 그러나 박박의 몸에는 얼룩이 남아 있었다. 부득이 목욕한 물로 목욕을 했기에 목욕통의 물이 조금 모자라 몸 전체에 바를 수 없었기 때문이었다.[45]

45 一然, 〈南白月二聖 努肹夫得 怛怛朴朴〉, 『三國遺事』 권3 참조.

아기를 안고 있는 관세음보살상(백월산 소재)

부득과 박박은 지향점이 같았으므로 좋은 친구가 될 수 있었다. 그러나 이들에게는 다른 점이 있었다. 부득은 소탈하면서도 관용적이었고, 박박은 엄격하면서도 자신에게 철저했다. '이타(利他)'와 '자리(自利)'가 이렇게 다르게 나타난 것이었다. 여기서 우리가 주목하고자 하는 것은 목욕과 그 효과이다. 관세음보살의 현신인 낭자가 노힐부득에게 향기 나는 금빛 목욕물에 목욕하기를 권하매 부득은 낭자가 시키는 대로 했다. 그러자 그는 '현신성도미륵불(現身成道彌勒佛)'이 되었고, 뒤늦게 온 그의 친구 달달박박도 남은 물에 목욕을 하여 '현신성도무량수불(現身成道無量壽佛)'이 되었다. 목욕 이후 이들이 차원 변화를 일으켜 완전한 깨달음을 획득하게 된 것이다.

물 가운데 약수는 치유의 기능을 한다. 이 때문에 우리나라에는 수많은 약수 설화가 생성될 수 있었다. 약수가 질병을 고쳐 주는 영약으로 인식되면서 조선조의 왕들과 관련된 설화도 여럿 만들어졌다. 예컨대, 『동국여지승람(東國輿地勝覽)』 「청주목(淸州牧)」 조에 초정약수를 소개하면서, "초정약수는 주의 동쪽 39리에 있는데, 그 맛이 후추와 같으면서도 차고, 그 물에 목욕을 하면 병이 낫는다. 세종과 세조가 일찍이 여기에 행차한 바가 있다."[46]라고 한 데서도 확인할 수 있다. 약수의 치유 기능으로 인해 약수 자체가 제사의 대상이 되기도 한다. 약수제(藥水祭)가 바로 그것이다.[47] 이 약수제가 약수를 관할한다고 믿어지는 산신과 용신에게로 확대되어 가는 과정도 발견되는데, 신성한 약수는 신성한 존재에 의해 관리된다는 믿음 때문으로 보인다.

최영년은 『해동죽지』에서 복날의 물맞이는 건강을 지켜 준다고 했다. "옛 풍속에 6월 복날 부녀자들이 약수에 머리를 감았다. 예전에는 옥류동으로 갔지만 근래에는 정릉으로 갔다. 풍이 없어지고 부스럼이 낫는다고 하여 해마다 행하는 것이 관례가 되었으니 이를 '물맞는다'고 한다."[48]라고 하여, 약수와 건강의 관계가 긴밀하였음을 민속적 차원에서 말했다. 약수 설화는 전국적으로 광포해 있다. 『동국여지승람』을 검색해 보면, '약수(藥水)', '약수향(藥水鄕)', '약수역(藥水驛)', '약수동(藥水洞)', '약수산(藥水山)', '약수암(藥水巖)', '약수리(藥水里)' 등 매우 다양한 지명이 등장한다. 이러한 지명들에는 모두 효험 있는 약수와 관련된 이야기가 전한다. 『성산지(星山誌)』에 전하는 다음 이야기도 그 가운데 하나다.

46 『東國輿地勝覽』 「淸州牧」 조, "椒水在州東三十九里, 其味如椒而冷, 浴則已疾, 我世宗世祖嘗幸于此."

47 약수제에 대해서는 김의숙, 「강원지역의 약수신앙와 설화 연구」, 『강원민속학』 10, 강원도민속학회, 1994, 6~12쪽 참조.

48 국립민속박물관 편, 『조선시대세시기』 I, 국립민속박물관, 2010, 344쪽.

영축산(靈畜山)이 고을 동쪽 10리에 있다. 현령산(懸鈴山)에서 동으로 30리를 뻗어 가서 이천(伊川)의 상류에 우뚝 솟아 있다. 그 정상에 수십 장(丈)의 층을 이룬 바위가 있고, 바위 아래에 유명한 샘이 있다. 신라 애장왕(哀莊王)의 세자가 눈이 보이지 않게 되었는데 꿈속의 계시에 따라 이 샘을 찾아 씻었더니 나았다는 이야기가 전해 온다. 이진상(李震相)의 시가 있다.[49]

鈴南秀色向東迤　현령산 빼어난 빛이 동으로 뻗어
峭拔靈山畜氣多　우뚝 솟은 영산에 기운이 쌓였구나
石底神泉云洗瞙　돌 아래 신기한 샘에 흐린 눈을 씻었더니
羅時異蹟至今詑　신라 때 그 기적을 지금까지 자랑하네

— 이진상, 〈산거사경(山居寫景)·영축산(靈畜山)〉[50]

경북 성주군 월항면 한개마을 뒤 영축산에 있는 감응암(感應庵)의 약수와 관련한 전설이다. 신라 애장왕의 세자가 감응암 약수로 눈을 씻고 눈병이 나았다는 것이다.[51] 약수의 효험을 극대화한 것이다. 『성산지』에서 "마을 뒤에 영축산(靈畜山)이 있고 산 정상에 감응암(感應菴)이 있다. 암자 뒤 석벽 사이에 옥류정(玉流井)이 있는데, 물이 돌 틈으로 흘러나와 마시면 달고 차다."[52]라며 약수를 소개하기도 했다. 더욱이 한말의 지식인 장복추(張福樞, 1815~1900)는 여기서 독서하면서,

---

49 『星山誌』 권2, 「古蹟」.
50 李震相, 〈山居寫景·靈畜山〉, 『寒洲集』 권3.
51 구비설화에서는 다음과 같은 이야기도 전한다. "애장왕이 늦게 낳은 왕자가 있었는데, 왕자는 날 때부터 눈이 나빠 앞을 볼 수 없었다. 온갖 약을 다 써 보았으나 소용이 없자 왕비는 명산을 찾아다니며 기도를 하였다. 그러던 어느 날 한 도인이 꿈에 나타나 말하기를, '내일 아침 문 앞에 독수리가 나타날 것이다. 그 독수리를 따라가면 약수가 있는 곳에 이른다. 그 약수로 눈을 씻고 약수를 마시면 눈병이 나을 것이다.'라고 하였다. 다음 날 도인의 말대로 독수리를 따라가니 과연 약수가 있었고 약수로 왕자의 눈을 씻고 마시게 하였더니 눈병이 나았다. 애장왕은 이를 부처의 은덕으로 여겨 약수 앞에 사찰을 세우고 감은사(感恩寺)라 하였다."
52 『星山誌』 권1, 「面洞·月恒面」, "村後有靈畜山, 山頂有感應菴, 菴後石壁間, 有玉流井, 水出石間, 飮輒甘洌.

"바위 아래 맑은 샘이 한 줄기 통하니, 어느 해에 이 산 가운데에 만들어졌던고? 밤낮으로 쉼이 없이 콸콸 흐르니, 우리들에게 참공부를 징험케 하네."[53]라는 시를 짓기도 했다.

약수 설화 가운데 대표적인 것은 바리공주와 관련된 설화이다. 이것은 죽은 사람의 혼령을 저승으로 보내기 위해 베풀어지는 사령제 무의에서 구연되며, 지노귀굿, 오구굿을 통해 전승된다. 구연의 내용 가운데 저승의 약수가 등장하는데, 이것은 약수가 종교 문화 속에 깊이 들어와 있다는 것을 의미한다. 특히 약수로 죽은 사람을 살려낸다는 측면에서 바리공주는 무당의 기능 중 특히 치병(治病) 방면에서 주목되는 인물이다. 전승 지역에 따라 서사가 조금씩 다르기는 하나 바리공주 설화의 대체적인 내용은 다음과 같다.

① 옛날 어떤 국왕 부부가 딸만 일곱을 낳게 되어, 일곱째 딸을 내다 버린다.
② 버려진 바리공주는 천우신조로 양육자의 손에 맡겨 길러진다.
③ 이후 국왕이 병에 걸리고, 치병을 위해 신이한 약수가 필요하게 된다.
④ 만조백관과 여섯 딸은 모두 약수 구하는 것을 거절하고, 버림받은 막내딸이 찾아와 약수를 찾아 떠난다.
⑤ 바리공주는 약수 관리자가 제시하는 고된 일을 하고, 그와 혼인하여 아들까지 낳은 뒤 겨우 약수를 얻어서 돌아온다.
⑥ 바리공주가 돌아왔을 때는 국왕이 이미 죽은 뒤나, 약수를 통해 국왕을 살려 낸다.
⑦ 바리공주는 마침내 저승을 관장하는 신이 된다.

53 張福樞, 〈與李稺凝, 汝雷, 鄭晉叔, 讀書感應庵, 拈韻, 賦巖下泉〉, 『四未軒集』 권1, "巖下淸泉一脈通, 何年鑿得此山中. 日夜無停流活活, 要令吾輩驗眞工."

바리공주 설화는 매우 다양하여 현재 47편이 전해진다. 서울 7편, 경기도 6편, 충청도 2편, 강원도 5편, 전라도 14편, 경상도 6편, 북한 지역 2편, 필사본 5편 등 제주도를 제외한 전국에서 전승되고 있다.[54] 이들 이야기의 핵심은 버려진 딸이 결국 저승에서 생명의 약수를 구해 아버지(오구대왕)의 병을 치유하고, 그 공으로 저승의 신이 되었다는 것이다. 이때 등장하는 약수는 인간을 죽음으로부터 구제하는 생명수다. 이로 볼 때 바리공주 설화는 생명수를 중심으로 부모에 대한 효도에서 국왕에 대한 충성, 인류의 치병으로 그 범위가 확대되어 간다는 것을 알 수 있다. 물이 지닌 확장적 의미를 이해하게 되는데, 그것은 저승이라는 공간까지 그 영역이 확장된다는 것을 말한다.

물의 의미는 종교 문화 깊숙이 들어와 있다. 아예 물 자체가 신앙의 대상이 되기도 한다. 1930년대 말 경상남도와 부산 일대를 중심으로 성립된 찬물교가 대표적이다.[55] 물은 본질적으로 생명의 근원이며, 도덕의 원리로 여겨진다. 이 종교에서 특히 강조하는 것은 인간의 윤리 도덕을 이행하게 하여 덕성을 기르는 양생(養生)과 명덕(明德)이며, 양생과 명덕은 진심(盡心)과 지성(至誠)에 있다고 했다. 유불선 3교의 혼합 형태로 이루어진 이 종교는, 찬물을 떠 놓고 주문을 외우며 수련을 통해 병을 고치는 것을 핵심 교리로 한다. 찬물교 신자들은 신앙의 대상이 물법이기 때문에 이를 깨달아 인간 병고의 원인이라 할 수 있는 허욕과 악심으로 인한 심화(心火)를 없애야 하며, 이를 위해서는 청정한 찬물을 쓰는 것이 좋다고 말한다.[56]

---

54 홍태환, 『서사무가 〈바리공주〉 연구』, 민속원, 1998, 22~28쪽 참조.

55 찬물교는 1930년대 말 김봉남에 의해 창시되었고, 청수교[自我道] 역시 같은 계열로, 1950년 안두승에 의해 창시되었다.

56 물은 간혹 주술과 결합되기도 한다. 후한 말기 장각(張角)이 태평도(太平道)를 만들고, 병을 치료한다면서 주술을 가한 부적을 태운 물인 주부수(呪符水)를 마시게 한 것 등이 그것이다.

물은 그 본질을 맑음에 두고 있다. 거기서 출발하여 신앙적인 맑음과 정화로 이어지며, 치병의 효과까지 있다고 믿었다. 즉, 치심(治心)과 치병(治病)이 모두 물로 가능하며, 이를 통해 종교 문화가 형성되고 성장할 수 있었다. 그 본질적인 의미가 생명에 있으므로 자연스럽게 용신앙과도 결부될 수 있었다. 민속 문화 가운데 물 중에서도 가장 신성하고 좋은 물로 알려진 '용알'과 그것 뜨기가 정월 대보름 전날 밤에 시행되었던 것도 같은 이유에서다. 사정이 이러하므로 거의 모든 종교에서는 정화의 차원에서 물을 중시했고, 찬물교와 같은 종교도 생겨날 수 있었다. 이 종교에서는 청정한 물이 마음에서 일어난 불을 제거하고 이로 인해 건강한 몸을 유지할 수 있다는 믿음을 가졌다.

비를 기다리며

절대자인 하늘의 힘을 통해 인간의 고민을 해결하며 행복을 추구하려는 문화 체계가 종교라고 한다면, 기우제는 매우 중요한 종교 행위 가운데 하나다. 바로 이러한 측면에서 기우제를 주목할 만하다. 농경 사회에서 가뭄은 커다란 재앙이 아닐 수 없었다. 일찍이 중국 상(商)나라의 탕(湯)임금은 천하에 큰 가뭄이 들면, 상림(桑林)의 들에서 기도하며 스스로를 질책하였다고 한다. "정사에 절도가 없고 백성들을 지나치게 부역시켰는가? 어찌하여 비가 오지 않음이 이 지경에 이르렀는고. 궁궐을 크게 짓고 궁녀들의 청탁이 성행하였는가? 어찌하여 비가 오지 않음이 이 지경에 이르렀는고. 뇌물이 자행하고 참소하는 자들의 중상모략이 많은가? 어찌하여 비가 오지 않음이 이 지경에 이르렀는고."[57]라며 자책한 것은 이 때문이었다. 가뭄이 군주

57 『荀子』, 「大略」 27, "政不節與, 使民疾與, 何以不雨至斯極也? 宮室崇與, 婦謁盛與, 何以不雨

의 실덕(失德)과 관련이 있다고 믿었다.

> 정관 2년에 관중 지방에 가뭄이 들어 대기근이 발생하자 태종이 좌우의 신하들에게 말했다. "비와 가뭄이 고르지 못한 것은 모두 군주가 덕을 잃었기 때문이다. 짐이 덕을 닦지 않아 하늘이 마땅히 짐을 책망한 것인데, 백성이 무슨 죄가 있어 곤란과 궁핍을 많이 겪어야 하는가? 듣건대, 아들과 딸을 파는 자도 있다고 하니, 짐이 참으로 불쌍히 여기노라. 이에 어사대부(御史大夫) 두엄(杜淹)을 보내 가뭄의 피해가 심한 곳을 다니며 살피게 하고, 궁궐의 창고에서 금과 보배를 내어 그 속전을 갚아 그들의 부모에게 돌아가도록 하라."라고 했다.[58]

『정관정요(貞觀政要)』의 기록 중 일부이다. 628년(정관 2) 당나라 태종은 장안을 중심으로 한 관중 지역에 가뭄이 들자 이것을 군주의 실덕으로 보고, "짐이 덕을 닦지 않아 하늘이 마땅히 짐을 책망한 것인데, 백성이 무슨 죄가 있어 곤란과 궁핍을 많이 겪어야 하는가."라고 하였다. 이러한 생각은 한자 문명권에서 오랫동안 내려오던 전통이었으므로, 당 태종이 이렇게 말할 수 있었을 것이다. 기우제에 대한 기록은 『조선왕조실록』 1394년(태조 3) 5월 6일, "한재(旱災) 때문에 종묘(宗廟)와 사직(社稷)에 비 오기를 빌었다."라는 기사에서 시작하여 수없이 등장한다. 여기서도 한재가 군주의 실덕에서 연유한 것으로 보고, 태조가 자신을 책망하며 비를 내려 백성들에게 은택 주기를 하늘에 빌었던 것이다. 그 한 예를 들어보면 다음과 같다.

至斯極也? 苞苴行與, 讒夫興與, 何以不雨至斯極也?"

58 『貞觀政要』 권6, 「論仁惻」 20, "貞觀二年. 關中旱, 大饑, 太宗謂侍臣曰, 水旱不調, 皆爲人君失德, 朕德之不修, 天當責朕, 百姓何罪, 而多遭困窮? 聞有鬻男女者, 朕甚愍焉. 乃遣御史大夫杜淹巡檢, 出御府金寶贖之, 還其父母."

내 조그만 몸으로 만민의 위에 군림하였음도 실로 하느님의 보우함에 힘입은 것이라, 모든 일을 시행하는 데에 항상 하늘의 뜻에 어김이 있을까 염려되오며, 혹시나 재앙의 변고가 있게 되면 문득 걱정이 되어 꾸지람을 받들려고 밤낮으로 근심하고 경계하기로 함이 또한 여러 해라. 지금 한창 농사철을 당하여 심한 한재를 만나니, 두렵고 당황하여 어떻게 해야 할지를 몰라 몸소 반성하고 스스로 책망하건대, 형벌이 적중하지 않아서 백성이 무고히 죄에 빠졌음인가, 등용과 조치가 합당하지 못하여서 충성스런 사람과 간사한 자가 조정에 섞였음인가, 아랫사람이 실정을 통하지 못하면 원통하고 억울함을 펼 수가 없을 것이며, 과세와 부역이 고르지 못하면 홀로된 남녀들이 고통을 입을 것인데, 이런 몇 가지 일을 비록 주관하는 자가 있다 하더라도 그 근본은 나 하나의 마음에 달린 것이니, 어찌 감히 스스로 하늘의 뜻을 능히 받들어 잘못한 일이 없다 하리오. 지금 만난 한재는 실로 자업자득(自業自得)이니 다른 누구를 원망하리오. 생각하건대, 순박한 일반 백성으로부터 미미한 초목에 이르기까지 다 바싹바싹 마르게 되었으니 이 어찌 내 마음으로서 차마 볼 수 있으며, 또 천심인들 어찌 편하리오. 이에 소박한 예의를 갖추어 신령한 하감을 더럽히오니, 바라건대 하느님께서는 나의 깊은 정성을 살피시며 이 고충의 하소연을 들으시어 특히 불쌍히 여기시와 잘못된 허물을 용서하고 줄기찬 비를 내려, 억조 인민과 대소 중생으로 하여금 다 흐뭇한 혜택을 입어 각각 그 생을 이루게 하여 주시기를 간절히 원하나이다.[59]

---

59 『세종실록』 세종 7년(1425) 7월 5일(임신), "予以眇然之身, 君臨億兆之上, 實惟昊天上帝之保佑是賴. 凡所施爲, 常恐獲戾于帝心, 苟有災異之變, 惕然不寧, 以承譴告, 夙夜寅畏, 蓋亦有年. 今値盛農之月, 乃遭旱災之甚, 慄慄危懼, 罔知所爲, 反躬自責以爲, 刑罰失中, 而無故陷於罪歟? 擧措失當, 而忠邪混於朝耶? 下情未達則寃抑莫之伸, 賦役不均則鰥寡受其弊矣. 此數者, 雖皆有主者, 然其本則係乎予之一心, 安敢自以爲克享天心而無所失歟? 今之遇災, 實所自取, 又誰怨哉? 第念夫無知億兆之衆, 以至草木之微, 咸受憔悴, 此豈予心之所忍視? 亦豈天心之所安? 玆陳薄禮, 仰瀆高明之鑑, 欽惟昊天上帝, 諒予深誠, 聽予苦辭, 特賜矜憐, 赦宥過咎, 霈然下雨, 俾億兆生靈飛潛巨細, 咸蒙潤澤, 各遂其生, 不勝至願."

1425년(세종 7) 7월 7일 세종은 비가 내리지 않자 기우제를 지냈다. 앞의 자료는 당시 읽었던 제문의 일부이다. 그는 먼저 하늘을 만물의 어버이로 보고, 군주인 자신의 부덕으로 하늘이 비를 내리지 않는다고 하면서, 속히 비를 내려 순박한 백성들을 구제해 달라고 간절하게 빌었다. 이 과정에서 정치에 대한 구체적인 반성도 하였다. 적중하지 않은 형벌은 없었던가, 합당하지 못한 인사는 없었던가, 언로가 막혀 억울함을 호소하지 못한 백성은 없었던가, 과세와 부역이 고르지 못한 점은 없었던가 하는 것 등이 그것이다. 이처럼 가뭄이 들면 군주는 하늘이 노여워하여 한해(旱害)를 주는 것이라 여기고 스스로를 질책하였던 것이다.

한해에 대한 군주의 근심은 태종우(太宗雨) 설화를 탄생시켰다. 고상안(高尙顔, 1553~1623)은 「효빈잡기(效顰雜記)」에서 '태종우'라는 제하에 비의 유래를 적은 후, "올해는 근래에 유례없는 극심한 가뭄으로 내와 샘이 마르고 구름과 무지개조차 아득히 사라져 보이지 않았는데 이날 큰비가 내렸다. 이는 하늘에 계신 태종의 영혼이 지금까지도 여전히 상제를 감동시켜, 그 은택이 만세토록 이어지는 것이니, 아아! 잊을 수 없도다."[60]라고 말한 바 있다. 그렇다면 태종우란 무엇인가. 이에 대해서는 이유원(李裕元, 1814~1888)의 『임하필기(林下筆記)』에 더욱 자세하게 나와 있다. 한번 들어 보자.

> 5월 10일은 태종(太宗)의 기신(忌辰)이다. 태종이 만년에 노쇠하여 앞날이 얼마 남지 않았을 무렵에 날씨가 오래 가물어서 내외의 거의 모든 산천에 두루 기우제를 올릴 정도였다. 상이 이를 근심하여 이르기를, "날씨

---

60 高尙顔, 〈太宗雨〉, 『泰村集』 권4, 「效顰雜記」 下, "今年苦旱, 近古所無, 川渴井涸, 望絶雲霓, 而是日大雨, 此乃先王在天之靈, 至今猶格于上帝也. 澤流萬世, 於戲不忘也."

가 이와 같이 가무니 백성들이 장차 어떻게 산단 말인가. 내가 마땅히 하늘에 올라가서 이를 고하여 즉시 단비를 내리게 하겠다."라고 하였는데, 과연 이튿날 상이 승하하고 이어서 경기 일원에 큰비가 와서 마침내 풍년이 들었다. 이후로 매년 이날에 비가 오지 않은 적이 없었으므로 사람들이 이를 일러 태종우라고 하였다.[61]

매년 음력 5월 10일경에 내리는 비에 대한 유래를 설명한 것이다. 같은 이야기가 『동국세시기』 등에도 전하는데, 여기서 말하고자 하는 취지는 태종의 애민정신이다. 아마도 그가 고려 말 이래 파괴된 벽골제를 보수하는 등 수리 사업에 전념했던 사실, 음력 5~6월에 벼농사를 짓는 데 있어 비가 절대적으로 요구되는 현실 등이 자연스럽게 맞물리면서 이러한 이야기가 생성될 수 있었을 것이다. 태종우 설화는 조선조 선비들 사이에서도 널리 알려진 이야기다. 한말의 유학자 이만도(李晩燾, 1842~1910)가 〈민한(悶旱)〉에서 "우리 태종 임금께서 뿌리는 비 한 번 온 뒤, 몇 십 일째 해는 쨍쨍 불볕더위 계속되네."[62]라고 한 것 등이 대표적이다. 이와 관련된 다음 작품을 감상해 보자.

沒世猶流澤　돌아가신 뒤에도 은택 흐르니
於戱不可諼　아아 그 큰 은혜를 잊을 수 없네
年年是日雨　해마다 이날에는 비가 내리니
點點聖王恩　방울방울 모두가 다 성왕의 은혜라네
淨洗芸黃色　죽은 풀들 누런 빛깔 깨끗이 씻고

61 李裕元, 〈太宗雨〉, 『林下筆記』 권16, 「文獻指掌編」, "五月初十日, 太宗忌辰也. 當太宗惟幾之日, 天久不雨, 內外山川, 禱祀將遍. 上憂之曰, 亢旱如此, 民何以活, 我當上告于天, 卽降甘雨也. 翌日, 上賓而都內大雨, 遂致豊稔, 自是日, 無世不雨, 人謂之太宗雨."
62 李晩燾, 〈悶旱〉, 『響山集』 권1, "一自太宗靈遲後, 積旬杲杲火傘壓."

昭蘇暍死魂　메말라서 죽은 혼을 소생케 하네
星言觀四野　새벽녘에 사방 들판 바라다보니
喜氣滿乾坤　온 천지에 기쁜 기운 충만하구나

— 정경세, 〈연자춘불우(年自春不雨) ……〉[63]

정경세(鄭經世, 1563~1633)의 작품으로, 〈금년에는 봄부터 비가 오지 않아 여름철에 들어서 더욱더 가뭄이 심하였는데, 5월 10일에야 새벽부터 저녁까지 단비가 내렸다. 이는 바로 세속에서 말하는 태종우(太宗雨)이다. 이에 느낌이 있어서 시를 지어 기쁨을 표한다.〉라는 긴 제목의 시이다. 태종의 커다란 은택, 해마다 같은 날 내리는 비, 비를 맞아 다시 소생하는 푸른 들판 등을 두루 언급하였다. 태종우가 항상 적의하게 내리는 것은 아니겠지만, 이행(李荇, 1478~1534)은 〈희우(喜雨)〉라는 시에서, 낮에 빗줄기가 약해서 걱정하다가 밤에 비로소 단비가 듬뿍 내려 저수지에 물이 가득 고이고 만물이 한결같이 새 기운을 차렸다며 그 신령스러움에 감탄하기도 했다.[64]

농사철인데도 불구하고 비가 오지 않으면 군주를 중심으로 국가적 차원에서 기우제를 지낸다. 이러한 과정에서 군주는 자신이 치국을 제대로 하지 않아 하늘이 내리는 재앙이 아닌가 스스로를 성찰하였고, 농사가 국가적 문제이기 때문에 태종우와 같은 이야기가 만들어지기도 했다. 그러나 가뭄에 대한 문제는 군주에 한정되지 않았다.

63 鄭經世, 〈年自春不雨, 至夏愈甚, 五月十日, 有甘澍自晨至夜, 此國諺所稱太宗雨也. 有感而作, 志喜〉, 『愚伏集』 권2.

64 이행(李荇)은 〈희우(喜雨)〉(『容齋集』 권5)에서, "남쪽 지방 오월에 가뭄이 드니, 농사지을 때를 놓칠까 걱정일세. 태종우를 갈망한 지도 오래건만, 빗줄기 약해 티끌도 못다 적시는구나. 밤이 오매 달이 필성에 걸리더니, 검은 구름장이 수레처럼 치달리고, 새벽녘에 지붕의 기와를 울리며, 단비가 기운차게 은택을 내린다네. 저수지에는 물이 그득하게 고이고, 만물은 한결같이 새 기운을 차렸구나. 백성들 마음이 든든하게 되었으니, 천심이 어진 줄을 이제야 알았도다."라고 했다.

지방관과 사대부도 한해가 발생하면 적극적으로 수리 사업을 하거나 기우제를 지냈다. 이 과정에서 수많은 기우제문, 기우 설화가 만들어지게 되었다.

1842년(헌종 8) 5월 25일 「경상감영계록(慶尙監營啓錄)」에는 기우제와 관련한 당시 상황이 매우 상세하게 기록되어 있다. 경상감영에서는 각 읍에서 보고한 것을 정리하여 치계하였던바, 성주와 밀양 등 9읍은 4차에 걸쳐 설행하였다면서 기우제를 설행(設行)한 곳이 55읍이나 된다고 하였다. 그리고 "신 또한 24일부터 먼저 대구부(大丘府) 달성(達城) 진산(鎭山)에서 공경과 정성을 다하여 몸소 빌었습니다. 영하(營下)의 근교를 왕래하며 본 것은 듣던 것보다 더 심하고, 하늘의 감응이 아직 이르지 않아 비가 올 기미가 까마득하니, 이제 바야흐로 다시 공경을 다하여 영험한 곳에서 경건히 기도드릴 계획입니다."[65] 라고 하면서 가뭄으로 인한 곤고함을 보고하였다. 이러한 기우제를 지낼 때는 제문이 없을 수 없었다.

기우제는 주로 산꼭대기, 사직단, 종묘, 강하, 진(津), 연못, 바다, 섬[島], 동굴, 바위 등 신성하다고 믿어지는 곳에서 지낸다. 대상은 용신을 비롯해서 농사를 관장하는 선농씨(先農氏), 계절신인 축융씨(祝融氏), 토지와 곡식을 관장하는 신인 후토씨(后土氏)나 성황신(城隍神), 관왕묘(關王廟)에 모신 관우 등이다. 글의 형태는 운문 혹은 산문이며, 그 방식은 개인의 부덕과 구체적인 죄상을 고백하는 자책형, 고단한 백성의 삶을 핍진하게 형상화하는 호소형, 소홀한 직분에 대한 성토

65 『各司謄錄』, 「慶尙監營啓錄」, 1842년(헌종 8) 5월 25일 조, "臣亦自二十四日, 先自大丘府達城鎭山, 虔誠躬禱是白如乎. 營下近郊之往來, 所見甚於所聞, 而冥感未格, 雨意尙邈, 今方更爲虔禱于靈處, 計料爲白乎旀."

와 적극적인 대응을 요구하는 질타형 등 다양하였다.[66] 우선 다음 작품을 읽어 보자.

旱魃爲虐　가뭄이 포학을 부려
焚如燎如　달구듯 태우듯 하니
水泉涸　물도 샘도 말라 버리고
土山焦　땅도 산도 타들어 가
赤地熯熯　벌거벗은 땅덩어리 바싹 마르고
秧苗熇熇　심어 놓은 벼 이삭도 말라 비틀어졌습니다
四方嗷嗷　사방에서 울부짖는 고통의 소리
民命已迫　백성의 목숨이 이미 급박합니다
后土先穡　후토와 선농께서는
司我百穀　우리의 온갖 곡식을 맡아 다스리시니
旱乾水溢　가물거나 홍수가 나
百穀不成　온갖 곡식이 여물지 못하면
惟爾神之羞　오직 당신 신의 수치일 것이요
雨暘時若　알맞게 비 내리고 볕 쬐어
百穀穰穰　온갖 곡식이 풍성하게 익으면
惟爾神之休　오직 당신 신의 기쁨일 것입니다
虔用粢盛　경건히 자성을 올려
以祈以禜　비를 빌고 재앙이 그치기를 빕니다

— 허목, 〈사직기우문(社稷祈雨文)〉[67]

66 이에 대해서는 서정화의 「祈雨祭文의 양식적 전통과 문학적 변주 양상」(『漢文學論集』 34, 근역한문학회, 2012)을 참조할 수 있다.
67 許穆, 〈社稷祈雨文〉, 『記言』 권37.

허목(許穆, 1595~1682)이 쓴 〈사직기우문〉이다. 허목은 1660년(현종 1) 9월에 삼척부사(三陟府使)로 나아가서, 파직된 1662년(현종 3) 가을까지 이곳에서 봉직하였다. 앞의 기우제문은 당시에 지은 것이다. 여기서 그는 가뭄이 들어 백성의 목숨이 위태롭다고 하면서, 땅과 곡식을 관장하는 후토씨와 선농씨는 곡식이 익지 못하면 스스로의 수치가 될 것이니 속히 비를 내려 달라고 하였다. 기우제문 가운데 이른바 질타형에 해당한다. 그러나 비를 내려 곡식이 풍성하게 되면, 이것이야말로 신의 기쁨일 터이니 반드시 재앙을 그쳐 달라는 말도 덧붙였다. 이처럼 백성의 고초를 생각하며 신을 협박했던 허목과 달리 이상정(李象靖, 1711~1781)은 정성을 다해 백성을 살려 줄 것을 당부했다.

> 삼가 상정(象靖)이 본 현을 맡은 뒤로 잇따라 홍수와 가뭄을 만나 번번이 산천에 기도하여 신령에게 은혜를 빌었습니다. 금년 3월에서 5월까지 비가 오지 않아 보리와 밀이 끝내 시들어 버렸고 벼 싹은 말라 가니 백성들이 떠들썩하게 괴로움을 고하고 있습니다. 상정이 이에 두려워 삼가 목욕재계하고 일월성신께 기도하였으며 또 큰 섬에 빌어 잠시 비를 얻기는 했으나 많지 않아서 마른 싹을 구하지 못하였고 말라붙은 내를 적시지 못하였으니 백성들의 황급한 사정이 날로 심해져 가고 있습니다. 삼가 읍지(邑誌)를 살펴보니 삼승암(三僧巖)이라는 곳이 가장 영험하여 비를 기도하면 번번이 응험이 있다고 하였습니다. 이에 희생을 정결히 하고 깨끗이 재계한 뒤 날을 잡아서 정성껏 기도하는 것입니다. 바위가 깊은 곳에 처하여 형세가 드높으니, 그 축적한 기운 또한 두텁고 견고하며 그 베푸는 영력 또한 원대할 것입니다. 하토(下土)를 굽어 살피고 단비를 내려 주어서 백성을 널리 구제하는 일이 장차 금방 이를 것입니다. 상정은 삼가 숨죽이고 엎드려 기다리겠습니다.[68]

이상정이 1753년(영조 29)에 연일현감(延日縣監)으로 재임할 때 지은 것이다. 당시 이 지역에 오랫동안 비가 오지 않아 인심이 흉흉하였기에, 그는 성심을 다해 삼승암(三僧巖)에서 기우제를 올렸다. 이곳이 가장 영험한 곳이라 생각했기 때문이다. 위의 제문에서 보듯이 이상정은 혹독한 가뭄으로 괴로워하는 백성들을 제시한 뒤, 목욕재계하고 희생을 정결히 장만하여 일월성신에게 정성껏 기도드린다고 했다. 그리고 신령의 힘으로 단비를 내려 반드시 백성들을 널리 구제해 달라며 간절히 기도하였다. 삼척에서 허목이 보인 태도와는 사뭇 다른 이른바 호소형 자세를 취했던 것이다.

가뭄이 들어 기우제를 지내고, 이 과정에서 다양한 설화들이 생겼다. 이러한 설화를 우리는 기우 설화(祈雨說話)라 한다. 기우 설화는 크게 '신성 더럽히기'와 '신성 회복하기'로 나눌 수 있다.[69] 전자에서는 기우제를 주재하는 집단이 가뭄에 대처하여 신성 대상에게 동물 희생을 바치거나 그 피로써 제단을 더럽힌다. 그러면 신성이 오염된 제단을 씻어 내기 위해 비를 내릴 것이라고 믿었던 것이다. 그리고 후자는 몰래 쓴 묘를 파헤치는 암장(暗葬) 파헤치기로 나타난다. 가뭄을 금기의 위반으로 보고, 암장을 파헤침으로써 신성이 회복된다고 믿었던 것이다. 우선 신성 더럽히기 설화를 보자.

---

68 李象靖, 〈三僧巖祈雨文〉, 『大山集』 권46, "伏以象靖自待罪玆縣, 連値水旱, 輒禱祀山川, 以丐惠于神, 今年自三月至于五月不雨, 二麥卒痒, 稻苗垂乾, 萬姓嗷嗷告病矣. 象靖爲是懼, 謹齋沐禱于日月, 又禱于大嶼, 輒得雨而未能多, 苗之枯者無救, 而川之涸者未潤, 民之遑遑日甚也. 謹按邑志, 曰三僧巖, 最著靈異, 禱雨輒應, 玆用潔牲淸齊, 卜日虔禱, 夫巖處深而勢尊, 其畜氣也厚而固, 其施力也遠而大, 其降監下土, 惠以甘霔, 以洪濟于民, 將不日矣. 象靖謹屛伏以俟."

69 기우 설화에 대해서는 노성미, 「기우설화에 나타난 神聖性 연구」, 『인문논총』 31, 경남대학교 인문과학연구소, 2013 참조. 이 연구에 따르면 '희생의 피'로 사용되는 희생물은 개, 돼지, 암탉, 꽃사슴 등이며, '암장 파헤치기'는 기우제장의 묘, 대명지의 묘, 제단 근처의 묘 등으로 다양하다.

1970년대 이전까지만 해도 가뭄이 심해지면 갓바위 일대 지역 농민들은 지역유지(면장 외 다수)들과 함께 불상 앞에다 정갈하게 제물을 차려 놓고 기우제를 올렸다. 이후 수일을 기다려도 비가 오지 않을 양이면 다시 길일을 택해 산 정상에 올라 갓바위 부처 주변에다 소나무 가지를 걸쳐놓고 달집 태우기 형식으로 불을 질러 돌부처를 새카맣게 그을리게 한다. 이는 와촌인의 2차적 기우 의례이다. 당일 행사는 석불의 몸을 검은 연기로 그을리게 하고 곧장 하산을 하게 되는데, 특이한 것은 이로부터 이들이 마을에 도착하기 무섭게 큰비가 내린다는 것이다.[70]

대구와 경산시 일대에 걸쳐 있는 팔공산의 갓바위 설화이다. 신성한 신불(神佛)이 모셔진 산꼭대기에 정성껏 기우제를 지내도 비가 내리지 않으면, 특단의 대책을 마련한다. 그것은 소나무 가지를 태워 부처를 그을리게 하여 신성을 더럽히는 것이다. 1차로 정중한 기우 의례를 행하여도 영험이 없으면, 2차로 협박과 훼손의 기우 행위를 한다. 이렇게 하면 하늘은 부처의 몸을 씻기 위하여 비를 내린다는 것이다. 이것은 동물 희생의 피를 바위 등 제단에 뿌려 이것으로 가뭄을 해결하고자 하는 '신성 더럽히기' 기우 행위와 같은 계열이다. 피가 그을음으로 바뀌었을 뿐이다. 그렇다면 암장을 파헤치는 '신성 회복하기'는 어떤 형태로 존재하는가.

월명이라는 사람은 사근역(沙斤驛) 역녀(驛女)다. 서울 상인에게 시집가서 머리를 얹은 지 얼마 되지 않아 남편이 돈벌이에 급급하여 서울로 올라갔다. 혼자 남은 월명은 그지없는 남편 생각에 전혀 먹고 마시지 않아 병이 위중해지자 남편에게 편지를 보냈다. 남편은 소식을 듣고 배[梨]를

70 김종국, 「경산지역 전설의 현장적 연구」, 대구대학교 대학원 박사학위 논문, 2007, 53쪽 재인용.

가슴에 품고 산을 넘고 물을 건어 내려왔으나 미처 도착하기도 전에 여자의 병이 아주 심해졌다. 죽음이 가까워지자 부모에게 부탁하기를 "나를 서산 꼭대기에 묻어 주십시오. 죽어서라도 지각이 있다면 남편이 오는 길을 바라보겠습니다."라고 하였다. 부모가 불쌍히 여겨 유언대로 장사 지냈는데 장사 지내는 날 남편이 비로소 와서 또한 지나치게 슬퍼하다가 죽으니 한 무덤에 장사 지냈다. 장례 후 무덤 위에서 배나무 싹이 돋아났다. 바로 남편이 품고 온 배에서 나온 것이다. 세월이 많이 흘러서 나무가 늙어 이제는 없어져 버렸다. 내가 천령(天嶺)군수로 재임한 4년 동안 두 번이나 심한 가뭄을 만났는데 그곳 노인들이 '월명의 무덤을 파면 비가 내린다'고 하였다. 그들이 말한 '무덤을 판다'는 것은 무덤을 다 파내는 것이 아니고 무덤의 흙덩이 10여 개를 무너뜨리는 것에 지나지 않는다. 두 해 동안 흙을 팔 때마다 단비가 내렸으니 망부산의 바람 불고 비 내리는 현상 또한 괴상한 일이 아니다.[71]

고상안의 「효빈잡기(效顰雜記)」에 전하는 월명의 이야기다.[72] 여기에 따르면 사근역 역녀인 월명이 남편을 기다리다가 죽었고 그 남편 또한 죽어 둘이 한 무덤에 묻히게 되었는데, 그 후 가물 때 월명의 무덤을 파면 비가 왔다는 것이다. 이 설화에 암장의 흔적은 없지만 이 역시 광포한 기우 설화 가운데 '신성 회복하기'의 변이 형태이다. 실제로 월명의 무덤을 팠던 기록도 있다. 함양 선비 정경운의 『고대일

71 高尙顔, 〈月明塚〉, 『泰村集』 권5, 「效顰雜記」 下, "月明者, 沙斤驛女也. 許嫁京商, 結髮未久, 商重利上洛, 女念夫不已, 專廢餔歠, 病已危重, 折簡厥夫. 夫聞之, 懷梨跋涉而下, 未到而女疾革矣. 將死囑其父母曰, 葬我於西山絶頂, 歿而有知, 當望夫婿歸路也. 父母憐之, 葬如其言, 葬之日, 商始來, 亦傷悼而死, 同墳而葬, 葬後有梨生于塚上, 卽所懷梨也. 歲久樹老, 今不存焉. 余在郡凡四載, 再遭旱暵, 父老曰, 掘月明塚則雨, 所謂掘者, 非盡掘也. 不過隳其土十餘塊而已, 兩年掘土, 皆得甘雨, 則望夫山之風雨, 無足恠也."

72 월명총에 대한 이야기는 『신증동국여지승람』 권31 〈경상도·함양군〉 조 등에도 두루 나온다. 여기에서는 '경주의 상인을 사모한 월명이 그를 그리워하다 죽어 산정에 묻혔다. 상인이 돌아와 그 슬픔을 이기지 못해 죽고 말았는데, 사람들이 함께 묻어 주었다. 가뭄을 만나 그 무덤을 파면 비가 온다.'고 했다.

록(孤臺日錄)』이 그것이다. 이 일기의 1608년 7월 4일 조에, "아침에 월명총(月明塚)을 팠다. 근래에 가뭄이 아주 심하였다. 팔 때마다 언제나 비가 내렸기에 삽으로 그곳을 팠다."[73]라고 기록하고 있다.

갓바위의 '신성 더럽히기'와 월명총의 '신성 회복하기' 설화에는 음양론이 내재하여 흥미롭다. 갓을 쓰고 있는 대구시 동구 공산동의 갓바위를 남성상으로, 족두리를 쓰고 있는—사실은 큰 육계(肉髻)이다—경산시 와촌면 강학리 불굴사의 석조 입불상을 여성상으로 인식하고, 그 사이에 '음양리'를 두었다. 월명총 설화 역시 월명과 그의 남편이 함께 묻혔으니 음양이 함께한다. 이것이 남녀의 조화에 따른 운우지정(雲雨之情)과 결부되면서 비가 내리는 것으로 이야기가 전이되기 때문이다. 초(楚)나라 회왕(懷王)이 무산(巫山)의 신녀(神女)와 하룻밤 인연을 맺고 헤어질 때, 그 신녀가 '아침에는 양대(陽臺)의 구름이 되고 저녁에는 양대의 비가 되겠다'고 말했다는 송옥(宋玉)의 〈고당부(高唐賦)〉는 그 좋은 예가 된다.

하늘에 비를 비는 것 역시 중요한 종교 행위이다. 이러한 기우에 대한 기록은 『조선왕조실록』이나 『각사등록(各司謄錄)』 등 관변 자료는 물론이고 개인의 문집에도 다양하게 전한다. 이러한 의식은 주로 근대 이전의 기록에 나타나며, 〈태종우〉나 〈월명총〉 이야기처럼 구전되다 정착된 것도 다수 있다. 기우제는 주로 산꼭대기나 사직단, 강하나 연못 등 신성하다고 믿어지는 곳에서 지내는데, 제문을 내용별로 분류하면 자책형, 호소형, 질타형 등으로 나뉜다. 특히 기우 설화에는 남녀의 관계가 깊이 개입되어 있어, 음양론에 입각한 자연의 조화가 운우(雲雨)의 조성에 커다란 영향을 미치는 것으로 나타났다.

---

73 鄭慶雲, 『孤臺日錄』 1608년 7월 4일, "朝掘月明塚, 近來旱氣太甚, 前此每掘輒雨, 故鍤之."

3. 물과 공동체 문화

이중환(李重煥, 1690~1752)은 『택리지(擇里志)』「복거총론(卜居總論)」 지리 조에서 “수구(水口)가 이지러지고 성글고 텅 비고 넓은 곳이면 비록 좋은 토지와 큰 집이 있다 하더라고 대개는 다음 세대까지 잇지 못하고 자연히 허물어지고 없어져 망하게 된다.”[74]라고 하였다. ‘수구’는 물길이 빠지는 곳인데, 이 근처에 집을 지으면 위험하다는 것이다. 반대로 그는, “물이 없는 땅은 자연히 사람이 살 곳이 못 된다.”[75]라고 하였다. 인간에게는 물이 반드시 필요하다는 것이다. 이중환의 이러한 생각은 물과 인간 공동체 문화의 관계론적 긴밀성을 강조한 것이다. 산도 반드시 물과 짝한 다음이라야 비로소 생성의 묘미가 있고, 산수 가운데서 사람들은 비로소 삶을 영위할 수 있다는 생각에 기반한 것이다.

물은 공동체 문화를 만들어 가는 데 있어 결정적인 역할을 한다. 가정은 물론이고 마을과 도시를 형성할 때 가장 중요한 것이 물이기 때문이다. 또한 공동체를 유지하기 위하여 물 관리를 어떻게 해 왔는지도 주목할 필요가 있다. 이는 중국의 우(禹)임금과 관련한 치수(治水) 고사를 언급하지 않더라도 충분히 납득이 된다. 이 때문에 국가에서는 수로와 저수지를 만들었고, 사람들은 이를 중심으로 삶을 영위하면서 다양한 문화를 생성시켰다. 규모에 따라 다르기는 하지만, 물은 가정과 마을, 도시와 국가를 위한 공동체 형성에 핵심적인 존재였다. 이처럼 물 문화는 좁게는 개별 가구를 중심으로 형성되고,

74 李重煥, 〈地理〉, 『擇里志·卜居總論』, “水口虧疎空豁, 雖有良田萬頃, 廣廈千間, 有不能傳世, 自然消散耗敗.”

75 李重煥, 〈地理〉, 『擇里志·卜居總論』, “凡無水之地, 自不可居.”

넓게는 국가적 차원으로 확대되었다.

물과 마을 공동체

마을 조성과 관련된 대표적인 조건이 배산임수(背山臨水)이다. '배산'은 뒤로 산을 등지고 있다는 뜻이고, '임수'는 앞으로 강이나 시냇물 혹은 연못 등의 물에 가까이 닿아 있다는 의미이다. 뒷산으로 바람을 막고, 앞 시내로 물을 얻으니 이를 장풍득수(藏風得水), 줄여서 풍수(風水)라고 한다. 이를 염두에 두고 고려의 개경(開京)과 조선의 한양(漢陽)처럼 수도가 조성되었고, 도시가 형성되었으며, 수많은 마을이 만들어졌다. 양택인 집터나 음택인 묘소도 이를 기반으로 결정되었다. 이것은 다시 인간의 삶이 그들이 살고 있는 지역의 자연적 조건에 의해 결정된다는 환경결정론을 만들어 내기도 했다.

풍수 사상은 동기감응론(同氣感應論)을 기반으로 하고 있다. 이는 같은 기운은 서로 반응한다는 논리이다. 사람과 사람, 사람과 사물, 사물과 사물, 사람과 신명 사이에서도 상호 감응한다고 믿는다. 이 때문에 이 사상은 자연스럽게 자연과 인간이 탁월한 우월을 점하고 있는 것이 아니라 상호 호혜적 관계에 놓인다는 점을 강조한다. 여기서 발생하는 것이 바로 공존과 상생에 입각한 상상력이다. 그러나 음택풍수의 후손 발복론(發福論)과 결부되면서 이 사상은 조선시대 유학자들로부터 많은 비판을 받기도 했다. 사정이 이러함에 불구하고, 배산임수는 건축이나 마을 조성에 지속적인 고려 대상이었다. 우선 다음 자료를 보자.

(가) 生涯已卜赤城天　적성 땅에 살 곳을 정하고서
表裏江山屋數椽　배산임수에 몇 칸의 집 지었네

古往今來生且晩　고금 왕래에 삶도 저물려 하나

朝耕夜讀樂猶全　주경야독의 즐거움은 온전히 누리네

— 황준량, 〈방금화수유거(訪琴和受幽居)〉[76]

(나) 팔선대(八仙臺)로부터 서쪽으로 수십 리를 가면 바위산과 수석(水石)의 빼어난 경관이 있는데, 양쪽의 산이 둘러싸 협곡(峽谷)을 이루고, 길은 벼랑을 따라서 높았다 낮았다 넓었다 좁았다 하며, 협곡이 다하면 땅이 차츰 넓어져 언덕이 되고 들판이 된다. 이렇게 점점 멀리 가다 보면 민가가 줄지어 있는데 모두 배산임수(背山臨水)의 지형을 취하고 있으며, 샘물이 달고 땅이 기름지고 수목이 울창하고 곡식이 무성하여 매우 좋다. 골짜기는 갈라져 세 가닥이 되는데, 그중 하나는 곧바로 앞으로 나아가 백암산(白巖山) 기슭에서 끝나고, 다른 하나는 조금 남쪽으로 완만히 휘어져 선암사(仙巖寺) 뒤에서 끝나고, 나머지 하나는 조금 북쪽으로 멀리 가서 주령(珠嶺) 아래에 다다른다. 이 세 골짜기를 모두 서촌(西村)이라 이름하는데, 주령 아래가 산이 더욱 기이하고 물이 더욱 맑고 골이 더욱 깊어 멀리서 바라보노라면 사람으로 하여금 문득 은거하고픈 생각이 들게 한다.[77]

(가)는 황준량(黃俊良, 1517~1563)이 적성(赤城, 단양)에 있는 금응빈(琴應賓)의 은거처를 찾아가 지은 것이다. 그는 승구에서 '표리강산(表裏江山)'이라 하였다. 이것은 앞은 강, 뒤는 산이라는 말의 다른 표현으

76 黃俊良, 〈訪琴和受幽居〉, 『錦溪集』 권2.

77 李山海, 〈西村記〉, 『鵝溪遺稾』 권3, "自八仙臺而西數十里, 有巖巒水石之勝, 兩山擁而成峽, 路緣崖而轉, 或高或低, 或寬或狹, 峽盡而地稍曠, 爲原爲野, 行漸遠, 民居相望, 皆背山臨水, 泉之甘, 土之沃, 樹木之鬱密, 禾穀之茂盛, 甚可喜也. 洞岐而爲三, 其一, 直而前盡於白巖山麓, 其一, 稍南而迂窮於仙巖寺後, 其一, 稍北而遠達於珠嶺之下, 三者, 皆以西村名, 而珠嶺之下, 山益奇, 水益潔, 洞益邃, 望之令人有掛冠之思焉."

로, 금응빈의 집이 배산임수에 적합한 장소임을 말한 것이다. 권호문(權好文, 1532~1587)이 〈제강진사수침촌정자(題康進士水沈村亭子)〉에서 '수남산북(水南山北)'[78]이라 한 것도 같은 의미다. 이처럼 뒤로는 산이 있어 바람을 막아 주고, 앞으로 물이 흘러 농사짓기에 적합하니 이곳에 집을 짓고 살면서 주경야독의 즐거움을 누린다고 했다.

(가)가 개인의 집을 짓는 데 있어 배산임수의 입지를 고려한 것이라면, (나)는 이산해(李山海, 1539~1609)가 '서촌'이라는 마을의 입지를 고려하면서 쓴 〈서촌기(西村記)〉의 일부이다. 먼저 이산해가 본 민가는 모두 배산임수 지형에 위치하여 '샘물이 달고 땅이 기름지고 수목이 울창하고 곡식이 무성'하다고 했다. 그가 특기하고자 한 서촌 역시 산이 더욱 기이하고 물이 더욱 맑아 은거하고 싶은 생각이 든다고 했다. 이처럼 마을은 물과 밀접한 관계를 이루며 형성되고, 이를 통해 독특한 문화가 생성될 수 있었던 것이다.

전통시대의 마을은 뒷산이 북풍을 막아 주면서 그 산에서 발원한 풍부한 수원이 있는 곳에 위치한다. 즉, 큰 강과 넓은 들판이 펼쳐진 곳이 아니다. 마을에는 공동 우물을 파서 거기서 주로 물을 길어서 먹고, 앞 시내에서 빨래를 하기도 하고 시냇물을 농수로 사용하기도 한다. 식수를 위한 마을 공동 우물이 없는 마을은 없다. 여기서 더 나아가 냇물을 마을로 끌어들여 물 문화를 구성하기도 하고, 보를 만들어 가뭄과 홍수에 대비하기도 한다. 우물의 물은 항상 넉넉해야 하고, 마을로 물을 흘러들게 하여 특수한 문화를 만들기도 하며, 보를 축조하여 농작물을 제배하는 데 어려움이 없도록 한다.

물 관리는 주로 마을 공동체에서 담당한다. 이것은 마을 주민 모

78 權好文, 〈題康進士水沈村亭子〉, 『松巖集』 권3, "水南山北起華榱, 罨畫初明賀燕兒."

두에게 해당하는 공공의 일이기 때문이다. 충청남도 아산시 송악면 외암마을에서 물을 어떻게 관리하는지를 보면 이 방면의 대체를 알 수 있다.[79] 이 마을에서는 마을 공동체가 인공수를 만들어 마을 중심부로 흘러들게 했다. 이렇게 흘러든 물은 마을 서쪽에 위치한 논에 농업용수로 공급되기도 하고, 풍수지리의 논리상 마을 내 화기를 누르는 비보적(裨補的) 기능과 실질적인 방화용수로서의 역할을 하기도 하며, 마을의 몇몇 핵심적인 상류가옥의 정원수 역할을 하기도 하고, 물레방아를 돌리는 동력원으로 활용되기도 한다. 용도의 측면에서 조금씩 차이가 있으나, 전통을 유지하고 있는 다양한 마을에서 유사하게 나타난다.

전통시대의 마을 공동체 문화는 주로 향약(鄕約) 혹은 동약(洞約)를 중심으로 이루어졌다. 안정복(安鼎福, 1712~1791)이 충청도의 목천(木川)을 다스리며 "듣건대 이곳에는 모두 동계(洞契)가 있다고 하는데, 무릇 한 동네 안에서 선을 표창하고 악을 미워하는 일이 있다면 그 동네의 정사가 닦여져서 교화가 밝아지고 명분이 바르게 되는 것이 이로부터 가능해질 것이다."[80]라고 하였듯이, 마을은 주로 이러한 계를 통해 문화가 구성되었다. 특히 동약은 마을의 동제(洞祭) 등 상호부조를 위한 자치조직이기에 물 관리 역시 이를 중심으로 이루어졌다.

물과 마을 공동체 문화를 상징적으로 보여 주는 것은 우물굿이다. 이 역시 동제를 통해 마을 공동체에서 이루어지는 것이 일반적이

---

79 이 마을은 1978년 충청남도 '민속보존마을'로 지정되었고, 1982년 3월에 충청남도 '민속관광마을'로 지정되었으며, 1988년 8월에는 국가 지정 '전통건조물보존지구' 제2호로 변경되어 오늘에 이르고 있다. 이 마을과 관련한 물의 선순환 구조에 대해서는 김재호, 「전통적 물물화의 생태학적 선순환 구조」(『물의 문화와 생명성』, 민속원, 2011)에서 자세하게 다루어 참고가 된다.

80 安鼎福, 〈木州政事〉, 『順菴集』 권16, "竊聞此土皆有洞契, 凡一洞之內, 有彰善癉惡之擧, 則一洞之政脩, 而敎化之明, 名分之正, 從此庶幾."

다. 주로 특별한 자연샘이나 마을의 공동 우물에서 시행되고, 물속에 깃든 용신을 대상으로 제의를 올린다. 우물굿은 샘제, 샘굿, 정제(井祭), 정주제(井主祭), 용왕굿이라는 이름도 갖고 있다. 이러한 우물굿은 대체로 풍물패들이 정월에 당제에 이어 마을 집집마다 도는 과정에서 진행된다. 우물 앞에 제물을 차려 놓고 용신께 물이 잘 솟아나도록 해 달라고 빌거나 마을 사람들의 안녕을 기원하였다. 우물굿 축원의 사설을 소개하면 다음과 같다.

어 허이루 용왕아
용왕지신을 눌리세
동해바다 용왕님
동해수를 당겨라
서해바다 용왕님
서해수를 당겨라
천리수를 당겨라
만리수를 당겨라
만사람이 먹는 물
꿀꺽꿀꺽 잡수소
먹고 남고 지나 남고
어 허이루 용왕아

— 김천 민요, 〈빗내 지신밟기 소리〉[81]

이 사설은 경상북도 김천시 개령면 광천 2리 빗내마을에서 풍물

81 김택규, 〈빗내 지신밟기 소리〉, 『금릉민속지』, 금릉군, 1991. 이 농악은 1984년 12월 29일 경상북도 무형문화재 제8호로 지정되었으며, 최근에는 공연물로 연행되고 있다.

패가 지신밟기를 할 때 부르는 여러 노래 가운데 〈샘굿〉 부분이다. 먼저 샘을 쳐서 물을 깨끗하게 한 다음 금줄을 치고, 제물을 올려 고사를 지내는데, 주로 물이 풍부하게 샘솟게 해 달라며 기원한다. 동해와 서해의 용왕을 불러 동해수와 서해수를 당기고 천리수와 만리수를 당겨 마을 사람들이 넉넉하게 먹을 수 있게 해 달라는 것이다. 이는 우물이 용궁과 연결되어 있다고 생각했기 때문이다. 『삼국유사』에 "신라의 명랑(明朗) 법사가 용궁에 들어가 비법을 배우고, 자기 집 우물에서 솟아나왔다."고 한 데서도 이를 확인할 수 있다. 샘굿이 끝나면 금줄을 벗기고 음복을 한다. 동제 뒤에는 음복이 있었으므로 자연스럽게 다음과 같은 풍경이 시인의 눈에 포착될 수 있었다.

山開野闊碧天低　산 트이고 들 넓어서 푸른 하늘 나직한데
信馬歸來聽午雞　말을 타고 돌아와서 낮닭 우는 소리 듣네
溪水練鋪通別浦　시냇물은 길게 흘러 멀리 별포로 통해 있고
田疇繡錯繞長堤　밭두둑은 수놓은 듯 긴 방죽을 둘러 있네
竹林帶雨靑煙暗　대나무 숲 비를 띠어 푸른 안개 어둑하고
苧葉飜風翠浪齊　모시 잎은 나부끼어 푸른 물결 일렁이네
記取太平眞氣象　기억하게, 태평 세상 참기상을 알려거든
村翁社後醉扶携　촌 노인네 동제 뒤에 술에 취한 모습 보소

— 이승소, 〈서천도중(舒川途中)〉[82]

이 작품은 이승소(李承召, 1422~1484)가 서천으로 가는 도중에 지은 것이다. 서천은 충청남도 남서단에 있는 군인데, 이승소가 이곳으로

82 李承召, 〈舒川途中〉, 『三灘集』 권4.

가면서 어떤 마을을 지나게 된다. 그 마을은 산이 트여 넓은 들을 소유하고 있으며, 시냇물이 길게 흐르고, 밭두둑은 긴 방죽으로 둘러 싸여 있다고 했다. 이로 보아 수리시설이 비교적 잘 되어 있었던 것으로 보인다. 여기에 대나무 숲과 모시 잎이 있어 푸른 안개에 어둑하고 푸른 물결처럼 일렁인다고 했다. 이승소는 이러한 모습에서 태평을 느끼고, 그것을 동제 뒤에 얼큰하게 술에 취한 시골 늙은이의 모습으로 구체화하였다. 시골의 늙은이가 구체적으로 어떤 제를 올렸는지는 알 수 없지만, 마을의 안녕을 위해 제를 올린 후 음복으로 술을 마셨을 것임에 틀림이 없다.

마을의 공동 우물을 동약에서 관리하듯 치수 역시 그러했다. 특히 치수는 마을 공동체의 삶에 매우 중요한 요소였다. 전통시대에는 주로 보(洑)를 쌓아 물을 저장하여 가뭄에 대비하기도 하고, 봇도랑[洑溪]을 정비하여 홍수에 대비하기도 했다. 그러므로 제보(堤洑)를 쌓는 것은 마을의 동민뿐만 아니라 고을 수령에게도 긴요한 사안이라 하지 않을 수 없다. 『충청병영계록(忠淸兵營啓錄)』 1845년(헌종 11) 10월 8일 조의 "목천(木川), 진천(鎭川), 온양(溫陽), 평택(平澤) 등 16읍은 각기 제보를 수축하는데, 군병을 모두 모아 한 명씩 일일이 점고한 뒤 그대로 부역하였다."[83]는 기록을 통해 이러한 사실을 바로 알 수 있다. 이유원은 『임하필기』에서 보 쌓기와 관련하여 다음과 같이 기술하고 있다.

> 숙종조(肅宗朝) 때 비변사의 권농 절목에 이르기를, "권농(勸農)에 관한 일은 이미 도사(都事)로 하여금 주관하도록 하였으니, 도사는 열읍에 신칙

83 『各司謄錄』, 「忠淸兵營啓錄」, 憲宗 11년 10월 8일 조.

> 하여 그들로 하여금 착실하게 거행하도록 하고, 열읍은 각면(各面)과 각리(各里) 중에 유품(儒品)으로서 위풍(威風)과 근력(筋力)이 있는 자를 선택하여 권농 유사(勸農有司)의 직임을 정하여 마을 사람들을 과독(課督)하게 하고, 제언(堤堰)을 수치(修治)하여 물을 저장함으로써 이익을 입도록 하라는 일을 전일에 이미 분부하였다. 지금 민간에서 끼니를 잇지 못해 굶주리고 있는 시기를 당하여 비록 부역(赴役)하도록 조발(調發)하기는 어려우나, 그 가운데 만일 공을 쉽게 성취할 수 있고 백성들이 기꺼이 따를 경우에는, 관가에서 더러 식량을 지급하여 일을 거들어 줌으로써 그들로 하여금 완축(完築)하게 하라. 이에 앞서 각읍(各邑)의 수령으로 하여금 경내의 모모처(某某處)를 돌아다니며 살펴서 수치(修治)할 만한 곳의 형지(形止)를 첩보(牒報)하도록 하고, 각자 그 면(面) 안에서 반드시 부지런하고 재간 있는 사람을 골라 유사(有司)로 정하여 그 효과를 책임지우도록 하라. 보(洑)를 쌓는 곳은 매번 정한 때를 넘기는 것이 걱정거리가 되곤 하였으니, 또한 보주(洑主)를 정하여 일찌감치 방색(防塞)을 하고, 만일 게을리하거나 늑장 부려 정한 때를 넘기는 자가 있거든 마땅히 논죄하겠다는 뜻을 미리 거듭 밝혀서 알려 주라."라고 하였다.[84]

이에 따르면 조선의 조정에서는 비변사를 통해 각 고을의 도사가 주축이 되어 권농 유사를 정해서 보를 정비하도록 하였다. '제언(堤堰)을 수치(修治)하여 물을 저장함으로써 이익을 입도록 하라.'고 한 것이 그것이다. 이처럼 물을 관리하기 위해 보를 쌓는 일은 지역 혹은 마을 공동체를 위한 일이니, 이를 위한 식량 보급이나 일이 되어

84 李裕元, 〈勸農節目〉, 『林下筆記』 권22, "肅宗朝備邊司勸農節目, 勸農一事, 旣令都事主管, 則都事申飭列邑, 使之着宗擧行, 列邑各面各里中, 擇其儒品之有風力者, 定爲勸農有司之任, 以爲課督村民之地, 修治堤堰, 以爲貯水蒙利之地事, 前已分付. 當此民間飢餒之時, 雖難調發赴役, 其中如有功可易就而民所樂從者, 自官家或給粮助役, 俾得完築. 先使各邑守令, 巡審境內某某處可以修治形止牒報, 各其面中, 必擇勤幹之人, 定爲有司, 以責其効. 至於築洑之處, 每患過時, 亦定洑主, 趁早防塞, 其有怠緩過時者, 當爲論罪之意, 預先申明知委."

가는 사정 등을 철저하게 관리할 것을 당부하고 있다. 물 관리가 치민(治民)의 근본이기 때문에, 이를 제대로 한 관리에겐 공덕비가 서기 마련이다. 대구판관 이서(李漵, 1737~1794)가 신천 보를 쌓아 대구 지역의 홍수를 막은 공으로 대구민이 세워 준 이공제비(李公堤碑)를 비롯한 수다한 치수 공덕비가 그것이다. 보는 수해를 방지할 뿐만 아니라 논에 물을 공급하는 데도 필수적이다. 다음 작품을 보자.

婦摘兒頭虱　아낙은 아이 머리 이 잡고
翁驅壠上牛　노인은 밭에서 소를 모네
蔭凉鋤暫息　시원한 그늘에서 호미질 잠시 멈추고
當午饁初休　한낮에 들밥 내오니 비로소 쉬는구나
和草澆秧子　풀을 뽑고 모에 물을 대며
搴松截洑流　소나무 가지로 흘러가는 봇물 막네
田家多喜色　농가에 희색 넘치니
南畝麥將秋　남쪽 밭에 보리 곧 익겠지

— 송상기, 〈마상기견(馬上記見)〉[85]

송상기(宋相琦, 1657~1723)가 말을 타고 가면서 본 것을 작품화한 것이다. 농가의 초여름을 묘사하고 있는데, 경련(頸聯)이 흥미롭다. 풀을 뽑고 모에 물을 대면서 소나무 가지를 꺾어다가 흘러가는 봇물을 막아 못자리를 관리하는 농부를 발견할 수 있기 때문이다. 농가에서는 항상 보 속에 물이 넉넉한 것을 바랄 터인데, 이를 성현(成俔, 1439~1504)은 "귀리는 들쭉날쭉 돌길에 서로 연해 있고, 봇물은 콸콸

85 宋相琦, 〈馬上記見〉, 『玉吾齋集』 권1.

흘러 시냇가에 용솟음치네."[86]라고 노래하기도 했다. 그러나 강수량이 항상 일정한 것은 아니다. 이 때문에 가뭄과 홍수를 제대로 관리하기 위하여 마을 공동체에서는 보를 쌓는다. 가뭄은 기우제를 다루면서 이미 살펴보았으니, 홍수를 대비하기 위해 마을 공동체가 어떻게 노력하였는지를 좀 더 면밀히 살펴보자.

홍수가 나서 마을을 위기에 빠뜨리는 것은 여간 큰 문제가 아니었다. 이 때문에 다양한 기청제문(祈晴祭文)이나 기청 설화(祈晴說話), 그리고 시작이 있었다. 성현(成俔, 1439~1504)은 〈추우탄(秋雨歎)〉에서, "돼지 잡아 사직단에 기청제(祈晴祭)를 지내고, 구름을 걷어 주길 빌어 봐도 소용없네."[87]라고 하였고, 이만도(李晩燾, 1842~1910)는 임금의 명으로 기청제를 지내면서 "임금께서 비가 농사 해친다면서, 사대문서 기청제를 올리라 했네."[88]라고 하며 〈수향(受香)〉이라는 작품을 짓기도 했다.

큰비가 오면 이처럼 나라는 말할 것도 없고 각 고을도 여간 걱정이 아니었다. 마을 단위에서는 보를 쌓는 등 능동적으로 대응했다. 이를 위해 마을 사람들은 동약을 결성하기도 했다. 그 대표적인 것이 19세기 초 경상북도 고령군 쌍림면에 있었던 매촌동약(梅村洞約)이다.[89] 당시는 경상도 고령현 매촌리였다. 이 동약의 실체는 현재 고창(高敞)오씨(吳氏) 종가에 보관되어 있는 『매촌동약』을 통해 알 수 있다. 이 문헌은 1805년(순조 5) 오경정(吳慶鼎)의 서문, 1822년(순조 22) 고령현감 한광선(韓光善)의 서문, 1822년 30개 조항으로 된 「동약절목」,

86 成俔, 〈憩平安驛〉, 『虛白堂集』 권10, "鬼麥參差連石徑, 洑流鳴咽湧溪湄."
87 成俔, 〈秋雨歎〉, 『虛白堂集』 권10, 「風雅錄」 권2, "豚肩就社祈秋祭, 呼龍去雲天未霽."
88 李晩燾, 〈北門諸詠祈晴時·受香〉, 『響山集』 권1, "王曰雨害稼, 登門禜四方."
89 여기에 대해서는 우인수, 「고령 매촌동약의 특징과 동민의 결속」(『퇴계학과 한국문화』 42, 경북대학교 퇴계연구소, 2008)에서 자세하게 다루었다.

1824년(순조 24) 「매평선돌기사(梅坪船突記事)」로 구성되어 있다.

『매촌동약』 가운데 우리가 특별히 주목하고자 하는 것은 「매평선돌기사」이다. 매촌리 주변의 들판이 매평인데, 이 들판은 이현(梨峴)에서 내려오는 계곡의 토사가 들판의 도랑을 채우고 지나가 큰비가 올 때마다 물난리를 겪어야만 했다. 이를 해결하기 위하여 당시 매촌의 유력 가문인 고창오씨 출신의 오경정은 동약을 결성해 도랑을 새로 준설하였다. 오경정은 호가 괴옹(槐翁)으로 오운(吳澐, 1540~1617)의 8대 손이다. 그는 매촌동약으로 마을 공동체를 만들어 그 결속의 힘으로 만성 수재에 시달리던 마을을 구제하고자 했던 것이다.

> 대개 이현(梨峴) 골짜기에 도랑이 있어 위에서 골짜기의 물이 길이 흘러 충돌하고 합류하는 까닭에 비가 많이 올 때마다 거세고 놀란 물결이 골짜기를 가득 메워 마구 흘러내려서 모래가 붕괴되고 언덕이 무너져 도랑의 상하가 격류에 따라 터지게 된다. 모래와 돌이 도랑을 메워서 뚫어 놓으면 다시 막히고 열어 놓으면 또 닫혀, 비록 소나기가 한 번만 지나가더라도 그해는 몹시 참담해진다. 민력(民力)은 이 때문에 다 곤궁해지고 곡식은 이 때문에 여물지 못하여 매번 이것을 근심하는 사람이 몇 해 동안 지속되었다. 모두 이 환란을 막지 않으면 들이 장차 피폐해질 것이라 하였다. 나는 만약 뱃도랑[船突]을 개설한다면 이 환란을 면할 수 있을 것이라고 생각했다. 이른바 뱃도랑이라는 것은 도랑 위에 돌을 깔고 그 위에 도랑을 개설하여 물을 인도하여 들 밖의 시내로 방출하는 것이다. 환란을 막는 좋은 방법이 이보다 나은 것이 없으나 ……[90]

---

90 吳慶鼎, 〈梅坪船突記事〉, 『梅村洞約』, "夫梨峴一谷在突, 上流長谷之水, 衝突合流, 故每當雨水之節, 怒濤驚波, 萬壑橫奔, 沙崩岸頹, 突之上下, 隨激潰決, 沙石塡突, 鑿而復塞, 開而又閉, 雖驟雨一過, 其害孔慘, 民力, 以是而俱困, 農形, 以是而失稔, 每以是, 爲憂者, 積有年. 所咸曰, 此患不防則, 野將廢荒云, 而余意以謂若開船突, 則能免此患, 所謂船突者, 突上盖石, 開突於其上, 決導谷水, 放出於野外川上者也. 杜患之良策, 無踰於此……"

'선돌(船突)'은 '뱃도랑'의 이두식 표기로, 도랑의 바닥[배, 服]에 돌을 깔아 그 돌 위로 도랑을 개설하여 흘러드는 계곡물을 들 바깥으로 신속히 빠져나가게 하는 수리장치이다. 이 작업은 1823년(순조 23) 봄에 시작하여 한 달여 만에 완수되었다. 그해 여름에 수재가 혹심하여 주변의 봇도랑이 성한 곳이 없었지만, 매평은 뱃도랑 덕분으로 수해를 겪지 않았을 뿐만 아니라 가을에는 대풍을 거두었다. 이에 농부들은 모두 뱃도랑 덕분이라 생각하였다고 한다. 여기서 우리는 수해를 해결하기 위한 마을 공동체의 노력과 그 효과를 알게 된다.

그러나 오경정이 뱃도랑 작업을 한 지 100년쯤 지난 1920년에 전국적으로 커다란 홍수가 났다. 고령도 예외가 아니었다. 이때 오경정의 노력도 수포로 돌아가고 말았다. 안림천이 범람하여 쏟아지는 토사를 뱃도랑이 모두 담아낼 수 없었기 때문이다. 이 홍수로 농토였던 곳은 새로운 하천이 되고, 하천은 오히려 새로운 땅으로 변하고 말았다. 당시 매촌의 고창오씨들은 큰 수해를 입고 안림천 건너편인 송림리로 이주하여 다시 마을을 이루고 살면서 오늘에 이르게 되었다. 현재의 죽유종택도 그때 옮긴 것이라 한다.

물은 마을 공동체를 조성하는 데 가장 긴요한 요소다. 특히 마을의 공동 우물은 마을 사람들에게 식수를 공급하여 그들의 생명을 유지케 한다는 측면에서 가장 신성시된 곳이다. 마을 사람들이 물속에 용이 산다고 믿으며 이를 대상으로 샘굿을 한 것도 모두 이 때문이었다. 우물 앞에 제물을 차려 놓고 용신께 물이 잘 솟아나도록 해 달라고 빌거나 마을 사람들의 무병 장수를 기원하였다. 그리고 농사를 위하여 수리 사업을 해야 할 때는 동약(洞約)을 맺어 공동으로 물을 관리했다. 경북 고령에 전하는 '매촌동약(梅村洞約)'이 그 대표적인 예라 하겠는데, 이를 통해 마을 사람들은 공동체 문화를 더욱 굳건히 할 수 있었다.

물과 풍류 공동체

조선조의 문인들은 풍광이 좋은 자연을 선택하여 뜻이 맞는 사람들끼리 모여서 학문을 토론하기도 하고 시를 짓기도 했다. 그 모임을 기념하기 위하여 화축(畫軸)이나 시축(詩軸) 등을 남기기도 했다. 이러한 현상은 학문과 풍류가 서로 조화를 이루어야 한다는 생각이 자연스럽게 작동한 결과이다. 일찍이 이황은 긴수작(緊酬酢)과 한수작(閑酬酢)을 들어 이것을 설명한 바 있다. 자신의 몸을 수양하여 성인을 배우고자 하는 것을 긴수작이라 한다면, 사람들 사이에서 흐르는 정회(情懷)나, 산수를 노닐며 느끼는 정취(情趣) 등 일상에 관한 것은 한수작이라 하겠다.[91]

성리학은 긴수작을 우선으로 한다. 그런데 이것에로만 경도되면 인생관 자체가 경직될 수밖에 없다. 이 때문에 한수작인 풍류가 이들에게는 필수불가결한 것이었다. 그러나 이들의 풍류 방식은 한결같지 않아서, 홀로 풍류를 즐기기도 하고 함께 즐기기도 하였다. 인간 존재 자체가 혼자 살면서 동시에 더불어 산다는 것을 상기할 때 이것은 당연한 이치이다. '홀로'와 '함께'는 유가 사상의 핵심인 '수기'와 '치인'과 결부된다. 이 둘을 온전히 하는 것이야말로 지선(至善)에 이르는 유일한 길이다. 여기서는 함께 즐기기의 공동체 문화를 중심으로 살핀다. 풍류 공동체는 이 과정에서 비로소 형성되기 때문이다. 우선 다음 작품을 주목해 보자.

江心廣石名是簟　강 가운데 넓은 돌 점석(簟石)이라 이름하는데
不煩肆筵而設席　번거롭지 않게 자리를 마련하여 앉았네

91　이에 대해서는 정우락, 「조선시대 선비들의 풍류방식과 문화공간 만들기」(『퇴계학논집』 15, 영남퇴계학연구원, 2014)에서 자세하게 다루었다.

舍舟移登重設酌　배에서 내려 올라가 거듭 술자리를 베푸니
環坐四隅如堂角　사방에 빙 둘러앉은 것이 당각 같구나
興酣卮酒各不辭　술기운이 오르니 술잔을 사양하지 않고
酒盡廚奴招呼急　술이 다하니 부엌의 종 부르는 소리가 빠르구나
樽前爛熳或自歌　술동이 앞은 어지러운데 혹 스스로 노래하고
仚仚屢舞誰勸促　선선히 춤을 추니 누가 권해서인가
誰是地主誰是民　누가 원님이고 누가 백성인가
區區禮數都抛却　구구한 예의는 모두 던져 버렸다네
或壻扶翁相對舞　사위는 장인을 잡고 서로 춤을 추고
或婢擧觴同酬酢　계집종도 술잔을 들어 함께 주고받는다네

— 이현보, 〈취시가, 서시좌상제공(醉時歌, 書示座上諸公)〉[92]

이현보(李賢輔, 1467~1555)의 작품이다. 그는 분강 위에 애일당(愛日堂)을 지어 놓고 1544년(중종 39) 4월 23일 점석(簟石) 일대를 선유하였다. 이때 지은 시가 〈취시가, 서시좌상제공〉인데, 위의 시는 그 일부이다. 당시 예안현감 임내신(任鼐臣)과 손서(孫壻) 황준량(黃俊良, 1517~1563)이 함께하였다. 술과 노래가 어우러지고 옹서(翁胥) 사이인 이현보와 황준량이 서로 손을 맞잡고 춤을 춘다. 가비(歌婢)와 잔을 주고받기도 한다. 이렇게 어울려 노는 풍류 속에는 귀천이 따로 없어 이현보는 "누가 원님이고 누가 백성인가"라고 했다. 낭만 감성이 극대화된 것이다.

당시 이황도 초청을 받았으나 참석하지 못했다. 이를 애석하게 여긴 이현보는 이후 이황과 황준량 등 여러 사람을 다시 초청하여 뱃놀이를 하였다. 그날 밤 구름에 달이 가려 물빛이 어둑했는데, 돌

92 李賢輔, 〈醉時歌, 書示座上諸公〉, 『聾巖集』 권1.

이 강심에 있어 물이 여기에 와서 나뉘어 흘렀다. 한 줄기는 자신의 자리 아래를 돌아 흘러갔고 이황은 그 아래 앉아 있게 되었다. 이에 이현보는 자그마한 뗏목을 만들어 그 위에 술잔을 얹어 이황이 있는 아래쪽으로 띄워 보냈고, 이황은 떠내려오는 술잔을 웃으며 받아 마셨다. 이렇게 하기를 두세 차례, 이현보는 이것이 진나라 왕희지(王羲之, 321~379)가 난정(蘭亭)에서 벌인 유상곡수(流觴曲水)는 아니었으나 그 의미는 같다고 생각했다. 그리고 이황과 이현보는 다음과 같은 시를 주고받았다.[93]

(가) 投老歸田豈爲名　벼슬을 던짐이 어찌 명성을 위함인가
陪遊泉石似登瀛　모시고 천석(泉石)에서 노니 선경에 오른 듯
賜書屢賁楊三逕　여러 번 책을 하사받은 양억(楊億)과
敕水寧論賀四明　삭수(敕水)의 하사명(賀四明)을 어찌 비유하리
雨送雙鳧雖絶勝　빗속에 신선을 보내니 경치 더욱 빛나고
風吹一葉更多情　바람이 불어오니 더욱 다정하다
林間小閣通宵夢　숲속의 작은 누각에서 잠을 자다가
陡覺神魂分外淸　문득 깨어나니 정신이 분수 밖에 깨끗해진다

— 이황, 〈농암상공요성주(聾巖相公邀城主)……〉[94]

(나) 蘸水奇巖有舊名　물속 기이한 바위 옛 이름 있었는데
遊人探勝自蓬瀛　유인(遊人)이 사랑해 스스로 신선이 되었다네
雨餘江漲波光碧　비 온 뒤 물빛 푸른데
夜久烟沈燭影明　밤 물안개에 촛불 그림자 선명하구나

93 李賢輔, 〈雨餘泛舟遊簟石, 次景浩〉 小序, 『聾巖集』 권1 참조.
94 李滉, 〈聾巖相公邀城主 任鼒臣及滉遊賞泉石, 其日雨, 城主來而滉不往, 後數日再招, 滉與黃仲擧諸人, 泛舟爲簟石之遊, 仍留宿江閣, 相公令詩以紀其事〉, 『退溪集』 권1.

坐石四隅隨地勢　바위 모양 따라 네 구석에 앉아
流觴兩處剩歡情　술잔을 양쪽으로 띄우니 기쁨이 넘친다네
醉來還泛中流棹　취하여 배를 타고 강 가운데로 흘러가니
飛沫西風洒面清　휘날리는 서풍에 낯이 씻기어 상쾌하도다

— 이현보, 〈우여범주유점석, 차경호(雨餘泛舟遊簟石, 次景浩)〉[95]

(가)는 이황의 작품으로, 당시 이현보의 요청에 의해 쓴 것이고, (나)는 여기에 대하여 이현보가 차운을 한 것이다. 이황은 이현보가 벼슬을 버리고 분천으로 온 것이 명성을 위한 것이 아닐 터인데, 그를 모시고 노니 선경에 들어온 듯하다고 했다. 그리고 강가에 있는 작은 누각에서 잠을 자다 깨어나니 마음이 분수 밖에 깨끗해진다고 했다. 이에 이현보는 물속에 있는 기이한 바위에 앉아 술을 마시노라니 신선이 된 듯하다며 이황의 시를 받았다. 바위 사이로 흐르는 물에 술잔을 띄워 마시는 술에 기쁨이 넘친다고 하면서 이현보는 당시의 낭만 감성을 극대화시켰다. 취하여 배를 타고 강심으로 들어가며 맑은 바람을 상쾌하게 느끼기도 한다고 했다.

이현보가 이황 등과 함께한 놀이는 일련의 풍류 공동체라 할 수 있다. 이러한 풍류 공동체는 일회적이고 우연적인 것도 있고, 정기적이고 조직적인 것도 있다. 정기적이고 조직적인 것 가운데 조선 중기 낙동강을 배경으로 하는 시회는 '상산선유시회(商山船遊詩會)'가 대표적이다. 이 시회의 작품은 『임술범월시(壬戌泛月詩)』와 『낙강범주시첩(洛江泛舟詩帖)』에 수렴되어 있는데, 상주의 제1경으로 알려진 경천대(擎天臺)에서 배를 띄워 동남쪽의 도남서원(道南書院)을 거쳐 관수루(觀

95 李賢輔, 〈雨餘泛舟遊簟石, 次景浩〉, 『聾巖集』 권1.

水樓)에 이르는 30여 리의 구간을 선유하며 지은 것이다. 기간과 횟수는 1607년(선조 40)부터 1778년(정조 2)까지 171년 동안 총 8회(『임술범월시』의 경우), 1663년(현종 4)부터 1798년(정조 22)까지 135년 동안 총 18회(『낙강범주시첩』의 경우)에 걸쳐 진행되었다. 이 선유시회는 대를 이어 가면서 연 것으로, 일찍이 유례를 찾아볼 수 없는 것이다. 이준(李埈, 1560~1635)을 중심으로 한 선유시회는 낙강시회의 한 전범이 된다는 측면에서 중요하다.[96] 아래 표를 중심으로 17세기의 사정을 간단히 살펴보자.

시회 연월일	참석자 및 시운	선유지	시 형식
1607. 9.	金庭睦, 趙翊, 李埈, 全湜, 趙溭, 金憓, 黃時幹		聯句
1622. 7. 16.	李埈(壬), 趙靖(戌), 李堜(之), 李埈(秋), 康應哲(七), 金憓(月), 金知復(旣), 金廷獻(望), 金廷堅(望), 柳袗(蘇), 趙又新(子), 李大圭(與), 韓克禮(客), 金璧(泛), 李元圭(舟), 李文圭(遊), 李身圭(於), 禹處恭(赤), 丘山立(壁), 孫胤業(下), 全湜(淸), 全克恒(徐), 全克恬(來), 趙光壹(水)	1일: 道南書院→龜巖→楓湖→巖→道南書院 2일: 道南書院→龍淵(擎天臺)→伴鷗亭→道南書院	分韻
1622. 10. 15.	李埈(桂), 丘希岦(蘭), 孫胤業(槳), 金諜(空), 李元圭(兮)	竹巖津	分韻
1657. 7. 16.	曺挺融, 趙稜 등(窓·腔·雙·缸·江)	竹巖津	次韻
1682. 7. 16.	趙稜 등(위와 같음, 1686년 洪昇, 李在寬 등이 다시 차운함)	竹巖津	次韻

위는 『임술범월록(壬戌泛月錄)』 가운데 17세기 부분만 적출한 것이다. 이 가운데 이준을 중심으로 한 1622년(광해군 14) 7월 16일의 시회가 대표적이다. 소식이 1082년에 후베이성 적벽강에 배를 띄우고 〈적

96 이에 대해서는 이구의의 「해제」(『역주 낙강범월시』, 아세아문화사, 2007) 참조.

벽부〉를 남긴 지 꼭 540년 만의 일로, 이 시회가 가장 본격적으로 이루어졌을 뿐만 아니라, 상주 선유시회의 전범이 되었기 때문이다. 시회에 사용된 시의 형식은 연구(聯句), 분운(分韻), 차운(次韻) 등으로 다양하였으며, 죽암진에서 주로 개최되었던 것으로 보인다. 죽암진은 도남서원과 관수루 사이에 있던 나루로, 그 일대가 수심이 깊고 경치가 빼어나 상주의 문인들이 이곳을 대표적인 선유시회 장소로 활용했던 것일 터이다.

풍류 공동체는 스승과 제자들로 구성되기도 한다. 즉, 하나의 학단적 차원에서 공동체가 이루어지기도 한다는 것이다. 그 대표적인 것이 정구(鄭逑, 1543~1620)와 그 문도들이 벌인 봉산욕행(蓬山浴行)일 것이다. 이에 대한 기록은 『봉산욕행록』에 갈무리되어 있으며,[97] 여기에는 정구와 그의 제자를 중심으로 320여 명이 등장한다. 당시 정구는 치병을 위해 제자들과 온천욕을 단행하였는데, 1617년(75세) 7월 20일부터 동년 9월 4일까지였다. 이에 대하여 『봉산욕행록』에 다음과 같이 요약되어 있다.

> 선생이 사빈(泗濱)을 떠난 기간이 45일인데, 배 안에 계셨던 날이 6일이다. 온천욕을 41회 하셨는데, 처음 한 번은 다만 물을 밖으로 길어 와서 씻기만 하셨다. 나무 욕조에서 목욕하신 것이 3번이고, 외석탕(外石湯)에서 목욕하신 것이 16번이며, 내석탕(內石湯)에서 목욕하신 것이 21번이다. 목욕을 마치고는 곧 출발하여 통도사에만 이틀을 머무르고, 9월 초나흘에 비로소 집으로 돌아오셨다. 안색과 기혈이 전보다 다소 나아진 듯하니, 보는 사람들은 모두 온천욕의 효험이라고 했다.[98]

---

97 『봉산욕행록』에 대해서는 정우락, 「〈봉산욕행록〉에 대한 문화론적 독해」, 『한국 고전문학과 문화어문학』, 역락, 2018, 71~115쪽 참조.

98 鄭在夔 편, 『蓬山浴行錄』, 1617년 9월 5일 조, "先生, 離泗濱凡四十五日, 在舟者六日, 浴泉

『봉산욕행록』의 마지막 대목이다. 여기서 45일이라 한 것은 사빈을 떠나 다시 사빈으로 돌아오기까지의 기간이다. 제자들이 사빈에 돌아와 하룻밤을 더 머물고 이튿날 한강과 헤어지니 도합 46일의 기록이다. 『봉산욕행록』 말미에 위와 같이 한강이 목욕한 대체를 요약해 적고 이로 인해 안색과 기혈이 다소 나아진 듯하다고 했으니, 치병이라는 여행의 성격을 더욱 분명히 하고 있는 셈이다. 그리고 여행길에서의 숙박, 목욕의 횟수, 목욕 후 돌아올 때의 일정 등을 구체적이고도 상세하게 제시하고 있다. 기록의 정밀성이라는 글쓰기의 특성 또한 간취하게 된다. 특히 이 여행의 하행길은 물길을 이용하였는데, 구체적인 노정은 다음과 같다.

① 7월 20일: 대구[99] 지암→부강정→고령 원당포→노다암→덕산→달성 쌍산 수문→영파정→도동서원
② 7월 21일: 달성 도동서원→고령 어목정, 부래정→창녕 대암→우산촌
③ 7월 22일: 창녕 우산촌→사막→마수원→의령 기강→함안 도흥탄→경양대→칠원 상포
④ 7월 23일: 칠원 상포→영산 창암정→창원 본포
⑤ 7월 24일: 창원 본포→밀양 공명헌→남수정→미례→삼랑포→양산 황산
⑥ 7월 25일: 양산 황산→김해 산산→삼차강→신산서원→부산 하룡당
⑦ 7월 26일: 부산 하룡당→기울현→온천 욕소

几四十一度, 初一度, 只汲水出外洗滌而已. 浴木湯子者三度, 浴外石井者十六度, 浴內石井者二十一度, 浴畢卽發只留調通度寺兩日, 九月初四日, 始得返家, 而顔色氣血, 稍勝於前日, 見之者, 咸以爲沐浴之效云."

99 한강 당시의 지명과 현재의 지명이 많이 다르나 이해의 편의를 위하여 현재의 것으로 한다.

대구 사빈에서 출발하여 현풍, 고령, 창녕, 의령, 칠원, 함안, 영산, 창원, 밀양, 양산, 김해를 거쳐 동래로 갔다. 거리는 수로(水路) 610리와 육로(陸路) 20리이니, 도합 630리였다. 원당포를 지나면서 신안현감 김중청(金中淸, 1566~1629)의 시에 대해 이언영(李彦英, 1568~1639) 등 10명이 차운시를 지었고, 창암정에서는 창원부사의 운에 따라 노극홍(盧克弘, 1553~1625) 등 9명이 차운시를 지었다. 당시 정구의 여행길에는 수많은 사람들이 무리를 이루어 맞이하거나 배웅하였다. 별감 정승경(鄭承慶)은 급히 노를 저어 와서 노학자 정구에게 예를 다하기도 했다. 때로는 맞이하고 때로는 지나치면서 물길을 따라 그렇게 내려갔다. 도동서원, 창암정, 신산서원에서는 진외증조부 김굉필, 동문 곽재우, 스승 조식을 떠올리며 추모하기도 했다. 당시 하행길에서 만난 노다암을 다음과 같이 묘사하고 있다.

> 노다암 위를 바라보니 흰옷 입은 사람들이 무리를 이루고 있었고, 노다암 아래에는 천막이 높이 쳐져 있었다. 이육이 말했다. "이 사람들은 향소의 사람들인데 선생을 위해 미리 와서 기다리고 있습니다." 다가가서 보니 백사장 위에 천막을 설치하였는데, 과연 향소의 임원들이었고, 여훤(呂煊)도 와 있었다.[100]

여행 첫날인 1617년(광해군 9) 7월 20일의 기록으로, 원당포를 지나며 지금의 고령군 다사면에 있었던 절벽 노다암의 풍경을 묘사한 것이다. 바위 위에는 정구를 뵙기 위해 모인 사람들이 무리를 이루고 있었고, 바위 아래에는 천막이 높게 쳐져 있었다. 유향소에서 나

100 鄭在夔 편, 『蓬山浴行錄』, 1617년 7월 20일 조, "望見老多巖上, 白衣成隊, 巖下供帳高張, 李堉言是鄕所爲先生前期待候云, 及至則設供帳沙上者, 果是鄕所所辦, 而呂煊亦來矣."

온 선비들이었다. 이들의 정성을 생각하여 정구 일행은 배를 타고 가까이 가 보았는데, 거기 여휜도 있었다고 했다. 우리는 정구의 행차를 보기 위해서 강안에 늘어선 선비들의 모습과 함께, 기록이 얼마나 세밀하게 이루어졌는지를 알게 된다. 영파정에서는 날이 어두워 90세 노인인 생원 나세렴(羅世謙)을 만나지 못하고 지나쳐 버린 아쉬움도 있었다.

정구의 치병을 위한 이 여행에서 특별히 주목할 부분이 있다. 바로 강학 문화이다. 여행은 한수작을 중심으로 이루어지지만, 하나의 학단이 풍류 공동체가 되어 함께하는 여행이었기에 강학 역시 없을 수 없었다. 정구는 봉산욕행을 하면서 스스로 『예의답문(禮疑答問)』을 편정하기도 하고, 『오복연혁도(五服沿革圖)』를 강정하기도 했다. 앞의 것은 예를 내용으로 한 정구의 질문과 이황의 답변을 편집한 것이고, 뒤의 것은 5복, 즉 참최(斬衰), 자최(齊衰), 대공(大功), 소공(小功), 시마(緦麻) 등 다섯 가지 상복(喪服)에 관한 연혁을 그림과 함께 설명한 것이다. 그러니까 정구는 여행 중에 이들 예서를 중심으로 강론을 그치지 않았던 것이다. 이러한 분위기 속에서 7월 30일에 당포만호(唐浦萬戶) 변시민(卞時敏)이 『천승(千乘)』 한 부를 보냈고, 8월 2일에는 동래부의 유생 곽후태(郭後泰)가 『한부금낭(翰府錦囊)』 등의 서책을 정구에게 올렸다. 여기서 더 나아가 『봉산욕행록』에는 정구가 깊은 밤까지 강론했던 기록도 제시되어 있다. 다음 기록이 그것이다.

> 황혼이 되어 도천(道川)의 정담(鄭湛) 씨 집에 투숙했다. 정종윤(鄭宗胤, 子長), 손해(孫瀣, 叔浩), 정홍도(鄭弘道, 景中), 박점(朴點, 聖與), 박문효(朴文孝, 伯順), 정계도(鄭繼道, 行可), 성이직(成以直, 汝方)이 와서 뵈었다. 부윤이 선생을 모시고 강론하여 밤이 깊어서야 그쳤다.[101]

1617년 9월년 2일의 기록이다. 이날 정구는 영천 북안의 도천리에 사는 정담의 집에서 묵게 되었다. 정종윤 등 7명이 찾아와 문안하였고, 경주부윤 기천(沂川) 윤효전(尹孝全, 1563~1619)과 더불어 밤이 깊도록 강론하였다. 특히 윤휴의 아버지 윤효전은 8월 28일 정구가 통도사에 머물 때부터 사람을 보내 문안하는 등 특별한 성의를 보인 사람이다. 9월 1일에는 노곡천변(奴谷川邊)에 천막을 치고 기다렸고, 포석정에서 정구를 맞아 정구 일행의 경주 유람 일체를 주관하였으며, 영천까지 따라와 작별하였다. 이에 대하여 이윤우는 『봉산욕행록』에 "부윤이 선생을 대접하는 성의와 공경이 극진하여 몸소 제자의 예를 갖추었다."[102]라고 적고 있다. 즉, 욕행 과정에서 사제 관계를 맺고, 강학 또한 본격적으로 이루어졌던 것이다.

한수작과 긴수작이 교차하면서 이들의 풍류 공동체가 만들어 낸 것이 바로 욕기 사상(浴沂思想)이다. 이는 공자가 제자들에게 그들의 포부를 묻자, 증점(曾點)이 "기수에서 목욕하고, 무우에서 바람 쐬고 시를 읊조리며 돌아오고 싶습니다.[浴乎沂, 風乎舞雩, 詠而歸.]"라고 하여 공자의 칭찬을 받았던 고사에 근거한다. 주자는 공자의 이러한 사상에 '알인욕(遏人欲) 존천리(存天理)'라는 수양론이 깊이 내재되어 있다고 보았다. 이 때문에 『봉산욕행록』에 등재된 시문학에는 이 욕기 사상

101 鄭在夔 편, 『蓬山浴行錄』, 1617년 9월 2일 조, "黃昏, 投宿于道川鄭湛氏之廬, 鄭宗胤子長·孫滏叔浩·鄭弘道景中·朴點聖與·朴文孝伯順·鄭繼道行可·成以直汝方來謁, 府尹奉先生講論, 夜深而罷."

102 鄭在夔 편, 『蓬山浴行錄』, 1617년 9월 1일 조, "主尹, 待先生極其誠敬, 親執弟子之禮." 윤효전은 윤휴의 아버지로, 당색은 소북이었다. 서경덕(徐敬德)의 제자인 민순(閔純)에게 배웠는데, 이때 정구와 사승 관계를 맺게 된다. 그는 정구가 봉산욕행을 하던 해인 1617년(광해군 9)에 경주부윤으로 봉직하였으며 재직 중이던 1619년(광해군 11) 임지에서 세상을 떠났다. 정구와 윤효전의 만남은 한강학이 지닌 기호학과 영남학의 회통적 성격을 설명하는 데 있어 중요한 지점을 형성한다. 윤효전의 죽음에 대하여 정구는 "이내 몸은 풍이 들어, 신음한 지 다섯 해라. 찾아가 조문 못 하고, 대신 제물 올리며, 속마음을 개진하니, 영령이여 강림하여, 내 말 좀 들어 보고, 올린 제물 흠향하소. 아! 애통하여라."(〈祭尹慶州文〉, 『寒岡集』 권12)라며 슬퍼하였다.

이 다량 내장될 수 있었다. 대표적인 작품 둘만 들어 보기로 한다.

(가) 浴沂餘興屬新秋 기수(沂水) 목욕 남은 흥을 가을에 부쳤으니
幸添當時與點遊 당시 증점(曾點)과 함께 노는 것이 다행일세
覺舃肯同由也哂 사또께서 유야(由也) 되어 비웃고자 한다면
願言來會武溪頭 원컨대 무릉의 계곡 머리로 오시기를

— 이언영, 『봉산욕행록』에서[103]

(나) 細雨初晴月滿沙 가랑비 그치니 백사장에 달빛 가득
幸隨函丈浴沂波 스승님 모시고 기수(沂水) 물결 목욕을 하네
蘭舟擊下秋江上 목란 배를 타고 가을강 위로 내려가니
聞說蓬萊靈藥多 듣건대 봉래에는 영약이 많다지

— 노해, 『봉산욕행록』에서[104]

앞의 시는 이언영(李彦英, 1568~1639)이 지은 것이고, 뒤의 시는 노해(盧垓, 1598~1663)가 지은 것이다. 모두 정구의 제자들이다. (가)에서 말한 사또는 당시 병으로 여행을 함께하지 못했던 성주목사 김중청(金中清, 1567~1629)으로, 역시 정구의 제자였다. 증점과 함께 기수에서 놀고자 했던 공자처럼 정구를 모시고 동래로 가니 그곳으로 속히 오기를 바라고 있다. (나)에서도 정구를 모시고 기수에서 목욕을 한다고 했다. 특히 노해는 "목란 배를 타고 가을강 위로 내려가니"라고 하여 배를 타고 낙동강을 내려가는 상황을 아름답게 묘사하고, "봉래의 영약"을 들어 스승 정구가 이번 행차로 쾌유하기를 비는 심정도 담았다.

103 鄭在夔 편, 『蓬山浴行錄』, 1617년 7월 20일 조.
104 鄭在夔 편, 『蓬山浴行錄』, 1617년 7월 23일 조.

선비 사회에 있어 한수작인 풍류는 긴수작인 경전 공부 못지않게 중요한 것이었다. 그러므로 선비들은 풍류 공동체를 결성하여 때로 산수를 노닐며 문학 활동을 함으로써 우의를 다졌다. 차운시 등에서 볼 수 있듯이 생활 자체가 풍류와 일정한 맥이 닿아 있지만, 시회 등을 통해 공동체가 조직적으로 관리되기도 했다. 정경세나 이준 등이 주축이 되어 이룩한 낙강범월시회는 그 가운데 대표적인 선유시회로, 수백 년 동안 대를 이어 가면서 개최되었다는 측면에서 일찍이 유례를 찾아볼 수 없는 것이다. 또한 정구가 치병을 위해 봉산으로 욕행(浴行)을 떠날 때도 풍류 공동체 의식은 유감없이 발휘되었다. 바로 이러한 측면에서 물과 풍류 공동체는 밀접한 관련이 있었던 것으로 보아야 할 것이다.

4. 물과 놀이 문화

놀이는 인간이 만들어 낸 단순한 활동이나 특수한 목적을 지닌 행위가 아니다.[105] 이것은 인간과 세계를 이해하고 해명하는 데 매우 중요한 시사점을 제공한다. 네덜란드의 문화사학자 호이징가(J. Huizinga)는 '만드는 인간(Homo Faber)'과 이웃하는 '생각하는 인간(Homo Sapiens)'과 같은 개념으로 '놀이하는 인간(Homo Ludens)'을 제시하였다. 그에 따르면 놀이는 문화가 있기 전부터 일정한 형태로 존재해 왔으며, 태초부터 현재 우리가 살고 있는 문명기에 이르기까지 항

105 놀이에 대한 철학사적 논의는 정낙림이 『놀이하는 인간의 철학』(책세상, 2017)에서 자세히 다루었다.

상 문화 현상 속에 충만한 방식으로 존재하여 왔음을 발견할 수 있다. 즉, 놀이는 인간을 어떤 목적적 존재로 이해하기보다 미적 존재로 이해할 수 있게 한다는 것이다.[106]

물을 통해 생활이 가능하다고 볼 때, 물놀이는 인간의 생활 문화 가운데 매우 깊숙이 들어와 있을 수밖에 없다. 물놀이라는 말에서 보듯이 물은 즐기는 대상이기 때문이다. 개울이나 강에서 헤엄을 치면서 놀거나, 여럿이 모여 천렵(川獵)을 즐기는 것도 모두 물놀이에 해당한다. 특히 천렵은 놀이이면서 동시에 일이다. 이처럼 천렵은 경계가 불분명하기는 하나 잡은 고기를 조리해서 먹으며 노는 놀이판까지를 포함할 수 있다. 여기서의 물은 단순한 서정적 대상이라기보다 놀이와 함께하는 생활 문화의 일부라 하겠다.

물놀이의 다양성

인간은 어릴 때부터 물에서 놀기를 즐긴다. 이것은 어머니 뱃속에서의 양수(羊水)에 대한 무의식이 작동한 결과이기도 할 것이다. 특히 여름철이 되면 아이들을 중심으로 물놀이를 더욱 많이 즐기게 된다. 헤엄을 치지 못하는 어린아이들은 손을 땅에 짚고 물장구를 치며 놀고, 약간 자라 물에 익숙해지면 개나 다른 동물들이 수영하는 것처럼 개헤엄을 치며, 나아가 송장헤엄, 자헤엄 등을 치며 물놀이를 즐긴다. 또한 물속의 돌 밑에 물건을 숨겨 두고 잠수를 통해 이것을 찾기도 하고, 잠수를 해서 조개를 줍거나 물고기를 잡기도 한다. 대부분의 놀이가 그러하듯이 경쟁적으로 이루어진다.

---

106 정우락, 「선비들의 놀이정신과 남명 조식의 풍류: 우리 시대 청년들에게 말을 건네며」, 『남명학』 21, 남명학연구원, 2016, 74쪽 참조.

고대의 수중 놀이로는 고구려의 수석전(水石戰)이 대표적이다. 『수서(隋書)』「동이열전·고구려」에 따르면, "해마다 연초에 패수(浿水) 가에 모여 놀이를 하는데, 왕도 요여(腰輿)를 타고 우의(羽儀)를 나열해 놓고 구경을 한다. 놀이가 끝나면 왕이 옷을 입은 채 물에 들어간다. 이때 군중들은 좌우로 두 편을 나누어 물과 돌을 서로 뿌리거나 던지고, 소리치며 쫓고 쫓기기를 두세 번 되풀이한 뒤에 그만둔다."[107] 라고 하였다. 왕의 입수(入水)를 신호로 벌어지는 이 물놀이는 고구려에서 새해를 맞이해 벌인 특별한 놀이였다.

7세기경 고구려에서 왕을 중심으로 벌였다는 물놀이는 단순한 물놀이라고 볼 수는 없다. 왕이 참여하였으니 국가적인 행사였고, 그것도 추운 연초에 열렸다고 하니 한 해의 일과 관련이 있다. 그리고 왕이 옷을 입은 채로 물에 들어가는 것을 신호로 하여, 두 패로 나누어 서로에게 물을 뿌리고 돌을 던지며 다툰다고 했다. 한편으로 몸을 정화하면서 다른 한편으로 풍년을 기원하는 일종의 제의적 기능이 있었다고 하겠다. 왕의 입수는 물론이고 물을 서로에게 뿌리는 것과 돌을 던져 승부를 가르는 것 등에서 이러한 사실을 유추할 수 있다.

물놀이는 고려시대로 이어져 왕실을 중심으로 꾸준히 계승된 듯하다. 『고려사절요』에 왕이 빈번히 물놀이를 시켜 그것을 구경하고, 이후 그들에게 물품을 하사하며 상을 주었다는 기록이 있다. "여름 4월에 홍복사에 행차하여 남포에 용선을 띄워 재추·근신에게 잔치를 베풀고, 또 홍복사에 행차하여 다경루(多景樓)에서 연회를 베풀고,

107 『隋書』,「東夷列傳·高句麗」, "每年初, 聚戲於浿水之上, 王乘腰輿, 列羽儀以觀之. 事畢, 王以衣服入水, 分左右爲二部, 以水石相濺擲, 諠呼馳逐, 再三而止."

물놀이한 사람들에게 백금 2근을 하사하였다."[108]라고 하거나, "부벽루에 거둥하여 물놀이를 관람하고 백금과 포물(布物)을 하사하였으며, 재신·추신 및 시신들과 배 가운데서 연회하고, 밤이 깊은 뒤에 비로소 파하였다."[109]라고 한 기록들이 모두 그것이다. 다음 기록도 마찬가지다.

> 신우(辛禑)가 여기에 누(樓)를 짓고 또 누선(樓船)을 만들었는데, 지극히 사치스럽고 커서 이름을 봉천선(奉天船)이라 하였다. 물놀이[水戲]를 베풀어 흥청거리며 노는 것이 법도가 없었다. 한번은 술에 취해서 의관도 벗지 않은 채 말을 타고 물로 들어갔다.[110]

경기도의 호곶교(壺串郊)에 대한 기록이다. 『고려사절요』 1385년(신우 11) 가을 7월에, "우(禑)가 봉천선(奉天船)을 타고 동강(東江)에서 물놀이를 벌였다. 우가 호곶(壺串)에 화려하게 채색한 누각을 짓고 누선(樓船)을 만들었는데, 매우 사치스럽고 커서 이름을 봉천선이라 하였다."[111]라고 기록하고 있다. 위의 자료는 바로 우왕의 호곶 물놀이를 말한 것이다. 이 자료에서 우리는 고려의 왕들이 물놀이 구경도 하였지만 배를 만들어 직접 물놀이를 즐기기도 했다는 사실을 알게 된다.

물놀이는 어린아이들도 즐기고 군왕도 즐겼다. 물놀이에는 남녀노소와 귀천이 따로 없었다는 뜻이다. 신윤복(申潤福, 1758~1814)의 그

---

108 『高麗史節要』 권11, 「毅宗莊孝大王」, 1168년 조, "夏四月, 幸興福寺, 泛龍船於南浦, 宴宰樞近臣, 又幸洪福寺, 宴于多景樓, 賜水戲人, 白金二斤."

109 『高麗史節要』 권11, 「毅宗莊孝大王」, 1168년 조, "御浮碧樓, 觀水戲, 賜白金布物, 宴宰樞侍臣于舟中, 夜分乃罷."

110 『新增東國輿地勝覽』 권12, 「京畿·長湍都護府」, "辛禑起樓于此, 又作樓船, 極其侈大, 名曰奉天船. 張水戲, 盤遊無度. 嘗乘醉不脫衣冠騎馬入水."

111 『高麗史節要』 권32, 「乙丑 辛禑」, 1385년 조, "禑, 乘奉天船, 張水戲于東江, 禑起畫樓壺串, 作樓船, 極其侈大, 名奉天船."

신윤복의 〈주유청강도(舟遊淸江圖)〉

림 가운데 〈주유청강도(舟遊淸江圖)〉가 있다. 이 그림에는 조선시대 선비들이 물놀이를 하는 장면이 뚜렷하다. 선비 세 명이 기생 세 명을 불러 뱃놀이를 하며, 삿대를 젓는 사공과 피리를 부는 악노(樂奴)도 불렀다. 이렇게 보면 남자가 다섯, 여자가 셋인데, 남자 두 명은 노비이다. 선비 가운데 한 사람은 산천을 그윽하게 바라보고, 또 한 사람은 물에 손을 담그는 기생을 바라보고 있으며, 나머지 한 사람은 기생에게 수작을 건다. 기생 한 명은 뱃머리에서 생황을 연주한다. 신윤복은 여기에 화제도 적었다.

一笛晩風聽不得　젓대 소리 늦은 바람으로 들리지 않는데
白鷗飛下浪花前　흰 갈매기만 물결 앞으로 날아드네

— 신윤복, 〈주유청강도〉에서

조선조의 선비들이 즐긴 물놀이 가운데 대표적인 것이 아마도 뱃놀이일 것이다. 이들은 소식(蘇軾, 1037~1101)의 적벽유를 생각하며 7월 16일이 되면 달밤에 특별한 행사를 벌였다. 앞서 살핀 정경세(鄭經世, 1563~1633) 등이 상주 낙동강 일대에서 벌인 뱃놀이도 모두 그러한 것이었다. 그러나 뱃놀이는 여기에 한정되지 않았고, 기간과 방식도 매우 다양하였다. 특히 낙동강의 경우 안동, 상주, 선산, 고령, 함안 등은 뱃놀이를 하기에 더없이 좋은 환경을 갖추고 있었다. 안동 선비 이종악(李宗岳, 1726~1773)의 경우, 1763년(영조 39)에 봄날을 맞이하여 지인들과 5일간 안동의 반변천에서 뱃놀이를 하고 산수화첩을 남겨 그 놀이의 전모를 알 수 있게 했다.

계곡에서의 탁족(濯足)도 매우 중요한 물놀이이다. 우리나라의 명산은 물이 맑을 뿐만 아니라 수량이 풍부하여 선비들은 산수를 유람하면서 탁족을 즐겼다. 탁족은 원래 굴원(屈原)이 〈어부사(漁父辭)〉에서 "창랑의 물이 맑으면 내 갓끈을 씻을 만하고, 창랑의 물이 흐리면 내 발을 씻을 만하다."라고 한 구절에서 온 것이지만, 작가들은 이를 통해 세상의 티끌을 없애고자 하였으니 수신(修身)의 의미가 내포되어 있다. 선비들은 몸의 노출을 꺼렸기 때문에 계곡에 발을 담가 더위를 식히는 이 방법은 그들에게 안성맞춤이었다.

조선 선조 때 양예수(楊禮壽)가 편찬한 『의림촬요(醫林撮要)』에 「발 씻는 법[濯足法]」이 소개되어 있다. "하초는 허(虛)하고 상초에 열이 몰려서 입과 혀가 헌 것을 치료한다. 백반(白礬)을 갈아서 끓는 물에 녹여서 발을 씻는다."[112]라고 하여, 입과 혀가 헌 것을 치료하기 위해 탁족을 한다고 기록되어 있다. 탁족이 치료 목적으로도 행해졌음을 알 수 있다. 그러나 대부분의 탁족은 더위를 식히면서 여기에 어떤 의미

112 楊禮壽, 〈口舌病門〉, 『醫林撮要』 권7, "治下虛上壅, 口舌生瘡. 右, 以白礬爲末, 用湯化以濯足."

를 부여하기 위한 것이었다. 선비들은 탁족을 하며 진(晉)나라 좌사(左思)의 〈영사팔수(詠史八首)〉 가운데, "천 길 산등성이에서 옷 먼지를 털어 내고, 만 리 장강 흐르는 물에 발을 씻노라."[113]라는 유명한 구절을 떠올렸다. 정약용의 다음 작품도 같은 입장임을 보였다.

重巒蓊蔚一蹊微 산들은 울창하고 오솔길은 하나인데
濃綠深黃弄晩暉 짙푸르고 누른 것들이 석양빛을 희롱하네
桑葉欲肥鳩正乳 뽕잎에 살이 붙자 비둘기들 새끼 치고
麥芒初長雉交飛 보리 싹 돋아날 때 꿩들은 서로 날지
春燒古棧迷僧徑 잔도가 봄에 불타 중 가는 길 모르겠고
晴瀑危橋濺客衣 해 맑은 날 폭포수가 객의 옷에 뿌려진다
知有人家深處住 깊은 곳에 살고 있는 인가가 있나 보다
隔溪聞喚女兒歸 딸애를 부르는 소리 시내 너머서 들려오네
楊子峯頭草木蓁 양자봉 꼭대기에 풀과 나무 무성한데
白雲飛盡綠嶙峋 흰구름이 다 걷히자 푸르른 산 첩첩이로세
蒼鼯度樹鶯先避 날다람쥐 나무 타니 꾀꼬리가 먼저 피하고
文豹行林鵲亂嗔 표범이 숲속을 가니 까치들이 짖어 대네
磴路時逢挑菜女 나물 캐는 아낙을 비탈길에서 때로 만나고
巖扉日送賞花人 바위 문에는 날마다 꽃구경 온 사람이라네
臨流濯足知何意 흐르는 물에 발 씻는 게 무슨 뜻인지 알겠는가
曾踏東華萬斛塵 조선 천지 많은 먼지를 밟아 왔기 때문이지
巖阿層疊抱祇林 바위산이 첩첩으로 기림을 싸고 있어
經卷香爐深復深 불경이며 향로며 모두가 깊고 깊네
澗草雜靑黃綠色 시냇가 풀 청색 황색 녹색 섞여 있고

113 『文選』 권21, "振衣千仞岡, 濯足萬里流."

山禽交十百千音　산새들은 열 가지 백 가지 천 가지 소리로구나
李檗讀書猶有處　이벽이 독서했던 곳이야 있지마는
苑公棲跡杳難尋　원공이 있던 자취는 아득하여 못 찾겠다
風流文采須靈境　풍류와 문채도 영경이라야 제격이지
半日行杯半日吟　한나절은 잔 돌리고 한나절은 시 읊었네

— 정약용, 〈단오일배이형유천진암(端午日陪二兄游天眞庵)〉[114]

이 작품은 정약용이 단옷날에 두 분 형을 모시고 천진암에서 놀면서 지은 것이다. 깊은 산속에 인가를 감지하며 가족 여행은 시작된다. "깊은 곳에 살고 있는 인가가 있나 보다, 딸애를 부르는 소리 시내 너머서 들려오네."라고 한 데서 이러한 사실을 알 수 있다. 그리고 울창한 숲과 그 사이로 난 오솔길, 날다람쥐와 꾀꼬리, 표범과 까치가 있는 깊은 산인데도 불구하고 적지 않은 사람들이 찾는다고 했다. "나물 캐는 아낙을 비탈길에서 때로 만나고, 바위 문에는 날마다 꽃구경 온 사람이라네."라고 한 데서 알 수 있듯이 바람을 쐬기 위하여 많은 사람들이 산을 찾았던 것이다.

그윽한 계곡에 옷을 적시는 폭포수도 깊은 정취를 이루지만, 위의 작품에서 특별히 주목할 수 있는 것은 "흐르는 물에 발 씻는 게 무슨 뜻인지 알겠는가, 조선 천지 많은 먼지를 밟아 왔기 때문이지."라고 한 구절이다. 천지의 먼지를 씻어 내기 위하여 계곡을 찾아 발을 씻는다고 했으니, 그의 탁족은 세속적 삶에서 생기는 번민을 털어 내기 위한 것이었다. 이것은 노수신(盧守愼, 1515~1590)이 한가로움을 틈타 단발령(斷髮嶺)에 올라왔다면서, "애석하여라, 새로 막 씻은

114 丁若鏞, 〈端午日陪二兄游天眞庵〉, 『茶山詩文集』 권3.

발로 재차 도성 거리 먼지를 밟기가."[115]라고 한 것과 같은 맥락에서 이해된다. 그러니까 이들의 탁족은 마음을 정화하기 위함이었던 것이다. 계속해서 정약용의 시를 보자.

石壁青林送夕陽　절벽 및 푸른 숲에서 석양을 보내노니
凌波仙襪月中涼　능파선의 버선발이 달 아래 서늘하구려
百濟江清堪受濯　백 번 건넌 강물 맑아서 발을 씻을 만하고
高麗臭去却聞香　고린 냄새 떠나니 도리어 향내만 나누나
嘲騰白蹢如波豕　물에 씻긴 돼지 발 같다고 조롱들 하나
睡覺紅曦未爛羊　졸다 깨니 붉은 햇볕이 양을 익히지 못하네
終是英雄眞趣少　끝내 이 영웅들은 참된 멋이 적어라
女兒何必洗當床　어찌 꼭 여아 시켜 와상에서 씻을 것 있나

— 정약용, 〈월야탁족(月夜濯足)〉[116]

이 시는 제목 자체가 '월야탁족'이다. 정약용은 더위를 물리치기 위한 여덟 가지 일을 시로 나타내었다. 〈송단호시(松壇弧矢)〉, 〈괴음추천(槐陰鞦遷)〉, 〈허각투호(虛閣投壺)〉, 〈청점혁기(淸簟奕棋)〉, 〈서지상하(西池賞荷)〉, 〈동림청선(東林聽蟬)〉, 〈우일사운(雨日射韻)〉, 그리고 위의 작품인 〈월야탁족〉이 그것이다. 여기서 시인은 탁족을 매우 사실적으로 표현하고 있다. 맑은 물에 발의 고린내를 씻어 내니 향기가 난다고 한 것이 그것이다. 그리고 이것은 여아(女兒)를 시켜 평상에 걸터앉아 씻는 것보다 훨씬 낫다고 했다. 여기서 우리는 당대 사대부들의 다른 탁족 문화도 알게 된다.

---

115 盧守愼, 〈復登斷髮嶺〉, 『穌齋集』 권1, "惜將新濯足, 再踏陌中埃."
116 丁若鏞, 〈消暑八事·月夜濯足〉, 『與猶堂全書』 권6.

물놀이는 탁족에만 그치지 않았다. 스스로 물에 뛰어들어 보다 적극적으로 놀이를 즐기기도 했다. 남효온(南孝溫, 1454~1492)의 경우 1485년(성종 16)에 금강산 보덕굴 근처의 계곡 물에 드러누워 물장구를 치며 물놀이를 하였고, 이원(李黿, ?~1504)의 경우 1493년(성종 24) 금강산 화룡연(火龍淵)에서 목욕을 하였다.[117] 이러한 예는 유산기에 다양하게 보이는데, 남효온과 권섭(權燮, 1671~1759) 등이 놀거나 본 외금강 발연(鉢淵)의 치폭(馳瀑) 혹은 수희(水戲)는 단연 압권이었다. 이 놀이는 폭포 타기라 할 수 있을 터인데, 넓은 바위의 홈통으로 쏟아지는 물을 이용하여 나뭇가지를 타고 내려오는 것이었다.[118]

(가) 발연의 고사에 "놀기를 좋아하는 중들이 폭포 위에서 나뭇가지를 꺾어 놓고 그 위에 앉아 물 위로 뛰어들어 물을 타고 내려간다. 능한 사람은 제대로 내려갔고 서툰 자는 거꾸로 내려갔다. 거꾸로 내려가게 되면 머리와 눈이 물에 빠져 한참을 허우적거리다가 다시 나오니 주변 사람들이 웃지 않는 이가 없다. 그러나 그 돌이 미끄럽고 반질반질하여 비록 몸이 거꾸로 내려가도 다치지 않으므로 사람들이 놀이를 싫어하지 않는다."라고 한다.[119]

(나) 발연사에 도착하니 절 앞이 이 놀이를 할 만하여 여러 승려를 시켜 치폭을 하게 하였다. 웃통을 다 벗고 속옷만 입고서 상류에 앉았다가 물길을 따라 곧바로 내려오는데, 돌이 미끄럽고 물이 빠르게 흐르니 화살

---

117 李黿, 〈遊金剛錄〉, 『再思堂逸集』 권1.

118 남효온과 권섭의 물놀이에 대해서는 정치영, 「조선시대 사대부들의 유람 중의 활동」(『역사민속학』 42, 한국역사민속학회, 2013, 58~60쪽)에서도 다루었다.

119 南孝溫, 〈遊金剛山記〉, 『秋江集』 권5, "鉢淵故事, 釋子遊戲者乃於瀑布上, 折薪而坐其上, 放於水上, 順流而下. 巧者順下, 拙者倒下, 倒下則頭目沒水, 久乃還出, 傍人莫不酸笑, 然其石滑澤, 雖倒, 下體不損傷, 故人不厭爲戲."

이 날아가듯 순식간에 돌 웅덩이로 떨어지다가 몸을 뒤집어 폭포로 향하여 앉으니 백발백중이었다. 한 승려가 먼저 치폭하고 한 기녀가 치폭하면서 폭포 아래에서 돌아앉으면, 기녀가 저절로 승려의 품 안에 있게 되는 것이니 산속의 한바탕 즐거운 놀이였다. 이제 어린 승려에게 기녀를 대신하여 치폭하게 하니, 또한 포복절도할 만하였다.[120]

(가)는 남효온의 〈유금강산기(遊金剛山記)〉의 일부이다. 여기서 말한 발연의 고사란 외금강의 발연사(鉢淵寺)에서 승려들이 벌이는 물놀이 고사를 말한다. 이 절의 중들은 발연에 있는 폭포를 나뭇가지를 타고 내려오는 놀이를 즐겼다. 중심을 잡고 바로 내려오기도 하고, 중심을 잃어 거꾸로 내려오기도 하지만, 돌이 미끄러워 다치지는 않는다고 했다. 남효온은 이어, "나는 운산(雲山)에게 먼저 시험하게 하고 뒤를 이어 따라갔다. 운산은 여덟 번 뛰어들어 여덟 번 모두 잘 내려왔는데, 나는 여덟 번 뛰어들어 여섯 번 제대로 하였다. 바위 위로 나오니 손뼉을 치고 크게 웃었다."[121]라며 당시의 물놀이를 기록하였다. 심지어 1531년(중종 26)에 이곳을 유람한 성제원(成悌元, 1506~1559)은 두 다리를 펴고 합장을 하며 물을 타고 내려오는 승려도 있었다고 하였다.[122]

(나)는 권섭의 〈유행록(遊行錄)〉의 일부이다. 남효온이 직접 폭포타기를 하였다면 권섭은 구경만 했을 따름이지만, 놀이 방식이 훨씬 다채롭고 흥미롭게 기술되어 있다. 남효온과 권섭의 시대적 차이는

---

120 문경새재박물관 편역, 『삼천에 구백리 머나먼 여행길: 玉所 權燮의 遊行錄』, 민속원, 2008, 41쪽.

121 南孝溫, 〈遊金剛山記〉, 『秋江集』 권5, "余令雲山先試之, 繼而從之, 雲山八發而八中, 余八發而六中, 及出巖上, 拍手大笑."

122 成悌元, 〈遊金剛錄〉, 『東洲逸稿』 上 참조.

200년이 훨씬 넘는다. 이로 보아 발연사에서의 폭포 타기는 이곳에서 오랫동안 전승되던 놀이 문화였다는 것을 알 수 있다. 위의 글에 따르면 승려와 기녀가 어울려서 함께 물놀이 곡예를 하고, 기녀 대신 어린 승려가 동참하기도 하면서 관객들로 하여금 흥미를 돋운다고 했다. '산속의 한바탕 즐거운 놀이', '포복절도할 만하였다'라는 표현으로 보아 이들의 물놀이가 얼마나 유쾌하였는지를 알 수 있다.

사대부들이 여름날 유산을 하면서 탁족을 하거나 목욕을 하는 것은 가능하지만, 남효온처럼 물놀이를 직접 즐기는 것은 쉬운 일이 아니었다. 그러하기에 주로 승려들이 물놀이 하는 것을 보며 즐기고자 했다. 위에서 본 권섭의 경우가 그러한 예에 해당한다. 물놀이가 금강산뿐만 아니라 지리산 등에서도 이루어지는 등 광범하였음은 물론이다. 양경우(梁慶遇, 1568~1629)는 1618년(광해군 10) 지리산에 들어가 쌍계사와 신흥사 등을 유람한 후 〈기행록(紀行錄)〉을 남긴 적이 있다. 이때 그는 '폭포연(瀑布淵)' '북지당(北池塘)'의 물놀이 구경이 볼만하다는 종의 말을 듣고, 승려들에게 이를 시킨다. 당시의 기록은 이러하다.

> 곁에 있던 종이 나에게 말하기를, "이곳의 중들은 물놀이를 잘하는데 볼만합니다."라고 하였다. 내가 늙은 중에게 명하여 물놀이를 시키라고 재촉하였다. 이에 잘생긴 어린 중 7, 8명이 발가벗고 연못 위에 서서 두 손으로 음부를 가리고 다리를 모아 몸을 솟구쳐 연못 가운데로 뛰어드는데, 물이 깊은 곳으로 들어가는 사람을 잘하는 것으로 삼았다. 처음에는 그가 어디로 갔는지 보이지 않다가 한참 뒤에 머리를 솟구치며 떠오른다. 나온 뒤에는 또 이와 같이 하여 앞선 자 뒤따르는 자가 서로 끊임없이 이어진다.[123]

당시 양경우는 발에 종기가 나서 산을 제대로 오르지 못하는 대신 승려들의 물놀이 구경을 즐겼다. 앞에서 보듯이 그 놀이는 7, 8명이 연이어 연못 속으로 다이빙을 하고, 물 깊은 곳으로 들어가 오래 있다가 나오는 것이었다. 또한 그는 "그 가운데 들락거림이 매우 빠른 중이 막 연못 위에 서 있는데 큰 벌이 숲에서 나와 그의 이마를 쏘았다. 중은 바로 땅에 쓰러져 소리쳤고, 잠깐 사이에 눈과 눈썹을 분간할 수 없게 되었다. 마침내 즐겁지 않게 되어 파하였다."[124]라고 하면서 당시에 있었던 사건도 기록하였다. 산속에서 물놀이를 하면서 충분히 벌어질 수 있는 일이라 하겠다.

물놀이에는 배를 타거나 헤엄을 치거나, 혹은 다이빙을 하는 등 다양한 방법이 있지만 물가의 정자 등 일정한 근거지를 갖고 하는 것이 대부분이다. 술을 마시거나 가무를 즐기거나 하면서 놀이에 대한 흥취를 북돋우기도 한다. 예컨대, 정약용(丁若鏞, 1762~1836)이 1787년(정조 11) 여름밤에 이기경(李基慶), 권영석(權永錫), 정필동(鄭弼東) 등과 함께 벌인 월파정(月波亭) 놀이도 그 가운데 하나다. 이 놀이는 이기경이 "인간이 세상에 사는 날이 그 얼마나 된다고 답답하게 글 짓는 것을 노고스럽게 할 것인가. 집에서 빚은 소주[火酒]도 마침 내어 왔고, 좋은 오이도 내왔는데, 어찌 술을 싣고 오이를 띄우면서 월파정(月波亭)에서 놀지 않을 것인가."[125]라고 하면서 시작되었다.

이들은 조그마한 배를 타고 용산(龍山)에서부터 물결을 거슬러 올

123 梁慶遇, 〈紀行錄〉, 『霽湖集』 권11, "在旁伶兒謂余曰, 此間僧輩善作水戲, 可觀, 余命老僧趣之. 於是, 有美少僧七八輩裸而立淵上, 以兩手障其陰, 合脚竦身, 投于淵心, 以入水深者爲能, 初不見其所往, 良久然後昂頭浮出, 旣出又如之, 前者後者, 相繼不息."

124 梁慶遇, 〈紀行錄〉, 『霽湖集』 권11, "其中有一僧出沒甚銳, 方立淵上, 有大蜂出自林間, 毒其額, 僧乃仆地而號, 須臾眉目不可辨, 遂不樂而罷."

125 丁若鏞, 〈月波亭夜游記〉, 『茶山詩文集』 권13, "人生幾何, 誰能戚戚然以筆硯勞苦哉! 家釀火酒適出, 瓜善者又至, 盍載酒浮瓜, 爲月波之游乎?"

라가면서 동쪽에 있는 동작(銅雀) 나루를 바라보고, 서쪽에 있는 파릉(巴陵) 입구를 바라보면서 월파정에 도착했다. 막 해가 질 무렵, 서로 난간에 기대어 술을 가져오게 하여 달이 떠오르기를 기다렸다. 조금 있자니 물에 낀 안개가 비스듬히 걷히고 잔잔한 물결이 점점 밝아졌다. 이처럼 정약용 일행은 물결이 조금씩 밝아지는 것을 통해 달이 떠오르고 있음을 감지하였다. 달이 떠오르면 배를 타고 물속으로 나아가 물놀이를 하면서 준비해 둔 술을 마실 심산이었다. 달이 막 떠오르자 이들은 다음과 같이 배로 올라가 달을 맞았다.

> 마침내 우리가 다시 배에 올라 달을 맞았는데, 오로지 만 길이나 되는 황금빛 줄기가 수면에 내려 쐬더니, 잠깐 돌아보는 동안에도 천태백상(千態百狀)으로 순간순간 광경이 바뀌었다. 수면이 움직일 때는 부서지는 모습이 구슬이 땅에 흩어지듯 하고, 조용할 때는 평활(平滑)하기가 유리가 빛을 내는 것과 같았다. 달을 잡고 물놀이를 하는 등 서로 돌아보며 매우 즐거워했다. 시를 짓자고 말하는 사람이 있기에 내가 말하기를, "오늘의 일은 글 짓는 것을 피하려고 하는 것인데, 다시 괴롭게 눈살을 찌푸리고 수염을 비비 꼬면서 어려운 운자를 내어 좋은 글을 짓느라 어근버근하며 이 월파정(月波亭)의 풍경을 헛되이 저버려서야 되겠는가. 제군(諸君)들이 마시지 않는다면 이 정자의 이름에 맞지 않는다."라고 하였다. 마침내 각자 실컷 마시고 취해서 돌아왔다.[126]

정약용은 여기서 배를 타고 달을 맞이하는 풍경을 매우 사실적으

126 丁若鏞, 〈月波亭夜游記〉, 『茶山詩文集』 권13, "遂復登舟以候之, 但見萬丈金標, 倏射水面, 轉眄之頃, 千態百狀, 盪漾流灕, 其動者, 破碎如珠璣之迸地, 其靜者, 平滑如玻瓈之布光, 捉月戲水, 相顧樂甚. 有言賦詩者, 余曰, 今日之事, 逃文墨也, 復有肯皺眉稜撚髭毛, 戛戛乎競病推敲之中, 而空負此月波亭乎? 諸君不飮, 無以名斯亭, 遂各痛飮, 取醉而還."

로 묘사하였다. 처음에는 달빛이 수면에 내려 천태만상으로 바뀌고, 수면의 동정에 따라 그 모습이 마치 구슬이 땅에 흩어지는 듯하기도 하고 유리가 빛을 뿜어내는 것 같기도 하다고 했다. 이러한 절정 속에서 이들은 달을 잡고 물놀이를 하는 등 도도한 즐거움을 나누었다. 선비의 놀이에 시주(詩酒)가 없을 수 없으므로 누군가 시를 짓자고 하였으나, 정약용은 월파정의 달밤 풍경이 주는 정취를 극대화하기 위하여 술만 마시자고 제의했고 일행은 여기에 따랐다. "마침내 각자 실컷 마시고 취해서 돌아왔다."라는 기록에서 이들의 만족도를 충분히 알 수 있다.

물과 관련한 놀이 문화 가운데 우리는 하회선유(河回船遊) 줄불놀이를 빼놓을 수 없다. 이 놀이는 낙화놀이와 뱃놀이, 그리고 줄불놀이, 달걀불놀이, 관등(觀燈) 혹은 관화(觀火) 놀이가 복합된 것으로, 안동 풍산류씨 세거촌(世居村)의 특징이 반영되어 있다. 낙화놀이라는 명칭이 가장 널리 쓰이는데, 음력 정월대보름, 4월 초파일, 또는 7월 보름 등에 숯가루·사금파리 가루·소금·점화 물질 등을 넣은 낙화(落火) 봉들을 나뭇가지나 장대에 매달아 놓고, 거기에 불을 붙여 그것이 타오르는 불꽃 모양과 타오를 때 터지는 폭음 소리를 함께 즐기는 불꽃놀이를 말한다.[127] 하회선유 줄불놀이 가운데 선유 뱃놀이에 대하여 김익두는 다음과 같이 설명하였다.

> 선유/뱃놀이·줄불놀이·낙화놀이·달걀불놀이는 그 자체가 독립적인 의미를 가진 것이 아니라, 나머지 놀이들은 선유/뱃놀이의 흥취를 돕기 위한 보조놀이의 역할을 한다고 한다. 선유/뱃놀이는 배에 청사초롱을 여

127 김익두, 「'낙화놀이'의 지역적 분포와 유형에 관한 민족지적 고찰」, 『비교민속학』 48, 2008, 111쪽 참조.

> 러 개 달고 사공이 노를 저어 강 한가운데를 선회하며, 배 안에서는 선비와 양반이 즉흥시를 읊고 술을 즐기면서 기녀들에게는 시창을 부르거나 가무를 하거나 대금을 불거나 가야금을 타게 하였다 한다. 기녀들의 시창이나 가무가 끝날 때, 새로운 시창이나 가무를 청하는 뜻에서, 배 안에서 부용대 위의 낙화지점을 향하여 "낙화야!" 하고 소리를 치는 신호에 따라, 부용대 위에서는 솔가지단에 불을 붙인 낙화가 절벽 강 아래로 떨어지고, 강물 위로는 달걀불이 흘러오며, 하늘에서는 보름달의 아름다운 달빛이 내려 비친다. 이때 선유/뱃놀이에는 선비·양반 및 초대받은 빈객 또는 관료들이 탔으며, 여자로는 기녀만이 허용되었다 한다.[128]

여러 사람들이 동원되어 불놀이를 즐기는데, 물과 어울리게 하고 있다는 데 중요한 의미가 있다. 물과 불이 서로 융합되는 지점이 있기 때문이다. 여기에 선비들은 즉흥시를 지으며 술을 마시고, 기녀들은 가무를 하거나 악기를 연주한다. 배 안의 흥취를 더욱 북돋우기 위하여 배 안에서 부용대를 올려다보면서 "낙화야!"라고 외치며 강상에서 베풀어지는 불꽃놀이를 하도록 했고, 강물 위로는 달걀불이 흘러와 보름달과 어울린다. 강상에서 벌이는 이러한 놀이는 상하층, 물과 불, 강과 달이 서로 어울리면서 화려한 장관을 연출하는데, 이로써 물놀이의 극치에 도달하게 된다.

물놀이는 남녀와 노소, 귀천과 시대를 가리지 않았다. 고대부터 현대에 이르기까지 이 문화는 지속되어 왔다고 하겠다. 자신들이 직접 즐기기도 하였지만 왕이나 선비 등 상층에서는 아랫사람들에게 물놀이를 시킨 후 지켜보는 것을 선호했다. 특히 선비들은 발을 물에

128 김익두(2008), 위의 논문, 124쪽.

담그는 탁족을 주로 하며 피서와 함께 세속에서 오는 잡념을 씻어 내고자 했다. 이러한 물놀이는 폭포 타기나 다이빙 등으로 확대되어 나갔고, 주변에 있는 정자나 누각 등에 의지하여 시주(詩酒)와 함께 즐기기도 했다. 더욱이 낙화놀이 등에서 볼 수 있는 것처럼 물놀이 문화는 집단적인 문화로 성장하면서 축제의 형태로 정착되기도 했다.

천렵 놀이와 이야기

놀이가 인간을 미적 존재로 이해할 수 있도록 하기 때문에, 여기에는 강제성과 의무성이 배제됨과 동시에 자유성과 쾌락성이 강조된다. 놀이는 '일'이라고 하는 일상의 삶과 분리되는, 비생산적이고 비지시적인 활동이라 할 것이다. 놀이의 목적이 있다면 그것은 즐거움이다. 이 즐거움을 통해 삶의 활력소를 얻거나, 생산적 삶에서 오는 긴장을 이완시킬 수 있다. 바로 이러한 점 때문에 놀이는 생산적인 일 저편에 있는 듯하지만, 일과 대립적 관계에 놓이는 것이 아니라 상보적 관계에 놓인다. 따라서 놀이와 일은 동전의 양면이라 할 수 있을 것이다.

전통시대의 놀이는 일과 놀이의 경계 지점에 있는 것이 많다. 천렵(川獵) 놀이도 그 가운데 하나다. 이는 냇물에서 고기를 잡으며 즐기는 놀이로, 보통 여러 명이 집단적으로 행한다. 겨울을 제외한 대부분의 계절에 놀이가 행해지나, 여름철에 피서법의 하나로 더욱 많이 놀이되며 주로 남자가 한다. 냇물이나 강가에서 그물을 치고 반두 등을 이용하여 고기를 잡거나 헤엄을 친다. 또한 잡은 고기는 주로 강가나 냇가에 솥을 걸어 두고 매운탕을 끓여 먹는데, 이를 통해 마을의 화합을 다지기도 한다. 천렵은 다양한 문헌에 전한다. 『삼국유사』의 다음 이야기는 그 초기 자료에 해당한다. 들어 보기로 하자.

> 만년에 항사사(恒沙寺)에 옮겨 살았다. 이때 원효가 여러 가지 불경의 소(疏)를 찬술하고 있었는데, 언제나 혜공에게 가서 묻고 혹은 서로 희롱하기도 했다. 하루는 혜공과 원효가 시냇가에서 고기를 잡아서 먹고는 돌 위에다 똥을 누었다. 혜공이 그 똥을 가리키며 "너는 똥을 누고 나는 고기를 누었다.[汝屎吾魚.]"고 말했다. 이 때문에 '오어사'가 되었다. 어떤 사람은 원효가 말한 것이라 하나 잘못된 것이다.[129]

『삼국유사』「의해편(義解篇)」〈이혜동진(二惠同塵)〉의 혜공과 관련된 일화이다.[130] 여기서 혜공은 '여시오어(汝屎吾魚)', 즉 '네가 눈 것은 똥이고 내가 눈 것은 고기'라고 희롱하면서 성격이 활달한 젊은 원효를 일깨워 주고 있다. 고기도 어떤 사람이 먹느냐에 따라 냄새나는 똥이 되기도 하고, 살아 있는 고기가 되기도 한다는 것이다. 오어사 연기설화와 관련된 이 이야기의 '여시오어'에 대해서는 이설이 많다. '네가 눈 똥은 나의 고기'라 해석하기도 하고, 원효가 오어사의 전신인 항사사(恒沙寺)에서 광언(狂言)을 했다는 '항사광언(恒沙狂言)'을 근거로 원효의 이야기라고 하기도 하나, 원효보다 한 세대 앞선 혜공이 원효에게 한 이야기로 보는 것이 무난할 것 같다.[131]

천렵은 원시시대부터 이루어졌을 것인데 처음에는 생존과 관련된 것이었을 터이다. 혜공과 원효가 천렵을 하며 자신들의 정신 경계의 높이를 다투고 있지만, 사실 이러한 자료는 많지 않다. 그러나 '산을 의지해 사는 사람은 산에서 먹고살고, 물을 의지해 사는 사람은

129 一然, 〈二惠同塵〉, 『三國遺事』 권4, "晩年, 移止恒沙寺, 時元曉撰諸經疏, 每就師質疑, 或相調戱. 一日二公沿溪掇魚蝦而啖之, 放便於石上, 公指之戱曰, 汝屎吾魚, 故因名吾魚寺, 或人以此爲曉師之語, 濫也."

130 혜공과 원효 이야기는 정우락, 『삼국유사 원시와 문명 사이』(역락, 2012, 52~59쪽)에서 다루었다.

131 여기에 대해서는 정우락(2012), 위의 책, 55쪽 참조.

물에서 먹고산다.[靠山吃山, 靠水吃山.]'는 중국의 성어도 있듯이, 개울이나 강가에 사는 사람들은 일 혹은 놀이로 천렵을 하였다. 이색(李穡, 1328~1396)이 "일산 같은 뜰의 솔에는 학이 둥지를 틀고, 휘늘어진 시내의 버들은 물고기 뀔 만하구나."[132]라고 하였듯이 물고기는 항상 생활 곁에 있었던 것이다. 조선 후기의 선비 정학유(丁學游, 1786~1855)는 〈농가월령가(農家月令歌)〉를 지은 바 있는데, 이 작품의 4월령에 천렵에 대한 내용이 소개되어 있다. 들어 보면 다음과 같다.

八日에 懸燈함은 山村에 不緊하나
느티떡 콩찌니는 제때의 別味로다
앞내에 물이 주니 천렵을 하여 보세
해 길고 殘風하니 오늘 놀이 잘되겠다
벽계수 백사장을 굽이굽이 찾아가니
水丹花 늦은 꽃은 봄빛이 남았구나
數罟를 둘러치고 銀鱗玉尺 후려내어
磐石에 노구 걸고 솟구쳐 끓여 내니
八珍味 五候鯖을 이 맛과 바꿀소냐.

— 정학유, 〈농가월령가(農家月令歌)〉[133]

〈농가월령가〉의 4월령은 "사월이라 맹하 되니 입하 소만 절기로다."로 시작하는데, 위는 그 뒷부분에 해당하다. 이에 따르면 초파일이 산촌의 농가에서 긴요하지는 않지만, 이때 먹을 수 있는 느티떡이나 콩찐이는 별미다. 이어 천렵 역시 훌륭한 놀이라 했다. 앞의 시냇

132 李穡, 〈次韻答家兄〉, 『稼亭集』 권18, "園松偃盖應棲鶴, 溪柳垂絲可貫魚."
133 丁學遊, 〈農家月令歌〉, 『주해 가사문학전집』(이상보 편저), 민속원, 1961.

물이 줄어들고, 해는 길어지며 바람이 잔잔한 날이 이 놀이를 하기에 안성맞춤이라는 것이다. 아직 연꽃에서 봄빛이 남아 있는 날, 촘촘한 그물에 걸린 물고기를 잡아 반석 위에 가마솥을 걸고 매운탕을 끓여 먹으니 그 맛이 오후청(五候鯖)[134]보다 낫다고 했다. 여러 가지 재료를 넣어 끓인 매운탕이기 때문에 이렇게 표현한 것이다.

천렵 놀이는 그림으로 묘사되기도 했다. 유숙(劉淑, 1827~1873)의 〈계심어비도(溪深魚肥圖)〉와 김득신(金得臣, 1754~1822)의 〈강상회음도(江上會飮圖)〉가 대표적이다. 유숙의 〈계심어비〉는 화제를 통해 알 수 있듯이 물은 깊고 고기는 살쪄 있다는 것이다. 이를 통해 천렵 놀이임을 알 수 있게 했다. 이 그림을 자세히 보면, 웃통을 벗고 손에 그물을 든 사람, 물장구를 치며 위쪽에서 물고기를 몰이오는 사람, 아래쪽에서 통발 혹은 맨손으로 고기를 잡는 사람 등 물속에 있는 사람은 물론이고, 물가에서 광주리를 머리에 인 아낙과 항아리를 지고 가는 사내 등도 묘사되어 있다. 우리는 이 그림을 통해 조선 후기에 천렵을 구체적으로 어떻게 하였는지를 바로 알 수 있다.

유숙의 〈계심어비도(溪深魚肥圖)〉

134 전한(前漢) 성제(成帝) 때 평아후(平阿候), 성도후(成都候), 홍양후(紅陽候), 곡양후(曲陽候), 고평후(高平候)가 서로 시기하고 세력 다툼을 하여 빈객들도 눈치를 보며 자유롭게 다니지 못하였는데, 누호(婁護)라는 자만이 다섯 집을 다 드나들면서 비위를 맞추고 각 집에서 가져온 반찬을 한데 넣어 끓여 잡탕을 만들어 먹었으므로 세상에서 그것을 일러 오후청(五候鯖)이라 하였다고 한다.

김득신의 〈강상회음도(江上會飮圖)〉

유숙의 〈계심어비도〉가 물고기를 잡는 데 치중하였다면, 김득신의 〈강상회음도〉는 그 이후의 일을 묘사하는 데 치중했다. 화제 역시 그것을 나타낸 것이지만, 사대부가 아닌 일반민 다섯 사람이 물고기를 잡아서 먹고, 한 사람은 양념을 만들고, 다른 한 사람은 조금 떨어진 곳에 앉아 산천을 구경한다. 나무 뒤에 숨어 이를 엿보는 이도 있다. 이들이 잡은 물고기는 배를 타고 나가서 낚시질을 해서 얻은 대어(大魚)임이 분명하다. 물고기는 한 마리밖에 없는데 그 주변에 사람들이 여럿 모여 있기 때문이다. 그리고 배는 매여 있고, 세워 둔 낚싯대 위에는 왜가리로 보이는 새가 네 마리 앉아 있다. 이처럼 천렵을 통해 잡은 물고기를 그 자리에서 바로 요리해서 먹는 방식이 조선시대에 광범하게 유행하고 있었던 것으로 보인다.

근대 이후 물이 오염되어 민물고기를 먹는 것이 문제가 되기 전에는 여름철에 즐기는 천렵이 일상이었다. 정경운이 『고대일록(孤

臺日錄)』에서 "최별감(崔別監)과 함께 혈계(血溪)에서 천렵(川獵)을 하였다."(1594년 7월 29일),[135] "남산(南山) 아래에서 천렵(川獵)을 하였다. 눌어(訥魚) 두 마리와 은순(銀唇) 두 마리 정도를 잡았다. 너무 보잘것없구나!"(1595년 7월 7일)[136]라 한 것이나, 지규식(池圭植)이 『하재일기(荷齋日記)』에서 "동료와 천렵 놀이를 하였다. 집 뒤 냇가에 가서 어부에게 그물을 들고 나가 고기를 잡게 하여 회도 치고 삶기도 하여 종일 취하도록 실컷 먹었다."(1894년 4월 25일),[137] "정소산(鄭少山)과 관동(冠童) 대여섯 명을 거느리고 뒤 냇가에 나가 천렵하였다. 회를 치고 끓이기도 하여 배불리 먹고 해가 저물어서 돌아왔다."(1908년 4월 15일)[138]라고 하는 등의 허다한 기록이 그것을 방증한다. 사정이 이러하니 천렵에 대한 시가 없을 수 없었다.

辛夷花落小庭畔	작은 뜰 한 모퉁이 신이화는 지는데
獨坐高軒望遠山	정자에 홀로 앉아 먼 산 바라보네
日出鶯啼園樹裏	해 뜨자 동산 숲에 꾀꼬리 울어 대고
天晴鷺立水田間	날 개니 무논에 해오라기 서 있구나
松陰滿地常憑几	땅 한가득 솔그늘 속 늘상 기대앉고
蓬徑無人自掩關	쑥대 가득한 길 인적 없어 문 닫아걸건만
少友風流來惹事	풍류 있는 젊은 친구 찾아와 일 만들어
前川喚我打魚還	앞내에서 천렵이나 하자고 날 부르네

— 김원행, 〈조기우음, 잉희시홍경부(朝起偶吟, 仍戲示洪敬夫)〉[139]

---

135 鄭慶雲, 『孤臺日錄』 권2, 1594년 7월 29일 조, "與崔別監川獵于血溪."

136 鄭慶雲, 『孤臺日錄』 권2, 1595년 7월 7일 조, "川獵南山之下, 捉訥魚二尾, 銀唇兩首, 畧哉!"

137 池圭植, 『荷齋日記』 권3, 1894년 4월 25일 조, "同僚作川獵之遊, 往後溪, 使漁父擧網得魚, 鱠之烹之, 醉飽終日."

138 池圭植, 『荷齋日記』 권9, 1908년 4월 15일 조, "與鄭少山, 率冠童五六, 出後溪獵魚, 鱠烹飽喫, 抵暮歸來."

139 金元行, 〈朝起偶吟仍戲示洪敬夫〉, 『渼湖集』 권1.

김원행(金元行, 1702~1772)이 아침에 일어나 우연히 읊어 장난삼아 홍흠보(洪欽輔, 1709~?)에게 준 시이다. 홍흠보의 본관은 풍산(豐山)이며 경부(敬夫)는 그의 자이다. 작자는 이 시의 수련에서 정자에 홀로 앉아 자연을 즐기며 산다고 했다. 그리고 자신이 즐기는 풍경을 함련에서 조금 더 세밀히 묘사하였다. 동산에 해가 떴을 때의 꾀꼬리 울음소리, 날 개자 무논에 서 있는 해오라기 등이 그것이다. 경련과 미련에서는 자신의 풍류를 말했다. 인적 없는 소나무 그늘 속에 항상 앉아 있노라니, 풍류를 즐기는 젊은 친구들이 앞 시내로 물고기 잡으러 가자며 부른다고 했다. 김원행이 젊은이들을 따라 천렵을 갔는지 가지 않았는지는 알 수 없지만, 그 역시 천렵에 관심이 많았던 것을 알 수 있다. 다음 두 수 역시 같은 맥락에서 읽힌다.

(가) 一水窮源上　시냇물 하나 근원까지 오르자니
巖巒曲曲幽　바위와 봉우리가 구비마다 그윽하네
鵑禽啼谷口　두견새는 계곡 입구에서 울고
鷗鷺立沙頭　갈매기는 모래톱에 서 있나니
杖策穿苔逕　지팡이 짚고 이끼 낀 길 거닐다가
折花戱玉流　꽃 꺾어 옥빛 물살을 희롱해 보네
晩來收數罟　저녁 되면 촘촘한 그물 거두어다
呼酒更遲留　술 가져오라 하고 다시 머무노라

— 이관명, 〈계상보행관렵어(溪上步行觀獵魚)〉[140]

(나) 織薄承梁石打波　어량에 통발 치고 돌을 물에 던지고서
群兒爭趁衆魚過　아이들이 앞다투어 물고기를 몰아가네

140 李觀命, 〈溪上步行觀獵魚〉, 『屛山集』 권1.

須臾潑潑盈�裏 잠깐 사이 통발 가득 물고기가 팔딱이니

笑道今番得最多 이번이 제일 많다 웃으며 말들을 하네

— 윤기, 〈관천렵(觀川獵)〉[141]

두 작품은 모두 천렵을 구경하며 지은 것인데, 물고기를 잡는 방법이 서로 다르다. (가)에서는 흐르는 물에 일찍이 그물을 쳐 두고 거기에 걸려드는 물고기를 저녁때쯤 거두어 오는 방법을, (나)에서 물을 막고 통발을 설치하여 거기로 물고기를 몰아넣는 방법을 썼다. 이 밖에도 양손에 손잡이가 있는 반두를 이용하여 물고기를 잡기도 하고, 투망(投網)을 이용해서 잡기도 한다. 이관명(李觀命, 1661~1733)과 윤기(尹愭, 1741~1826)가 보았던 천렵은 이 가운데 그물과 통발을 이용한 방법이라 하겠는데, 시골에 사는 백성들이 주로 이것으로 고기를 잡았던 것이다.

천렵이 모두 즐거운 것은 아니다. 모든 것이 그러하지만 관아 등 외부의 권력이 작동하면 이것도 백성들에겐 번거로운 일에 불과하기 때문이다. 예컨대, 민우수(閔遇洙, 1694~1756)가 신야(申埜, 생몰년 미상)에게 보낸 편지에, "이른바 청렴하고 검소하다고 한 것은, 예를 들면 은어[銀口魚]를 천렵할 때 수령과 관아의 객이 이전에는 민간을 번거롭게 하지 않은 적이 없었는데, 자네가 부임한 뒤로 이러한 폐단이 없어져 시냇가의 백성들이 이전에 보지 못했던 일이라 하는 것을 말하네."[142]라고 한 데서 이러한 사실을 알 수 있다. 수령과 관아에서 항상 민간에 천렵을 하도록 해서 백성들에게 커다란 부담을 주었는

141 尹愭, 〈觀川獵〉, 『無名子集』 권1.

142 閔遇洙, 〈答申文之〉, 『貞菴集』 권5, "所謂淸簡者, 如銀口魚川獵, 主倅衙客, 曾前無不作擾於民間, 而文之到後無此弊端, 川邊之民, 以爲曾所未見云."

데, 신야가 관리로서 이러한 일을 하지 못하도록 했던 것이다.

천렵과 관련된 다양한 이야기도 전한다. 박세당(朴世堂, 1629~1703)이 1688년(숙종 14)에 전한 명나라 사람 강세작(康世爵, 1602~?)에 관한 이야기부터 들어 보자. 강세작은 20대 중반이었던 1625년에 압록강을 건너 조선 영내로 들어온 이후 관서 지방을 떠돌다가 함경도로 들어가 정착하여 1680년대 중반까지 살았던 인물이다. 성격이 활달하고 술을 좋아하였으며, 재기(才氣)가 있고 세상에 얽매이는 것을 싫어하는 성품이었다고 한다. 박세당은 〈강세작전(康世爵傳)〉을 지어 그의 천렵 고사를 소개하였는데, 그 일부를 들어 보면 다음과 같다.

> 한번은 밤중에 천렵(川獵)을 하였는데, 다른 천렵꾼들이 하류에 그물을 치는 바람에 물고기가 위로 올라오지 못하였다. 그리하여 세작이 쳐 놓은 그물에는 한 마리도 걸리지 않았다. 이에 나뭇잎을 많이 모아다가 천렵꾼들이 잠든 틈에 그것을 물에 던지니, 나뭇잎이 아래로 떠내려가 천렵꾼들이 쳐 놓은 그물을 막았다. 그리하여 물살이 빨라지고 그물이 망가졌는데도 천렵꾼들은 알아차리지 못하였다. 이에 세작은 그물을 들어 많은 물고기를 거두어 돌아갔으니, 세상을 희롱하고 얽매이지 않음이 또 이와 같았다.[143]

강세작을 입전한 사람은 박세당 외에도 남구만(南九萬, 1629~1711)과 김몽화(金夢華, 1723~1792)가 있고, 최창대(崔昌大, 1669~1720)는 〈강군세작묘지명(康君世爵墓誌銘)〉을, 박지원은 『열하일기』「도강록」 속에 강

---

143 朴世堂, 〈康世爵傳〉, 『西溪集』 권8, "嘗夜漁于溪, 他漁者網塞下流, 魚不得上, 世爵置網無所得, 乃多取木葉, 竢漁者睡, 投諸水, 木葉流下, 擁漁者網, 水急網潰, 而漁者不之覺也. 於是, 世爵擧網, 大收魚以歸, 其玩俗不羈, 又如此."

세작 이야기를 삽화로 넣어 두었다. 이로써 우리는 강세작이 조선의 선비들 사이에 널리 알려져 있었던 사실을 알게 된다.[144] 이 가운데 박세당은 강세작이 천렵을 하면서 나뭇잎을 이용하여 다른 사람들이 쳐 놓은 그물을 망가뜨리고 자신은 물고기를 많이 거두어 갔다는 데 주목하였다. 그의 활달한 성격을 보이기 위함이었다. 또한 천렵을 통해 특정인의 성격을 말하기도 했는데, 다음 자료가 그것이다.

> 또 한번은 같이 천렵을 갔다. 두 문(文)은 서로 그물질을 하고, 효정공에게는 광주리를 들게 하였는데, 효정공이 광주리에 담긴 고기가 죽는 것을 슬퍼하여 입을 벌름거리는 것을 보고 다 놓아주었다. 천렵이 끝나자 고기를 세면서 두 문(文)은 서로 희롱하기를, "이다음에는 광주리를 들리지 말아야겠다."라고 하였다.[145]

이제신(李濟臣, 1536~1583)이 자신의 선조 효정공(孝靖公) 이정간(李貞幹, 1360~1439)의 일화를 적은 것이다. 그는 인자한 마음의 소유자였으며, 특히 80세의 고령에 어머니를 즐겁게 하기 위해 색동옷을 입고 병아리를 희롱하는 등 출천지효(出天之孝)로 널리 알려졌다. 이정간이 세종 때 재추(宰樞)를 지낸 문계종(文繼宗), 문효종(文孝宗) 형제와 함께 천렵을 갔는데, 그가 광주리에 담긴 물고기를 불쌍히 여겨 놓아주었다고 했다. 이를 통해 이제신은 자신의 선조 이정간이 인애지심(仁愛之心)을 가졌다는 것을 말하고자 했다. 이처럼 천렵은 전혀 다른 이야

---

144 강세작에 대해서는 정일남, 「『熱河日記, 渡江錄』의 康世爵 삽화와 『藥泉集』의 「康世爵傳」의 비교」(『한문학보』 12, 우리한문학회, 2005); 윤세순, 「17C 중국인 피난민 康世爵에 대한 문학적 형상화와 인식태도: 〈강세작전〉과 〈강군세작묘지명〉을 중심으로」(『고소설연구』 30, 한국고소설학회, 2010)에 자세하다.

145 李濟臣, 『淸江先生鯸鯖瑣語』, "又請與捕魚, 兩文相執綱, 俾孝靖持筐, 孝靖見筐魚惜死噞喁者盡放之, 捕訖數魚, 兩文相戲曰, 後勿執筐可也."

기로 확대되어 가고 있었다.

천렵은 흥미 있는 놀이였기에 선비들은 이것에 시간을 허비하기도 했다. 정구(鄭逑, 1543~1620)가 전한 자료를 통해 이를 알 수 있다. 그는 일찍이 제자 최은(崔䡾, 1583~1656)[146]에게 답신하여, 시간을 특별히 아껴 공부에 매진할 것을 당부한 바 있다. 아마도 그가 스승 정구에게 안부 편지를 하였던 것 같다. 이에 정구는 "오랫동안 만나지 못해 그리움을 금할 수 없던 차에 뜻밖에도 자네의 편지를 받아 보고, 요즘 세밑에 어버이를 모시고 잘 있다는 것을 알고 나니 고맙고 위안되는 마음 그지없다네."[147]라고 하면서 다음과 같이 당부하고 있다.

> 항상 안타까운 일은, 그대처럼 청수(淸秀)한 자질을 지닌 사람을 어찌 쉽게 얻을 수 있겠는가. 그런데 우리 고을에는 훌륭한 벗이나 스승이 없어 서로 함께 계도해 줄 수 없으므로 이미 심성(心性)을 닦는 학문으로 나아갈 수가 없고, 벼슬을 위한 과거 공부에 대해서도 정밀한 공부를 할 수가 없네. 그리하여 결국 한번 가면 다시 얻기 어려운 세월을, 집 짓고 천렵하는 헛된 작업으로 오랫동안 보내게 되니 어찌 진정으로 우려할 만한 일이 아니겠는가. 이러한 말은 서로 사랑하는 마음에서 나온 것이니 행여 언짢게 여기지 않는다면 이 늙은이는 다행이겠네.[148]

146 崔䡾의 '은'은 '檼' 혹은 '𡽹'으로 기록되어 있는 곳도 있다. 그는 아버지 최항경, 동생 최린과 더불어 모두 정구의 제자인데 '水下三賢'으로 불리며 성주의 鰲巖書院에 제향되었다.

147 鄭逑, 〈答崔士行〉, 『寒岡集』 권5, "積不得相奉, 浩不禁戀思, 忽見手書, 具悉歲暮侍奉安樂, 感慰俱深矣."

148 鄭逑, 〈答崔士行〉, 『寒岡集』 권5, "每惜如君淸秀之姿, 何可易得, 而邑中無佳朋良師, 不能相與導迪, 旣不能進之以心性之學, 其於擧子事, 亦不能索做精工, 遂將難得之歲月, 長付之營屋獵川之虛役, 豈不誠可念哉! 然, 此出於相愛而發, 毋又爲之瞋嗔, 則老者之幸也."

정구는 우선 제자 최은의 청수한 자질을 높였다. 그리고 사대부의 길은 퇴처를 통한 심성 수양과 출사를 위한 과거 공부에 있다고 하면서, 이것을 제대로 계도할 사우(師友)가 고을에 없다고 했다. 그는 최은에게 사정이 이러함을 염두에 두면서 시간을 아껴 쓰지 않으면 안 된다고 당부했다. 누군가로부터 최은이 집을 짓고 천렵하는 일에 빠져 있다는 말을 들었기 때문일 것이다. "어찌 진정으로 우려할 만한 일이 아니겠는가."라고 한 데서 그의 질책이 매우 심하다는 것을 알 수 있다. 이러한 강한 질책을 최은이 어떻게 받아들일지 알 수 없어, 이것이 사랑에서 나온 말임을 주지시키는 것도 잊지 않았다.

정구는 21세에 이황을, 24세에 조식을 배알하며 영남학파의 주요 일원이 된다. 그리고 한강정사(寒岡精舍), 무흘정사(武屹精舍) 등의 서재를 운영하며 독서와 강학에 매진하였다. 이황과 조식은 같은 시대 같은 지역의 선비로서, 상호 '천리신교(千里神交)' 혹은 '백년신교(百年神交)'라고 하면서 정신적인 사귐을 소중히 생각했다. 특히 '경(敬)' 개념을 중심으로 본성을 회복하고 이로써 성인의 길을 성실히 걷고자 했다. 그러나 세상을 보는 시각이나 대응 방법이 사뭇 달라 때로는 내적인 갈등도 있었던 것으로 보인다. 이들과 관련된 천렵 이야기도 전하는데 다음을 보자.[149]

(가) 예로부터 낙동강 상류에는 은어가 많았다. 은어는 맛이 좋은 물고기여서, 낙동강의 은어는 임금님에게 진상하도록 되어 있었다. 이 때문에 나라에서는 누구를 막론하고 백성들은 은어를 잡아먹으면 안 된다는 것을 법으로 정해 두었다. 그러나 철없는 아이들은 국법을 알 리가 없었

149 천렵과 관련한 이황과 조식의 이야기는 정우락, 『남명과 퇴계 사이』(경인문화사, 2008, 125~131쪽)를 참조할 수 있다.

고 강에 멱을 감으러 가서 저마다 은어를 잡았다. 그 아이들 중에는 퇴계의 자제들도 있었다. 퇴계는 아이들이 은어를 잡아오는 광경을 볼 때마다 '국법을 어겨서는 안 된다'고 꾸짖곤 하였다. 그러자 어떤 촌로(村老)가 퇴계를 나무랐다. "여름철에 아이들이 물놀이를 하는 것은 당연한 일이고, 물속에서 놀다 보면 물고기도 잡기 마련인데, 아이들이 은어를 잡는 것이 뭐가 나쁘다는 말씀이요. 나쁘다면 고기를 못 잡도록 한 법이 나쁜 것이지요." 그러자 퇴계는 이렇게 말했다. "노인의 말씀도 지극히 옳소이다. 아이들의 물놀이를 막을 수는 없습니다. 그러나 지금 나라에서 그렇게 법을 만들어 놓았으니 우선 지켜야 하지 않겠소. 그것이 설령 나쁜 법이라 하더라도 말이오." 그러나 아무리 타일러도 아이들은 말을 듣지 아니하고 여전히 은어를 잡고 있었다. 퇴계는 집안 아이들이 날마다 국법 어기는 것을 차마 보고만 있을 수가 없어서 마침내 이사를 했다.[150]

(나) 도산정사 아래 물고기를 잡는 어량(魚梁)이 있었는데, 관에서 금하는 것을 대단히 엄하게 하여 사람들이 사사로이 고기를 잡을 수가 없었다. 선생(퇴계)은 매양 더운 달에는 반드시 계상(溪上)의 집에 옮겨 살면서 한 번도 여기에 오지 않았다. 남명이 이를 듣고 웃으면서 말했다. "어찌 그리 소심한가? 내가 스스로 하지 않으면 비록 관의 어량이 있다고는 하나 무엇을 혐의할 것이며, 무엇을 피할 것인가?" 선생이 듣고 말했다. "남명에게 있어서는 마땅히 저와 같이 해야 하고, 나에게 있어서는 마땅히 이와 같이 해야 하는 것이다. 이는 내가 유하혜(柳下惠)의 가(可)함을 배울 수 없기 때문이니, 또한 마땅하지 않은가?"[151]

---

150 정우락(2008), 위의 책, 126~127쪽 재인용.

151 金誠一, 〈退溪先生言行錄〉, 『鶴峰續集』 권5, "陶山精舍下有漁梁, 官禁甚嚴, 人不得私漁, 先生每當暑月, 則必居溪舍, 未嘗一到于此. 曹南冥聞之笑曰, 何太屑屑也, 我自不爲, 雖有官梁, 何嫌何避? 先生曰, 在南冥則當如彼, 在我則亦當如是, 以吾之不可學柳下惠之可, 不亦宜乎?"

낙동강 상류는 물이 맑아 은어(銀魚)가 많았다. 낙동강의 은어는 특히 맛이 좋기로 유명하여 조정에 진상하도록 되어 있었던 것 같다. 이 때문에 물이 한군데로만 흐르도록 물살을 막고 그곳에 통발을 놓아 고기를 잡는 장치인 어량(魚梁)을 설치해 두고, 고기를 잡지 못하게 하는 구역, 즉 금련지지(禁攣之地)를 설정하였던 것이다. 이에 의거하여 이황이 '금련지지'를 피했다는 이야기가 다양하게 전해진다. (가)는 그 가운데 하나인 구비 자료이다. 이에 따르면 이황이 은어(銀魚)가 올라오는 시절이면 도산서당에서 계상으로 옮겨 살았다고 한다. 아이들이 국법을 어기며 천렵하는 것을 차마 볼 수 없었기 때문이라고 했다.

(나)는 김성일의 전언이다. 이황이 '금련지지'를 피한 것은 단순히 집안의 자제들 때문만은 아니었다. 혐의를 피하고 싶었기 때문이다. 조식이 이를 듣고 "내가 스스로 하지 않으면 비록 관의 어량이 있다고는 하나 무엇을 혐의할 것이며, 무엇을 피할 것인가?"라고 퇴계의 소심함을 비판했다고 한다. 조식의 비판을 들은 이황은 유하혜의 가(可)함을 배우지 못했기 때문이라 하면서, 조식이 거침없이 비판할 수 있었던 것은 벼슬을 하지 않은 처사 조식에게 마땅하고, 자신은 관리가 된 적이 있기에 마땅히 조심할 수밖에 없다고 했다. 양시론(兩是論)을 펼친 셈이다.

그렇다면 이황이 말한 '유하혜의 가함'이란 무엇인가. 일찍이 노(魯)나라에 홀아비와 과부가 이웃하여 살았는데, 어느날 밤 폭우가 와서 과부의 집이 무너졌다. 하는 수 없이 과부가 홀아비 집에 찾아가서 들어가기를 청하자, 홀아비가 "예(禮)에 남녀가 60 이전에는 자리를 같이하지 않는 것이니 받아들일 수 없소."라며 거절하였다. 이에 과부가 여자를 옆에 두고도 마음이 전혀 움직이지 않았던 노나라의 현인

유하혜를 거론하며 들어가기를 요구하자, 홀아비가 "유하혜는 가(可)하나 나는 불가(不可)하니, 나는 나의 불가함으로써 유하혜의 가함을 배우겠소."라고 하였다고 한다. 이로 보아 이황은 홀아비의 행동을 따르고자 했던 것이다.

정학유의 〈농가월령가〉에 보이듯이 천렵 놀이는 전 계층이 즐겼던 생활 문화로, 일기나 풍속화에서도 드물지 않게 보이는 일상적인 것이었다. 이 때문에 천렵은 한시 등 다양한 문학 작품에 등장할 수 있었고, 이 소재는 여러 방면으로 확장되기도 했다. 즉, 조선에 살았던 명나라 사람 강세작은 기지로 천렵을 하는 등 얽매이지 않는 성격을 보여 주었고, 이제신의 선조 이정간은 고기를 놓아주는 인애한 마음을 보였다. 나아가 정구는 제자에게 편지하여 천렵에 빠져 시간을 허비하지 말 것을 당부하였고, 조식은 조정의 '금련지지'를 피했던 이황의 행위를 비판하기도 했다. 이러한 몇 가지 이야기는 남녀노소 누구나 즐겼던 천렵 문화가 우리 생활에 깊숙이 자리 잡고 있었던 사실을 방증하는 것이라 하겠다.

5. 물과 생태 문화

지구 온난화와 오존층 파괴, 생물종 감소 등을 동반하는 환경의 위기는 생태계 파괴까지 초래하여 우리의 미래를 암울하게 한다. 이러한 고민과 해결에 대한 담론 역시 다양하게 이루어졌다. 환경주의(Environmentalism)와 생태주의(Ecologism)에 입각한 담론들이 대표적이다. 환경주의가 인간중심주의에 입각하여 환경 문제를 인간의 기술적 능력으로 극복할 수 있다는 주장이라면, 생태주의는 자연에 대한

인간의 인식 전환만이 환경문제를 해결하여 인간의 미래를 담보할 수 있다는 주장이다.[152]

인간은 생존을 위하여 물을 사용할 뿐만 아니라, 생산 또는 여가 활동을 위해 사용하기도 한다. 그러나 근대 이후 인간이 물질 문화를 추구하면서 물은 심각하게 오염되어 갔다. 인구의 증가와 도시 집중, 공업 발달과 에너지 개발 등 여러 가지 요인으로 인해 폐수 발생량이 많아졌기 때문이다. 이에 따라 수질 오염은 심각한 단계에 이르게 되었으며, 이로 인해 인간의 삶은 크게 위협받게 되었다. 이러한 점을 인식하면서 물과 생태 문화를 따져 보도록 한다.

생태 환경에 대한 자각

생태문학은 세 가지 층위가 있다고 말한다. 첫째, 문명비판적인 사회학적 층위, 둘째, 자연의 본질에 대해 깊이 천착하는 철학적 층위, 셋째, 감각적 차원에서 생태 체험을 재발견하려는 미학적 층위가 그것이다.[153] 문학의 경우 미학적 층위에 보다 밀착되어 있는 듯 보이지만 사정이 꼭 그런 것은 아니다. 문학은 구체적인 사회와 추상적인 철학을 넘나들면서 진실을 추구하기 때문에 첫째와 둘째 역시 포괄한다고 볼 수 있다. 그러나 이것이 같은 비중으로 이해되는 것은 아니다. 문학은 심미적 감각에 의한 미적 구조물이기에 셋째가 중심이 되지 않으면 안 된다.

생태주의에 입각하여 문학을 다루는 경우, 연구자들은 대체로 '인간중심주의에 대한 비판', '인간과 자연의 관계에 대한 제고', '미학

---

152 정홍모, 「생태철학과 환경주의와의 논쟁」, 『사회과학논총』 3, 경기대학교 사회과학연구소, 2000, 171쪽 참조.

153 이혜원, 「한국 생태시의 전개와 세 가지 층위」, 『현대시학』, 현대시학사, 2009, 236~248쪽.

적 측면과 실천적 측면의 교호', '서양 사상의 반작용으로서 동양 사상에 대한 전망' 등을 결론으로 제시하였다.[154] 이러한 논의가 반복되면서 연구 대상이 되는 작품이나 작가는 달라지더라도 논의는 거의 비슷하게 진행되었고, 따라서 생태문학 연구의 한계가 노출되지 않을 수 없었다. 이러한 문제를 해결하기 위하여 새로운 아이디어가 제출되기도 하였으나 연구자들 사이에서 이렇다 할 관심을 끌지 못하고 있는 실정이다.

1990년대부터 문학생태학 혹은 생태문학에 대한 담론이 본격화되었고, 생태시나 생태소설이라는 말도 생겨났다. 그런데 생태문학에는 고전문학과 현대문학이 서로 방향을 달리하고 있는 점을 발견할 수 있다. 전근대의 고전문학이 자연과 인간이 수평적 관계로 공존하면서 자연이 파괴되고 수질이 오염되기 이전의 상태에 주목한다면, 근대 이후의 현대문학은 이미 파괴되거나 오염된 생태환경에 주목하면서 이러한 현실에 대한 비판에 초점을 두기 때문이다. 즉, 고전문학은 자연친화적 태도를 갖고 자연의 법칙에 순응하는 자세를 취하는 데 비해, 현대문학은 과학기술이 가져다준 생태계의 파괴와 교란, 이로 인해 황폐화된 인간의 삶을 주목한다.

근대 이후의 자연환경은 고전적 상상력과 많은 차이가 있다. 자연을 파괴하면서 인간의 욕망을 추구하는 방향으로 세계관이 변화되었기 때문이다. 따라서 작가들은 물을 간직한 계곡이나 호수의 아름다움만을 표상할 수 없었다. 2000년 이후 현재에 이르기까지 공해가 인간의 생존 자체를 위협하고, 자연환경이 파괴되면서 환경 오염은 세계적인 문제가 되었다. 이 때문에 사회는 자연의 원형과 생태적

---

154 정민구, 「생태주의 문학의 재장전을 위한 시론」, 『어문연구』 89, 어문연구학회, 2016, 325쪽 참조.

인 환경에 관심을 가지지 않을 수 없었다. 여기에는 물론 순수한 삶에 대한 그리움이 강하게 내재되어 있다. 이러한 측면에서 읽을 수 있는 대표적인 작품이 최승호(崔勝鎬, 1954~)의 〈물 위에 물 아래〉이다.

관광객들이 잔잔한 호수를 건너갈 때

수부(水夫)는 시체를 건지려
호수 밑바닥으로 내려가
호수 밑바닥에 소리 없이 점점 불어나는
배때기가 뚱뚱해진 쓰레기들의 엄청난 무덤을,
버려진 태아와 애벌레와
더러는 고양이도 개도 반죽된
개흙투성이 흙탕물 속에
신발짝, 깨진 플라스틱통, 비닐조각 따위를 먹고 배때기가
뚱뚱해진 쓰레기들의 엄청난 무덤을,
갈수록 시체처럼 몸집이 불어나는 무덤을
본다 폐수의 독에 중독된 채
창자가 곪아가는 우울한 쇠우렁이를
물가에 발상했던 문명이
처리되지 않은 뒷구멍의 온갖 배설물과 함께
곪아가는 증거를

호수를 둘러싼 호텔과 산들의 경관에
취하면서 유원지를 향해
관광객들이 잔잔한 호수를 건너갈 때

— 최승호, 〈물 위에 물 아래〉[155]

155 최승호, 〈물 위에 물 아래〉, 『얼음의 자서전』, 중앙북스, 2014.

이 작품에서 최승호는 인간의 욕망에 의해 물 혹은 생명이 얼마나 큰 위험에 빠져 있는지를 매우 직설적으로 보여 주고 있다. 제목에서 말한 '물 위'에는 현란한 호텔과 유원지와 시끄러운 관광객들이 있다. '물 아래'에는 '배때기가 뚱뚱해진 쓰레기들의 엄청난 무덤'이 있다. 그 속에는 '버려진 태아', '애벌레', '고양이', '개', '신발짝', '깨진 플라스틱통', '비닐조각'들이 가득하다. 여기에 사는 쇠우렁이는 창자가 곪아 간다고 했다. 물가에서 시작했던 문명이 자연을 그렇게 곪게 하고 있었던 것이다. 최승호가 호수를 중심으로 이야기했다면, 박주택(朴柱澤, 1959~)은 하천에 주목하였다. 〈중랑천에서 고기잡기〉가 그것이다.

> 구름의 갈피에서 스며 나오는 울적한 물방울이 있고
> 수상한 권태로 몸이 볼록해질 때 낚시대를 메고 중랑천에 가자
> 훈향 그득한 부식토(腐植土)를 지나 과꽃 핀 동부간선도로 아래
> 흑갈색 물 겹겹이 흐르는 중랑천에 가자
> 그곳은 이따금, 얼빠진 고니가 찾아와 몸 속에 남아있던 힘을 모아
> 밥알을 찾고 사철 붉가시나무가 겸허하게 말라 있는 곳
> 깊은 질식이 있는 곳 그쯤에, 조용히 자리를 잡고
> 짙푸른 낚시대를 던지자 그리고, 허기진 물고기가
> 굽은 등을 오므적거리며 다가올 때면 숨을 죽인채
> 기름빛 물을 바라보자 우리, 세상 소모의 구석에
> 누군가의 먹이가 되고
> 누군가를 먹이 삼아 잔인하게 삼켜버렸으니
> 물고기도 개의 먹이가 될 뿐 마침내, 창백한 흙으로 돌아갈 뿐이니
> 가끔씩, 구름의 갈피에서 울적한 물방울이 흘러나오고
> 눅눅한 유희 때문에 몸이 무지룩할 때면 낚시대를 둘러메고 중랑천에 가자

과꽃 핀 동부간선도로를 타박타박 걸어 겹겹의 진흙 속으로 가자

— 박주택, 〈중랑천에서 고기잡기〉[156]

중랑천은 경기도 양주시에서 발원하여 의정부를 지나 남류하여 한강으로 흘러드는 하천이다. 서울이라는 문명의 도시로 흘러들지만, 그 하천에는 문명이 가져다준 오염과 바쁜 일상에서 벗어난 휴식이 있다. 이러한 측면에서 위의 시는 특별하게 읽힌다. 시인은 도시생활로 인해 현대인은 피곤하다고 했다. 구름 갈피에서 스며나오는 울적한 물방울과 수상한 권태로 몸이 볼록해진 것은 현대인의 권태 바로 그것이었다. 이때 낚시는 그러한 피로와 권태를 씻는 수단이 됨직하다. 이 때문에 시인은 가까운 중랑천으로 낚싯대를 메고 가서 경쟁적 사회생활과 건조한 일상으로부터 탈출하고자 했던 것이다.

그러나 중랑천은 '훈향 그득한 부식토(腐植土)'를 지난 곳에 위치해 있으며, '흑갈색 물 겹겹이' 흐르고 '기름빛 물'로 된 하천이었다. 여기에는 시인이 도착하기 전에 이미 와서 힘을 모아 '밥알'을 찾고 있는 '얼빠진 고니'도 있었다. 고니보다 늦게 온 시인이 '사철 붉가시나무가 겸허하게 말라 있는' '질식'의 공간에서 낚싯대를 드리우면 '허기진 물고기가 굽은 등을 오므적거리며' 걸려든다. 피로를 풀기 위해 기름빛 물속으로 낚싯대를 드리우고, 등 굽은 고기가 '오므적거리며' 다가오는 상황, 이것은 생명의 공간이라 할 수 없다. 누군가의 먹이가 되고, 누군가를 잔인하게 삼키며, 마침내 '창백한 흙'으로 돌아가지 않을 수 없는 불순한 현실이 냉정하게 읽힌다. 김원일 역시 그 연장선상에서 「도요새에 관한 명상」을 통해 석교천을 들여다보고 있었다.

156 박주택, 〈중랑천에서 고기잡기〉, 『사막의 별 아래서』, 세계사, 1999.

(가) 내가 중학교에 갓 들어갔을 적만 하더라도 석교천의 개울물은 투명한 은빛이었다. 그 맑은 냇가에 늘어앉아 빨래를 하던 아낙네와 처녀들의 웃음소리로 해맑았다. 60년대, 그때만 하더라도 이곳의 자연 상태는 아주 완벽하게 보호되고 있었다. 아니, 누가 보호를 해서가 아닌 자연 그대로의 상태였다. 물빛은 하늘보다 더 맑았고 석교마을의 사십여 호 초가들이 정답게 어깨를 부비며 모여 있었다. 동진강 하구에서 시작되는 삼각주의 갈대밭과 다복솔이 울창한 해안 구릉 사이로 보이는 바다는 철에 따라 그 색깔이 달랐다. 봄이면 녹청색을 띠다가 여름이면 짙푸른 파랑, 가을이면 감청색으로 어두워지기 시작하여, 겨울이 되면 짙은 남색으로 변했다.[157]

(나) 갈대와 풀조차 말라버린 일만 평의 공한지가 양쪽으로 넓게 펼쳐져 있었다. 한 마리의 곤충은 물론 지렁이류의 환형동물조차 살 수 없는 버려진 땅이었다. …… 나는 죽은 공지를 건너 저 공단 쪽을 바라보았다. 주로 화학공장들로 이루어진 비 단지였다. 삼영정유공장, 동산플라스틱공장, 진화화학 석교공장, 동진유기화학 제2공장 등의 굵직굵직한 공장들이 자리 잡고 있었다. 여기저기 불쑥불쑥 솟아오른 굴뚝에선 연기가 피어올랐다. 검은 연기, 노란 연기, 회색 연기가 바닷바람에 날려 시내 쪽으로 꼬리를 늘이고 있었다. 저 공장들 중 집진기가 제대로 가동이 되는 공장이 거의 없음을 나는 알고 있었다. 고장으로 집진기가 못쓰게 되었거나 노후화가 되어 성능이 부실하다보니 있으나마나한 매연대책이었다.[158]

(가)와 (나)는 소설 주인공 병국의 말로, 오염되기 전의 석교천 (가)와 오염된 후의 석교천 (나)를 잘 대비시켜 놓았다. (가)에서 보

157 김원일, 「도요새에 관한 명상」, 『김원일중단편집』(3), 문이당, 1997, 230쪽.
158 김원일(1997), 위의 책, 224~225쪽.

듯이 1960년대의 석교천 모습은 '자연 그대로'의 모습으로, 개울물은 은빛으로 투명하고, 그곳에서 빨래를 하던 아낙네와 처녀들의 웃음소리는 해맑았다. 그러나 (나)의 1970년대 석교천은 전혀 다른 모습이다. 그곳은 '갈대와 풀조차 말라' 버렸으며, 한 마리의 곤충은 물론이고 지렁이류의 환형동물조차 살 수 없는 '버려진 땅'이었다. 그것은 삼영정유공장, 동산플라스틱공장 등이 말해 주는 것처럼 공장에서 흘러드는 폐수와 공장 굴뚝의 연기로 그 일대가 '일만 평의 공한지'가 되고 말았기 때문이다. 김원일은 이 소설을 통해, 인간의 욕망에 의해 만들어진 문명이 결국 인간을 죽음의 땅으로 내몰고, 생태계를 심각하게 훼손하고 말았다는 것을 보여 주고자 한 것이다.[159]

생태주의 문학은 자연을 섬세하게 자각한다. 이러한 생각의 저변에는, 모든 생물에는 일체의 차별성이 존재하지 않을 뿐만 아니라, 그 역시 인간과 마찬가지로 생명이 있다는 것을 강조한다. 이 때문에 인간에 대한 자연의 봉사가 일방적으로 이루어질 수 없다는 생각을 가지게 된다. 이것은 인간중심주의를 비판하는 입장에서 설정된 것이며, 동시에 인간과 자연이 공존 관계에 놓일 수밖에 없다는 신념에 의한 것이다. 작가들은 때로는 보다 적극적으로 자연 속에서 순환론적 세계 인식을 찾아 생태적 관념을 형상화하기도 했다. 이종암의 〈물이 살다 간 자리〉가 여기에 해당한다.

봄 못이 내려앉는다
착-,

159 김원일의 「도요새에 관한 명상」을 생태적 관점에서 다룬 연구로는 배경열, 「생태문학의 관점에서 김원일의 「도요새에 관한 명상」연구」(『생명연구』 27, 서강대학교 생명문화연구소, 2013)가 있다.

착-,
못 내벽에 물이 살다 간 자리
금을 남기며,
봄의 새싹들 물먹은 거겠지
해빙된 흙 속 어둡고 좁은 길 따라
돋아나는
마른 가지마다 물의 길 뚫리고
어지럽다, 쏟아내는 그들의 열기가
못에 금을 긋는다
봄날의 하늘이 달아오르고
빈 공간에 수 없이 솟아오른다
새들도 날지 않는 조용한

— 이종암, 〈물이 살다 간 자리〉[160]

위 시에서는 봄 가뭄으로 "봄 못이 내려앉는다"고 했다. 연못의 수위가 낮아지면서 기존의 수면 흔적과 현재의 수면 사이에 일정한 거리가 생긴다. 시인은 이 수면과 수면 사이, 혹은 금과 금 사이의 거리를 발견하고 그 사이에 충만했던 물을 봄의 새싹들이 먹은 것이라 했다. 즉, 연못의 물이 풀이나 나무로 이동했다는 것이다. "마른 가지마다 물의 길 뚫리고"라고 한 데서 알 수 있듯이, 이동한 물은 식물의 물관을 타고 오르며 새로운 식물에 생기를 불어넣었다. 우리는 여기서 물에 관한 순환론을 발견하게 된다. '물-수증기-비'로 인식되는 순환론이 생태계의 기본 원리임을 인식할 때, 이 작품은 생태주의 문학 바로 그것이다. 생태주의 문학은 때로 자연을 인간화하기도 한

160 이종암, 〈물이 살다 간 자리〉, 『물이 살다 간 자리』, 모아드림, 2000.

다. 이순원의 장편소설 〈나무〉를 통해 이 부분을 살펴보자.

> 눈이 소록소록 내리는 밤이었다. 어제 아침부터 내리기 시작한 눈은 이미 허벅지 높이까지 쌓였다. 낮에 허기를 견디다 못한 노루 두 마리가 눈 위에 배를 쓸며 마을로 내려왔다.
> 그런 눈 속에 어느 집 밤나무 두 그루가 부스스 잠에서 깨어났다. 한 나무는 어른 두 사람이 마주 잡아야 겨우 안을 수 있을 만큼 크고 늙은 나무였고, 또 한 나무는 이제 밑동이 엄지손가락만 하게 자란 어린 나무였다.
> "할아버지, 주무시나요?"
> "아니, 너는 왜 안자고 일어났느냐?"
> 이들이 처음 잠에서 깨어난 것은 며칠 전 바람이 몹시 불던 날 밤이었다. 바람이 어찌나 세게 불던지 가지 끝이 다 부러져 나가는 것 같았다.[161]

〈나무〉는 한국산림문학회에서 '제5회 녹색문학상'(2016) 수상작으로 선정한 작품이다. 홍성암 심사위원장은 이 작품에 대하여 "어린 밤나무가 할아버지 밤나무 옆에서 여러 가지를 배우고 성장하는 과정이 매우 동화적이며, 표현 또한 시적이어서 문학적 감동이 크다."라고 평가했다.[162] 위의 지문에서 보듯이 어느 집 앞에 밤나무가 있었다. 한 그루는 늙고 크고, 다른 한 그루는 엄지손가락만 하다고 했다. 할아버지와 손자의 관계를 이렇게 상정한 것이다. 그리고 주변에 눈이 내렸다고 하여 혹한의 시련을 상징적으로 나타냈고, 이들 조손의 밤나무가 이러한 시련을 긴밀한 관계로 극복해 가고 있음을 보였다.

---

161 이순원, 『나무: 백년을 함께한 친구』, 뿔, 2007, 7~8쪽.
162 「올해 녹색문학상에 소설가 이순원 씨의 장편소설 '나무' 선정」, 『이데일리』 2016년 11월 9일 자.

〈나무〉는 인간 중심의 지배적 사고를 부정하는 입장에 있다. 생명 차원에서 인간과 자연은 평등하다는 생각이 내재된 것으로, 자신을 중심으로 자연계로 확장되어 결국에는 우주가 하나라는 일체감을 가진다. 이러한 측면에서 자연도 인간일 수 있으며, 자연 속에 포괄된 나무도 인간과 마찬가지로 할아버지와 손자의 관계가 있다는 것이다. 이 같은 자연의 인간화는 이른바 세계의 자아화와 동질의 것으로, 서정의 세계 바로 그것이다. 이것은 장편소설 〈나무〉가 시적이라는 말이기도 하다. 소설이지만 발상 그 자체가 시적이라는 것이다.

생태문학에 깊숙하게 내장되어 있는 논리는 공존 그것이다. 이 공존의 논리에는 어떤 일방에 의해 다른 일방이 생명을 침해받아서는 안 된다는 생각이 존재한다. 인간과 자연이 근본적으로 연결되어 있으며, 이 때문에 이들의 관계는 상호의존적이다. 그럼에도 불구하고 인간을 위해 생태주의가 필요하다는 생태주의적 목적성을 지닐 수도 있지만, 인간과 자연을 동일시함으로써 보다 진전된 생태주의적 상상력을 지닐 수도 있다. 〈나무〉는 바로 이러한 생각에 기반하여 할아버지와 손자라는 인간의 관계를 자연에 적용시킴으로써, 인간과 자연 사이에 어떠한 간극도 생기지 않게 했다.

생태주의는 사상적 기반을 굳건하게 갖추기도 한다. 유가 사상에 생태주의가 없는 것은 아니지만, 무위자연(無爲自然)과 상선약수(上善若水)를 강조하는 도가 사상은 특별히 주목된다. '자연'과 '물'에 대한 인식이 생태주의의 기반을 이루고 있기 때문이다. 자연은 인간중심주의와 대극점을 이룬다는 점에서, 물은 다른 사물과 다투지 않는다는 점에서 더욱 그러하다. 또한 도가 사상은 탈중심주의적 세계관을 갖추고 있기도 하다. '현빈(玄牝)'이라는 용어에서 보이듯이 이 사상은 남성성보다 여성성을 더욱 강조한다. '현빈'은 바로 만물을 생성하는 도(道)로서, 도가 사상의 뇌수(腦髓)에 해당하기 때문이다. 여기서 더욱 나아가 모든 형상은 유기적인 관계를 가진 하나의 전체를 지닌다는 제물론적(齊物論的) 세계관을 지니기도 한다. 이런 관점에서 다음 작품을 읽어 보자.

숲 속의 샘물을 들여다본다
물 속에 하늘이 있고 흰구름이
떠가고 바람이 지나가고
조그만 샘물은 바다같이 넓어진다
나는 조그만 샘물을 들여다보며
동그란 지구(地球)의 섬 우에 앉았다

— 김달진, 〈샘물〉[163]

위의 시 〈샘물〉은 제물론(齊物論)에 입각해 볼 때 제대로 읽힌다. 제물론적 세계관은 세상의 진위와 시비를 벗어나 사물들이 무차별적 평등성을 지닌다고 본다. 물을 소재로 언급한 것도 흥미롭지만, 이 작품에는 주체와 객체의 간극이 등장하지 않는다. 샘물 속에 하늘과 구름이 떠 있고 바람이 지나간다고 하면서 샘물에 우주의 모든 현상이 담겨 있다고 했다. 그리고 조그마한 샘물이 바다같이 넓어지기도 한다면서 대소의 차이를 없앴다. 이 때문에 그 자신은 샘물을 들여다보는 작은 존재지만 지구 위에 앉아 있을 수 있었다. 결국 자신이 우주였다. 이러한 만물일여(萬物一如)의 세계관에는 중심과 주변

163 김달진, 〈샘물〉, 『김달진 시 전집』, 문학동네, 1997.

이 따로 존재하지 않으며, 인간과 자연 역시 구분되지 않는다. 오직 일체가 무차별적으로 평등한 존재일 따름이다.

이상에서 우리는 생태주의와 관련한 다양한 작품들을 살펴보았다. 그런데 최승호의 〈물 위에 물 아래〉 및 박주택의 〈중랑천에서 고기잡기〉와 이종암의 〈물이 살다 간 자리〉 및 이순원의 〈나무〉에서 보이는 생태주의가 그 지향점이 다르다는 것을 발견하게 된다. 앞의 두 작품이 근대문명으로 인한 환경 오염에 기반한 것이라면, 뒤의 두 작품은 자연 속에 내재한 생명력을 포착하고 있기 때문이다. 그리고 생태주의가 나타나는 작품에는 도가 사상이 내재해 있다는 것도 알게 된다. 김달진의 〈샘물〉에서 이러한 사실을 확인할 수 있었다.

자연법칙에의 순응

생태주의적 상상력은 고전 자료에 즐비하다. 예컨대 『삼국유사』를 보면, 비슬산에서는 관기와 도성의 마음을 알아 나무가 이들을 위하여 경배하고, 남백월산에서는 관세음보살이 몸을 나투어 노힐부득과 달달박박을 계도한다. 갈항사에서는 80여 개의 돌이 승전이라는 스님의 법문에 고개를 끄덕이고, 신충은 잣나무에 향가를 붙여 그 나무를 마르게 한다. 이처럼 자연은 인간과 긴밀하게 소통하고 있었다. 인간의 일이 하늘에 나타나기도 하고, 하늘에 나타난 현상으로 인간세계의 일을 예감하기도 했다. 여기서 우리는 만물의 존재가치에 대한 초월적 이해와 함께 감성으로 소통하는 어떤 생태적 힘을 감지하게 된다.

자연법칙에의 순응이라는 측면에서 볼 때, 물은 생태학적으로 가장 중요한 물질이다. 산수(山水)라는 표현에서 알 수 있듯이 물은 환경과 생태를 대표한다. 생태의 문제가 인간의 자연관과 밀접한 관련이 있다고 볼 때, 자연의 근간을 이루는 물은 더욱 중요한 문학적 소재가 되지 않을 수 없다. 전통시대의 정화수(井華水)는 맑음과 순수를 본질로 하고, 신령에게 바치는 공물(供物)도 정화수가 으뜸이다. 하루 가운데서도 새벽의 맑음, 그때 뜬 정화수의 맑음, 목욕재계하고 축원하는 사람의 맑은 마음이 서로 일치되면서 결국 신명과 통한다고 믿었다. 우리는 여기서 맑음 혹은 순수함이 인간과 신명을 소통시키는 유일한 길임을 알게 된다.

맑음을 통한 인간과 신명의 소통은 중요한 생태학적 논리를 확보한다. 생태학이 생물과 환경, 이 둘의 관계를 주목한다고 볼 때, 물은 사람과 신명을 잇는 중요한 매개체 역할을 하고 있다고 보아야 한다. 그런데 물의 오염으로 그 소통에 심각한 문제가 발생하게 되었다. 전통시대에는 인욕에 의한 마음의 오염을 주목하였으나, 근대 이후에는 무차별적 개발에 의한 환경의 오염을 주목하게 되었다. 세계를 보는 시각이 서로 다르기는 하지만, 맑음과 소통을 지향한다는 점에서 동일한 지점이 있다고 하겠다.

전통시대의 작가들은 만물을 근원적으로 평등하다고 보고, 세계를 상대적 관점에서 이해하며, 사람과 사물이 공생 관계에 있다고 생각하였다. 이 때문에 여기에 입각해서 작품 활동을 하였다. 도는 자연을 본받는다는 도법자연(道法自然)의 도가 사상이나 자연과 인간을 합일체로 인식하는 천인합일(天人合一)의 유가 사상은 모두 중요한 생태 사상을 내포하고 있다. 이러한 생각에 기반하여 이들은 자연을 중심으로 상상하였고, 상상한 바를 작품화하였다. 우리는 이를 생태주의적 상상력이라 해도 좋을 것이다.

조선조의 도학시에도 생태주의적 상상력이 두루 작동한다. 어쩌면 조선조의 선비사회는 생태 문화로 구성되어 있었다고 해도 과언

금호강의 물새

이 아니다. 이들은 자연과 인간의 근본적인 화해를 주장하였다. 자연과 인간 속에 내재되어 있는 보편자 이(理)를 통해 자연과 인간이 일치될 수 있다고 보았던 것이다. 이 때문에 송순(宋純, 1493~1583)은 산수 속에 집을 짓고, "십년을 경영(經營)ᄒᆞ야 초려(草廬) 한 간 지어ᄂᆡ니, 반 간(半間)은 청풍(淸風)이요 반 간(半間)은 명월(明月)이라, 강산(江山)은 드릴 ᄃᆡ 업ᄉᆞ니 둘너 두고 보리라."[164]라고 하면서 생태주의적 상상력을 발휘할 수 있었다. 이 시조의 어디에도 인간의 욕망 추구를 위해 자연을 이용하려는 모습은 보이지 않는다. 이러한 생태주의적 상상력은 다음 작품에도 자연스럽게 나타난다.

(가) 幽鳥弄春春更靜　산새가 봄을 희롱하니 봄은 더욱 고요하고
游魚吹水水生紋　물고기 뻐끔대니 수면에 파문이 일어나네
無心淸樂無人會　무심(無心)한 청락(淸樂)을 알아주는 사람 없어

164 심재완 편, 『교본역대시조전서』, 세종문화사, 1972, 1803번 작품.

竟日憑軒伴白雲　하루 종일 난간에 기대어 흰 구름과 짝한다네

— 이언적, 〈산정즉경(山亭卽景)〉[165]

(나) 亂披紅罽裏　어지럽게 붉은 융단 헤치며

閒擔綠波回　한가로이 푸른 물결 지고 돌아왔네

晩與溪童約　저녁에 시냇가에 사는 아이와 약속을 하였으니

盤擎活玉來　소반에 밝은 달을 담아서 들고 오겠지

— 이황, 〈청음석(淸吟石)〉[166]

(가)에서 이언적(李彦迪, 1491~1553)은 물고기가 수면으로 올라와 거품을 토하자 파문이 일어난다고 하면서 그의 무심한 청락(淸樂)을 표출하였고, (나)에서 이황(李滉, 1501~1570)은 저녁때 시냇가에 사는 아이가 소반에 활옥(活玉), 즉 옥처럼 빛나는 밝은 달을 담아서 들고 올 것이라 했다. 이들 시에는 모두 생태주의적 상상력이 함의되어 있는바, 이언적은 어떤 사욕도 배제되어 있는 무위적 인생 태도를, 이황은 아이가 머리에 이고 올 달빛과 이를 통한 자연과의 완전한 화해를 보여 주고 있다. 여기에는 자연에 자행되는 인간의 어떠한 교만과 위압도 없다. 다만 인간과 자연 사이의 아름다운 교감이 있을 뿐이다. 이러한 자연과의 교감을 지닌 생태학적 관점은 가사문학에도 자주 등장한다. 송순의 〈면앙정가(俛仰亭歌)〉 일부를 들어 보자.

玉泉山 龍泉山 ᄂᆞ린 물히

亭子 압 너븐 들희 兀兀히 펴진드시

넙거든 기노라 프르거든 희지 마니

165 李彦迪, 〈山亭卽景〉, 『晦齋集』 권2.
166 李滉, 〈淸吟石〉, 『退溪集』 권2.

雙龍이 뒤트ᄂᆞᆫ ᄃᆞᆺ 긴 깁을 ᄎᆡ폇ᄂᆞᆫ ᄃᆞᆺ
어드러로 가노라 ᄆᆞᄉᆞᆷ 일 ᄇᆡ얏바
닷ᄂᆞᆫ ᄃᆞᆺ ᄯᆞ로ᄂᆞᆫ ᄃᆞᆺ 밤ᄂᆞᆽ즈로 흐르ᄂᆞᆫ ᄃᆞᆺ
ᄆᆞ조친 沙汀은 눈ᄀᆞᆺ치 펴졋거든
어즈러은 기럭기ᄂᆞᆫ ᄆᆞ스거슬 어르노라
안즈락 ᄂᆞ리락 모드락 흣트락
蘆花을 사이 두고 우러곰 좃니ᄂᆞᆫ뇨

— 송순, 〈면앙정가〉[167]

면앙정 주변의 물줄기와 그 일대를 묘사한 것이다. 그 물줄기는 옥천산과 용천산에서 내려와서 정자 앞의 넓은 들에 끊임없이 흘러든다고 했다. 그리고 그는 여기서 물의 생기를 주목한다. 넓으면서도 길고, 푸르면서도 흰 물이, 쌍룡이 몸을 뒤트는 듯하고 비단을 가득 펼쳐 놓은 듯하며, 어디로 가는지도 모르지만 속도감 있게 밤낮으로 흐른다고 했다. 이러한 물의 생동감은 자연이 본질적으로 갖고 있는 생명력이다. 이 생명력에 서정적 아름다움도 더했다. 물가에 하얗게 펼쳐진 모래벌과 그 위를 노닐거나 혹은 갈대꽃 사이를 서로 좇는 기러기가 그것이다. 우리는 여기서 어떤 인위적인 힘도 가해지지 않은 자연 그대로의 생명력을 감지하게 된다. 생태적인 조건이 구비된 서경이라 할 수 있을 것이다.

박지원은 〈일야구도하기(一夜九渡河記)〉에서 "나는 지금에야 도(道)를 알았다."라고 외치며, 명심(冥心)하는 사람은 귀와 눈이 폐해가 되지 않으나 귀와 눈에만 의지하는 사람은 보고 듣는 것이 자세하면 할수록 병통이 된다고 했다. 내아와 외물 사이의 어떤 분별지(分別智)

167 宋純, 〈俛仰亭歌〉, 필사본 『雜歌』.

도 사라진 경계를 언급한 것이다. 이 때문에 그는 "나는 손수 말의 고삐를 풀어 강물에 뜨게 한 다음, 두 무릎을 오므리고 발을 모아 안장 위에 앉았다. 한번 추락하면 바로 강바닥이다. 강으로 땅을 삼고 강으로 옷을 삼으며 강으로 몸을 삼고 강으로 성정(性情)을 삼으리라 생각하며, 한번 떨어질 것을 마음으로 각오했다. 그러자 내 귓속에는 강물 소리가 들리지 않게 되었다."[168]라고 적었다. 사물과 일체가 될 때 비로소 자연이 되어 두려움마저 사라진다는 것을 보였다. 역시 생태주의적 상상력이라 하지 않을 수 없다.

그렇다면 문화적 관점에서 물은 어떤 생태주의를 함의하고 있는가. 전통시대의 인간은 자연에 순응하면서 그들의 생태 문화를 만들어 갔다. 누정이나 서원 등의 전통시대 건축은 대체로 이러한 관점에서 조성되었다고 할 수 있다. 물을 얻기 편리하도록 강과 내를 배경으로 건축되었기 때문이다. 이황(李滉, 1501~1570)이 설계하고 건축한 도산서당에도 이러한 생각이 깊이 내재되어 있었다. 이황은 어떤 사람의 말을 빌려, 산속에 터를 잡지 않고 산과 물이 함께 있는 곳에 잡을 수밖에 없었던 이유를 다음과 같이 밝히고 있다.

> 어떤 이가 말하기를, "옛날 산을 사랑하는 사람들은 반드시 명산(名山)을 얻어 의탁하였거늘, 그대는 왜 청량산에 살지 않고 여기 사십니까?"라고 하였다. 이에 답했다. "청량산은 만 길이나 높이 솟아서 까마득하게 깊은 골짜기를 내려다보고 있기 때문에 늙고 병든 사람이 편안히 살 곳이 못 됩니다. 또 산을 즐기고 물을 즐기려면 어느 하나가 없어도 안 되는데, 지금 낙천(洛川)이 청량산을 지나기는 하지만 산에서는 그 물이

168 朴趾源, 〈一夜九渡河記〉, 『燕巖別集』 권14, "遂縱鞚浮河, 攣膝聚足於鞍上, 一墜則河也. 以河爲地, 以河爲衣, 以河爲身, 以河爲性情, 於是心判一墜, 吾耳中遂無河聲."

> 보이지 않습니다. 나도 청량산에서 살기를 진실로 원합니다. 그런데도 그 산을 뒤로 하고 이곳을 우선으로 한 것은, 여기는 산과 물을 겸하고 또 늙고 병든 이에게 편하기 때문입니다."라고 하였다.[169]

〈도산기(陶山記)〉의 일부이다. 이황은 산만 높이 있는 곳과 산과 물이 함께 있는 곳 가운데 후자가 건축지로 더 적당하다고 했다. 전통 건축에 있어 자연과의 조화를 가장 소중하게 생각하고 있는바, 이황은 여기서 더 나아가 산수를 통해 인지(仁智)의 미학을 함께 실천하고자 했다. 이러한 측면에서 만 길 높은 까마득한 골짜기를 지니고 있는 청량산보다 높이와 넓이를 적절하게 보유하고 있는 도산이 합당하다고 한 것이다. 우리는 여기서 이황이 거주지를 선택함에 있어 건축학적 생태주의를 염두에 두고 있다는 것을 알게 된다. 기실 이황은 서재를 건축함에 있어 물의 중요성을 특별하게 살폈다. 계속해서 〈도산기〉를 보자.

> 처음에 내가 퇴계 위에 자리를 잡고 시내를 굽어 두어 칸 집을 얽어서 책을 간직하고 옹졸한 성품을 기르는 처소로 삼으려 하였는데, 벌써 세 번이나 그 자리를 옮겼으나 번번이 비바람에 허물어졌다. 그리고 그 시내 위는 너무 한적하여 가슴을 넓히기에 적당하지 않았기에 다시 옮기기로 작정하고 산 남쪽에 땅을 얻었던 것이다. 거기에는 조그마한 골이 있는데, 앞으로는 강과 들이 내려다보이고 깊숙하고 아늑하면서도 멀리 트였으며, 산기슭과 바위들은 선명하며 돌우물은 물맛이 달고 차서 참으로 수양할 곳으로 적당하였다.[170]

---

169 李滉, 〈陶山雜詠幷記〉, 『退溪集』 권3, "或曰, 古之愛山者, 必得名山以自託, 子之不居淸涼, 而居此何也? 曰, 淸涼壁立萬仞, 而危臨絶壑, 老病者所不能安, 且樂山樂水, 缺一不可, 今洛川雖過淸涼, 而山中不知有水焉. 余固有淸涼之願矣, 然而後彼而先此者, 凡以兼山水, 而逸老病也."

170 李滉, 〈陶山雜詠幷記〉, 『退溪集』 권3, "始余卜居溪上, 臨溪縛屋數間, 以爲藏書養拙之所, 蓋已

이황이 처음에는 퇴계(退溪) 위에 서재 지을 자리를 잡았다고 했으니, 물을 고려한 것이다. 그러나 이곳은 너무 한적하고 협소해 다시 거처를 옮기게 되었다. 바로 도산이다. 이황은 이곳을 "강과 들이 내려다보이고 깊숙하고 아늑하면서도 멀리 트였"다고 했다. 도산은 이러한 경관을 두루 갖추고 있을 뿐만 아니라 돌우물의 물맛이 달고 차서 수양하기에 적당하기까지 하다고 했다. 바깥으로는 산수와 조화를 이룰 뿐만 아니라, 안으로는 수양하기에 적당하다고 한 것이다. 이황은 여기서 더 나아가, 자연과의 교감을 극대화하기 위하여 바위와 연못 등에 다양한 이름을 붙이고 각기 시를 지어 자신의 정취를 폈다. 자연과의 대화를 이렇게 시도한 것이라 하겠다.

자연과 인간이 조화로운 관계를 이루며 존재한다는 일원론적 사고는 생태학에 있어 매우 중요한 부분이다. 이황의 건축학적 생태주의도 이 과정에서 발견된 것이다. 여기에는 천명에 순응하면서 천리와 함께하고자 했던 그의 의식 역시 강하게 작동했다. 이러한 생각은 조선조 사대부들의 문학에 광범하게 나타나는 현상이라 하겠는데, 그 이면에 생태주의가 깊이 내장되어 있었기에 가능한 것이다. 경산현 상방리에 있는 동산(東山), 그 아래 동고정사(東皐精舍)를 짓고 살았던 서사선(徐思選, 1579~1650)도 그 가운데 한 명이다. 서사선은 그곳에서 47년 동안 생활하면서[171] 그곳의 생활을 다음과 같이 묘사한다.

窮巷三間屋　궁벽한 마을 세 칸의 집
炎蒸六月天　찌는 듯한 유월의 염천이라네

三遷其地, 而輒爲風雨所壞, 且以溪上偏於闃寂, 而不稱於曠懷, 乃更謀遷, 而得地於山之南也. 爰有小洞, 前俯江郊, 幽敻遼廓, 巖麓悄蒨, 石井甘冽, 允宜肥遯之所."

171 서사선의 삶의 방식과 문학적 성취에 대해서는 정우락, 「東皐 徐思選 詩文學의 공간 상상력과 의미 구조」(『국학연구론총』 20, 택민국학연구원, 2017)에서 자세하게 다루었다.

草深門獨掩　풀은 무성한데 문은 홀로 닫혔고
賓斷榻空懸　손님 끊어지고 책상만 덩그렇게 놓여 있네
稍喜風來樹　나무에 부는 바람 은근히 기쁘고
頗蘇月上弦　상현이 된 달은 자못 새로 돋는구나
搏扶時已晩　구만 리 날기에는 때가 너무 늦어
頹臥北窓眠　북창에 누운 채 낮잠을 청한다네

— 서사선, 〈유월, 제초당(六月, 題草堂)〉[172]

더운 여름날 세 칸으로 된 초당에서 쓴 〈유월, 제초당〉이다. 이 시에는 세 칸의 집, 무성한 풀, 닫힌 문, 끊어진 손님, 덩그렇게 놓인 책상 등으로 쓸쓸한 정경이 그려져 있다. 나뭇가지에 부는 바람과 대나무 사이로 솟는 상현달을 보면서 은근히 기뻐하기도 하지만, 나이가 너무 들어 새로운 출사를 포기하고 잠을 청한다고 했다. 특히 미련의 '박부(搏扶)'는 『장자』 「소요유」에서 "붕새가 남쪽 바다로 날아갈 때 날갯짓을 한 번 하면 삼천 리에 달하는 격랑이 일어나고 회오리바람을 타고 구만 리를 올라가서 여섯 달 동안 날고 나서야 하루 쉬었다."[173]라고 한 데서 용사한 것이다. 세상을 향한 강한 의지를 의미하는데, '이만(已晩)'이라고 생각하며 출사를 포기하지 않을 수 없었던 사정도 함께 나타냈다.

동고정사에서 천명에 순응하는 자세를 보인 작품은 여럿 있다. 과거에서 낙방한 후 초당에 누워, "돌아와 오두막에 눌러앉아 늙어가니, 가을달과 봄바람이 분수 안에서 넉넉하네."[174]라고 하거나, "인

172 徐思選, 〈六月題草堂〉, 『東皐集』 권2.
173 『莊子』, 「逍遙遊」 "鵬之徙於南冥也, 水擊三千里, 搏扶搖而上者九萬里, 去以六月息者也."
174 徐思選, 〈下第後歸臥草堂仍憶舊時草堂龍臥少風雲之作續此絶句〉, 『東皐集』 권1, "歸來坐着窮廬老, 秋月春風分內多."

간 세상의 곤궁과 영달이란 운명이 있는 법, 운명을 모르는 이들 거의 광분하게 되네."[175]라고 했다. 그리고 "자신의 분수 안에서 편안히 지내면서, 백 년의 인생살이 술로써 깨고 취하리.",[176] "운명이 빠르고 더딤을 어찌 탄식하리오, 일신에 영욕이 없음을 스스로 길이 읊미하네."[177]라고 하는 등의 허다한 구절이 바로 그것이다. 이처럼 그는 천명에 순응하면서 자신에게 주어진 분수 속에서 낙천적으로 살아가고자 했다. 이 과정에서 그가 찾은 유일한 일이 있다면 그것은 천리의 체득이었다. 다음 작품을 보자.

> 三椽瀟灑靜中居　깨끗한 세 칸 초당에서 조용히 지내면서
> 坐看庭草與盆魚　뜰의 풀과 어항의 고기를 앉아서 보네
> 一般意味吾惟得　이러한 참의미를 나 홀로 얻었나니
> 活計年來亦不疎　근래의 활발한 경계 또한 성글지 않구나
>
> — 서사선, 〈초당우음(草堂偶吟)〉[178]

서사선은 세 칸의 초당 속에서 조용히 앉아 있는 자신을 발견한다. 기구가 그것이다. 승구에서는 '정초(庭草)'와 '분어(盆魚)'를 통해 천지의 생의(生意)를 관찰하고 있다. 정호(程顥, 1032~1085)가 창 앞에 무성하게 우거진 잡초를 베지 않고 '만물을 살리려고 하는 조물의 뜻을 항상 보고 싶다.'고 하였고, 또 항아리 속에다 물고기 몇 마리를 기르면서 '만물이 자득하는 뜻을 관찰하고 싶다.'고 한 고사를 떠올린 것이다.[179] 전구에서는 소옹(邵雍)이 〈청야음(淸夜吟)〉에서 "달은 하늘 가

175 徐思選, 〈下第後歸臥草堂仍憶舊時草堂龍臥少風雲之作續此絶句〉, 『東皐集』 권1, "窮達人間有命存, 不知命者幾狂奔."
176 徐思選, 〈癸未臘月立春題草堂〉, 『東皐集』 권2, "安吾分內事. 醒醉百年前."
177 徐思選, 〈草堂偶吟〉, 『東皐集』 권2, "命有疾徐何足歎, 身無榮辱自長吟."
178 徐思選, 〈草堂偶吟〉, 『東皐集』 권1.
179 『宋元學案』 권14, 「明道學案下」 참조.

운데 이르고, 바람은 물 위로 불어오는 때로다. 이와 같은 청량한 경지를, 아는 사람 아마도 많지 않으리."[180]라고 한 것을 용사하면서, 자연과 인간이 합일된 천리의 세계를 제시했다. 우리는 여기서 성리학자 서사선이 동고정사를 통해 구현하고자 했던 세계의 일단을 확인하게 된다.

도산서당과 동고정사의 경우에서 보듯이 고인들의 건축 사상이나 생활 양태에는 생태학적 사유가 적실하게 녹아 있다. 이러한 사유는 분명 전근대적이지만, 근대 과학문명의 그림자 속에서 생태주의가 새롭게 자각되었다는 점을 고려할 때, 전근대의 생태 사상은 탈근대 담론을 이끌어 내기에 충분하다. 생명을 기원하기 위하여 명산대천(名山大川)을 찾거나, 영물(靈物)인 용이 비를 몰고 다닌다고 믿는 전통시대의 의식은 새로운 각도에서 인식되어야 할 문제라 하지 않을 수 없다. 이러한 상황에서 전통주의에 입각한 생태 사상은 문화적 측면에서도 매우 중요하다. 한국의 전통 사상은 아름다우면서도 심원한 생태적 지혜를 간단없이 보여 주고 있기 때문이다.

이규보(李奎報, 1168~1241)의 〈슬견설(蝨犬說)〉 역시 생태주의적 측면에서 읽을 수 있는 작품이다. 어떤 객이 개가 죽는 것을 보고 몹시 불쌍한 마음이 들어 다시는 개고기나 돼지고기를 먹지 않겠다고 했다. 이에 이규보는 이[蝨]를 잡아 화로에 던져서 태워 죽이는 것을 보고 다시는 이를 잡지 않기로 다짐했다고 말한다. 이 말을 들은 객이 그 이유를 묻자, 이규보는 "무릇 생명 있는 존재란 사람으로부터 소, 말, 돼지, 염소, 곤충, 개미, 땅강아지에 이르기까지 삶을 사랑하고 죽음을 싫어하는 마음이 똑같다. 어찌 꼭 큰 생물만이 죽음을 싫어

180 邵雍, 〈淸夜吟〉, "月到天心處, 風來水面時. 一般淸意味, 料得少人知."

하고 작은 생물은 그렇지 않다고 하겠는가. 그렇다면 개와 이의 죽음은 동일한 것이다."[181]라고 하였다.

이규보의 〈슬견설〉을 통해 우리는, 만물은 근원적으로 동일하다는 '만물일류(萬物一類)'의 사상을 이해할 수 있다. 이러한 생각은 물론이고 전통 사상 속에는 '생생지리(生生之理)', '생극(生克)'과 '생화(生化)', '낙천지명(樂天知命)' 등 다양한 생태 담론들이 풍부하게 내포되어 있다.[182] 우리는 이들 자료를 적극적으로 검토하면서 인식을 새롭게 할 필요가 있다. 생태 문화는 이로써 정립될 수 있기 때문이다. 오늘날 산업의 차원에서 이루어지고 있는 생태 담론도 이러한 인식의 변화를 동반할 때 비로소 새로운 길을 열 수 있을 것이다.

속도와 경쟁을 바탕으로 한 근대 문명은 우리에게 참으로 많은 변화를 안겨 주었다. 이러한 과정에서 자연 파괴와 함께 환경이 심각하게 오염되면서 생태학적 관점에서 다양한 시도가 있었다. 전통 사회의 지식인들은 자연과 인간이 수평적 관계로 공존한다고 여기며 자연의 법칙에 순응하는 자세를 취하였다. 이황이 도산서당을 짓거나 서사선이 동고정사를 지으면서 생태 건축학적 자세를 취하거나 안분자족(安分自足)적 자세를 취한 것도 이러한 순응의 결과라 하겠다. 이 과정에서도 물은 여전히 중요한 소재였다. 물이 생태의 근원을 이루는 까닭에, 물의 오염과 파괴는 생태계 전체에 심각한 위해를 가할 수 있기 때문이다.

---

181 李奎報, 〈蝨犬說〉, 『東國李相國全集』 권21, "凡有血氣者, 自黔首至于牛馬猪羊昆蟲螻蟻, 其貪生惡死之心, 未始不同, 豈大者獨惡死, 而小則不爾耶? 然則犬與蝨之死一也."

182 여기에 대해서는 박희병, 「한국 전통사상의 생태주의적 음미」(『철학사상』 15, 서울대학교 철학사상연구소, 2002)에서 다루었다.

결론

다시 물을 향하여

모순의 힘
한국문학과
물에 관한 상상력
Forces of
Contradiction
Imagination
about Water
in Korean Literature

결론

다시 물을 향하여

불교 용어 가운데 '일수사견(一水四見)'이라는 것이 있다. 당나라 때 번역된 『섭대승론석(攝大乘論釋)』과 『대명삼장법수(大明三藏法数)』 등이 그 출전이다. 같은 물이라도 천상의 사람이 보면 보석으로 장식된 장엄한 보배의 연못이고, 일반 사람이 보면 마시는 물이 담긴 연못이며, 아귀의 눈으로 보면 피고름이 가득한 연못이고, 물고기의 눈으로 보면 가장 아름다운 집으로 보인다는 것이다.[1] 인식객체인 사물은 인식주체의 사회적 환경이나 지적 수준에 따라 전혀 다르게 인식된다는 것을 이러한 성어로 이야기한 것이다. '일경사심(一境四心)' 역시 같은 의미로 사용된다. 하나의 경치를 두고 네 가지 서로 다른 마음을 가진다는 것이다. 이처럼 사물에 대한 인식은 고정될 수 있는 무엇이 아니다.

사람마다 자신이 처한 사정이 다르고 이에 따라 사물을 다르게

1 『攝大乘論釋』 권4, "同一水, 天人看來是寶飾莊嚴之寶池, 凡人見之, 則是水池, 而在餓鬼眼中乃一池膿血, 魚則視之, 爲最佳居所."

인식한다. 이 때문에 물은 매우 다양하게 인식되어 왔다. 고대와 중세, 그리고 근대라는 시간에 따라 인식을 달리하고, 같은 시대라 하더라도 공간이 다르면 그 인식의 내용이 상이하게 나타난다. 결국 모든 사물은 상대성에 입각해 존재한다는 것이다. 이 책은 바로 이러한 각도에서 연구·집필되었다. 이 장에서는 그동안의 논의를 요약한 다음, 본 논의의 핵심을 특정한 용어로 부각시키고, 마지막으로 물에 대한 새로운 연구 영역을 타진한다. 물을 향한 새로운 연구의 출발선에 서기 위함이다.

논의의 요약

본 연구는 한국문학 전 영역을 포괄하되 한문학을 중심으로 다루었다. 물에 관한 문학적 상상력은 한국문학 전 영역에서 공통적으로 나타나기 때문이다. 이러한 생각에 기반하여 물 이미지의 모순성에 대하여 먼저 주목하였다. 물은 일정한 형태가 없기에 수많은 사물의 형상이 가능하였고 마침내 극단에 서기도 했다. 연못에서 바다로 이어지는 공간은 작가들로 하여금 다양한 공간 상상력을 가능케 했으며, 문화적 측면까지 물은 구심의 역할을 충실히 담당하였다. 이로써 물이 한국문학과 문화 속에서 어떻게 존재하고 있으며, 그 의미는 무엇인지를 명확하게 이해할 수 있었다. 논의한 바를 순서대로 요약하면 다음과 같다.

첫째, 한국문학에서 물은 그 소재사적 측면에서 일관되게 등장하였다. 제주도의 천지창조 신화에 등장하는 물이 생명과 결합되어 있다면, 고대가요 〈공무도하가〉는 백수광부의 죽음과 관련되어 있어 전혀 다른 방향에서 주제가 설정되어 있다. 이처럼 물은 생명과 죽음이라는 모순항으로 한국문학사에 등장하며, 이후 이러한 현상은 반복적으로 나타난다. 전통 종교는 물론이고 불교가 유입되면서 불교의 진리를 물에 비유했고, 성리학이 유입되면서 성리학적 성찰을 물에 담았다. 조선 후기를 거쳐 근대에 들어서면서 물은 더욱 중요한 문학적 소재가 되었다. 특히 모순된 현실을 비판하는 과정에서 환경이나 생태적 담론을 이끌어 내었고, 결국 물은 사회 문제를 다루는 가장 긴요한 소재가 되었던 것이다.

둘째, 물은 인간의 탄생, 삶, 죽음, 재생이라는 전방위적 상상력을 표상하였다. 복희와 여와의 천지창조 신화나 탈해왕 등의 건국신화는 물론이고, 근대에 창작된 작품에서도 물은 인간의 탄생과 결부되어 나타났다. 인간이 음식을 통해 생명을 유지하며 샘을 파서 생활을 하고 강과 바다에 의지해 살아가면서 물은 인간의 기쁨과 고달픔을 함께하였다. 그러나 물난리가 나서 빠져 죽기도 하고 절개 등 신념을 지키기 위해 물에 투신하기도 했다. 사정이 이러함에도 불구하고, 창녕조씨 시조 설화나 김동인의 〈배따라기〉, 최인훈의 〈광장〉 등에서 물은 재생의 이미지로 등장하였다. 물과 관련한 이러한 물질적 상상력은 파괴와 생성, 죽음과 재생이 지닌 물의 본질적 기능과 맞물려 있었다.

셋째, 물은 유순과 난폭이라는 모순적 이미지로 형상화되었다. 물은 고요하게 순응하기도 하고, 움직이며 난폭해지기도 한다. 전자는 주로 물이 지닌 유연성에 의거한 것인데, 물은 어떤 사물에도 적응이 가능하기 때문이다. 물은 또한 유동성을 지닌다. 이 때문에 물은 경사를 타고 낮은 곳으로 흘러내리고, 절벽을 만나면 폭포가 되어 떨어진다. 비가 와서 수량이 많아지면 거센 힘으로 바위에 부딪혀 포말을 일으키기도 한다. 이러한 유순과 난폭의 모순성으로 인해 작가들은 강유(剛柔)에 입각하여 물을 관찰하고 여기에 자신의 사상과 감정을 실어 문학적으로 표상하였던 것이다.

넷째, 물은 단절과 지속이라는 모순적 이미지로 형상화되었다. 막고 끊기도 하지만 흘러 지속되기도 하는 것이 물이다. 시공간적으로 단절되기도 하고 연속되기도 하는데, 단절은 주로 공간과 밀착되어 있으며 연속은 주로 시간과 결부되어 나타났다. 물이 양 언덕 사이에서 서로를 끊어 놓는 역할을 하면서도 동시에 현재와 과거, 그리고 미래를 이어 주는 역할을 하기 때문이다. 여기에서 연역해 낼 수 있는 작가적 심상은, 세속 공간과 초월 공간의 단절과, 공자와 그 후예들이 주장했던 도체(道體)의 항상성을 담지하는 지속성으로 구체화되어 나타났다. 물 이미지는 이처럼 단절과 연속이라는 모순성을 지니고 있다고 하겠는데, 작가들은 그 대극의 넓은 시공간을 통해 자신들의 특수한 감각을 일깨우고 있었다.

다섯째, 물은 이별과 만남이라는 모순적 이미지로 형상화되었다. 물은 이별을 상징하기도 하고 만남을 이끌어 내기도 했다. 이별은 사람들에게 많은 정서적 자극을 주기 때문에 작가들은 이를 물의 상상력으로 형상화하였다. 고려가요 〈서경별곡〉과 정지상의 〈송인〉은 그 대표적인 작품이다. 그리고 물은 항상 새로움으로 가득하다. 샘에서는 물이 새로이 솟고, 개울이나 강에서는 새로운 물이 흘러들기 때문이다. 수많은 사물들 가운데 인간의 가장 원초적인 생명 작용은 남녀의 사랑과 그 행위일 것이다. 견우와 직녀가 은하수(銀河水)를 건너며 만남의 기쁨을 누린다는 설화와 여기에 연유한 시편들은 이 과정에서 만들어진 대표적인 창작물일 것이다.

여섯째, 물은 욕망과 성찰이라는 모순적 이미지로 형상화되었다. 물은 생명을 근본으로 하지만, 여기에는 안류(安流)도 있고 격류(激流)도 있다. 이 때문에 일정한 형체를 갖고 있지 않은 물은 인간의 욕망과 성찰을 형상화하는 데 매우 유용한 소재로 활용되었다. 청탁과 완급은 물이 지닌 고유한 성질이므로, 작가들은 이를 통해 인간의 욕망과 성찰을 투사할 수 있었다. 고전작가들은 알인욕(遏人欲) 존천리(存天理)의 차원에서 이를 이해하였으며, 근대 이후의 작가들에게서도 이러한 현상은 꾸준히 나타나서 채만식의 〈탁류〉나 윤동주의 〈자화상〉이라는 성격을 달리하는 작품을 가능케 하였다.

일곱째, 물은 이상과 현실이라는 모순적 이미지로 형상화되었다. 물을 거슬러 오르는 것은 인위적이고, 물을 따라 내려가는 것은 자연적이다. 조선조 선비들은 물을 거슬러 오르며 그 극처에서 완전한 도덕적 자각에 도달하여 관념적이나마 이상적 경계를 획득하고자 했다. 구곡가(九曲歌) 계열의 시가는 대체로 이러한 생각이 반영된 창작물이다. 그러나 유가 지식인은 본질적으로 현실주의자였으므로, 물을 따라 내려와 현실적 질곡 속으로 들어가지 않을 수 없었다. 여기서 훨씬 나아가 물을 통해 현실의 다면상을 구체적으로 나타내기도 했다. 물을 거슬러 오르며 지리산 청학동(靑鶴洞)이나 상주 우복동(牛腹洞)과 같은 이상향을 찾기도 하고, 순방향으로 내려가며 부조리한 현실에 대해 통렬한 비판을 가하기도 했다.

여덟째, 우물을 통해 생명의 원두를 자각할 수 있었다. 우물의 물은 사람들이 길어다 먹는 물이다. 물 그 자체가 생명이기도 하지만, 이 물을 마심으로써 생명을 유지할 수 있다. 고인들은 물을 대화(大和)의 융액(融液)이라고 생각하며, 건국시조의 탄생이 이 우물을 통해 가능하다고 생각했다. 또한 우주의 약동하는 생명력을 이 우물을 통해 감지해 내기도 했다. 어약우연(魚躍于淵)이라는 용어에서 보이듯이, 우주의 왕성한 생명력이 하늘과 땅, 혹은 하늘과 인간의 합일 경계에서 나타났다. 특히 세계와의 통합이라는 이러한 시적 비전은 물이 지닌 생명 에너지를 극대화시킨 결과라 하지 않을 수 없다.

아홉째, 개울을 통해 일상의 여러 측면을 발견할 수 있었다. 양택 풍수에서 배산임수(背山臨水)라고 할 때, 그때의 물은 대체로 개울을 의미한다. 그 물로 농사를 짓고 일상생활도 하기 때문에 이를 문학 작품에 담아내는 것은 지극히 당연한 일이었다. 선비들은 개울 주위에 서당을 건립하여 강학 활동을 하기도 하고, 목욕을 하면서 스스로를 수양하기도 하고, 동천을 택하여 원림(園林) 단위로 넓혀 한국의 독특한 구곡 문화를 조성하기도 했다. 황순원이 〈소나기〉에서 보여주었듯이 근대 이후의 개울물은 청소년의 사랑이 성장해 가는 지극히 일상적인 공간이었으며, 헤어지고 만나는 물처럼 사람들이 봉별의 추억을 간직한 곳이었다. 개울의 물은 이처럼 우리 일상 깊은 곳으로 흐르고 있었던 것이다.

열째, 강하를 통해 소동의 현상을 발견할 수 있었다. 강하가 지닌 최대의 기능은 소통이다. 상하를 오르내리거나 좌우를 넘나들면서 사람들은 문화를 실어 날랐다. 이에 따라 선비들은 강상에 배를 띄워 놓고 선유시회(船遊詩會)를 열어 인간과 인간, 인간과 자연의 소통을 낭만적으로 혹은 도학적으로 표출하였다. 특히 물의 유동성으로 인해 발생한 표착화소(漂着話素)는 초계 밤마리의 오광대놀이와 같이 낙동강을 떠내려와 놀이로 발달하기도 했다. 강의 소통력에 기인한 것이다. 근대 이후에는 강하를 중심으로 민중의 사회 감성이 다각도로 모색되었는데, 신동엽의 〈금강〉 등의 작품에서 구체적으로 드러났다.

열한째, 호수를 통해 서정을 체험할 수 있었다. 호수는 지수 가운데 그 범위가 가장 넓다. 그 넓이와 수평선으로 인해 우리에게 아름다운 서정과 함께 심리적 안정감을 제공한다. 중국의 임포나 소식이 서호 풍정을 수용하면서 이들의 정서가 한국에도 깊숙이 유입되었다. 호수는 그 아름다움으로 인해 성리학적 이념이 비교적 적게 작동했던 것으로 보인다. 근대 이후에는 사랑이나 그리움의 정서가 호수를 통해 표출되기도 했으며, 조용한 기다림의 정서가 나타나기도 했다. 이처럼 호수는 시인들의 정서를 담아내는 가장 큰 그릇의 역할을 하면서 지수 혹은 수평선이 갖는 미감을 최대한 발휘하였다.

열두째, 바다를 통해 이상을 구현할 수 있었다. 수많은 강이 흘러들어 이루는 바다는 깊고 광활하다. 이 때문에 두려움과 공포의 대상이 되기도 하고, 사신들에게는 바다 너머에 고국이 있어 그리움의 대상이 되기도 했다. 그럼에도 불구하고 바다는 한국문학 안에서 이상을 구현하는 대표적인 공간으로 인식되었다. 예컨대, 고려가요 〈청산별곡〉의 '바다'는 물론이고, 〈홍길동전〉의 율도국, 〈허생전〉의 빈 섬[공도(空島)], 〈장생전〉의 동쪽 바다 등이 모두 그러한 곳이다. 이로써 바다는 고달픈 현실을 탈출하여 새로운 세계로 나아가고자 하는 상상력과 맞물려 사회적 의미를 강하게 띠게 된 것이다.

열셋째, 물은 음식 문화의 중핵을 이루었다. 물 그 자체가 생명을 유지하는 데 필수적이지만, 그것으로 음식을 만든다는 점에서 물은 음식 문화의 핵심에 놓이지 않을 수 없다. 이 때문에 전통 음식조리서인 『음식디미방』이나 『수운잡방』 등에서 음식과 물의 관계가 특기될 수 있었다. 음식 문화에서 택수(擇水)가 중요하지만 이 가운데서도 특별히 정성을 기울인 것은 양주(釀酒)와 팽다(烹茶)였다. 술과 차가 거의 물로 이루어져 있기 때문이기도 하지만, 인간사에 없어서는 안 될 것이었기 때문이다.

열넷째, 물은 종교 문화의 핵심적인 기능을 담당했다. 물의 투명성은 신앙적인 맑음과 정화로 이어지며, 치병의 효과까지 있다고 믿었다. 즉, 치심(治心)과 치병(治病)이 모두 물로 가능하다고 보았으며, 이를 통해 종교 문화가 형성되고 성장할 수 있었다. 물은 그 본질적인 의미가 생명에 있으므로 자연스럽게 용신앙과도 결부되었다. 하늘에 비를 비는 의식 역시 중요한 종교 행위이다. 이러한 기우제는 주로 산꼭대기나 사직단, 강하나 연못 등 신성하다고 믿어지는 곳에서 실시되었는데, 특히 기우 설화에는 음양론에 입각한 남녀의 관계가 깊이 개입되어 있어 자연의 조화가 운우(雲雨)의 조성에 커다란 영향을 미치는 것으로 나타났다.

열다섯째, 물은 공동체 문화를 형성하는 핵심 역할을 하였다. 물을 배제한 마을 공동체는 존재할 수가 없다. 마을 사람들은 물속에 용이 산다고 믿으며 이를 대상으로 샘굿을 하였고, 농사를 위한 수리 사업을 해야 할 때는 동약(洞約)을 맺어 공동으로 물을 관리하였다. 특히 동약을 통해 마을 사람들은 공동체 문화를 더욱 굳건히 할 수 있었다. 선비 사회에서는 물을 통해 풍류 공동체를 구성하기도 했다. 정경세나 이준 등이 주축이 되어 이룩한 상주의 낙강범월시회는 그 대표적인 것이라 하겠다.

열여섯째, 물은 놀이 문화의 구심체 역할을 했다. 고대부터 현대에 이르기까지 이 문화는 지속되어 왔다. 왕이나 선비 등 상층의 사람들은 자신들이 직접 즐기기도 하였지만 아랫사람들에게 물놀이를 시키고 그것을 구경하는 것을 선호했다. 특히 선비들은 발을 물에 담그는 탁족을 주로 하며 피서와 함께 세속에서 오는 번잡한 마음을 씻어 내고자 했다. 낙화놀이 등에서 볼 수 있는 것처럼 물놀이 문화가 집단적인 문화로 성장하면서 축제의 형태로 정착되기도 했다. 더욱이 물놀이 가운데 천렵 놀이는 전 계층이 즐기던 생활 문화였기에 일기나 풍속화 등으로 확장되면서 다양한 천렵 문화를 전할 수 있었다.

열일곱째, 물은 생태 문화를 논의하는 자리에 빠질 수 없는 요소였다. 오늘날 자연 파괴와 함께 환경이 심각하게 오염되면서 생태학적 관점에서 다양한 시도가 이루어졌다. 문학적 측면에서 볼 때 근대 이전의 고전문학에서는 주로 인간이 자연과 수평적 관계로 공존하면서 자연의 법칙에 순응하는 자세를 취하였고, 근대 이후 현대문학에서는 과학기술이 가져다준 생태계의 파괴와 교란, 그로 인해 황폐화된 인간의 삶에 주목하였다. 여기에서 물은 매우 중요한 소재 역할을 했다. 물이 생태의 근원을 이루기에, 그것의 오염과 파괴는 생태계 전체에 심각한 위해를 가할 수 있기 때문이다. 작자들의 문학생태학적 관점에서의 이러한 창작 활동은 문학이 지닌 시대적 소명의식을 다하기 위한 것이라 하겠다.

물은 인간의 심리를 가장 잘 투사할 수 있는 물질이다. 이것은 물이 고정되어 있는 일정한 형태가 없으면서도 모든 환경에 잘 적응하기 때문이다. 사정이 이러하므로 물은 양극단에 서는 모순성이 발생할 수 있었으며, 그 사이에서 매우 다양한 문학적 형상을 구축해 왔다. 즉, 물은 유순과 난폭, 단절과 지속, 이별과 만남, 욕망과 성찰, 이상과 현실 등을 동시에 담아내었던 것이다. 그럼에도 불구하고 물은 우물, 개울, 강하, 호수, 바다라는 공간에 따라 일정한 통일적 상상력을 유지하는 한편, 공간의 크기와 물의 동정(動靜)에 따라 서로 다른 상상력을 발휘하였다. 이러한 현상이 음식, 종교, 공동체, 놀이, 생태 문화 등과 맞물리면서 물의 문화학을 가능케 하였다.

대대론과 동태적 균형

물에 대한 인식이 상호 모순적으로 나타나듯이, 이에 대한 상상력 역시 다양하게 나타날 수밖에 없다. 이것은 인식의 주체인 자아의 심리적 상태 및 지적 수준에 따라 사물이 다르게 인식될 수밖에 없음을 의미한다. 물은 동정에 따라 지수와 유수로 구분되고, 승강(昇降)에 따라 수증기와 비로 나누어진다. 완급에 따라 격류(激流)와 안류(安流), 물질 상태에 따라 고체와 액체와 기체, 온도에 따라 냉수와 온수로 구분된다. 지수라 하더라도 그 규모에 따라 우물, 연못, 호수, 바다 등으로 나누어지고, 위치에 따라 지하수와 지표수로 나뉜다.

물은 유연성을 본질로 하기에 우물, 개울, 강하, 호수, 바다로 존재할 수 있으며 어떤 공간이라도 거기에 적응할 수 있는 변형성을 보유하고 있다. 또한 유동성을 지니고 있으므로 유속에 따라 빠른 물과 느린 물로 구분할 수 있으며, 반사성으로 인해 얼굴을 비춰 보면서 성찰의 도구로 삼을 수도 있고, 투명성이 있기 때문에 종교적 정화로 의미가 확대될 수도 있다. 그럼에도 불구하고 물은 항구성을 지닌다. 물은 모든 것을 수용하지만 그 본질을 잃지 않으며 영원히 흐르기 때문에 불변의 자질 역시 갖추고 있는 것으로 인식되었다.

물은 그 스스로 고정된 형태를 주장하지 않기에 항구성을 지닌다. 물이 아래로 흐르는 성질을 통해 인간은 겸하성(謙下性)을 배웠다. 노자의 '상선약수(上善若水)'도 물의 이러한 측면을 적극 수용한 것이다. 그런데 아래로 흐르는 물의 성질이 무엇을 지향하는지를 살펴보면 매우 흥미롭다. 그것은 바로 '균형'이다. 물은 균형을 지향하며 흐르고, 균형에 도달하면 더 이상 흐르지 않는다. 이것을 물이 지닌 '중용의 덕'으로 이념화해도 좋을 것이다. 이 때문에 물은 인간이 지향하는 도덕적 기준이나 가치까지 그 의미 영역이 확장될 수 있었다.

물에 관한 문학적 상상력이 모순에 의해 이루어진다고 볼 때, 우리는 여기서 대대론(待對論)을 염두에 둘 필요가 있다. 대대론은 음양론(陰陽論)을 바탕으로 하는데, 두 가지 물질이 서로 다르기 때문에 경쟁하고, 동시에 서로 다르기 때문에 협동하게 된다는 논리이다. 불교에서는 이것을 중생과 부처, 생사와 열반, 세간과 출세간, 번뇌와 보리, 유위와 무위, 죄와 복, 지옥과 정토, 사법과 정법 등 수많은 용어로 확장하여 이해하고 있다. 미는 힘(척력斥力)과 당기는 힘(인력引力)이 동시에 작동하며, 이에 따라 때로는 상생(相生)하고 때로는 상극(相克)하기도 한다. 이러한 대대론을 염두에 두면서 다음 작품을 주목해 보자.

수소와 산소가 만나 물이 된 이후
물은 원래의 성분으로 되돌아갈 수 없다
화학적 방법이 아니라면 물은
영원히 물이다

수소와 산소, 있지만 없다 없지만 있다
손을 넣어 놀려도 이곳에서 저곳으로 쏟아 부어도
물 위 그 어떤 무늬도 건져낼 수 없을 만큼
적시며 흐르며 물은 버틴다
맑은 힘, 그에 대해서는 끝내 말해주지 않는다

중심에 스며들어, 찬란하게 박혀
다른 이름으로 살아보고자 몸부림쳐보는 날이 있다
뒷걸음질 쳐 다다른 숲에게
물고기를 낚게 해준 그 강에게
종일 세상을 말리다가 지는 태양에게

그러나 건너가 박히고자 하는 것들을 통째 삼키며

물렁해지기를, 숨어 흐를 수 있기를 바라지만
쓸쓸하게도 나는 흠집이 나있거나 부서진 자리로
매번 환원한다

되돌아가지 않고 분리되지도 않는 단단한 물
그 무엇으로도 해부되지 않는 고집이
어느 날은 꽝꽝 얼어
세상 모든 것을 철썩, 달라붙게 한다

— 이향란, 〈물의 해부학〉[2]

사물에 내재한 두 성향이 지닌 모순적 통일성 혹은 대립적 총체성의 입장에서 사물을 이해하는 것이 바로 대대론이다. 수소와 산소가 만나 물이 되어 버리면 원래의 성분으로 되돌아갈 수 없는 물, 그러나 그 물은 "수소와 산소, 있지만 없다 없지만 있다." 둘이면서 하나이고 하나이면서 둘이라는 것이다. 즉 결코 혼자서는 존재할 수 없으며 또한 결코 하나가 될 수도 없다. 그러나 그 핵심에는 끝내 말해 주지 않는 불변의 '맑은 힘'이 존재한다. 이 힘은 숲이나 강, 심지어 태양에게까지 스며들어 박혀 있다. 시인은 이것을 '해부되지 않는 고집'이라 했다. 물은 결국 이러한 불변성으로 '입의(立義)'되어 있었던 것이다.

우리는 여기서 '대대입의(待對立義)'라는 용어를 구성할 수 있다. 음양이 그러하고 이기(理氣)가 그러하다. 존재 법칙에서의 상대성은 이로써 발견된다. 어둠과 빛, 움직임과 고요함, 밤과 낮 등이 상호의존

2 이향란, 〈물의 해부학〉, 『한 켤레의 즐거운 상상』, 지혜, 2011.

하면서 어느 하나로 귀속될 수도 없고 둘이 합쳐 하나가 될 수도 없다. 다른 두 힘이 인력과 척력을 반복하며 생성할 따름이다. 이것은 고통과 환희라는 심리적 측면, 바다와 육지라는 물질적 측면, 들숨과 날숨이라는 운동적 측면 등 다양한 환경과 맞물리며 확대되고 재생산된다. 이러한 측면을 필자는 '모순적 통일성'이라 부르고자 한다. 모순된 듯하지만 통일적 논리로 사물의 핵심에 도달하고 있기 때문이다.

이 책에서 결론으로 도출된 것도 물이 지닌 '대대입의에 의한 모순적 통일성'이다. 유순과 난폭, 단절과 지속, 이별과 만남, 욕망과 성찰, 이상과 현실이 상호 대립되고 모순되어 있지만 물은 이 둘을 불변의 '맑은 힘'으로 통일시키고 있다. 이러한 모순적 통일성을 지니고 있으면서도 '우물-생명', '개울-일상', '강하-소통', '호수-서정', '바다-이상'이라는 대표적인 의미망을 형성하였으며, 또한 작가들은 이와 관련된 문학적 상상력을 펼칠 수 있었다. 그리고 음식, 종교, 공동체, 놀이, 생태 문화 등 인간의 문화를 만들어 갈 수 있었다. 그 안에 물의 '맑은 힘'이 존재하고 있었음은 물론이다. 그렇다면 이러한 대대입의에 의한 모순적 통일성을 지닌 물이 궁극적으로 지향하는 것은 무엇인가. 다소 길지만 다음 작품을 들어 이 부분을 해명해 보자.

(가) 欸玄鈞之愆化兮 아, 자연의 조화 질서를 잃어
陰氣洩而莫收 음기가 새는데도 수습을 못 해
雨澤淫而爲沴兮 과도하게 비가 내려 피해 주는데
時玆屬乎淸秋 시절은 맑은 가을 팔월이라
越春夏之告旱兮 그런데 지난 봄여름엔 날이 가물어

氣鬱閉而不流	답답하게 기가 막혀 통하지 않고
陽亢極以用事兮	양만 극성맞게 행세를 하며
殘陰屛而如拘	음은 붙잡힌 듯 꼼짝 못 했지
濡澤閟而不下兮	단비 기다려도 오지를 않아
萬植絶其膏油	온갖 식물 자양분을 공급 못 받고
痛嘉穀之盡槁兮	애처롭게 곡식들 메말라 죽었으며
雖莠艾而莫遂	심지어는 잡초마저 시들어 갔네
農夫印天而拊膺兮	농부들 하늘 향해 가슴을 치고
訴大命之近止	다 죽게 되었다고 호소하면서
庶密雲之有作兮	뭉게구름 일어나길 기대했지만
日杲杲而星嘒	낮엔 해 쨍쨍 쬐고 밤엔 별빛 빛났다오
望涓滴而不可得兮	기다리던 비 한 방울 끝내 못 얻어
遲灼爛之立至	금방이라도 타 죽을 것만 같았는데
(나) 意坎用之遂曠兮	물이란 물은 모조리 말랐을 상황에서
今何有此陰沴	지금은 또 이 무슨 물난리인가
嘅無及於穌枯兮	마른 곡식 살게 됐다 기뻐할 틈도 없이
徒愆時而爲咎	계절의 변화 어긴 채 재앙만 끼치누나
勢浸淫而不止兮	금방 그치지 않을 듯한 형세인데
彌浹旬而愈澍	열흘이 넘도록 더욱 적셔만 주는구나
霶雲鬱以恒結兮	항상 답답하게 끼어 있는 비구름
類鴻蒙之未剖	천지 창조 되기 전의 상황과 비슷한데
靁虢虢以動威兮	우르릉 천둥소리 위세 떨치고
挾狂電而並騖	번갯불 미친 듯 치달리누나
訝溟海之驟反兮	바닷물 거꾸로 밀어닥치듯
疑河漢之潛漏	은하수 어딘가에 구멍 뚫린 듯
閔太陰之泄盡兮	태음 기운 모조리 빠지려는가

恐三光之長幽　해 달 별 영원히 유폐될까 두렵도다
鼃何爲而竈育兮　개구리 어떡하다 부엌에서 길러지고
鰌何爲而庭游　미꾸라지 웬일로 뜰에서 놀게 되었는가
懼廬湛而衖沒兮　집이며 마을이며 잠길까 두려워서
仍攀陟乎崇丘　높은 언덕으로 피신해 바라보니
望清漢之汎溢兮　하늘 강물이 터져 나와
懷大陸以犇流　땅덩어리 삼킨 채 치달려 흐르는데
魚龍游於陵阜兮　언덕 사이로 물고기들 뛰어놀고
見樹杪之行舟　나뭇가지 끝으로 배 가는 것 보겠도다
惝魂駴而神叛兮　넋이 다 달아날 듯 너무도 놀라울 뿐
憂堪輿之翻浮　천지가 뒤집힐까 걱정마저 들었다네
(다) 歸蓬廬而靚處兮　오두막집 되돌아와 조용히 자리하고
撫玄機以潛思　오묘한 이치를 한번 생각해 보았도다
惟天地之運化兮　천지가 만물을 화육(化育)함에
行雨暘以均施　개이고 흐린 날이 균등해야 하나니
獨潤不可以化兮　비만 내려도 육성이 되지 않고
獨晅不可以滋　햇볕만 내리쬐도 길러지지 않는다네
循厥時以來備兮　때에 맞게 미리부터 준비를 해 주어야
物以遂而民熙　곡식이 제대로 커 백성이 기뻐하나니
念上世之淳皡兮　생각건대 태고 시대의 이상 사회도
天徇物而無違　하늘이 만물에 맞춰 어김이 없었기 때문이라네
胡伊今之不祥兮　어찌하여 지금은 상서롭지 않게 되어
二儀均失其攸宜　음과 양 모두 다 마땅함을 잃었는가
夏何爲而亢暵兮　여름엔 어찌하여 가뭄에 시달리고
秋何爲而霪菑　가을엔 어찌하여 장마로 괴로움 당하는가
哀我民之孔囏兮　불쌍하다 우리 백성 고달픈 생활 해 왔는데

遘茲辰之降害　지금 또 이렇게 재앙을 내리는가
仰浮雲以願霽兮　뜬구름 쳐다보며 맑은 날씨 기원해도
天蒙蒙而愈晦　우중충한 하늘 더욱 어두워만 지는구나
嘅神禹之旣遯兮　어떡하나 우임금은 멀고 먼 시대 인물인걸
民其魚而誰濟　백성의 이 참상을 그 누가 구제할까
嗟余生之坎壈兮　아, 내 인생 참으로 기구하여
塊獨守此無澤　혜택 하나 못 준 채 홀로 지키고 앉아 있네
豈身世之足恤兮　내 신세야 돌볼 가치 무엇이 있겠냐만
憂天道之乖錯　천도가 잘못됨이 걱정될 뿐이라오
託蜚雲以道思兮　날으는 구름 의탁하여 내 생각을 말하노니
庶默通乎元極　말 없는 가운데 하늘에 통했으면

— 장유, 〈추림부(秋霖賦)〉[3]

장유(張維, 1587~1638)가 지은 〈추림부〉 전문이다. 모두 68구로 구성된 장편 부이다. 이 작품은 크게 세 부분, (가) 가뭄의 실태(1구~18구), (나) 장마의 실태(19구~42구), (다) 적우(適雨)의 기원(43구~68구)으로 구성되어 있다. 이 작품에서 장유는 지난봄과 여름에는 천지의 기운이 막혀 극심한 가뭄에 시달렸다고 했다. 잡초마저 시들어 가 금방이라도 타 죽을 것만 같았는데 맑은 가을이 되어 느닷없이 열흘이 넘도록 비가 내려 바닷물이 거꾸로 밀어닥치는 듯하다고 했다. 개구리가 부엌에서 살고, 미꾸라지가 마당에서 놀며, 심지어 나뭇가지 끝으로 배가 지나가는 것을 볼 수도 있겠다며 당시의 상황을 설명했다. 장유는 이러한 가뭄과 장마의 반복은 자연이 조화를 잃었기 때문으로 보았다.

3 張維, 〈秋霖賦〉, 『谿谷集』 권1.

가뭄과 장마가 반복되는 이러한 시점에서 장유는 오두막집에 되돌아와서 천지의 이치에 대하여 생각에 잠겼다. 그리고 "천지가 만물을 화육(化育)함에, 개이고 흐린 날이 균등해야 하나니, 비만 내려도 육성이 되지 않고, 햇볕만 내리쬐도 길러지지 않는다네."라고 하면서, 천지만물의 화육은 갠 날과 흐린 날의 균등, 즉 음양의 균형으로 이루어짐을 간파하였다. 이러한 현상을 우리는 음양의 '동태적 균형'이라 할 수 있을 터인데, 이러한 동태적 균형이 파괴되었기 때문에, 장유는 (다)에서처럼 "어찌하여 지금은 상서롭지 않게 되어, 음과 양 모두 다 마땅함을 잃었는가. 여름엔 어찌하여 가뭄에 시달리고, 가을엔 어찌하여 장마로 괴로움 당하는가."라고 하였던 것이다.

동태적 균형은 움직이면서 균형을 이루는 것을 말한다. 음과 양이 상호 작동하면서 양이 음으로, 혹은 음이 양으로 귀착되는 것이 아니라, 협동과 경쟁의 구도 속에서 창조와 생성을 위해 균형을 이루어 나간다는 것이다. 장유가 앞의 〈추림부〉에서 흐린 날과 갠 날의 상호작용과 이것의 균형으로 천지의 만물이 화육될 수 있다고 한 것은 바로 이러한 원리에 의한 것이다. 화육은 자연이 천지만물을 끊임없이 길러 내는 것을 말한다. 그 이면에 음양의 대대론이 있고, 여기에 입각해 비가 내리기도 하고 개기도 한다.

강우(降雨), 즉 물 자체도 외부의 빛에 의해 그 양이 조절되므로, 이 역시 사물과의 관계 속에서 동태적 균형을 이루어 간다. 물은 유연성과 유동성을 지니고 있으므로 항상 변화하고 적응한다. 그러나 본질적으로 이러한 가변성을 지니고 있음에도 불구하고, 항상 아래로 흐르는 불변성을 유지한다. 그리하여 마침내 사물을 길러 내는 핵심적 생명 에너지가 된다. 이러한 가변성과 불변성은 모순 구도 속에서 운동하며, 운동을 하면서도 균형을 유지하므로 동태적 균형이 확인된다. 균형이 깨어지면 다시 운동하고, 운동을 통해 다시 균형을 지향한다. 이러한 반복과 순환 속에 물은 영원히 존재한다.

음양의 조화에 따른 천지의 화육(化育)과 물이 지닌 동태적 균형이 현실에 적용될 때 백성들은 비로소 안강(安康)해진다. 이러한 생각이 〈추림부〉에도 잘 나타나 있다. "때에 맞게 미리부터 준비를 해 주어야, 곡식이 제대로 커 백성이 기뻐하나니, 생각건대 태고 시대의 이상 사회도, 하늘이 만물에 맞춰 어김이 없었기 때문이라네."라고 한 것이 그것이다. 장유는 지상의 만물에 대하여 하늘이 베푸는 '빛'과 '비'의 균형, 또한 사물 속에 잠입한 물의 균형, 이것이 천지의 화육을 도와 태평성세를 만들 수 있는 매우 중요한 요소라 생각했다.

경쟁과 협동을 기반으로 하는 대대론은 물의 존재를 설명하는 데 매우 유용하다. 음양과 마찬가지로 이 둘은 서로 모순되고 대립된 듯하지만 상호 긴밀하게 작용하는 관계에 놓여 있다. 이 때문에 이 책에서 살핀 유순과 난폭 등의 모순 구도가 모순에 그치지 않고 하나의 통일성 속에서 논의될 수 있었다. 그 핵심에 물이 지닌 불변성이 '맑은 힘'으로 포착되었다. 이를 필자는 '대대입의(待對立義)'라 부르고자 했다. 이러한 대대입의는 물이 지닌 모순적 통일성을 이루며, 그 궁극에는 균형으로 가는 힘이 존재한다. 우리는 이것을 물이 지닌 '동태적 균형'이라 할 수 있을 것이다.

남은 문제들

물에 관한 문학적 상상력은 다양한 의미로 열려 있다. 그 의미의 행간이 매우 넓기 때문에 그 극점에서는 모순성으로 나타나지 않을 수 없다. 그러나 그것이 단순하게 모순과 대립으로 그치지는 않는다. 대대론에 의해 통일되어 있기 때문이다. 이러한 모순적 통일성에 따른 의미는 물이 본질적으로 지니고 있는 가변성과 불변성의 총체를 구성한다. 이러한 가변성과 불변성의 총체가 바로 동태적 균형을 유지한다. 이 책의 결론은 바로 여기에 맞닿아 있다. 그러나 물에 대한 문학적 상상력이 모두 해명되었다고 할 수는 없다. 이러한 측면에서 남은 과제를 몇 가지로 나누어 제시하며 새로운 연구의 발판으로 삼는다.

첫째, 물이 지닌 모순성을 통일적 논리에 입각해 따져 보는 일이다. 우리는 이 책에서 유순과 난폭, 단절과 지속, 이별과 만남, 욕망과 성찰, 이상과 현실 등 상호 대립되고 모순된 의미가 문학 작품에 구체적으로 어떻게 나타나는지를 집중적으로 논의하였다. 이로써 문학작품에 다양한 모습으로 등장하는 물의 의미가 대체적으로 규명될 수 있었다. 그러나 이러한 논의는 다소 평면적이라는 반론에 직면할 수 있다. 이러한 반론을 극복하기 위해서는 물이 지닌 모순항을 더 많이 만들어 낼 수 있어야 하겠지만, 이러한 모순항들의 역학 관계를 구체적인 작품으로 따질 수 있어야 한다. 이를 통해 비로소 모순적 통일성의 구체상을 발견할 수 있기 때문이다.

물이 지닌 모순적 통일성을 구체적으로 따지기 위해 우리는 모순된 두 의미 사이에 서서 그 의미를 동시에 수렴할 수 있어야 한다. 예컨대, 물에는 유순함과 난폭함이 있는데, 작가들이 이것에 입각하여 그들의 감정과 사상을 물로 표상하면서 어떠한 통일적 구도를 형성하고 있는지를 따져야 한다. 단절과 지속, 이별과 만남, 욕망과 성찰, 이상과 현실 등도 마찬가지다. 물을 소재로 한 다양한 작품군이 있다면 이러한 작품군이 지닌 모순적 통일성은 이를 통해 해명될 수 있을 것이다. 이러한 작업은 물론 인간의 존재론적 모순성에 입각해 있으므로, 인간 이해를 위한 새로운 길을 개척하는 데 일조할 수 있을 것이다.

둘째, 우물, 개울, 강하, 호수, 바다 등의 개별 공간에 대한 문학적 상상력을 더욱 밀도 있게 따져 보는 일이다. 본 연구에서는 '우물-생명', '개울-일상', '강하-소통', '호수-서정', '바다-이상'이라는 각 공간에 따른 핵심적 주제들만 고찰하였다. 물과 관련된 이러한 공간이 지향하는 상상력의 방향을 따지는 것은 이들 공간이 갖는 물질적 상상력을 효율적으로 이해하는 데 도움을 준다. 그러나 기실 물이 지닌 공간 상상력은 고정되어 있는 것이 아니다. 즉, 생명성이 우물에만 나타나는 것이 아니라, 정도의 차이는 있지만 개울, 강하, 호수, 바다에서도 두루 등장할 수 있다.

생명성이 개울 등 여타의 공간에서도 나타날 수 있듯이, 일상, 소통, 서정, 이상이 우물을 중심으로 의미망을 구축할 수도 있다. 여기서 우리는 중요한 연구 영역을 확보하게 된다. 즉 '우물에 관한 문학적 상상력'이라는 특수하면서도 구체적인 논의가 가능하다는 것이다. 우물이 생명성을 핵심적으로 담지하고 있지만, 여기서 죽음을 맞이하기도 하고 재생하기도 한다. 설화에는 이러한 종류의 상상력이 드물지 않게 보이는 것이 사실이다. 물론 빈도수나 작품의 완성도 측면에서 한계가 있을 수는 있다. 그럼에도 불구하고 어느 특정 공간이 지닌 문학적 상상력은 충분히 열린 상태에서 검토되어 마땅할 것이다.

셋째, 물에 관한 상상력을 문학의 장르별로 따져 보는 일이다. 한국문학을 구비문학과 기록문학으로 나누고, 기록문학을 다시 한문문학과 국문문학으로, 국문문학을 고전문학과 현대문학으로 나눈다고 볼 때, 물에 관한 문학적 상상력은 장르별로 상이하게 나타날 것으로 예상된다. 예컨대, 주몽 신화 등 건국 신화에 나타나는 물과 장자못 전설 등 지역 전설에 나타나는 물은 상상력의 방향이 전혀 다르다. 성리학자들이 한시를 통해 보여 준 물의 상상력과 현대시인들이 현대시를 통해 보여 준 물의 상상력 역시 상이하게 나타날 수밖에 없다.

물에 관한 한국문학의 장르별 상상력은 그 장르가 지닌 특성을 이해하는 데도 도움을 준다. 한시나 시가 등의 운문 장르와 소설이나 수필 등의 산문 장르는 물을 담아내는 그릇의 크기가 서로 다르다. 이 때문에 물의 다른 점을 포착하지 않을 수 없다. 이황이 〈반타석(盤陀石)〉에서 보인 격류와 안류에 따른 성리학적 상상력과, 조명희가 〈낙동강〉에서 보인 민중의 삶을 사회주의적 리얼리즘으로 그려낸 것은 다를 수밖에 없다. 이러한 점을 인식하면서 장르별로 물이 어떻게 형상화되는지를 따지는 것은 물의 본질을 장르적 측면에서 이해하는 데 일정한 도움이 될 것이다.

넷째, 문학사적 맥락 속에서 물에 관한 상상력이 통시적으로 어떻게 변화되어 왔는지를 따져 보는 일이다. 이 책의 제1장은 '한국문학과 물의 소재사'를 다루고 있다. 연구를 시작하면서 우리 문학사에 등장하는 물의 중요성을 환기시키기 위해 간략하게 정리한 것이다. 그러나 이를 통해 고대문학에서 현대문학에 이르기까지 물이 매우 다양한 모습으로 당대의 시대적 문제의식과 결부되면서 등장하고 있다는 것을 발견할 수 있다. 이것은 물의 유연성에 입각한 적응력과 밀접한 관련이 있다. 물이 개별 사물에 내재하여 개별 사물의 존재와 운동을 규정하는 내적 원리로서 기능하면서도, 능동적으로 주변의 환경에 적응하기 때문이다.

'물의 한국문학사'를 연구하는 것은 새로운 문학사를 구상할 수 있게 한다. 부분사가 문학 작품을 구성하는 요소 또는 기법을 한 가지 계열로 일관성 있게 파악하는 것이라 볼 때, 물은 가장 확실한 성과를 담보할 수 있다. 한국문학사에서 물이 어떻게 인식되었던가 하는 문제는, 단순한 소재사를 훨씬 넘어서 있기 때문이다. 이것은 당대의 사상사와 사회사를 넘나들면서 작가들이 물을 통해 구체적인 당대적 문제의식을 드러내고 있음을 의미한다. 물에 관한 상상력의 역사는 문학사의 핵심에 바로 들어갈 수 있게 할 것이다.

다섯째, 물에 관한 주제별 연구 역시 가능하다. 문학 작품을 관습에 따라 내용과 형식으로 나눈다고 할 때, 이른바 내용에 해당하는 것이 이들 주제별 연구가 된다. 이 책에서는 유순, 난폭, 단절, 지속, 이별, 만남, 욕망, 성찰, 이상, 현실, 생명, 일상, 소통, 서정, 음식, 종교, 공동체, 놀이, 생태 등을 물과의 연관성 속에서 다루었다. 그러나 문학적 주제는 인간의 다양한 삶만큼이나 다채롭게 구성되어 있다. 따라서 하나의 핵심 주제를 선정해서 시대를 오르내리고 공간을 넘나들며 이들 주제를 포괄적으로 연구할 필요가 있을 것이다.

물의 문학적 상상력 가운데 같은 주제가 모순적으로 드러나는 것도 주목할 일이다. 예컨대, 이 책에서 다루었듯이 이상의 경우, 거슬러 올라가 물이 샘솟는 원두에서도 나타나고, 물이 흘러 최후로 가닿는 바다에서도 나타난다. 이는 같은 이상이지만 서로 다른 경향을 보인다. 우물에서의 이상이 관념적·철학적·수렴적이라면, 바다에서의 이상은 현실적·사회적·확산적이기 때문이다. 이처럼 처음(우물)과 끝(바다)이라는 공간적 모순 구도 속에 등장하는 이러한 이상은, 관념과 현실을 통찰하는 긴요한 요소가 된다.

여섯째, 물에 관한 작가별 연구 역시 가능하다. 물은 모든 종류의 자연현상을 받아들인다. 이것은 작가가 모든 종류의 인간 심리를 물로 표현할 수 있다는 말과 같다. 사실 작가들은 자신이 처한 특수한 환경에 대한 적응과 비판도 물로 해 왔다. 의식적이든 그렇지 않든 그렇게 해 온 측면이 있다. 이것은 특정 작가의 작품을 분석하는 과정에서 물에 관한 그 작가의 인식을 따지는 것이 그의 작품과 의식을 이해하는 척도가 된다는 뜻이다.

고전문학의 경우, 지배층과 피지배층은 자신이 처한 사회적 위치가 다르기 때문에 물을 이해하는 방법 역시 달랐다. 예컨대, 조선조 사대부는 흔히 물을 통해 천리유행(天理流行)이라는 성리학적 주제를 함의하고자 했다. 그러나 농민들은 〈모심기 소리〉 등의 민요를 통해 고통받는 당대의 현실적인 문제를 물을 통해 부각시키고자 했다. 사정이 이러하므로 작가가 물을 어떻게 형상화하고 있는지를 따지는 것은 작가 연구의 새로운 방법론으로 성장할 수 있다.

일곱째, 인근 학문 영역과의 학제적 연구도 요청된다. 물은 근본 문제를 포괄적으로 다루는 철학은 물론이고, 현실 문제를 구체적으로 다루는 역사학을 모두 수용한다. 이것은 물이 강력한 수용력을 갖고 있듯이 문학이 관념과 현실을 넘나들면서 여러 학문을 포괄하는 데 용이하기 때문이다. 더욱이 물을 중심으로 한 인근 학문과의 학제적 연구는 물에 대한 이해를 더욱 온전하게 할 수 있다. 현재 '물문화'라는 용어가 우리 사회에서 사용되듯이, 물이 스며들지 않는 영역은 없다. 물의 적응성과 포괄성은 이미 특정한 학문 영역으로 제한될 수 없게 되었다.

물과 예술의 연관성은 하나의 중요한 예가 될 수 있다. 신라시대의 포석정(鮑石亭)은 물을 이용한 유희 시설이다. 이러한 시설을 통해 예술이 탄생·향유되었고, 문학은 그 가운데 핵심적인 역할을 하였다. 선유시회(船遊詩會)나 산수화도 물을 배경으로 하고 있다. 여기서 우리는 물이 인간과 예술을 결합시키며 미적인 감각으로 재창조되고 있음을 깨닫게 된다. 전통시대의 사람들은 조경 시설 가운데 하나인 연못 주변에서 거문고를 연주하는 등 예술 활동을 벌였다. 이것이 문학 창작의 배경이 되기도 하였으니, 물은 그 주제적 측면에서 무한하게 열려 있다고 할 것이다.

오늘날 우리는 물의 죽음이라는 생태학적 비극성을 목도하고 있다. 인간의 욕망이 만들어 낸 이러한 물의 죽음은 물을 매개로 한 현실과 사회의 죽음을 의미한다. 이를 심각하게 인식하면서 1996년 세계물위원회가 프랑스에서 설립되었다. 이 위원회에서는 3년에 한 번씩 국제적 차원에서 '세계 물 포럼(World Water Forum, WWF)'을 개최하여 물에 대한 중요성을 홍보한다. 21세기의 물 문제는 인간의 생존 문제와 직결되어 있기 때문이다. 한국의 경우, 지역마다 물 포럼을 개최하며 물에 대한 인식을 새롭게 한다. 그러므로 물에 대한 연구는 학문 영역을 불문하고 다양한 각도에서 이루어져야 한다. 물이 바로 인간과 우주 생명의 근원이기 때문이다. 그리하여 우리는 물이 본질적으로 지니고 있었던 '맑은 힘'을 오늘날 다시 회복시키지 않으면 안 된다.

한편, 오늘날 세계 전역에서 물 산업화를 추진하고 있다. 물 산업이란 수자원을 확보하고 오염된 물을 정화하는 영리 행위를 총칭한다. 이는 현재 세계의 물 부족 현상이 심각해지고, 수질 오염으로 인해 물 산업의 중요성이 부각되고 있는 점을 고려할 때 지극히 당연한 일이다. 그러나 한국은 물론이고 세계 어느 나라에서도 이러한 물 산업에 따른 인문학적 성찰이 제대로 이루어지지 않고 있다. 따라서 본 연구가 물 문화에 대한 문학적 접근을 추구한 것이라 볼 때, 이 책은 여기에 대한 하나의 작은 시도가 될 수 있을 것이다. 물 산업의 방향성을 문학적 측면에서 제시할 수 있기 때문이다.

참고문헌

1. 원전 및 자료

『各司謄錄』
『高麗史節要』
『古文眞寶』
郭店 竹簡
『舊約聖經』
『近思錄』
『老子』
『論語』
『東國輿地勝覽』
『梅村洞約』
『孟子』,
『文選』
『四庫全書』
『山海經』
『攝大乘論釋』
『星山誌』
『隋書』
『荀子』
『詩經』
『新增東國輿地勝覽』
『樂府』
『樂章歌詞』
『醫林撮要』
『壬戌泛月錄』
『莊子』
『貞觀政要』
『朝鮮王朝實錄』
『周易』
『朱子大全』
『中庸』
『淸州鄭氏文穆公派世譜』
『耽羅錄』
『韓國口碑文學大系』
『淮南子』
『後漢書』
慶　暹,『海槎錄』
高尙顔,『泰村集』
權　近,『陽村集』
權　鼇,『海東雜錄』
權相一,『淸臺集』
權好文,『松巖集』
金誠一,『鶴峰續集』
金誠一,『鶴峰集』
金馹孫,『濯纓集』
金　鑢,『藫庭遺藁』
金　坽,『溪巖日錄』
金　玏,『栢巖集』
金富軾,『三國史記』
金聖基,『海東歌謠』
金壽長,『海東歌謠』
金壽增,『谷雲集』
金壽恒,『文谷集』
金元行,『渼湖集』
金宗直,『佔畢齋集』
金昌協,『農巖集』
金天澤,『原本靑丘永言』
南九萬,『藥泉集』
南孝溫,『秋江集』

盧守愼,『穌齋集』
梁慶遇,『霽湖集』
閔遇洙,『貞菴集』
閔禹植,『華雲遺稿』
朴世堂,『西溪集』
朴趾源,『燕巖別集』
朴泰茂,『西溪集』
朴河淡,『逍遙堂集』
徐居正,『東文選』
徐居正,『四佳詩集』
徐敬德,『花潭集』
成 俔,『虛白堂風雅錄』
成汝信,『浮査集』
成汝學,『鶴泉集』
成悌元,『東洲逸稿』
蘇 軾,『蘇東坡集』
宋相琦,『玉吾齋集』
尸 佼,『尸子』
申 欽,『象村集』
申明均 편,『歌詞集』中央印書館, 1935.
申維翰,『青泉集』
沈炳巽,『水經注集釋訂訛』
安 軸,『謹齋集』
安鼎福,『順菴集』
魚得江,『灌圃詩集』
吳 健,『德溪集』
柳重教,『省齋集』
兪好仁,『溜谿集』
柳希春,『眉巖集』
劉 熙,『釋名』
尹 愭,『無名子集』
尹 鉉,『菊磵集』
尹善道,『孤山遺稿』
李 穀,『稼亭集』
李 植,『澤堂集』
李 黿,『再思堂逸集』
李 珥,『栗谷集』
李 瀷,『星湖集』
李 楨,『龜巖集』
李 稷,『亨齋詩集』
李 瀣,『溫溪集』
李 荇,『容齋集』
李 滉,『退溪集』
李觀命,『屛山集』
李圭景,『五洲衍文長箋散稿』
李奎報,『東國李相國全集』
李肯翊,『燃藜室記述』
李晩燾,『響山集』
李山海,『鵝溪遺稾』
李象靖,『大山集』
李睟光,『芝峯集』
李崇仁,『陶隱集』
李承召,『三灘集』
李安訥,『東岳集』
李彦迪,『晦齋集』
李裕元,『林下筆記』
李仁老,『破閑集』
李濟臣,『清江先生鯸鯖瑣語』
李齊賢,『益齋亂藁』
李震相,『寒洲集』
李天培,『三益齋集』
李賢輔,『聾巖集』
李玄逸,『葛庵集』
李衡祥,『瓶窩歌曲集』
一 然,『三國遺事』
張 維,『谿谷集』
張福樞,『四未軒集』
張錫英,『黑山日錄』
張以兪,『知分軒集』
張顯光,『旅軒集』
鄭 逑,『寒岡集』
鄭 琢,『藥圃集』
鄭經世,『愚伏集』
鄭慶雲,『孤臺日錄』
鄭斗卿,『東溟集』
鄭夢周,『圃隱集』

丁若鏞, 『茶山詩文集』
丁若鏞, 『與猶堂全書』
鄭在夔 편, 『蓬山浴行錄』
曺 植, 『南冥集』
曺 植, 『學記類篇』
曺兢燮, 『巖棲集』
趙任道, 『澗松集』
趙亨道, 『東溪集』
朱 熹, 『晦庵集』
池圭植, 『荷齋日記』
陳 澕, 『梅湖遺稿』
車天輅, 『五山說林草藁』
崔 岦, 『簡易集』
崔錫鼎, 『明谷集』
崔永年, 『海東竹枝』
崔致遠, 『孤雲集』
河受一, 『松亭集』
許 筠, 『荷谷先生詩抄』
許 慎, 『說文解字』
許 愈, 『后山集』
許 浚, 『東醫寶鑑
許命申, 『癡齋集』
洪良浩, 『耳溪集』
洪萬選, 『山林經濟』
洪泰猷, 『耐齋集』
黃 玹, 『梅泉集』
黃俊良, 『錦溪外集』
〈심청전〉(완판본)
〈길동녹〉(정우락본)
〈순금전〉(김광순본)

강은교, 『우리가 물이 되어』, 문학과지성사, 1986.
고 은, 『부활』, 민음사, 1974.
구인환 편, 『裵裨將傳』, 신원문화사, 2014.
김기림, 『바다와 나비』, 신문화연구소, 1946.
김동리, 『김동리전집』, 민음사, 1995.
김동인, 『배따라기』, 소담, 1995.
김상옥, 『향기 남은 가을』, 尙書閣, 1989.
金聲翰, 『金聲翰短篇選』, 삼중당, 1975.
金素月, 『素月詩集 진달래꽃』, 賣文社 , 1925.
김소월, 『진달내곳』, 매문사, 1925.
김영랑, 『영랑시선』, 중앙문화협회, 1949.
김영랑, 『김영랑시선』, 지식을만드는지식, 2014.
김영랑, 『마당 앞 맑은 새암을』, 한국저작권위원회, 2010.
김영랑, 양병호 편저, 『오매 단풍들것네: 원본 金永郎 전집』, 한국문화사, 1997.
김원일, 『김원일중단편집』, 문이당, 1997.
김정한, 『김정한 단편집 사하촌』, 문학과지성사, 2004.
김준태, 『밭詩』, 문학들, 2014.
류시화, 『그대가 곁에 있어도 나는 그대가 그립다』, 푸른숲, 2002.
문무학, 『낱말』, 동학사, 2009.
박재삼, 『울음이 타는 가을江』 미래사, 1991.
박주택, 『사막의 별 아래서』, 세계사, 1999.
박태일, 『가을 악견산』, 문학과지성사, 1989.

박화성, 『홍수전후』, 푸른사상, 2009.
서정주, 『미당 서정주 전집』, 은행나무, 2017.
신경림, 『쓰러진 자의 꿈』, 창작과비평사, 1993.
신동엽, 『금강』, 창작과비평사, 1989.
심재상, 『누군가 그의 잠을 빌려』, 문학과지성사, 1995.
심재완 편, 『교본역대시조전서』, 세종문화사, 1972.
유치환, 『青馬詩抄』, 青色紙社, 1939.
유치환, 『蜻玲日記』, 行文社, 1949.
유치환, 『東方의 느티』, 신구문화사, 1959.
윤동주, 『하늘과 바람과 별과 시』, 정음사, 1948.
李秉岐, 『嘉藍時調集』, 文章社, 1939.
이상보 편저, 『주해 가사문학전집』, 민속원, 1961.
이성복, 『그 여름의 끝』, 문학과지성사, 1990.
이향란, 『한 켤레의 즐거운 상상』, 지혜, 2011.
이형기, 『적막강산』, 모음출판사, 1963.
정지용, 『정지용전집1: 시』, 서정시학, 2015.
정희성, 『저문 강에 삽을 씻고』, 창작과비평사, 1978.
조명희, 『조명희 단편집: 낙동강, 농촌사람들, 저기압』, 붉은 나무, 2017.
주요한, 『불놀이』, 샘터사, 2000.
채만식, 『채만식·탁류』, 북앤북, 2009.
최승호, 『얼음의 자서전』, 중앙북스, 2014.
최승호, 『그로테스크』, 민음사, 1999.
최인훈, 『광장/구운몽』, 문학과지성사, 1976.
한창훈, 『세상의 끝으로 간 사람』, 문학동네, 2001.

2. 역서 및 연구 논저

가스통 바슐라르(이가림 역), 『물과 꿈』, 문예출판사, 1980.
강순애, 「聾巖 李賢輔의 「愛日堂具慶帖」 권하에 관한 연구」, 『서지학연구』 53, 서지학회, 2012.
구모룡, 「해양시와 근대의 바다」, 『근대문학 속의 동아시아』, 산지니, 2012.
국립민속박물관 편, 『조선시대세시기』 I, 국립민속박물관, 2010.
권광호, 「『노자』와 중국신화에 나타난 물의 상징성」, 『순천향 인문과학논총』 3, 순천향대학교 인문과학연구소, 2012.
권다니엘, 「吳貞姬 소설에 나타나는 '물'의 이미지와 女性性 연구」, 서울대학교 대학원 석사논문, 2002.
권오경, 「낙동강문화와 부산문화의 소통: 구비전승문학을 중심으로」, 『동남어문학논집』 22,

동남어문학회, 2006.
권정은, 「"애일당구경첩"의 문화교육적 존재 의의」, 『새국어교육』 108, 한국국어교육학회, 2016.
권태을 역주, 『역주 낙강범월시』, 아세아문화사, 2007.
권태효, 「우물의 공간적 성격과 상징성 연구」, 『민족문화연구』 56, 고려대학교 민족문화연구원, 2012.
金炳浩, 『周易講義』 上, 光明出版社, 1982.
金廷珉, 「松江의 漢詩 硏究: 自然 素材를 中心으로」, 『語文論集』 36, 중앙어문학회, 2007.
김 숙, 「永郞 詩 抒情의 '물' 이미지에 관한 硏究」, 『성심어문논집』 23, 성심어문학회, 2001.
김덕혜, 「金廷漢 후기소설에 있어서의 물과 불의 상징성 연구」, 한국외국어대학교 교육대학원 석사논문, 1992.
김동민, 「김동리 소설의 서사구조 연구: 물과 서사구조의 관계」, 경상대학교 대학원 석사논문, 1999.
김동수, 『물, 부드러운 흐름 그리고 사람』, 감성심리학연구소, 2015.
김동준, 「한국한문학사에 표상된 중국 서호의 전개와 그 지평」, 『한국고전연구』 28, 한국고전연구학회, 2013.
김만식, 「여성과 생명의 발견」, 『세상의 끝으로 간 사람』, 문학동네, 2001.
김명자, 「세시풍속을 통해 본 물의 종교적 기능」, 『한국민속학』 49, 한국민속학회, 2009.
김무조, 「물 說話攷」, 『論文集』 4, 경성대학교, 1983.
김문기, 「朴龜元의 姑射九曲 園林과 姑射九曲詩」, 『퇴계학과 유교문화』 52, 경북대학교 퇴계연구소, 2013.
김문기, 「장위항의 운포구곡 원림과 운포구곡시」, 『퇴계학과 유교무화』 49, 경북대학교 퇴계연구소, 2011.
김민하, 「노동요 지도를 위한 물 푸는 소리의 고찰」, 『국악교육연구』 6-1, 한국국악교육연구회, 2012.
김상용, 「한국 천지생성설화 화소의 표징 연구」, 『국어국문학』 18, 국어국문학회, 1999.
김소연, 「『紫巖日錄』 삽입시에 나타난 강학문화와 그 의미」, 경북대학교 대학원 석사학위 논문, 2016.
金龍燮, 「古代時調에 나타난 물에 대한 意識」, 『겨레어문학』 9, 건국대학교 국어국문학연구회, 1985.
김은자, 「고전시가에 나타난 '물'의 연구 試考」, 『한국시가문학연구』, 신구문화사, 1983.
김의숙, 「강원지역의 약수신앙와 설화 연구」, 『강원민속학』 10, 강원도민속학회, 1994.
김익두, 「'낙화놀이'의 지역적 분포와 유형에 관한 민족지적 고찰」, 『비교민속학』 48, 2008.
김재만, 「김춘수 시 연구: 물의 이미지와 상상력을 중심으로」, 한양대학교 대학원 석사학위 논문, 1988.
김재호, 「물맞이 세시풍속과 물의 생명성」, 『比較民俗學』 36, 비교민속학회, 2008.
김재호, 「전통적 물물화의 생태학적 선순환 구조」, 『물의 문화와 생명성』, 민속원, 2011.
김정진, 「金廷漢 小說의 물과 불의 이미지」, 『우리어문학연구』 2, 한국외국어대학교, 1990.

김정진, 「단양설화의 물의 상징성 연구」, 『지역문화연구』 3, 세명대학교 지역문화연구소, 2004.
김종국, 「경산지역 전설의 현장적 연구」, 대구대학교 대학원 박사학위 논문, 2007.
김종군, 「〈진주낭군〉 전승 양상과 서사의 의미」, 『溫知論叢』 29, 온지학회, 2011.
김주성, 「인간과 물」, 『2017년 기초연구과제 총서』, 율촌재단, 2018.
김주언, 「식민지 감옥을 견디는 글쓰기의 영도: 〈태형〉, 〈물〉 그리고 〈무명〉을 대상으로」, 『현대소설연구』 44, 한국현대소설학회, 2010.
김지형, 「"물 논쟁"에 나타난 김남천의 자기반성적 실천 고찰」, 『민족문학사연구』 47, 민족문학사학회·민족문학사연구소, 2011.
金昌龍 편, 『韓國의 假傳文學』, 太學社, 1997.
김택규, 『금릉민속지』, 금릉군, 1991.
김현원, 『생명의 물, 기적의 물』, 서영, 2014.
나다니엘 앨트먼(황수연 역), 『물의 신화』, 해바라기, 2003.
노성미, 「기우설화에 나타난 神聖性 연구」, 『인문논총』 31, 경남대학교 인문과학연구소, 2013.
대구은행 편, 『향토와 문화: 물』 74, 대구은행, 2015.
대한불교조계종교육원 편, 『불교상용의례집』, 대한불교조계종교육원, 2013.
동국대학교 한국문학연구소 편, 「계서야담」, 『한국문헌설화전집』 1, 태학사, 1987.
동아시아고대학회, 『강과 동아시아 문명』, 경인문화사, 2012.
문경새재박물관 편역, 『삼천에 구백리 머나먼 여행길: 玉所 權燮의 遊行錄』, 민속원, 2008.
문경현, 「신라국 형성과정의 연구」, 『신라사 연구』, 경북대학교출판부, 1983.
문무병, 「濟州島의 生水說話와 물법신앙」, 『탐라문화』 12, 제주대학교 탐라문화연구소, 1992.
문정희, 「서정주 시에 나타난 물의 이미지」, 『심상』 145, 1985.
민명자, 「김구용 시의 물 이미지 고찰」, 『한국언어문학』 58, 한국언어문학회, 2006.
朴乙洙, 『韓國時調大事典』, 亞細亞文化社, 1992.
朴征世, 「한국 홍수 설화의 유형과 특성」, 『신학논단』 23, 연세대학교 신과대학, 1995.
박지수, 「이창래 소설에 나타난 불과 물, 공기의 이미지 연구: 가스통 바슐라르의 시학을 중심으로」, 한양대학교 대학원 석사논문, 2011.
박혜순, 「『태일생수』에 나타난 물과 생명의 관계방식 고찰」, 『생명연구』 42, 서강대학교 생명문화연구소, 2016.
박효정, 「박재삼 시 연구: '물'의 이미지와 이를 통한 '한'의 반영」, 『전농어문연구』 17, 서울시립대학교 국어국문학과, 2005.
박희병, 「한국 전통사상의 생태주의적 음미」, 『철학사상』 15, 서울대학교 철학사상연구소, 2002.
배영동, 「경북 종가 음식조리서의 등장 배경과 세계기록유산 등재 근거」, 『세계기록유산으로서 종가 음식조리서의 가치』, 국제학술회의 발표자료집, 2014.
배한봉, 「현대시의 물 상상력에 나타난 노자적 사유 연구」, 『비교한국학』 22, 국제비교한국학회, 2014.
백두현 주해, 『음식디미방 주해』, 글누림, 2006.

백현근, 「현대소설에 나타난 물의 이미지: 1920, 30년대 작품을 중심으로」, 경남대학교 교육대학원 석사논문, 1988.
베로니카 스트랭(하윤숙 역), 『물: 생명의 근원, 권력의 상징』, 반니, 2015.
徐命膺(孟天述 譯註), 「先天四演; 易理의 새로운 理解」, 中央大學校 人文科學硏究所, 1987.
서정광, 「김유택의 『보라색 커튼』에 나타난 병동 체험과 물의 상상력 연구」, 연세대학교 교육대학원 석사논문, 2012.
서정화, 「祈雨祭文의 양식적 전통과 문학적 변주 양상」, 『漢文學論集』 34, 근역한문학회, 2012.
송화섭, 「한국 전통의 물세례와 물맞이」, 『한국의 물 문화와 그 사상』, 2005년 전주 용왕제기념 학술대회 자료집, 전북전통문화연구소·한국종교사연구회, 2005.
스티븐 솔로몬(주경철·안민석 역), 『물의 세계사: 부와 권력을 향한 인류 문명의 투쟁』, 민음사, 2013.
신정순, 「김춘수 시에 나타난 '빛', '물', '돌'의 이미지와 상상력의 질서」, 이화여자대학교 대학원 석사학위 논문, 1981.
엄상희, 「설화모티프와 "복합적인 물의 이미지"의 관련 양상: 소설 『마녀물고기』, 『옛우물』, 영화 『쌍생아』의 물 이미지를 중심으로」, 『비교한국학』 14, 국제비교한국학회, 2006.
오정국, 「설화에서 변용된 물의 이미지 연구: 김춘수, 강은교, 김혜순의 시를 중심으로」, 『한국문예창작』 8, 한국문예창작학회, 2009.
우인수, 「고령 매촌동약의 특징과 동민의 결속」, 『퇴계학과 한국문화』 42, 경북대학교 퇴계연구소, 2008.
劉 暢, 「西湖文學에 나타난 理想空間으로서의 西湖形象의 변천」, 고려대학교 대학원 석사학위 논문, 2016.
柳基龍, 「藝術作品으로 昇華하는 죽음과 再生: 東仁의 〈배따라기〉에 담긴 〈아내〉의 原型的 모티프」, 『여성문제연구』 10, 대구효성가톨릭대학교 사회과학연구소, 1981.
유호진, 「율곡 시의 이미지 연구」, 『고전문학연구』 31, 한국고전문학회, 2007.
유호진, 「퇴계 시의 이미지 연구: 상승의 이미지, 물의 이미지, 매화의 이미지를 중심으로」, 『퇴계학보』 116, 퇴계학연구원, 2004.
윤세순, 「17C 중국인 피난민 康世爵에 대한 문학적 형상화와 인식태도: 〈강세작전〉과 〈강군세작묘지명〉을 중심으로」, 『고소설연구』 30, 한국고소설학회, 2010.
윤순희, 「허윤석 소설의 이미지 연구: 물의 이미지를 중심으로」, 경남대학교 교육대학원 석사논문, 1994.
윤영옥, 「근현대 농민소설과 물의 재현」, 『국어문학』 52, 국어문학회, 2012.
윤주은, 「김소월 시에 나타난 '물'」, 『연구논문집』 24, 울산과학대학, 1998.
윤치부, 『한국해양문학연구』, 학문사, 1994.
이성혜, 「조선후기 〈관폭시〉와 〈관폭도〉의 미적 관련양상」, 『동방한문학』 19, 동방한문학회, 2001.
이수자, 「설화에 나타난 '버들잎 화소'의 서사적 기능과 의의」, 『구비문학연구』 2, 한국구비문학회, 1995.

이승훈, 『문학으로 읽는 문화상징사전』, 푸른사상사, 2009.
이신조, 「여성소설에 나타난 '물의 이미지' 연구: 김채원, 오정희의 단편소설을 중심으로」, 명지대학교 대학원 석사논문, 2001.
이안나, 「한국과 몽골의 물 상징성에 대한 비교 고찰: 구비문학과 민속을 중심으로」, 『한민족문화연구』 20, 한민족문화학회, 2007.
이애영, 「황순원 단편소설에 나타난 '물' 상징 연구: 단편집 『기러기』를 중심으로」, 목포대학교 교육대학원 석사논문, 2003.
이어령 편, 『문장대백과사전』, 삼성출판사, 1888.
이영지, 「시조 창작론: '물'과 '불'의 시조 창작적 일례」, 『새국어교육』 52, 한국국어교육학회, 1996.
이영지, 『물의 신학과 문학』, 창조문학사, 2013.
이정화, 「觀水樓 題詠詩文을 통해 본 儒家의 自然觀 考察」, 『한국사상과 문화』 51, 한국사상문화학회, 한국사상문화학회, 2010.
이택동, 「한국 한시에 투영된 강의 표상성」, 『한국고전연구』 6, 한국고전연구학회, 2000.
이해웅, 「청마의 낙원상실과 동일성의 회복: 물의 이미지를 중심으로」, 『어문학교육』 4, 1981.
이혜원, 「이태준 소설의 이미지 연구: "빛"과 "물"의 이미지를 중심으로」, 『한국어문교육』 6, 고려대학교 한국어문교육연구소, 1992.
이혜원, 「한국 현대 여성시에 나타난 자연 표상의 양상과 의미: '물'의 표상을 중심으로」, 『語文學』 107, 한국어문학회, 2010.
임기중 편, 『한국가사문학주해연구』, 아세아문화사, 2005.
임철호, 「아기장수설화의 전승과 변이: 아기장수설화와 홍길동전(1)」, 『구비문학연구』 3, 한국구비문학회, 1996.
조유영, 「조선 후기 영남지역 가사에 나타난 道統구현 양상과 그 의미: 「黃南別曲」과 「黃山別曲」을 중심으로」, 『한국언어문학』 103, 한국언어문학회, 2017.
전영숙, 「한국과 중국의 창세 및 건국신화 속에 깃든 물 숭배 관념」, 『한중인문학연구』 24, 2008.
정낙림, 『놀이하는 인간의 철학』, 책세상, 2017.
정 민, 「16,7세기 조선 문인지식인층의 江南熱과 西湖圖」, 『고전문학연구』 22, 한국고전문학회, 2002.
정우락, 「강안학과 고령 유학에 대한 시론」, 『퇴계학과 한국문화』 43, 경북대학교 퇴계연구소, 2008.
정우락, 「灌圃 魚得江 시에 나타난 '물'의 상상력」, 『남명학』 22, 남명학연구원, 2017.
정우락, 「낙동강과 그 연안지역의 공간 감성과 문학적 소통」, 『한국한문학연구』 53, 한국한문학회, 2014.
정우락, 「남명 조식의 '물' 인식과 인문정신」, 『영남학』 26, 경북대학교 영남문화연구원, 2014.
정우락, 「동계 조형도 시에 나타난 '물'에 대하여」, 『영남학』 28, 경북대학교 영남문화연구원, 2015.
정우락, 「물의 철학, 물의 문화」, 『향토와 문화』 74, 대구은행, 2015.

정우락, 「선비들의 놀이정신과 남명 조식의 풍류: 우리 시대 청년들에게 말을 건네며」, 『남명학』 21, 남명학연구원, 2016.
정우락, 「신유한의 문학사상과 그 시세계의 의미구조」, 『퇴계학과 한국문화』 41, 경북대학교 퇴계연구소, 2007.
정우락, 「조선시대 선비들의 풍류방식과 문화공간 만들기」, 『퇴계학논집』 15, 영남퇴계학연구원, 2014.
정우락, 「주자 무이도가의 한국적 전개와 인문학적 의미」, 『자연에서 찾은 이상향 九曲文化』, 울산대곡박물관, 2010.
정우락, 「주자시의 문학적 수용과 문화적 응용: 〈觀書有感〉을 중심으로」, 『퇴계학과 유교문화』 57, 경북대학교 퇴계연구소, 2015.
정우락, 「포은 정몽주 시에 나타난 공간 상상력」, 『포은학연구』 16, 포은학회, 2015.
정우락, 「한국문학에 나타난 물 이미지의 이항대립과 그 의미」, 『퇴계학과 한국문화』 48, 경북대학교 퇴계연구소, 2011.
정우락, 「형재 이직의 한시에 나타난 물에 관한 상상력」, 『동양한문학』 39, 동양한문학회, 2014.
정우락, 「『중용』이 구암 이정의 문학에 미친 영향」, 『동방한문학』 25, 동방한문학회, 2003.
정우락, 「東皐 徐思選 詩文學의 공간 상상력과 의미 구조」, 『국학연구론총』 20, 택민국학연구원, 2017.
정우락, 『남명과 이야기』, 경인문화사, 2007.
정우락, 『남명과 퇴계 사이』, 경인문화사, 2008.
정우락, 『남명문학의 철학적 접근』, 박이정, 1998.
정우락, 『삼국유사 원시와 문명 사이』, 역락, 2012.
정우락, 『양산고을 문화사랑』, 도서출판 대명, 2002.
정우락, 『문화공간, 팔공산과 대구』, 글누림, 2009.
정우락, 『대구감옥 127일, 그 고난의 기록: 국역 흑산일록』, 경북대학교출판부, 2019.
정우락 외, 『한국 고전문학과 문화어문학』, 역락, 2018.
정우락·백두현, 「문화어문학: 어문학에 대한 문화론적 혁신」, 『어문론총』 60, 한국문학언어학회, 2014.
정인숙, 「〈단장이별곡〉연구: 시적 화자의 다층적 목소리 분석을 중심으로」, 『한국시가문화연구』 13, 한국시가문화학회, 2004.
정일남, 「『熱河日記, 渡江錄』의 康世爵 삽화와 『藥泉集』의 「康世爵傳」의 비교」, 『한문학보』 12, 우리한문학회, 2005.
정재서, 「금지된 욕망과 물의 서사: 홍수신화·「소나기」·「비(Rain)」」, 『中國小說論叢』 14, 한국중국소설학회, 2001.
정치영, 「조선시대 사대부들의 유람 중의 활동」, 『역사민속학』 42, 한국역사민속학회, 2013.
정흥모, 「생태철학과 환경주의와의 논쟁」, 『사회과학논총』 3, 경기대학교 사회과학연구소, 2000.
조태성, 「고시조에 구현된 물[水]의 심상」, 『시조학논총』 29, 한국시조학회, 2008.

진경희, 「김종삼 시 연구: 물의 이미지를 중심으로」, 동아대학교 대학원 석사학위 논문, 1992.
천소영, 『물의 전설』, 창해, 2000.
崔南善, 『하백의 유래』, 한국저작권위원회, 2010.
최동호, 『한국 현대시와 물의 상상력』, 서정시학, 2010.
최래옥, 『한국 구비전설의 연구』, 일조각, 1981.
최석기, 「河範運의 三山九曲詩 창작배경과 德山九曲詩의 의미」, 『남명학연구』 42, 경상대학교 남명학연구소, 2014.
崔承玉, 「鄭芝溶詩 硏究: 詩語에 나타난 「바다」의 이미지를 中心으로」, 『牛岩論叢』 11, 청주대학교 대학원, 1994.
최윤희, 「고전소설의 바다 건너 신세계 지향과 의미: 〈홍길동전〉과 〈수호후전〉의 비교를 중심으로」, 『한국고전연구』 28, 한국고전연구학회, 2012.
최은주, 「『愛日堂具慶帖』을 통해 본 聾巖 李賢輔의 문화 활동」, 『대동한문학』 45, 대동한문학회, 2015.
최재남, 「한국 고전문학과 바다에 대한 인식」, 『한국고전연구』 26, 한국고전연구학회, 2012.
프로이트(김성태 역), 『정신분석입문』, 삼성출판사, 1976.
한명옥, 「오정희 소설에 나타난 '물'의 의미 연구」, 한남대학교 교육대학원 석사학위 논문, 2004.
한수정, 「손창섭 소설에 나타난 물의 상징성 연구」, 경희대학교 대학원 석사학위 논문, 2004.
함복희, 「신화, 전설에 나타난 물의 의미」, 『한국하천협회지』 3, 한국하천협회, 2007.
허미자, 「韓國詩에 나타난 물의 이미지 硏究: 1923-1950年代 詩人을 中心으로」, 『韓國文化硏究院論叢』 23, 이화여자대학교 한국문화연구원, 1974.
허미자, 「허초희의 유선사에 나타난 물 이미지」, 『새국어교육』 25, 한국국어교육학회, 1977.
허형만, 「김소월 시에 나타난 물의 심상과 의식 연구」, 『한남어문학』 13, 한남대학교 한남어문학회, 1987.
현길언, 「물(水)에 대한 제주사람들의 인문학적 인식: 제주 설화를 중심으로」, 『濟州島硏究』 12, 제주도연구회, 1995.
현용준, 『제주도 신화』, 서문당, 1977.
홍동주, 『그림으로 BODY BALANCE 알기 쉽게 풀이한 물』, 아름다운사회, 2015.
洪錫模(이석호 외 역), 『東國歲時記』, 대양서적, 1972.
홍태환, 『서사무가 〈바리공주〉 연구』, 민속원, 1998.

3. 검색 사이트

남명학고문헌시스템: http://nmh.gsnu.ac.kr
동양고전DB: http://db.cyberseodang.or.kr
百度: http://www.baidu.com

우리소리연구소: http://blog.daum.net
유교넷: http://www.ugyo.net
조선왕조실록: http://sillok.history.go.kr
한국고전번역원: http://www.itkc.or.kr
한국민족문화대백과사전: http://encykorea.aks.ac.kr

찾아보기

인명 색인

작품 및 서명 색인

ㅁ

ㅂ

ㅎ